北京延庆年鉴

BEIJING YANQING NIANJIAN

2017（总第十四卷）

北京市延庆区史志办公室 编

方志出版社
Publishing House of Local Records

图书在版编目（CIP）数据

北京延庆年鉴. 2017 / 北京市延庆区史志办公室编
. -- 北京：方志出版社，2017.12
ISBN 978-7-5144-2862-9

Ⅰ.①北… Ⅱ.①北… Ⅲ.①延庆县—2017—年鉴
Ⅳ.①Z521.4

中国版本图书馆CIP数据核字（2017）第322602号

北京延庆年鉴（2017）

编　　者：北京市延庆区史志办公室
责任编辑：刘　珊

出 版 人：冀祥德
出 版 者：方志出版社
地址 北京市朝阳区潘家园东里9号（国家方志馆4层）
邮编 100021
网址 http://www.fzph.org
发　　行：方志出版社图书经销中心
电话（010）67110500
经　　销：各地新华书店
印　　刷：北京金港印刷有限公司

开　　本：889×1194　1/16
印　　张：29.25
字　　数：764千
版　　次：2017年12月第1版　2017年12月第1次印刷
印　　数：0001～1200册

ISBN 978-7-5144-2862-9　　定价：200.00元

延庆区地方志编纂委员会

北京延庆年鉴

顾　　问：李志军
主　　编：穆　鹏
副 主 编：祁金利　罗　瀛

《北京延庆年鉴》编辑部

编辑部主任：王留艳
编辑部副主任：周莉萍　李景岩　刘继臣
执行主编：周莉萍　王新华
彩页编辑：张　鹏
责任编辑：(按姓氏笔画为序)
王亚琴　王新华　冯忠耀　刘继臣
池尚明　李景岩　张　鹏　周长亮
周莉萍　景冰芳
主要撰稿人：于　涛　马　兴　王丹丹　王　功
王达超　王丽萍　王来永　王吴迪
王晓云　王　雪　王跃杰　王瑞雪
方俊杰　尤美倩　卢　佳　史宏伟
付艳春　吕适艺　朱振银　任雪莲
刘　月　刘　芳　刘宏伟　刘宝生
刘盼盼　刘艳萍　刘晓芳　刘　磊
齐金平　闫　恒　关淑悦　许　静
孙　刚　孙国强　李　壬　李卉冉
李乐思　李　屹　李廷昕　李志军

李丽新	李昀倩	李　征	李春杰
李晶华	李瑞雪	李慧敏	李　薇
杨　冬	扬　田	杨　森	杨静超
杜俊鹏	连新亮	肖炉威	肖　蓓
时亚辉	吴玉英	吴纪芳	吴慧晶
何　旭	邹　磊	沈建民	宋玉霞
宋亮楠	宋雪莲	张　扬	张伟娟
张旭靖	张　冰	张世涵	张春生
张　珅	张振环	张晓妮	张雪兰
张　琪	张景怡	陈　杰	陈　洋
陈　旭	邵雪娇	郑学伟	罗　振
周淑敬	宗振国	孟慧慧	赵　曦
郝合奎	荆丹丹	胡玉冰	胡学峰
胡　洋	胡　琴	胡　琳	侯得书
姚　凯	贾子豪	贾文程	贾延文
徐所柱	徐　攀	高　军	高健敏
郭万霞	郭　佳	郭敏娜	郭　燚
唐金贵	黄　荣	曹军娟	曹瑞莲
曹慧文	龚　伟	常　磊	常　淼
崔　健	崔　鹏	康　文	韩　雪
韩东方	韩　熙	谢雅娟	窦文艳
黎海军	颜　渊	潘　颖	潘　燕
薛　媛	戴　岳		

编 辑 说 明

一、《北京延庆年鉴》是由中共北京市延庆区委员会和延庆区人民政府主办，延庆区各单位共同参与编纂的年度资料性文献。《北京延庆年鉴》编辑部设在延庆区史志办公室。

二、该年鉴以马克思列宁主义、毛泽东思想、邓小平理论、“三个代表”重要思想、科学发展观、习近平新时代中国特色社会主义思想为指导，坚持辩证唯物主义和历史唯物主义的立场、观点和方法，遵循实事求是的原则,真实、客观地反映实际情况。

三、《北京延庆年鉴》自2004年开始，逐年编纂出版。当年出版的年鉴，记述上一年度延庆经济和社会发展各方面的基本情况和重大事件。该年鉴记述时限为2016年1月1日到2016年12月31日。书中的“该年”“年内”及直书月、日的，均指2016年。

四、该年鉴采用分类编辑法，用文章和条目两种形式，以条目为主。全书设类目、栏目、分目、条目4个层次。条目标题统一用黑体字并外加【】标明。类目、栏目、分目的标题分别用不同型号的字体加以区别。

五、该年鉴的文字内容共分28个类目：区情综述、大事记、特载、专文、国民经济和社会发展主要指标完成情况、2016年组织机构及负责人、中共延庆区委员会、延庆区人民代表大会、延庆区人民政府、人民政协延庆区委员会、民主党派工商联、社会团体、法治军事、综合经济管理、税务金融、农业、工业和信息化建设、商贸服务业、旅游、交通邮政、城乡建设环境保护、科技教育、文化传媒、卫生体育、社会管理居民生活、街道、乡镇、附录。

六、该年鉴收有延庆区党、政、军、团体、乡镇和部分企业负责人名录，所列均以2016年内任职为限，其中有任免情况的分别予以注明。

七、选入本年鉴的文章和条目，除部分资料由年鉴编辑部人员直接收集外，其他均由各部门、各单位确定的专人撰写或提供，并经部门、单位主要领导审阅，区委、区政府有关部、委、办领导审查。该书正文前彩插均由各供稿单位提供。

八、该书中引用的统计数字，原则上以区统计局2016年度《北京市延庆区统计年鉴2017》为准。数字一般记至万以上，小数点后保留两位小数，但在记述人均收入、人均生活支出和在岗职工平均工资时，记述至个位。个别数字由于统计口径、时间有出入，仍从原出处，未按统计年鉴更改。

九、该年鉴内容中区领导均不写职务，具体职务见《延庆区组织机构及负责人》栏目。

4月15日，世园大道启动

▶ 9月19日，在八达岭长城望京广场发布2019中国北京世界园艺博览会会徽——长城之花、吉祥物——小萌芽、小萌花

9月29日，北京世界园艺博览会举行园区建设开工仪式

▶ 12月29日，在井庄镇柳沟正式开园迎客的祈福冬奥·乡宴柳沟 91金融冰雪欢乐园里火盆锅造型

◀ 12月30日，“2016冬奥发展论坛暨《京张冬奥发展报告2016》首发式”在北京举办

▶ 12月28日，第三届北京市民快乐冰雪季系列活动暨第二届大众冰雪北京公开赛高山滑雪比赛在万科石京龙滑雪场举行

◀ 2月1日，中共北京市延庆区第一届委员会第一次全体会议召开

▶ 1月7日，延庆区委常委会召开民主生活会

◀ 3月18日，延庆区人民政府与中国铁塔股份有限公司北京市分公司签订战略合作框架协议

1月12日，区政府与北京外国语大学签订战略合作框架协议

2月19日，财政局组织召开延庆区服务企业座谈会

10月27日，北京市电力公司与区政府签订战略合作协议

◀ 10月8日，北京重阳文化节延庆系列文化活动在大庄科乡慈母川村慈孝广场开幕

▶ 2月25日，延庆区第一届纪律检查委员会第一次全体会议召开

◀ 4月21日，第二届“德蕴清风”公益论坛讲堂开讲

▶ 5月27日，延庆职工第三十四届“五月鲜花”歌咏比赛汇报演出

◀ 11月13日，举办“迎冬奥”延庆职工第三届乒乓球比赛

▶ 5月4日，在区文化馆小剧场举办“助力世园 畅想冬奥 纪念五四运动97周年暨青年典型表彰活动”

▶ 3月28—29日，延庆区第一次妇女代表大会召开

◀ “六一”前夕，在妇女儿童活动中心举办“传承优良家风 畅享幸福童年”欢度“六一”展示活动

▶ 8月22日，“执着的信念不变的初心”主题宣讲活动

◀ 8月23日，第一届延庆区工商联“91金融杯”红色之夏诗歌朗诵大赛在延庆区文化馆小剧场举行

▶ 7月6日，“崇尚科学、拒绝迷信、抵制邪教、珍爱生命”为主题的延庆区2016年科普广场舞大赛暨延庆区反邪教科普宣传月启动活动在延庆体育馆召开

◀ 12月3日，首届中国残疾人冰雪运动季暨延庆区第三十一届冰雪欢乐节启动仪式在延庆万科石京龙滑雪场开幕

◀ 3—12月，北京市第四届暨延庆区第一届职业技能大赛寻找“技能达人”活动在延庆区文化馆剧场举办

▶ 8月30日，北京市延庆区新型农村合作医疗管理机构移交接仪式举行

◀ 11月8日，法国霞慕尼市与延庆区签署友好关系意向书

▶ 6 月13—17日，第八届档案馆日活动居民参观

◀ 6月23—27日，第二届中国花海论坛暨首届中国花海旅游博览会在延庆世葡园举办

▶ 12月20—23日，北京市延庆区第二届人民代表大会第一次会议召开

▶ 9月19日，区人大换届选举宣传日活动

◀ 8月25日，政协委员视察世园会相关工程建设情况

▶ 2月3日，综治委第一次全体（扩大）会议召开

▶ 5月23日，“信访法治在路上，网上信访更阳光”主题信访宣传日活动

◀ 7月31日，延庆公安分局民警在申冬奥成功一周年纪念活动现场执勤

▶ 6月16日，区人民检察院司法体制改革试点工作部署会召开

◀ 5月12日，延庆区民防局在妫川广场开展“科学减灾、依法应对”宣传活动上展示应急救援车

▶ 5月30日，延庆法院举行首批入额法官宣誓仪式举行

◀ 11月15日，延庆法院执行局为民工集中发放案款

▶ 8月7日，公益法律服务工作者彭丽霞（左二）参加北京电视台承办的“爱相随，法律援助在行动”公益宣传活动

◀ 9月7日，北京市延庆区“六五”普法总结暨“七五”普法启动大会召开

▶ 6月1日，财政局组织行政事业单位会计人员进行廉政培训

◀ 5月13日，下屯中学青少年消费维权教育基地揭牌仪式暨第一次讲座

▶ 9月8日，延庆中心商业区开展“最美消费维权单位”“最美消费维权人物”评比

◀ 9月23日，2016年全国“有机宣传周”启动仪式在北京延庆八达岭国际会展中心举行

◀ 3月31日，延庆国税局、地税局联合打造的全市首家区级税收电视栏目《妫川税务》开播

▶ 4月1日，延庆区国、地税互设窗口

◀ 5月1日，营改增正式实施，延庆地税局成功开出第一张增值税发票

◀ 4月18日，延庆地税局联合张家口地税局、怀来地税局到八达岭长城开展税收宣传

▶ 6月20日，延庆区农机技术推广服务站，在延庆区广积屯村茂源广发蔬菜专业合作社"露地甘蓝生产全程机械化集成与示范"项目区，进行甘蓝机械化收获

◀ 10月14日，在2016年京张优质农产品推介会上绿富隆展位

▶ 11月24日，延庆区农产品集散配送中心揭牌暨全市“农邮通”服务站建设工作现场会召开

◀ 10月10日，2016年度国家重点公益林大榆树镇小张家口作业区扩堰

▶ 9月，延河水环境治理工程——西湖推流曝气设备

◀ 3月21日，延庆区气象局在妫川广场为居民发放气象科普宣传资料

▶ 4月6日，延庆区中小企业所得税汇算清缴培训会举办

◀ 6月16日，在中关村延庆园举办“中关村信用政策宣讲会——延庆信用工作平台专场”培训会

◀ 1月19日，安全生产宣讲团到玻钢院251厂宣讲

▶ 7月23—26日，人民商场携手创维集团、延庆残联举办扶贫助残活动

◀ 4月15日，延庆烟草联合工商部门严厉打击无证经营问题

▶ 3月，康庄粮库收储稻谷

◀ 2016国际自行车博览会现场外景全貌

▶ 7月26日，区餐饮总公司组织第20届职工职业技能大赛

◀ 12月5日，延庆区燕春饭店所属燕柳园选送的“火盆锅豆腐宴”在京郊旅游特色美食品鉴活动上获得“十佳”特色宴席称号

▶ 4月20日，中国延庆世界地质公园走进其园区内科普教育基地——千家店小学开展科普知识讲座

◀ 5月28日，“美丽延庆·食在乡村”延庆区2016年乡村美食月开幕式在永宁镇上磨村举行

▶ 7月29日，八达岭长城景区悬挂“现役军人、残疾军人免门票”标牌

◀ 1月15日，龙庆峡第三十届冰灯艺术节展馆内景

▶ 9月18日，第四个“北京湿地日”宣传活动在野鸭湖湿地公园举办

◀ 8月，硅化木保育工作

▶ 7月，滦赤路清理塌方

◀ 7月15日，通过小汽车接驳方式实现“村村通公交”，群众对工作人员表示感谢

▶ 10月24日，新919公交总站启用

◀ 4月20日，区国土局到千家店中心小学开展地球日宣传活动

▶ 12月5日，珍珠泉水泉子村泥石流治理项目竣工验收

▶ “五一”期间，延庆城管整顿景区环境秩序

◀ 5月27日，“红袖标”志愿者防震减灾知识培训

▶ 1月4日，供电公司领导对大浮坨配网改造现场进行安全巡检

◀ 6月15日，延庆教委在延庆四幼举办校园足球联盟幼儿园“KT足球”比赛

▶ 8月7日，延庆五中首届空军及民航类高中特色班开班

◀ 5—9月，完成抢救性修复张山营镇西五里营、东门营等村寺庙百年古壁画

2月1日，北医三院延庆医院正式揭牌

6月16日，第五十六届“锡乌张呼延大”鼠疫联合防治委员会全体会议在延庆区召开

9月13日，延庆区与张家口市签署2022年冬奥会卫生监督保障合作协议

◀ 5月13日，延庆区“创城有我更精彩 我为世园做贡献”情景剧比赛

▶ 5月20日，“最美的士之星”颁奖

◀ 5月31日，延庆区“十佳美德少年”颁奖典礼“合影留念

▶ 1月3日，延庆区启动"邻里守望 姐妹相助"巾帼志愿服务活动

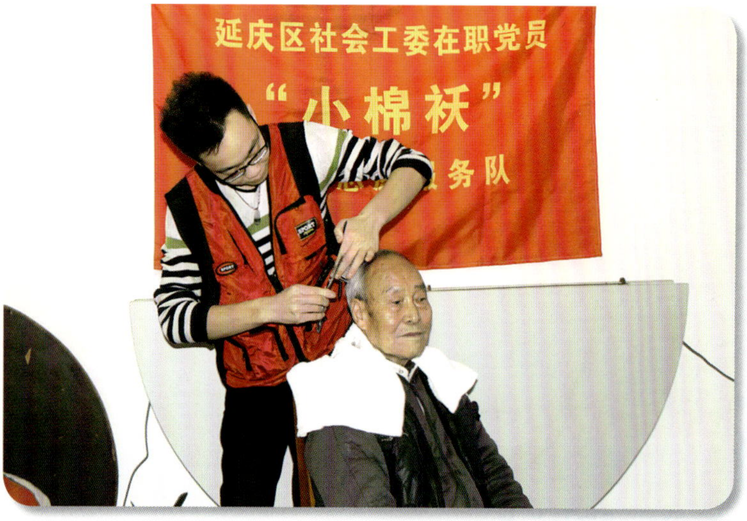

◀ 1月18日，延庆区社会工委在职党员"小棉袄"社区服务队为老人服务

▶ 6月28日，香水园街道举办"一颗红心永向党"居民合唱大赛暨消夏文艺广场演出活动

◀ 10月14日，香水园街道工委、办事处与区文委联合举办以“弘扬长征精神、践行两学一做、共创文明城区”为主题的纪念中国工农红军长征胜利80周年文艺汇演暨创建全国文明城区表彰活动

▶ 8月2日，百泉街道举办“文明成时尚 敬老传德风”演讲比赛

◀ 9月11日，康安社区青年汇举办“继承传统爱非遗 创意彩绘画兔爷”亲子活动

▶ 10月14日，绘制祁家堡文化墙

◀ 10月18日，西北片饮水工程实施

▶ 3月30日，五保老人搬“新家”

◀ 7月20日，延庆降暴雨。图为八达岭镇防汛现场

▶ 10月下旬，蔡家河稻米喜迎收获

◀ 11月4日，全市首家文艺院团主题实践活动创作采风基地落户张山营

◀ 7月28日，“强军兴镇、鱼水情深”庆八一军民联欢会在康庄镇文体中心举办

▶ 5月30日，世界环保日来临之际，康大姐志愿者协会组织30余名志愿者开展“绿色文明引领进景区”活动

◀ 10月，苹果喜获丰收

延庆新城行政区划图
儒林街道办事处
香水园街道办事处
百泉街道办事处
万亩森林公园
妫水公园
夏都公园
东湖公园
江水泉公园
妫川广场
延庆站
大秦铁路
京新高速公路
延庆县
东小河屯
西辛庄
陶庄
王庄
新白庙
东屯
西屯
中屯
谷家营
李四官庄
民主村
南辛堡
南菜园
上都首府
燕水佳园
姜家台
八里店
王泉营
贾家园
司家营
莲花池
石河营
双路小区
温泉南区
格兰山水
高塔小区
恒安小区
湖南小区
舜泽园小区
颖泽洲小区
莲花苑小区
迎宾环岛
妫水河

目　录

综述

大事记

特载

专 文

国民经济和社会发展主要指标完成情况

2016年组织机构及负责人

中国共产党延庆区委员会

延庆区人民代表大会

延庆区人民政府

人民政协延庆区委员会

民主党派　工商联

社会团体

法治 军事

综合经济管理

税务 金融

农　业

工业和信息化建设

商贸服务业

旅　游

交通 邮政

城乡建设 环境保护

文化 传媒

卫生 体育

社会管理 居民生活

街 道

乡　镇

附 录

综　述

区情综述

自然地理

延庆区总面积1993.75平方千米，占北京市总面积12.6%，东西最长70千米，南北最宽45.5千米，东、南、西、北分别与怀柔区、昌平区、河北省怀来县和河北省赤城县接壤。辖11个镇、4个乡、3个街道办事处，设376个村民委员会、40个城镇居民委员会，总人口28.42万，常住人口32.7万。年内，地区生产总值117亿元，同比增长9%；全社会固定资产投资107.24亿元，同比增长50.7%。其中城镇固定资产投资86.56亿元，同比增长130%；农村固定资产投资20.67亿元，同比下降38.9%。

2016年国民经济和社会发展

农业 年内，调整农村经济统计指标体系，按新口径统计，农村经济总收入17.33亿元，同比增长9%。农林牧渔业总产值19.31亿元，同比下降6.2%。其中种植业实现产值5.67亿元，同比下降7.9%；林业实现产值2.73亿元，同比增长29.8%；牧业实现产值10.04亿元，同比下降12.1%；渔业实现产值3172万元，同比下降8.9%。

全年粮食播种面积20.4万亩（13600公顷），同比下降7.9%。粮食总产量9953.3万千克，减少587.7万千克。蔬菜播种面积2.4万亩（1600公顷），同比减少5.7%。蔬菜总产量6077.13万千克，同比减少15.2%。蔬菜总收入1.36亿元，同比减少18.3%。全区42家企业和基地、190个品种获得有机认证，有机农业实现产值4.2亿元，占农业总产值21%。奶牛存栏1.24万头，蛋鸡存栏284.53万只，羊存栏5.36万只。羊出栏5万只，同比增加22%；肉牛出栏6800头，同比增加15%；家禽出栏360万只，同比下降51%；鲜奶总产5000万千克，同比下降15%；生猪出栏10.5万头，同比下降8.6%；鲜蛋总产3800万千克，与上年同期持平；水产品总产180万千克，与上年同期持平。

启动世园会、冬奥会绿色有机食品供应基地建设，加快推进绿富隆等企业转型升级。启动7个园艺主题村庄建设，新增花卉种植面积5000亩。发展都市型现代农业与休闲农业，区农业现代化程度达90.37%，旧县镇、延庆镇被认定为第三批创建北京市都市型现代农业（高效农业）示范乡镇，全区共有国家级休闲农业园区15家、市级休闲农业园区63家。在延庆八达岭国际会展中心举办首届京张优质农产品推介会，京张两地128家企业共600种产品参展，总展出面积2700平方米。实施低收入村户增收攻坚工程，精准识别低收入村58个、低收入户1.32万户，出台低收入农户增收及低收入村发展实施意见，低收入户人均收入增长10.3%。

推进“减煤换煤、煤改清洁能源”工程，研究制定《延庆区2016年“煤改清洁能源”和“减煤换煤”工作指导意见》《2016年延庆区“煤改清洁能源”工作若干补充政策》，完成煤改清洁能源5247户。继续实施山区搬迁与生态环境提升5项重点工程，持续对“百里山水画廊”“四季花海”“冰川绿谷”三条沟域进行提档升级，高标准规划“乡宴柳沟”市级重点建设沟域，结合小城镇建设、美丽乡村建设与沟域经济建设工作，持续推进社会主义新农村建设、城市化与城乡发展一体化工作。推进农业供给侧结构性改革，创新农产品集散中心“农邮通”配送模式，“农社对接”“农宅配送”等农产品流通方式日趋完善；推进农村集体产权制度改革，启动农村土地承包经营权确权登记颁证工作，新流转农户家庭承包地面积2866亩，签订土地流转合同700份。规范合作社管理，拓展农民增收渠道，启动村级公益事业建设一事一议财政奖补项目70个。

工业 建筑业 规模以上工业企业完成产值70.5亿元，同比增长33.9%。新能源和环保产业完成产值43.6亿元，同比增长85.6%，占规模以上工业总产值61.8%。中关村延庆园完成纳税总额21.2亿元。 完善综合调度机制，坚持高位协调、分解任务，突出生态环境、基础设施、棚户区改造等可持续发展功能，推动70多个重点项目开复工。探索PPP融资新模式，制定投融资平台规范发展方案和区属国企投资监管暂行办法，为重点项目提供资金保障。固定资产投资首次突破百亿大关，完成103亿元，同比增长44.7%。中关村延庆园机构改革完成，成立中关村科技园区延庆园服务中心，稳妥做好人员分流安置，实现管理权和经营权分离。完善工业企业疏解台账，中材科技风电叶片股份有限公司8条生产线、400套产能实现外迁转移至新建的河北省邯郸市生产基地。完成34家再生资源回收站点搬迁、拆迁工作。

年内，建筑业重点工程84项，开复工37项，其中政府投资19项、社会投资18项，建筑面积64万平方米，完工6项。房屋开复工面积89万平方米，其中住宅72.3万平方米；竣工1.98万平方米。完成建筑业总产值 45.98亿元，同比降低18.8 %。

商贸 全区实现社会消费品零售额87.59亿元，同比增长8.1%，增速比三季度提高1.9个百分点。其中限额以上单位实现零售额26.96亿元，增长4.8%；限额以下单位实现零售额60.64亿元，增长9.6%。商品交易市场实现成交额15.36亿元，同比下降0.9%。外贸进出口总额完成1.03亿美元，实际利用外资2066万美元，合同外资2155万美元。13家商品市场销售额17.6亿元，与上年持平；10家重点餐饮企业销售额0.99亿元，同比增长2.5%。34家成品油零售经营企业销售7646.39万千克，销售额5.53亿元。盐业批发企业配送各类盐产品450万千克，其中食用盐80万千克。出台《延庆区“十三五”时期会展业发展规划》和《延庆区会展业发展扶持政策》，制定促进会展业改革发展联席会议制度和会展活动备案制度。

财政金融 全区一般公共预算收入完成13.61亿元，同口径增长超过10%。按征收部门划分：国税局组织收入3.23亿元，比上年的1.55亿元增收1.68亿元，增长108.4%；地税局组织收入6.43亿元，比上年的10.61亿元减收4.17亿元，下降39.3%；财政局组织收入3.94亿元，比上年的1.34亿元增收2.6亿元，增长193.8%。其中，税收收入完成9.47亿元，比2015年下降20.9%。

全区财政支出100.01亿元，比上年增长14.7%。一般公共预算支出92.47亿元，比上年增长10.3%。主要支出科目情况：一般公共服务支出6.86亿元，增长15.1%；公共安全支出4.17亿元，增长11.7%；教育支出15.66亿元，增长12.9%；社会保障和就业支出13.37亿元，增长5.5%；医疗卫生与计划生育支出5.8亿元，增长3.4%；城乡社区事务支出12.85亿元，增长33.2%；交通运输支出1.45亿元，增长21%；商业服务业等事务支出4748万元，增长5.2%。

年内，单独设立政府采购办公室，贯彻落实《政府采购法》和《政府采购法实施条例》。探索政府购买服务方式，制定印发《延庆区区级政府向社会力量购买服务预算管理暂行办法》。

截至年底，全区金融机构各项存款余额376.02亿元，同比增长10.2%，其中城乡居民储蓄存款余额186.81亿元，增长9.5%；金融机构各项贷款余额68.63亿元，增长17.9%。

城乡建设 环境保护 完成延庆区功能定位研究和总体规划纲要编制，明确“绿色健康之城、休闲宜居之城、山水心灵之城”新城发展定位。配置首批自住型商品住房的东关改造项目开工。基本完成南菜园1~5巷一期房屋征收和万达综合体一级开发征地工作，确定南辛堡、石河营等第二批棚户区改造项目实施主体，编制完成重大工程安置房地块控规，万达综合体一级开发征地工作基本完成。重点区域夜景照明二期和老城区9处交通环境整治工程完工，城市环境品质进一步提升。出台精品小镇建设实施意见，明确乡镇功能定位，与市规划国土委合作建立协同规划和责任规划师制度，科学指导乡镇域规划编制和实施，深入研究张山营冬奥冰雪休闲小镇、康庄园艺风情小镇规划。完成大吉祥、沙塘沟等30个美丽乡村示范村村庄规划和实施方案编制工作。新庄堡村、河东村成为全国“一村一品”示范村，盆窑、上磨被评为“北京最美的乡村”，下湾获评“中国美丽休闲乡村”。盘活闲置农宅，发展“石光长城”“隐居乡里”等高端民宿。制定世园会园区、冬奥会赛区基础设施配套对接计划，北靳路、芳荷路、延康路进场施工，房柳路启动征地，交通路网进一步完善。完成儒林苑老旧供暖管道改造，“陕京四线”延庆段开工建设。小张家口垃圾综合处理厂投入运行，城乡垃圾分类工作全面启动。完成山区搬迁2254户，农宅抗震节能改造6004户，解决17个村饮水难问题，为116户低保和优抚对象改造、维修危房，“村村通”公交实现全覆盖。

加大能源结构调整力度，发布能源发展规划，提出基本建成无煤区目标，严控劣质煤进京，压减燃煤8000万千克，优质煤替代7000万千克，全区燃煤总量下降到4.7亿千克，完成“煤改电”“煤改气”5247户，燃煤锅炉改造160台221蒸吨。持续开展大货车农用车、露天烧烤、秸秆和垃圾焚烧等专项整治，淘汰老旧机动车2723辆，严格治理各类扬尘污染、违法排污行为，清理整治违法违规排污及生产经营行为789家，实施清扫保洁新工艺。PM2.5年均浓度实现55微克/立方米，空气质量持续好转。实施污水处理和再生水利用第二个三年行动，建成3个乡镇污水处理厂、24个村级污水处理站，完成妫河干线28个雨污排水口分类治理，划定畜禽养殖禁养区，完成规模化养殖场粪污治理10家，解决55个村污水处理问题，污水处理率86%，再生水利用900万立方米。全面实行河湖生态环境“河长制”，试行乡镇断面考核，治理生态清洁小流域37平方千米。平原地表水供水工程二期启动，全区地下水止降回升33厘米。持续扩大绿色生态空间。一批重点生态环境建设工程相继落地，新造林9000亩（600公顷），林木抚育22.1万亩（14733.30公顷），农村五边绿化770亩（51.33公顷），推动“五河十路”生态管护力量下沉，森林覆盖率提高0.25个百分点，达到57.71%。升级改造实施香水苑、江水泉公园等公园绿地景观系统，打造庆园街、国润家园、儒林苑等花卉主题特色街道和社区，推动城乡绿景向美景转变。

旅游　旅游收入实现29亿元，同比增长7%。全区A级及主要旅游景区接待游人1603.0万人次，同比增长5.5%；实现旅游收入93062.4万元，同比增长5.6%。

入选国家首批全域旅游创建单位，全力创建国家全域旅游示范区，筹备全域旅游发展大会；编制完成《十三五旅游产业发展规划》。完成八达岭长城、龙庆峡等11家景区公共服务设施升级改造；高标准改造建设23座旅游厕所；在京藏高速延庆出口设立旅游导向标志牌。建成旅游电商平台并上线运营；为区内13家A级旅游景区开发建设手机APP客户端。

培育星级民俗村9个、星级民俗户83户、特色业态20家；建设八达岭“石光长城”、刘斌堡“隐居乡里”和千家店“百里乡居”3家乡村酒店；举办乡村美食月，包装30种特色美食，打造3D文化村、火勺文化村；为500户民俗户办理保险业务，成立长寿岭、下洼村、东龙洼村3个乡村旅游合作社。打造“美丽延庆”旅游品牌。连续举办冰雪欢乐节、端午文化节、自行车骑游大会、“非遗”大观园等系列节庆和赛事活动；通过公交车身、地铁站灯箱、机场廊道展板以及电视台、网络、报纸、微信等多种载体在北京市场开展大规模的营销推广活动。推出登山、骑游、赏花、采摘、滑雪、冰灯游园等多种休闲项目，策划多条一日游、二日游线路并通过北京旅游集散中心销售。

科教文卫体　年内，1项科技项目（课题）被列为市级科技项目，获市扶持资金240万元；2个项目（课题）通过市科委验收。高新技术企业增至42家，市专利试点单位增至19家，市级创新型科普社区增至9家，举办各类科技政策法规培训、科普宣传、知识产权宣传等8期，培训3000人（次）。发布《延庆区“十三五”时期科技事业发展规划》。成立延庆区技术市场登记处和中关村延庆园知识产权保护服务工作站，15家企业通过国家高新技术企业认定，成为延庆区第九批高新技术企业。

全区有中学20所、小学28所、幼儿园54所，职业高中1所，校外教育单位2个。在岗教职工4998人，其中专任教师3555人。全年改善办学条件设施设备总投资2533.13万元。全年教育经费投入17.54亿元。全区1200人参加高考，本科上线1075人，上线率89.58%，同比提高2.35个百分点。高考录取1298人，录取率97.23%。延庆一职参加单独考试招生的187人全部被高等职业学校录取。18所中学2108名考生参加中考，500分以上897人，中考录取率99.28%。区级成人学校3所，开设专业29个，招生3156人，在校生6540人，教职工147人，其中专任教师103人，全年学历教育毕业2978人，各类培训结业12607人次。

举办元宵节花会展演、端午文化节等大型文化活动。完成星火演出1128场，周末场演出54场、百姓周末大舞台6场，年演出总时长超过10万小时。放映公益电影1.5万场，观看群众85万人（次）。举办大型展览9次。开展移动博物馆巡展活动，实施巡展10期。开展社会大课堂、红领巾读书等宣传教育活动10项，完成妫川大讲堂讲座12场。申报文物修缮项目11项，完成西白庙关帝庙、泽润寺、榆林堡南城墙修缮工程。完成全区第一次可移动文物普查工作，普查文物9300件。破获“5·18”金元时期文化遗址盗掘案，

全区有医疗机构252家，其中二级医疗机构4家，即区医院、区中医医院、区妇幼保健院、区精神病医院；社区卫生服务中心15家，村卫生室164家，其他医疗机构69家。出生率11.71‰，死亡率7.14‰，人口自然增长率4.57‰。因病死亡1865人，占总死亡人数的92.24%。北医三院延庆医院正式挂牌运行，15家社区卫生服务中心中医馆实现全覆盖，形成中西医两大医联体并试点带动社区服务中心。

全区有36个体育生活化社区，19个体育特色村，18个体育单项协会。全年举办区级比赛36次，承办市级比赛5次，承办国家级比赛3次，承办国际级比赛5次，18个体育协会举办体育活动20次，参加人数11.39万人次。举办社会体育指导员和体育骨干培训班4次，培训人数1000人。青少年运动员在北京市青少年锦标赛上有2人次获得第一名，3人次获得第二名，6人次获得第三名。全区16所学校被命名为体育传统项目学校，其中市级体育传统项目学校3所、区级体育传统项目学校13所、青少年体育俱乐部7所。全区设电脑体育彩票专营店20家，彩票年销售额2987.05万元。对2226人进行国民体质监测，按照国家体育锻炼标准，对全区1500名群众开展达标测试工作。更新健身器材168件，审批通过4名二级运动员，包括田径项目3名、武术项目1名；审批1个体育项目经营单位。全区体育人口15.5万人。

社会保障　人民生活　完成机关事业单位养老保险制度改革，整合城镇居民基本医疗保险和新型农村合作医疗制度，城乡各项社会保障和救助待遇标准持续提高。全年落实促进就业资金5.31亿元。城镇新增就业7793人，城镇登记失业人员就业2885人，城镇就业困难人员就业1665人，农村劳动力转移就业4359人。城镇登记失业率4%，城镇登记失业人员就业率52.59%。基础养老金上调40元，上调后基础养老金标准为每人每月510元。福利养老金上调40

元，上调后人均月养老金标准为425元。调整全区城乡低保标准，城乡低保标准从家庭月人均710元调整为800元；城乡特困分散供养标准从家庭月人均994元调整为1120元；城乡低收入标准从家庭月人均930元调整为1050元。救助困难群众568人，发放救助资金89.72万元。为8710人次发放医疗救助资金1122.96万元。为58名大学新生发放高等教育新生入学救助资金25.78万元。2000套保障性住房建设稳步推进,为116户低保和优抚对象改造、维修危房，解决17个村饮水难问题，“村村通”公交全覆盖。

城镇居民人均可支配收入38442元，同比增长8.0%。农村居民人均可支配收入19588元，同比增长8.3%。城乡居民储蓄存款余额1868113万元，同比增长9.5 %。随着人民收入水平的提高，消费品市场繁荣活跃，按产业经营地初步统计，全年全区实现社会消费品零售额875931万元，同比增长8.1%。

精神文明　民主法制　开展以“创文明城区，办百姓实事，迎世界盛会”为主题的文明城区创建，构建“一十百千万”（围绕一个创城主题、开展十大专项行动、成立百支志愿服务队、千人找差、万人创城。）创城工作格局，开办“网事回应”“你说我办”等专栏，开通创城热线电话，组建啄木鸟督查队和千人找差团，建立创城三级督查机制，“八大环境”建设取得阶段性成果。完成18个乡镇街道基层图书服务资源整合工作，持续推进慈母川慈孝文化村等特色文化村建设。开展全民践行生态文明系列活动，评选生态文明社区（村）18个、生态文明户1800个、绿色生活好市民20名。深化“三绿色一志愿”活动，重点开展关爱他人、关爱社会、关爱自然“三关爱”活动，志愿服务理念深入人心，全民参与文明建设热情高涨。

全区开展法治宣传教育活动614场次，法治讲座146场次，发放宣传资料31万份，受教育人数27.8万人次。全区排查纠纷456件，各调解组织成功调处纠纷1407件，调解协议涉及金额733.2万元。充分利用社区矫正管理平台，优化基础数据综合分析统计功能，规范社区矫正日常管理，开展初始教育、分类教育、社区服务共31场次，受教育487人次。开展“法律援助相伴回家路”“关爱妇女法援真情”“法援相伴扶残助残”以及“开展法律援助 关爱祖国未来”“法律援助军营行”“法援相伴 敬老爱老”“维护你的权益 法律援助在行动”等面向不同弱势群体的主题宣传活动，同时，积极服务区发展大事，开通“冬奥会”“世园会”热线，为特殊群体设置专属通道。根据市局部署，完成北京市“12348法律咨询综合服务平台”的上线运行。全年法援中心承办法律援助案件373件，涉案金额512万元。

年内，区一届人大一次会议确定的各项任务，召开常委会会议9次，完成34项议题。依法任免国家机关工作人员71人次。常委会先后对妫河水系环境治理、文物保护、地质灾害易发区搬迁等工作进行监督，并提出相应意见和建议。常委会工作机构对城乡环境治理、无煤区建设、少数民族村经济社会发展等工作进行监督，推动相关问题解决。接待群众来信来访107件次，其中群众来信4件次，来信来访同上年持平。区政府坚决执行区人大及其常委会的决议，坚持重大事项报告制度，自觉接受人大监督。主动向政协通报工作，认真听取各民主党派、人民团体和社会各界人士的意见和建议。全年办复人大代表议案建议63件、政协提案62件。强化行政复议、行政应诉和行政调解工作，行政机关胜诉率92%。制定依法行政工作要点，扎实推进31项任务实施。坚持重大事项集体研究决定，对会议决策情况进行定期督察。“七五”普法工作全面启动。着力推进执法力量下沉，认真执行联合执法、两法衔接和“双随机”监管机制。

世园会、冬奥会筹办　2019年中国北京世界园艺博览会（简称世园会）控规和园区内外市政综合规划获批，围栏区征地基本完成并开工，世园村一级开发启动，安置房全面开工，世园大道景观绿化工程完成70.7%。协助世园局完成园区主体建筑设计及景观方案、会徽及吉祥物发布，宣传推介、国际招展、国际法律文件编制等有序推进。发布《2019年中国北京世界园艺博览会延庆区筹办行动方案》，93项任务中21项已全面开工。“全民学外语”“我为世园做贡献”等系列主题活动持续开展，世园文化氛围日益浓厚。配合组建北京2022年冬奥会和冬残奥会组织委员会延庆运行中心（简称冬奥组委延庆运行中心），成立延庆赛区筹办工作领导小组及工作组织，梳理细化筹办任务77项。代行业主职责，委托开展赛区、场馆和基础设施总体规划编制，确定国家高山滑雪中心、雪车雪橇中心和延庆奥运村项目方案设计团队，制定优化社会投资人PPP招标方案，启动施工临时道路前期工作。配合举办“从长城发出的邀请”暨会徽征集活动，开展冬奥冰雪知识进课堂、万人上冰上雪等活动，参与者达13万人次。

大事记

大事记

1月

1日　2016年全国新年群众登高健身活动北京主会场在八达岭长城举办。活动以“登高健身、喜迎新年，科学健身、幸福生活，新年登高、助申冬奥”为主题，北京市和河北省组织的2022名市民以登高健身的方式庆祝新年。

6日　区委常委会按照中央、市委要求和部署，召开“三严三实”专题民主生活会。

△　以“滑向2022冬奥会”为主题的第一届大众冰雪北京公开赛高山滑雪比赛在石京龙滑雪场举行，百余冰雪爱好者参加。

7—8日　乡镇、街道党（工）委书记抓基层党建工作述职评议考核会召开。

9日　2015—2016年度全国速度滑冰马拉松赛（延庆站）在区户外滑冰场举行。黑龙江、河北、北京等省市300名业余滑冰爱好者参加比赛。

11日　中国气象局应急减灾与公共服务司和北京市气象局相关负责人到延庆，就2022年冬奥会气象保障工作进行调研。

12日　北京外国语大学与区政府签订战略合作框架协议。北京外国语大学将根据协议为延庆提供外语及涉外文化培训等相关服务。

14日　京张高铁八达岭长城站专家论证会在区召开。国内13位文物、地质、旅游等方面的专家参加论证会。

15日　第三十届龙庆峡冰灯艺术节开幕。冰灯游览区占地面积20万平方米，全景为冬奥会主题。

16日　第三家获得中国保监会互联网保险牌照的公司——安心财险在区正式运营。

△　北京延庆区环球飞雪冰雪运动学校在石京龙滑雪场成立。

17日　全世界42个国家及国内20家滑雪场同步举行的“世界雪日暨国际儿童滑雪节”延庆分会场在石京龙滑雪场举行。

30日　“滑向2022冬奥会”第一届大众冰雪北京公开赛速度滑冰马拉松比赛在延庆夏都滑冰场举办。全国各地不同年龄段的100人参加比赛。

2月

1日　区委一届一次全会召开。会议传达市委市政府会议精神，总结区委、区政府领导班子工作，开展区级领导年度考核民主测评工作。

△　国家旅游局公布首批262个国家全域旅游示范区创建单位名单，延庆区入选。

△　区政府与北京大学第三医院合作共建北京大学第三医院延庆医院正式挂牌。

2日　由北京日报报业集团、市体育局、区政府联合主办的2016年“全民滑雪迎冬奥”大型冰雪主题活动正式启动。

4日　“走向2022迎冬奥首届延庆海坨冰雪徒步大会”在八达岭长城脚下举行，全国各地2022名徒步爱好者参加活动。

22日　延庆区2016“果园老农杯”元宵节花会展演举行。全区15个乡镇和3个街道36档优秀花会队1400名演员进行3个小时巡回展演，现场观众3.5万人。

23日　创建文明城区“啄木鸟志愿督查队”正式成立，旨在发动群众参与创建文明城区，畅通群众监督路径，实现群众监督全覆盖。

3月

4日 推动全国青少年校园足球试点区与专家结对工作暨延庆区青少年校园足球联盟成立大会在延庆康庄中心小学举行。

15日 中国残联第六届主席团主席、2022年冬奥组委执行主席张海迪到延庆区，调研冬奥会筹备等工作。

18日 区委全面深化改革领导小组召开第一次全体（扩大）会议，传达市委全面深化改革领导小组第八次会议精神；研究审议工作总结、报告和相关部署。

△ 第十届村民委员会换届选举工作部署会召开。

△ 区政府与中国铁塔股份有限公司北京市分公司签订战略合作框架协议，双方就移动通讯基础设施建设等方面开展深入合作。

29日 北京市延庆区第一次妇女代表大会召开。

4月

2日 以“全力推进绿色发展大事，建设国际一流生态文明示范区”为主题的大型全民义务植树活动举行，全区干部群众10万人参加。

6日 河北省张家口市四套班子领导到延庆，围绕加强两地合作，推动京津冀协同发展进行考察。

△ 按照北京市打击违法用地违法建设专项行动的总体部署，依法对大榆树镇大泥河村5栋楼房总建筑面积3.85万平方米的违法建设实施强制拆除。

13日 延庆区生态文明和城乡环境建设暨三年行动启动大会召开。

15日 2019中国北京世界园艺博览会世园大道景观建设工程启动仪式在康庄镇举行，标志世园会进入实质性建设阶段。

18日 “迎冬奥华侨公益林”植树育林活动在位于张山营镇的北京风沙源育苗中心举行启动仪式。百位华侨华人和归侨侨眷、港澳同胞代表栽种树苗。

22日 市委常委、组织部部长姜志刚围绕重大项目推进过程中做好群众工作、村委会换届选举和农村基层党建工作到延庆调研。

24日 团市委与区政府联合举办青少年“增绿减霾、共迎冬奥”暨北京市延庆区“冬奥青年林”植树活动，首都各界700名青年代表在延庆蔡家河平原造林地块栽种2022株树苗。

29日 区委召开“两学一做”学习教育工作会议，深入学习贯彻习近平总书记关于“两学一做”学习教育的重要指示和市委书记郭金龙在全市“两学一做”学习教育工作会议讲话精神，对全区“两学一做”学习教育工作进行动员部署。

5月

15日 首届北京牡丹科技文化节暨“科技创新与牡丹产业发展”高峰对话会在大榆树镇举行。北京林业大学和北京世园局签署战略合作协议；中国工程院院士尹伟伦、中国林业经济学会理事长李育材分别作主题报告。

16日 区2016年农村工作会召开，研究部署低收入村户增收工作。

20日 2016年创建全国文明城区工作推进会召开，贯彻落实首都精神文明建设工作大会精神，对“创城”工作进行再发动、再部署。

△ 区文明办等7部门联合举行2016年“最美的士之星”评选颁奖典礼，10名延庆的哥、的姐获评“最美的士之星”。

22日 首届北京妫河女子半程马拉松在夏都公园举行。李志军鸣枪发令，著名体育解说员韩乔生现场主持，奥运冠军杨伊琳领跑助阵，国内外2019名女选手以马拉松形式为2019年北京世园会加油助威。

27日 2016年乡镇领导班子换届工作动员部署会召开。

28日 “美丽延庆·食在乡村”延庆区

2016年乡村美食月开幕式在永宁镇上磨村举行。

31日　“童心向党”延庆区2016年“十佳美德少年”颁奖典礼暨第八届少儿艺术节展演活动在区文化馆小剧场举行。

6月

9日　“休闲延庆·多彩端午”第八届北京端午文化节暨北京市第三届“非遗大观园”端午游园会在区开幕。延庆第二十一届消夏避暑季同时启动，活动持续到8月末。

11日　第十一个“中国文化遗产日”暨第八届北京端午文化节闭幕式在青龙桥火车站举行。

12日　清理整治违法违规排污及生产经营行为工作部署会召开。

14日　全区新任职村“两委”主要干部培训班开班。

18日　中国人寿·2016要跑·24小时城市接力赛北京站比赛在北京延庆龙湾国际露营公园开幕。

18—19日　2016“美利达——正新杯”第六届北京国际自行车骑游大会在区举行。世界各地5000名自行车骑游爱好者“骑”聚延庆，为世园会、冬奥会加油。

29日　区委庆祝中国共产党成立95周年大会召开。

7月

1日　欧盟中欧数字经济协会创始人兼主席鲁乙己、主任韦茉莉和中关村数字文化产业联盟总经理柳仁萍、理事长吕本富等到延庆区，考察智能微电网、科技小镇等智慧城市建设和冰雪产业发展情况。

5日　第三届中国自驾游与房车露营大会在北京龙湾国际露营公园开幕。大会主题为“弘扬露营文化·畅享户外盛筵”。

7日　中关村管委会主任郭洪、中关村发展集团总经理周云帆一行到延庆区，对接中关村延庆园建设发展工作，并与区领导座谈。

8日　区“千人找差团”成立仪式举行。

12—13日　国际奥委会委员、香港霍英东集团主席霍震霆到区，就2022年冬奥会筹办举办工作进行考察。

24日　全民学外语动员部署会召开，对开展为期6年的全民学外语活动进行动员部署。

27日　区委一届二次全会召开。通过《关于召开中国共产党北京市延庆区第二次代表大会的决议》。

31日　北京冬奥组委在八达岭长城脚下举办“从长城发出的邀请”纪念活动，面向全球征集2022年冬奥会会徽和冬残奥会会徽设计方案。

31日　“走向2022——美丽延庆与冬奥同行”2016延庆徒步大会在北京野鸭湖国家湿地公园举行，5000名市民为2022年冬奥会加油。

8月

8日　延庆区“创文明城区、办百姓实事、迎世界盛会”万人志愿行动启动仪式在妫川广场举行。

11日　区委举办“不忘初心，继续前进”——延庆区“党在百姓心中”百姓宣讲会。

12日　区委一届三次全会召开。会议表决通过《中国共产党北京市延庆区第一届委员会第三次全体会议决议》，审议通过《区委、区政府关于紧抓重大机遇加快延庆新城规划建设管理的实施意见》

16日　市规划国土委和区协作规划大会在区举行；区政府领导向9名责任规划师颁发聘书。

18日　启动货车、农用车百日整治行动。

29日　市委组织部宣布市委关于北京市延庆区领导干部调整的决定：黄克瀛任中共北京

市延庆区委员会委员、常委。

9月

1日　区政府与云南省昆明市政府正式签订战略合作协议；双方拟以2019北京世园会为契机，加强花卉产业、人才交流等方面的合作。

2日　中共中央政治局常委、国务院副总理、第24届冬奥会工作领导小组组长张高丽到京张铁路八达岭长城站施工现场，察看隧道工程进展情况，并主持召开座谈会，听取京张铁路、延崇公路的规划建设进展情况汇报。

4日　北京第二外国语学院（延庆校区）贯培学院举行开学典礼。

9日　“万科石京龙滑雪场2016—2017雪季发布会”在北京八达岭饭店举行。

13日　“萄醉金秋季·共叙冬奥情”2016年张山营葡萄文化节开幕。

18日　农业部副部长屈冬玉带队到延庆区，就推动国际马铃薯中心亚太中心项目建设等工作进行调研。

19日　市政府党组成员、市政府第十一督查组组长夏占义到延庆区，就延庆贯彻落实国务院和北京市重大决策有关工作情况进行督查。

△　以“在长城脚下绽放”为主题的2019北京世园会会徽、吉祥物发布会在八达岭长城望京广场举行。

22日　纪念红军长征胜利80周年暨大庄科开放式红色体验基地启动仪式在大庄科乡沙塘沟村平北红色第一村纪念馆举行。

23日　市委组织部宣布市委关于北京市延庆区领导干部调整的决定：李军会任中共北京市延庆区委员会委员、常委、副书记。

26日　区委常委会召开会议，研究加快冰雪运动发展等工作。

29日　北京世园会组委会副主任江泽慧宣布北京世园会园区建设正式启动。

10月

9—10日　市政协主席吉林带领市政协教文卫体委员会、民族和宗教委员会部分委员到延庆区围绕推进北京北部长城文化带建设工作进行调研。

12日　贯彻北京市科技创新大会精神暨中关村延庆园机构改革动员会召开。

14—16日　2016年京张优质农产品推介会在延庆八达岭国际会展中心举行，北京和张家口两市128家企业参展。

26日　大气污染防治工作动员部署会召开，贯彻落实京津冀及周边地区大气污染防治协作小组第七次会议精神，部署全区大气和水污染防治工作。

27日　区政府与国网北京市电力公司签署战略合作协议，共同推进全区电力主网规划和建设水平。

11月

3日　新华社北京分社社长梁相斌、副总编辑涂铭到延庆区，围绕延庆绿色发展、长城保护和文化发掘以及生态文明建设进行调研。

4日　交通运输部部长李小鹏到延庆区，围绕“兴延”高速和“延崇”高速建设工作进行调研。

7日　由中国地质大学（北京）和延庆世界地质公园共同承办的第二届联合国教科文组织世界地质公园国际培训班在中国地质大学（北京）开班。

8日　法国罗纳—阿尔卑斯大区副区长、霞慕尼市市长埃里克·福尼耶一行来到延庆区参观考察，并与区政府签署建立友好关系意向书。

14日　区委召开中共北京市委十一届十一次全会精神传达会，传达学习市委全会精神和郭金龙书记在市委全会上的讲话精神。

△　第十届全国工程机械与车辆技术质量

信息交流会暨中国工程机械工业协会质量工作委员会会员大会在区举行。

15日　新一届区、乡镇人大代表换届选举投票。区领导及全区22.9万选民参加投票。

12月

3日　首届中国残疾人冰雪运动季暨延庆区第三十一届冰雪欢乐节在万科石京龙滑雪场启动，京北冰雪旅游季系列活动同时开幕。

6—8日　中国共产党北京市延庆区第二次代表大会召开。大会选举产生中共北京市延庆区第二届委员会和中共北京市延庆区第二届纪律检查委员会，产生区委委员36名、区委候补委员7名和区纪委委员29名。

8日　中共北京市延庆区第二届委员会举行第一次全体会议。选举产生中共北京市延庆区第二届委员会常务委员会委员10人以及区委书记、副书记。

△　中共北京市延庆区第二届纪律检查委员会举行第一次全体会议。选举产生中共北京市延庆区第二届纪律检查委员会常务委员会委员9人以及书记、副书记。

9日　陕京四线北京段线路工程在区开工。

12日　区政府与中国国营林场开发总公司签署框架合作协议，共同推动延庆生态环境建设和社会经济发展。

17日　区政府召开电视电话会议，传达市、区领导指示精神和有关要求，进一步部署空气重污染红色预警应对工作。

18—22日　政协延庆区第二届委员会第一次会议举行，通过《二届一次会议政治决议》，选举产生政协延庆区第二届委员会主席、副主席、秘书长和常务委员。

20—23日　北京市延庆区第二届人民代表大会第一次会议召开。胡耀刚当选为北京市延庆区第二届人民代表大会常务委员会主任，武克、郑世华、郭永华、闫承发、吴辰英当选为副主任。穆鹏当选为北京市延庆区人民政府区长，张远、谢文征、刘瑞成、祖宇、罗瀛、董亮、吴世江当选为副区长。王罗颐当选为北京市延庆区人民法院院长；段福华当选为北京市延庆区人民检察院检察长。

26日　延庆区处级领导干部“学习贯彻党的十八届六中全会精神”专题研讨班在区委党校开班。

△　北京市延庆区工商联（商会）举行第二次代表大会，选举产生新一届区工商联执行委员会委员。

28日　北京控股集团有限公司副董事长、总经理侯子波等到延庆区，就进一步深化战略合作与区领导座谈。

29日　以“冰雪奇缘迎冬奥，‘柳’光溢彩过大年”为主题的“祈福冬奥·乡宴柳沟”冰雪嘉年华在井庄镇柳沟村开幕。

（责任编辑：王新华）

特载

坚持全面从严治党 团结一心奋勇拼搏 加快建设国际一流的生态文明示范区 奋力推动延庆发展实现新跨越

——在中国共产党北京市延庆区第二次代表大会上的报告（2016年12月6日）

中共延庆区委书记　李志军

各位代表、同志们：

现在，我代表中国共产党北京市延庆区第一届委员会向大会作报告，请予审议。

这次大会的主题是：高举中国特色社会主义伟大旗帜，紧密团结在以习近平同志为核心的党中央周围，坚决落实中央、市委决策部署，坚持全面从严治党，团结一心、奋勇拼搏，全力服务保障世园会冬奥会筹办举办，加快建设国际一流的生态文明示范区，奋力推动延庆发展实现新跨越。

一、一届区委的工作回顾

国务院批准延庆撤县设区，是延庆发展史上的重要里程碑，标志着延庆发展站在了新的历史起点上。由“县”到“区”，意味着延庆发展坐标系的重新定义和发展方式的重大变革，意味着延庆将从以农村为主的县域经济社会发展向以城镇化为主的城市经济社会发展的深刻转变。新一届区委深刻认识到，必须牢固树立“区”的意识，把“区”的标准贯穿经济社会发展全过程，才能从思想上彻底完成撤县设区。区第一次党代会以来，我们牢牢把握这个特殊的历史节点，把统一思想、凝聚共识放在更加突出的位置，认真学习贯彻习近平总书记系列重要讲话精神和中央、市委决策部署，主动作为、攻坚克难，2016年地区生产总值预计达到117亿元，按现价计算同比增长9%；固定资产投资完成103亿元，同比增长44.7%；一般公共预算收入预计实现13.6亿元，同口径增长超过10%；城乡居民人均可支配收入分别达到38807元和19806元，同比分别增长9%和9.5%，实现了“十三五”良好开局，奋力开启了建设国际一流的生态文明示范区新征程。

一年来，我们坚持从严治党、固本强基，党的建设全面加强。认真学习贯彻十八届六中全会和市委十一届十一次全会精神，强化主体责任意识，充分发挥党建领导小组统筹引领作用，研究编制党建“十三五”规划。扎实开展“两学一做”学习教育，创新运用“互联网+党建”理念，打造“党员小书包”学习交流平台，有力推动党内教育从“关键少数”向广大党员拓展、从集中性教育向经常性教育延伸。积极构建大宣传格局，加强宣传思想工作，严格落实意识形态工作责任，完善新闻发言人制度，在全市首创“三微+”新媒体联盟，舆情应对扎实有效，启动《北平以北》纪录片拍摄，建立大庄科开放式红色体验基地，创新大宣讲模式，开展“秀美乡村·成风化人”活动，团结一心、共同奋斗的局面进一步形成。高标准完成乡镇领导班子换届选举工作，充分发挥党委领导和把关作用，创新考察推荐方式，严明换届纪律，新一届乡镇领导班子年龄较换届前降低3.1岁，大学及以上学历同比增加70.3%，选出了忠诚干净担当的好干部，配出了结构优功能强的好班子，换出了心齐气顺劲足的好面貌。顺利完成村委会换届，选出一批政治素质好、办事公、讲民主、会管理的村级带头人。全面开展基层党建攻坚年活动，分两批选派124名优秀干部到低收入村担任“第一书记”，基层组织凝聚力、战斗力进一步增强。加大干部队伍建设力度，统筹使用好各年龄段干部，加大干部教育培训和交流力度，联动调整处级干部11批次536人次，一批年富力强、视野开阔、责任心强的优秀干部选拔到关键岗位。认真贯彻落实党内法规制度，实施派驻纪检机构统一管理改革，出台主体责任全程纪实管理办法，运用监督执纪“四种形态”，加大对重点领域、重大项目的监督执纪问责力度，全区新立案件138件，同比增长52%，给予党纪政纪处分115人次，同比增长46%，“德蕴清风”廉政品牌影响力进一步扩大。

一年来，我们坚持科学谋划、奋力攻坚，世园会冬奥会筹办取得阶段性进展。组建完成冬奥组委延庆运行中心，成立冬奥会延庆赛区筹办工作领导小组，高水平编制赛区、场馆和基础设施总体规划，编制完成奥运行动计划和冰雪运动发展意见，积极推进国家高山滑雪中心、雪车雪橇中心和延庆奥运村项目招标、方案设计，成功保障申冬奥一周年纪念活动，高质量完成国际奥委会协调委员会、国际雪联高山滑雪委员会、国际雪车和国际雪橇联合会来延评估考察工作，万科石京龙滑雪场全面升级并投入运营，首届中国残疾人冰雪运动季暨第31届冰雪欢乐节启动，京张高铁、兴延高速全线开工，延崇高速年内实现开工，北京市冰上训练基地落户延庆。世园会围栏区征拆全面完成，园区建设全面开工，回迁安置房项目开工建设，会徽和吉祥物成功发布，国际招展全面启动，世园会延庆区筹办行动方案编制完成，世园大道及园区周边绿化工程顺利推进。现代园艺产业集聚区（HBD）综合规划发布实施，核心区和25个现代园艺产业园初步设计编制完成，一批园艺界有影响力的企业即将入驻，“一区多园”发展空间格局初步形成。

一年来，我们坚持厚植优势、强势推进，生态品质稳步提升。坚持以清空净水为重点，重拳出击，强力实施一系列治理举措。主动加压，实施大气污染防治16项“超常规措施”，完善空气重污染应急机制，压减燃煤、控车减油、清洁降尘、治污减排，完成煤改清洁能源5247户，压减燃煤8万吨，“陕京四线”延庆段输气管道开工建设，PM2.5年均浓度预计实现55微克/立方米。启动污水治理和再生水利用三年行动计划，推行“河长制”，加强以妫河流域为重点的水环境治理，划定畜禽养殖禁养区，完成10个规模化养殖场粪污治理、3个试点小区雨污分流改造和24个村级污水治理项目，城西再生水厂和旧县镇、八达岭镇、永宁镇污水处理厂实现调试运行，成为北京首批“海绵城市”试点。北京长城国家公园体制试点区正式获批，国家森林城市创建全面启动，完成造林营林工程23万亩（15330公顷）。环境秩序持续整治，强力拆除违法建设139处8.4万余平方米，生活垃圾无害化处理率达到95%，“干净指数”保持全市前列。

一年来，我们坚持聚焦定位、优化服务，新城建设全面提速。积极回应百姓改善居住条件的强烈呼声，以城市建设的全面加速保障改善民生。召开区委一届三次全会专题部署城市工作，明确“绿色健康之城、休闲宜居之城、山水心灵之城”的新城发展定位，推动新城规划上水平、建设上速度、治理上台阶。编制完成延庆新城总体规划纲要。加快城中村拆迁改造步伐，东关新村项目实现开工，南辛堡村等5个棚户区改造项目确定实施主体，赵庄等8个新型农村社区建设有序推进，南菜园1~5巷一期房屋征收、万达城市综合体一级开发征地工作基本完成，完成3个老旧小区综合改造，2000套保障性住房建设稳步推进。完成重点区域夜景照明二期工程，完成新城街、菜园南街等城区道路改扩建工程。积极稳定和扩大就业，城镇登记失业率控制在4%以内。全面提升城区公共服务水平，北二外贯培学院在延庆办学，北京市学习型城市示范区建设通过评估验收，高考本科上线率再创历史新高；北医三院延庆医院正式挂牌，定期来延庆服务专家同比增加114%，区域医疗中心投入使用，北京中医医院延庆医院建设启动；全民健身中心开工建设，全民学外语活动全面展开。扎实推进全国文明城区创建，积极开展“十百千万”行动，形成了全民创城工作格局，区域文明程度显著提升。“法治延庆”和“平安延庆”建设深入推进，“七五”普法全面启动，社会保持和谐稳定。

一年来，我们坚持精准布局、特色发展，新型城镇化建设加快推进。积极推动精品小镇特色化发展，研究制定精品小镇建设实施意见，实施乡镇责任规划师制度，15个乡镇功能定位基本明确，园艺风情小镇、冬奥冰雪休闲小镇等特色小镇规划初步完成。开展国家首批全域旅游示范区创建，梦幻长城球幕影院建设完成，隐居乡里等一批乡村酒店实现开工，南湾3D画主题村等特色旅游乡村成功打造，大庄科辽代冶铁遗址规划编制及考古发掘有序开展。启动世园会、冬奥会绿色有机食品供应基地建设，加快推进绿富隆等企业转型升级，启动7个园艺主题村庄建设，新增花卉种植面积5000亩，有机农业占农业总产值20%。加快推进美丽乡村建设，出台农村村民个人原有宅基地房屋建设管理办法，确定60个美丽乡村建设试点，启动27个试点村庄规划编制工作，香营乡新庄堡村、沈家营镇河东村成为全国“一村一品”示范村。大力实施低收入村户增收攻坚工程，精准识别低收入村58个、低收入户13225户，出台低收入农户增收及低收入村发展实施意见，低收入户人均收入增长10.3%。7个乡镇文化中心和珍珠泉乡社区卫生服务中心建设稳步推进，完成山区搬迁2254户、农宅抗震节能改造6004户，村民居住条件明显改善。

一年来，我们坚持问题导向、深化改革，发展活力持续增强。突出抓好重点领域改革。出台深化区属国资国企改革意见，明确区国资委管人、管事、管资产的职能定位，进一步完善国有资产监管机制。中关村延庆园机构改革全面完成，成立中关村科技园区延庆园服务中心，稳妥做好人员分流安置，实现管理权和经营权分离，从体制机制上为打造延庆发展第三引擎奠定坚实基础。继续深化生态文明体制改革，明确各部门环境保护工作职责分工，构建党政同责、一岗双责的环境保护责任体系，启动国际一流的生态文明示范区建设标准研究，完善与怀来、赤城大气污染区域防治协作机制。大力推进农村集体土地制度改革，116个村完成农村土地确权工作，农村集体“三资”管理进一步强化。

过去一年，新一届区委严格落实地方委员会工作条例，持续加强自身建设，区委运行机制不断完善。注重发挥好总揽全局、协调各方作用，在做好区委换届各项工作的同时，加强对区人大、区政府、区政协换届工作的领导，加强与党外人士沟通合作，积极做好工商联换届工作，扎实推进老干部工作，召开党校工作会议，加强改进新形势下党校工作，有效发挥群团组织作用，坚持党委议军会议制度，创新建立军地协作机制，形成推动发展的整体合力。

回首过去，我们站在新的历史起点上砥砺前行，深切体会到：必须坚持正确政治方向，切实增强政治意识、大局意识、核心意识、看齐意识，自觉同以习近平同志为核心的党中央保持高度一致；必须加强党的领导，坚决落实全面从严治党要求，充分发挥基层党组织战斗堡垒作用，不忘初心，继续前进；必须倍加珍惜机遇，强化使命担当，聚焦世园冬奥主线，全力以赴做好筹办举办服务保障工作；必须坚持办大事、促发展、惠民生相统一，坚守功能定位，最大限度发挥好大事带动效应，实现发展成果人人共享；必须坚持全面深化改革，树立开放意识，秉承创新思维，不断破解体制机制的痼瘴顽疾，形成推动美丽延庆加快发展的强大力量。

各位代表、同志们，回顾一年来的工作，我们深感成绩来之不易。这是市委、市政府正确领导和市有关部门大力支持的结果，是全区上下齐心协力、团结奋斗的结果。在此，我代表中共北京市延庆区第一届委员会，向在座的各位代表，向历届领导班子和各位老领导老同志老朋友，向全区广大共产党员和干部群众，向各民主党派、各人民团体和社会各界人士，向驻延部队和武警官兵，向所有关心、支持和参与延庆发展建设的同志们、朋友们，表示衷心的感谢和崇高的敬意！

在充分肯定成绩的同时，也要清醒地看到我们还存在一些问题和不足：党建工作相对薄弱，与实现跨越发展的要求相比还有很大差距；大气、水环境治理有待进一步加强，实现生态文明发展战略的体制机制有待完善；世园会冬奥会筹办工作推进力度与中央和市委的要求相比还存在一定差距，仍需全面加速；部分干部责任感紧迫感不强，担当精神不足，“为官不为”现象依然存在，等等。对于这些问题，我们必须认真对待，切实加以解决。

二、未来五年的形势和任务

今后五年，是筹办举办世园会冬奥会、全面建成小康社会的决胜时期，是延庆可以大有作为的重要战略机遇期和黄金发展期。用足用好世园会冬奥会重大战略机遇、奋力推动延庆实现跨越发展，意义极其重大、影响十分深远。

未来五年，是延庆不负重托、完成使命的决胜五年。2019北京世园会是向世界展示我国生态文明建设成果、促进绿色产业国际交流与合作的重要舞台，办好2022年北京冬奥会是我国对国际奥林匹克大家庭作出的庄严承诺，对于展示我国综合国力、增强国际影响力、提升软实力具有重大作用，是关系国家发展全局的大事。党中央和市委将世园会承办地、冬奥会高山滑雪和雪车雪橇项目放在延庆，体现的是对我们的充分信任，传递的是一份使命和责任。能不能把服务保障世园会冬奥会筹办举办任务完成好，是检验我们是否具有“四个意识”的重要试金石，也是对我们工作能力和工作作风的重大考验，这场大考，全胜才算过关，满分才算达标。我们的责任无比重大、使命无上光荣。服务保障世园会成功举办、圆满完成冬奥会筹办的任务就集中在今后五年，这五年，我们面临着国际规则的挑战、专业运作的挑战、工作标准的挑战、系统运筹的挑战，所有这些，不能讲条件，不能打折扣，不能有拖延。现在距2019世园会开幕不足两年半，距2020年冬奥会测试赛举办仅剩三年，任务异常艰巨，时间非常紧迫，耽误不得更失误不起。我们必须冲锋冲刺、决战决胜。

未来五年，是延庆千载难逢、弥足珍贵的黄金五年。当前，国家经济实力和综合国力不断壮大，区域发展的宏观环境稳定向好。京津冀协同发展深入推进，北京全面落实“四个中心”城市战略定位，积极从集聚资源求增长向疏解功能谋发展转变，延庆在更大范围内整合优质资源、弥补自身短板、提升发展层次的条件更加充足。特别是，作为一个只有31万人口的远郊区，代表国家、代表首都接连成为两个世界级赛会的承办地，绝无仅有，史无前例。我们的发展资源更加丰厚、发展条件更加优越。世园会冬奥会筹办举办的强大势能全面释放就集中在今后五年，这五年，我们的对外交通瓶颈将彻底打破，基础设施水平将全面提升。赛会的强大凝聚效应、辐射效应、眼球效应将使延庆的外界关注热度空前、外来投资意向激增、外部资源集聚加速，将为我们彻底改变延庆产业支撑不足、公共服务能力不足、人才支撑不足提供难得契机，将为我们让延庆百姓过上更加幸福的生活提供美好前景，将为我们进一步扩大开放、走向世界、成为世界的延庆提供广阔空间。用足用好我们拥有的优厚发展条件，把世园会冬奥会的红利放大到极致，把未来五年真正变成延庆发展的黄金五年，至关重要，绝非易事。机遇千载难逢，前景广阔光明。我们必须倍加珍惜、牢牢把握。

未来五年，是延庆乘势而上、跨越发展的关键五年。实现跨越发展，是延庆历届领导班子和全区人民的美好心愿和共同期盼，我们一直为之不懈努力、矢志奋斗。现在，我们比以往任何时候都更接近跨越发展的梦想，比以往任何时候都更有信心、有条件实现这个美好愿望。但重大赛会的带动效应主要集中在筹办期，赛会结束后市场资源会迅速转向新的发展热点。我们的机遇稍纵即逝，发展时不我待。借力世园会冬奥会实现跨越发展的最佳时机就集中在今后五年，这五年，是延庆在更高品质上推动生态环境持续优化、在更高标准上推动城乡建设加速实施、在更高层次上推动绿色经济后发赶超、在更高水平上推动民生福祉切实提升的最为关键五年。我们只有把握时机、主动作为，借力大事引增量、优存量、提质量，不断增强区域综合实力，才能完善自身造血功能，增强内生动力和发展后劲，从根本上解决发展不足的问题、破解“四个并存”的矛盾，为今后更长时期可持续发展打下坚实基础。我们只有解放思想、改革创新，树立超常规意识，明确超常规思路，采取超常规举措，才能实现跨越发展。如果我们无动于衷、无所作为，仍然按部就班、安于现状，就会与跨越发展擦肩而过。时机不容错失，梦想就在前方。我们必须借势发展、借力跨越。

综合来看，延庆已经站在了完成使命、实现跨越的重要历史关口。重大发展机遇和巨大考验挑战都已经历史性地摆在我们面前，用好机遇、战胜挑战，完成使命、实现跨越，关键要有团结协作、勤政廉洁、务实进取、坚强有力的领导班子，要有政治坚定、能力过硬、作风优良、奋发有为的党员干部队伍，要有具备推动发展、服务群众、凝聚人心、促进和谐能力的坚强基层党组织。与这一要求相比，我们还有一些不相适应的地方，有的领导班子作风不实、执行力弱、不求进取，一些党员领导干部宗旨意识淡化、能力素质不强、奉献精神缺乏、责任担当不足，一些基层党组织政治功能弱化、引领发展乏力、凝聚人心不力，这客观反映出我们落实党建责任不够到位、思想理论武装不够深入、党内政治生活不够规范、党员监督管理不够严格，管党治党存在宽松软问题。解决这些问题，关键在党要管党，关键在加强党的建设，关键在严格落实全面从严治党要求，以强烈的历史担当，以自我革命的勇气，推动管党治党由宽松软向严实硬转变，形成更强大的凝聚力向心力，团结带领全区人民戮力同心、奋勇拼搏，共同完成历史使命。

各位代表、同志们，我们要为有幸生逢这个伟大时代、身处这一关键时期而骄傲，更要为有幸承担这一历史使命、投身这样光荣的事业而自豪。面对历史的重托，面对中央、市委的信任，面对全区人民的期盼，我们一定要有那份壮怀激烈，要有那种热血沸腾，满怀对党的无限忠诚、对使命的崇高敬意、对事业的澎湃激情、对人民的赤子之心，把“不忘初心、继续前进”的誓言写在奋斗征程上、体现在各项工作中，珍惜机遇，真抓实干，夙兴夜寐，忘我工作，付出我们可以付出的一切，奉献我们可以奉献的所有，以强烈的政治担当、责任担当、历史担当，担负起这一重大使命和光荣任务，切实把美好蓝图变成生动现实。

把美好蓝图变成生动现实，我们必须充分发挥党员先锋模范作用，以坚如磐石的责任担当奋勇争先，不怕矛盾复杂、不怕任务艰巨、不怕责任重大，冲锋在前、勇挑重担，快马加鞭推动工作落实。

把美好蓝图变成生动现实，我们必须凝聚全区人民智慧力量，以躬行践履的严实作风奋发有为，众志成城、和衷共济，锲而不舍完成工作任务。

把美好蓝图变成生动现实，我们必须广泛集聚各方资源调动一切积极因素，以无愧重托的卓越标准奋发图强，群策群力、善作善成，全力以赴推动全区各项事业迈向更高水平。

今后五年，我们要高举中国特色社会主义伟大旗帜，紧密团结在以习近平同志为核心的党中央周围，全面贯彻党的十八大和十八届三中、四中、五中、六中全会精神，坚持以马克思列宁主义、毛泽东思想、邓小平理论、“三个代表”重要思想、科学发展观为指导，深入贯彻习近平总书记系列重要讲话精神，紧紧围绕统筹推进“五位一体”总体布局和协调推进“四个全面”战略布局，深入践行新发展理念，严格落实全面从严治党要求，主动融入京津冀协同发展大局，落实首都城市战略定位，紧抓重大历史机遇，坚定不移实施生态文明发展战略，全力服务保障世园会冬奥会筹办举办，全面建成小康社会，加快建设国际一流的生态文明示范区，奋力推动延庆发展实现新跨越，为早日实现山更绿、水更净、天更蓝、空气更清新、人民更幸福的美丽延庆蓝图奠定坚实基础。

今后五年发展的主要目标任务是：

——全力开创党建新局面，从严治党要求全面落实，党建突出问题有效解决，农村基层基础进一步夯实，党组织和党员队伍的创造力凝聚力战斗力全面增强。

——圆满完成赛会筹办举办服务保障工作，配合成功举办一届独具特色、精彩纷呈、令人难忘的世园会，确保2020年冬奥会测试赛成功举办，为举办一届精彩、非凡、卓越的冬奥会做好充分准备。

——全面建成小康社会，城乡居民收入增长保持与经济增长同步，现行标准下低收入村户与全区人民同步迈入小康，城乡区域发展更加协调。

——努力实现跨越发展，“十三五”规划确定的各项指标全面完成，国际一流的生态文明示范区建设全面加速、取得突破性进展，生态品质达到国际一流水平，经济保持高速增长，新型城镇格局基本形成，公共服务水平明显提升，社会文明程度大幅提高，全面深化改革持续推进，社会更加稳定和谐。

三、全力开创党的建设新局面

各位代表、同志们，形势催人奋进、目标鼓舞人心。实现今后五年奋斗目标，关键在全面提升党建工作水平，以从严治党的扎实成效凝聚党心民心，汇聚起完成使命、实现跨越的强大力量。

（一）从严加强区委自身建设，率先垂范锻造坚强领导集体

打造更加坚强有力的领导集体，充分发挥引领示范作用，是应对挑战、解决矛盾，用好机遇、赢得未来的关键。要坚持打铁还需自身硬的鲜明态度和责任担当，以令人信服的表率作用从严加强区委自身建设。全体区委委员、候补委员特别是区委常委会委员，必须清醒认识自己岗位的特殊重要性，增强自律意识、标杆意识、表率意识，模范遵守党章党规，严守党的政治纪律和政治规矩，坚决贯彻落实中央、市委决策部署，切实增强“四个意识”特别是核心意识、看齐意识，更加紧密地团结在以习近平同志为核心的党中央周围，更加坚决地维护以习近平同志为核心的党中央权威，更加自觉地在思想上政治上行动上与以习近平同志为核心的党中央保持高度一致。必须严格落实全面从严治党要求，自觉做坚定理想信念的表率、认真学习实践的表率、坚持民主集中制的表率、弘扬优良作风的表率，模范践行党的宗旨，全心全意为群众做好事、解难事、办实事。必须不断创新领导方式和工作方法，充分发挥党代表作用，健全党代表参与重大决策、参加重要干部推荐和民主评议、列席党委有关会议、联系党员群众等工作机制，切实加强区委自身能力建设。必须不断提高战略思维、创新思维、辩证思维、法治思维、底线思维能力，不断提高科学决策、民主决策、依法决策水平，充分发挥总揽全局、协调各方作用，推动全区完成使命、实现跨越发展。

（二）从严落实管党治党责任，旗帜鲜明强化主业主责意识

全面从严治党说到底是责任问题，特别是落实主体责任更为关键，各级党组织只有切实担负起管党治党的主体责任，从严治党才不会落空。要把管党治党作为根本政治责任，切实增强党建主业主责意识。进一步健全党建工作领导体系。着力完善大党建工作格局，充分发挥区委党建工作领导小组统筹协调作用，进一步明确区人大党组、区政府党组、区政协党组抓党建工作责任，强化区委常委会委员（党组成员）在职责范围、分管领域内履行抓党建责任，普遍建立乡镇、街道党建工作协调委员会，强化各单位各部门党组织抓党建主体责任和党组织书记抓党建第一责任人职责。加强党对统战、武装和老干部工作的领导，充分发挥群团组织联系群众的桥梁纽带作用，推进党建工作与中心工作深度融合。进一步强化党建工作督导考核。坚持区、乡镇（街道）、村（社区）三级党建责任清单制度，推行主体责任落实痕迹化管理，健全主体责任履行情况报告制度，实施党建工作专项巡察制度，加大日常督导检查力度，深化各级党组织书记抓党建工作述职评议考核，强化考核结果运用，引导各级党组织把注意力和着力点聚焦到党建工作上，保证区委抓党建的决策部署贯彻执行。进一步加强党建工作追责问责。实行党建考核“一票否决”，建立末位约谈机制，对主体责任落实不到位的党委（党组）和主要负责人重点问责，做到失责必问、问责必严，问责一个、警醒一片，以强有力的追责问责倒逼党建主体责任落实。

（三）从严开展思想政治教育，不忘初心坚定理想信念

没有坚定的理想信念，就不能形成全区党员干部推动跨越发展的共同思想基础和价值追求。要抓住思想教育这个根本，用科学理论武装头脑，切实筑牢信仰之基，补足精神之钙，把稳思想之舵。坚持不懈强化思想理论教育。持续加强党委（党组）中心组学习，发挥区委党校教育培训主渠道主阵地作用，全面深化对习近平总书记系列重要讲话精神和治国理政新理念新思想新战略的学习教育，引导全区党员干部坚守政治信仰、站稳政治立场、把准政治方向，把重要讲话精神转化为抓落实的不竭动力、转化为推动跨越发展的共同行动。深化立根固本工程，继续完善并深化“七个一”主题系列活动，健全完善区、乡镇（街道）、村（社区）大宣讲体系，推进思想理论大众化传播，不断增强全区人民道路自信、理论自信、制度自信、文化自信。持之以恒加强社会主义核心价值观建设。深化实施化雨润物工程，坚持宣传教育、示范引领和实践养成相结合，切实把价值观体现在经济发展、社会管理和公共服务等各项工作中，在全区塑造向上向善的时代新风。牢牢把握宣传舆论主动权。全面完善大宣传工作机制，严格落实党委意识形态工作责任制，切实加强新闻发言人队伍建设，突出用好新媒体宣传优势，着重把好世园会冬奥会筹办举办期间的宣传导向、工作基调和任务重点，向世界传递延庆声音，讲好延庆故事，为实现跨越发展提供有力舆论支持。

（四）从严遵守政治纪律规矩，不折不扣确保令行禁止

做到全区上下方向正确、团结统一、步调一致，形成推动跨越发展的强大力量，严明的政治纪律和政治规矩是重要保障。必须严肃党内政治生活，严明党的政治纪律和政治规矩，充分释放监督制度优势。严明政治纪律规矩。坚持纪律面前一律平等，遵守纪律没有特权，执行纪律没有例外。建立执行政治纪律和政治规矩专项监督检查机制，严肃查处上有政策、下有对策，有令不行、有禁不止行为，推动全区干部始终在思想上政治上行动上同以习近平同志为核心的党中央保持高度一致。严肃党内组织生活。严格落实“三会一课”、民主生活会和组织生活会、谈心谈话、民主评议党员等制度，坚持不懈把批评和自我批评这个武器用好，加强教育、管理、监督，确保党的组织生活经常、认真、严肃。严格履职用权监督。

建立健全党内监督体系，不断创新监督模式，完善监督机制，形成上下联动的“大监督”格局。强化党委的党内监督主体责任，严格落实领导干部述责述廉、报告个人有关事项等规定，建立领导干部插手干预重大事项记录等制度，加强对党组织主要负责人和关键岗位领导干部的监督，全面加强对权力运行的制约和监督。注重发挥纪委党内监督专责机关作用，常态化运用“四种形态”，着力加强区委重大决策部署执行情况的监督检查，确保监督落到实处见到实效。尊重党员主体地位，保障党员民主权利，强化党的工作部门、党的基层组织、党员在党内监督中履行职责义务、发挥积极作用。强化党内监督与党外监督结合，形成监督合力。

（五）从严强化干部队伍建设，选贤任能培育中坚力量

建设一支高素质的党员干部队伍，是我们实现未来五年奋斗目标的重要保证。要坚持正确选人用人导向，把严的标准和措施贯穿到干部工作的全过程，锻造高素质的党员干部队伍。从严从优选拔使用干部。完善选人用人机制，坚持好干部标准，严把政治关、品行关、作风关、廉洁关，真正让忠诚干净担当、为民务实清廉、奋发有为、锐意改革、实绩突出的干部得到褒奖和重用。统筹使用好各年龄段干部，加大干部教育培养力度，每年选派干部到重要部门、关键岗位锻炼交流。选好配强处级班子特别是党政正职，优化领导班子知识专业年龄经历结构，增强班子整体功能。抓实抓细管理考核。健全经常性提醒教育机制，制定实施提醒、函询办法，规范谈心谈话制度。改进领导班子和领导干部考核评价体系，完善领导干部能上能下机制，建立容错纠错机制，加大正向激励力度，旗帜鲜明地为敢于担当的干部担当、为敢于负责的干部负责。因势因需推进人才强区战略。推进人才管理改革试验区建设，落实人才事业发展规划和引进高端紧缺人才意见，实施世园会冬奥会人才行动计划，借助外部人才和智力资源助推跨越发展。

（六）从严抓好基层组织建设，固本强基提升整体功能

党的工作最坚实的力量支撑在基层，突出矛盾和问题也表现在基层，实现延庆跨越发展，必须夯实基层基础。要深入研究把握基层党建工作特点和规律，扎实推进基层党建工作创新，持续巩固、不断厚植党的执政根基。强力巩固基层基础支撑。针对各乡镇、各部门基层党建工作薄弱环节，实施分类谋划、分类指导，完善软弱涣散基层党组织动态监测和常态整顿机制，深入开展基层服务型党组织创建工作，不断强化政治功能和服务功能，充分发挥基层党组织在征地拆迁等急难险重任务中的战斗堡垒作用。建立村干部定期培训制度，加大村（社区）后备干部人才培养力度，每村（社区）选拔储备不少于2人，每乡镇（街道）配备不少于5名专职党务工作者。用好《党员手册》，开展不合格党员专项清理整顿。有效扩大基层党组织覆盖。积极推进党的组织和党的工作在农民专业合作社、专业协会、非公企业实现全覆盖，逐步健全基层党组织体系。全面规范日常运行管理。完善基层民主管理制度，规范村务监督委员会职能履行，进一步规范党务、村务、财务公开。建立健全村干部工作报酬合理增长机制，完善基层党组织保障投入机制，规范基层党组织工作、活动阵地建设，推进基层党建工作标准化规范化信息化。

（七）从严推进反腐倡廉建设，标本兼治营造良好政治生态

加强反腐倡廉建设，是为完成使命、实现跨越赢得广泛坚实的政治基础和群众基础的客观需要。要不断健全惩治和预防腐败体系，持续加大反腐工作力度，凝聚促进发展强大正能量。全方位进行廉洁教育。建设反腐倡廉立体化宣传平台，持续提升“德蕴清风”廉洁品牌影响力，深入开展多层次、多视角的示范教育和警示教育，推进廉洁教育生活化、警示教育常态化。加强党内政治文化建设，不断培厚良

好政治生态土壤。广角度推进腐败预防。实现区级党政机关事业单位派驻机构全覆盖，建立健全派驻机构工作机制。落实北京市推进国家监察体制改革试点任务，形成符合全区实际的监察体系。健全抓早抓小长效机制，加强廉政风险防控，加大党风廉洁建设责任制日常检查考核和责任追究力度，使不敢腐的氛围总体形成，不能腐、不想腐的机制更加完善。零容忍开展执纪审查。坚持有案必查、有腐必惩，继续保持惩治腐败高压态势，健全异地交叉办案及重大案件督导督办机制、纪检部门与司法行政相关部门联动机制。进一步畅通信访举报渠道，健全办理答复督查考评机制。一以贯之落实中央八项规定精神，继续防范和严肃查处隐形变异的“四风”问题和不严不实问题，深入开展“为官不为”专项整治，严肃查处重点工作落实不力、效能低下等懒政怠政问题，严肃查处领导干部违法违纪案件，深入开展“小官贪腐”专项治理，着力解决发生在群众身边的不正之风和腐败问题，让正风反腐给百姓带来更多获得感。

四、奋力推动延庆发展实现新跨越

各位代表、同志们，凝心聚力抓党建，凝聚共识促发展。完成今后五年工作任务，关键在于全党动手、全民动员，整合融汇各方资源，真抓实干、合力攻坚，实现办大事、促发展、惠民生的有机统一，全力以赴推动延庆发展实现新跨越。

（一）践履庄严承诺，确保在服务保障世园会冬奥会筹办举办上成为新典范

举全区之力，统筹推进世园会冬奥会筹办举办服务保障工作，确保世园会成功举办、冬奥会筹办圆满完成。全面系统提升承载服务能力。高水平配合实施园区赛区场馆规划、设计、建设，确保场馆如期交付使用。确保北京市冰上训练基地建成运营。确保兴延高速2018年全面开通，京张高铁、延崇高速2019年建成通车，完成八达岭通用航空机场改扩建，形成立体化对外交通体系。全方位完善园区赛区基础设施和服务设施，承载服务能力充分满足赛会需要。环境整治、河湖治理、景观建设全面完工，环境品质达到国际一流水平。高质高效完成服务保障任务。圆满完成世园会和冬奥会测试赛举办期间的保障工作。进一步完善志愿服务和社会动员机制，深入开展“我为世园做贡献”“我为冬奥添光彩”等主题活动。打造3个园艺主题小镇、10个园艺主题社区、9个园艺主题村庄、100个“世园人家”“冬奥人家”。充分有效利用赛会遗产。建成现代园艺产业集聚区（HBD），力争2021年入驻企业达到50家、科研成果达到100项、年销售收入达到20亿元，完整的园艺产业链初步形成。丰富小海坨冬奥基地四季运动项目，积极承担国家体育总局训练基地功能，大力引进世界顶级滑雪赛事，打造国际级高山滑雪胜地，成功引进知名企业参与场馆后期运营，大力发展大众滑雪，推动“夏都延庆·雪域海坨”品牌享誉中外。

（二）看齐国际标准，确保在优化生态品质上实现新提升

落实京津冀协同发展战略，大力度推进污染治理，大手笔实施生态系统保护修复，大尺度打造品质景观，实现妫川大地一步一景、处处如画。大幅提升生态环境质量。坚决打好环境治理攻坚战，有效遏制违法用地、违法建设现象。有效破解大货车过境、燃煤、施工扬尘等污染难题，加快实施清洁优质能源替代工程，基本实现无煤化，确保PM2.5年均浓度降到35微克/立方米。严格落实“河长制”，大力实施水污染防治工程，确保河湖水质基本达到Ⅲ类以上。加大垃圾管理与处置力度，实现人均生活垃圾产生量零增长、原生垃圾零填埋。持续扩大绿色生态空间。严格落实主体功能区划，对生态本底进行更加严格的保护。继续推进植树造林、森林抚育等工程，持续加强生态廊道建设，确保实现全区宜林荒山全部绿化，森林覆盖率达到60%左右。倾力塑造全域锦绣风光。完成世园冬奥主题景观提升、滨水景观建设、道路景观建设、城镇靓化、大地美化等

工程，保持大尺度的山水风光和田园特色，构建“三山环绕、三水串连、新城引领、一川溢彩”的景观格局。不断深化环境协同治理。健全大气污染联防联控、重大环境事项应急协商等合作机制，完善跨界生态环境监测评估与预警体系，增强生态风险防范和化解能力。大力支持官厅水库上游重点集水区生态保护和修复，全面提升跨区域生态防护林质量和景观效果。

（三）提高供给质量，确保在发展生态经济上迈上新台阶

适应和引领经济发展新常态，着力加强供给侧结构性改革，借力大事引资源、补短板、添动力、促协同，打造绿色产业新增长点，大幅提高产业质量效益和区域经济实力。做强中关村延庆园释放新活力。高标准建成中关村延庆园，调整产业空间布局，初步形成创新家园形态，基本构建起具有竞争力的绿色科技产业体系和相对完善的创新生态系统，力争2021年园区收入达到1000亿元以上，成为带动延庆发展的强大引擎。培育新兴业态增添新动力。严格落实新增产业禁限目录，坚决疏解全部低端业态，有效盘活闲置资产。大力发展花卉园艺产业，合理布局园艺科技研发、种质繁育等项目，持续提高产业从业比例和经济效益。加速发展冰雪产业，落实“一轴两翼”产业空间布局，初步建成京张体育文化旅游带，形成集大众冰雪运动、专业赛事、训练培训等于一体的产业体系。加快发展体育产业，建成国家户外体育运动休闲基地。着力发展现代金融业，成功引进一批金融总部及金融服务机构。有序发展健康养生业，培育发展商务会展业。壮大传统产业挖掘新潜力。健全旅游要素体系，进一步完善生态旅游智慧服务系统，深入实施“旅游+”行动，构建全域旅游发展格局，成功创建国家全域旅游示范区，建成运营20家乡村酒店，加快乡村旅游转型升级。聚焦新能源环保产业高精尖领域，成功引入创新研发资源，建成能源互联网交易中心。大力发展以有机农业为核心的都市型现代生态农业，推动绿色有机食品基地、世界马铃薯种源之都建设取得明显成效，进一步扩大“延怀河谷”和中国延庆世界地质公园品牌影响力。加快发展生活性服务业，切实优化服务业供给结构。服务创新创业打造新环境。健全相关政策制度和公共服务体系，扶持中小微科创企业发展，积极推动大众创业万众创新。推广“互联网+政务服务”，改善“一站式”服务，完善重大投资项目落地机制，大幅提高行政服务效能。

（四）促进城乡一体，确保在打造宜居典范上达到新水平

坚持产城融合、园城融合、赛地融合，加速新型城镇化进程，加快形成宜居新城、精品小镇、美丽乡村协调发展、互促共荣的良好格局。全面强化基础设施承载功能。统筹推进园区、赛区与城区、川区、山区的路网建设，形成“三纵、四横、五次干”的城市内部路网。完成智能交通指挥中心建设，大幅提升交通智能化水平。坚持公交优先战略，构建纵横发达的公交快速通勤系统，完善慢行系统。稳步推进城市地下综合管廊建设，基本建成安全可靠的能源供应体系。实现公共场所无障碍设施全覆盖。推动低碳城市试点、海绵城市试点建设。加速建设宜居新城。立足“绿色健康之城、休闲宜居之城、山水心灵之城”的新城发展定位，严格实施新城总体规划，加快规划整合，逐步实现“多规合一”。完成全部城中村、27个城外村改造和老旧小区综合整治，加大自住型商品房建设力度，增加有效供给，抑制房价过快上涨。加强对城市空间立体性、平面协调性、风貌整体性、文脉延续性的管控，形成“两轴、两带、一环、多脉”的风貌体系。大力发展城市绿脉，合理布局垂直绿化和立体绿化，城市绿化覆盖率达到66.8%，成功创建国家森林城市。推进城市水生态修复，构建“一轴两环、水清岸绿”的新城水脉。悉心打造精品小镇。落实精品小镇建设实施意见，指导推动各乡镇按照功能定位实现差异化、特色

化发展。加强镇区基础设施建设，全面提升综合服务能力和管理水平。基本建成康庄园艺风情小镇·科技创新家园、张山营冬奥冰雪休闲小镇，培育发展一批现代宜居宜业小镇和经济强镇。有序建设美丽乡村。编制实施美丽乡村建设规划，制定建设规范、考核验收标准和配套奖励补贴政策。落实村民原有宅基地房屋建设管理办法，确保每年以不低于现有村庄15%的比例建设美丽乡村。做好山区搬迁工作，加大对山区乡村建设的支持力度。精细实施城乡治理。统筹布局、协调推进城市管理体制、城市管理执法体制、街道社区管理体制、网格化体系建设改革，做到城市管理执法重心下移、力量下沉。加快建设智慧延庆，构建依法管理、和谐有序、充满活力的城市运行环境，实现共治共管、共建共享。

（五）厚植人文积淀，确保在提升社会文明上跃上新高度

大力开展“创文明城区、办百姓实事、迎世界盛会”活动，持续推进精神文明建设，充分展示延庆的美丽家园风貌、自信有礼风采、质朴向善民风、传统文化魅力。深入践行生态文明理念。深入推进绿色出行等“十大专项行动”，广泛开展“微承诺、微行动、微志愿”主题活动，促进生态文明知识持续传播。深化游客生态文明行为宣教，畅通全社会参与生态文明建设的渠道，实现社会各界共谋共建。全面提升社会文明水平。建立健全社会信用体系和诚信奖惩制度，加强诚信教育实践。深入推行全民文明创建工程和公共文明引导工程，显著提高全社会礼仪修养。推广全民阅读，建设书香延庆。推行“互联网＋文明传播”，实现互联网要素融入精神文明建设全过程。着力打造地区特色文化品牌。挖掘保护非遗文化遗产等历史文化资源，办好端午、重阳、春节等重点节庆文化活动，深化长城文化、地质文化、红色文化等创造性转化和创新性发展，推进大庄科冶铁遗址公园和博物馆建设。构建“一核五区一城”文化创意产业空间布局，展现独特地域文化魅力。

（六）共享发展成果，确保在保障改善民生上取得新进展

主动顺应人民群众所需所盼，加快建设更加健全完善的基本公共服务体系，让发展成果更多、更公平、更实在地惠及百姓。大力促进就业增收。不断拓宽就业渠道，健全绿色就业富民促进机制。实施低收入村户增收攻坚工程，全面落实“六个一批”帮扶措施，实现同步迈入小康。健全城乡一体就业管理和服务体系，研究制定稳定就业政策，强化就业困难群体帮扶，提高城乡劳动力就业保障程度和稳定性。持续强化社会保障。不断完善社会保障制度，扩大覆盖范围，健全投入机制，稳步提高社会保障标准。统筹社会救助、社会福利与慈善事业，健全城乡社会救助体系和优抚安置保障体系。持续实施安居工程，全力保障人民群众住有所居。繁荣发展社会事业。深化教育综合改革，加大开放办学力度，推进学前教育、义务教育优质均衡发展。深化医药卫生体制改革，完善公共卫生服务体系，加快卫生应急网络建设，提高急救服务能力，提升信息化水平，推动区医院和区中医医院达到三级甲等医院标准，大力加强村级卫生医疗机构和乡村医生队伍建设。大力推动公共文化体育服务体系建设，深入开展文化惠民活动，建成全民健身中心。保障妇女和未成年人权益，支持残疾人事业、老龄服务事业发展。创新实施社会治理。进一步完善城乡社区功能，强化社区治理基层基础工作。开展“七五”普法，推进“法治延庆”建设。强化人口调控。严格落实各领域安全监管措施，创新社会矛盾预防和化解机制，加强社会治安防控体系建设，建设“平安延庆”。深入开展“护城河工程”，强化区域治安联防联控，维护首都安全稳定。

（七）聚焦重点领域，确保在全面深化改革上获得新实效

增强改革意识，加大创新力度，提升改革行动能力，着力破解制约经济社会发展的体制

机制障碍，为实现延庆跨越发展提供强大动力。深入推进生态文明体制改革。制定实施国际一流的生态文明示范区建设标准，健全生态文明制度体系。完成国家生态文明先行示范区建设、国家主体功能区建设试点，积极配合完成国家公园体制试点。稳妥推进农村体制改革。严格落实农村土地制度改革和农村土地承包经营制度改革措施，探索有组织地盘活利用农民闲置资产，加快培育新型农业经营主体。扎实推进行政管理体制改革。进一步推进放管服改革，深化行政审批制度改革，优化投资项目审批流程，完善权责清单动态调整机制。有序推进国资国企体制改革。完善国有资产管理体制机制，推进国有企业分类改革。创新投融资模式，引导社会资本支持参与重点领域建设。

各位代表、同志们，2017年是党的十九大召开之年、新一届区领导班子履新之年、世园会冬奥会各项建设全面推进之年、全国文明城区创建决胜之年，做好全年工作极其重要、特别关键。经综合考虑，建议2017年主要预期目标是：地区生产总值按不变价计算同比增长8%左右，一般公共预算收入同比增长6%左右，城乡居民人均可支配收入增速分别达到9%、9.5%，全社会固定资产投资同比增长15%以上。重点做好以下工作：坚定不移全面从严治党。抓好十八届六中全会精神和《关于新形势下党内政治生活的若干准则》《中国共产党党内监督条例》等党内法规制度的学习宣传、贯彻落实。开展落实党建责任专项巡察和督导检查，开展基层党建全面提升年活动。全力以赴筹办绿色发展大事。全力加快世园会园区和配套服务设施建设，启动现代园艺产业集聚区（HBD）“一区多园”建设和园区周边村庄改造。完成冬奥会场馆及配套设施规划设计，全面启动施工建设。圆满举办2017国际雪联越野滑雪中国巡回赛北京站赛事。重拳出击治理生态环境。严格履行环境保护责任，坚决整改督察反馈问题，确保PM2.5年均浓度降到50微克/立方米，确保主要水质指标达到Ⅲ类标准。扭住关键加快产业转型升级。召开全区旅游工作大会，积极创建国家全域旅游示范区，圆满通过世界地质公园中期评估，完成国家公园体制试点机构组建。全力推动长城脚下创新家园土地一级开发，力争上半年达到上市供地条件。不断扩大有机农业发展规模，完善优质农产品流通服务网络体系。统筹兼顾提升民生福祉。完成李四官庄、谷家营村回迁安置房工程和南辛堡等3个棚户区拆迁工作，完成01街区、下屯村改造招标并启动征拆工作。完成“陕京四线”输气管道延庆段管线工程并实现通气。落实精准帮扶措施，加大低收入村户帮扶力度，扎实推进与怀来县对口帮扶合作。组建志愿服务联合会，成功创建全国文明城区。聚焦重点全面深化改革。制定实施国际一流的生态文明示范区建设标准。完成城市投融资平台组建，设立城镇建设基金，建立重大项目资金保障机制。加强国有资产监管，出台实施国有商业企业改革方案，组建八达岭旅游集团。推进城市管理体制、城市管理执法体制、行政审批制度等改革。

各位代表、同志们，蓝图已绘就，奋斗正当时。让我们更加紧密地团结在以习近平同志为核心的党中央周围，在市委的坚强领导下，团结带领全区干部群众，紧抓机遇，乘势而上，团结一心，奋勇拼搏，为建设国际一流的生态文明示范区和美丽延庆，奋力推动延庆发展实现新跨越，创造无愧于历史、无愧于时代、无愧于人民的新业绩而努力奋斗！

政府工作报告

——2016年12月20日在北京市延庆区第二届人民代表大会第一次会议上

北京市延庆区人民政府区长　穆鹏

各位代表：

我代表延庆区人民政府向大会报告工作，请予审议，并请政协委员提出意见。

第一部分 2016年工作情况

2016年是“十三五”开局之年，也是延庆撤县设区的第一年。在市委、市政府和区委的正确领导下，在区人大及其常委会的监督和区政协的支持下，区政府坚决贯彻习近平总书记视察北京重要讲话精神和京津冀协同发展规划纲要，牢固树立新发展理念，紧紧围绕增强首都核心功能，立足生态涵养功能定位，办大事、疏功能、转方式、治环境、补短板、促协同，较好地完成了全年主要目标任务，实现了“十三五”良好开局。初步预计，地区生产总值完成117亿元，按现价同比增长9%；万元地区生产总值能耗完成年度任务，水耗预计下降4%，主要污染物排放总量持续削减；一般公共预算收入完成13.6亿元，同口径增长超过10%；城乡居民人均可支配收入达到38807元、19806元，同比分别增长9%、9.5%。主要做了以下几方面工作:

一、办大事、促发展，区域经济社会发展更具活力

*世园会建设全面启动。*控规和园区内外市政综合规划获批，围栏区征地基本完成并正式开工，世园村一级开发启动，安置房全面开工，世园大道景观绿化工程完成70.7%。积极协助世园局完成园区主体建筑设计及景观方案、会徽及吉祥物发布，宣传推介、国际招展、国际法律文件编制等有序推进。发布《延庆区世园会行动纲要》，93项任务中21项已全面开工。“全民学外语”、“我为世园做贡献”等系列主题活动持续开展，世园文化氛围日益浓厚。

*冬奥会筹办全面展开。*配合组建冬奥组委延庆运行中心，成立延庆赛区筹办工作领导小组及工作组织，梳理细化筹办任务77项。代行业主职责，委托开展赛区、场馆和基础设施总体规划编制，确定国家高山滑雪中心、雪车雪橇中心和延庆奥运村项目方案设计团队，制定优化社会投资人PPP招标方案，启动施工临时道路前期工作，为项目建设奠定坚实基础。配合举办“从长城发出的邀请”暨会徽征集活动，持续开展冬奥冰雪知识进课堂、万人上冰上雪等活动，参与者达13万人次。

*大事带动效应初步显现。*基础设施建设取得新进展，配合京张高铁、兴延高速、延崇高速、“陕京四线”开工，基本完成2685亩土地流转、地上物拆迁及征地前期工作，拆除房屋2.55万平方米，启动搬迁住户208户。国道110二期延庆段设计方案获得批复。产业发展全线发力，明确“科技创新、产业发展、三产融合、辐射带动”的现代园艺产业发展方向，核

心区和25个产园一体化项目建设及招商工作、7个园艺主题村庄建设启动。成功举办百合文化节、牡丹科技文化节等一系列活动，有效带动园艺和旅游休闲产业发展。冰雪产业规划发布实施，冬奥小镇规划启动编制，万科石京龙滑雪场一期升级改造完成，北京市冰上项目训练中心和残疾人冰雪训练基地落户延庆，积极参加第一届冬博会并获得优秀展示奖，一批企业来延洽谈合作，大事引擎动力初步显现。

二、治环境、补短板，城乡承载力不断增强

生态环境治理持续发力。清空行动力度空前。制定环境保护职责分工意见，发布能源规划，提出基本建成无煤区目标。坚持高位协调，强力实施清空行动加强版。压减燃煤8万吨，优质煤替代7万吨，全区燃煤总量下降到47万吨。完成“煤改清洁能源”5247户、燃煤锅炉改造160台221蒸吨。持续开展大货车农用车、露天烧烤、盗采砂石、秸秆和垃圾焚烧等专项整治，严格治理工地扬尘和渣土运输，清理整治违法违规排污及生产经营行为789家，升级改进道路清洗保洁工艺，淘汰老旧机动车2723辆。PM2.5年均浓度预计实现55微克/立方米。净水治理取得实绩。实施污水处理和再生水利用第二个三年行动，城西再生水厂即将试运行，污泥处置厂主体完工，建成3个乡镇污水处理厂、24个村级污水处理站及170千米配套管网。完成妫河干线28个雨污排水口分类治理，划定畜禽禁养区，关闭新华营、下奶山14个养殖场，完成规模化养殖场粪污治理10家，化肥减量339吨。实施3个老旧小区雨污分流改造，污水处理率达到86%，再生水利用900万立方米。建立“河长制”，试行乡镇断面考核，中小河道疏浚治理基本完成，治理生态清洁小流域37平方公里。平原地表水供水工程二期启动，全区地下水止降回升33厘米，水环境向好趋势初步显现。小张家口垃圾综合处理厂投入运行，城乡垃圾分类工作全面启动，生活垃圾无害化处理率达到95%，干净指数保持前列。绿化美化提质增效。京津风沙源治理等重点生态环境建设工程相继完成，“五河十路”生态管护机制下沉，新增造林9000亩（600公顷），林木抚育22.1万亩，森林覆盖率达到57.71%。改造升级香水苑、江水泉等公园绿地景观系统，建成庆园街、国润家园、儒林苑等花卉主题特色街道和社区，推动城乡绿景向美景转变。

城乡规划建设管理全面推进。规划引领作用更加显著。与市规划国土委合作，建立协同规划和责任规划师制度，全面启动城乡规划编制工作，在市有关部门指导下，完成延庆区功能定位研究和总体规划纲要，出台新城规划建设管理和精品小镇建设实施意见，形成宜居新城、精品小镇和美丽乡村政策体系。明确乡镇功能定位，深入研究张山营冬奥冰雪休闲小镇、康庄园艺风情小镇规划。完成大吉祥、沙塘沟等30个美丽乡村示范村村庄规划和实施方案编制工作。盆窑、上磨获评“北京最美的乡村”，下湾获评“中国美丽休闲乡村”。城乡建设步伐加快。明确了“绿色健康之城、休闲宜居之城、山水心灵之城”的新城发展定位。制定世园会园区、冬奥会赛区基础设施配套对接计划，北靳路、芳荷路、延康路进场施工，房柳路启动征地。配建首批自住型商品住房的东关改造项目开工。南菜园1-5巷一期房屋征收基本完成，确定南辛堡、石河营等第二批棚改项目投资实施主体，编制完成重大工程安置房地块控规，万达综合体一级开发征地工作基本完成。重点区域夜景照明二期和老城区9处交通环境整治工程完工，城市环境品质进一步提升。河东、新庄堡成为全国“一村一品”示范村。完成山区搬迁2254户、农宅抗震节能改造6004户。城乡管理更加精细。扎实推进城乡环境建设管理三年行动计划，实施城区环境综合提升等8项市级重点项目，有效整治恒生市场等区域环境秩序，环境检查成绩名列前茅。处理网络舆情案件6431件，整改率达到95%。出台农村村民个人原有宅基地房屋建设管理办法，加大打击力度，拆除违建139处8.4万平方

米，有效遏制“小产权房”和新生违法建设蔓延势头，城乡秩序更加规范。城乡文明建设扎实推进。开展以“创文明城区，办百姓实事，迎世界盛会”为主题的文明城区创建，构建“一十百千万”创城工作格局，开办“网事回应”“你说我办”等专栏，开通创城热线电话，组建啄木鸟督查队和千人找差团，建立创城三级督查机制，“八大环境”建设取得阶段性成果。完成18个乡镇街道基层图书服务资源整合工作，持续推进慈母川慈孝文化村等特色文化村建设，进一步加大乡风文明建设力度，区域文明程度显著提升。

三、疏功能、转方式，供给侧结构性改革不断推进

投资消费驱动效应显现。坚持以投资促发展。完善综合调度机制，坚持高位协调、分解任务，突出生态环境、基础设施、棚户区改造等可持续发展功能，推动70多个重点项目开复工。探索PPP融资新模式，制定投融资平台规范发展方案和区属国企投资监管暂行办法，为重点项目提供资金保障。固定资产投资首次突破百亿大关，完成103亿元，同比增长44.7%。着力扩大消费需求。推广“互联网+”发展新模式，制定扶持会展业发展政策措施，成功举办2016北京国际自行车博览会、京张优质农产品推介会等，推动新型消费市场的形成。出台生活性服务业品质提升三年行动计划，新增服务网点33个，进一步促进社区服务的便利化、规范化和连锁化。社会消费品零售总额预计达到86.3亿元，同比增长6.5%。

更加注重有效供给。着力推进旅游产业发展，完成11家景区公共服务设施升级改造和梦幻长城球幕影院项目建设，旅游电商平台“长城内外”上线，旅游综合服务能力不断提升。文旅结合打造大庄科红色旅游基地，“隐居山里”等6个特色乡村酒店开工，乡村旅游转型升级步伐加快。连续举办冰雪欢乐节、端午文化节、自行车骑游大会、非遗大观园等系列节庆和赛事活动。实现旅游综合收入29亿元，同口径增长7%。成功入选国家首批全域旅游示范区创建单位，进一步明确旅游业的主导产业地位。中关村延庆园机构重组完成，长城脚下创新家园核心区一级开发进展顺利，21家企业获得中关村高新企业认证，京仪远东项目竣工，新能源环保产业实现产值40.8亿元，同比增长73.6%，占规模以上工业总产值的62.1%，传统工业企业升级改造工作进一步加快。推动一产加快向现代都市农业转型，制定农业生产“调、转、节”实施方案，加大新品种种植试点力度，推进种植业与观光采摘休闲旅游相结合，启动世园会、冬奥会绿色有机食品供应后备基地建设，前庙有机葡萄获中国国际农交会金奖，有机农业占农业总产值的比例达到21%。“乡宴柳沟”沟域建设开工，持续对东部沟域经济提档升级，产业融合度进一步提升。农村综合改革扎实推进，确定永宁镇集体建设用地规划和大榆树镇集体建设用地统筹利用试点，116个村完成土地确权，清理土地承包合同档案2.4万份27万亩。

有效疏解非首都功能。严格落实禁限目录，严把项目审批，拒绝不予登记235户次。完善工业企业疏解台账，中材科技8条生产线、400套产能实现外迁转移。完成34家再生资源回收站点搬迁、拆迁工作。削减低端种植养殖业，菜田面积同比减少8.5%，粮田面积同比减少17.2%，奶牛、羊、肉鸡养殖规模明显缩减。加快推进黑艾路和滦赤路等道路建设、环官厅湖生态圈建设规划编制等重点任务，建立大气联防联治等合作机制，切实推动协同发展。

四、保民生、促和谐，群众获得感不断增强

城乡就业增收水平进一步提升。出台促进低收入农户增收及低收入村发展实施意见。实施低收入村户增收攻坚工程，高水平完成精准识别及建档立卡，确定低收入村58个、低收入农户1.32万户。低收入农户人均可支配收入预计同比增长10.3%。加强就业公共服务，组织各类职业培训3026人次，开展高校应届毕业生实

名登记，流动人员档案数字化信息系统上线运行。新增城镇就业7510人，帮扶1252名城镇就业困难人员实现就业，促进3056名城镇登记失业人员实现再就业，农村劳动力转移就业4120人，城乡居民收入持续提升。

社会保障体系更加完善。完成机关事业单位养老保险制度改革，有序整合城镇居民基本医疗保险和新型农村合作医疗制度，城乡各项社会保障和救助待遇标准持续提高。完成大庄科乡养老照料中心建设，可满足4000名老人用餐需求的中央厨房建成，“造血式”农村居家养老助老模式启动，助老养老服务能力不断提升。对农村社会救助对象精准救助，创新慈善紧急救助模式，政策兜底机制更加完善。实施残疾人服务“一卡通”工程，开展邻里互助试点项目，残疾人生活更加便利。2000套保障性住房建设稳步推进，为116户低保和优抚对象改造、维修危房，解决17个村饮水难问题，“村村通”公交实现全覆盖，群众获得感和满意度明显提升。

公共服务和社会管理水平进一步提升。完成第七幼儿园主体建设等教育重点工程，积极推进一职转型发展和新校区建设，成功引进知名校长，高考本科上线率再创历史新高。引进二外贯培学院，校园足球和冰雪运动扎实推进。学习型城市示范区创建通过验收，区域学习氛围更加浓厚。医疗卫生事业不断进步，北医三院延庆医院正式挂牌运行，15家社区卫生服务中心中医馆实现全覆盖，形成中西医两大医联体并试点带动社区服务中心，进一步满足群众就医需求。倡导绿色出行，设立公共租赁自行车服务点35个，投放自行车1000辆。区体育中心开工。完成100个村级文化设施冬季取暖试点工作，组织各类文化活动1000余场，大庄科冶铁遗址考古研究和保护工作有序开展。完成2个“一刻钟社区服务圈”、4个社区规范化建设示范点、5个智慧社区建设，社区办公和服务用房达标工作基本完成，服务能力进一步提高。圆满完成乡镇、村换届工作。

公共安全形势持续稳定。圆满完成申冬奥成功一周年纪念等重大活动服务保障任务，有效应对“7·20”强降雨，妥善处置天然气爆燃和老虎伤人事件。建立实施“5710”工程，推动安全生产责任体系落实，创建安全生产标准化企业400家。强化流动人口和出租房屋管理，常住人口控制在32.8万人以内。全面夯实综治基层基础，打造“夕阳红”志愿者服务队等群防群治特色品牌。严厉打击各类违法犯罪活动，安装高清探头1200个，平安延庆建设扎实推进。深入开展“护城河工程”，强化区域治安联防联控，维护首都安全稳定，群众安全感名列前茅。

五、转职能、强服务，政府自身建设不断加强

法治政府建设不断加强。坚决执行区人大及其常委会的决议，坚持重大事项报告制度，自觉接受人大监督。主动向政协通报工作，认真听取各民主党派、人民团体和社会各界人士的意见和建议。全年共办复人大代表议案建议63件、政协提案62件，办理质量进一步提高。强化行政复议、行政应诉和行政调解工作，行政机关胜诉率达到92%。制定依法行政工作要点，扎实推进31项任务实施。坚持重大事项集体研究决定，对会议决策情况进行定期督察，行政决策更加科学规范有效。“七五”普法工作全面启动。着力推进执法力量下沉，认真执行联合执法、两法衔接和“双随机”监管机制，依法行政能力不断增强。

服务型政府建设成效明显。持续深化“放管服”改革，取消行政审批事项13项，承接市政府下放行政审批事项2项，清理非行政许可审批事项154项。在5个单位实施行政审批“一科制”改革试点，全面推行“五证合一、一照一码”登记制度，群众和企业办事更加便捷。出台加强政务服务窗口行业人员队伍建设的意见，开展提升政务服务水平主题实践活动。完成为民办实事22项。公布“7+X”权力清单、15项共性权力清单和11类通用责任清单，公开

政府信息1.1万条，政府工作透明度进一步提高。

廉洁政府建设扎实推进。深入开展“两学一做”学习教育，认真贯彻党的十八届六中全会精神，全面从严治党，认真落实党风廉政建设主体责任制，按照“三单一书”制度，推行全程纪实管理。紧盯重要节点，坚决防止“四风”问题反弹。加大督察督办力度，以责任书和会议、文件确定事项为切入点，以提高政府执行力为核心，切实构建作风建设长效机制。加大审计监督力度，开展各类审计49项，突出问题整改和责任追究。加大行政监察力度，对打击违法用地违法建设等工作进行立项效能监察。全区新立案件138起，给予党政纪处分115人。

一年来，国防动员、双拥共建、民族宗教、妇女儿童、保密外事、邮政电信、档案史志等各项事业也均取得了新的成绩。

各位代表，过去的一年，我们圆满完成各项既定工作目标，实现“十三五”良好开局。过去的一年，我们坚持转变发展理念，明确了撤县设区后新的发展思路，迈出转型发展坚实一步。过去的一年，世园会冬奥会筹备各项工作加快推进，大事带动效应逐步显现。这些成绩的取得，是在市委、市政府和区委正确领导下，在区人大及其常委会的监督和区政协的支持下，全区干部群众共同努力、辛勤工作的结果。在此，我代表本届政府，向大家表示衷心的感谢和崇高的敬意!

在肯定成绩的同时，我们也清醒地看到工作中存在的差距和问题。世园会冬奥会筹办工作时间紧、要求高、任务重、难度大，各项任务的落实力度有待加强；我们对转型升级、强化首都核心功能的认识还有待提高，提升服务保障能力，利用大事促发展惠民生的具体抓手还不够清晰；环境建设在国际一流的标准面前还存在很多薄弱环节，生态优势面临挑战；城乡规划建设的水平、速度与人民群众的期盼还有差距，城乡精细化管理和社会治理能力还存在诸多短板，低收入户比重大，民生保障能力有待增强；部分干部作风不实、执行力弱、不善创新，一些党员领导干部宗旨意识淡化、责任感紧迫感不强，担当精神不足，能力素质与面临的形势要求有较大差距，存在为官不为现象，等等。对此，我们将采取切实有效的措施，下大力气加以解决。

第二部分 今后五年总体工作思路

未来五年，是筹办举办世园会冬奥会、全面建成小康社会的决胜时期，是延庆大有作为的重要战略机遇期和黄金发展期。机遇已经来临，延庆在更大范围内整合优质资源、弥补自身短板、提升发展层次的条件更加充足，我们比以往任何时候都更接近跨越发展的梦想，比以往任何时候都更有信心、有条件实现这个美好愿望。面对历史的重托，面对中央和市委市政府的信任，面对全区人民的期盼，我们要以对党的无限忠诚、对使命的崇高敬意、对事业的澎湃激情、对人民的赤子之心，珍惜机遇，勇于担当，真抓实干，忘我工作，切实把美好蓝图变成生动现实。

刚刚闭幕的区第二次党代会明确提出了我区今后五年工作的指导思想，就是要高举中国特色社会主义伟大旗帜，紧密团结在以习近平同志为核心的党中央周围，全面贯彻党的十八大和十八届三中、四中、五中、六中全会精神，坚持以马克思列宁主义、毛泽东思想、邓小平理论、“三个代表”重要思想、科学发展观为指导，深入贯彻习近平总书记系列重要讲话精神，紧紧围绕统筹推进“五位一体”总体布局和协调推进“四个全面”战略布局，深入践行新发展理念，严格落实全面从严治党要求，主动融入京津冀协同发展大局，落实首都城市战略定位，紧抓重大历史机遇，坚定不移实施生态文明发展战略，全力服务保障世园会冬奥会筹办举办，全面建成小康社会，加快建设国际一流的生态文明示范区，奋力推动延庆发展实现新跨越，为早日实现山更绿、水更净、天更蓝、空气更清新、人民更幸福的美丽延庆蓝图奠定坚实基础。

今后五年发展的主要目标任务是：

——圆满完成赛会筹办举办服务保障工作，配合成功举办一届独具特色、精彩纷呈、令人难忘的世园会，确保2020年冬奥会测试赛成功举办，为举办一届精彩、非凡、卓越的冬奥会做好充分准备。

——全面建成小康社会，城乡居民收入增长与经济增长同步，现行标准下低收入村户与全区人民同步迈入小康，城乡区域发展更加协调。

——努力实现跨越发展，全面完成“十三五”规划确定的各项指标，国际一流的生态文明示范区建设全面加速、取得突破性进展，生态品质达到国际一流水平，经济保持高速增长，新型城镇格局基本形成，公共服务水平明显提升，社会文明程度大幅提高，全面深化改革持续推进，社会更加稳定和谐。

——坚决落实全面从严治党要求，全力推进意识形态工作责任有效落实，不断加强政府自身建设，积极推进依法行政，着力提升服务效能，推进党风廉政和反腐败斗争，不断增强政府公信力、执行力和依法行政能力。

实现这些目标，必须奋力做好以下几方面工作：

一是坚持大事带动，把办好世园会冬奥会作为各项工作的主线。确保高效完成建设任务。高水平配合实施园区赛区规划、建设和招商招展等各项工作。确保兴延高速2018年全面开通，京张高铁、延崇高速2019年建成通车，完成八达岭通用航空机场改扩建。举全区之力做好服务保障。严格落实世园冬奥延庆区筹办行动方案，按时全面完成配套基础设施工程建设，系统实施绿化美化、河湖治理和环境整治，确保园区赛区承载服务能力达到赛会要求。借助大事带动区域发展。初步建成现代园艺产业集聚区，力争2021年入驻企业达到50家、科研成果达到100项、年销售收入达到20亿元。构建“一轴两翼”空间布局，促进冰雪产业快速发展。打造100个“世园人家”“冬奥人家”。借力大事引增量、优存量、提质量，增强综合实力，改善发展环境，提升就业质量，带动城乡居民持续增收。

二是坚持生态优先，把生态环境建设摆在更加突出的位置。大幅提升生态环境质量。全面落实能源规划和清空计划，基本建成无煤区，确保PM2.5年均浓度降到35微克/立方米。完善治水体制机制，严格落实“河长制”和断面考核制度，截污治污实现城区全覆盖，有效控制农村面源污染，确保河湖水质基本达到Ⅲ类以上。持续拓展绿色生态空间。严格落实“两线三区”空间管控，大力实施植被恢复、植树造林、绿道建设、森林抚育等工程，筑牢首都西北生态安全屏障。倾力塑造全域锦绣风光。统筹做好“山、水、林、田、路、村、镇、城”八篇文章，实施世园冬奥主题景观提升、城镇靓化等工程，实现全区宜林荒山全部绿化，森林覆盖率达到60%左右，城市园林化水平明显提升。协同推进生态环境治理。以张承地区共建生态文明先行示范区为抓手，健全大气污染联防联控等合作机制，提高生态风险防范和化解能力。

三是坚持统筹推动，把城市规划建设管理作为跨越发展的重要载体。全面强化基础设施承载能力。构建公交快速通勤系统，完善人行步道、自行车道等慢行系统，提高交通智能化水平。加强市政基础设施建设，建设海绵城市试点，推进城市地下综合管廊建设。加速建设宜居新城。坚持产城融合、赛城融合、赛地融合，全面落实新城规划建设管理实施意见，完成全部城中村和27个城外村改造及老旧小区综合整治。推进城市水生态修复，构建“一轴两环、水清岸绿”的新城水脉。加强城市空间管控，大力发展城市绿脉，城市绿化覆盖率达到66.8%，成功创建国家森林城市，努力建设“绿色健康之城、休闲宜居之城、山水心灵之城”。悉心打造精品小镇。落实建设精品小镇实施意见，明确乡镇功能定位，实施乡镇差异化发展，推动镇区建设，加快建成冰雪、园艺、科技创新等特色小镇，推动乡镇特色化发展。有序建设美丽乡村。持续实施美丽乡村示范村建设，着力推进环境提升、村庄建设、产业升级、乡风文明和社会治理五大工程，实施“六网”改造，做好山区搬迁，实现美丽乡村全覆盖。精细实施城乡治理。完善城市管理体制，构建“大城管”格局，实现三网融合，加快智慧延庆建设，开展城乡环境专项治理行动，打击违法用地违法建设，疏堵结合解决城市顽疾，坚决防治“大城市病”。持续提升区域文明水平。成功创建文明城区，推动“八大环境”建设，开展系列主题实践活动，深化全民思想道德教育，传承发扬优秀传统文化，进一步提高全民生态文明素质。

四是坚持绿色发展，把构建绿色“高精尖”经济结构作为中心任务。着力加强供给侧结构性改革。加快构建“一城、一川、三区、四带”的产业发展格局。以旅游休闲为主导做强三产，创建国家全域旅游示范区，健全旅游要素体系，建成运营20家乡村酒店，加快发展生产性服务业和生活性服务业。以创新驱动为核心做优二产，力争2021年中关村延庆园收入达到1000亿元以上，强化企业创新主体地位，完善创业创新政策环境，增强创新发展能力。以都市型现代农业为重点做精一产，大力发展有机循环农业，着力壮大农村集体经济，推动三次产业融合发展。加大疏解非首都功能力度。有序疏解低端制造业、养殖业、低端区域性商品批发、废旧物品回收等低端业态，扶持符合生态涵养发展功能定位产业，不断提升产业效能。着力推进京津冀协同发展，率先在生态、交通和产业方面取得突破。

五是坚持生态惠民，把民生保障作为工作的出发点和落脚点。促进就业创业增收。实施低收入村户增收攻坚工程，全面落实“六个一批”帮扶措施，实现同步迈入小康。高度重视“三农”工作，创新就业模式，深入推进农民员工化就业。大力推进公益性就业、提升就业质量。进一步完善社会保障体系。坚持居民收入增长和经济增长同步，稳步提高各项社会保障待遇水平。完善民生保障制度和标准，建成覆盖城乡、水平适当的基本民生保障体系和品种多样、供给充足的社会救助服务体系。构建以居家为基础、社区为依托的养老服务体系。实现公共场所无障碍设施全覆盖。持续实施安居工程，加快自住型商品住房、公共租赁住房建设，创新保障性住房建设、运营和管理模式，严格控制房价。进一步提升公共服务水平。统筹解决教育资源均衡配置问题，促进教育公平和教育质量提升。加强医疗服务体系建设，推动区医院和区中医医院达到三级甲等医院水平，实现农村和社区“30分钟就医圈”全覆盖。加强公共文化体育服务体系建设，建成全民健身中心，深入挖掘区域特色文化，广泛开展群众性文化、体育健身活动，促进文化体育事业发展。进一步深化社会治理。加快城市服务管理网格化体系建设，实现城市管理、社会服务管理、社会治安网一体化运行城乡全覆盖。强化人口调控，完善社会治理结构，加快推进物业服务管理改革，积极创建国家食品安全城市，切实提高精细化管理水平。

六是坚持解放思想，把改革和政府自身建设作为推动工作的根本动力和基本要求。深入推进生态文明体制改革。进一步建立健全生态文明制度体系，完成国家主体功能区建设试点、国家生态文明先行示范区建设，积极配合做好国家公园体制试点工作。统筹抓好农村体制改革。深化农村集体产权制度改革，严格落实农村土地制度改革和土地承包经营制度改革措施，积极推进农村集体建设用地改革，加强农村自有宅基地的建设管理，探索有组织地盘活利用农民闲置资产，推进农村基础设施和公共服务设施运行管护城乡一体化机制。大力开展国资国企体制改革。完善国有资产管理体制机制，推进国有企业全面建立现代企业制度并进行分类改革，推动管理创新和商业模式创新。创新投融资模式，促进政府和社会资本合作，引导社会资本支持参与重点领域建设。不断加强政府自身建设。深入推进法治政府、服务型政府和廉洁政府建设，加强和改进政府部门工作作风，优化投资项目审批流程，提升服务意识、增强服务能力，全力营造亲商重商富商环境，为群众办事提供更加便捷高效的服务。严肃党内组织生活，严格落实“三会一课”、民主生活会和组织生活会、谈心谈话、民主评议党员等制度，坚持不懈把批评和自我批评的武器用好，加强教育、管理、监督，确保党的组织生活经常、认真、严肃。

第三部分 2017年重点工作安排

2017年经济社会发展的主要预期目标是：地区生产总值按不变价同比增长8%左右；一般预算收入同比增长6%左右；全社会固定资产投资同比增长15%以上；城乡居民人均可支配收入同比增长9%、9.5%；万元地区生产总值能耗达到市级要求、水耗下降4%；PM2.5年均浓度实现50微克/立方米。重点做好以下六个方面工作：

一、全民动员，精心筹办大事，充分发挥引擎带动作用

坚持发展为了人民，发展依靠人民，充分调动全区人民参与大事的筹办，确保各项任务有效落实，为跨越式发展奠定坚实基础。

以冲刺状态做好世园会筹办工作。做好围栏区和京张高铁、兴延高速、延崇高速、110国道二期及“陕京四线”建设的服务保障工作。启动世园村和非围栏区建设，加快实施园区外围市政、道路、环境和旅游接待、商业服务等新建改造项目，完成世园大道景观工程，继续开展园艺走进生活、“全民学外语”等活动，利用民宅资源探索“世园人家”接待模式。推进志愿服务队伍建设，开展世园文化系列宣传活动。

深入推进冬奥会筹办工作。完成场馆及水电气热、交通、气象等配套设施的规划设计工作，全面启动9项冬奥水务保障工程，明确场馆设施PPP项目社会投资人，基本完成施工道路工程，确保场馆建设全面开工。研究制定社会资本建设运营大众雪场初步规划，并同步推进项目实施。引入系列世界级、国家级冰雪赛事活动，协助办好国际雪联中国巡回赛，持续推动群众性冰雪运动开展，营造浓厚冬奥文化氛围。

加快借势发展步伐。加快现代园艺产业发展，挂牌成立现代园艺产业集聚区，坚持科技创新，明确园区发展标准，全面推进核心区和25个产园一体化项目建设，打造推动乡镇发展“小引擎”。建设园艺产业孵化器，启动园艺主题村庄建设工程，加速规划建设世园风情小镇、冬奥冰雪休闲小镇。加大冰雪产业项目招商力度，推动北京市冰上项目训练基地、环球飞雪冰雪运动学校、中关村数字文化联盟冰雪产业、万科石京龙滑雪场升级改造二期等项目建设，组建冰雪运动队伍，吸引体育院校来延设立冰雪学院，培育品牌赛事活动。加快落实冰雪产业规划，推进“一轴两翼”冰雪产业带建设。推进八达岭通用航空机场改扩建。

二、自我加压，狠抓清空净水，推动环境质量不断改善

绿水青山就是金山银山。始终坚持生态立区，制定实施国际一流的生态文明示范区建设标准，持续加大建设和保护力度，确保生态环境质量实现新提升。

打好清空攻坚战。严格落实各项强化措施，着力推进能源结构调整，提升电力和燃气保障能力，实施54个村1.99万户煤改清洁能源，改造燃煤锅炉308台775蒸吨。严厉打击污染物排放违法行为，建立“黑名单”管理制度，以源头、运输、末端处理为重点强化建筑垃圾综合整治，完成禁烤区修订，实施秸秆禁烧方案，制定烟花爆竹禁限方案，固化外埠过境大货车排放联合执法长效机制。鼓励绿色出

行，更换新能源出租车150辆。基本建成“智慧环保”系统，构建环境质量监测网，形成可视化清空应急调度机制，严格落实重污染天气应急措施。

下好水土保护先手棋。高效运营城西再生水厂，实现新城污水全收集、全处理、全达标排放。启动城北水生态治理等工程，完成14个小区雨污分流改造。实施乡镇污水处理厂及配套管网二期工程，完成妫河流域清淤及28个村级污水治理项目，治理完成4家规模化养殖场，确保主要水质指标达到Ⅲ类。实施21平方公里清洁小流域和中小河道治理。开工建设地表水供水二期工程，完成18公里城南供水管线，借力海绵城市试点创建14个市级节水型单位，压减地下水采用量，推动白河堡水库为妫河和乡镇提供水源保障。强化完善“河长制”管理机制，严格执行乡镇跨界断面补偿制度。建立垃圾分类监管体系，进一步完善垃圾分类工作。制定土壤保护实施方案，不断削减化肥和农药用量，有效控制农村面源污染，持续优化土壤环境。

布好生态景观网。继续营造大尺度优美生态环境和大地景观，完成15.3万亩（10200公顷）京津风沙源治理、森林健康经营、重点公益林管护等工程，提升京藏、京新、110国道及大秦铁路等重要廊道和世园冬奥区域节点景观水平，完成冬奥赛区森林生态系统本底调查。落实生态保护红线，成立区级自然保护区管理机构。实施野鸭湖国家湿地公园保护与恢复工程。创建5个首都绿色村庄、2个首都花园式单位，完成300亩（20公顷）村庄五边绿化，更加注重城区园林化景观建设，实施2000米空间立体绿化，不断提高人均公共绿地水平。加快提升街道、公园、社区等点、线、面结合的城市园林化水平。认真做好国家生态文明先行示范区和水生态文明城市建设试点迎检工作。

三、紧抓机遇，坚持问题导向，统筹推进城乡规划建设管理

顺应群众对提高生活品质的新期待，围绕群众关心的问题，发扬“工匠精神”，加快新型城镇化进程，形成城乡协调发展、互促共荣的良好格局，不断提升城乡宜居宜业水平。

坚持规划引领。完成规划和国土部门机构整合。加快推进新城总体规划编制、完成土地利用规划调整，推动经济社会、城乡规划、土地利用、生态环境、文物保护“多规合一”。不断完善协作规划工作机制和责任规划师制度，深入推进各项制度落实，细化乡镇功能定位，编制完成乡镇域规划，推进美丽乡村规划有效落实。持续推动新城城市化和乡镇城乡一体化发展水平。

强力推进宜居新城建设。完成李四官庄、谷家营、东关地块回迁安置房工程。启动南菜园1-5巷棚改一期回迁房建设，基本完成南辛堡、民主村、百眼泉，小营、石河营棚改征拆工作。积极推动01街区改造，组织开展自由街、胜利街等实施单元的规划设计工作，力争完成棚户区改造1000户以上。推进新华人寿一期、妫河创意产业园项目实施。力争万达城市综合体开工建设。继续实施城区环境提升工程，完成妫川广场风貌改造，启动重点区域夜景照明三期工程。

全面启动新型城镇化综合试点。按照第三批国家新型城镇化试点要求，加快推进新型城镇化试点工作。优化城镇建设用地空间，积极盘活存量集体建设用地，稳步推进农民就地就近城镇化。落实精品小镇建设实施意见，建立各乡镇差异发展、协同发展的统筹机制，加快推动4个市级重点镇、2个全国重点小城镇及各乡镇镇区建设，加快建设一批产城融合、生态良好的特色小镇。以科技园区和重点工程带动康庄镇棚户区改造。启动下屯村改造。实施山区搬迁1889户3945人、农宅抗震节能4000户。完成市级美丽乡村创建，推动60个区级美丽乡村建设。稳步组织实施新型农村社区建设，推动延庆镇西北片区11个村集中连片提级改造，加快盘活利用农村宅基地资源，完善基础设施和公共服务配套，推进美丽乡村建设。

加快城乡基础设施建设。继续推进芳荷路、北靳路、湖南路一期、西顺城街等重点道路建设，实现百康路、圣百街、阜康路、世园路、康河路、东姜路、南山环线开工建设。启动世园周边地下综合管廊建设。完成乡镇配电网改造。全面推进智慧延庆建设，新建4G网络基站100个，新增3个重点公共场所公益性免费上网服务，强化城乡基础设施承载能力。

统筹提升城乡管理水平。完成城市管理体制改革，设立区级管理机构，做实三网融合，推动执法力量下沉，着力构建区、街道乡镇、社区村三级管理体系。加大对农村地区基础设施运行的投入力度，支持街道乡镇切实承担起城市管理和社会治理的职责。持续整治城乡环境秩序，严厉打击盗采砂石、非法加水、违禁放牧等违法行为，坚决打击违法占地违法建设行为，高标准完成土地督察整改任务，确保实现新生违法建设零增长。开展交通环境综合整治专项行动，坚决治理乱停乱放等现象，有效治理景区、学校、商场周边等重点领域环境秩序，打造标准样板街。

决战全国文明城区创建。按照创城指标体系，开展区级文明单位、文明村镇社区、文明家庭、文明校园的评选活动。实施文明引导工程，进一步深化“一十百千万”创城工作格局，持续开展“万人创城志愿”行动。组建志愿服务联合会，不断完善志愿服务体制机制。扎实推动“微承诺、微行动、微志愿”主题实践活动，评选18个生态文明社区文明村、1800户生态文明家庭，着力提升乡风文明建设水平。做好迎接终期评估工作，确保圆满完成创建任务，拿到牌子，达到标准。

四、转变方式，有效释放活力，夯实绿色产业发展基本面

主动适应经济发展新常态，着力加强供给侧结构性改革，打造以旅游业为主导、以科技创新为主要动力、以都市型现代农业为重要支撑的绿色产业体系，进一步提高经济质量和效益。

深耕细作抓好转型。以创建国家全域旅游示范区为契机，带动三产提质增效。配合组建国家公园体制试点机构。召开全区旅游工作大会，全面推动现代农业、商业商务、文化、体育与旅游的融合式发展，不断提高全域旅游发展的组织化程度和旅游产业的质量效益。加大重点旅游项目推进力度，实现梦幻长城球幕影院和八达岭森林生态体验基地营业，推动音乐谷二期开工，加快岔道古城项目改造和马球中心土地一级开发，启动旅游饭店设施改造工程，提升区域旅游服务接待能力。加快乡村旅游转型升级，提高乡村旅游组织化程度，推动柳沟民俗村“祈福冬奥欢乐冰雪嘉年华”、东曹营村印象长城品牌建设，大力推进乡村酒店建设，构建监管服务机制，提升乡村旅游服务水平。完成延庆世界地质公园中期评估。继续组织好冰雪欢乐节、端午文化节、自行车骑游大会、马球公开赛等节庆赛事活动。实现旅游综合收入同比增长7%。以中关村延庆园为引擎，聚焦建设长城脚下创新家园。统筹中关村延庆园和康庄科技创新家园建设，完成规划编制和启动区土地一级开发，力争二级建设开工。以完善的服务配套为核心，加大招商引资力度，建立“大招商”体系，吸引一批绿色新兴产业，做好智能制造项目的对接落地。推进能源互联网产业示范区建设。改造一批传统优势企业，推动4家医药企业升级，启动企业闲置土地盘活试点。出台加快措施，推动“互联网+”在传统产业转型升级、智慧城市建设管理、公共服务水平提升等方面发挥广泛作用。以都市型现代农业为目标，大力发展特色优势产业。加快世园会、冬奥会绿色有机食品供应基地建设。培育都市型现代农业示范镇1个、“一村一品”示范村1~2个。建设绿富隆农产品流通集散基地，发挥国有企业作用，强化农产品流通服务网络体系，大力实践线上线下融合的农产品流通模式。持续推动沟域经济提质增效，把景观优势转化为产业发展优势。配合国际马铃薯亚太中心开业，加快马铃薯种源产业发展。推动北山葡萄酒庄在建项目尽快完工投产。不断扩大有机农业发展规模，实现产值4.2亿元。探索开展农业管理体制改革，大力支持各类合作组织发展，提高农业生产组织化程度，不断壮大农村集体经济。深化农村土地制度改革和产权制度改革，完成土地承包经营权确权登记颁证工作90%以上，落实集体所有权、稳定农户承包权、放活土地经营权，推进永宁镇集体建设用地规划和大榆树镇集体建设用地统筹利用试点工作，健全耕地保护和补偿制度，落实市级“三补合一”改革工作。

抓好投资引导消费。推动固定资产投资。不断完善项目储备库，滚动推进前期规划设计和手续办理，用足用好“一会三函”、市级绿色通道和公益项目审批机制，加强协调调度，推动项目早日落地开工。建立重大项目建设资金保障机制，开辟新的稳定融资渠道，创新城镇化多渠道融资模式，引导社会资本设立建设发展基金，强化与政策性银行和金融机构的对接，积极引入新型金融机构，提升投融资保障能力，实现年度固定资产投资118.5亿元。扎实推动消费领域供给侧改革。大力度实施生活服务业三年行动计划，完善城乡居民基本生活品供应市场体系，提升酒店、住宿、餐饮、出租车服务等生活性服务业品质，加快发展体育休闲、文化创意、商务会展等新兴服务业，有效激发市场潜能。继续完善社区8类服务功能规范提升，重点改造1~2条特色餐饮街区，打造多元化消费市场品牌。出台实施国有企业改革方案，全面落实国有企业归口管理，启动现代企业制度建设，不断健全和完善国资国企监管制度，加强党的领导，确保国有资产保值增值。加快研究确定国有资产发展战略方向，优化国企产业结构。对商业、旅游、农业等领域企业进行版块化改革，推动国企发挥应有的主力军作用。

疏解功能促进协同。有序疏解低端产业。出台政策，加快工业污染企业调整退出和一般制造业疏解转型，主动与怀来、涿鹿等地区对接，建立合作机制，推动不符合首都功能的企业有序转移和提质增效。实施疏功能促发展“十大专项行动”，重点实施违法整治。大力疏解建材、小商品批发、废品回收市场和企业，推动城边村经济转型升级。调减粮田种植面积1万亩，完成禁养区养殖业关停转型工作，严格按环境保护标准提升规模化养殖水平。积极承接市区优质资源。争取中法高翻学院落户延庆。加强与中关村海淀园合作，落实园区合作共建协议，积极引进一批符合绿色发展要求的高科技产业，打造京西北科技创新辐射带。切实推动京津冀协同发展。以过境交通要道、官厅水库库滨带等为重点，加快推进奥运绿色廊道建设，完善永定河流域生态圈建设规划。推进延怀河谷葡萄产区、京张体育文化旅游带建设，办好中国葡萄酒大会，继续筹办京张农产品交流会，认真落实与怀来等地协同发展双边协议，不断提升协同发展能力。

五、夯实基础，促进民生改善，持续提高社会治理水平

始终把保障和改善民生作为根本出发点和落脚点，加快建设更加健全完善的基本公共服务体系，让发展成果惠及百姓，使发展更有温度、群众幸福更有质感。

促进民生保障。加大低收入村户帮扶力度，实施低收入村户增收攻坚工程，落实精准帮扶和“六个一批”分类帮扶实施细则，压实结对帮扶责任，加强科技培训，确保低收入农户人均可支配收入同比增长10%。实现低收入村公益事业一事一议项目全覆盖。持续推动“大众创业、万众创新”，健全创业体制机制，夯实就业经济基础，建立创业孵化基地，推进创业带动就业。整合升级公共事业发展和绿色生态建设公益性就业岗位，围绕林业管护和特色农业合作社发展推进一产员工化。组织职业技能培训3000人，安置城乡就业困难人员5000人，新增城镇就业7000人，新增农村劳动力转移就业4000人，城镇登记失业率控制在4%以内。完成城镇居民基本医疗保险和新型农村

合作医疗两项制度整合。实施居家养老幸福工程，实现区级养老服务中心正式运营，完善老年营养餐服务体系，推动2个养老服务驿站建设，实现2家养老机构“公建民营”。加大慈善救助力度，完成15所慈善工作站建设，改造特困残疾人、低保和优抚对象危房100户，稳步推进残疾人两项补贴。扎实开展双拥模范城创建。完成农村饮水健康行动工程，提高饮水保障能力。

推动社会事业进步。完成第七幼儿园、沈家营幼儿园、刘斌堡中学等工程，推进延庆一职新校区建设，全面普及校园足球、世园冬奥知识和冰雪运动，启动教师五年系统培训计划，加强家庭教育指导，大力提升教育服务水平。完成珍珠泉乡社区卫生服务中心建设，推进区中医医院、区精神卫生保健院建设，深化与市优质医疗资源合作共建，推动建设紧密型医联体。完善急救和精神卫生防护体系，强化村级医疗卫生服务体系，招聘村级医生20名，新建村级卫生室40个，着力解决农村地区医疗资源缺失问题。推进6个乡镇文化中心建设，完成190个村级文化设施冬季取暖工程。强化文化在区域经济社会发展中的支柱地位，加快推进长城文化带建设，精心组织“推门长城就在屋檐下”系列主题文化活动，大力弘扬平北红色文化，加强辽代冶铁遗址以及特色院落、特色村落保护工作，借助两件大事发展文化创意产业，促进公共文化服务体系建设和民间文化事业进步，不断提升区域文化软实力。加大人才培育、引进和服务力度。加强和改进社会治理，在社会服务体制、社会组织体制、街道管理体制、社区治理机制、社会治理方式、党的领导六方面一齐发力，夯实社会治理体制机制。完成3个社区规范化建设示范点、10个农村社会服务管理创新示范点和8个老旧小区自我服务管理试点创建，逐步完善社区公共服务设施。全面启动停车管理，推进自管楼物业交接，不断扩大物业改革覆盖范围。

六、依法行政，不断提高效能，切实加强政府自身建设

加强和改进政府自身建设，既是政府自身发展的需要，更是人民群众的迫切要求。要落实全面从严治党新要求，切实维护意识形态安全，依法履职、廉洁高效、为民担当，进一步提高政府服务效能和水平。

坚持依法行政。坚决执行区人大及其常委会的决议和决定，自觉接受人大工作监督、法律监督。更加注重政协民主监督，认真听取各民主党派、工商联、无党派人士和人民团体的意见建议。认真办理人大代表议案建议和政协提案。自觉接受人民群众和新闻舆论监督。严格执行“三重一大”决策程序和合法性审查机制，切实规范行政权力运行。全面构建区乡两级法律顾问体系，加强法制培训和普法宣传，提升法治思维、法治素养和用法律解决问题的能力。进一步加强和改进行政执法，深入推进行政执法责任制、评议考核制、裁量权基准制，全面推行“双随机”监管和“随机联查”机制，开展安全生产、环境保护、重点工程建设、粮食和食品生产流通等重点领域专项执法、联合执法，完善“两法衔接”标准机制，借力环保法庭、推动公益诉讼，严厉打击金融诈骗、恶意阻挠工程建设、违法占地违法建设、抢栽抢种投机谋利等违法犯罪行为。深入开展“促严格公正文明执法、树执法队伍良好形象”主题实践活动。强化执法监督考核，坚持行政执法情况“月统计、季通报、半年听取分析报告”制度。提高行政复议办案质量，规范提升全区行政应诉能力。

持续提升政府服务效能。深入推进“放管服”改革，做好行政审批事项取消承接，全面推进行政审批“一科制”改革，动态公布权责清单，推进基层各类证明和行政审批中介服务事项清理规范。全面梳理直接面向企业和群众的公共服务事项，编制公共服务事项办事指南，健全窗口管理与监督制度，持续开展窗口行业主题教育实践活动，加强队伍建设，推进公共服务规范化、标准化。继续提高12345群众

热线反映问题的解决率、满意度。完善投资项目审批和服务监管平台建设，完成行政审批服务大厅建设，推进审批单位进驻，延伸乡镇综合服务中心功能，优化办事流程，缩短审批时间，切实让“信息多跑路、群众少跑腿”。持续推进商事制度改革，深化“五证合一、一照一码”登记制度改革。落实信用体系建设三年行动计划，收集执法部门信息，着力完善信用体系。不断加大督查和绩效考核力度，狠抓决策落实，用更加优质的服务和更加高效的作风赢得群众点赞。

着力打造廉洁政府。深入贯彻落实党的十八届六中全会精神，深入学习贯彻《关于新形势下党内政治生活的若干准则》和《中国共产党党内监督条例》，切实增强“四个意识”特别是核心意识、看齐意识。认真落实全面从严治党主体责任，坚定理想信念，强化组织建设和制度建设。严格落实党风廉政建设主体责任，坚持“一岗双责”，健全源头治理预防机制，整肃为官不为、庸政懒政怠政等行为，始终保持惩治腐败高压态势，打虎拍蝇绝不手软。加强审计监督，不断扩大审计工作的广度和深度，认真落实审计问题整改制度。加强行政监察和执法监察，加大行政问责力度，做到“有权必有责、有责要担当，用权受监督、失责必追究”。

各位代表，2017年工作对于我区奠定跨越发展的坚实基础至关重要，使命光荣，任务艰巨，需要我们全力而为，也需要全区人民同心同向，共同拼搏。让我们更加紧密地团结在以习近平同志为核心的党中央周围，在市委市政府和区委的坚强领导下，办大事、疏功能、转方式、治环境、补短板、促协同，奋勇拼搏，砥砺前行，加快建设国际一流的生态文明示范区和美丽延庆，以更加优异的成绩迎接党的十九大胜利召开！

延庆区"两学一做"学习教育情况

4月29日，全区"两学一做"学习教育工作会议召开，区委副书记、区长穆鹏主持会议，对"两学一做"学习教育工作进行动员部署，区委书记李志军出席会议并讲话。延庆区委在工作推进过程中坚决贯彻习近平总书记重要指示精神和中央、市委决策部署，从讲政治的高度深刻认识"两学一做"学习教育的重大意义，把开展学习教育作为党建工作龙头任务，紧密结合实际，紧扣"学"的内容、"做"的标准、"改"的要求，充分发挥领导机关领导干部表率作用，以党支部为基本单位、以"三会一课"等党的组织生活为基本形式、以党员教育管理制度为基本依托，组织指导各级党组织和广大党员真学实做、解决问题、发挥作用，扎实推进全面从严治党向基层延伸。

一、以学为先，筑牢思想基础。抓住关键少数，领导干部以上率下，率先垂范，区委常委会带头学习，先后组织15次集体学习和3次专题研讨，深入领会习近平总书记系列重要讲话精神实质和实践要求，全面掌握党章党规基本内容和基本要求。抓实支部，把党支部建设作为最重要的基本建设，充分发挥党支部的战斗堡垒作用。采取区级示范培训、基层党工委普遍轮训的形式，分级分批对基层党支部书记进行全员培训，组织他们先学一步、深学一层。开设"书记讲堂"和"党员微课堂"，组织党支部书记和先进人物走上讲台，为基层支部讲党课1500余次，用身边故事、群众语言带着党员一起学习。严格落实"三会一课"、民主生活会、组织生活会、民主评议党员等制度，每月固定一天作为党员活动日，增强党内生活的仪式感。创新运用"党员小书包"手机客户端，打造"指尖上的课堂"，活跃用户达到1.3万人。定期发布学习任务、测试任务、新闻公告，及时跟进学习习近平总书记重要讲话精神，开展"万人答题"，广覆盖、全方位、多角度检测学习成果。组织开展多种形式的体验式活动，举办"永远跟党走—纪念中国共产党成立95周年老党员风采展"，依托"平北红色第一村"、昌延联合县政府旧址、平北抗日战争纪念馆等红色资源，对党员进行开放式体验式革命教育，进一步提升党员党性意识。

二、以做为本，践行"四个合格"。全区各级党组织以严格党内政治生活、加强党内监督为抓手，引导广大党员特别是党员领导干部以"四个合格"为标尺，主动对照、深入查摆，学思践悟、筑牢"初心"。组织全区1178个党支部深入开展合格党支部建设规范和合格党员行为规范大讨论，进一步完善基层党组织和党员队伍建设标准体系。围绕党员增强党性、发挥作用，建立和完善承诺践诺、设岗定责、挂牌上岗、志愿服务等活动制度，搭建主题实践载体，引导党员亮身份、树形象、作贡献。设立"党员示范岗""我是共产党员，我的岗位请放心"标牌、"党员责任区"等，增强党员意识，做到平常时候看得出来、关键时刻站得出来、危急关头豁得出来。开展"我为世园做贡献、我为冬奥添光彩""党徽耀妫川、先锋在行动""创建文明城区、党员先锋先行"等主题活动，组织党员志愿服务9.2万余人次，充分发挥党员在绿色发展大事筹办举办中的先锋模范作用。

三、以改为重，解决突出问题。进一步增强党内政治生活的政治性、时代性、原则性、战斗性，高标准、高质量召开2016年度民主生活会、巡视整改专题民主生活会和专题组织生活会，深刻剖析、深查细找，开展批评和自我批评，认真制定整改方案，建立整改清单、责任清单，以"钉钉子"的精神狠抓整改落实。从基础工作抓起，从基本制度严起，从具体问题改起，抓实基层党建7项重点任务，列入党组织书记抓党建工作重要考核内容，实施项目化管理，进一步加强了基层党建薄弱环节，提升整体工作水平。落实党风廉政建设责任制，以根治“四风”突出问题、解决“为官不为”问题为重点，聘请12名党风政风监督员，对全区各党政机关、公共服务行业、乡镇街道进行全面监督。着力破解环境难题，通过压减燃煤、控车减油、治污减排、清洁降尘，开展清洁空气行动。深入推行全民文明创建工程和公共文明引导工程，全面提升区域文明程度，形成了一个主题（创文明城区、办百姓实事、迎世界盛会）、十大专项行动、百支精品志愿队伍、千人“找差团”、万人创城志愿行动的“一十百千万”创城工作大格局。

（责任编辑：张鹏）

专 文

关于强化基层党组织政治引领功能的思考

中共北京市延庆区委书记　李志军

习近平总书记指出，党的基层组织建设制度改革，着力点是使每个基层党组织都成为坚强战斗堡垒。党的十八届五中全会强调，要加强党的各级组织建设，强化基层党组织整体功能。十八届六中全会再次强调“党的基层组织应当发挥战斗堡垒作用”，进一步明确了党的基层组织在全面从严治党中的政治责任。今后五年，是筹办举办世园会冬奥会、全面建成小康社会的决胜时期，是延庆可以大有作为的重要战略机遇期和黄金发展期。特别是，习近平总书记再次视察北京，对冬奥会筹办工作作出系统部署，提出了更高要求。落实好这些要求，完成好服务保障世园会冬奥会筹办举办的光荣政治任务，加快建设国际一流的生态文明示范区，关键在推动全面从严治党要求在基层落地生根，强化基层党组织的政治引领功能，更好地发挥基层党组织战斗堡垒作用。本文就延庆发挥基层党组织政治引领功能的主要做法及成效、存在问题及原因、改进思路及措施进行了思考，旨在进一步强化全区基层党组织政治引领功能，更好地把党员组织起来、把群众凝聚起来，把党的正确主张变为广大党员和群众的自觉行动，汇聚成推动发展的强大合力。

一、发挥基层党组织政治引领功能的主要做法及成效

基层党组织的政治引领功能，是指基层党组织贯彻党的路线、方针、政策，保持党的先进性和纯洁性，领导本组织内党员履行党的义务、保障党的权利，发挥党组织战斗堡垒作用和党员先锋模范作用，确保执政党在基层执政基础坚实牢固，确保党长久执政所发挥的有力作用和重要效能。目前延庆区共有党支部1178个，其中农村党支部376个，非公企业党支部302个，社会组织党支部170个，国有企业党支部50余个；共有党员33442名，其中农村党员14234名。近年来，延庆区以深入学习贯彻习近平总书记系列重要讲话精神为统领，以开展党的群众路线教育实践活动、“三严三实”专题教育和“两学一做”学习教育为契机，把政治引领功能建设作为基层组织建设的首要任务来抓，努力将基层党组织打造成坚强的战斗堡垒。

（一）以增强主业主责意识为统领，严明政治引领功能建设的责任

强化基层党组织政治引领功能，关键是严明政治功能建设的主体责任。近年来，延庆区坚持把抓好党建作为最大的政绩，逐级压实主体责任。一是树好责任“风向标”。区委带头落实党建主体责任，坚持党建工作领导小组例会制度，仅2016年就召开会议27次，研究议题56个，使定期议党建、谋党建，持续抓党建、促党建成为常态，以上率下带动各级党组织和党员干部树立“抓好党建是本职、抓不好党建是不称职、不抓党建是失职”理念。每名区级党员领导干部带头联系1~2个村（社区），区处级班子党员领导干部也相应确定1~2个基层联系点，加强对基层工作的指导，向基层党组织特别是党组织书记传递抓好党建工作的强烈信号和鲜明导向。二是划好主体“责任田”。研究制定关于进一步加强和改进全区党的建设的实施意见，建立了区、乡镇（街道）、村（社区）三级党建责任清单制度，明确了全区各级党组织书记党建工作第一责任人的职责、分管领导具体责任人的职责。健全完善定期研究、

部署和督查党建工作制度，深入开展党建工作“三级联述联评联考”，把考核结果作为评价领导班子和领导干部工作实绩的重要依据。督促全区各级党组织书记以党的建设来统领全局，把党建工作与经济社会发展各项工作任务同安排、同部署、同推进、同考核，促进党的建设和其他各方面工作有机结合、深度融合。

（二）以建强基层班子队伍为重点，夯实政治引领功能建设的基础

基层党组织队伍和阵地建设情况，是影响政治引领功能发挥的关键因素。延庆区聚焦基层队伍和阵地建设，强化问题意识、突出问题导向，拿出务实举措，不断夯实基层党组织政治引领功能发挥的基础。一是选好用好基层党组织带头人。把政治标准放在第一位，选好配强机关事业单位、街道社区、非公有制经济组织、新社会组织等党组织书记。在村“两委”换届选举中，确定了“七不能”和“六不宜”等反向排除标准，党组织班子结构不断得到优化，目前全区村级党组织班子成员平均年龄比上届降低了1岁，大专以上学历人数比上届提高了3%。通过退职、换岗、劝退等方式，及时调整工作能力不适应、创新意识不足、责任感不强的基层党组织书记。二是从严加强基层组织队伍建设。拓宽选人用人视野，注重对年轻党员和后备干部的选拔使用，优化基层班子结构。实施党员意识提升行动，在全区党员中全面推行使用《党员手册》。改进党员发展方式，推行入党积极分子培养全程记实制度，扎实做好农村、社区、非公有制经济组织、社会组织发展党员工作，基层党员队伍素质进一步提高，结构进一步优化。实施“人才工程”，注重基层党组织后备干部队伍建设，不断强化抓好基层工作的力量。三是持续整顿软弱涣散基层党组织。实施“转化工程”，每年按10%左右比例倒排一批农村软弱涣散党组织，设立整顿建设工作台账，实行区级领导挂点指导、乡镇主要领导包案和“挂销账”制度，累计下派25人担任软弱涣散村党组织书记或“第一书记”，压实整顿工作责任，确保年内实现转化提升。实施“教育工程”，坚持思想整顿与组织整顿相结合，增强基层组织干部法律意识纪律意识责任意识，更新观念、增强干劲，提高履职能力。深化“星级党建工程”，按照自我认星、党员评星、群众议星、组织定星、公示亮星的程序进行评级定星，打造了一批有影响力的基层党建品牌。

（三）以强化服务带领能力为关键，增强政治引领功能建设的动力

服务群众是基层党组织政治功能的题中之义，服务功能体现政治功能，只有强化服务功能，才能使政治功能发挥更充分更有力。延庆区坚持把服务作为鲜明主题，推动政治引领和服务效能的高度统一，增强基层党组织联系服务群众的紧密性，在服务中更加有力有效发挥政治引领作用。一是强化服务意识。广泛开展“基层服务型党组织建设研讨会”“农村和社区服务型党组织建设座谈会”等主题交流活动，深入开展“机关作风年”“机关服务年”等主题实践活动，不断强化基层党组织、党员的宗旨意识。尤其是通过开展“走基层、解难题、办实事、惠民生”行动，党群干群关系进一步密切，有效推动了基层党组织从“抓管理”向“抓服务”转变。深入开展在职党员服务社区、党员志愿服务、党员“设岗定责”、党员户挂牌等活动，引导和带动党员亮身份、尽义务、做奉献、树形象。二是强化服务功能。坚持以服务群众、做群众工作为主要任务，不断强化服务职能、创新服务载体，引导基层党组织找准服务功能定位。在全区建立36个市、区级基层服务型党组织试点，根据不同党支部典型，总结提炼了党建富民型、保障民生型、高效便民型、民主管理型和文化凝聚型“五种模式”，推进服务形式从“单一化”向“多样化”转变。坚持以群众需求为导向，每年组织区直单位与村结对帮扶、与城市社区结对共建，组织在职党员回社区报到，认领服务岗位，有力提升了群众对基层党组织的认可度

和满意度。

（四）以健全基层组织体系为抓手，扩大政治引领功能建设的覆盖

扩大党的组织和党的工作在全社会的覆盖面，是强化基层党组织政治引领功能的重点任务。延庆区积极创新基层党组织设置形式，延伸工作触角，推动基层党组织动态延伸和全方位覆盖，强化对全区各行业的政治引领作用。主要体现在“三个延伸”：一是由传统领域向新兴领域延伸。适应产业布局、行业分工等新变化，在以地域、单位为主设置基层党组织的基础上，因地制宜、灵活多样创新基层党组织设置形式，在非公有制企业和新社会组织等领域中采取单独组建、区域联建、行业统建等方式建立党组织，突出抓好“两新”组织党组织组建工作，非公企业党组织覆盖率达到87.42%，社会组织党组织覆盖率达到72.94%。二是由点向面延伸。按照区域统筹的理念，在农村区域积极探索村村联建、村企共建、产业链上建立党组织等做法，推行农民专业合作社、专业协会、产业链上建立党组织。在街道社区探索“大党委”制，构建以街道党工委为核心、社区党组织为基础、驻社区单位党组织共同参与的区域化党建格局。在商务聚集区推行建立党组织，重点组建了日上市场、环球新意百货等4个商务楼宇党建工作站。三是由日常工作向重大项目延伸。在世界园艺博览会筹办、世界马铃薯大会举办过程中，在相应工作机构组建正式或临时党组织，充分发挥统筹协调和衔接联动的优势，服务保障绿色发展大事。此外，根据党员从事行业、特长兴趣、设岗定责等情况，组建志愿服务型、群众文化型、带动创业型等功能型党小组，建立旅游服务、蔬菜种植等特色党小组，进一步扩大了党的组织和工作覆盖。

（五）以健全完善工作机制为保障，完善政治引领功能建设的制度

基层党组织政治引领功能的正常发挥，需要健全完善的工作机制作为保障。延庆区坚持把加强制度建设摆在重要位置，推动基层党组织建设规范化、科学化，为基层党组织强化和发挥政治引领功能提供有力保障。一是健全党组织工作运行制度。加强“三务”公开制度建设，加大监督检查力度，公开的质量和效果得到提升。推动“三务”公开工作落实。加大党员议事会、“六议工作法”等制度执行力度，调动党员群众参与基层民主政治建设的主动性和积极性。利用民主生活会、组织生活会加强对党员、干部遵守政治纪律、组织纪律和财经纪律教育，引导党员、干部在遵守社会公德、引领社会风尚、维护和谐稳定、抵制违法建设等方面充分发挥作用。试点建设农村基层党建工作全程记实系统，加强对基层党建工作的实时指导监测，基层党组织工作运行更加规范。二是健全基层党建激励保障机制。坚持人向基层走、钱向基层投、政策向基层倾斜，按照党员年人均不低于200元标准核定基层党组织工作和活动经费，落实在职村党组织书记养老保险缴纳和正常离任村党组织书记生活补贴制度，按村干部任职时间和职务建立工作报酬合理增长机制。从党建专项经费中专门列支，完成21个村党组织活动场所“危旧狭小”改造维修和全区100个村冬季采暖试点建设、22个社区办公服务用房350m^2达标改造，按照有场所、有设施、有标志、有党旗、有书报、有制度的“六有”标准推进非公企业党组织活动场所规范化建设，党组织阵地作用得到有效发挥。

二、当前基层党组织政治引领功能弱化的主要表现及原因分析

在服务保障世园会冬奥会筹办举办、加快建设国际一流的生态文明示范区的形势下，发挥基层党组织政治引领功能，进一步团结带领广大党员群众奋发有为至关重要。然而，当前延庆基层党组织政治引领功能并未发挥到位，甚至出现了弱化现象，集中表现在四个方面。

一是维护党的权威的自觉性有待进一步强化。主要是基层党组织严守党的纪律、维护班子团结、落实党的任务的力度不够。个别基

层党组织纪律松弛、组织观念淡薄，对自身责任感、使命感认识不足，基层堡垒作用发挥不够充分。组织内部不团结，带头人“说话没人听、办事没人跟”，甚至搞内讧，争权夺利，形不成工作合力，造成基层党组织软弱涣散。有的基层党组织暗打小算盘，对上级党组织的决策部署拖延搪塞，导致任务落实出现了“梗阻”“堵点”。

二是坚守党的阵地的战斗性有待进一步增强。主要是基层党组织对宗族势力、利益诱惑、不良舆论的抵制斗争力度不够。个别村家族社会残留意识在村民中依然存在，村党组织在面对这种情况时争取群众、坚守阵地的措施不够得力，特别是在村党支部书记换届选举时，宗族势力干扰村务现象时有发生，村党组织的应对往往显得力不从心，2016年仍存在31个村“两委”换届二次选举村。个别基层党组织中顶风违反中央八项规定精神的行为禁而未绝，党员干部违纪问题时有发生，“小官贪腐”问题依然存在，严重损害了党组织的威信和形象，使党组织的凝聚整合功能弱化。有的基层党组织对意识形态管理复杂性、艰巨性的认识还不够深刻，特别是随着世园会冬奥会的临近，社会舆论触点增多、燃点降低，但有的基层党组织对赛会筹办举办期间舆情应对工作的认识和准备还不够到位。

三是党内政治生活的严肃性有待进一步提升。主要是基层党组织开展党内决策、民主生活会、“三会一课”、党员民主评议等党内政治生活的力度不够。有的组织党内政治生活不严肃、不认真，政治性、原则性、战斗性不强，查摆问题不严肃、相互批评不较真，存在庸俗化、随意化、平淡化等问题，“红脸出汗”没有成为常态。有的不坚决执行组织原则，不严格按章办事，民主决策流于形式，党内情况不通报、不反映，重大决策不征求意见，依靠个人权威把集体决策变成个人说了算、先定调后讨论，存在滥决策、胡作为、乱作为现象。

四是联系服务群众的紧密性有待进一步提高。主要是基层党组织联系群众、服务群众、推动发展的力度不够。有的基层党组织党建工作与中心工作“两张皮”，开展党组织活动与服务保障世园会冬奥会筹办举办等重点任务、与低收入村户就业增收等群众的关心关切结合不紧，甚至陷入“自娱自乐”“自我循环”，推动发展和服务群众的作用发挥不力。有的党员干部也想引领致富，但有想法无办法，不知道确立什么目标、运用什么途径领导群众增收致富、改善生活。有的基层党组织愿意为群众办事、为群众服务，但服务群众和做群众工作能力不足、方式落后、内容陈旧，对群众反映的问题有心无力。

延庆基层党组织政治引领功能之所以发生弱化，主要原因可归结为四个方面。

一是主体责任意识不够清晰。在思想观念和价值趋向日趋多元化的社会环境中，部分党员干部对党建工作的认识发生了偏差，导致党的政治引领功能无法有效发挥。有的基层党组织及其负责人对“党要管党、从严治党”的认识还不够到位，或迫于经济发展指标和业务目标考核，认为发展是硬的、立竿见影，党建是虚的、潜绩难显，存在重经济轻党建、重业务轻党务现象，抓党建投入精力较少，对党员群众反映强烈的党建难题缺乏深入研究。有的基层党组织在制定政策、推进工作中，片面强调群众自治和经济社会组织的自主性，基层党组织的领导核心作用有所弱化、淡化、虚化，甚至边缘化。

二是思想政治工作不够有力。思想政治工作是我党的政治优势和优良传统，是所有工作的生命线。如果这一政治优势被削弱，必然导致基层党组织教育引导党员群众作用弱化。比如，有的基层党组织在开展党员教育中存在着不重视思想政治教育的心态，教育内容没有与时俱进，内容空洞，方法落后，教育有效性大打折扣。有的年轻党员干部由于缺乏对马克思主义理论的系统学习，缺乏对党的优良传统的深入了解，对党组织的认同感和归属感有所减弱。有的党员干部对习近平总书记系列重要讲话精神学习还不够深入、不够系统，没有完全把握贯穿其中的坚定信仰追求、历史担当意识、真挚为民情怀、务实思想作风、科学思想方法。有的基层党组织不研究思想政治工作的规律和方法，引导党员群众自觉加强理想信念教育、自觉服务世园会冬奥会筹办举办、自觉投身延庆发展事业不到位，宣传贯彻没有做到各个层面全覆盖，说服力、感染力不够强，人人参与、人人尽力、人人共享的氛围有待进一步营造提高。

三是自身建设不够过硬。基层党组织自身状况方面，还存在着队伍老化、结构不合理、后备力量不足、组织和工作覆盖面不够等问题。从党员队伍建设看，在全区376个村党支部的1.42万名党员中，60岁（不含）以上5891名，占了41%；党员文化水平普遍不高，大多数为高中及以下文化程度。村干部选拔任用还不够规范，有前科人员数量多的问题没有得到有效遏制。从后备力量建设看，青年大量外出，可供培养的后备干部资源不足，村干部后继乏人问题突出。从基层党组织设置看，全区的新经济组织、新社会组织在不断发展壮大，党员流动更加频繁，而在全区“两新组织”、流动党员中还存在组织建设盲点，直接影响到党组织的凝聚力。

四是体制机制创新不够到位。当前，社会构成复杂多元，利益诉求更加多样，对基层党组织发挥政治引领功能提出了新的挑战，针对环境变化采取的创新措施有待进一步加强。比如，权责不对等，一定程度上存在上级部门提要求多、政策支持少的问题，增加了基层党组织负担。左右不联系，基层党组织之间缺少交流渠道，工作相对封闭，不利于工作经验的交流借鉴和工作合力的形成。参与缺途径，党员群众对参与公共事务管理的诉求越来越强烈，而基层党组织在搭建平台、解疑释惑、化解矛盾等方面的办法和手段跟不上形势要求，限制了党组织的影响力。

三、进一步提升基层党组织政治引领功能的对策建议

提升基层党组织政治引领功能，要以党的十八届六中全会精神为指引，落实全面从严治党要求，坚持问题导向，聚焦薄弱环节，补齐工作短板，进一步改善基层党组织发挥优势的自身状况和外部条件，强化队伍能力和资源保障，以基层党组织各项工作的全面进步、全面过硬，汇聚党员群众共促发展的强大正能量，全力以赴推动世园会冬奥会筹办举办服务保障工作等全区中心任务圆满完成。

（一）压实责任强化保障，增强对党员干部的凝聚力

加强思想教育和理论武装，严明党的政治纪律和政治规矩，才能保证基层党组织步调一致、同心同向。要抓住党建主体责任这个“牛鼻子”，抓住严明纪律这个关键，严格实行党内监督，教育引导党员干部不断增强维护党的领导的自觉性、完成党的任务的创造性、坚守党的阵地的战斗性。

1.在意识上“加码”，担当从严管党治党的政治责任。党建工作是党组织书记的主业，增强基层党组织政治引领功能，要抓住党组织书记这个“关键少数”。要构建横到边、纵到底的主体责任网络体系，层层传导压力，逐级落实责任，结合基层党建全面提升年活动，完善全面从严治党主体责任延伸落实机制，普遍建立乡镇、街道党建工作协调委员会，强化乡镇、街道抓村、社区的直接责任；推进基层党组织书记述职评议全覆盖，强化党组织书记抓党建第一责任人职责；全面推行主体责任落实痕迹化管理，使责任履行更加规范有序。要建立条目式的责任清单，对基层党组织、党组织书记及班子其他成员落实党建的具体责任分别给予明确、细化、量化，将党建年度目标任务分解成思想、组织、作风、制度和反腐倡廉建设等，每月形成任务清单下发给基层党组织，明确“应该做什么”“怎么做”“做成什么

样”，让每名基层党务工作者肩上有重担，心中有压力。

2.在监督上“加压”，严格基层履职用权的执纪问责。实行严格的监督检查，才能倒逼基层党员思想转变、责任落实、行动发力。要从严抓好任务落实，综合运用监察、考核、社会监督等多种方式，加强对基层党组织执行重大决策部署情况的监督检查，促进基层党组织坚定不移贯彻落实中央、市委、区委决策部署。要从严整肃政治纪律，建立执行政治纪律和政治规矩专项监督检查机制，坚决查处上有政策、下有对策，有令不行、有禁不止行为，坚决维护基层党组织的团结统一。要从严实施追责问责，健全纪检部门约谈制度，探索建立“失责必问、问责必严”机制，逐步建立符合基层实际的科学、规范、操作性强的问责体系及相关配套制度；提高对基层党组织党建工作的检查频次，加大对基层党组织、党组织书记及其他班子成员履行党建职责不到位、不积极、失职渎职的问责力度，增强基层党组织促进政治引领功能发挥的自觉。要从严开展执纪审查，健全抓早抓小长效机制，改进派驻纪检机构工作机制，常态化运用监督执纪“四种形态”，继续防范和严肃查处隐形变异的“四风”问题和不严不实问题，深入开展“为官不为”“庸懒散”“小官贪腐”专项整治，着力解决发生在群众身边的不正之风和腐败问题，增强群众对基层党组织的信任和信心。要充分发挥群众监督作用，畅通监督渠道，确保群众知情，让群众的监督变成从严治党的“推力”。

3.在保障上“加劲”，强化基层党组织的阵地建设。提升和发挥基层党组织政治引领功能，必须有实实在在的保障。要深化对延庆基层党建工作特点和规律的研究，系统梳理基层党建工作存在的突出问题，针对农村党组织功能弱化、机关党支部地位虚化、基层干部后继乏人等问题进行分类研究，拿出针对性强、切实可行的管用政策和招数。要按照每乡镇（街道）不少于5人的标准配备专职党务工作者，充实基层抓党建的专门力量。要更加关心关爱村干部，进一步落实在职村党组织书记养老保险缴纳和正常离任村党组织书记生活补贴制度，完善村级干部工作报酬合理增长机制，继续从优秀村党组织书记中考试录用乡镇机关公务员，让基层干部有干头、有奔头。

（二）建强队伍提高能力，增强党员队伍的战斗力

“给钱给物不如给个好支部”，基层党组织自身建设的重要性不言而喻。要不断适应形势发展变化对基层党组织自身状况作出优化调整，更好发挥推动发展、服务群众、凝聚人心、促进和谐的作用。

1.严格党的组织生活，塑造新气象。党员干部能力强不强、威信高不高，班子强不强、有没有创造力战斗力凝聚力，同是否经受严格的党内政治生活锤炼教育密切相关。要进一步规范组织生活的标准和程序，强化指导督促，保证组织生活制度化、常态化、规范化、民主化运行。要丰富组织生活内容，组织党员结合本单位的改革发展实际，参与制定本单位的发展规划和重大事务的讨论，切实增强党员在参与组织生活中的组织归属感。要创新组织生活方式方法，推行主题党日、领导干部讲党课、现场参观、知识测试等做法，主动用好“互联网+”时代的各种新媒体资源来开展党的组织生活，建立党建论坛、红色微博、QQ群、微信群等，增强党的组织生活的生命力和活力，让党的组织生活在基层正常起来、认真起来、严肃起来。

2.注重党员队伍建设，激发新活力。加强党员队伍建设是深化基层党建工作的基础性工程，是增强基层党组织战斗力的中心环节。要狠抓党员理想信念教育，完善区、乡镇（街道、区直单位）、村（社区、基层站所）三级培训体系，使党校建到乡镇（街道、区直单位）、覆盖到村（社区、基层站所），把习近平总书记系列重要讲话特别是视察北京重要讲

话精神、与党章党规党纪、六中全会精神等一同纳入党校课程范围，对基层党员特别是基层党组织书记分级分类进行培训，充分利用大庄科开放式红色体验基地等红色资源对党员进行红色教育，使每一名党员都牢固树立“四个意识”，自觉在思想上政治上行动上同以习近平同志为核心的党中央保持高度一致。要严格党员日常管理,充分发挥党支部管理党员的主体作用，健全党员能进能出机制，结合不同领域、行业、岗位特点，进一步细化“四讲四有”标准，激活广大党员参与服务保障赛会筹办举办、决胜全国文明城区创建和国家卫生区创建等中心工作的热情和干劲。要强化村（社区）干部队伍建设，实施基层干部人才培养工程，建立健全基层组织后备干部人才库，确保每村（社区）选拔储备后备干部不少于2人，充实基层党组织后备力量；继续鼓励引导优秀大学生村官党员、优秀青年干部党员、优秀外出务工经商党员、民营企业管理人员党员、“80”后“90”后入党积极分子等驻扎基层，强化基层组织人才支撑；参照村“两委”干部任职资格条件，探索建立村级党建专干，为农村基层组织建设发现和储备一批综合素质较高、工作能力较强的本土人才。

3.选优配强党支部班子，管好“领头羊”。支部强不强，要看“领头羊”，选优配强基层党组织班子是不断夯实基层党组织工作基础的关键。要进一步完善带头人选、育、管、用制度，特别是要深入研究村干部选人用人标准，对有前科村“两委”主要干部进行分类处理，选好、用好、管好基层党组织带头人。要拓宽农村干部来源，重点在农业产业能手、致富能手、返乡创业人员中培养班子带头人，进一步做好选派第一书记工作，把有能力、能干事的优秀干部派到党组织软弱涣散村和低收入村，探索优秀村党组织书记异村任职、跨村兼职，为基层建设注入新力量。要选好配强机关事业单位、街道社区、非公有制经济组织、新社会组织等党组织书记，加大兼职党建工作指导员选派力度，明确每名指导员定向联系一定数量的非公有制企业和社会组织，逐步实现对非公有制企业和社会组织的全覆盖。要深化岗位职责管理，完善基层党组织书记年度“双述双评”等制度，对不称职的坚决予以调整撤换。要围绕筹办世园会冬奥会、推动京津冀协同发展等，组织各领域党组织书记开展精准化培训，确保每年集中轮训一次；有计划地选拔优秀基层党组织书记进修学习，注重在重点任务、重大活动中进行实践锻炼，提高履职能力。

4.推进基层党组织强“点”扩“面”，提高战斗力。通过整治软弱涣散党组织、扩大党组织有效覆盖，实现基层党组织“点”的强化和“面”的扩展，是提升基层党组织政治引领功能的必要任务。要持续开展软弱涣散党组织排查工作，针对排查出的软弱涣散党组织进行分类研究、分类指导，集中党建资源，采取区领导包、强力部门帮、先进支部带、优秀干部联等“四位一体”方式定点定向抓整顿，及时盘点销号、考核验收、跟踪问效，确保软弱涣散党组织整顿有真招、见实效。要继续创新基层党组织设置形式，在农村、社区、非公有制企业和新社会组织等中分类推进党的组织和工作覆盖，增强基层党组织对各个领域的引领能力。

（三）服务群众凝聚人心，增强对基层群众的号召力

提升基层党组织政治引领功能，必须以服务功能为根，把服务群众、做群众工作为主要任务和基本职责。要进一步强化基层党组织联系群众的桥梁纽带作用，让群众既“富口袋”又“富脑袋”，使基层党组织政治引领功能的发挥具有更加深厚的群众基础。

1.扎实回应群众关切。贯彻党的群众路线，为群众办实事、解难事，发挥好服务功能，是提升基层党组织政治引领功能的题中应有之意。要主动了解群众发展诉求，利用基层网站、微信互动平台等现代通讯技术开通联

系群众“绿色通道”，认真梳理群众在就业增收、环境改善等方面的需求，找准群众痛点。要强化问题解决，针对村务“三公开”不规范、监督不到位等群众关切的焦点，进一步完善制度、加强督导，用阳光透明的公开和监督赢得群众信任；针对群众实际生活困难，建立群众难题集中交办等机制，开展农村（社区）干部定期走访和社区无职党员设岗定责、公开承诺等活动，用好区直单位新农村建设结对帮扶、与社区结对共建和在职党员服务社区等方式，重点围绕帮扶低收入村实现经济发展、农民增收，帮助老旧小区完成改造工程，帮助群众解决生产生活中的实际困难等方面开展工作。要加强服务型国有企业和“两新组织”党组织建设，深入开展党员先锋岗、党员责任区等活动，充分发挥党员的先锋模范作用。要强化紧贴民生推动发展能力，坚持把发展作为解决问题的关键，把引领发展作为首要任务，在培育主导优势产业、发展壮大集体经济、促进农民转移就业、落实强农惠农富农政策等方面发力施劲，努力实现好维护好群众的根本利益，用扎实的服务效果推动政治引领功能的提升。

2.*创新群众工作方式*。以新方式应对新形势下的群众工作，才能与群众达到情感上共鸣、思想上对流、心理上交融。要建立党员志愿者宣传队、服务队、调解队等，运用灵活多样的宣传载体，最大限度化解征地拆迁等问题多发事件中的矛盾，获得群众理解认同。要将基层党组织开展的活动与服务保障绿色发展大事、与群众的关心关切结合起来，吸引群众参与，请群众评判评议。要进一步落实基层组织活动场所建设及运转保障专项经费，提升基层党组织活动场所规范化信息化建设水平，推进党群活动服务中心建设，实现各乡镇（街道）全覆盖，积极搭建联系服务党员和群众的平台。

3.*广泛凝聚群众共识*。引导广大群众深化共识、凝心聚力，是做好群众工作、增强基层党组织政治引领功能的重要组成部分。要大力选树典型示范基层党组织和优秀基层党员，加大宣传报道力度，鼓励党员带头参加志愿服务活动，用基层党组织和党员的模范事迹感召群众，增强群众对党的信任和信心。要把区情区策与群众身边小事联系起来，把思想政治宣传与世园会冬奥会等全区中心任务宣传结合起来，用好群众语言，讲好延庆故事，用共同的目标统一思想、鼓舞人心、凝聚力量。要结合全国文明城区创建等工作，用社会主义核心价值观引导群众，大力实施百姓宣讲“十百千万队伍建设工程”，开展“生态文明十大专项行动”等丰富多彩的群众性活动，促进群众自觉凝聚在社会主义核心价值观下，共同建设文明家园。

关于构建绿色“高精尖”经济结构的思考

北京市延庆区人民政府区长 穆鹏

习近平总书记两次视察北京重要讲话思想深邃、内涵丰富，对做好北京城市规划建设和冬奥会筹办工作提出更高要求，特别是围绕“建设一个什么样的首都，怎么建设首都”这一重大问题，在有序疏解非首都功能、提高城市发展水平、下大力气治理“大城市病”等方面提出重大要求，已经成为当前我们做好各项工作的根本遵循。在如何发展经济方面，总书记指出“北京要放弃发展‘大而全’的经济体系，构建‘高精尖’的经济结构，使经济发展更好服务于城市战略定位”。《京津冀协同发展规划纲要》发布以后，协同发展的大格局逐渐形成。作为首都生态涵养发展区和京津冀协同发展的桥头堡，延庆更要紧抓机遇，在更大范围内配置资源、强化优势，拓展发展空间，在实践中探索出一条符合延庆实际的绿色“高精尖”经济发展之路。

一、延庆绿色发展的基本情况

回顾发展历史，延庆的生态文明发展战略是在不断的探索和实践中逐步形成的。上个世纪80年代以来，延庆即根据自身的特点，相继提出“冷凉”战略、“三动”战略，历届政府多年来一直坚持绿色发展理念，高度重视产业发展，并注重发挥自身优势主动调整经济发展思路和空间布局，最终选择并实施生态文明发展战略。党的十八大以后，延庆人更加坚定信念，深入践行新发展理念，主动融入京津冀协同发展大格局，落实首都城市战略定位，立足生态涵养发展区功能定位，坚定不移地走出一条具有延庆特色的绿色生态发展之路。

（一）历史回顾

1.“冷凉”战略让延庆人清醒认识自身特点和发展优势

1985年，县委、县政府在全县范围内组织“让延庆人民重新认识自己，让延庆人民重新认识外界，让外界重新认识延庆”的大讨论，使全县人民认清了延庆独特的优势和对外吸引力，提出了“依托北京、面向全国、借助外力、发展自己”的指导思想。在“三个重新认识”的基础之上，县委、县政府提出“冷凉”战略，充分利用延庆冬冷夏凉的气候特点，实现将劣势转变为优势的思维转变，实施“冷凉”战略，确立了以农业为基础、工业为重点，商贸和旅游为两翼的产业思路，并把农业和旅游业作为实施“冷凉”战略的突破口。这是解放思想、实事求是地根据本地特点，对经济工作所作的一次大的调整，农业基础设施建设全面展开，工业在改革中稳步发展，旅游业成为外界了解认识延庆的一个窗口，经济工作取得了不菲的成绩。

2.“三动”战略明确了加快发展的决心和信心

1996年，县委、县政府审时度势，提出“旅游牵动，城镇带动，科教推动”的“三动”战略，并将其写入延庆县国民经济和社会发展“九五”规划，延庆迎来又一个大发展的时期。延庆坚持“服务首都，富民强县”的方针，加快了产业结构调整，发展农、工、商、旅、建五大产业，优化资源配置和生产力布局，着力建设具有延庆特色的区域经济。“三动”战略实施后，农村经济全面发展，产业化水平的不断提高；旅游综合接待能力逐步提升，观光型旅游逐步向观光休闲度假型转变，“北京夏都”概念首次提出并逐步叫响；工业规模进一步扩大，产业运行质量明显提高。实践证明，“三动”战略在当时是符合延庆实际的，全县经济呈现出更加持续、快速、健康发展的强劲势头，经济实力和发展活力明显增强。

3.生态文明发展战略让绿色发展思路更加清晰

2006年，县第十二次党代会确定了生态文明发展战略，详细阐述了其内涵、目标和任务。生态文明发展战略是在新形势下对“冷凉”战略和“三动”战略的继承、发展和创新，是充分利用独特优势的科学决策。随着生态涵养发展区功能定位的确定，延庆更加注重科学发展，以旅游业为龙头构建绿色产业体系的方向更加明确、思路更加清晰、任务更加具体。延庆的生态环境有了很大的改善，完成“四大生态走廊”等一批重大生态建设保护项目，林木绿化率提高到74%，水环境质量明显改善，空气质量持续保持全市领先水平；群众性生态文明创建活动普遍开展，“国家生态县”和“国家卫生县城”创建目标成功实现；荣获“全国绿化模范县”“国家园林县城”等称号，生态涵养和发展能力进一步增强，呈现出一产做优、二产做强、三产做大的良好发展态势。

（二）发展现状

1.以有机农业等产业为主的都市型现代农业迅速发展

延庆不断调整优化农业产业布局，以有机农业、花卉产业、蔬菜产业、林果产业为主的都市型生态农业逐步发展壮大。全区42家蔬菜、干鲜果品等企业和基地、190余个品种获得有机认证，有机农业占农业总产值比例达到21%。花卉种植面积达1.4万亩，成为北京市花卉种植面积最大的区，初步形成了集观赏、生产、加工、示范等为一体的花卉产业链。果树栽培面积达16.7万亩（933公顷），果品总产量3.3万吨。建成百亩以上设施农业园区15个，设施农业占地面积达到1.5万亩。发展林下经济4.3万亩，蜂群稳定在7000群，特色产业示范效应明显。康庄镇、沈家营镇成功创建都市型现代农业示范乡镇。休闲农业和乡村旅游蓬勃发展。

2.以中关村延庆园为依托的新能源和节能环保产业发展势头更加强劲

中关村延庆园挂牌成立，全区4.91平方千米区域纳入中关村国家自主创新示范区，“中关村·长城脚下的创新家园”空间规划正式发布。出台了工业项目准入标准和评估办法。2016年，规模以上工业企业完成工业总产值70.5亿元，同比增长33.9%。新能源产业集聚效应更加明显，完成产值40.8亿元，同比增长73.6%，占规模以上工业总产值62.1%。能源互联网产业已初步成型。新能源产业领域总投资超过20亿元，八达岭新能源孵化基地项目竣工，北京新能源产业基地智能微电网项目、北玻有限叶片模具项目等也先后竣工投产。开展智慧延庆建设，信息化发展呈现良好态势。

3.以旅游产业为主导的第三产业支柱效应更加明显

延庆以推进旅游供给侧结构性改革为主线，促进全域旅游发展，推动全区旅游从“景点旅游”向“全域旅游”转变。主要旅游景点基础设施不断完善，品质升级全面提高，旅游产品不断丰富，文化传播效果显著。八达岭长城作为国家5A级景区、世界文化遗产、世界新七大奇迹之首，2016年接待中外游客800多万人次。延庆作为2022年冬奥会三大赛区之一，冰灯艺术节受到了中外游客的高度关注，万科石京龙、八达岭滑雪场升级改造，群众性冰雪运动蓬勃开展。商务休闲高端旅游项目快速发展，建成并投入运营中国首座五星级汽车房车露营地“北京龙湾国际露营公园”、国内最大的葡萄主题公园“世界葡萄博览园”以及度假综合体“辉煌国际度假区”。高端民俗民宿旅游方兴未艾，一批国内知名品牌入驻延庆，旅游综合服务能力不断提升。长城脚下的公社以其风格前卫的建筑、高端品质的服务和时尚的文化，打造了一款独具特色的旅游产品，成为新锐人群的时尚体验基地。百里山水画廊、四季花海、冰川绿谷三条旅游沟域经济带异军突起，成为北京市沟域旅游的知名品牌。“山里寒舍”“石光长城”“百里乡居”“隐居乡里”等乡村民宿引领了旅游新潮流，其中，“隐居乡里——山楂小院”“山里寒舍”荣获由中国饭店协会主办的第三届全国客栈民宿旅游投资峰会暨中国饭店协会客栈民宿委员会成立大会“2016最受欢迎客栈民宿”奖，乡村民宿已成为人们远离城市喧嚣、享受绿色健康生活方式的理想之地，延庆特色民俗符号逐步形成。文化是旅游的灵魂，旅游是文化的载体。深入挖掘乡村文化，建设康庄园艺风情小镇、井庄乡宴柳沟、旧县养生小镇、八达岭长城文化小镇四个特色小镇，培育一批具有地域特色和文化内涵的乡村旅游特色小镇，打造慈母川、盆窑等多个主题文化村。节庆赛事品牌影响力显著提升。连续承办北京端午文化节9届，举办龙庆峡冰灯艺术节31届，成功举办世界汽车房车露营大会、北京国际马球公开赛、北京国际自行车骑游大会、长城森林音乐节等具有国际影响力的重大节庆赛事活动的同时，创新开展柳沟祈福冬奥冰雪嘉年华、永宁新春灯会、世葡园冰雪嘉年华等特色活动，打造出欢乐冰雪、消夏避暑、多彩端午、“骑”乐无穷等系列休闲品牌。“十二五”时期，共接待国内外游客9459万人次，实现旅游收入242.45亿元。全区旅游产业发展规模不断扩大，产业体系日益完善，综合效益稳步提升。“春赏百花、夏享清风、秋观红叶、冬戏冰雪”的全域旅游形象初步显现。

产业为经济发展提供了重要支撑。到“十二五”末，延庆地区生产总值年均增长9.7%，财政收入年均增长13.7%，产业结构调整成效显现。2016年地区生产总值达到117.5亿元，一般公共预算收入达到13.6亿元。一、二、三次产业比重达到6.3：30.3：63.4，以都市型现代生态农业、新能源环保产业、旅游休闲度假产业为主要发展方向产业格局初步形成。

（三）获得的认识

1.必须坚持生态文明发展战略

习近平总书记提出了“绿水青山就是金山银山”的理念，十八大报告也指出：建设生态文明，是关系人民福祉、关乎民族未来的长远大计。这都是要求我们要坚持绿色发展理念，坚持生态文明发展战略。多年的发展实践证明，延庆发展的优势在“绿色生态”、潜力在“绿色生态”，希望也在“绿色生态”。依托优良生态环境，延庆为自己赢得了诸多发展机遇，特别是2022年冬奥会、2019北京世园会已经成为带动延庆经济社会发展的巨大引擎，有力促进地区经济社会跨越发展。因此，延庆必须立足区域功能定位，坚定不移实施生态文明发展战略，不断增强生态服务功能，实现经济社会发展与生态环境保护互促共赢，进一步提高服务首都的能力和水平。

2.正视发展中存在的问题

一是产业要素配置不合理。目前，区内一些低端产业占据资源和空间，且不具备转型升级条件，疏解任务还非常艰巨。种植业以传统大田种植为主，结构单一、效率低下，特色农业、科技型农业占比严重不足。在土地等产业要素越来越趋于紧张的大背景下，产业发展用地严重不足与土地低效浪费的现象同时存在。比如，中关村延庆园区内占有土地资源但未实际生产经营的企业19家，占地1716亩。二是产业特色不突出、融合发展不足。延庆的绿色产业目前尚以传统的有机农业、新能源和旅游产业为主，大多依靠农业种植、工业生产和门票经济，产业链不长，尚未形成值得称道的绿色发展品牌。三次产业发展过程中单打独斗多，相互结合发展少，产业融合发展不够深入。三是人才和技术创新不足。相关领域专业人才不足，一线研发类人才不够，有机农业、新能源产业等领域都存在人才难引进、难留住的问题。四是部分干部工作状态与当前发展大势不相适应。冬奥会、世园会等绿色大事的到来给延庆的绿色发展带来了新的机遇，但在筹办过程中，任务重、标准高，有的干部表现出了加快发展的能力不强，处理发展问题的措施不力，带领群众致富的点子不多等问题，存在本领恐慌现象。

二、着力构建具有延庆特色的绿色“高精尖”经济结构

延庆要立足首都生态涵养发展区功能定位，坚持绿色发展理念，紧抓历史重大机遇，建设现代农业“三区、三园和一体”，实现农业的转型升级和农民增收；基本完成全区旅游从“景点旅游”向“全域旅游”转变，建成生态旅游示范性强、国际品牌影响力强、区域合作创新能力强、全域旅游服务意识强的国际一流的生态旅游度假名区；打造一批优质双创空间和特色园区，构建起具有竞争力的绿色科技工业产业体系，用5到10年的时间，初步建成具有延庆特色的绿色“高精尖”经济结构。

（一）夯实基础，以都市型现代农业为重点做精一产

1.优化农业产业结构，着力推进农业提质增效

三农工作是开展各项工作的基础基石，要坚持把解决“三农问题”作为工作重点，深入推进农业供给侧结构性改革，着力改变目前农业产业结构的低端低效农业占比过大的现状。通过疏解养殖业等低端业态，推广科技示范项目、鼓励高效农业发展、扶持有机循环农业等措施，在高效农田、花卉种植、蔬菜鲜果等方面加大扶持力度，不断优化农业产业结构。对接世园会需求，加快花卉精品展示园等项目建设，大力发展花卉、苗木、盆栽等园艺产业。稳步发展高端籽种农业，加快形成马铃薯等特色籽种产品，形成育、繁、推一体化的产业体系，打造世界马铃薯种源之都。

2.推行绿色生产方式，增强农业可持续发展能力

农业生产必须成为生态环境的维护者和倡导者。大力发展有机农业，强化有机农业品牌建设，积极培育出达到冬奥会、世园会食品供应标准的有机食品供应基地。积极发展生态循环农业，落实“一控两减三基本”要求，实现农业清洁生产，完善循环农业产业链，提升农业资源综合利用水平。强化农产品质量和食品安全监管，推进全区“三品”认证工作，利用物联网等技术开展农产品安全追溯系统建设试点，保障农产品供应安全。通过严格农业企业环评标准、鼓励使用绿色有机肥料、完善集中污水处理等措施，着力减少乃至消除农业生产对生态环境的影响。

3.建设现代农业“三园、一体”，拓展农业产业链价值链

建设现代农业产业园，坚持现代农业发展理念，引导区内农业企业通过品牌嫁接、资本运作、产业延伸等方式进行联合重组，形成现代农业产业集群。大力支持乡村休闲旅游养老等产业和农业融合发展。充分发挥乡村各类物质与非物质资源富集的独特优势，利用“旅游＋”、“生态＋”、“互联网+”等模式，推进农业、林业与旅游、教育、文化、康养、金融等产业深度融合；建设现代农业科技园，以规模化种植基地为基础，依托农业产业化龙头企业带动，聚集现代生产要素，打造“生产＋加工＋科技”的现代农业技术高地，发挥技术集成、核心辐射等功能作用；建设现代农业创业园，为回乡、下乡、返乡创业的人才提供创业创新的平台。大力培育现代职业农民，推动农业经营主体职业化。支持有文化、懂技术、会经营的农村实用人才和农村青年致富带头人创业。打造现代农业“田园综合体”，坚持以旅游为先导，以产业为核心，以文化为灵魂，以交通、物流和通讯等基础设施为支撑，以体验为价值，以乡村复兴再造为目标，不断提高农业生产效率，美化农村环境，提高农民生活品质，着力把农村建成集景观吸引区、“三养”集聚区、农业生产区、居民生活区和服务配套区于一体的综合体。

4.补齐农业农村短板，加快城乡一体化进程

必须紧紧抓住国家新型城镇化综合试点的有利政策和两件绿色大事的重要历史机遇，按照第三批国家新型城镇化试点要求和本区新城规划的总体部署，加快推进城镇化各项建设，优化城镇产业发展格局，稳步推进动农民就地就近城镇化。严格落实土地利用总体规划及城乡建设规划，不断优化城镇空间布局，通过改善闲置、低效用地、盘活农村宅基地等措施，激活存量建设用地。落实精品度假小镇建设实施意见，加快推动4个市级重点镇和2个全国重点小城镇建设。有效落实延庆区美丽乡村建设实施意见，在去年创建美丽乡村的基础上，围绕世园会、精品小镇中心村、山区搬迁村，充分整合山区搬迁、水库移民、环境整治等政策，大力推进基础设施“六网”改造提升工程。

5.加大农村改革力度，激发内生发展动力

把改革创新作为引领农村发展的第一动力和解决“三农”问题的重要抓手。切实把“土地流转起来、资产经营起来、农民组织起来”的“新三起来”工程不断深化，加强农村供给侧结构性改革，不断激发和释放农村发展的新动能。通过探索“三权分置”的有效实现形式，坚持土地所有权集体所有，稳定农户承包权，放活土地经营权，促进适度规模经营；加快推动农村土地承包经营权确权登记颁证工作，落实农村土地流转指导价格，强化对土地流转工作的监督管理和风险防范，支持和鼓励农村承包地以土地入股、土地租赁等多种形式向新型经营主体流转，发展土地托管、代耕代种、联耕联种等不同形式的适度规模经营；针对农村集体建设用地，参照市级关于统筹利用集体建设用地政策相关意见，按照乡镇统筹、集体所有、农民持股、长期受益的发展思路，积极探索集体建设用地减量化和统筹集约利用相关政策机制，稳妥探索以土地使用权入股、联营试点模式，探索乡镇统筹利用集体产业用地模式，推进城乡建设用地增减挂钩试点，有效推进土地集约节约利用，实现建设用地减量化发展。

（二）展示魅力，以全域旅游为主导做强三产

1.加快全域式谋划布局，构建全域旅游发展格局

全域旅游发展模式与延庆生态立区、旅游富民的发展理念不谋而合。延庆要推动高端项目的旅游发展，就要秉持高起点、大视野、可持续的发展理念，把全区作为一个大景区来规划，进一步构建全域旅游发展格局，加强延庆旅游顶层设计。结合冬奥会世园会，以旅游规划为核心，推动国民经济和社会发展规划、城乡规划、土地规划、生态环境保护规划等与旅游规划有效衔接。引入智力咨询机构，以冰雪、园艺、长城为核心，在旅游发展理念、经营模式、环境建设等方面实施科学规划，构建全景、全业、全时、全民的全域旅游发展格局。做好世园会筹办冲刺。做好围栏区和京张高铁、兴延高速、延崇高速等服务保障工作。启动世园村和非围栏区建设，完成世园大道景观工程，建成现代园艺产业集聚区（HBD），推进核心区和25个产园一体化项目建设，打造推动全域乡镇发展“小引擎”。加速推进冬奥会服务保障。完成赛事场馆及配套设施的规划设计工作，全面启动冬奥水务保障工程，推动场馆建设全面开工。推进“一轴两翼”冰雪产业带建设，打造张山营冬奥冰雪休闲小镇，建设一批与冬奥内涵、自然景观相融合的美丽乡村。

2.全业式融合发展，打造全域旅游特色产品

以旅游业为依托，大力推进旅游与相关产业的融合发展，打造旅游全产业链。以“旅游+农业”、“旅游+林业”为突破口，深入挖掘延怀河谷、四季花海、民俗沟域等旅游休闲功能。打造一批休闲农庄、农业公园等农业园区，做好森林生态旅游产品。推进特色优质农产品向旅游商品转变，争取纳入北京礼物体系；推进“旅游+工业”，积极引导二、三产业深度融合。充分挖掘智能电网和太阳能光伏

发电等新能源和节能环保产业中教育、科研功能，重点依托康西风力发电场、太阳能光伏发电示范基地等新能源区域，逐步开放工业生产园区、新能源示范基地等，实施一批集生产观光、科普教育、互动体验、购物娱乐于一体的工业旅游项目；推进“旅游+文化”“旅游+体育”“旅游+养生”，不断深化三产内部融合。以旅游产业为主导，围绕冬奥会培育发展覆盖四季的滑雪、骑游、徒步、攀岩、体育赛事等休闲产业。依托长城文化、民俗文化、农耕文化、天文文化等，全面进行文化创意与文化体验活动设计，实现文旅深度融合；深入开展“旅游+商贸”，培育旅游商业街区，开发一批特色的旅游商品，推进商旅联动发展。

3.全面加强软硬件建设，不断优化服务环境

健全智慧旅游服务体系，以冬奥会世园会的游客需求为导向，依托延庆政务云平台，构建并深化延庆生态旅游智慧服务系统，建立延庆旅游大数据平台，打造精准化服务、管理的智慧旅游新模式。全面实施“互联网+旅游”，在冬奥会与世园会会场周边、A级以上景区、宾馆饭店、民俗村户等重点区域实现Wi-Fi全覆盖。全面提升电商平台“长城内外”服务功能，开发“美丽延庆”旅游手机软件（APP），加强旅游公共服务信息平台建设。在全区重点文物古迹旁增添信息二维码。完善提升旅游自助导览系统，增加多语种导览、旅游线路推荐等功能，提升游客的体验感和满意度。健全旅游基础设施服务体系，对全区现有宾馆饭店实施升级改造，积极引入国内外知名品牌酒店、连锁酒店，开发居民客栈、青年旅舍、家庭旅馆，完善旅游住宿业态。建设特色旅游街区，完善旅游购物场所。在城区打造冰雪冰雕景观、园艺旅游景观，实施城区夜景亮化提升工程。完善旅游场所的公厕、停车场、步行道等基础服务设施，筹建游客集散中心。健全旅游交通服务体系，配合延崇高速、兴延高速、国道110二期等道路建设，加强交通主干线休憩站点等设施建设，打通旅游公交专线最后一公里。建设功能完善的旅游道路标志体系，将通往旅游景区的标志纳入道路交通标志范围。推进以充电桩为主体的旅游交通新能源设施建设，拓展提升绿道、休闲步道、自行车骑游线路，建立健全无障碍交通设施体系。加大整治旅游市场力度，疏解整顿低端服务业，同时严厉打击各种破坏旅游市场秩序的违法行为，打造京郊最受欢迎的自驾游目的地。

（三）激发活力，以创新驱动为核心做优二产

1.激发科技创新活力

全面落实全国科技创新大会精神和《国家创新驱动发展战略纲要》、《京津冀协同发展规划纲要》部署要求，坚持和强化北京全国科技创新中心地位，努力在创新驱动发展战略实施和京津冀协同发展中发挥引领示范和核心支撑作用。培育壮大优势特色产业，大力发展战略新兴产业，全面促进智慧服务业发展，完善产业链条，推动产业融合，重点发展园艺、体育冰雪、新能源、节能环保、智慧服务、通用航空、旅游休闲、有机生态农业等产业，着力构建创新创业绿色产业体系。

2.深度布局“长城脚下的创新家园”

努力把中关村延庆园打造成为带动延庆经济社会发展的第三引擎，在新一轮经济竞争中抢占发展先机。不断优化和深化中关村延庆园产业、空间和生态等相关规划，进一步明确延庆园功能定位和产业发展方向，优化空间布局，提升生态化与产业发展互动的能力。紧抓首都核心区域产业疏解的机遇，主动承接符合延庆功能定位、具有比较优势的特色新兴产业。积极引进创新能力强、资源能耗少、发展前景好的中小科创企业，扶持其成长壮大，形成新的发展支撑点。大力发展信息技术产业，吸引一批软件和信息服务企业进驻延庆。支持重点产业领域的智能信息网络和大数据应用平台建设，推动信息技术与新能源、节能环保产业及现代服务业相融合。发展智能装备产业，引进具有自主知识产权、有核心竞争力、有市

场前景的工业无人机项目，支持减速器、伺服电机等关键零部件的研发和应用。依托空域优势，积极推动无人机资源向延庆集聚，带动通航产业发展。

加快推动实现产城融合，依托中关村延庆园建设，进一步统筹康庄镇整体建设规划，促进城镇基础设施建设实现整体提升，带动城乡更加充分就业，加快地区经济发展步伐。依托康庄镇建设，加强污水处理、水资源利用、能源降耗等生态技术开发引入和设施规划建设、改造。优化街区路网结构，高水平建设道路交通等公共基础设施以及光网、无线宽带等新一代智能信息基础设施，推动智慧园区建设。统筹公共服务设施建设，增加文化、教育、卫生、医疗、住房等服务供给，推动相关区域从单一生产功能向城市综合功能转型，促进功能混合和产城融合。

3.建设京津冀协同发展桥头堡

落实首都功能疏解和京津冀协同发展战略打造京西北协同创新创业体系。与中心城区建立对接关系，完善资源配置方式，研究探索合作共赢政策，有效承接中心城区符合我区功能定位的产业转移，加快推进中关村延庆园改革发展，实现与海淀、昌平等其他园区错位发展，建设京西北科技创新特色发展区。深化与河北周边地区跨区域创新合作，积极推进资源要素市场建设，与怀来县合作构建延怀河谷创新大三角，打造区域协同发展的科技创新平台。推动区域间创新创业资源优势互补和优化配置，共享创新创业公共服务，共建区域公共资源服务平台。

三、强化绿色“高精尖”经济结构的措施保障

（一）加强顶层设计

一是确定符合延庆特色的绿色“高精尖”企业标准和筛选范围。综合考虑单位增加值能耗、水耗等方面因素，确定制造业、建筑业、交通运输等技术密集型企业和效益领先型企业。从营业收入增长速度、销售收入增长速度等方面，确定零售业、住宿餐饮业等精品优质型企业。二是提高绿色发展的内生动力。支持领军企业面向技术创新需求，搭建一批专业领域的产业技术研发平台，整合上下游资源构建全产业链技术创新网络，促进提升全产业链创新能力。借助现有新型农村合作组织以及德青源等循环农业示范企业，打造有机品牌、观光农业和循环农业典范。

（二）加大政策扶持

一是研究制定符合绿色发展要求的政策。用好中关村延庆园政策，探索建立健全低端业态改造升级、产业跨区域转移的相关配套政策措施，强化产业转型升级发展的政策支撑。加大对新型经营主体金融扶持力度，对发展农业生产、农产品初加工等项目给予贷款贴息奖励、担保费补贴等支持。稳步扩大政策性保险服务覆盖面，落实北京市政策性农业保险统颁条款，做好政策性农业保险服务工作。二是设立产业发展扶持基金。围绕当前产业发展实际需求,探索建立储能、体育、绿色等产业发展基金，如现代园艺产业集聚区（HBD）、现代冰雪休闲产业发展基金。整合区内国有融资担保机构及政府风险补偿资金，积极与区外优质融资担保机构对接合作，共建共享金融服务平台，为企业提供融资服务。三是搭建科技创新支撑服务体系。建立资源对接服务平台，对接产业联盟、服务联盟、行业协会，引导企业资源向中关村延庆园集聚，制定和推出延庆技术需求信息目录及区域重大项目建设名录，建立公共技术服务平台和公共科研资源共享平台、成果转移转化服务平台、知识产权服务平台等，为企业发展提供更加优质服务。

（三）健全体制机制

一是创新灵活高效的运行保障机制。以灵活、管用为目标，创新各项绩效考核督查机制，有效推进各项工作落实。同时加强对二级班子领导干部进行培训，提高指挥调度能力，激发干事创业热情。二是提高产业发展的组织化程度。在政策上支持加快构建家庭农场、

农民专业合作社和农业企业等新型农业经营体系，鼓励职能部门之间紧密、高效衔接。建立多样的产业化组织实体，如行业协会等，有效发挥产业化组织实体职能。三是动员社会力量参与。通过向社会购买服务、PPP等形式，完善生产性服务业，为企业发展提供有力支持。发挥政府投资的杠杆作用，着力撬动社会资本投入经济领域发展。广泛吸纳社会民智，积极利用紧邻首都、智力资源丰富的优势，借助外脑深度谋划绿色发展。

（四）做优发展环境

一是优化服务环境。进一步加大延庆信用体系建设，用好用足行政审批“一科制”改革成果，提供优质便捷满意的服务。二是净化社会环境。大力营造宽容社会环境、开放的思想环境和多元的文化环境，为企业发展提供良好的环境基础。三是美化生态环境。立足“绿色健康之城、休闲宜居之城、山水心灵之城”的新城发展定位，全面落实能源规划和清空计划，实施冬奥世园主题景观提升、城镇靓化等工程，提升城市园林化水平。四是畅通交通环境。借助京张高铁、兴延高速、延崇高速以及新建城区市政道路，打通内外交通网，提供便利的交通环境。

（五）构建人才支撑体系

一是加强人才的开发和培养。探索建立人才服务平台，努力解决创新创业人才面临的资金需求、市场信息、技术支持、税务、法律等瓶颈问题，为创业人才提供高效服务。二是聚焦优秀人才的引进和服务。依托冬奥会、世园会国际效应，探索推动归国留学人员、外籍人员来延创业。积极承接市区优质产业资源，吸引城区优质人力资源，吸纳在京高校、科研院所和职业技能学校人才落户延庆，并不断完善来延创业服务体系，在配偶安置、子女入学等方面给予支持。三是加大农村人才创业支持力度。鼓励农村有条件的农民自主创业，带动农村增收。全面加强科学普及培训和宣传，探索实施科技扶贫计划，切实发挥科技在惠民中的引领带动作用。

（责任编辑：张鹏）

国民经济和社会发展主要指标完成情况

国民经济和社会发展主要指标统计表

项　目	单位	2015年	2016年
人　口			
户籍人口	万人	28.2	28.4
常住人口	万人	31.4	32.7
经济总量			
地区生产总值	亿元	107.3	117.5
第一产业	亿元	7.8	7.4
第二产业	亿元	29.2	35.6
第三产业	亿元	70.3	74.5
固定资产投资			
全社会固定资产投资额	亿元	71.2	107.2
城镇固定资产投资额	亿元	37.3	86.5
#房地产开发投资额	亿元	10.1	23.5
农村固定资产投资额	亿元	33.8	20.7
能源消费			
能源消费总量	万吨标准煤	66.2	67.3
万元地区生产总值能耗	吨标准煤	0.6	0.6
万元地区生产总值能耗下降率	%	2.04	5.7
财政收支			
公共财政预算收入	亿元	13.5	13.6
公共财政预算支出	亿元	83.8	92.5
农　业			
农林牧渔业总产值(现价)	亿元	20.6	19.3
主要农产品产量			
粮食产量	万吨	10.5	10.0
蔬菜产量	万吨	6.3	6.4
禽蛋产量	万吨	3.8	3.8

续表1

项　目	单位	2015年	2016年
干鲜果产量	万吨	2.2	2.1
牛奶产量	万吨	5.9	4.7
出栏猪	万头	11.5	11.0
出栏鸡	万只	711.3	278.9
工　业			
规模以上工业总产值（现价）	亿元	53.9	71.5
轻工业	亿元	20.8	18.7
重工业	亿元	33.1	52.8
规模以上工业年末从业人员	人	8891	8721
建筑业			
建筑业总产值	亿元	56.7	46.0
商　业			
社会消费品零售额	亿元	81.1	87.6
商品交易市场成交额	亿元	15.7	15.4
旅游业			
A级及主要景区景点接待人次	万人次	1519.0	1603.0
A级及主要景景点旅游收入	亿元	8.8	9.3
观光民俗旅游接待人次	万人次	507.0	611.2
观光民俗旅游收入	亿元	3.3	3.8
对外经济贸易			
实际利用外资	万美元	1960	2066.0
外贸进出口总额	万美元	13300	10311.0
#出口额	万美元	11200	7900.0
金　融			
金融机构存款余额	亿元	341.3	376.0
#城乡居民储蓄存款余额	亿元	170.6	186.8
金融机构贷款余额	亿元	58.2	68.4

续表2

项　目	单位	2015年	2016年
教　育			
学校个数			
高等学校	所	2	2
普通中学	所	21	21
职业中学	所	1	1
小 学	所	28	28
幼儿园		52	54
在校学生数			
高等学校在校学生数	人	6069	5547
普通中学在校学生数	人	9705	8962
职业中学在校学生数	人	1731	1394
小学在校学生数	人	12251	12296
幼儿园在园幼儿数	人	7043	7366
文　化			
公共图书馆藏书	千册（件）	486	544
电影放映场次	千场	16	16
卫　业			
卫生机构数	个	256	257
卫生机构床位数	张	1049	1014
卫生技术人员数	人	2314	2443
#执业医师（含助理医师）	人	941	1035
注册护士	人	882	905
人民生活			
城镇居民人均可支配收入	元	35603	38442
城镇居民人均消费支出	元	22882	24809
农村居民人均可支配收入	元	18088	19588
农村居民人均消费支出	元	13382	14500
城镇单位在岗职工工资总额	万元	393316	422382
城镇单位在岗职工平均工资	元	55418	61305

2016年组织机构及负责人

延庆区组织机构及负责人

中共延庆区第二届委员会

书　记　　李志军
副书记　　穆鹏　胡耀刚（12月止）
　　　　　李军会（9月起）
常　委　　李志军　穆鹏　胡耀刚（12月止）
　　　　　李军会（9月起）　张远　刘学亮
　　　　　祁金利　黄克瀛（女，8月起）
　　　　　张素枝（女，2月止）
　　　　　李忠义（9月止）　吕桂富
　　　　　虞宝才　刘正伟（12月止）
　　　　　谢文征（4月起）

延庆区第二届人民代表大会常务委员会

主　任　　郭振清（12月止）
　　　　　胡耀刚（12月起）
副主任　　盛桂荣（女，12月止）
　　　　　唐富臣（12月止）
　　　　　武克（12月起）　郑世华
　　　　　郭维峰（12月止）
　　　　　郭永华（12月起）
　　　　　闫承发（12月起）
　　　　　吴辰英（女，不驻会）

延庆区人民政府

区　　长　穆鹏
常务副区长　张素枝（女，2月止）
　　　　　张远（4月起）
副 区 长　张远　魏怡（女，10月止）
　　　　　刘兵（9月止）　谢文征
　　　　　刘明利（12月止）
　　　　　刘瑞成　祖宇（10月起）
　　　　　罗瀛（女，满族，9月起）
　　　　　董亮（9月起）　吴世江（12月起）

人民政协延庆区第二届委员会

主　席　　赵双利（12月止）　陈合安（12月起）
副主席　　陈合安（12月止）　刘明利（12月起）
　　　　　谷艳兰（女）　徐凤翔（12月止）
　　　　　李满（12月止）
　　　　　赵志萍（女，12月止）
　　　　　张立新（12月起）　张留全（12月起）
　　　　　程大庆（不驻会）
　　　　　杨雪平（女，12月起，不驻会）
秘书长　　丁铁生（10月止）
　　　　　马岗（藏族，10月起）

中共延庆区第二届纪律检查委员会

书　记　　虞宝才
副书记　　韩策　王永军（女，7月止）
　　　　　吴皓　杜国华（7月起）

中共延庆区委工作机构负责人

区委办公室
　主　任　　吕桂富（兼，12月止）
　　　　　　马红寰（12月起）
　常务副主任　马红寰（12月止）
　保密局（由区委办管理）局长
　　　　　　王秦江（6月止）
　　　　　　张光临（6月起）

组织部
　部　　长　刘学亮(兼)
　常务副部长　徐赟(2月止)
　　　　　　张胜军(6月起)
　老干部局(由区委组织部管理)局长　高英
宣传部
　部　　长　祁金利(兼)
　常务副部长　王磊(3月起)
　精神文明建设办公室(挂靠宣传部)主任
　　　　　　齐鲁延
统战部
　部　　长　祁金利(兼，8月止)
　　　　　　黄克瀛(兼，女，8月起)
　常务副部长　高文洲
　台湾工作办公室主任　王书兰(女，2月止)
　　　　　　　　　　王云(女，3月起)
政法委
　书　记　胡耀刚(兼，12月止)
　　　　　吕桂富(兼，12月起)
　副书记　袁和忠(6月止)　张勇军
　　　　　马建波(8月起)
　机关党委书记　周云霞(女)
　社会治安综合治理委员会办公室(与政法委合署办公)　主任　袁和忠(6月止)
　　　　　　张勇军(6月起)
　维护稳定工作领导小组办公室(与政法委合署办公)　主任　袁和忠(6月止)
　　　　　　张勇军(6月起)
　流动人口和出租房屋管理委员会办公室(与政法委合署办公)　主任　袁和忠(6月止)
　　　　　　张勇军(6月起)
　防范和处理邪教问题办公室(挂靠政法委)
　主任　刘合荣(女，4月止)
　　　　路俊海(满族，4月起)
研究室(挂全面深化改革领导小组办公室牌子)　主任　杨国柱(2月止)　马红寰(2月起)
　全面深化改革领导小组办公室主任
　　　　　　吕桂富(兼，12月免)
　　　　　　李军会(兼，12月任)
　改革办常务副主任　杨国柱(2月止)
　　　　　　刘聪玲(4月起)
机构编制委员会办公室
　主任　张河
直属机关工作委员会
　书记　董喜延

延庆区第二届人大常委会工作机构负责人

办公室
　主任　池卫华(10月止)
　　　　付强(满族，10月起)
内务司法工作委员会
　主任　刘金江
农村工作委员会
　主任　鲁明祥
财政经济工作委员会
　主任　孙占林(10月止)
　　　　鲁亚军(女，10月起)
城乡建设环保工作委员会
　主任　段桂华(10月止)　席维国(10月起)
教科文卫工作委员会
　主任　孟昭旭(10月止)　刘世记(10月起)
代表联络室
　主任　司彦忠
研究室
　主任　王少晨(10月止)
　　　　刘亚欣(女，蒙古族，10月起)

延庆区人民政府工作机构负责人

政府办公室
　党组书记、主任　张留全(12月止)　空缺
　政府外事办公室(挂政府侨务办公室牌子)
　党组书记、主任　王卫东(兼政府侨务办公室主任)
发展和改革委员会
　工委书记　郭永华(12月免)　空缺

主　　任　郭永华

教育委员会

工委书记　王建军（满族）

主　　任　魏旭斌

教育督导室

主　　任　王书忠（7月止）

闫利宽（7月起）

科学技术委员会（挂知识产权局牌子）

党组书记、主任

史绍全（兼知识产权局局长）

监察局（与纪委、行政投诉中心合署办公）

局　　长　韩策

民政局（挂民族宗教事务办公室牌子）

党组书记　陈仲华

局　　长　胡玉民（兼民族宗教事务办公室主任）

司法局

党组书记　刘占亮

局　　长　张书亭

财政局

党组书记、局长　赵海江（2月止）

张景军（2月起）

人力资源和社会保障局

党组书记　张立新（12月止）　空缺

局　　长　胡春华

政府法制办公室

党组书记　王振龙

主　　任　王振龙（2月任）

住房和城乡建设委员会（挂住房保障和改革办公室牌子、房屋征收办公室牌子）

工委书记　胡树森

主　　任　闫广（兼住房保障和改革办公室主任，本兼各职均2月止）　赵琳锋（2月起）

房屋征收办公室主任　王彪

市政市容管理委员会（挂城乡环境建设委员会办公室牌子）

党组书记　郑玉伶

主　　任　鲁世宽（兼城乡环境建设委员会办公室主任）

交通局

党组书记　杜义忠（2月免）　郝健（6月任）

局　　长　李明海

农村工作委员会（挂山区建设办公室牌子）

工委书记　张绍芬（女，2月免）

徐自成（2月任）

主　　任　程大庆（兼山区建设办公室主任）

商务委员会（挂粮食局牌子）

工委书记　杨国红（女，2月任）

主　　任　刘瑞成（兼粮食局局长，本兼各职均2月止）

贺利（回族，2月起）

文化委员会

党组书记　马健壮（2月免）　叶东（2月任）

主　　任　张迁

卫生和计划生育委员会

党组书记　杨东海

主　　任　王丽敏（女）

审计局

党组书记、局长　张景军（2月止）

焦万宏（女，4月起）

环境保护局

党组书记　党良（2月止）

马健壮（2月起，12月止）　空缺

局　　长　常迎六（满族）

水务局

党组书记　李东升

局　　长　苏利茂

经济和信息化委员会

工委书记　刘存华（女，9月免）　空缺

主　　任　祁增华

中关村科技园区延庆园管理委员会

主　　任　刘兵（兼，10月止）

罗瀛（兼，女，满族，10月起）

常务副主任　祁增华

体育局

党组书记、局长　马玉泉（6月止）

党强（6月起）

统计局

党组书记、局长 王卫东(6月止)

吴连军(满族，6月起)

园林绿化局(挂绿化委员会办公室牌子)

党组书记 谢强

局 长 田全升(兼绿化委员会办公室主任)

安全生产监督管理局

党组书记、局长 臧文柱

旅游发展委员会

工委书记 刘永强

主 任 张双锁(7月止)

姜言泉(7月起)

区委区政府信访办公室(挂社会矛盾调处中心牌子)

党组书记、主任 孙凤霞(女，兼社会矛盾调处中心主任)

农业局(挂动物卫生监督管理局牌子)

党组书记 丁立民

局 长 李宝民(兼动物卫生监督管理局局长，本兼各职均2月止) 池合仓(2月起)

民防局

党组书记、局长 包喜全(蒙古族)

社会建设工作办公室

工委书记、主任 鲁振中

延庆区人民政府直属机构及派出机构负责人

城管执法监察局

党组书记 陈柏秋(2月止)

赵世忠(满族，2月起)

局 长 韩贵(2月止) 尹文强(3月起)

政务服务中心

党组书记、主任 赵红英(女)

百泉街道办事处

工委书记 赵振华

主 任 谷建英(女)

儒林街道办事处

工委书记 刘世记(2月止)

贺建昌(2月起)

主 任 张合林(7月止)

杨雪平(女，7月起)

香水园街道办事处

工委书记 冯浙军

主 任 贺建昌(3月止)

李艳芬(女，3月起)

区属事业、企业单位负责人

广播电视中心

党组书记、主任 郭东亮

种植业服务中心

党组书记 龚富强(2月任)

主 任 路宝庆(7月任)

农机服务中心

党组书记 耿耿(9月止) 杜壮(9月起)

主 任 杜壮

水产服务中心

党组书记 聂书军(2月止)

李凤春(3月起)

主 任 聂书军(3月止)

闫富军(7月起)

史志办公室

主 任 王留艳

农村合作经济经营管理站

党组书记 孙平

站 长 贾春媚(女)

地震局

局长 晏红利(2月起)

档案局(档案馆)

党组书记 姬书玉(6月止)

史建柱(6月起)

局 长(馆长) 史建柱

区委党校

校 长 刘学亮(兼，12月止)

李军会(兼，12月起)

常务副校长　袁绪忠 (兼党委书记，均2月止)　杨国柱 (2月起)

社会主义学院

院　　长　祁金利 (兼，8月止)

黄克瀛 (兼，8月起)

常务副院长　袁绪忠 (2月止)

杨国柱 (2月起)

北京科技大学延庆分校

校　　长　魏怡 (兼，10月止)　空缺

常务副校长　袁绪忠 (2月止)

杨国柱 (2月起)

机关事务管理服务中心

党组书记、主任　张立新

延庆经济开发区管理中心

党委书记　王文岳 (2月止)

王江 (2月起，9月止)

主　　任　付强 (满族，2月止)

王江 (2月起，10月止)

八达岭经济开发区管理中心

党委书记、主任　刘宗贤 (9月止)

中关村科技园区延庆园服务中心

党组书记　刘宗贤 (9月起)

主　　任　王江 (10月起)

北京马铃薯产业高科技园区延庆筹备办公室

党组书记、主任　董晓光 (4月止)　空缺

八达岭国际会展中心

总经理　姚建华

野鸭湖自然保护区管理处

党组书记　房荣年

主　　任　孙胜利

投资促进局

党组书记　刘小光 (2月止)

付强 (2月起，9月止)

邢涛 (9月起)

局　　长　王江 (2月止)　邢涛 (3月起)

八达岭特区办事处

党组书记、主任　赵建军 (2月止)

卫红涛 (满族，2月起)

八达岭旅游总公司

党委书记、总经理　王铁林

龙庆峡管理处

党委书记、主任　朱岩

康西草原管理处

党组书记　刘贵亭

主　　任　吴立新

北京延庆世界地质公园管理处

党组书记、主任　尤宝军

北京绿富隆农业股份有限公司

党委书记、总经理　张会臣 (先后2月、3月止)　刘宇 (先后3月、11月起)

董事长　张会臣 (3月止)　空缺

物资总公司

党委书记、经理　李广明 (6月止)

栾立山 (6月起)

供销合作总社

党委书记、主任　高俊岭

饮食服务公司

党委书记　空缺

经　　理　葛爱民

商贸总公司

党委书记、经理　李占根

市区双管单位负责人

市国土资源局延庆分局

党组书记、局长　刘亚利

国税局

党组书记　张进宗

局　　长　施小乐

地税局

党组书记、局长　王竺 (女)

市工商行政管理局延庆分局

党组书记、局长　田素芬 (女)

食品药品监督管理局

党组书记、局长　祝建忠

市路政局延庆公路分局

党委书记　张海涛 (11月止)　空缺

局　　长　魏东 (9月止)　刘元则 (9月起)

市规划委员会延庆分局
党组书记、局长 刘荣华(女)
邮政局
党委书记、局长 赵惠卿(女)
烟草专卖局
党组书记、局长 王献军
气象局
党组书记、局长 陈立刚(6月止)
闫巍(6月起)
质量技术监督局
党组书记、局长 王留富
经济社会调查队
队长 国造红(女)

人民政协延庆区第二届常委会工作机构负责人

办公室
主任 马岗(藏族，10月止)
张燕霞(女，10月起)
研究室
主任 吴月清(12月止) 马健壮(12月起)
专委会工作一室
主任 张燕霞(7月起，10月止)
张合林(10月起，12月止)
吴月清(12月起)
专委会工作二室
主任 康燕生(满族，10月止)
刘存华(女，10月起)
专委会工作三室
主任 胡振栋(10月止)
韩冬雪(女，10月起)
专委会工作四室
主任 李志红(1月起，10月止)
王剑英(满族，10月起)
专委会工作五室
主任 杨雪平(女，7月止)
张合林(7月起，10月止)
李志红(女，10月起)

延庆区各人民团体负责人

总工会
党组书记、主席 张树坡
常务副主席 周学森(9月止)
杜志刚(9月起)
共青团延庆区委
党组书记、书记 荣欣锋(2月止)
郭清尧(2月起)
妇女联合会
党组书记、主席 杨国红(女，2月止)
张绍芬(女,2月起,9月止)
卫洪英(女，9月起)
残疾人联合会
党组书记、理事长 朱万富
工商业联合会
党组书记 高文洲(2月止，9月起)
王文岳(2月起，9月止)
主 席 唐文杰(兼，12月止)
许泽玮(兼，12月起)
常务副主席 芦永富(2月止)
王文岳(2月起，9月止)
张绍芬(女，9月起)
文学艺术界联合会
党组书记 马健壮(2月止)
周建强(2月起)
主 席 赵万里
科学技术协会
党组书记 靳柯
主 席 陈杰(2月止) 徐 (2月起)
红十字会
会 长 魏怡(兼，女，10月止)
党组书记、常务副会长 康志阜

延庆区乡镇主要负责人

延庆镇
党委书记 闫承发(12月止) 空缺
镇 长 郭慧成
永宁镇
党委书记 黄金龙

镇　　长　　辛文军(11月止)
　　　　　　陈志海(11月起)

康庄镇
党委书记　　贺利(回族，2月止)
　　　　　　陈桂芬(女，2月起)
镇　　长　　陈桂芬(女，3月止)
　　　　　　张春元(3月起)

张山营镇
党委书记　　叶东(2月止)
　　　　　　崔旭龙(2月起)
镇　　长　　曲荣杰(11月止)
　　　　　　郁世民(11月起)

八达岭镇
党委书记　　卫红涛(满族，6月止)
　　　　　　孟顺利(6月起)
镇　　长　　闫建利(11月止)
　　　　　　曹凯锋(11月起)

旧县镇
党委书记　　郭铁石
镇　　长　　郭雄强(11月止)
　　　　　　王秦江(11月起)

千家店镇
党委书记　　池合仓(2月止)
　　　　　　张利忠(2月起)
镇　　长　　张利忠(4月止)
　　　　　　王晓娟(女，4月起)

四海镇
党委书记　　贺常荣(女)
镇　　长　　崔秀海

大榆树镇
党委书记　　赵琳锋(2月止)
　　　　　　辛文军(2月起)
镇　　长　　沈志(女，11月止)
　　　　　　赵满江(11月起)

沈家营镇
党委书记　　姜言泉(6月止)
　　　　　　郭雄强(6月起)
镇　　长　　杨志强(3月止)
　　　　　　王建柱(3月起)

井庄镇
党委书记　　崔旭龙(2月止)
　　　　　　孟顺利(2月起，6月止)
　　　　　　曲荣杰(6月起)
镇　　长　　孟顺利(3月止)
　　　　　　刘军(3月起)

香营乡
党委书记　　徐自成(2月止)
　　　　　　李新生(2月起)
乡　　长　　李新生(3月止)
　　　　　　李英铁(3月起)

大庄科乡
党委书记　　晏红利(2月止)
　　　　　　徐志中(2月起)
乡　　长　　王琦(4月止)
　　　　　　荣欣锋(4月起)

刘斌堡乡
党委书记　　葛新
乡　　长　　王长清(3月止)
　　　　　　程立军(3月起)

珍珠泉乡
党委书记　　徐志中(2月止)
　　　　　　王琦(2月起)
乡　　长　　吴玉田(3月止)
　　　　　　闫茂先(3月起)

延庆区政法、军事机构负责人

人民检察院
检察长　　段福华

人民法院
院　长　　王罗颐

人民武装部
政　委　　刘正伟
部　长　　王林(5月止)　空缺

市公安局延庆分局
政　委　　空缺
局　长　　李忠义(9月止)
　　　　　祖宇(9月起)

中国共产党延庆区委员会

综 述

2016年，区委把握撤县设区的历史节点，把统一思想、凝聚共识放在更加突出的位置，认真学习贯彻习近平总书记系列重要讲话精神和中央、市委决策部署，主动作为、攻坚克难，实现“十三五”良好开局，开启建设国际一流生态文明示范区的新征程。

党的建设全面加强。学习贯彻十八届六中全会和市委十一届十一次全会精神，贯彻落实加强和改进党的建设的实施意见，强化党委主体责任和党组织负责人第一责任意识，建立健全责任分解机制和传导机制。在干部考核中充分体现“党建导向”。启动理想信念立根固本工程和社会主义核心价值观润物化雨工程，创新理论学习、百姓宣讲、媒体运作的方式方法。贯彻落实《中国共产党廉洁自律准则》和《中国共产党纪律处分条例》，聚焦不作为、慢作为和懒政、怠政、庸政问题，开展工作作风专项整治行动，加大问责处分力度。落实《党政领导干部选拔任用条例》，建立健全科学有效管用的选人用人机制，落实干部监督管理规定，强化干部日常监督，完善政绩考核评价体系和奖惩机制。组织开展“党员意识提升行动”，实施农村后备干部人才培养工程。加强街道社区、机关、企事业单位、“两新”组织党建工作，优化党务工作者队伍，进一步提升领导和服务功能。发挥党建领导小组统筹引领作用，研究编制《延庆县“十三五”期间党的建设规划》。扎实开展“两学一做”学习教育，创新运用“互联网+党建”理念，打造“党员小书包”学习交流平台，推动党内教育从“关键少数”向广大党员拓展、从集中性教育向经常性教育延伸。构建大宣传格局，落实意识形态工作责任，完善新闻发言人制度，在全市首创“三微+”新媒体联盟，启动《北平以北》纪录片拍摄，建立大庄科开放式红色体验基地，创新大宣讲模式。完成乡镇领导班子换届选举工作，乡镇班子大学及以上学历同比增加70.3%。贯彻落实农村基层党建工作座谈会精神，建立软弱涣散基层党组织动态监测和常态整顿机制，顺利完成村委会换届。全面开展基层党建攻坚年活动，分两批选派124名优秀干部到低收入村担任“第一书记”。加大干部队伍建设力度，一批年富力强、视野开阔、责任心强的优秀干部选拔到关键岗位。认真贯彻落实党内法规制度，实施派驻纪检机构统一管理改革，出台《主体责任全程纪实管理办法》，加大对重点领域、重大项目的监督执纪问责力度，落实党委主体责任和纪委监督责任，落实“一案双查”和“一票否决”制度；强化廉政风险防控，从源头上预防腐败。

世园会冬奥会筹办取得阶段性进展。组建完成冬奥组委延庆运行中心，成立冬奥会延庆赛区筹办工作领导小组，编制完成《赛区、场馆和基础设施总体规划》《奥运行动计划和冰雪运动发展意见》，积极推进国家高山滑雪中心、雪车雪橇中心和延庆奥运村项目招标、方案设计。编制完成《世园会延庆区筹办行动方案》《核心区和25个现代园艺产业园初步设计》，发布实施，《现代园艺产业集聚区（HBD）综合规划》园区建设全面开工，国际招展全面启动。

生态品质稳步提升。实施大气污染防治16项“超常规措施”，完善空气重污染应急机制，PM2.5年均浓度实现55微克/立方米。推行“河长制”，加强以妫河流域为重点的水环境治理。北京长城国家公园体制试点区正式获批，国家森林城市创建全面启动，生活垃圾无害化处理率达到95%，“干净指数”保持全市前列。

新城建设全面提速。召开全会专题部署城市工作，明确“绿色健康之城、休闲宜居之城、山水心灵之城”的新城发展定位。编制完成《延庆新城总体规划纲要》。城镇登记失业率控制在4%以内。北京市学习型城市示范区建设通过评估验收。扎实推进全国文明城区创建，积极开展“十百千万”行动。“法治延庆”和“平安延庆”建设深入推进，社会保持和谐稳定。

新型城镇化建设加快推进。研究制定《精品小镇建设实施意见》，实施乡镇责任规划师制度，15个乡镇功能定位基本明确。开展国家首批全域旅游示范区创建，启动世园会、冬奥会绿色有机食品供应基地建设，推进美丽乡村建设，确定60个美丽乡村建设试点，大力实施低收入村户增收攻坚工程，出台《低收入农户增收及低收入村发展实施意见》，低收入户人均收入增长10.3%。

突出抓好重点领域改革。出台《深化区属国资国企改革意见》，明确区国资委管人、管事、管资产的职能定位。中关村延庆园机构改革全面完成，成立中关村科技园区延庆园服务中心，稳妥做好人员分流安置，实现管理权和经营权分离。深化生态文明体制改革，明确各部门环境保护工作职责分工，构建党政同责、一岗双责的环境保护责任体系，启动国际一流的生态文明示范区建设标准研究，完善与河北怀来县、赤城县大气污染区域防治协作机制。推进农村集体土地制度改革，116个村完成农村土地确权工作，农村集体“三资”管理进一步强化。

持续加强自身建设。严格落实地方委员会工作条例，在做好区委换届工作的同时，加强对区人大、区政府、区政协换届工作的领导，加强与党外人士沟通合作，积极做好工商联换届工作，扎实推进老干部工作，召开党校工作会议，有效发挥群团组织作用，坚持党委议军会议制度，形成推动发展的整体合力。

地址：延庆镇湖北西路1号

电话：69140245

（常磊　黎海军）

重要会议

【“三严三实”专题民主生活会】　1月6日，区委常委会按照中央、市委要求和部署，召开“三严三实”专题民主生活会，班子成员认真查摆不严不实突出问题，深入进行党性分析，深刻剖析思想根源，严肃认真开展批评和自我批评，明确改进措施和努力方向，达到更高层次统一思想、增进团结的目的。

（常磊　黎海军）

【基层党建工作述职评议考核】　1月7—8日，召开乡镇（街道）党（工）委书记抓基层党建工作述职评议考核会，市委常委，市委教育工委书记苟仲文出席会议并讲话。全区15个乡镇、3个街道党（工）委书记现场“述职”，区委党建工作领导小组及办公室成员、区“两代表一委员”、区党员群众代表提问“询职”，区委主要负责同志进行“评职”讲话。参加会议述职的各位书记抓基层党建工作总体评价优秀职称率100%。

（徐旭）

【一届一次全会】　2月1日，区委一届一次全会召开。会议传达市委有关会议精神，总结区委、区政府领导班子工作，开展区级领导年度考核民主测评工作。会议以书面报告形式向与会人员通报《北京市延庆区2015年干部选拔任用工作报告》和《北京市延庆区2015年城乡党的建设“三级联创”工作报告》。

（常磊　黎海军）

【第十届村委会换届选举工作部署会】　3月18日召开。会议总结2015年村党组织换届选举工作，并对第十届村民委员会换届选举工作进行部署。

（常磊　黎海军）

【生态文明和城乡环境建设暨三年行动启动大会】 4月13日，延庆区生态文明和城乡环境建设暨三年行动启动大会召开。会议总结全区生态文明和城乡环境建设方面的经验，全面启动城乡环境建设与管理三年行动，并对下一步的工作任务进行部署。李志军强调，要深入贯彻落实“五大发展理念”，把服务保障世园会冬奥会城乡环境建设这场大仗打好、打赢，加快建设国际一流的生态文明示范区，为建设国际一流的和谐宜居之都作出新的更大贡献。

（常磊　黎海军）

【“两学一做”工作会】 4月29日，召开“两学一做”学习教育工作会议，学习贯彻习近平总书记关于“两学一做”学习教育的重要指示和市委书记郭金龙在全市“两学一做”学习教育工作会议上的讲话精神，对全区“两学一做”学习教育工作进行动员部署。

（常磊　黎海军）

【第10次常委会】 5月11日，一届区委召开第10次常委会议，进一步贯彻落实全市农村工作电视电话会议精神，研究《关于推进“十三五”时期低收入农户增收及低收入村发展的实施意见》等事项。

（常磊　黎海军）

【2016年农村工作会】 5月16日召开，研究部署低收入村户增收工作。李志军讲话强调，要准确把握当前形势，以新发展理念为引领，以奋发有为的“精气神”、求真务实的工作作风，合力打赢低收入村户增收这场“硬仗”，奋力开拓农村发展新局面。

（时亚辉）

【创建全国文明城区工作会】 5月20日，2016年创建全国文明城区工作推进会召开。会议贯彻落实首都精神文明建设工作大会精神，对创城工作进行再发动、再部署。区创城委主任李志军强调，要从认识上再深化，任务上再聚焦，力量上再凝聚，落实上再到位，发挥群众主体作用，完善群众参与机制，合力推进全国文明城区创建，让延庆百姓共创共享，让人民群众更有获得感和幸福感。

（常磊　黎海军）

【乡镇换届工作会】 5月27日，2016年乡镇领导班子换届工作动员部署会召开。区委组织部部署2016年乡镇领导班子换届工作的具体安排，区纪委部署换届风气监督工作。

（常磊　黎海军）

【庆祝建党95周年大会】 6月29日，庆祝中国共产党成立95周年大会召开。会议宣读《中共北京市延庆区委关于表彰优秀共产党员、优秀党务工作者、先进基层党组织的决定》，与会领导为受表彰代表颁发证书和奖牌。优秀共产党员代表陈双来、优秀党务工作者代表张建康和先进基层党组织负责人代表徐建喜分别作典型发言。

（常磊　黎海军）

【党管武装工作会】 7月26日召开。会议贯彻全市党管武装工作会议精神，总结部署全区党管武装工作。

（常磊　黎海军）

【一届二次全会】 7月27日召开。会议通过《关于召开中国共产党北京市延庆区第二次代表大会的决议》。

（常磊　黎海军）

【一届三次全会】 8月12日召开。全会深入学习贯彻中央城市工作会议、市委十一届十次全会和全市上半年经济形势分析会精神，分析研判当前形势，安排部署下半年工作，研究城市发展问题。穆鹏作《北京市延庆区2016年上半年经济社会发展情况和下半年工作安排的报告》。会议表决通过《中国共产党北京市延庆区第一届委员会第三次全体会议决议》，审议通过《中共北京市延庆区委、北京市延庆区人民政府关于紧抓重大机遇加快延庆新城规划建设管理的实施意见》。

（常磊　黎海军）

【第24次常委会】 9月26日召开。会议听取《关于加快冰雪运动发展的意见（2016—2022年）》以及相关说明。传达全市区委书记会议精神，研究畜禽养殖禁养区划定方案和2019北京世园会市政配套工程拆迁资金工作等事项。

（常磊 黎海军）

【区委第30次常委会】 11月16日召开。会议研究加强区纪委派驻机构建设、加强和改进新形势下党校工作等内容。

（常磊 黎海军）

【一届四次全会】 11月28日召开。会议通报中共北京市延庆区第二次代表大会代表选举和大会筹备工作情况；通过中共北京市延庆区第一届委员会工作报告、中共北京市延庆区第一届纪律检查委员会工作报告以及中共北京市延庆区第二届委员会委员、候补委员和第二届纪律检查委员会委员候选人预备人选名单；并同意提请中共北京市延庆区第二次代表大会审议。

（常磊 黎海军）

【第二次党代会】 12月6—8日，中国共产党北京市延庆区第二次代表大会召开。244名代表出席会议，非第二次党代会代表的一届区委委员、候补委员，区处级班子单位党政正职领导干部列席会议。大会选举产生中共北京市延庆区第二届委员会和中共北京市延庆区第二届纪律检查委员会，产生区委委员36名、区委候补委员7名和区纪委委员29名，通过关于中共北京市延庆区第一届委员会和区纪委工作报告的决议。

（常磊 黎海军）

【区委二届一次全会】 12月8日，中共北京市延庆区第二届委员会举行第一次全体会议。会议应到区委委员36人、候补委员7人；实到会委员35人、候补委员7人。会议选举产生中共北京市延庆区第二届委员会常务委员会委员10人以及区委书记、副书记。会议通过关于中共北京市延庆区第二届纪律检查委员会常务委员会委员、书记、副书记的选举结果。

（常磊 黎海军）

【全区领导干部大会】 12月26日，召开第二次全区领导干部大会，传达学习市委十一届十二次全会精神。李志军传达市委常委会工作报告和市委书记郭金龙重要讲话精神，穆鹏传达全市经济社会发展工作报告的主要内容。

（常磊 黎海军）

主要工作和重大活动

【海淀区领导考察中关村延庆园】 3月16日，海淀区领导崔述强、于军、关成启、彭兴业等到区考察。先后考察参观中关村延庆园八达岭片区、世园会半山湖景区和延庆规划展览馆参观。区领导李志军、穆鹏、郭振清、赵双利等陪同考察。

（常磊 黎海军）

【张家口市领导考察德青源】 4月6日，河北省张家口市四套班子领导到区就加强两地合作，推动京津冀协同发展进行考察。先后考察参观北京德青源农业科技股份有限公司、合力清源有限公司、张山营镇前黑龙庙村、蔡家河平原造林区和规划展览馆。

（常磊 黎海军）

【姜志刚调研】 4月22日，市委常委、组织部部长姜志刚围绕重大项目推进过程中做好群众工作、村委会换届选举和农村基层党建工作到延庆区调研。到世园会围栏区拆迁前线指挥部，了解世园会围栏区拆迁情况。到大庄科乡铁炉、沙塘沟、霹破石和慈母川村，实地了解各村基层党建、村委会换届选举和产业发展等情况。李志军等区委领导就全区“两学一做”学习教育及在世园会拆迁过程中党组织发挥作用情况以及第十届村委会换届进展和基层党建工作情况做汇报。

（常磊 黎海军）

【张延昆调研】 5月9日，市委常委、政法委书记张延昆围绕贯彻落实全国政法队伍建设工作会议精神到延庆区调研。到区法院实地察看立案大厅、司法体制改革宣传栏和信息中心，了解立案流程、司法体制改革、信息化建设等情况。到基层联系点大庄科乡铁炉村，实地察看新民居建设、地源热泵站等情况，并与村干部座谈。

（常磊 黎海军）

【王安顺调研】 6月22日，市委副书记、市长王安顺到冬奥组委延庆运行中心，听取延庆赛区冬奥筹备情况汇报，并看望工作人员。察看妫水河半山湖公园建设和世园会筹备进展，到黑土洼人工湿地，察看净化上游永定河来水，改善官厅水库入库水质情况。市领导林克庆、张建东、夏占义等陪同调研。

（常磊　黎海军）

【“从长城发出的邀请”纪念活动】　7月31日，北京冬奥组委在八达岭长城脚下举办“从长城发出的邀请”活动，纪念北京成功申办2022年冬奥会一周年。面向全球征集2022年冬奥会会徽和冬残奥会会徽设计方案。北京2022年冬奥会和冬残奥会组织委员会官方网站同时正式上线。中共中央政治局委员、中共北京市委书记、北京冬奥组委主席郭金龙，市委副书记、市长、北京冬奥组委执行主席王安顺，国家体育总局、中国残联、北京市、河北省、北京冬奥组委等领导以及社会各界代表1000人参加活动。

（常磊　黎海军）

【万人志愿行动启动】　8月8日，举行“创文明城区、办百姓实事、迎世界盛会”万人志愿行动启动仪式。仪式上宣布万人志愿行动启动，进行工作部署。区领导为社区居民代表发送《创城知识应知应会》读本，并与“创城”八大环境建设指挥部牵头单位负责人以及志愿者代表在“我承诺、我抵制、我制止——告别十大不文明行为”横幅上签名承诺。窗口单位、社会团体和青少年代表分别发言，倡议全区群众积极参与“创城”万人志愿行动，为创建全国文明城区助力添彩。机关、乡镇、街道、社会团体代表1300人参加启动仪式。

（常磊　黎海军）

【区领导干部调整】　8月29日和9月23日，市委组织部宣布市委关于北京市延庆区领导干部调整的决定：黄克瀛任中共北京市延庆区委员会委员、常委；李军会任中共北京市延庆区委员会委员、常委、副书记。

（常磊　黎海军）

【张高丽调研】　9月2日，中共中央政治局常委、国务院副总理、第24届冬奥会工作领导小组组长张高丽调研京张铁路等冬奥会相关基础设施建设工作。中共中央政治局委员、第24届冬奥会工作领导小组副组长刘延东、郭金龙一同调研。张高丽到京张铁路青龙桥站，察看站台和候车室，了解京张铁路总体规划和环境、文物保护利用情况；到京张铁路八达岭长城站施工现场，察看隧道工程进展情况，并主持召开座谈会，听取京张铁路、延崇公路的规划建设进展情况汇报。

（常磊　黎海军）

【屈冬玉调研】　9月18日，农业部副部长屈冬玉带队到延庆区，就推动国际马铃薯中心亚太中心项目建设等工作进行调研。到国际马铃薯中心亚太中心工程现场，实地察看工程进度，了解施工情况并听取项目进展及相关情况汇报。农业部国际合作司、发展计划司、财务司、科技教育司、种植业司、贸促中心、农科院国际合作局、国际马铃薯中心亚太中心、市农委相关负责人等陪同调研。

（常磊　黎海军）

【夏占义督查】　9月19日，市政府党组成员、市政府第十一督查组组长夏占义一行到延庆区，就贯彻落实国务院和北京市重大决策有关工作情况进行督查。先后到世园会拆迁村回迁安置房项目工地和城西再生水厂工程施工现场，实地察看项目进展情况。

（常磊　黎海军）

【烈士纪念日公祭活动】　9月30日，在平北抗日烈士纪念园举行。李志军宣读祭文，穆鹏主持公祭。郭振清、赵双利等区领导，区处级班子党政主要负责人，全区党、政、军代表以及老战士、军烈属代表和学生代表400人参加活动。

（时亚辉）

【吉林调研】　10月9—10日，市政协主席吉林带领市政协教文卫体委员会、民族和宗教委员会部分委员到区，围绕推进北京北部长城文化带建设工作进行调研。先后到大庄科乡庙梁、慈母川村和四海镇九眼楼等地，实地察看长城保护修缮利用情况和长城旅游资源开发情况，并听取相关工作情况的介绍。市政协秘书长和李志军、穆鹏、赵双利等区领导陪同调研。

（常磊　黎海军）

【李小鹏调研】　11月4日，交通运输部部长李小鹏到延庆区，围绕兴延高速和延崇高速建设工作进行调研。先后到延崇高速起点、延崇高速京冀接线隧道北京端口和西大庄科平台，实地了解延崇高速规划方案、施工准备工作和冬奥会道路规划等内容。副市长张建东和交通运输部综合规划司、办公厅、公路局，市交通委，冬奥组委规划建设和可持续发展部等相关负责人以及区领导李志军、穆鹏陪同调研。

（常磊　黎海军）

【王宁调研】　11月10日，副市长王宁带队就延庆文化建设情况进行调研。到沈家营镇下花园村仁宗故里民俗文化馆，了解该馆基本情况和元代文化发掘情况。到旧县镇文体中心、永宁镇中心幼儿园、井庄镇柳沟村和大榆树镇高庙屯村，察看镇级文体中心建设和村级文化中心图书室、电影放映厅、三网合一、冬季采暖等情况，了解了非物质文化遗产传承、特色村文化建设和民俗旅游发展情况。到京张铁路青龙桥火车站参观历史文化展览，考察文物保护情况。

（常磊　黎海军）

组　织

【概况】　中共北京市延庆区委组织部（简称区委组织部）是负责延庆区组织工作、干部工作、人才工作的区委工作机构。内设办公室、组织科、干部科、干部监督科、人才科、干部教育科、信息调研科、党员教育管理科、党员电化教育中心、党代表联络办公室、党建研究中心11个职能科（室），其中党员电化教育中心、党代表联络室和党建研究中心为事业单位。行政编制26人，事业编制8人。年内，组织开展“两学一做”专题教育。编制完成《北京市延庆区“十三五”时期人才事业发展规划（2016—2020年）》并正式印发。委托中国人事科学研究院开展《北京市延庆区冬奥人才行动计划》研究并签订协议；委托北京航星永志科技有限公司对全区802卷处级干部档案进行整理及数字化加工，建立数字档案阅档室和查阅制度。对全区网宣员进行重新登记，并举办培训班一期，选派优秀网宣员参加市级党员干部现代远程教育终端站点管理员示范培训班。全面实施世园会人才行动计划，开设园林园艺等方面的专题和普及培训。“七一”前夕对全区102名优秀共产党员，50名优秀党务工作者，80个先进基层党组织进行表彰。开展党员组织关系集中排查和党员违纪违法未给予相应处理情况的集中排查清理。配合市委考察组完成对区委、区人大、区政府、区政协、区纪委班子及领导干部的测评、推荐、考察谈话工作。组织指导乡镇党委、纪委和乡镇人大、政府换届选举工作。制定区级和乡镇《关于加强领导班子换届风气监督工作方案》，明确“五个责任主体”的责任任务、工作安排和纪律要求。研究制定换届工作宣传、网络舆情监测和应急处置、立项专办和快速查核等工作方案。组织处级领导干部、两代表一委员和参与换届选举工作人员签订《加强换届风气监督公开承诺书》。函送市纪委、市委组织部通知1500份，发放宣传折页3000份，转发短信4000条次；组织观看学习“一片一书”7541人次，专题培训2672人次，开展专题谈心谈话2226人次。利用延庆电视台、《延庆报》《延庆信息》《延庆党建》和延庆政务网、党建网、党员小书包、政务微信等平台，开展换届政策法规和中纪委、中组部关于换届纪律“九严禁”要求的宣传教育。通过专项督导、电话随机抽查和现场督导等方式，全程督导换届风气。向市委组织部上报《三分钟看懂村委会换届到底该选谁》《榜样在身边》2个课件。申请下拨2016年基层党组织工作和活动经费663.26万元。筹备组织区委党建工作领导小组会议11次，研究区党代会和乡镇党代会筹备、区委党建专项经费年度使用计划等议题27个。按照《延庆区党的建设工作考核办法（试行）》，统筹组织党建考核办公室各成员单位，对全区处级班子单位党（工）委、党组及处级领导干部抓党建工作进行考核。年末对全区102个处级领导班子进行综合考评，评选出67个先进单位。

地址：延庆镇湖北西路1号

电话：69103954

（吕适艺）

【农村实用人才开发培养】 3月，召开农村实用人才工作会，总结2015年农村实用人才开发培养工作，部署2016年工作任务，确定2016年拟培养农村实用人才122人，选配区级指导教师35人，配备乡土专家29人。同时为2015年创建达标的农村实用人才示范实训基地举行授牌仪式。

（花凯）

【第十届村民委员会换届选举】 3月18日，召开会议部署第十届村委会换届选举工作。截至5月26日，376个行政村全部完成换届选举。产生新一届村委班子成员1213人，其中主任376人，连选连任220人，非党员村主任99人，两委交叉任职443人。

（徐旭）

【基层党组织换届】 3月31日，下发《关于做好全区机关、企事业单位基层党组织换届选举工作的通知》，召开换届选举工作部署会，对全区机关企事业单位基层党组织换届选举进行统一部署培训。截至12月底，全区232家基层党组织完成按期换届。

（徐旭）

【远程电教智能TV系统安装】 4月，按照市委组织部统一安排部署，委托北京市农林科学院农业科技信息研究所，为全区376个村和37个社区配发413个智能TV系统机顶盒。4月21日，请市农科院信息所对全区400名终端站点管理员进行智能TV系统安装使用培训。委托歌华延庆分公司完成智能TV系统安装工作，并指导各基层站点实际操作。

（段欣超）

【软弱涣散基层党组织整顿转化】 5月9日，下发《继续开展整顿软弱涣散基层党组织的通知》，把存在有党组织形同虚设、历史遗留问题社会治安问题严重、村党组织换届选举重点难点等问题的28个村党组织列为2016年度软弱涣散基层党组织。实行月报告制度，督促乡镇党委采取有效措施推动整顿转化。截至年底，28个软弱涣散基层党组织全部完成转化提升。

（徐旭）

【慰问建国前老党员及困难党员】 6月底，组织“七一”走访慰问活动，区级领导干部分别走访慰问农村建国前老党员、生活困难党员42人，发放慰问金8.4万元。全年帮扶生活困难党员205名，其中市级困难党员50名、区级困难党员155名，发放帮扶资金56万元。

（吕适先）

【区域人才联合培训】 7月，北京农学院植物科学技术学院牵头延庆、怀来两区县的“共建乡镇”，联合举办“延怀河谷”产区葡萄酒行业管理技术基础培训班。延庆区15名、怀来县12名乡镇干部、农民合作社骨干和农村实用人才参加培训。

（花凯）

【党费收缴工作专项检查】 7月，开展党费收缴工作专项检查，对2008年4月至2016年6月期间党费按照新标准进行核算，要求全体党员自愿补交新旧标准核算后的差额部分。到年底，全区1178个党支部全部完成补缴工作，收缴补交党费2797.69万元。

（张业宇）

【区党代会选举】 8月，印发《关于做好中国共产党北京市延庆区第二次代表大会代表选举工作的通知》（京延组发〔2016〕26号）。8月26日，对区党代会代表选举工作进行动员部署，指导57个选举单位按照市委、区委要求，组织开展推荐提名、组织考察、资格联审等相关工作。11月3日，选举产生区第二次党代会代

表245名，其中领导干部153名、基层一线代表92名。

（李娟）

【乡镇领导班子换届】 8月11日，召开乡镇党委换届选举工作动员会，成立乡镇领导班子换届选举工作领导小组，研究制定《中共北京市延庆区委关于做好2016年乡镇领导班子换届工作的意见》和《北京市延庆区乡镇党委换届选举工作手册》。各乡镇出席党员代表大会代表1504名，其中基层一线代表827名、女代表519名、少数民族代表70名；选举出席北京市延庆区第二次党代会代表116名，其中领导干部59名；各方面生产和工作一线代表57名，其中农民代表43名。抽调36人组成9个考察组，分别对15个乡镇进行换届考察。增强乡镇领导班子整体功能，临时性为筹办世园会、冬奥会任务较重的延庆、康庄、张山营、大榆树4个镇各增加1个副镇长职数。换届后，乡镇领导班子平均年龄41.7岁，全部达到大学以上学历，其中全日制大学占31.7%、全日制研究生占3.2%。

（李怀超）

【农村实用人才创业项目评选】 8月，开展农村实用人才创业项目评选资助活动，推荐5个优秀创业项目参加市级评选。康庄镇“‘北菜园’大农业模式下的互联网+”项目进入全市前14名，获市级表彰。

（花凯）

【非公企业和社会组织党建】 9月7日，召开推进非公有制企业和社会组织党的组织和工作覆盖部署会，下发《关于集中推进非公有制企业和社会组织党的组织和工作覆盖的通知》，推进“两个覆盖”工作。截至12月底，全区302家非公有制企业党组织覆盖率87.4%，170家社会组织党组织覆盖率72.9%。

（徐旭）

【抓党建促脱贫攻坚】 9月30日，下发《关于在低收入农户增收及低收入村发展工作中切实加强社会力量帮扶工作的通知》，选取98个区直单位与全区58个低收入村、40个低收入户较为集中的非低收入村结成帮扶对子，安排第一书记与低收入户建立帮扶关系，实现区直单位与低收入村结对帮扶全覆盖。

（徐旭）

【人才管理改革试验区建设项目】 10月，围绕世园会、冬奥会等绿色发展大事，提出“西北部生态涵养区人才管理改革试验区”建设任务，委托中国人民大学劳动人事学院课题团队参与试验区建设方案的编制工作并签订相关协议。

（花凯）

【“党员小书包”手机客户端启用】 10月，在全区党员中推广使用“党员小书包”手机客户端，创新党员教育模式。有党员活跃用户1.27万人。11月，组织开展全区“两学一做”学习教育成果测试“万人答题”活动。截至年底，通过客户端推送学习文件、通知29条，发布学习任务、测试12次。

（张业宇）

【机关优秀干部到村担任第一书记】 11月24日，按照市委组织部关于选派优秀机关干部到村担任第一书记工作相关安排，继续向全区低收入村和低收入户集中村选派第一书记，其中市委组织部、市委农工委从市级部门、市属国有企业中选派19人，区委自行选派73人。全区有114名第一书记驻村指导帮扶。

（徐旭）

【“带病提拔”集中倒查】 12月，对2010年3月以后提拔的处级和科级干部，受到撤销党内职务或行政职务以上处分情况进行梳理，开展“带病提拔”集中倒查。经查实全区不存在“带病提拔”问题。

（王永刚）

【干部选拔任用】 年内。对85个处级班子单位整体运行和领导干部履行岗位职责情况进行分析研判。全年联动调整处级干部12批537人次，其中提拔或转任重要岗位255人次、交流转任改任165人次、增职减职38人次、免职保留待遇73人次、安置军转干部6人。履行科级职务任免手续18批364人次、为49名处级干部办理退休手续。

（李怀超）

【干部挂职锻炼】 年内，选派9名处级干部到市直机关、河北省挂职锻炼，4名处级干部到河南、新疆参加对口支援，50名干部到世园会和冬奥会等绿色发展大事一线挂职，21名干部参与“创城”工作，接收区外9名干部到区挂职锻炼。

（李怀超）

【乡镇街道公务员职务与职级并行】 年内，落实《北京市贯彻〈关于县以下机关建立公务员职务与职级并行制度的意见〉的实施方案》，对于任副处级满15年、级别达到17级且截至2015年1月15日未办理退休手续的干部，通过初核、考评、公示、报批和入库5个步骤，采取集中审批和补充审批的方式，为58名符合条件的乡镇、街道副处级干部履行晋升正处职级手续。

（刘鑫冉）

【违规兼职和投资非上市公司行为清理】 年内，按照《中央组织部关于进一步规范党政领导干部在企业兼职（任职）问题的意见》等规定，对处级干部违规兼职和投资非上市公司行为进行核查，对36名处级干部投资非上市公司行为进行清理规范。

（王永刚）

【处级公务员年度考核】 年内，对894名处级公务员（含参公事业、规范事业）考核等次和奖励情况进行审核。其中，200人被确定为优秀等次，685人被确定为称职等次；188人获嘉奖奖励，47人获三等功奖励。

（王永刚）

【“一报告两评议”】 年内，对62个新任用科级干部的单位进行“一报告两评议”（即党委常委会向全委会报告工作时，要专题报告年度干部选拔任用工作情况，并在全委会委员中对干部选拔任用工作进行民主评议）。对评议结果低于全区平均值的45个单位整改情况进行回头看，督查处级领导班子规范议事决策程序。

（王永刚）

【领导干部报告个人有关事项】 年内，组织全区38名市管干部、957名处级干部和1904名科级干部，集中填报《领导干部个人有关事项报告表》。结合乡镇换届选举和干部调整，对1389名干部的个人有关事项报告进行重点抽查和随机抽查，未发现问题。

（王永刚）

【处级干部出国（境）管理】 年内，根据《中共北京市委组织部关于做好领导干部出国（境）管理自查工作的通知》精神，执行报告登记制度和处级以上领导干部出国（境）报备制度，收集和管理处级领导干部因私出国（境）证件。截至年底，进行出国（境）备案系统维护397人次，办理因公出国（境）手续86人次。

（王永刚）

【党政正职离任监督审计】 年内，对50名离任的党政正职进行离职交接监督，对35名离任党委（党组）书记履行干部选拔任用工作职责情况进行检查，对30名处级领导干部进行离任和任期内经济责任审计。

（王永刚）

【干部配偶子女经商办企清理】 年内，组织全区33名局级领导干部集中填报《领导干部配偶、子女及其配偶经商办企业情况表》，全部符合市委要求。

（王永刚）

【干部选拔任用全程记实】 年内，落实干部选拔任用全程记实制度，在处级干部选拔任用全程记实系统中录入537名处级干部选拔任用全过程信息。

（王永刚）

【“12380”举报受理】 年内，借助组织系统“12380”电话、信件、网络和短信“四位一体”举报受理平台，查办信访举报40件次，其中信访举报类39件次、反映待遇问题1件次，查核处置率100%。

（王永刚）

【干部教育培训】 年内，举办主体班6期、专题班27期，培训处级干部1689人次、科级及以下干部3154人次。协助市委组织部完成29期59

人次干部调训任务。加强干教网延庆分中心建设，推进“线上+线下”学习模式，全区3027名在线报名学员全部完成学习任务。

（苏学友）

【发展党员】 年内，举办5期党员发展对象培训班，培训党员发展对象672人，发展党员609人。

（张业宇）

【远程教育基层站点排查】 年内，对全区党员干部远程教育终端站点数量和类别进行摸底调查，经核查统计全区站点总数444个，新增站点2个，需注销站点3个，需要对台账信息作调整的站点20个。

（段欣超）

【流媒体压力测试】 年内，北京长城网将流媒体系统由VLC（有插件）升级为FLASH（无插件），组织全区各村、各社区终端用户开展流媒体压力测试工作，并在线完成《用户体验调查问卷》的填写。

（段欣超）

【党代会代表排查清理】 年内，对党代会代表违纪违法未给予相应处理情况进行排查清理。全区排查出应当终止党代表资格32人，其中原区党代表7人，原乡镇党代表29人（含同时担任原区党代表4人），全部按照规定程序终止代表资格。

（李娟）

【优秀人才培养项目资助】 年内，向市委组织部申报2016年人才培养集体项目2项、个人项目1项，获得市级资助72万元。资助17项区级优秀集体和个人项目，资助资金70万元。

（花凯）

【“人才京郊行”活动】 年内，第八批“人才京郊行”选派的5位挂职专家分别安排到区医院、区妇幼保健院、世园会延庆区筹备办、区水务局和区市政市容委挂任实职。

（花凯）

宣　传

【概况】 中共北京市延庆区委宣传部（简称区委宣传部）是负责全区宣传思想文化工作的区委工作机构。内设办公室、新闻科、理论宣教科、互联网信息办公室、文化创意产业促进中心（对外宣传中心）6个职能科室。有行政人员9人，规范管理事业人员12人。年内，深入贯彻党的十八大和十八届三中、四中、五中、六中全会精神和习近平总书记系列重要讲话精神，加强理论武装，组织开展区级理论中心组学习11次，配发学习书籍8种，组织宣讲429场次，受众9.3万人次。加强宣传舆论引导，在北京延庆政府门户网站发布各类信息2万条；北京延庆官方微博发布微博400条，粉丝22万人；北京延庆官方微信推送文章2000篇，粉丝6.2万，年增1.5万。推进文化创意产业平稳发展，制订完成延庆区文化创意产业发展“十三五”规划；八达岭森林生态体验、梦幻长城球幕影院、百里乡居创意乡村酒店等重点项目进展顺利。

地址：延庆镇湖北西路1号
电话：69174789

（孟慧慧）

【冰雪赛事活动宣传报道】 1月，通过电视、广播、报纸网络和微博、微信等媒体平台，对区内举办的2015—2016年度全国速度滑冰马拉松延庆站等多项冰雪赛事活动进行全方位推介；《北京日报》刊发专版，《北京晨报》《北京晚报》《北京青年报》《京华时报》《京郊日报》和新华社、千龙网、央广网、中国新闻网等媒体均作刊发转发，CCTV5体育新闻、BTV、北京您早、共同关注等栏目及时报道。

（孟慧慧）

【新闻发言人管理与培训】 2—7月，完善并印发《北京市延庆区新闻发言人制度》，建立新闻发言人微信群，制作并发放新闻发言人手册。邀请北京市外宣办、市政府新闻办原主任王惠，中国人民大学新媒体研究所黄河教授以及区委领导分别就《新媒体时代的传播策略》《树立大宣传意识做合格的新闻发言人》《媒体沟通与舆论引导》开展培训。区处级班子单位新闻发言人和秘书等500人参加学习。

（孟慧慧）

【市级媒体刊发延庆百姓故事】 3月，《北京日报》专版刊发《一个人的气象站》《京郊日报》专版刊发《妙手银针女“华佗”》《老辛家的水磨炸糕》《法制晚报》专版刊发《拄着双拐为村民“坐堂”》等延庆百姓故事。市级媒体刊发相关新闻稿件340条次，其中平面媒体45条、专版13个，广播电视播出相关新闻20条，网络媒体原发和转载相关报道超过280条次。

（孟慧慧）

【基层信息员队伍成立】 3月，建立包括73个单位及社团在内的3000人基层信息员队伍。完成“延庆区大宣传工作格局运行图”设计制作。

（孟慧慧）

【对外网宣阵地建设】 4月12日，北京延庆入驻腾讯企鹅媒体平台、天天快报、腾讯新闻，拓宽北京延庆对外宣传渠道。7月12日入驻搜狐媒体平台，7月23日入驻今日头条客户端，9月7日入驻网易媒体平台。配合已有的“北京延庆”微博、微信、贴吧、腾讯视频、蜻蜓FM广播、新华社地方频道客户端等众多新媒体帐号以及“北京延庆”政务网，形成延庆区网络宣传阵地群。

（孟慧慧）

【“海坨戴雪”舆论热点打造】 5月11日，延庆再现“海坨戴雪”奇观。区新闻工作者在第一时间记录下珍贵影像资料，并向各级媒体积极推送。CCTV2第一时间播出《北京延庆：海坨戴雪美景怡人》，CCTV13新闻直播间、北京电视台播出新闻，《北京日报》《北京晚报》头版、《京郊日报》等刊登大幅图片，新华网首页、人民网、千龙网等网站原发多组高清图片新闻，网易等重要网络媒体转载60条次。

（孟慧慧）

【意识形态建设辅导报告会】 5月19日举办。《北京日报》社党组书记、社长傅华作题为《谈意识形态建设》辅导报告。区领导、区处级班子单位党政正职200人参加学习。

（孟慧慧）

【“三微+”联盟搭建新媒体互动平台】 5月31日，联合区委统战部、北京市公安局延庆分局成立北京延庆“三微+”媒体联盟，区各机关、企事业单位官方微博、微信账号及个人大号、优酷拍客延庆营、百度延庆吧等70家在延媒体平台签署联盟公约成为首批入盟成员，覆盖受众40万人次。全年开展主题宣传10次，发布文章200篇，进行舆论调控6次。

（孟慧慧）

【“五一”小长假城市品牌宣传】 5月，重点围绕“五一”小长假、美食大赛等重要节点，以推介延庆旅游资源、弘扬敬业奉献精神为主要目的，加强宣传报道工作。全区在中央、市级以上媒体刊发新闻报道380条，其中报刊报道53条次、头版3篇；电视报道11条次、广播报道9条次，网络300条次。

（孟慧慧）

【《创城专报》推出】 6月1日，推出《创城专报》，每日收集百姓生活、城市管理等方面“创城”诉求，向区委区政府领导报送，会同非紧急救助中心督促责任单位解决问题，并在微信、电视、报纸“创文明城区、办百姓实事、迎世界盛会”专栏及时回应。全年《创城专报》出刊148期，涉及市民诉求773条，责任单位反馈率100%；通过微信专栏答复网民589条。

（孟慧慧）

【第八届北京端午文化节系列宣传】 6月9—11日，第八届北京端午文化节暨北京市第三届“非遗大观园”端午游园会期间，运用全媒体宣传平台，围绕龙舟下水、端午节开幕式等活动，进行大型电视直播和集中采访，接待媒体50家200人次，推出报道300条次。

（孟慧慧）

【长城脚下红色传承展览】 6月24日，在区文化馆与区委组织部联合主办延庆区《永远跟党走——纪念中国共产党成立95周年老党员风采展》，展出490张老党员照片，展览持续20天。《人民日报》《北京日报》和人民网、环球网、千龙网均刊发报道。

（孟慧慧）

【与大庄科乡策划端午节系列活动】 6月，与大庄科乡共同策划，在霹破石村举办“踏寻红色印记粽 情温暖山乡”端午节系列活动。延庆官方微信刊发《延庆大庄科在办北京最红的端午节错过再等一年》点击率1.19万次。

（孟慧慧）

【申冬奥成功一周年纪念活动宣传】 7月31日，在北京成功申办2022年冬奥会一周年之际，北京冬奥组委在八达岭长城望京广场隆重举办“从长城发出的邀请”活动。区委宣传部集中对庆祝活动进行宣传报道；至8月2日17:00，在各类媒体刊发报道88条次，其中报刊29条（中央媒体3条，头版8条）、电视20条（央视9条，北京台11条）、广播7条，重要网络媒体32条。

（孟慧慧）

【延庆旅游主题自媒体沙龙活动】 8月10日，区委宣传部联合腾讯大燕网举办“延庆旅游主题自媒体沙龙”活动，20家旅游联盟成员单位在区委宣传部和腾讯大燕网协助下，于会后成功入驻腾讯企鹅媒体平台。

（孟慧慧）

【“党在百姓心中”百姓宣讲会】 8月11日，在文化馆小剧场举办“‘不忘初心继续前进’——北京市延庆区‘党在百姓心中’百姓宣讲会”。宣讲员讲述革命烈士、抗战老兵以及身边普通党员无私奉献的感人故事。区领导、市委讲师团负责人、区处级班子党政正职、城乡居民代表等300人聆听宣讲。

（孟慧慧）

【首届文创大赛获奖】 8月，延庆推荐的唐太宗六骏雕塑和长城铁花两个项目，进入首届创意创新创业大赛100强，长城铁花项目成功晋级30强决赛，获得组委会特别奖。10月，项目单位获“2016北京市最具投资价值文化创意企业”称号。

（孟慧慧）

【电影《北平以北》拍摄启动】 9月7日，由区独立投资的大型红色纪录电影《北平以北》外景拍摄工作正式启动。影片以抗战时期平北军民在中国共产党领导下进行艰苦卓绝的斗争为历史主线。由京冀两地合作拍摄，是党史军史中有关平北抗战影视资料零的突破。

（孟慧慧）

【“一周一报”新闻选题报送机制】 9月，研究并制定“一周一报”新闻选题报送机制及定期反馈机制，并向区内外媒体、新媒体及社会媒体精准推送。至年底，收集并推送新闻选题235个，播发报道190条。牵头组建“基层信息员微信群”“二级班子小组长微信群”“新闻选题沟通群”等，使信息报送、共享、分类、推送流程实现数字化。

（孟慧慧）

【“秀美乡村成风化人”主题活动】 9月，与清华大学、北京师范大学等13所高校联合发起“秀美乡村 成风化人”主题活动。结合延庆历史、文化、乡风、民俗等元素，以绘画形式，以农村墙壁为载体，弘扬社会主义核心价值观、推进美丽乡村建设、打造区域文化标识、搭建育人平台。清华大学等10所高校所属12个学院与11个乡镇的12个村进行对接，完成墙面处理和设计方案，其中5个村完成绘画，参与师生500人次。

（孟慧慧）

【长征胜利80周年纪念活动】 10月22日，纪念红军长征胜利80周年暨大庄科开放式红色体验基地启动仪式在延庆区大庄科乡平北红色第一村纪念馆举行。中央机关和北京市12家基地发起单位组织400名党员群众代表，以行红色道路、瞻红色遗址、听长征故事、看拥军演出、吃行军野餐等形式，共忆艰难历程、追寻红色足迹、创新党建模式、传承长征精神。中国航天科工集团三院、新华社北京分社、中国人民大学、中央人民广播电台、团市委等12家单位相关负责人及延庆区委相关领导出席活动。

（孟慧慧）

【北京延庆微信获奖】 12月22日，首届京津冀政务微信综合热度和社会责任50强双榜在京发布，“北京延庆”在京津冀1487个政务微信公众号中获得综合社会责任第2名和综合热度第19名。评选由华中科技大学华科新媒实验室和腾讯大燕网联合举办。

（孟慧慧）

【理论中心组学习】 年内，组织理论中心组（扩大）学习18次，包括党风廉政建设、意识形态建设、绿色发展、文化建设等内容。其中市委市政府理论中心组学习（扩大）会议7次，区级理论中心组学习（扩大）会议11次。区领导、区处级班子单位党政正职参加学习。

（孟慧慧）

纪检监察

【概况】 中共北京市延庆区纪律检查委员会（简称区纪委）与北京市延庆区监察局（简称区监察局）合署办公，履行党的纪律检查和行政监察职能。机关内设办公室、宣传部、组织部、研究室、党风政风监督室、信访室、案件审理室、案件监督管理室、第一纪检监察室、第二纪检监察室、第三纪检监察室。全区有派驻纪工委（监察分局）8个、派驻纪检组5个；乡镇纪委15个，街道纪工委3个；各委办局纪委（纪检组）16个，企事业单位纪委12个；市区双管单位纪检组10个。年内，将学习贯彻《中国共产党廉洁自律准则》《中国共产党纪律处分条例》作为重点工作，成立党内两项法规专题宣讲团深入基层宣讲80场。全面推行“三单一书”（党风廉政建设重点工作任务清单、单位个性化责任清单、领导干部廉政责任清单和个人廉政责任承诺书）制度，组织党员干部逐级制订、层层签订责任清单，公开作出廉政承诺。出台《延庆区落实党风廉政建设主体责任全程纪实管理办法》，重新修订党风廉政建设责任制考核制度；认真落实《中国共产党问责条例》，依照“问责条例”对区卫生计生委党组、纪检组负责人进行了责任追究。简化优化案件审理程序，创新编写电子模拟案卷，自主开发“案件审理信息系统”。全年受理纪检监察信访举报638件次，处置党员干部问题线索190件，立案162件，给予党纪政纪处分137人。受理市政风行风热线转办单146件，办结141件，按期回复率100%、办结率96.5%，实现受理政风行风热线“零推托”。党风廉政建设综合考核和群众满意度测评成绩均全市排名第六。

地址：延庆镇新城街2号

电话：69104414

（荆丹丹）

【区纪委一届一次全会】 2月25日召开。会议传达十八届中央纪委六次全会和市纪委十一届五次全会精神，虞宝才代表区纪委常委会作以“强化责任担当，全面从严治党，忠诚履行纪检监察的神圣职责”工作报告。李志军和穆鹏与处级班子单位主要领导代表签订主体责任书，虞宝才与基层单位纪委书记代表签订监督责任书。会议讨论并表决通过全会工作报告和会议决议。区纪委全体委员出席会议，区级领导班子和处级班子主要领导、“两院”院长、区党风政风监督员列席会议。

（荆丹丹）

【第二届“德蕴清风”公益讲堂】 4月21日在区会展中心举行，由区纪委、区委宣传部、区发展改革委联合举办。讲堂分优秀企业家专场和党员干部专场。全区纪检监察干部、党员干部代表、最美家庭代表及延庆、张家口两地优秀企业家代表1000人参加。

（荆丹丹）

【廉政知识竞赛】 5月，举办“强党性、守党纪、正党风”知识竞赛活动，有36支代表队参加复赛，6支代表队参加决赛。经过角逐，区人力社保局获得一等奖，区文明办和珍珠泉乡获得二等奖，区经信委、沈家营镇、旧县镇获得三等奖。

（荆丹丹）

【乡镇纪检监察干部业务培训班】 6月1—3日举办。邀请区纪委相关工作室业务骨干重点就信访举报、纪律审查、案件审理等业务工作进行专题辅导。首次采取现场模拟方式，现场制作初核方案和谈话笔录，并根据出勤率、现场模拟成绩等三类指标进行综合评分。全区15个乡镇45名专职纪检干部参加培训。

（荆丹丹）

【廉政文艺汇演】 6月30日，由区纪委主办，区委宣传部、区文委和区广电中心协办，举行庆祝建党95周年暨第二届“德蕴清风”廉政文艺汇演。汇演分为“厚德载物、和合家风、清风廉韵”3个篇章，展示基层单位选送的13个廉政节目，形式有歌曲、戏曲、舞蹈、快板、朗诵、小品等。全区纪检监察干部、党风政风监督员、最美家庭代表和党员干部代表200人观看演出。

（荆丹丹）

【虞宝才做客市纪检监察网】 7月1日，虞宝才应邀做客北京纪检监察网在线访谈，就延庆区纪检监察机关如何开展“两学一做”学习教育、加强纪律建设与网友进行在线交流。

（荆丹丹）

【“以案为鉴”警示教育】 9—10月举行，采取集中观看警示教育片、讲廉政教育课、学习廉政法规、组织征文、开展讨论等形式，用身边人身边事开展教育，发挥反面典型的警示作用。全区科级以上干部和农村“两委”干部参加活动。

（荆丹丹）

【学习贯彻六中全会精神】 11月初召开，区纪委常委会学习部署党的十八届六中全会精神。会议决定通过区电视台、延庆报、政府门户网站、延庆纪检监察网、微信彩信等媒体广泛宣传；开设纪检监察网站学习专栏，搭建微信解读平台；成立专题宣讲团深入基层宣讲；组织党员干部分层次学习交流，撰写学习心得体会，并在纪委宣教平台“党员心里话”进行交流展示。

（荆丹丹）

【区纪委换届】 12月8日，区委召开二次党代会选举产生区二届纪律检查委员会委员29名。同日召开区纪委二届一次全会，选举虞宝才、韩策、吴皓、杜国华、赵春生、祁春生、高国忠、王新生、沈小嘉（女）为区纪委常委；选举虞宝才为区纪委书记，韩策、吴皓、杜国华为区纪委副书记。

（荆丹丹）

【派驻机构改革】 12月15日，区委印发《关于加强延庆区纪委派驻机构建设的实施意见》（京延办发〔2016〕18号），采取单独派驻和联合派驻方式，设置4个单独派驻纪检组和11个联合派驻纪检组，向全区74个处级班子单位（不含乡镇、街道、区直机关工委、区纪委机关、双管单位和企业）派驻纪检机构，派驻纪检机构覆盖率100%。其中每个派驻纪检组核定行政编制4名，每组设组长1名、副组长1名、组员2名。同日印发《延庆区纪委派驻纪检组组长、副组长提名考察办法》《延庆区乡镇纪委书记、副书记提名考察办法》。

（荆丹丹）

【“正风肃纪”专项行动】 年内，采取明查暗访、集中检查、设置举报专栏等多种方式，发现“四风”问题线索40件，查实并处理32件，给予党纪政纪处分25人。深化“为官不为、为官乱为”专项整治，督促全区75个单位整改问题195项。建立“追防一体化”机制和追逃追赃工作协调机制，全区未出现外逃人员。

（荆丹丹）

【“双早”预警机制建立】 年内，出台《关于建立党员干部廉洁自律“双早”预警机制管理办法（试行）》，对党员干部出现的苗头性倾向性以及一般性轻微问题，尚不够给予党纪政纪处分的，实行“早发现 早纠正”预警管理，对151名党员干部进行警示谈话，做到抓早抓小、动辄责咎。

（荆丹丹）

【信访举报案件处置】 年内，区纪委接受信访举报638件次，同比上升3.9%。其中，反映处级单位及领导干部116件次、乡科级干部61件次、农村干部309件次、一般干部9件次，反映一般企业人员1件次，反映其他人员80件次。截至年底，给予党纪政纪处分137人，同比增长13%，其中轻处分100人、重处分37人；谈话函询和组织处理169人；涉嫌犯罪移送司法机关3人。

（荆丹丹）

【执纪审查】 年内，对区管干部问题线索进行集中管理，出台《延庆区纪检机关纪律审查工作考核暂行办法》，统一规范纪律审查文书格式，加强对基层纪委执纪审查工作的指导督办，集中力量查处党员干部违纪案件。全区纪检监察机关新处置问题线索190件，新立案162件，同比增长29%，涉及处级干部26件；重点查处龙庆峡旅游发展有限公司公款旅游典型案件，给予14名党员干部相应纪律处分和批评教育。出台《延庆区纪委违纪案件通报曝光工作办法》，公开曝光典型案件13批27起58人。

（荆丹丹）

【“德蕴清风”廉政品牌建设】 年内，以“德蕴清风”廉政文化园为依托，建成区长城博物馆、延庆博物馆、平北抗日战争纪念馆、大庄科乡慈母川村、平北红色第一村纪念馆、昌延联合县政府旧址6个“德蕴清风”廉政教育基地。广泛征集“德蕴清风”子产品，重点升级改版“德蕴清风”网站，完善手机彩信、微信宣传平台。

（荆丹丹）

机构编制

【概况】 北京市延庆区机构编制委员会办公室(简称区编办）是区机构编制委员会常设办事机构，既是区委工作机构，又是区政府工作部门，列入区委机构序列。内设综合科、机构编制管理科、监督检查科（加挂行政审批制度改革科牌子）3个职能科室和机构编制信息管理中心1个事业单位。有行政编制9名，事业编制8名，工勤编制2名。主要负责全区行政管理体制改革、政府机构改革、机构编制日常管理等工作。年内，开展行政审批制度改革相关工作，公布区政府部门权责清单，建立实施“双随机”（随机抽取检查对象、随机抽取检查人员）检查机制，完成全区2016年“放管服”（简政放权、放管结合、优化服务）改革任务。完成国有资产监督管理、行政审批“一科制”（一个窗口受理、一个机构审批、一个公章办结）改革试点和中关村延庆园等系列体制改革。对在编7581人进行公积金跨年清册审核。完成政府绩效管理考评以及机构编制的日常管理和监督检查等工作。全区有事业单位法人297个，全年办理事业单位法人变更登记331次。党政机关、群众团体办理统一信用代码证书82个，其中行政机关74个，群团8个。

地址：延庆镇西街2号

电话：69102430

（韩雪）

【权责清单公布】 4月29日，区编办起草、区政府印发《北京市延庆区人民政府关于建立区政府部门权力清单责任清单制度的通知》，公布“7+X”权力清单、共性权力清单和通用责任清单，涉及31个区政府部门1274项权力事项（行政强制109项、行政确认125项、行政征收〈税费〉12项、行政征收〈实物〉4项、行政裁决6项、行政给付57项、行政检查304项、行政奖励74项、其他类583项）、15项共性权力事项和11类通用责任，细化行政职权事项各要素，在区政府门户网站设置专栏向社会公开，主动接受社会监督。

（韩雪）

【行政审批“一科制”改革试点】 5—11月，区发展改革委、区园林绿化局、区交通局、区文委、区环保局5个部门开展行政审批“一科制”试点改革。在不增加内设机构、人员编制和领导职数的情况下，将行政审批职能集中到一个内设机构，机构名称统一为“行政审批科”，通过“减环节、压时限、优流程、提效率、强监管”，做到审批简便、规范、高效，方便基层群众和企业办事创业。

（韩雪）

【行政审批事项取消和承接】 9月1日，区编办起草、区政府印发《北京市延庆区人民政府关于取消和承接一批行政审批事项的通知》（延政发〔2016〕33号），取消行政审批事项13项，承接市政府下放行政审批事项2项。

（韩雪）

【“放管服”改革任务】 10月26日，区编办起草、区政府印发《2016年推进简政放权放管结合优化服务改革工作实施方案》，确定47项改革任务。

（韩雪）

【行政管理体制改革】 年内，完成国有资产监督管理体制改革、中关村延庆园管理体制改革，整合区城乡居民基本医疗保险管理机构，集中整合分散的商务行政执法职能。修订区发展改革委、区民政局、区政务中心等部门“三定”规定。

（韩雪）

【机构编制管理】 年内，筹备召开区编委会议4次，讨论研究重大项目协调服务中心等23项机构编制调整议题并落实。研究调整区委组织部、区人力社保局等30个部门内设机构或所属事业单位。设立北京2022年冬奥会和冬残奥会延庆赛区筹办工作领导小组。完成控编减编任务，全区事业编制总额控制在2012年底统计数之内。

（韩雪）

【议事协调机构和临时机构管理】 年内，新增议事协调机构和临时机构14个。对157个议事协调机构和临时机构进行动态清单式管理，提出精简意见。

（韩雪）

统战和台湾事务

【概况】 中共北京市延庆区委统一战线工作部（简称区委统战部）是区委主管统一战线工作的职能部门。北京市延庆区人民政府台湾事务办公室（简称区台办），负责全区对台工作；北京市延庆区海外联谊会，负责全区海外联谊工作；北京市延庆区党外知识分子联谊会，负责全区党外知识分子分子联谊工作。4块牌子、一套班子，行政编制6人，规范管理事业人员2人。年内，围绕世园会、冬奥会两件发展大事，协调清华大学引入苏世民学者项目，借助北京四中网校资源为区内4所中学引入网上教学资源。协助组织部完成区人大、政协及民主党派换届工作。搭建党外代表人士参政议政平台，利用春节、端午节契机，组织统战成员与区委领导座谈，协调组织区领导与34名非公有制企业家交流座谈。制订《延庆区社院培训工作计划》，组织全区统战成员培训2次，各阶层培训6次，座谈交流12次，主题宣讲1场。对台湾事务宣传通过区电视台、中国台湾网报道信息7条，在两岸关系杂志刊登1篇。组织涉及台湾教育基地校长参加第二届（北）京台（湾）校长峰会。为大庄科台湾同胞协调解决农家院污水处理。办理领导干部、企业负责人因公随团赴台湾5人次，办理赴台湾审批手续38人次。接待台湾同胞参访7批234人。

地址：延庆镇新城街2号

电话：69103030

（戴岳）

【统战各界代表人士迎春座谈会】 2月3日在华风温泉大城堡召开。全区各民主党派、工商联、无党派人士、宗教界人士代表、统战机关40人与会。会议通报上年全区统战工作情况，党外代表人士结合自身工作和2016年统战工作要点进行座谈交流。

（戴岳）

【协调清华大学苏世民学者项目走进延庆】 3月8日，邀请清华大学统战部部长一行12人到延庆区，就清华大学港澳台学生项目和苏世民学者项目交流开展调研。经双方协商。两项目达成14点意向。

（戴岳）

【延庆区社会主义学院揭牌成立】 3月18日，延庆区社会主义学院（简称延庆社院）在区委党校揭牌成立，市社院及区内民主党派、工商联、无党派人士、宗教界人士代表、区委机关50与人参加仪式。延庆社会主义学院作为全区党外代表人士教育培训的主阵地，与区委党校两块牌子一套机构。截至年底，开展全国宗教会议精神解读培训、“同心圆大讲堂”、民主党派研修班等培训5期，培训学员400人次。

（戴岳 蔺天娇）

【区委统战工作会议】 4月1日召开。会议学习传达中央、市委统战工作会议和《中国共产党统一战线工作条例(试行）》精神，印发中共北京市延庆区委统战部关于贯彻落实《市委统战部关于贯彻落实中央统战工作会议精神和〈中国共产党统一战线工作条例（试行）〉的总体计划》实施方案。区领导、区直单位和乡镇（街道）党政正职领导、副书记，各民主党派、无党派、工商联会员企业代表等200人与会。

（戴岳）

【全区统战系统培训会】 5月12日，区委统战部、区社会主义学院联合举办全区统战系统培训会。聘请中央社会主义学院孙信教授围绕中央统战工作会议精神和《中国共产党统一战线工作条例（试行）》进行讲解。120名统战各界代表人士参加培训。

（戴岳）

【全区统战成员参观规划展览馆】 5月27日，区委统战部组织全区统战成员参观区规划展览馆，民主党派人士、无党派人士、宗教爱国团体人士等60人参加活动。

（戴岳）

【全国宗教会议精神解读培训会】 6月6日，区委统战部、区社院联合举办全国宗教会议精神解读培训会。区委统战部、区政协专门委员会工作四室、区社会主义学院、区民族宗教事务办公室、区国内安全保卫大队等有关部门工作人员，全区各宗教团体负责人及部分信教群众骨干60人参加培训。

（戴岳）

【京台社区交流活动】 6月9—11日，“咱的节日——北京延庆端午文化大舞台”（北）京台（湾）社区交流活动在区举办。台湾高雄市、内门区、旗山区的社区里长、里民及龙舟选手等35人先后参观延庆博物馆和长城博物馆，游览八达岭长城，参观德青源生态园和柳沟民俗村，参加第八届北京端午文化节开幕式，并与社区居民代表座谈交流。

（戴岳）

【优秀青年企业家代表座谈会】 6月15日，区委统战部、区工商联围绕非公有制经济健康发展和非公有制经济人士健康成长“两个健康”、构建“亲、清”的政商关系，召开优秀青年企业家代表座谈会，20名青年企业家代表参加座谈。

（戴岳）

【区领导与非公企业家座谈】 8月12日，区领导与区34名非公企业家代表举行座谈会。与会人员围绕延庆城市建设与企业发展关系以及如何把握机遇，推进企业创新，促进区域发展的主题进行交流并提出相关建议。

（戴岳）

【组织赴台交流】 年内，区台办协调组织区委、区人大、区文委、区工商联以及八达岭镇、香水园街道、百泉街道等11个部门相关负责人分4批19人次，随市台办（北）京台（湾）社区交流团赴台交流。

（戴岳）

【京台社区大讲堂活动】 年内，在康安社区、香水园街道和夏都会议中心开展3次（北）京台（湾）社区大讲堂活动。由台南市社区营造协会、高雄市旗山联合社区营造协会、台湾恒春南湾社区发展协会、原乡文化社区发展协会相关负责人分别介绍社区服务和管理经验。区台办、区社会工委及相关街道、社区负责人参加活动。

（戴岳）

【5个社区与台方签约】 年内，新增与台湾签约社区5个，分别是东外社区与高雄市旗山区南州里，石河营西社区与台南市南化区西铺里，新兴西社区与高雄市内门区观亭里，高塔社区与高雄市旗山区上洲里，康安社区与高雄市内门区内东里。

（戴岳）

政策研究

【概况】 中共北京市延庆区委研究室（简称区委研究室），（挂中共北京市延庆区委全面深化改革领导小组办公室牌子），主要负责全区调查研究的组织协调、区委重要文稿起草等工作，编制16名，其中行政编制8人、事业编制8人。内设调研科、综合科和政策研究中心（挂改革研究中心牌子）。年内，完成市级重点课题《关于强化基层党组织政治引领功能的调查与思考》，上报市调查研究工作协调联席会议。完成区级重点课题《关于延庆区建立低收入村户精准帮扶机制的实践与思考》。完成区委一届三次全会、区第二次党代会报告等全区重大文件起草，完成20篇综合文稿起草。征集处级领导调研课题238篇，择优选录70篇，编印成《2015年延庆区优秀调研成果汇编》；遴选《关于提高农村劳动力就业质量的对策建议》《关于延庆农村流动党员管理现状的调查》等9篇处级班子单位优秀调研成果在《延庆调研》上刊发。

地址：延庆镇湖北西路1号

电话：69104054

（杜俊鹏）

【全区政策研究统筹机制建立】 4月，出台《延庆区关于建立全区政策研究统筹机制进一步加强政策研究与创新的办法》，建立区政策统筹与调查研究联席会议制度，建立政策研究统筹机制，加强政策文件报备与政策研究，全年收集政策文件179份、推进政策研究19项。

（杜俊鹏）

【调查研究工作协调联席会】 5月，召开延庆区调查研究工作协调联席会第一次会议，通报《延庆区2016年调查研究工作要点》，对2016年调查研究工作进行全面部署。

（杜俊鹏）

深化改革

【概况】 中共延庆区委全面深化改革领导小组办公室(简称区委改革办），作为常设性工作机构设在区委研究室，一个机构、两块牌子，主要负责处理区委全面深化改革领导小组日常事务，对各专项工作统筹、协调、督促、检查和推动。年内，组织开展区全面深化改革重大问题的政策研究，统筹协调有关方面提出的改革方案和措施，协调督促有关方面落实领导小组决定事项、工作部署和要求。发布实施改革文件30件，完成或基本完成改革任务27项，其中中关村延庆园机构改革和国有资产监管机制等重点领域改革完成。利用月报、专报等形式对各项改革任务进行日常督察，完成列为市委改革办10项重点督察任务的专项督察工作。截至年底，完成《2015北京改革蓝皮书》延庆篇；编发12期参阅信息、36期改革工作简报，其中6篇收入《北京改革交流》和《决策参考》。

地址：延庆镇湖北西路1号

电话：69143273

（杜俊鹏）

【第一次全体（扩大）会议】 3月18日，区委全面深化改革领导小组召开第一次全体（扩大）会议，传达市委全面深化改革领导小组第八次会议精神；研究审议《关于区委全面深化改革领导小组2015年工作总结》《关于生态文明管理体制综合改革工作情况的报告》《关于调整区委全面深化改革领导小组组成人员的方案》《关于调整区委全面深化改革领导小组专项小组设置的方案》和《区委全面深化改革领导小组2016年工作要点及责任分工》。确定

2016年全区改革任务40大项58小项，重点推进的改革事项4项。明确要围绕筹办举办世园会、冬奥会以及区第一次党代会确定的重点任务，聚焦重点领域和关键环节，加快出台有利于稳增长、调结构、补短板、惠民生的改革举措，统筹抓好已出台改革方案的落地实施，推动形成有利于经济社会发展的体制机制。

（杜俊鹏）

【第二次全体（扩大）会议】 8月31日，区委全面深化改革领导小组第二次全体（扩大）会议召开，审议通过并印发《北京市延庆区全面深化改革督察督办工作办法》《关于开展已出台改革举措落实情况督察工作的计划》。

（杜俊鹏）

老干部管理与服务

【概况】 中共北京市延庆区委老干部局（简称区委老干部局）是负责全区离休干部和副处级以上退休干部组织、服务、管理工作的职能部门。设政办室、行政科、服务科、延庆区老干部活动中心4个职能科室，编制28人，实有25人。全年服务管理离休干部121人，其中本地105人、代管8人、易地安置6人；副处级以上退休干部1034人，其中副区级以上9人、正处级453人、副处级572人。年内，组织离退休干部开展“展示阳光心态、体验美好生活、畅谈发展变化”主题系列活动，贯彻落实中央《关于进一步加强和改进离退休干部工作的意见》精神，扎实抓好离退休干部思想政治建设和党组织建设，组织引导老同志为党和人民事业增添正能量，用心用情做好离退休干部服务工作。

地址：延庆镇香苑街107号院

电话：69144298

（杨冬）

【老年书画研究会建会25周年】 1月7日，延庆区老年书画研究会召开建会25周年纪念大会，回顾研究会25年的发展历程和成绩，表彰优秀学员。其中12人获德艺双馨奖、36人获进步奖、158人获优秀奖。

（杨冬）

【老干部工作会】 2月2日，召开2016年延庆区老干部工作会，会议传达全国老干部局长会和全市老干部工作会议精神，总结2015年全区老干部工作，部署2016年老干部工作任务。李志军对2016年老干部工作提出明确要求。离退休干部代表、离退休干部党支部书记代表、区委老干部工作领导小组成员、全区处级班子单位党委（党组）书记以及主管老干部工作的负责人参加会议。

（杨冬）

【“啄木鸟”志愿督查队成立】 2月23日，延庆创建全国文明城区“啄木鸟”志愿督查队成立仪式在老干部局举行。督查队由15位老干部组成，实行“一月一主题、每周一督查、每查一反馈”，按照测评指标，对街道、社区、公园广场等点位城市不文明行为开展督查，将城市建设、城市管理、创建过程中发现的问题及时反馈给政府及相关部门。截至年底，开展督查40次，反馈问题364个，整改问题300个。

（杨冬）

【老干部宣讲团成立】 2月29日，延庆区老干部宣讲团在区委老干部局成立。区委主管领导出席成立仪式并讲话。老干部宣讲团由区委宣传部和老干部局共同发起，旨在落实区委老干部工作会议精神，发挥老干部优势，为党的事业增添正能量。宣讲团由10位老干部组成。截至年底，宣讲30场，受众3000人次。

（杨冬）

【区领导向老干部通报情况】 4月18日，穆鹏向全区离退休干部通报2015年全区经济与社会发展情况和“十三五”规划情况。9月18日，区委宣传部领导向离退休干部通报延庆区创建全国文明城区工作情况。

（杨冬）

【建党95周年庆祝活动】 5月25—26日，组织区级退休干部参观李大钊纪念馆和李大钊故居。5月26日，老干部自行车协会党支部开展

"让党性永放光辉"主题党日活动。6月18日，举办"延庆区老干部纪念中国共产党成立95周年"庆祝活动。6月24日，慰问旧县镇白河堡村和大榆树镇奚官营村8名70岁以上老党员。6月27日，组织全区离退休干部党支部书记、老干部局机关离退休干部党员和机关党员干部，参观张家口市赤城县大海陀村平北抗日根据地纪念馆和隆化县董存瑞纪念馆。6月29日，延庆区老年大学声乐视唱班举办"庆祝建党95周年"演唱会。6月30日，老干部局、科协、老年书画研究会联合举办迎接建党95周年"科普杯"书法科技知识竞赛。

（杨冬）

【老干部书画摄影展】 7月18日，举办"纪念中国共产党成立95周年、中国工农红军长征胜利80周年"书画展，展出作品150幅。10月18日，举办王双武、张淑秀夫妇书画展，展出作品103幅。12月18日，举办"创文明城区，迎世界盛会"摄影展，展出作品100幅。

（杨冬）

【老干部文化艺术服务联合会理事会召开】 7月27日，延庆区老干部文化艺术服务联合会召开第四次理事会，会上总结上半年工作，部署下半年工作任务。到年末，联合会已发展老干部思想政治工作研究会、老年书画研究会等涉老组织15个，所属会员719名。

（杨冬）

【政府购买项目部署会召开】 8月19日，联合社会组织协会、老干部文化艺术服务联合会召开延庆区老干部社会组织2016年政府购买项目部署会，15个社团组织和兴趣团队负责人参加会议。会上对2016年政府购买项目进行安排部署。年内，延庆区老干部文化艺术服务联合会承接政府购买项目4项，分解为26项具体项目，分别由15支老干部社团组织和兴趣团队负责实施。

（杨冬）

【重阳节活动】 9月23日，联合老年书画研究会、社会组织服务协会举办"迎国庆、庆重阳、齐创城"文化展演活动。区领导为"纪念中国共产党建党95周年暨中国工农红军长征胜利80周年书画展"获奖作者颁奖。区委及相关单位领导出席活动。10月8日，"妫川重阳情暖京华"——北京"重阳文化节"延庆系列文化活动开幕式在大庄科乡慈母川村慈孝广场举行。市老干部局领导为老干部代表颁发荣誉证书。100名老干部代表参加开幕式。

（杨冬）

【老干部文化艺术服务联合会党支部成立】 11月29日，延庆区老干部文化艺术服务联合会党支部委员会举行成立大会。老干部局党总支委员和延庆区老干部文化艺术服务联合会党支部全体党员出席会议。

（杨冬）

【编印离退休干部事迹及工作集锦】 年内，为宣传老同志先进事迹、弘扬尊老敬老社会风尚，编印文集《阳光心态长者风范》——延庆区离退休干部发挥正能量典型事迹选编1600册，编印《敬老情正能量》——延庆区2016年离退休干部工作集锦1400册；均内部发行。

（杨冬）

【为老干部办实事】 年内，为破产转制困难企业离休干部上缴医疗保险金320.25万元，发放住房补贴3.58万元、物业补贴7.33万元。支出6960元为离休干部免费安装急救呼叫器；支出3.50万元为离休干部和区级退休干部购买家庭保洁服务。

（杨冬）

精神文明建设

【概况】 北京市延庆区精神文明建设委员会办公室（简称区文明办）是延庆区精神文明建设委员会的办事机构，负责全区精神文明日常工作，设综合科、创建科和文明建设促进中心，有干部职工15人。年内，开展全民践行生态文明系列活动，评选出生态文明社区（村）18个、生态文明家庭1800户、"微承诺、微行动"示范案例20个。相继开展2016年延庆区"北京榜样"暨美丽延庆人评选、"最美的士之星”选树、2015—2016年度首都精神文明建设奖评选、创城暨道德模范事迹图片展等活动，评选出20名榜样候选人，市级周榜、月榜上榜人物6人，“最美的士之星”10名和10名提名奖。部署打造“我们的节日”活动；举行北京“重阳文化节”延庆系列文化活动开幕式；开展三大板块，22项重阳文化活动。扎实开展三关爱志愿服务活动，评选出10个金牌团队、10名金牌志愿者和100名优秀志愿者。设立第二批首都学雷锋志愿服务岗（站）58个，建立儒林街道、百泉街道、香水园街道3个区助老志愿服务站；完善全区127个文明单位在志愿北京平台团体注册。在全区未成年人中相继开展“创城有我更精彩·我为世园做贡献”“清明祭英烈”“童心向党”“向国旗敬礼”以及“十佳美德少年”评选、2016美德少年颁奖典礼暨第八届延庆区少儿艺术节展演、“学长征精神，做红色传人——争当社区文明小使者”等主题活动。强化30所社区家长学校建设，完善校外心理健康辅导站，新建1所乡村学校少年宫，12所学校成为首批北京市文明校园。扎实推进创建全国文明城区，开展全民理想信念建设、志愿服务、全民践行生态文明、未成年人思想道德建设重点工作。为服务京津冀协同发展大局，加快建设国际一流的生态文明示范区和美丽延庆，提供思想保证、精神力量和道德滋养。完成2016年创建全国文明城区网上申报工作，涉及71个测评项目，具体包括76个规范文件、190份说明报告、280张实景图片以及15个统计表格等561份材料。

地址：延庆镇西街1号
电话：69178291

（于涛）

【践行生态文明图片广告作品表彰】 2月14日，举行“生态文明大家拍”新闻作品大赛和“图说我们的价值观”广播电视公益广告大赛颁奖典礼。2015年3月至2016年2月期间，征集作品480幅；评选出《退休不退色 志愿环保夕阳红》等17幅“生态文明大家拍”作品和11个“图说我们的价值观”作品。

（于涛）

【“十佳美德少年”评选】 3月1日至5月31日开展。全区45所中小学推荐112名校级美德少年参加区级评选。评委会择优评选出候选人20名，拍摄成事迹短片，在延庆电视台、延庆广播电台、《延庆报》以及“北京延庆”和“文明延庆”微信等媒体平台进行展播。第一小学石宇豪等10名同学获“十佳美德少年”称号，第二小学赵震等10名同学获“十佳美德少年”提名奖。

（于涛）

【学雷锋志愿服务工作会】 3月3日召开。会议总结上年学雷锋志愿服务工作，部署2016年工作。首都文明办和区主管领导出席会议。会议表彰10个“2015年学雷锋志愿服务金牌团队”、10名“2015年学雷锋志愿服务金牌志愿者”、97名“2015年学雷锋志愿服务优秀志愿者”。200名参会人员进行志愿服务宣誓。

（于涛）

【2015北京榜样暨美丽延庆人评选表彰】 3月21日举行颁奖典礼，揭晓10名美丽延庆人以及10名美丽延庆人提名奖评选结果。首都文明办领导出席典礼并为美丽延庆人颁奖。评选活动由宣传部、文明办、广电中心联合举办，涉及敬业奉献、孝老爱亲、助人为乐、诚实守信、见义勇为、热心公益、自强不息、科技创新、勤俭节约、志愿服务10类。活动期间，各媒体同步宣传北京榜样暨美丽延庆人候选人事迹。文明办编印《“2015北京榜样”暨美丽延庆人IV》，并制作榜样事迹光盘。

（于涛）

【“创城有我更精彩·我为世园做贡献”活动】 3月21日至5月15日举行。全区45所中小学5000人参与讲故事比赛、书法比赛、情景剧展演、知识竞赛、世园小使者培训等活动。

（于涛）

【“清明祭英烈”活动】 3月28日至4月1日，以清明节为契机，组织未成年人开展“铭记历史，缅怀先烈”清明祭英烈主题实践活动，通过延庆文明网、文明延庆微信，向革命先烈鞠躬献花，组织未成年人到平北抗日战争纪念馆、八达岭烈士陵园进行入团入队仪式教育和祭扫活动，参与学生2.09万人，参与率95.2%。

（于涛）

【未成年人思想道德建设工作会】 4月7日召开。会议总结2015年未成年人思想道德建设工作，区教委、区文委、团区委、香水园街道、延庆镇、区关心下一代工作委员会（简称区关工委）等单位作典型发言。主管副区长，区关工委主任以及未成年人工作领导小组各成员单位、各乡镇（街道）主要负责人、中小学校长及社区居委会主任200人参加会议。

（于涛）

【“童心向党”歌咏比赛】 5月19日，在青少年活动中心举行决赛。9所中小学300名学生参加。最终康庄小学、第一小学、第二小学的《卢沟桥》《歌唱祖国歌唱党》《少年中国梦》分获一、二、三等奖。全程录制并制作光盘100张，配发到全区各中小学，利用校园广播、电子屏等循环播放。“七一”期间，在延庆电视台、延庆广播电台连续一周展播。

（于涛）

【创建全国文明城区工作推进会】 5月20日召开，会议贯彻落实首都精神文明建设工作大会会议精神，对“创城”工作进行再发动、再部署。首都文明办主任及区委、区政府领导出席会议，会议总结2015年度创建全国文明城区工作，部署2016年度工作任务。明确2016年以“为群众造福、靠群众创建、让群众满意”为宗旨，以《全国文明城区测评体系》为工作导向，开展12大项38小项工作任务，重点开展《创文明城区 办百姓实事 迎世界盛会》主题活动。李志军、穆鹏分别与区教委、香水园街道党政负责人签订《北京市延庆区创建全国文明城区工作责任书》。

（于涛）

【“最美的士之星”颁奖】 5月20日，举行2016年“最美的士之星”评选颁奖典礼。通过广泛推荐、公开评议、集中评审、公示等环节，评选出周立民、陈福生、赵合先、孟任民、李景伟、谢京延、王书广、王超、严顺喜、孙力昌10人为延庆区2016年“最美的士之星”。

（于涛）

【2016年文明单位“五个一”创建工作会】 6月15日召开。与会人员观摩区地税局道德讲堂活动，观看地税局精神文明建设工作短片。地税局负责人介绍文明单位创建工作经验，区文明办负责人部署文明单位“五个一”创建工作。文明单位“五个一”即：建立道德讲堂、建立学雷锋志愿服务队、设立“遵德守礼”文明提示牌、开展“文明餐桌”行动、利用网络传播文明风尚。

（于涛）

【夏伟东到区调研】 7月2日，中央文明办专职副主任夏伟东到延庆区调研全国文明城区创建工作，市委宣传部、首都文明办以及区委政府相关负责人陪同调研。

（于涛）

【“我眼中的文明延庆”摄影征集活动】 7月4日至9月10日，面向全区中小学生开展“我眼中的文明延庆”摄影征集活动。活动以延庆创建全国文明城区为主题，用摄影形式记录延庆风景之美，展现美丽延庆人的文明行为和精神风貌。征集摄影作品186篇，评选一等奖10名，二等奖20名，三等奖30名。

（于涛）

【“千人找差团”成立】 7月8日，在妫川广场举行“千人找差团”成立仪式，区委副书记为“千人找差团”总队授予队旗。“千人找差团”，主要以“找差”为主，同时开展铲除小广告、捡拾垃圾、摆放自行车、擦拭公交站牌等志愿活动，截至年底，找差团查找各类问题500个，解决问题400个，开展志愿活动20次。

（于涛）

【未成年人教育环境建设指挥部工作会】 7月15日召开，区委、区政府相关负责人出席会议。

会上，区教委对2016年上半年区未成年人思想道德建设工作进行总结，并部署下一阶段工作。区社会工委、区文委、区卫计委、区综治办、区交通大队等14个成员单位分工负责人进行工作经验交流。

（于涛）

【创建全国文明城区暨道德模范事迹图片展览】 8月12—26日在延庆区文化馆举行。活动由区委宣传部、区文明办、区文委、共青团中央青年志愿者工作部、人民日报《图说我们的价值观》特刊、人民网公益频道联合举办。展览内容分为“图说我们的价值观”“创城我们在路上”“道德模范事迹”3个板块。区机关干部、党团员、学生、市民1万人次参观展览。

（于涛）

【社区家长学校建设考评】 8月24日，区文明办、区创城办、区教委、区妇联组成3个检查组对30家社区家长学校进行检查考评。经评审，香水园街道东外社区等10所社区家长学校为优秀社区家长学校。

（于涛）

【“迎国庆、美居室、靓庭院”专项整治行动】 9月14日，由区委宣传部、区文明办、区创城办、儒林街道联合举办的“迎国庆、美居室、靓庭院”专项整治行动启动仪式在格兰山水二期社区广场举行。区创城办对专项整治行动进行部署，区领导颁发单位、社区、庭院和居室靓化评选标准牌。区文明办、“创城”办推出“展最美、晒最美、评最美”3项主题活动，在延庆电视台、延庆报开设“走进最美单位、最美社区、最美庭院和最美居室”专题栏目。

（于涛）

【未成年人思想道德建设测评工作会】 9月22日召开。会议部署2016年未成年人思想道德测评工作，区文委、区卫计委、区综治办、区民政局、区残联5个单位结合测评体系考核内容进行发言。“创城”办、教委、社会工委等22个单位及各街道、乡镇、学校负责人100人参加会议。

（于涛）

【“讲红军故事　学长征精神”】 9月23日，区文明办、区教工委、区关工委在第二小学举办“讲红军故事　学长征精神”主题实践教育活动启动仪式。区关工委宣讲团成员、各中小学校关工委负责人和第二小学学生代表参加启动仪式，退休老干部、老专家、老教师担任主讲。截至年底，宣讲120场次，实现全区15个乡镇、30个社区、44所中小学全覆盖，受众2万人。

（于涛）

【“向国旗敬礼”活动】 10月1—7日，区文明办、区教委联合开展“向国旗敬礼”活动。延庆文明网开设中国文明网、央视网等网站链接，“文明延庆”官方微信开设“向国旗敬礼”栏目。全区有1.44万名学生参与中国文明网“向国旗敬礼”签名和寄语活动，1.35万名学生参与微信“向国旗敬礼”和留言活动，1.53万名学生幼儿参与课堂相关教育实践活动，1.42万名家长参与课外相关教育实践活动。

（于涛）

【北京“重阳文化节”延庆系列文化活动开幕式】 10月8日在区大庄科乡慈母川村慈孝广场举行。对新评选的慈孝家庭和新24孝青年进行表彰，现场慰问金婚夫妇、百岁老人、老干部代表，隆重推介慈孝文化，并为德蕴清风廉政教育基地颁牌。邀请当代雷锋、全国道德模范孙茂芳为延庆区助老志愿服务站颁牌；活动现场邀请著名评书表演艺术家、国家一级演员刘兰芳登台献艺。首都文明办、市老干部局、市民政局等部门负责人和全国道德模范代表、延庆区慈孝家庭代表、新24孝青年代表参加活动。

（于涛）

【新招募公共文明引导员60名】 11月7日，区文明办在原有60个公交站台文明引导员基础上，再次向社会公开招募60名路口公共文明引导员。经笔试、面试、岗前服务规范培训，60名新任公共文明引导员充实到延庆城区15个重要交通路口上岗。

（于涛）

【区12所学校获评市级文明校园】 年内，开展区文明校园创建活动，在18所学校自愿申报基础上，通过听取工作汇报、查阅档案、师生访谈、实地查看校园等环节的区级审核，推荐优秀学校参评市级文明校园创建。经市文明校园评委会评审，第一小学、第一中学等12所学校被评为首批北京市中小学文明校园。

（于涛）

【“文明延庆”微信】 年内，发送图文消息851篇，阅读人数超过45万人次，文章总浏览次数超过81万次，粉丝从上年1054人增至2.08万人。9月2日，推出“创城知识问答”主题活动。截至12月31日，活动开展8次，发放“创城”纪念品869份，参与活动6243人次。

（于涛）

区直机关党建

【概况】 中国共产党北京市延庆区委员会区直属机关工作委员会（简称区直机关工委）是区委派出机构，所属党、政、群机关30个单位、3500名干部职工；包括区直机关、人力资源和社会保障局、卫计委3个机关党委和区委党校1个党委，17个党组，82个基层党（总）支部，1820名党员。年内，9个基层党（总支）支部完成换届工作，建立3个功能型党组织，1个流动党员党组织，实现党的工作全覆盖。发展新党员6名，预备党员转正14名。开展“两学一做”学习教育党费收缴专项检查工作。开展书记讲堂9期，党建大课堂9期，培训党员干部1000人次。举办全系统职工乒乓球、羽毛球、双升扑克、围棋、象棋等比赛活动。年底开展“助力创城，喜迎冬奥”首届职工“创城杯”越野赛。区直机关工委《关于党性教育长效机制构建的调查研究》在北京市机关党建研究会获2015年度调研成果二等奖，《系统理论视野下有关构建党性教育长效机制的思考》获延庆区优秀课题。

地址：延庆镇新城街2号

电话：69101131

（张伟娟）

【机关党委党员代表大会】 5月27日召开。选举产生北京市延庆区委区直机关工委机关第一届委员会委员和书记、副书记。

（张伟娟）

【表彰大会暨主题宣讲】 6月，召开庆祝中国共产党成立95周年表彰大会暨“我身边的好党员”主题宣讲会，对区直机关党委17个先进基层党组织、50名优秀共产党员、24名优秀党务工作者进行表彰奖励。4名普通党员结合亲身经历，讲述身边党员爱岗敬业、无私奉献的感人故事。

（张伟娟）

【“党员先锋”宣讲团成立】 6月，结合“两学一做”学习教育，选拔10名宣讲员，组成“党员先锋”宣讲团。宣讲员讲述《24小时在线的邻家医生》《情注兰台，无悔耕耘》等发生在身边的感人故事。通过宣讲活动弘扬社会主义核心价值观，传递正能量。截至年底，深入全系统各单位宣讲30场次，受众1000人。

（张伟娟）

【首届职工运动会】 5月5日，区直机关工委举办首届职工运动会。运动会以“全民健身、助力冬奥，为世园会做贡献“为主题。比赛设立飞镖、投掷沙包、足球射门、定点投篮等14个个人项目和三人四足、心心相印等4个集体项目。全系统30个单位500名干部职工参加活动。

（张伟娟）

党　校

【概况】 中国共产党北京市延庆区委员会党校（简称中共北京市延庆区委党校），是在区委直接领导下培养党员领导干部和理论干部的学校以及党的哲学社会科学研究机构。校园占地5.2公顷，教职工63人，其中专兼职教师21人。下设办公室、培训处、学员管理处、科研处、教务处、学生处、后勤保障处和教研室8个处室，分别负责日常党务行政、干部培训、成人学历教育、科研咨政、学生教育管理、后勤保障和教学科研工作。年内，在北京市组工动态发表信息1篇，市委党校院报发表信息12篇，延庆党建发表专栏文章6篇。制订完善培训相关制度11项，完成主体班次培训13期：包括处级领导干部学习贯彻十八届五中全会精神专题轮训班4期、处级领导干部学习贯彻党的十八届六中全会精神专题研讨班3期，处级领导干部研修班2期、中青年干部培训班2期、青年人才培训班2期，培训学员2500人次。完成各类专题班和协办班次31期，包括区委理论中心组学习11期、党员发展对象培训班5期、新党员示范培训班1期、卫计委2016年科级干部培训班2期、基层党建专题（支部书记）培训班2期、世园大讲堂5期，受训3000人次。全年面向全区培训学员5500人次。

地址：延庆镇庆园街69号

电话：69103148

（李瑞雪）

【成人教育】 年内，中央党校战略哲学专业招生23人，在校生89人，市委党校经济管理专业招生55人，毕业48人，在校生156人。

（焦丽艳）

【师资队伍建设】 年内，4位青年教师接受市委党校4位专家教授指导，3位教师开发出高质量主体班课程；主持课题《主体班学员的党性锻炼》被列为北京市委组织部指导课题。

（李瑞雪）

【课程开发】 年内，开发《唤醒党章意识、做合格党员》《论共产党员修养导读》《正确处理人民内部矛盾导读》等10门新课。为组织部干教网提供《全面从严治党》《条例准则解读》《十三五规划解读》《五大理念引领发展》《领导干部的法治思维》《学习老一辈革命家的崇高风范，做合格党员》等7门课程，供全区干部在线学习。

（李瑞雪）

【科研工作】 年内，制订《开展蹲点调研工作的实施办法》《科研项目经费管理使用办法》《科研课题结题验收办法》《新课评审办法》《科研课题获得校外资助经费的使用办法》等规范文件。申报区级科研课题7项，校级课题13项。其中《关于领导干部践行社会主义核心价值观的思考》获得北京市思想政治工作研究会“丹科杯”一等奖，《延庆区委党校“互联网+干部教育培训”模式的探索与思考》获得北京市党建研究会三等奖。全校有18篇文章在《理论导刊》《社会纵横》《决策与信息》《东方教育》等期刊杂志上发表。

（李瑞雪）

地方史志

【概况】 北京市延庆区史志办公室（简称区史志办），是区委系统党史、地方志工作的职能部门，下设党史科、志鉴科和综合科，在编人员9人。年内，贯彻落实《地方志工作条例》和《中共中央关于加强和改进新形势下党史工作的意见》，研究制定《延庆区实施〈北京市地方志事业发展规划纲要(2016—2020年）〉方案》，出版发行《北京延庆年鉴2016》，推进《延庆县志（1995—2010）》编修工作。完成《中国共产党北京延庆县历史大事记（2001—2013）》编写工作，启动《中共北京市延庆区历史》编写工作。完成北京市地方志课题—《古代延庆皇家园囿与宜居延庆的历史渊源初探》。指导大庄科乡申报《中国名镇志·大庄科乡志》，对《延庆水务志》《延庆县人民代表大会志》等书稿进行编纂指导和审阅，协调北京市地方志办公室与大庄科乡结成文化共建对子。开展“讲党史、讲党课”活动，参与筹备全区建党95周年纪念活动和《延庆县委展览》筹备策划工作，协助拍摄《北平以北》纪录片，配合平北抗日战争纪念馆等部门组织开展“海坨英烈”专题展览，协助、配合区广电中心、区新闻中心组织开展“历史不会忘记寻访老党员”专题报道活动，拍摄《妫川红色记忆》专题片。

地址：延庆镇新城街2号
电话：69103604

（张鹏）

【《延庆县志（1995—2010）》初审】 1—2月，对修改后的《延庆县志（1995—2010）》初稿进行排版印刷，形成《延庆县志》（1995—2010）初稿修改稿。经市方志办专家2次审阅，责任编辑2次修改，年底提交市方志办专家审核。

（张鹏）

【延庆县党史（1922—2015）编写启动】 1—9月，组建编委会和编辑部，制订编写方案，召开《中共北京市延庆县历史》编写工作会，在全区范围内正式启动《中共北京市延庆县历史》编写工作。经过反复讨论和征求意见，形成《中共北京市延庆县历史》篇目提纲征求意见稿。经市委党史研究室审核，全书共设12章53节215目。10月，《中共北京市延庆县历史》进入撰写阶段。截至12月底，完成部分章节试写稿。

（张鹏）

【延庆县党史大事记出版】 2月，历时两年半编纂完成的《中国共产党北京市延庆县历史大事记（2001—2013）》出版发行。该书记录2001年1月1日至2013年12月31日间，延庆县在经济、政治、文化、社会、生态文明和党的建设诸方面工作实践中发生的重要事件。

（张鹏）

【《北京延庆年鉴（2016）》发行】 12月，《北京延庆年鉴2016》印刷发行，为延庆年鉴总第十三卷，全书70.5万字，彩插104幅，印刷1200册，向社会各界发放。与上年相比，《北京延庆年鉴2016》在内容上增加世园会筹备办、八达岭会展中心2个方面内容；在专记上，对2015北京世界马铃薯大会、“三严三实”专题教育和撤县设区进行专门记述；框架结构上，把“卫生工作”一级栏目调整为“卫生计生工作”；在彩图的排版上，将延庆绿色大事和撤县设区图片放置在首页，直观反映年度重大变化。

（张鹏）

延庆区人民代表大会

概　况

北京市延庆区第一届人民代表大会常务委员会(简称区人大常委会)。工作机构设办公室、研究室代表联络室及财政经济、内务司法、教科文卫、城乡建设环保、农村5个工作委员会，代表联络室加挂市人大代表联络处牌子；设副处级信访室，由办公室代管。行政编制35人，工勤编制11人。年内，围绕区一届人大一次会议确定的各项任务，召开9次常委会会议，完成34项议题。依法任免国家机关工作人员71人次。常委会先后对妫河水系环境治理、文物保护、地质灾害易发区搬迁等工作进行监督，并提出相应意见和建议。常委会工作机构对城乡环境治理、无煤区建设、少数民族村经济社会发展等工作进行监督，推动相关问题解决。接待群众来信来访107件次，其中群众来信4件次，来信来访同上年持平。

地址：延庆镇高塔路70号

电话：69142876

（常淼）

重要会议

【第一次常委会】　2月26日召开。会议决定有关人事任免事项，新任命的国家机关工作人员首次进行宪法宣誓；听取《北京市延庆区人民政府关于2016年区政府重点工作折子工程和为群众拟办重要实事工程安排情况的专项工作报告》，通过《北京市延庆区人民代表大会常务委员会2016年工作要点》。

（常淼）

【第二次常委会】　4月26日召开。会议通过有关人事任免事项；听取并审议《延庆区人民法院关于案件执行情况的专项工作报告》《北京市延庆区人民政府关于延庆城区排水设施建设管理情况的报告》和《北京市延庆区人民政府关于妫河水系环境治理工程情况的报告》。

（常淼）

【第三次常委会】　6月27日召开。会议决定有关人事任免事项；听取并审议《北京市延庆区人民政府关于贯彻实施〈中华人民共和国文物保护法〉情况的报告》《北京市延庆区人民政府关于贯彻实施〈中华人民共和国防洪法〉加快实施地质灾害易发区搬迁工作的报告》。

（常淼）

【第四次常委会】　7月28日召开。会议决定有关人事任免事项；审查并批准《北京市延庆区人民政府关于北京市延庆区2015年度财政决算的报告》，听取并审议《北京市延庆区人民政府关于北京市延庆区2015年度区级预算执行和其他财政收支审计工作的报告》《北京市延庆区人民政府关于北京市延庆区2016年上半年国民经济和社会发展计划执行情况的报告》《北京市延庆区人民政府关于北京市延庆区2016年上半年财政预算执行情况的报告》《北京市延庆区人民政府关于区一届人大一次会议代表建议办理情况的报告》《北京市延庆区人民政府关于在全区开展法治宣传教育第七个五年规划（2016—2020年）的报告》，作出《北京市延庆区第一届人民代表大会常务委员会关于贯彻实施法治宣传教育第七个五年规划的决议》。

（常淼）

【第五次常委会】　8月23日召开。会议审议表决《北京市延庆区人民代表大会常务委员会关于区、乡镇人民代表大会换届选举有关事项的决定》《北京市延庆区人民代表大会常务委员会关于设立北京市延庆区选举委员会的决定》《北京市延庆区人民代表大会常务委员会关于设立北京市延庆区乡镇选举委员会的决定》《北京市延庆区人民代表大会常务委员会关于区、乡镇人民代表大会换届选举工作方案》《北京市延庆区人民代表大会常务委员会关于授权主任会议接受选举委员会组成人员辞职请求的决定》。

（常淼）

【区选举委员会第一次会议】　8月30日召开。会议表决通过《北京市延庆区选举委员会关于任命选举委员会分会组成人员的决定》和《北京市延庆区选举委员会分会职责》。

（常淼）

【第六次常委会】 9月30日召开。会议决定有关人事任免事项；听取并审议《北京市延庆区人民政府关于2016年推进依法行政工作的报告》，听取《北京市延庆区人民政府关于推进60个美丽乡村建设情况的报告》。

（常淼）

【第七次常委会】 10月28日召开。会议决定有关人事任免事项。

（常淼）

【第八次常委会】 11月22日召开。会议通过《北京市延庆区人民代表大会常务委员会关于举行北京市延庆区第二届人民代表大会第一次会议的决定》，听取并审议《北京市延庆区人民政府关于2016年环境状况和环境保护目标完成情况的报告》，对北京市延庆区人民政府关于2016年预算执行情况和2017年预算（草案初步方案）进行初步审查，听取《关于区一届人大一次会议A类代表建议办理情况的报告》，通过《北京市延庆区人大常委会代表资格审查委员会关于北京市延庆区第二届人民代表大会代表资格的审查报告》。

（常淼）

【第九次常委会】 12月12日召开。会议通过《北京市延庆区第一届人民代表大会常务委员会关于接受苟仲文辞去北京市第十四届人民代表大会代表职务请求的决定》，通过关于召开北京市延庆区第二届人民代表大会第一次会议的有关事项，讨论通过《北京市延庆区人民代表大会常务委员会工作报告》。

（常淼）

【区第二届人大一次会议】 12月20—23日召开。会议通过《北京市延庆区第二届人民代表大会第一次会议关于设立北京市延庆区第二届人民代表大会专门委员会的决定》；听取并批准《北京市延庆区人民政府工作报告》；审查并批准《关于北京市延庆区2016年国民经济和社会发展计划执行情况与2017年国民经济和社会发展计划（草案）的报告》《关于北京市延庆区2016年预算执行情况和2017年预算（草案）的报告》；听取并批准《北京市延庆区人民代表大会常务委员会工作报告》《北京市延庆区人民法院工作报告》《北京市延庆区人民检察院工作报告》。大会选举胡耀刚为北京市延庆区第二届人民代表大会常务委员会主任，武克、郑世华、郭永华、闫承发、吴辰英为副主任；穆鹏为北京市延庆区人民政府区长，张远、谢文征、刘瑞成、祖宇、罗瀛、董亮、吴世江为副区长；王罗颐为北京市延庆区人民法院院长；段福华为北京市延庆区人民检察院检察长。

（常淼）

主要活动及工作

【“三严三实”专题民主生活会】 1月8日召开。班子成员紧扣“三严三实”主题，对照“严以修身、严以用权、严以律己，谋事要实、创业要实、做人要实”的要求，聚焦对党忠诚、个人干净、敢于担当，认真查摆不严不实的突出问题，深入进行党性分析，深刻剖析思想根源，严肃认真开展批评与自我批评，达到了统一思想、增进团结的目的。

（常淼）

【柳纪纲调研】 8月5日，市人大常委会副主任柳纪纲到香营乡调研，先后考察新庄堡村民俗文化建设情况和杏树产业基地发展现状，对香营乡近几年取得的成绩予以充分肯定，并对民俗旅游发展及新农村建设提出建议。

（常淼）

【人大换届选举集中宣传日活动】 9月19日举行。全区设立活动站点17处，1.48万人次参与。活动发放宣传折页6000份，《致选民的一封信》6000份，宣传海报3000份，环保手提袋2000个，垃圾袋1万个。

（常淼）

【区、乡镇人大代表换届选举】 11月15日，区、乡镇人大代表换届选举投票，全区设选举区人大代表的投票站548个、流动票箱703个，有22.26万名选民参加投票，参选比例97.31%；全区93个选区全部为一次选举成功。设选举乡镇人大代表的投票站488个、流动票箱621个，有17.26万名选民参加投票，参选比例为96.84%；全区430个选区中，有425个选区一次选举成功，5个选区进行另行选举。通过投票，选举产生北京市延庆区第二届人民代表大会代表184名，乡镇人民代表大会代表763名。

（常淼）

延庆区人民政府

综 述

年内，贯彻习近平总书记视察北京重要讲话精神和京津冀协同发展规划纲要，牢固树立新发展理念，紧紧围绕增强首都核心功能，立足生态涵养功能定位，办大事、疏功能、转方式、治环境、补短板、促协同，较好地完成年初确定的目标任务，实现“十三五”良好开局。

区域经济社会发展。世园会建设全面启动，控规和园区内外市政综合规划获批，围栏区征地基本完成并正式开工，世园村一级开发启动，安置房全面开工，世园大道景观绿化工程完成70.7%。协助世园局完成园区主体建筑设计及景观方案、会徽及吉祥物发布，宣传推介、国际招展等有序推进。发布《延庆区世园会行动纲要》，其中21项任务已全面开工。“全民学外语”等系列主题活动持续开展。冬奥会筹办全面展开，配合组建冬奥组委延庆运行中心，成立延庆赛区筹办工作领导小组及工作组织，梳理细化筹办任务77项。代行业主职责，委托开展赛区、场馆和基础设施总体规划编制，确定国家高山滑雪中心、雪车雪橇中心和延庆奥运村项目方案设计团队，制定优化社会投资人PPP招标方案。配合举办“从长城发出的邀请”暨会徽征集活动，持续开展冬奥冰雪知识进课堂等活动，参与者13万人次。配合京张高铁、兴延高速、延崇高速、陕京四线开工，基本完成179公顷土地流转、地上物拆迁及征地前期工作，拆除房屋2.55万平方米，启动搬迁住户208户。国道110二期延庆段设计方案获得批复。明确“科技创新、产业发展、三产融合、辐射带动”的现代园艺产业发展方向，核心区和25个产园一体化项目建设及招商工作、7个园艺主题村庄建设启动。成功举办百合文化节等系列活动，有效带动园艺和旅游休闲产业发展。冰雪产业规划发布实施，冬奥小镇规划启动编制，万科石京龙滑雪场一期升级改造完成，北京市冰上项目训练中心和残疾人冰雪训练基地落户延庆。

城乡承载力增强。制定环境保护职责分工意见，发布能源规划。强力实施清空行动加强版，压减燃煤8000万千克，优质煤替代7000万千克，全区燃煤总量下降到4.7亿千克。完成“煤改清洁能源”5247户、燃煤锅炉改造160台221蒸吨。持续开展大货车农用车等专项整治，严格治理工地扬尘和渣土运输，清理整治违法违规排污及生产经营行为789家，升级改进道路清洗保洁工艺，淘汰老旧机动车2723辆。实施污水处理和再生水利用第二个三年行动，建成3个乡镇污水处理厂、24个村级污水处理站及170千米配套管网。完成妫河干线28个雨污排水口分类治理，划定畜禽禁养区，关闭14个养殖场。实施3个老旧小区雨污分流改造。建立“河长制”，试行乡镇断面考核。平原地表水供水工程二期启动，全区地下水止降回升33厘米。小张家口垃圾综合处理厂投入运行，全面启动城乡垃圾分类工作。京津风沙源治理等重点生态环境建设工程相继完成，新增造林600公顷，林木抚育14733公顷，森林覆盖率57.71%。改造升级香水苑等公园绿地景观系统，建成庆园街、国润家园等花卉主题特色街道和社区。城乡规划建设管理全面推进，完成延庆区功能定位研究和总体规划纲要，出台《新城规划建设管理和精品小镇建设实施意见》，形成宜居新城、精品小镇和美丽乡村政策体系。完成大吉祥等30个美丽乡村示范村村庄规划和实施方案编制工作。明确“绿色健康之城、休闲宜居之城、山水心灵之城”的新城发展定位。制定世园会园区、冬奥会赛区基础设施配套对接计划，北靳路、芳荷路、延康路进场施工。配建首批自住型商品住房的东关改造项目开工。南菜园1-5巷一期房屋征收基本完成，确定南辛堡等第二批棚改项目投资实施主体，编制完成重大工程安置房地块控规，万达综合体一级开发征地工作基本完成。重点区域夜景照明二期和老城区9处交通环境整治工程完工。完成山区搬迁2254户、农宅抗震节能改造6004户。推进城乡环境建设管理三年行动计划，实施城区环境综合提升等8项市级重点项目。处理网络舆情案件6431件，整改率95%。出台《农村村民个人原有宅基地房屋建设管理办法》，拆除违建139处8.4万平方米。全面推进以“创文明城区，办百姓实事，迎世界盛会”为主题的文明城区创建工作。

供给侧结构性改革。投资消费驱动效应显现，完善综合调度机制，推动70多个重点项目开复工。探索PPP融资新模式，制定《投融资平台规范发展方案》和《区属国企投资监管暂行办法》。固定资产投资完成103亿元，同比增长44.7%。推广“互联网+”发展新模式，制定扶持会展业发展政策措施，举办2016北京国际自行车博览会等，推动新型消费市场的形成。出台《生活性服务业品质提升三年行动计划》，新增服务网点33个。社会消费品零售总额87.6亿元，同比增长8.1%。完成11家景区公共服务设施升级改造和梦幻长城球幕影院项目建设，旅游电商平台“长城内外”上线。连续举办冰雪欢乐节等系列节庆和赛事活动。实现旅游综合收入29亿元，同口径增长7%。成功入选国家首批全域旅游示范区创建单位。中关村延庆园机构重组完成，长城脚下创新家园核心区一级开发进展顺利，21家企业获得中关村高新企业认证，京仪远东项目竣工，新能源环保产业实现产值40.8亿元，同比增长73.6%，占规模以上工业总产值的62.1%。推动一产加快向现代都市农业转型，制定农业生产“调、转、节”实施方案，削减低端种植养殖业，加大新品种种植试点力度，推进种植业与观光采摘休闲旅游相结合，启动世园会、冬奥会绿色有机食品供应后备基地建设，前庙有机葡萄获中国国际农交会金奖，有机农业占农业总产值比例21%。“乡宴柳沟”沟域建设开工。确定永宁镇集体建设用地规划和大榆树镇集体建设用地统筹利用试点，116个村完成土地确权。疏解非首都功能，落实禁限目录，拒绝不予登记235户次。完善工业企业疏解台账，中材科技8条生产线、400套产能外迁转移。34家再生资源回收站点完成搬、拆迁。

群众获得感增强。出台《促进低收入农户增收及低收入村发展实施意见》，完成精准识别及建档立卡，低收入农户人均可支配收入同比增长15.5%。开展高校应届毕业生实名登记，流动人员档案数字化信息系统上线运行。新增城镇就业7510人，帮扶1252名城镇就业困难人员实现就业，促进3056名城镇登记失业人员实现再就业，农村劳动力转移就业4120人。社会保障体系更加完善，完成机关事业单位养老保险制度改革，整合城镇居民基本医疗保险和新型农村合作医疗制度。完成大庄科乡养老照料中心建设，可满足4000名老人用餐需求的中央厨房建成，“造血式”农村居家养老助老模式启动。实施残疾人服务“一卡通”工程，开展邻里互助试点项目。2000套保障性住房建设稳步推进,为116户低保和优抚对象改造、维修危房，解决17个村饮水难问题，“村村通”公交实现全覆盖。公共服务和社会管理水平进一步提升，引进二外贯培学院，校园足球和冰雪运动扎实推进。学习型城市示范区创建通过验收。北医三院延庆医院挂牌运行，15家社区卫生服务中心中医馆实现全覆盖。设立公共租赁自行车服务点35个，投放自行车1000辆。完成100个村级文化设施冬季取暖试点工作，组织各类文化活动1000场。完成2个“一刻钟社区服务圈”、4个社区规范化建设示范点、5个智慧社区建设，社区办公和服务用房基本达标。公共安全形势持续稳定，群众安全感名列前茅。

政府自身建设。全年办复人大代表议案建议63件、政协提案62件。强化行政复议、行政应诉和行政调解工作，行政机关胜诉率92%。制定依法行政工作要点，扎实推进31项任务实施。“七五”普法工作全面启动。着力推进执法力量下沉，认真执行联合执法、两法衔接和“双随机”监管机制。服务型政府建设成效明显，取消行政审批事项13项，承接市政府下放行政审批事项2项，清理非行政许可审批事项154项。在5个单位实施行政审批“一科制”改革试点，全面推行“五证合一、一照一码”登记制度。出台《加强政务服务窗口行业人员队伍建设的意见》，完成为民办实事22项，公布“7+X”权力清单、15项共性权力清单和11类通用责任清单，公开政府信息1.1万条，政府工作透明度进一步提高，廉洁政府建设扎实推进。

地址：延庆镇湖北西路1号
电话：69112345

（张晓妮）

重要会议

【水环境治理行动推进会】 1月18日召开。会议讨论水环境治理工作，提出“截污治污、水系循环、原位修复、水源保护、生态补水”五方面提升区域水环境质量的措施。

（时亚辉）

【打击违法建设专题会】 2月2日召开。会议部署打击违法占地、违法建设和开展拖欠农民工工资专项整治行动相关工作。

（时亚辉）

【区政府廉政工作会】 4月18日召开。会议就加强党风廉政建设和反腐败工作提出要求。与会区政府领导与乡镇及分管部门代表签订“党风廉政建设责任书”“2016年严厉打击违法用地违法建设专项行动目标责任书”“2016年推进生活垃圾处理工作目标责任书”等8个责任书。穆鹏、虞宝才等出席会议。

（时亚辉）

【防汛抗旱工作会】 5月26日召开。会议部署2016年防汛抗旱工作。穆鹏代表区政府与张山营镇、百泉街道负责人签订延庆区2016年防汛责任书。

（时亚辉）

【第25次常务会议】 7月6日召开。会议研究创建全国文明城区工作等事项。会议强调，要贯彻落实中央城市工作会议、市委十一届十次全会精神，提高思想认识，全力推进创建工作。

（时亚辉）

【全民学外语动员部署会】 7月24日召开。会议对开展为期6年的全民学外语活动进行动员部署。北京外国语大学校长彭龙、继续教育学院院长高晓东，区领导李志军等出席会议。

（时亚辉）

【第28次常务会议】 7月25日召开。会议听取2016年市、区政府折子及实事工程目标责任书进展情况等汇报。会议提出，对打击违法建设、清洁空气、水环境治理和水污染防治、生活垃圾处理等难点问题要找准症结，用“钉钉子”的精神狠抓落实。

（时亚辉）

【第30次常务会议】 8月8日召开。会议听取全区2016年上半年经济社会发展情况和下半年工作安排报告。会议指出，要立足当前谋划长远，重点分析工作中存在的问题，部署好下半年具体工作，以顺利完成全年工作任务为目标，进一步推动全区经济社会更好更快发展。

（时亚辉）

【市规划国土委和延庆区协作规划大会】 8月16日在区举行。会议就《延庆区协作规划工作的实施意见》进行研讨交流。穆鹏等区领导向9名责任规划师颁发聘书。

（时亚辉）

【第33次常务会议】 8月29日召开。会议研究推进60个美丽乡村建设、低收入户增收和贯彻落实质量发展纲要实施意见等工作。

（时亚辉）

【第34次常务会议】 9月5日召开。会议研究全区国民经济和社会发展第十三个五年规划纲要主要目标和任务分工方案、市国民经济和社会发展第十三个五年规划纲要（延庆部分）主要目标和分工方案等。

（时亚辉）

【第35次常务会议】 9月13日召开。会议研究全区“十三五”时期商业发展规划和生活性服务业品质提升三年行动计划等事项。

（时亚辉）

【第36次常务会议】 9月27日召开。会议研究全区“十三五”时期体育发展规划等事项。

（时亚辉）

【第38次常务会议】 10月24日召开。会议研究区承担的国家、市级试点改革任务与重点探索改革事项推进落实情况。会议强调，各单位要认真总结成绩和经验，深入分析差距和不足，真正担负起责任，确保各项改革任务落到实处、见到实效。

（时亚辉）

【大气污染防治工作动员部署会】 10月26日召开。会议贯彻落实京津冀及周边地区大气污染防治协作小组第七次会议精神，部署大气和水污染防治工作。

（时亚辉）

【第41次常务会议】 11月7日召开。会议研究完善冬奥、冬残奥行动计划等事项。

（时亚辉）

【第43次常务会议】 11月14日召开。会议研究完善农民培训、就业增收和“十三五”发展规划等事项，会议指出，要总结经验，以问题和目标为导向，解决重点难点问题，精准发力，进一步促进农民就业增收。

（时亚辉）

【第46次常务会议】 12月5日召开。会议调整完善全区土地利用总体规划及划定永久基本农田等事项。

（时亚辉）

【区政府电视电话会议】 12月17日召开。会议传达市、区领导指示精神和有关要求，进一步部署空气重污染红色预警应对工作。各相关单位、街道、乡镇负责人分别就本区域、本部门空气重污染应对工作进展情况进行汇报。

（时亚辉）

【区政府党组工作会议】 12月17日召开。会议总结区政府党组2016年党建工作，研究制定党组工作规则，通报区政府领导工作分工等事项。

（时亚辉）

主要工作和重大活动

【牛珏督察土地利用和管理】 1月6日，国家土地督察北京局专员牛珏到延庆区督察土地利用和管理工作。牛珏部署督察工作重点，听取延庆土地利用和管理情况汇报。牛珏强调，要把该项工作纳入政府重点工作；高度重视，加强协作，建立政府牵头的联动工作机制；加大整改力度，严格落实卫片整治工作。市国土局副总规划师以及区长穆鹏等出席汇报会。5月6日，牛珏再次带队到延庆区督察。

（时亚辉）

【延庆与北京外国语大学合作协议签订】 1月12日，与北京外国语大学签订战略合作框架协议。北京外国语大学将根据协议为延庆提供外语及涉外文化培训等相关服务。

（时亚辉）

【龙庆峡冰灯艺术节开幕】 1月15日，第30届龙庆峡冰灯艺术节开幕。市旅游委委员方泽华，自由式滑雪空中技巧奥运冠军韩晓鹏、世界冠军李妮娜，区领导李志军、穆鹏、赵双利等出席开幕式。

（时亚辉）

【安心财险正式运营】 1月16日，第三家获得中国保监会互联网保险牌照的公司——安心财险在延庆正式运营（安心财产保险有限责任公司于2015年12月31日在延庆注册成立）。区领导李志军、穆鹏和安心财产保险有限责任公司董事长黄胜、总裁钟诚等出席“安心相连”关爱留守儿童公益捐赠活动暨安心财险运营仪式。

（时亚辉）

【北京大学第三医院延庆医院挂牌】 2月1

日，区政府与北京大学第三医院合作共建北京大学第三医院延庆医院正式挂牌。国家卫生计生委医政医管局、北京大学、市发改委、市医改办、北京大学第三医院等相关负责人和区委区政府领导出席挂牌仪式。

（时亚辉）

【与中国铁塔北京分公司签订协议】 3月18日，延庆与中国铁塔股份有限公司北京市分公司签订战略合作框架协议，双方就移动通讯基础设施建设等方面开展深入合作。中国铁塔北京分公司总经理范俊谱和区领导穆鹏代表双方签约。

（时亚辉）

【兴延高速石峡隧道工程启动】 4月13日，兴延高速石峡隧道工程正式启动。市交通委主任周正宇宣布爆破成功。

（时亚辉）

【世园大道景观建设工程启动】 4月15日，2019中国北京世界园艺博览会世园大道景观建设工程启动仪式在康庄镇举行，世园会进入实质性建设阶段。世园会执委会执行主任、中国花卉协会会长江泽慧宣布世园大道景观建设工程启动。外交部副部长李保东，世园局局长、副市长林克庆以及世园会执委会全体成员出席启动仪式。世园会执委会副秘书长、区委书记李志军主持仪式，区长穆鹏介绍世园会园区和世园大道建设情况。

（时亚辉　常磊）

【“迎冬奥华侨公益林”活动】 4月18日，“迎冬奥华侨公益林”植树育林活动在张山营镇举行启动仪式。市侨办主任刘春锋，市侨联副主席苏泳，区领导李志军、穆鹏和北京冬奥组委延庆运行中心负责人以及百位华侨华人和归侨侨眷、港澳同胞代表出席活动。16个国家和地区的近百位华侨华人、归侨侨眷、港澳同胞代表参加并栽植树苗150株。北京侨商会监事长向海内外侨胞发出倡议，希望大家献出一份爱心，为2022年冬奥会贡献一份力量，为生态文明建设发挥积极作用。

（时亚辉　刘艳萍）

【“增绿减霾、共迎冬奥”植树活动】 4月24日，团市委和区政府联合举办青少年“增绿减霾、共迎冬奥”暨北京市延庆区“冬奥青年林”植树活动，首都各界700名青年代表在蔡家河平原造林地块栽植2022株树苗。团中央书记处常务书记、全国青联主席贺军科，首钢总公司党委书记、董事长靳伟，北京冬奥组委新闻宣传部部长常宇，区领导李志军、穆鹏，中国自由式滑雪空中技巧世界冠军徐梦桃，以及团市委、河北团省委相关领导，与首都各界青少年一起植树。

（时亚辉）

【首届北京牡丹科技文化节暨高峰对话会】 5月15日在北京延庆国色牡丹园举行开幕式。首届北京牡丹科技文化节主题为“国色牡丹，妫川绽放”，园区展示600个牡丹品种近百万株，其中有延庆培育的新品种“京龙望月”和“京醉美”。高峰对话会围绕“科技创新与牡丹产业发展”进行交流，中国工程院院士尹伟伦作主题报告；中科院植物所、北京林业大学、山东农业大学、中南林业科技大学、河南科技大学等学研机构权威专家和行业企业家代表20人与会。北京林业大学和北京世园局签署战略合作协议。

（时亚辉）

【第八届北京端午文化节】 6月9日，“休闲延庆 · 多彩端午”第八届北京端午文化节暨北京市第三届“非遗大观园”端午游园会在区开幕。延庆第二十一届消夏避暑季同时启动，活动持续到8月末。市委宣传部、首都文明办、市文化局相关负责人以及区领导等出席开幕式。6月11日，第十一个“中国文化遗产日”暨第八届北京端午文化节闭幕式在青龙桥火车站举行。

（时亚辉）

【第三届北京国际自行车博览会在区举办】 6月17—19日，2016北京国际自行车博览会暨第五届北京自行车文化节在八达岭国际会展中心举办。博览会由豪思国际、中国自行车协会主办，北京奥运城市发展促进会、延庆区政府协办。

100个厂商携180个品牌参展，其中自行车整车品牌58个、自行车零配件品牌70个、户外装备及其它品牌50个。参展企业国际化程度60%以上。参展观众1.46万人（次），媒体投放户外、平面和网络媒体硬广告20家。中国自行车协会理事长和延庆区政府主管领导出席开幕式。

（贾子豪）

【第二届北京百合文化节开幕】 6月24日，第二届北京百合文化节在世葡园开幕，展出百合240个品种220万株。北京市园林绿化局、中国园艺学会球宿根花卉分会、北京花卉协会负责人等出席开幕式。

（时亚辉）

【欧盟中欧数字经济协会创始人考察】 7月1日，欧盟中欧数字经济协会创始人兼主席鲁乙己、主任韦茉莉和中关村数字文化产业联盟总经理柳仁萍、理事长吕本富等到延庆区，考察智能微电网、科技小镇等智慧城市建设和冰雪产业发展情况。

（时亚辉）

【第三届中国自驾游与房车露营大会】 7月5日，第三届中国自驾游与房车露营大会在北京龙湾国际露营公园开幕。国家旅游局、全国休闲标准化技术委员会、中国旅游协会、首旅集团等部门主要负责人出席开幕式。

（时亚辉）

【延庆与昆明战略合作协议签订】 9月1日，区政府与云南省昆明市政府签订战略合作协议。双方拟以2019北京世园会为契机，加强花卉产业、人才交流等方面合作。

（时亚辉）

【2016年京张优质农产品推介会】 10月14—16日在八达岭国际会展中心举行。北京和张家口两市128家企业参展。

（时亚辉）

【延庆与国网北京市电力公司合作协议签署】 10月27日，延庆与国网北京市电力公司签署《关于延庆地区电力建设的战略合作协议》，共同推进延庆区电力主网规划和建设水平，高标准启动世园会、冬奥会电网规划建设。

（时亚辉）

【首届中国残疾人冰雪运动季启动】 12月3日，首届中国残疾人冰雪运动季暨延庆区第三十一届冰雪欢乐节在万科石京龙滑雪场启动，同时拉开京北冰雪旅游季系列活动序幕。

（时亚辉）

【陕京四线北京段线路工程开工】 12月9日，陕京四线北京段线路工程在延庆打火开焊，标志着陕京四线北京段线路工程全面开始建设。

（时亚辉）

【延庆与国营林场开发总公司签署协议】 12月12日，区政府与中国国营林场开发总公司签署框架合作协议，共同推动延庆生态环境建设和社会经济发展。

（时亚辉）

政务服务

【概况】 延庆区政务服务中心（简称区政务服务中心），为区政府派出机构，主要负责推进全区政务服务体系建设，指导街道乡镇及相关部门政务服务工作。政务服务中心下辖便民服务中心、国税、地税、人力资源和社会保障、不动产登记事务中心5个服务大厅。其中便民服务中心入驻窗口单位27家，开设窗口31个，包括工商局、农民专业合作社服务中心、卫生监督所、食品药品监督管理局、质量技术监督局、司法局、民政局、发改委、园林绿化局等，派驻工作人员66人，可办理审批服务事项217项。国税、地税、人力资源和社会保障、不动产登记事务中心4个服务大厅均承办本部门业务。5个服务大厅全年办件17.11万件。年内，区政府首次将政务服务工作纳入处级单位绩效考核体系，区政务服务中心对各部门政务服务工作开始全面考核。经区政府决定，将原三晶科技大厦改造为行政审批服务大厅，作为全区政务服务“一站式”办公场所。区政务服务中心经充分调研和广泛征求意见，完成《行政审批服务大厅实施方案》（讨论稿）。

地址：延庆镇新城街2号

电话：69146493

（薛媛）

【窗口管理】 4月，原经济服务中心窗口整合迁驻便民服务中心，完善了服务功能；制定了《文明服务考核评比办法》并组织实施；新增无障碍通道等便民服务设施。

（薛媛）

【窗口队伍建设】 年内，制定《关于加强全区政务服务窗口行业人员队伍建设的实施意见》，从窗口人员进驻、服务、管理、培训、考核等方面做出规范性要求。在全区政务服务窗口行业开展“加强窗口人员队伍建设，提升政务服务水平”主题实践活动，活动内容包括：健步走、大讲堂、演讲比赛、创先争优等活动。“小窗口大舞台”演讲比赛评选出一等奖1名、二等奖3名、三等奖5名，工商分局的刘慧获得一等奖。争创“最美服务之星”“最美服务窗口”活动中，国税分局第一税务所、香水园街道社保所等10个窗口获得“最美服务窗口”称号，卫计委卫生监督所卫生许可受理中心马丹红、环保局李秀萍等20名窗口工作人员被评为“最美服务之星”。

（薛媛）

【政府信息公开】 年内，全区75家公开单位主动公开政府信息1.38万条，全文电子化率100%。接收公民、法人和其他组织政府信息公开方面咨询9.28万人（次），开展各种形式业务培训3408人次。收到政府信息公开申请199例，群众满意率100%。向便民服务中心、区档案馆和区图书馆3个区级查询场所移送纸质文件2052份。

（薛媛）

外事及港澳台事务

【概况】 延庆区人民政府外事办公室（简称区政府外事办）是延庆区外事工作的综合归口管理部门和延庆区委外事工作领导小组工作机构。区政府外事办加挂区侨办牌子，负责全区侨务事务。有行政编制5名；下设延庆区外事侨务服务中心，人员编制7名。年内，围绕2019北京世园会、2022冬奥会和地区经济社会发展，推进外事和港澳台服务保障和友好城市工作；加强国际语言环境建设，启动延庆区全民学外语活动；依托侨务资源优势，服务全区重点工作。加强因公出国（境）管理，受理因公临时出国任务31批74人次，出访地涉及21个国家和地区。

地址：延庆镇湖北东路118号

电话：69146222

（刘月）

【爱尔兰圣帕特里克节“点绿长城”】 3月16日晚，爱尔兰驻华大使馆在八达岭举行“点绿长城”活动，迎接爱尔兰国庆日——圣帕特里克节。

（刘月）

【霍震霆到延考察】 7月12—13日，全国政协委员、香港霍英东集团主席、国际奥委会委员霍震霆考察冬奥会筹办工作，先后到2022年冬奥会规划选址、张山营镇西大庄科村和延庆规划展览馆，实地考察冬奥会场馆规划和筹办工作。市侨办和区政府主要领导陪同考察。

（刘月）

【与荷兰吕伐登市签署友好备忘录】 9月15日，穆鹏率团访问荷兰，与弗里斯兰省吕伐登市签署友好交流备忘录。

（刘月）

【首都侨爱医疗服务队义诊】 10月14日，“侨爱工程——首都侨爱医疗服务队义诊活动”在张山营镇举行，200名村民接受诊疗。

（刘月）

【日本河口湖町代表团到访】 10月18—19日，日本山梨县富士河口湖町町长渡边喜久男率团到区访问。富士山国际观光协会会长山下茂等3人随行。穆鹏等区领导会见代表团，区外事、教育、旅游等相关部门负责人参与交流。双方经过交流，一致同意在旅游、教育、文化方面开展更多合作，互相推介旅游资源、加强两地青少年互访等。

（刘月）

【美国福遍郡代表团到访】 10月21—23日，美国德克萨斯州福遍郡郡长罗伯特·赫伯特率团到延庆区访问；与区政府就建立友好城市关系进行座谈交流。代表团成员包括郡长夫人、福遍郡国际交流促进委员会主席等7人。穆鹏会见代表团，主管副区长及区政府办、区外事办、区投促局、区教委、区卫计委相关负责人参加座谈。

（刘月）

【法国霞慕尼市长率团到访】 11月8日，法国罗纳大区副区长、霞慕尼市市长埃里克·福尼耶率团到区访问，霞慕尼市亚太地区总代表亚历山大·杨以及霞慕尼勃朗峰缆车公司董事长马蒂厄·德尚瓦纳先生随行。李志军会见福尼耶先生一行。2022冬奥会延庆运行中心副主任、主管副区长、区外事办、区体育局、区旅游委相关负责人参加座谈。双方一致同意延庆区与霞慕尼在高山滑雪、户外运动、旅游接待等方面进一步加强交流合作。会后双方代表签署建立友好关系意向书。

（刘月）

【对外交往】 年内，国际滑雪联合会、国际雪车联合会、国际雪橇联合会代表多次到区考察赛道选址。美国印第安纳州马里恩市前市长韦恩·西博尔德，阿根廷前国家一体化国务秘书玛利亚·阿拉尔孔，意大利图西亚经济特区联合会主席阿尔曼多·索尔达尼，加拿大列治文市议员区泽光，澳大利亚沃伦本格郡郡长彼得·欣顿等先后率团到区交流。阿根廷足球教练到区考察校园足球，为体育教师和学生开展培训；八达岭国际旅行社与阿根廷旅游公司达成合作意向。中欧数字协会、美国SMI造雪工程公司等境外协会、企业到区考察座谈。

（刘月）

保密管理

【概况】 北京市延庆区国家保密局（简称区保密局）与中共北京市延庆区委保密委员会办公室（简称区委保密办）一个机构、两块牌子，是指导全区党政机关保密工作的区委工作部门，又是区政府主管全区行政区域内保密工作的行政管理机构。年内，完成涉密人员分类界定和保密审查工作；举办区处级干部研修班、公务员初任、科级任职保密专题讲座和保密干部专题培训；为区处级班子单位授课4次，播放警示教育片23次；开展保密检查5次，检查处级班子单位114个，覆盖率100%，回访复查有问题单位4个；为区内承办会议的宾馆酒店、会议中心和废品回收站，发放保密联系卡126张，张贴《严禁收购涉密载体告知书》56份。

地址：延庆镇西街1号

电话：69143265

（唐金贵）

【冬奥会筹办保密服务】 6月28日，为北京冬奥组委延庆运行中心举办《增强保密意识，做好保密工作》专题讲座，播放《手机背后的谍网》警示教育片，赠送《党政干部和涉密人员保密常识必知必读》书刊和涉密载体销毁专用袋。

（唐金贵）

【保密委全体会议】 7月28日召开。会议传达习近平总书记关于加强保密工作的重要讲话和中央保密委员会全体会议、全国及北京市保密工作会议精神，总结上年度保密工作，研究部署2016年保密工作。

（唐金贵）

【保密工作会】 7月29日，在圣世苑会议中心第六会议室召开全区保密工作会，部署年度保密工作任务和涉密人员保密管理工作。区委主管领导出席并讲话。全区各处级班子单位保密工作主管领导和保密管理员230人参加会议。

（唐金贵）

【《红色往事》读书征文活动】 8—11月，在全区保密干部和涉密人员中开展以“忠诚党的保密事业，做合格共产党员”为主题，学习阅读《红色往事：镌刻在党旗上的保密故事》征文活动。收稿85篇，评出一等奖3名、二等奖6名、三等奖11名、优秀奖20名、优秀组织奖5个。

（唐金贵）

【保密业务实训】 10月20日，组织全区重要涉密单位保密工作主管领导、负责保密工作科室负责人和保密管理员50人，到中央和国家机关保密教育平台实训，实地进行警示教育、攻防技术演示、在线考试评估等环节的培训。

（唐金贵）

【权力清单梳理】 年内，梳理行政职权事项7类43项，其中行政处罚2项、行政强制1项、行政检查19项、行政审批1项、行政确认2项、行政奖励1项、其他17项。

（唐金贵）

档案管理

【概况】 北京市延庆区档案局和北京市延庆区档案馆（简称区档案局（馆））的职能是贯彻执行档案工作方针、政策及法律、法规，负责全区档案工作的检查和指导，接收与征集党和国家永久、长期保管的档案，对档案进行整理和科学管理，研究和出版档案史料，积极提供利用，为政治文明、精神文明和物质文明服务。设政办室、法规科、业务指导科、管理科、编研科、信息技术科；总编制29人。年内，完成《北京市延庆区“十三五”时期档案事业发展规划》编制工作；完成数字档案馆硬件设施建设。举办12期各类档案知识培训班，培训专兼职档案员618人次。222人参加网上培训学习。通过上门服务、电话指导等方式指导全区110家处级立档单位档案工作580次，对大庄科乡等10个单位档案工作进行行政执法检查；区工商局、区审计局等5个单位通过北京市档案局验收，成为区县机关档案工作市级优秀单位，区档案局被评为北京市档案系统法制宣传教育“六五”普法先进单位。截至年底，馆藏档案136个全宗，各类档案10.36万卷13.87万件，馆藏资料1.21万册。接待档案查阅4188人次；提供档案资料8367卷1.77万件。接待电话咨询224人次。

地址：延庆镇妫水北街14号

电话：69144530

（张扬）

【新农村建设档案监管】 年初，下发《做好美丽乡村示范村建设档案工作的通知》，依据《北京市新农村建设档案工作测评标准》规范新农村建设档案工作。9月，北京市新农村建设档案工作互测互评检查组对延庆区新农村建设档案工作进行检查并给予充分肯定。

（张扬）

【教育基地活动】 3月，举办《身边的道德模范》图片展，接待参观群众1500人次。同期走进各社区进行巡回展览，方便社区居民参观。

（张扬）

【第八届档案馆日活动】 6月13—17日，举行以“档案与民生”为主题的第八届“档案馆日”活动。活动以区档案馆为主会场，以15个乡镇、3个街道为分会场。主展厅设“典籍中的延庆”“档案——人民生计的好帮手”“社会主义核心价值观”三个专题。在展厅门口设立档案违法违纪行为漫画展；走廊两侧摆放延庆城乡变化展板。期间开放区委荣誉室，展出各级领导在延庆工作的照片资料。

（张扬）

【信息技术科成立】 9月5日，区档案局成立信息技术科，定编3名。主要负责数字档案馆建设、数字档案馆运行管理和数据维护以及数字档案馆工作人员培训等工作。

（张扬）

【重大活动档案管理】 年内，对北京冬奥组委延庆运行中心、世园会延庆区筹备办、“创城”办等部门提供档案工作服务，开展档案业务培训与指导，确保重大活动档案工作规范开展。

（张扬）

【微信宣传档案工作】 年内，与区委宣传部合作，利用“北京延庆”公众微信平台创办“档案记忆”专栏，讲述档案背后的故事；截至年底推出11期。

（张扬）

【编研材料出版】 年内，编辑出版《延庆档案珍藏图录》《档案记录——延庆县抗击2012年11 · 3雪灾纪实》《延庆县人民政府大事记2006—2013》《北京日报上的延庆》《中共延庆县委大事记1999—2013》等档案文本材料7册200万字。

（张扬）

【档案征集】 年内，重点开展名人档案征集工作。征集各类照片、书籍、奖章证书、票据等珍贵档案1326件235张。

（张扬）

【档案接收】 年内，接收23家单位到期档案3561卷4592件，资料光盘23张。截至年底，馆藏档案突破12万卷。

（张扬）

【档案数字化管理】 年内，完成馆藏文书、科技、照片、实物的全文数字化扫描，扫描85万页，并实现原文挂接和查阅利用。

（张扬）

【档案开放鉴定】 年内，完成1986年形成的文书档案鉴定开放工作。鉴定86个全宗4000卷2.13万件。经鉴定开放86个全宗1.10万件，开放率52%。

（张扬）

【档案价值鉴定】 年内，完成馆藏1966—1967年度长期档案的价值鉴定工作。鉴定41个全宗742卷4105件；最终确定永久保存229件，长期保存3876件。

（张扬）

世园会筹办

【概况】 北京世界园艺博览会延庆区筹备领导小组办公室（简称世园办）于2015年2月17日揭牌成立，是区临时机构，加挂北京世界园艺博览会园区管理委员会筹备办公室牌子。内设机构5个，分别为综合处、规划协调处、发展促进处、宣传文化处、服务保障处，工作人员控制在35人以内，采取干部挂职、从部门抽调等方式组成。主要职责为组织或参与编制延庆区筹办战略、行动纲要和相关规划并组织实施；协调推进世园会园区内制止违建、征地拆迁等相关工作，组织协调园区外相关配套设施的规划、建设工作；负责与世园局的联络协调及区内相关工作的组织协调；督促落实延庆区筹备领导小组议定事项并承担日常工作。2016年，发布《2019年中国北京世界园艺博览会延庆区筹办行动方案》《世园会延庆区筹办工作组织机构及职责》《2019北京世园会延庆区筹办工作管理运行机制》，完成世园会会徽吉祥物发布会及园区开工仪式的服务保障工作，完成现代园艺产业集聚区（HBD）的研究策划和综合规划工作，引进西诺（北京）花卉种业有限公司入驻现代园艺产业集聚区（HBD），统筹推进世园会延庆区宣传、规划、产业发展和服务保障工作。

地址：延庆镇庆园街65号

电话：56766355

（王功）

【与北京邮电大学世纪学院座谈】 1月12日，李志军与北京邮电大学副校长、世纪学院院长李杰、世纪学院党委书记谢苗峰等师生代表就2019北京世园会筹办工作进行座谈。李志军向世纪学院师生代表介绍北京世园会有关情况和筹备工作进展情况，并就世园会给世纪学院带来的机遇、世纪学院师生如何更好地参与、支持世园会与师生代表进行交流。

（王功）

【“我心中的世园会”诗词楹联书画作品展】 4月25日，由区委宣传部、区文联、区残联和世园办联合举办的“我心中的世园会”诗词楹联书画作品展在文化馆开幕。以“绿色生活美丽家园”为办会主题，秉持“让园艺融入自然让自然感动心灵”的理念，普及世园知识，传播世园文化。全区书法家协会会员、诗词楹联协会会员、残疾人书画班学员等文艺爱好者100余人参加开幕式。展览自4月25日至5月15日，展出书画作品127幅，其中诗联获奖作品78幅、残疾人书法和绘画作品49幅。

（王功）

【“园艺大讲堂”专题培训班】 4—10月，区委组织部、区委党校、世园办共同举办“延庆区领导干部园艺大讲堂”专题培训班，邀请世园局宣传策划部部长崔勇、北京林业大学教授董丽、北京市香山公园高级工程师周肖红、北京林业大学教授张启翔、北京市农林科学研究院果树所研究员王玉柱、北京市园林科学研究院副院长丛日晨等专家、学者进行讲座。全区领导干部500人参加培训。

（王功）

【《2019年中国北京世界园艺博览会延庆区筹办行动方案》发布】 5月6日，《2019年中国北京世界园艺博览会延庆区筹办行动方案》经第十一次区政府常务会和第八次区委常委会审议通过，经世园会延庆区筹备领导小组同意，正式下发至世园会延庆区筹备领导小组各成员单位。该方案从保障世园、借力世园两个维度，明确延庆区筹办北京世园会的战略目标、93项重点任务和行动路径，是指导全区筹办世园会的纲领性文件。

（王功）

【世园会纪检监察组工作动员部署会】 5月24日召开，区发展改革委、区财政局、区住房城乡建设委、区审计局等成员单位主要负责人和具体负责人参加会议并汇报工作。虞宝才出席会议并讲话。

（王功）

【世园会回迁安置房开工】 6月22日，世园会回迁安置房开工建设，项目“参照经济适用房建设和管理”模式开发建设，用于世园会搬迁户回迁安置。

（王功）

【第二届中国花海论坛暨首届中国花海旅游博览会】 6月26日在北京延庆举办，国内外366家企业参加。会上特邀专家和成员企业对国内外花海景观营造和花海旅游发展做主旨发言，世园办向参会企业宣传推介现代园艺产业集聚区（HBD）。会议期间，世园办与荷兰JandeWitenZonenB.V.公司、重庆天木农业开发有限公司、浙江福彩园艺科技有限公司等13家重点企业深入对接。

（王功）

【围栏区临时围挡施工完成】 6月27日至8月8日，总长7570米的世园会围栏区临时围挡砖墙砌筑工程竣工。期间3个工程段同步建设，涉及谷家营、李四官庄、民主村、民主街4村。

（王功）

【世园会延庆筹办组织构架成立】 7月12日，经世园会延庆区筹备领导小组同意，《世园会延庆区筹办工作组织机构及职责》《2019北京世园会延庆区筹办工作管理运行机制》正式下发至世园会延庆区筹备领导小组各成员单位。《世园会延庆区筹办工作组织机构及职责》明确“一办、七部、二组”的组织框架，“一办”是世园会延庆区筹备办；“七部”是规划建设指挥部、产业发展指挥部、宣传推介指挥部、资金保障指挥部、环境保障指挥部、城市运行保障指挥部、安全保障指挥部；“二组”是督查考核组、纪检监察组。

（王功）

【现代园艺产业集聚区（HBD）研究策划和综合规划完成】 7月14日，世园办与南京金埔规划设计院就现代园艺产业集聚区（HBD）综合规划收尾工作召开会议，经双方合作并启动于2015年的《现代园艺产业集聚区（HBD）综合规划》及《现代园艺产业集聚区（HBD）实施计划》最终完成。

（王功）

【2019年中国北京世界园艺博览会会徽、吉祥物发布】 9月19日，“在长城脚下绽放”——2019年中国北京世界园艺博览会会徽、吉祥物发布会在八达岭长城望京广场举行。会徽“长城之花”，由六片不同颜色的花瓣围绕长城组成，呈现“长城脚下世园会”的特色，也象征世界各国共赴园艺盛会，在世界舞台上交

流分享。三色花瓣的和平花，承载着中国哲学观念，象征着世界和平，和谐相处，构建美丽家园。吉祥物“小萌芽”“小萌花”，是两个具有东方韵味，突出园艺特点，代表着生命与希望、勤劳与美好、真挚与热情、活泼可爱的园艺小兄妹形象。造型创意来自东方文化中的“吉祥娃娃”和百子图。小萌芽、小萌花形象由工作装、民族传统服装搭配以及具有行业代表性的传统工具水壶、水桶、园艺剪刀构成，全面展现出世园会主题。

（王功）

【世园会园区建设开工】 9月29日，2019年中国北京世界园艺博览会园区建设开工仪式在延庆区举办，标志园区进入全面建设阶段。园区占地1.44万亩（960公顷），由围栏区、非围栏区和世园村三个部分组成，其中围栏区503公顷、非围栏区399公顷、世园村58公顷。

（王功）

【延康路提级改造工程开工】 10月14日，延（庆）康（庄）路提级改造工程开工，规划为一级公路，红线宽为50米，全长9.8千米。

（王功）

【2019北京世园会会歌终评会】 11月11日，世园局召开2019北京世园会会歌终评评审会，从进入复评的100件作品中评选出优秀歌词5件、优秀世园会推广歌曲20首。著名音乐人石顺义、冯世全等11位评委参与评选。

（王功）

【西诺公司入驻现代园艺产业集聚区】 12月30日，西诺（北京）花卉种业有限公司（简称“西诺公司”）入驻现代园艺产业集聚区（HBD），推进球宿根花卉种质资源圃建设，成为第一家入驻HBD的园艺龙头企业。公司注册在中关村延庆园，企业新三板上市工作稳步推进。

（王功）

【世园办政务网站开通】 年内，经过测试后的世园办政务网站正式上线。世园办政务网包括单位简介、领导班子、机构设置、世园动态和园艺大讲堂5个栏目，面向社会公众发布延庆区在世园会筹办各阶段工作动态，宣传普及世园园艺知识等信息。

（王功）

北京冬奥会延庆赛区筹办

【概况】 北京2022年冬奥会和冬残奥会延庆赛区筹办工作领导小组办公室（简称冬奥会延庆赛区筹办）于2016年5月成立，区委、区政府主要负责人任组长、区主管负责人任副组长。下设“一办十组”工作机构。“一办”即：北京2022年冬奥会和冬残奥会延庆赛区筹办工作领导小组办公室，与北京冬奥组委延庆运行中心合署办公，设主任1名、常务副主任1名，主要负责发挥北京冬奥组委延庆运行中心与延庆区沟通协调的平台作用，协调落实北京冬奥组委相关要求、贯彻落实领导小组决策事项，推进完成延庆赛区各项筹办工作任务。“十组”即：工程建设、产业发展、生态环保、文化宣传、资金政策保障、服务保障、人才保障、安全保障、督查考核和纪检监察组。年内，全面启动延庆赛区各项筹办工作，组织召开领导小组会议13次，领导小组办公室主任会议22次，发布北京冬奥会延庆赛区筹办工作简报4期。制订“北京冬奥会延庆赛区筹办工作制度”，理顺筹办运行机制，印发《北京2022年冬奥会和冬残奥会延庆赛区筹办任务手册》，提出总体筹办计划、确定77项筹办任务。制订《延庆区关于加快冰雪运动发展的意见（2016—2022）》和《北京2022年冬奥会和冬残奥会带动延庆冰雪产业发展战略规划》，编制《延庆区奥运行动计划》《赛区外部市政配套及交通项目规划》；配合北京冬奥组委，严格按照招标程序确定延庆赛区场馆和配套基础设施项目规划设计联合体；广泛收集土地利用、气象条件、水文条件、冰雪产业状况、路网现状及规划、雨污排放设施、医疗卫生设施等基础性材料；组织开展有关全过程咨询、实施方案编制等延庆赛区PPP项目招标各项前期工作。配合北京冬奥组委，在长城脚下举办“从长城发出的邀请”活动，面向全球征集北京冬奥会会徽和冬残奥会会徽设计方案，开通北京冬奥会和冬残奥会组织委员会官方网站。完成《延怀两地旅游业协同发展框架协议》初稿；开展国际大众雪场经营情况研究，撰写国内外知名大众雪场运营模式及成本测算报告；组织2016年国际冬季运动（北京）博览会参展工作，宣传延庆赛区场馆规划和筹办工作进展。

地址：延庆镇湖北西路1号

电话：69170833

（何旭）

【国际组织确认冬奥会滑雪项目选址】 7—9月，国际雪车联合会、国际雪橇联合会主席和专家两次到延庆，确认国家雪车雪橇中心项目选址。专业雪车雪橇设计公司开始赛道中心线定位和设计工作。国际雪联高山委员会主席伯恩哈德·鲁西一行重点考察高山速降赛道和技术赛道终点区域，将前期一个结束区的设计改为两个独立结束区。

（何旭）

【蔡奇调研】 11月，市委副书记、代市长蔡奇调研冬奥会，强调确保施工安全和质量，确保工程如期完工。

（何旭）

【赛区及周边区域生态环境保护】 年内，与北京林业大学合作开展赛区及周边区域生态环境保护与管理技术支持项目。到年底，完成延庆赛区森林生态系统本底调查。

（何旭）

【冬奥知识宣传】 年内，开展“普及冰雪运动知识，传播奥林匹克文化”系列活动，在全区范围营造喜迎冬奥的浓厚氛围，参与人数13万人。

（何旭）

【冰雪体育活动】 年内，以“冰雪延庆 激情冬奥”为主题，策划举办包括“2022迎冬奥首届延庆海坨冰雪徒步大会”、冰雪冬令营、龙庆峡冰灯艺术节、冬奥文化科普巡展等在内的4大类20项活动，推出以赏冰灯、嬉冰雪、泡温泉、登长城、品民俗、过大年等各具特色的冰雪旅游产品。

（何旭）

【冰雪运动进校园】 年内，实施冰雪项目进校园“十百千万”工程，确定冰雪项目学校13所，学生上冰上雪人数5000人。

（何旭）

【廉洁办奥】 年内，“一办十组”工作体系中专门设立纪检监察和督察考核工作组，采取事前、事中和事后监督相结合的方式进行全过程、全方位监督监察。

（何旭）

【冰雪体育人才队伍建设】 年内，研究建立延庆区青少年冰雪运动梯次专业队伍方案，依托万科石京龙和八达岭两个滑雪场开设冰雪类职业课程，利用北京体育大学等高校冰雪运动学院资源，开展技术培训和职业教育，提前培养储备冰雪运动相关服务保障人员。

（何旭）

信访工作

【概况】 区委、区政府信访办公室（简称区信访办），承担区委、区政府接待办理群众来访、来信等工作。设来访接待科、来信办理科、综合科3个科室，编制数13人，实有12人。全年开展矛盾纠纷大排查和专项排查12次，排查出矛盾纠纷68件，化解矛盾58件，化解率85%，报送《信访情况》《信访摘报》《信访情况分析》78期。到区信访办反映的86批涉法涉诉问题，全部实现诉访分离。

地址：延庆镇城隍庙街8号

电话：69180671

（陈洋）

【主题宣传月活动】 5月5日，区信访办与香水园街道办事处在尚书苑社区设立主会场，15个乡镇和2个街道设立分会场，以“法治信访在路上，网上信访更阳光”为主题，通过摆放宣传展板、设立咨询台、发放宣传材料等形式，宣传《国务院信访条例》和《北京市信访条例》。宣传月活动期间，提供咨询服务70人次，发放各类宣传材料4万份，宣传品2万份。

（陈洋）

【信访总量同比上升】 年内，全区信访总量比上年上升45%。其中，集体访同比批次上升60.9%、人次上升106.2%。重信重访同比上升213%。到市信访办、国家信访局集体访同比批次上升123%、人次上升35%。国家信访局网信同比件次增加157.5%、人次增加240%；市长信箱同比件次增加57%、人次增加54.9%；国家信访局纸信同比件次增加41.4%，人次减少54.1%；市信访办纸信同比件次减少22.6%，人次增加59.7%。

（陈洋）

【接访和积案化解】 年内，开展联合接访96批次2036人次，其中区领导接待25批次1159人次，下访2次。召开信访联席会议53次，年初确定的7个信访积案均已化解。区积案化解台账目录被市信访办在全市各区推广。

（陈洋）

【案件复查复核】 年内，受理复查案件55件，其中21件维持办理机关答复意见，28件责成办理机关重新答复，5件撤销，1件办理中。市复核处受理延庆复核案件8件，7件予以维持，1件办理中。

（陈洋）

【重点时期维稳】 年内，在全国“两会”等重点时期，共向区领导报送《信访情况》22期，《信访摘报》3期，《信访情况分析》5期，召开联席会议24期。

（陈洋）

机关事务管理

【概况】 北京市延庆区机关事务管理服务中心（简称机关事务中心）,主要负责各集中办公区机关运行成本统计、分析和评价，基建规划、拆迁维修、地下工程维护，供水、供电、供暖、食堂、卫生、保卫、绿化及设施设备维修，公务用车监督、管理、运行及规划展览馆管理、维护等工作。内设综合科、财务科、服务科、基建科、公务用车监督管理科、安全保卫科6个科室和北京市延庆区公务用车管理运行中心1个正科级事业单位。有规范事业编制53名、事业编制6名。年内，服务范围包括区委、区政府等7个集中办公区和6个食堂，负责1500名机关干部用餐服务工作。践行“敬业、优质、安全、节俭”的宗旨，巩固“国家级节约型公共机构示范单位”成果，开展节约能源资源和环境保护宣传工作，在公共机构推行节能减排，开展公共机构能耗统计，向成员单位公布能源使用情况，推广行之有效的节能做法。推进行政综合办公楼土地使用权手续办理，完成固定资产核对及新增1369件资产录入。完成机关公务用车改革、原县委办公楼抗震加固及节能改造、规划展览馆交接及机关食堂社会化管理推进等工作。全年6个食堂接待用餐人员20万人次，接待各类会议3500场；为区委、区政府办公楼等6个集中办公区派遣保安22名、巡防队员5名、特勤人员15名、保洁人员28名、绿化美化人员2名；7个集中办公区办公楼开展电器设备、照明设施维修340次，弱电工程维修180次，自来水及上下水管道维修730次，门窗维修240次，其他临时承办的维修工程60次。

地址：延庆镇湖北西路1号

电话：69142289

（刘晓芳）

【公务用车改革】 年初，依据《北京市党政机关公务用车制度改革总体方案》，配合区车改办开展党政机关和国有企事业单位公务用车改革工作。2月办理党政机关上交车辆交接手续，并将上交车辆在会展中心进行统一封存。6—12月，对各单位上交车辆进行调配和处理，部分车辆调入公务用车管理运行中心和行政执法平台使用，剩余车辆经与区财政局、北京市产权交易所沟通研究，对超标准及达到报废标准车辆进行拍卖或报废处理，车况相对良好的进行日常养护封存，用于各单位车辆替换使用。

（刘晓芳）

【规划展览馆管理和接待】 4月，正式接管规划展览馆日常管理、维护及接待工作。截至年底，接待参观人员5161人次，参观团队107批，其中国家级领导5批、市级领导6批。

（刘晓芳）

【食堂服务社会化试点】 4—5月，以服务范围内区委、区政府食堂和行政综合办公楼食堂为试点推进后勤服务社会化，通过与劳务派遣公司对接，签订劳务派遣合同，购买社会服务，对两个食堂进行自助餐改造，提升服务水平和就餐环境。

（刘晓芳）

【原县委办公楼改造项目】 6—12月，完成原县委原办公楼抗震加固及节能改造项目。工程总建筑面积4110平方米，改造内容包括：主体结构抗震加固，外墙保温，更换外窗及强电、弱电、给排水、照明系统节能改造等。

（刘晓芳）

【公务用车管理运行中心成立】 9月，根据区编办批复，设立延庆区公务用车管理运行中心（延庆区行政执法车辆管理中心）。为区机关事务中心所属公益一类正科级财政补助事业单位，定编6名，其中主任1名。主要负责公务用车的维修保养、保险、更新报废、用油分配、调度，区级公务用车综合执法平台的建设、管理、维护，公务车辆管理档案和各项数据汇总分析及领导调研、大型活动老干部保障用车、一般性行政执法用车的管理和使用工作。截至12月底，完成运行中心人员配备工作，调入工作人员6名，招聘司勤人员26名；对管理车辆分批次进行保养、维修、上保险，并建立管理台账；在全区开展两次公务用车停用情况抽查；承接出车任务500次。

（刘晓芳）

【公务用车监督管理科成立】 9月，根据区编办批复，设立公务用车监督管理科。公务用车监督管理科为区机关事务中心内设机构，定编4名，设科长1名、副科长1名。负责全区公务用车的监督检查和指导，配合纪检、监察、审计部门对公务车辆使用部门进行监督检查，纠正和查处违规违纪行为及司勤人员的考核和安全教育管理等工作。

（刘晓芳）

【新能源汽车推介】 9月，召开新能源汽车使用推介会，协调北京出行公司与全区各单位进行对接。至11月，北京出行公司在全区陆续安装新能源汽车充电桩97根，投入新能源汽车40辆，供各单位公务出行及个人出行租赁使用。

（刘晓芳）

人民政协延庆区委员会

概　况

中国人民政治协商会议北京市延庆区委员会（以下简称延庆区政协）是中国人民政治协商会议北京市延庆区的地方组织，下设政协办公室、政协研究室和5个专委会工作室7个工作机构。年内，提出书面建议119件，经审查整理后形成正式提案72件，其中，团体提案17件，联名、附议、合并提案23件，委员个人提案32件。72件提案中，交由区委部门办理的10件，交由区政府部门办理的62件，截至年底，已全部文字办复，办复率100%。提案所提问题已经解决或基本解决的41件，占提案总数的56.9%；正在解决或列入规划逐步推进解决的30件，占提案总数的41.7%；因政策体制和客观条件所限暂不能解决1件，占提案总数的1.4%。通过《情况反映》报送“关于加强对城区早晚市食品安全和市场秩序监管的建议”“关于在G6辅路营城子桥至八达岭路段增设红绿灯的建议”等多篇社情民意信息。完成《借助筹办绿色大事，加快建设美丽乡村》《打造野鸭湖国家湿地样板，树立京津冀生态典范》《加强农村宅基地管理，推进美丽乡村建设》等调研报告。

地址：延庆镇高塔路70号

电话：69101565

（李屹）

重要会议

【第一次常委会议】 1月15日召开。讨论通过《政协常委会2016年工作要点》（讨论稿）和关于撤县设区后政协机关处级干部任命的决定；传达学习北京市第四次政协工作会议精神；通报政协党组“三严三实”专题民主生活会情况。

（李屹）

【第二次常委会议】 3月31日召开。听取区政府关于2016年重点工作折子工程和为群众拟办重要实事工程安排情况的通报，参观考察第四届北京农业嘉年华。

（李屹）

【区政协工作会议】 4月20日召开。学习贯彻习近平总书记关于人民政协事业发展的新思想新要求，落实北京市第四次政协工作会议精神，研究部署进一步加强区政协工作。赵双利就区政协贯彻落实《关于进一步加强政协协商民主建设的实施意见》提出要求。李志军出席会议并讲话。

（李屹）

【第三次常委会议】 7月7日召开。听取区政府关于世园会拆迁安置和相关重点道路建设情况以及保障性住房工作进展情况的通报，视察兴延路、京张高铁工程建设情况，并进行座谈讨论，审议机关干部任免事宜。

（李屹）

【第四次常委会议】 8月25日召开。听取区政府关于2016年上半年国民经济和社会发展情况及世园会规划及工程进展情况通报，学习传达区委一届三次会议精神，组织视察世园会相关工程建设情况。

（李屹）

【提案工作会议】 10月21日举行。听取区政府关于区政协一届一次会议委员提案办理情况的通报，并就进一步做好提案办理工作进行座谈，提出相关意见建议。

（李屹）

【第五次常委会议】 10月26日召开。听取区政府关于政协委员提案办理情况和保障性住房工作进展情况的通报，讨论通过政协机关干部任免事宜，视察东关自住型商品房项目和井庄镇王仲营村煤改气项目建设情况，并就相关问题进行协商讨论。

（李屹）

【第六次常委会议】 12月2日召开。听取区政府工作情况通报并就《政府工作报告》（征求意见稿）进行协商讨论；审议通过区政协二届一次会议相关事项。

（李屹）

【政协延庆区二届一次会议】 12月18—22日举行。听取并审议《政协延庆区委员会常务委员会工作报告》和《政协延庆区委员会常务委员会提案工作报告》；列席延庆区第二届人民代表大会第一次会议，听取并讨论《延庆区人民政府工作报告》及有关报告；组织委员培训；选举产生政协延庆区第二届委员会主席、副主席、秘书长和常务委员；通过《二届一次会议政治决议》。

（李屹）

主要活动及工作

【市政协到区调研】 3月1日，市政协教文卫体委员会主任王守法、民族和宗教委员会主任王孝东带领市政协委员等20人到延庆区，围绕2022年冬奥会筹备工作和延庆冰雪产业发展情况进行调研。9月22日，市政协民族和宗教委员会主任王孝东带领调研组，到延庆区就少数民族低收入村户帮扶增收工作进行专题调研。

（李屹）

【专题学习报告会】 3月24日，邀请区委党校解读《北京市延庆区国民经济和社会发展第十三个五年规划纲要》。5月12日，组织部分委员参加由区委统战部举办的学习贯彻中央统战工作会议精神专题讲座。

（李屹）

【区内视察调研】 4—9月，赵双利等对部分企业界委员进行走访，就进一步促进企业发展举行座谈。赵志萍带领教文卫体委员会部分委员视察第七幼儿园、沈家营幼儿园建设工程进展情况，并就相关问题提出意见建议；带领部分委员到百泉街道开展专题调研活动，围绕“切实做好全国文明城区创建工作，提升城市文化品位”进行协商座谈，并就“创城”工作中的重点、难点问题以及解决对策进行讨论交流。陈合安、徐凤翔召集区农业局负责人到井庄王木营蔬菜种植合作社走访慰问，听取合作社负责人关于受灾及开展自救情况，详细查看灾情，就灾后重建恢复生产提出建议。谷艳兰带领部分常委、委员听取区城管局关于延庆城市管理建设情况的通报，视察城区主要街道、路口及市场周边交通秩序治理情况，并就相关问题进行协商座谈，提出意见建议。李满带领部分委员就“加强农村宅基地管理，推进美丽乡村建设”课题，分别到延庆镇等6个乡镇进行调研。了解区政府出台的《北京市延庆区农村村民个人原有宅基地房屋建设管理办法（试行）》落实情况以及执行中存在的问题。

（李屹）

【重点提案督办】 5—7月，赵双利等带领部分委员分别到区旅游委、区市政管委和区体育局、区交通局及相关部门就《关于加快发展体育产业，打造冰雪运动休闲经济基地的建议》《关于加快和完善城市基础设施建设，为承办绿色大事提供服务保障的建议》《关于改善延庆城乡环境治理，建设生态宜居城市的建议》和《关于加快完善落实延庆三、四中学校周边道路交通管理设施的建议》等提案办理工作进行督查督办，并就有关情况开展调研，协商座谈，提出工作建议。

（李屹）

【外埠政协委员交流】 6月15日，政协山东省滨州市委员会党组书记、主席姜银浩带领部分区县政协主席14人到延庆学习考察文物保护利用及生态环境建设工作。6月27日，政协广东省珠海市委员会副主席金展扬带领科教文卫体委员会部分委员11人到延庆学习考察推进“足球进校园”方面的经验和做法。7月6日，政协河北省张北县委员会党组副书记、副主席任喜带领经济建设委员会部分委员8人到延庆就“以冬奥为契机，提升旅游整体水平”课题进行学习考察。

（李屹）

【提案办理落实工作推进会】 7月20日召开。会议听取旅游委关于延庆十三五期间旅游发展规划情况、区委督察查室关于政协一届一次会议提案办理落实情况以及交通局关于919总站乘车平台建设和S2线文明乘车管理情况的通报，视察919总站乘车平台建设情况，到香水园街道新兴东社区、恒安小区实地了解“创城”宣传工作开展情况，并就相关问题进行协商座谈，提出意见建议。

（李屹）

【全国政协到区调研】 8月24日，全国政协副主席马培华等到延庆区德青源农业科技股份有限公司进行调研。市政协副主席王永庆等陪同调研。

（李屹）

【吉林到区调研】 10月9—10日，市政协主席吉林带领市政协教文卫体委员会、民族和宗教委员会部分委员到延庆区，围绕推进北京北部长城文化带建设工作进行调研。市政协秘书长周毓秋和李志军、穆鹏、赵双利等陪同调研。吉林在调研中指出：延庆要在继续做好长城的保护与修缮工作的同时，加强长城开发和利用，加大长城文化宣传力度，打造长城品牌，壮大以长城为核心的旅游产业集群；要加强舆论引导和宣传教育，不断提升周边群众文物保护意识，发动更多人参与到保护长城工作中；要深入挖掘长城历史文化，讲述长城故事，弘扬长城精神，不断提升延庆区文化内涵，为推进北京北部长城文化带建设贡献力量。

（李屹）

【专委会活动】 年内，城建环保委员会组织部分委员视察小张家口垃圾综合处理场、野鸭湖国家湿地公园保护与恢复工程，并就如何做好垃圾分类、如何保护环境等相关问题进行协商座谈，提出意见建议。教文卫体委员会组织部分委员听取区卫生计生委关于贯彻实施《北京市控制吸烟条例》工作情况的通报，到育新楼和凯思大酒店实地查看《控烟条例》落实情况，并就如何进一步做好控烟工作进行协商座谈。社会法制委员会组织部分委员到香水园街道调研社区建设及流动人口管理工作，并应邀参加“司法行政在身边”——北京市延庆区第六届司法行政开放日活动，就“七五”普法规划进行座谈交流，提出意见建议。城建环保委员会组织部分委员到延庆区规划展览馆参观学习。教文卫体委员会组织委员举行“助推全民创城，提升城市文化品位”议政恳谈会。

（李屹）

民主党派　工商联

民主党派

【概况】 2016年，全区有6个民主党派，分别是中国国民党革命委员会（简称民革）、中国民主建国会（简称民建）、中国民主促进会（简称民进）、中国民主同盟（简称民盟）、中国农工民主党（简称农工党）、九三学社。除民革外，5个民主党派建有基层组织。有178名党派成员，其中民革6名、民建52名、民进55名、民盟45名、九三学社8名、农工党12名。担任市人大代表1人，市政协委员2人，区人大代表7人，区政协委员30人。年内，各民主党派开展调查研究，发挥参政议政、民主监督和社会服务职能；围绕世园会和冬奥会，先后完成调研报告2篇。九三学社、农工党持续开展下乡义诊活动。

地址：延庆镇新城街2号

电话：69103030

（戴岳）

【北京四中网校捐赠教学软件】 3月20日，经延庆民盟协调，民盟市委秘书长率北京四中网校校长一行深入延庆一中，针对网络教育与新课改实验项目调研等内容与区教委及四所“数字校园”实验校领导进行座谈。北京四中网校向延庆一中、延庆三中、延庆五中和康庄中学捐赠4套总价值168万元的网络教学软件。

（戴岳）

【民进延庆支部换届暨区总支部成立】 4月27日，民进北京市延庆区总支部成立大会在华风温泉大城堡召开，民进北京市委、区统战部、民进延庆总支部等60人与会，会议听取民进延庆支部主委赵志萍作第二届委员会工作报告，选举产生总支部第一届委员会领导班子，同日召开民进总支第一次全会。

（戴岳）

【市九三学社“名医工作室”活动】 5月6日，受九三学社延庆支社邀请，北京市九三市委“名医工作室”专家、宣武医院神经内科教授郭冬梅到区医院开展学术交流，为基层医务人员讲授脑血管病防治知识。区医院神经内科、康复科医生和15家社区卫生服务中心全科医生参加活动。

（戴岳）

【民进延庆总支部会员看望抗战老兵】 7月31日，民进延庆总支部会员走访慰问张山营镇苏庄村和旧县镇旧县村抗战老兵李德福、王文宽，聆听抗战故事，宣传介绍民进延庆总支部发展情况，征集相关意见和建议。

（戴岳）

【民建延庆支部换届大会】 8月9日，民建延庆支部换届大会在华风温泉大城堡召开，民建北京市委、区委统战部、民建延庆支部等50人与会。会议听取民建延庆支部主委唐文杰作支部五年工作报告，选举产生新一届支部委员会领导班子。

（戴岳）

【“农工情”义诊活动】 8月27日，农工党医科院委员会组织10名医疗专家到珍珠泉乡开展“农工情共铸中国心健康京郊行”义诊活动。北京协和医院专家为150人义诊，步长制药集团和共铸中国心基金会向就诊群众免费赠送药品500盒。农工党延庆支部党员参加活动。

（戴岳）

【民盟延庆支部换届暨区总支部成立大会】 11月23日，民盟延庆支部换届暨民盟北京市延庆区总支部成立大会在华风温泉大城堡召开，会议听取民盟延庆支部主委王惠杰作第二届委员会工作报告，选举产生总支部第一届委员会领导班子。

（戴岳）

延庆区工商业联合会

【概况】 延庆区工商业联合会（简称区工商联）是延庆区委、政府领导下的由工商界组成的人民团体和民间商会，是党和政府联系非公有制经济人士的桥梁和纽带，是政府管理非公有制经济的助手；有编制5人。年内，按照“团结、服务、引导、教育”八字方针，强化服务意识，突出“六个着力”（着力深入学习贯彻十八大精神、着力推动党外人士工作科学发展、着力促进非公企业加快转型升级、着力保持民族宗教团结稳定、着力推动港澳台和海外统战工作深入发展、着力提升统战部门自身素质六方面工作），重点工作得到全面提升。根据《区级党政领导干部联系非公有制经济企业及代表人士制度》，建立《非公经济人士直通车制度》《延庆区工商联（商会）领导班子轮值制度（试行）》《延庆区工商联（商会）专项工作组制度（试行）》，制订简洁规范详细的联系手册，密切党员领导干部同非公经济人士的日常联系。截至年底，发展新会员120家，团体会员女企业家协会完成注册工作，全区会员380家。

地址：延庆镇新城街2号

电话：69101374

（崔鹏）

【非公有制经济人士宣讲团成立】 4月，联合区委宣传部、区委统战部等相关部门组建非公有制经济人士宣讲团。宣讲团成员为91金融信息服务（北京）有限公司董事长许泽玮等10人。8月23日，7名宣讲员在区文化馆剧场举行首场宣讲，围绕“执着的信念不变的初心”主题，讲述延庆非公有制经济人士听党话、跟党走、致富思源、自觉履行社会责任的故事。市委统战部、市工商联、区政协相关领导以及非公有制经济人士代表等300人聆听宣讲。

（崔鹏）

【“两学一做”专题党课】 5月，邀请台湾大学社会学博士、优秀社会工作讲师哈曼，做《思想的统一，行动的纲领——学习习近平总书记讲话之掌握意识形态领导权》为题的党课报告，会员企业支部书记、党小组长，企业优秀管理者、优秀技术人员和入党积极分子100人参加活动。

（崔鹏）

【诗歌朗诵活动】 6月22日，区工商联诗歌朗诵暨91金融杯红色之夏诗歌朗诵大赛在区文化馆小剧场举办。区委宣传部、区委统战部，区工商联、区文委、区经信委、团区委等单位主要负责人及非公有制企业代表出席活动并观看比赛。延庆区自行车协会、延庆葡语文化有限公司、延庆二中、申亚菲物业管理有限公司、中农绿康（北京）生物技术有限公司等10个单位15名选手登台表演。

（崔鹏）

【第二次代表大会】 12月26日，区工商联举行第二次代表大会，会议听取和审议区工商联第一届执行委员会工作报告；选举产生45人组成的区工商联第二届执行委员会。选举许泽玮为第二届区工商联主席、商会会长，张绍芬为常务副主席、商会副会长，吕桂芳为秘书长。

（崔鹏）

【组织会员企业培训】 年内，组织20家会员企业参加全区统战工作会。组织40家会员企业解读《统战工作条例》。组织5名青年企业家先后参加“北京市非公有制经济领域代表人士高级理论研修班”和市委统战部优秀青年培训班。组织50人次参加市工商联举办的学习贯彻习近平总书记3月4日重要讲话精神专题辅导报告会和有关现代企业制度、非公企业文化、信息写作等培训。

（崔鹏）

【友好商会缔结】 年内，与赤城县、崇礼区、宣化区缔结友好合作商会。通过深入座谈，四方拟议就冬奥会主办、产业对接、农特产品、企业用工、创建城市文明等方面实现资源共享，并就下一步深度合作方案及落实京津冀一体化发展规划确立了工作思路。

（崔鹏）

【公益善举】 年内，会员企业金果园老农食品有限公司到大庄科乡暖水面村敬老院春节慰问孤寡老人及残疾人，帮扶慈母川村80岁以上老人、70岁以上老党员及困难户。市联光彩办为大庄科乡养蜂甜蜜事业捐助135万元。区工商联发放原工商业者及遗孀临时困难补助和节日慰问金5.28万元，慰问33人次。完成“博爱在京城”捐款650元，“党员献爱心”捐款550元，党员献爱心1000元。

（崔鹏）

社会团体

延庆区总工会

【概况】 北京市延庆区总工会（简称区总工会）是中共延庆区委和北京市总工会领导下的人民团体，是党联系职工的桥梁和纽带。内设办公室、组工部、权益部和财务部4个行政科室，下属北京市延庆区工人文化宫、北京市延庆区职工技术交流中心和北京市延庆区职工服务中心3个事业单位；编制23人，实有20人。年内，新增独立工会36家，吸纳会员4776人，全区基层工会组织554个，覆盖法人单位1616家，会员总数3.68万人，更新会籍信息2944人次，共办理会员互助服务卡3.32万张，会员信息采集3.39万人。7938名会员注册使用“北京工会12351”手机APP，会员注册使用率全市排名第二。开发服务项目15个，服务职工9.50万人次，会员参与率全市排名第三。市总工会12351服务热线派单24件全部完成，办结率100%，全市排名并列第一。先后举办集体协商、民主管理工作培训班和直属工会换届工作专题培训班。推行职工健康管理和体质监测工作，对260名职工进行体质测试。倡导职工“快乐工作健康生活”，3680名职工下载运用“健步121”手机APP，职工参与使用率全市排名第一。“冬送温暖”慰问困难职工487人次、劳模141名，“夏送清凉”慰问市政环卫清扫队等8个单位一线职工411人，“金秋助学”为104名困难职工子女发放助学金。为238名困难职工建档立卡，对其中20户困难职工家庭开展家计收支调查；筹集60万元建立延庆区职工专项温暖基金。为党政机关、企事业单位、社区居委会、基层工会组织提供会务活动服务43场次，服务职工5500人次。截至年底，新签续签集体合同55份，共计191份，签订率94%；新签续签工资专项合同158份，共计189份，签订率93%。国有集体企事业单位厂务公开率100%，非公有制企业厂务公开率85%。

地址：延庆镇高塔街66号

电话：69143298

（刘芳）

【区总工会一届一次全会】 1月5日召开。会议传达市总工会《关于延庆县总工会更名的批复》，延庆县总工会更名为北京市延庆区总工会；延庆县总工会第十五届委员会、常务委员会、第六届经费审查委员会、第五届女职工委员会变更为北京市延庆区总工会第一届委员会、常务委员会、经费审查委员会、女职工委员会，人员构成不变。会议选举张树坡为区总工会第一届委员会主席，通过区总工会第一届女职工委员主任、副主任名单。

（刘芳）

【宣传《北京市实施〈工会法〉办法》】 2月24日，举办两期《北京市实施〈中华人民共和国工会法〉办法》专题培训班，290名工会干部参加。6月7日，举办学习工会法、《实施办法》及“两学一做”知识竞赛，全区40支代表队120人参赛，园林绿化局代表队获第一名。8月25—26日，举办直属基层工会干部《工会法》《实施办法》知识竞赛，51支代表队200人参加比赛，公路分局工会代表队获第一名。

（刘芳）

【区总工会一届二次全委（扩大）会议】 3月10日召开。区总工会第一届委员会委员、经费审查委员会委员、女职工委员会委员以及直属基层工会的主席、副主席等180人参加会议。区总工会主席作《坚定信心紧抓机遇深化改革创新发展团结动员延庆职工为建设国际一流生态文明示范区作出新贡献》报告。会议通报表扬2015年度延庆区工会先进单位20个、优秀工会工作者44名、“五好”基层工会20个、优秀“职工之家”20个和优秀“职工小家”10个。

（刘芳）

【首都劳动奖状奖章推荐评选】 3月，启动2016年首都劳动奖状、奖章推荐评选工作。4月底，区地税局被市总工会授予“首都劳动奖状”称号；区饮食服务总公司同丰酒店二楼服务组领班路慧、区医院泌尿外科主任赵永哲被市总工会授予“首都劳动奖章”称号；教育工会桂彩丽被中华全国总工会授予“全国五一劳动奖章”称号。

（刘芳）

【职业技能竞赛】 3—10月，举行2016年“职工技协杯”职业技能竞赛活动。与区人力社保局等8个单位联合举办11项职业技能竞赛，包括有限空间作业、民俗旅游餐饮、造林更新工、花卉园艺师、林木种苗工、全科医疗城市组、全科医疗农村组、社区护理组、医疗综合组、保洁员、安全生产专职安全员。84个单位1642名职工参赛，53名晋级市级决赛，9名职工进入全市前十名。其中延庆镇社区卫生服务中心职工刘元获得农村全科医疗组决赛二等奖及“2016年北京市基层卫生技能标兵”称号；永宁镇社区卫生服务中心张超、南菜园社区卫生服务中心王刚获得个人竞赛优秀奖；南菜园社区卫生服务中心获得团体比赛优秀奖；武焕亭、高庆节（北京市延庆区园林绿化局）分别获得林木种苗工决赛第八名、第九名；李大伟（亿立首建生态科技有限公司）、闫金华（北京市延庆区园林绿化局）分别获得造林更新工决赛第五名和第七名；赵英杰、胡迪（北京市延庆区安全生产监督管理局）获得安全生产专职安全员第四名及第七名，延庆区获安全生产专职安全员团体总成绩第二名。

（刘芳）

【劳模植树】 4月2日，“发扬劳模精神、建设美丽延庆”义务植树活动在永宁镇孔化营村进行。全区在职劳动模范、先进工作者、首都劳动奖章获得者代表50人参加活动，植树150棵。

（刘芳）

【规范化服务站建设】 4月13日，为贯彻落实市总工会《关于户外劳动者服务站点建设的工作方案》相关要求，召开“工会服务站免费向户外劳动者开放”工作部署会，会议决定在全区建立面向环卫工人、出租车驾驶员、交通警察、快递员等户外劳动者服务的站点体系，保障和改善户外劳动者生产生活条件，重点解决饮水、就餐、如厕和休息等实际问题。年内，全区建立10个规范化工会服务站，均配备桌椅、饮水机、微波炉、卫生间、应急医药箱等基本设备。截至年底，服务户外劳动者200人次。

（刘芳）

【“庆五一关爱劳模”健康知识讲座】 4月28日在区总工会多功能厅举办，邀请北京大学第三医院延庆医院党委书记张莉，就慢性常见病高血压、糖尿病、冠心病等疾病的预防、诊断和治疗做讲解，并现场示范演示健康保健操。全区劳模代表、技能大赛获奖者代表及首席职工代表170人参加活动。

（刘芳）

【八小时约定主题活动】 4—5月，以社会主义核心价值观中的“敬业”为核心，以“在本职岗位上建功立业”为落脚点，开展“敬业八小时，做好今日事——八小时约定”活动。通过内容征集、主题创作、宣传推广、成果展示等活动形式进行；期间收到“爱岗敬业”主题书画作品14幅、摄影作品47张、微小说30篇，分别评选出一、二、三等奖26名。

（刘芳）

【参加市“和谐杯”乒乓球赛获奖】 5月15日，区职工代表队参加市职工“和谐杯”乒乓球总决赛，岳淑芳、谢瑶、张超分别获得女子甲组、女子丙组、男子丙组第二名；赵海英获得女子甲组第三名，刘少强获得领导干部组第四名，刘丽辉获得女子乙组第五名，姚焕海获得男子甲组第八名。

（刘芳）

【“五月鲜花”歌咏活动】 5月19日，区总工会在文化馆小剧场举办“中国梦·劳动创造幸福迎世园·共享美好生活”暨延庆职工第三十四届“五月鲜花”歌咏比赛，在基层230多个节目中精选出35个节目参赛。同月27日举行汇报演出，区总工会、区委宣传部、区文明办、区文委、区广电中心相关领导为获奖节目颁奖。劳动模范、一线职工及基层工会干部200人观看演出。歌咏活动历时两个月，全区基层工会2000名职工参与。

（刘芳）

【工会经费审查】 5月24—26日，区总工会经费审查委员会组织41名基层工会经审干部参加市内审协会主办的“内部审计人员任职基础知识培训班”。聘请北京京隆会计师事务所对全区直属基层工会2015—2016年上半年预算执行和财务收支情况进行审计，并对12个基层工会主席进行离任审计，审计单位覆盖面100%。

（刘芳）

【工间操大赛】 6月29日，与区体育局联合举办延庆职工第7届工间操交流展示赛，200名职工参赛，永宁幼儿园代表队获冠军。7月17日，3支代表队参加2016年首都职工健身操舞（自创编工间操）交流展示活动。区医院海坨天使代表队和延庆工商分局代表队分获第一名，永宁幼儿园代表队获第二名，区总工会获优秀组织奖。

（刘芳）

【困难职工专场体检】 7月16日，邀请首都医科大学附属北京康复医院的医疗骨干，携带医疗设备到区总工会为全区困难职工进行体检。117名困难职工参与。

（刘芳）

【企业工会主席培训会】 7月26日，举办“走进世园会——世园知识大讲堂”企业工会主席培训会，世园会办公室协调安排职教中心教师从6个方面解析世界园艺博览会和北京世园会相关知识。全区110个企业120名工会干部参加培训。

（刘芳）

【职工赛事活动】 8—11月，举办第34届象棋大赛，26个单位98名职工参赛。延庆第四小学获团体赛冠军，第四小学张磊获个人赛冠军。举办扑克牌“双升级”比赛，全区46支代表队参赛，区直机关工委编办代表队获第一名。举办第3届乒乓球赛，27支代表队参赛。教委1队代表队获男子团体赛冠军，儒林街道代表队获女子团体赛冠军；教育工会李玉民、赵海英分获男子单打冠军和女子单打冠军；公安局张黎明获领导干部组冠军。

（刘芳）

【区总工会一届三次全会】 9月2日召开，会议选举产生2名常务委员会委员和区总工会第一届委员会常务副主席。

（刘芳）

【延庆区职工专项温暖基金成立】 10月19日，区总工会筹集资金60万元，建立“北京市温暖基金会延庆区职工专项温暖基金”，进一步推动困难职工精准化帮扶，构建多层级全覆盖的帮扶救助体系，缓解职工因疾病及突发事件和意外灾害造成的生活困难。截至年底，应急救助16名困难职工2.51万元。

（刘芳）

【区级职工创新工作室和优秀首席职工评选】 12月，由政府绩效管理研究中心专家组成评审委员会，采取材料审阅、集中评审方式进行评选。北京艾瑞机械公司等6家单位被评为2016年区级创新工作室。北京光瑞机械制造有限责任公司钳工李伟等40名职工被评为2016年度区级优秀首席职工。区总工会对获得区级职工创新工作室、优秀首席职工荣誉的单位及个人以“以奖代补”形式给予奖励。

（刘芳）

【职工互助保障】 年内，发展职工互助保障会员2.38万人，为185个基层单位2.74万人次投保152.9万元，受益职工1.28万人次，获赔付和慰问金197.9万元。

（刘芳）

【职工素质教育工程】 年内，开展职工素质教育，联合区政务服务中心举办“政务窗口能力提升”培训班3期，举办“职业形象塑造与公务礼仪”等公益类大讲堂7场，培训政务窗口和其他部门职工1362名。

（刘芳）

【“十百千”职业技能人才发展助推工程】 年内，申报市级职工自主创新成果3项，经市总工会与市科委专家评委的联合评审，区种植业服务中心的延庆区绿色食品原料（玉米）标准化生产技术研究与推广，被授予2015年度首都职工自主创新成果二等奖，获得市、区两级工会3000元资金助推。市级创新工作室延庆区第三幼儿园获得市级5万元资金助推。中农绿康张丽霞命名创新工作室的生物农药试验示范基地建设及新产品产业化开发、市级职工创新工作室延庆区农业机械化技术推广服务站的移动式蔬菜废弃物消毒粉碎一体机研制与推广、玻钢院王浩命名创新工作室的无人机用复合材料储氢气瓶研究开发等3家创新工作室分别获得市级5.52万元专项资金。北京玻钢院复合材料有限公司“高性能复合材料杆塔”获得北京发明协会、北京职工技术协会共同组织的“‘中国移动杯’暨第十届北京发明创新大赛”金奖。为74名取得技师、高级技师职业资格证书的职工申请并发放市、区两级工会助推金15.96万元。区职业技能人才库收录职工700名。

（刘芳）

【动员“社会名人”引领非公企业建会】 年内，通过政协委员提案推动“名人建会”，协调区委督查室、区政协，召开沟通交流会和工作协调推进会，推动全区有影响力“社会名人”所在非公有制企业建立工会组织。截至年底，全区党代表、人大代表、政协委员、工商联执委所在非公企业全部组建工会组织。

（刘芳）

【开发服务项目】 年内，为会员购买全区4家二级医院普通门诊挂号费，发放理发票、洗衣票、米面油票、滑雪票、馒头票、雨伞和手套等1.5万份，与新华书店、徐权牙科、绿富隆观光园等5家企业合作提供7项打折服务。截至年底，开发普惠制服务项目15个，服务职工9.50万人次，职工参与率全市排名第三。

（刘芳）

共青团延庆区委员会

【概况】 共青团北京市延庆区委员会（简称团区委）是在区委领导下的延庆区先进青年群众组织，是党联系青年的桥梁和纽带。设有办公室、社会工作部、组宣部3个行政科室及区志愿服务指导中心1个事业单位，编制10人。全区有直属团组织65个，其中团工委5个、团委37个、团总支10个、团支部13个。团员8631人。年内，组织团员青年志愿者参加新年登高健身、元宵节花会展演、学雷锋志愿服务活动、第六届北京国际自行车骑游大会、第八届北京端午文化节、2016北京国际自行车博览会、北京国际马球公开赛、“祈福冬奥·冰雪嘉年华”开幕式等20项重大赛事活动的秩序维护、文明引导、现场服务等志愿服务工作，参与“从长城发出的邀请”“在长城脚下绽放”世园会会徽、吉祥物发布会等会务服务活动；全年参与各类志愿服务的志愿者1万人次，服务总时数10万小时。依托希望工程延庆工作站争取资金46.49万元，资助中小学生342人次。

地址：延庆镇新城街2号

电话：69140120

（卢佳）

【团区委第一届代表会】 1月17日召开。会议通过共青团北京市延庆区一届委员会书记、副书记、常委和委员名单；审议共青团延庆县第十七届委员会工作报告；通过关于共青团延庆县第十七届委员会工作报告的决议。

（赵东冉）

【禁毒志愿者队伍成立】 2月18日，联合区禁毒办成立禁毒志愿者队伍，各基层团组织52名负责人正式成为延庆区禁毒志愿者。当天开展专项培训并观看禁毒宣传片。年内，禁毒志愿者先后在各自单位开展以“合成毒品危害”为主要内容的禁毒宣传活动，并带动家庭成员珍爱生命、远离毒品、参与禁毒。

（贺雪）

【地球日植树活动】 4月24日，第47个世界地球日之际，组织社区青年汇、基层团干部等100人参加京冀青少年“增绿减霾共迎冬奥”暨北京市延庆区“冬奥青年林”植树活动。团中央书记处常务书记、全国青联主席贺军科等人与700名青年代表一起种植2022颗树苗。

（赵东冉）

【五四青年节表彰活动】 5月4日，举办“助力世园畅想冬奥舞动青春贡献力量”纪念五四运动97周年、建团94周年庆祝活动暨青年典型表彰活动。对30名获得“中国梦·青年志——寻找身边的好青年”称号的优秀青年代表和北京市五星级志愿者进行表彰。全区各行业优秀青年和学生代表200人参加活动。

（赵东冉）

【六一慰问】 5月27日至6月1日，走访慰问学龄前儿童、山区贫困学生、残障儿童、外来务工人员子女等群体，覆盖各类儿童500人，发放慰问物品1000份。

（贺雪）

【端午文化节诗文诵读大赛】 6月9日，“迎世园盼冬奥诵离骚古韵抒爱国情怀传中华美德”延庆区青年诗文诵读大赛在延庆妫川广场举行。大赛设13个项目，中小学生、高校学生、团员青年等50人参加比赛。《端午节》《相约冬奥会》获最佳表演奖，《中华少年》《风起兮》《我爱你，祖国妈妈》等分获一、二、三等奖。

（贺雪）

【青年创业大讲堂】 8月25日，举办延庆区社区青年汇青年创业大讲堂暨延庆区创业青年宣讲活动，特邀区工商联主席、91金融创始人、董事长、CEO许泽玮授课。许泽玮结合个人成长和创业历程，分析绿色发展大事给延庆青年带来的机遇和挑战，激励青年创业奉献。团区委机关干部和百名基层团组织代表参加活动。

（贺雪）

【第九届大学毕业生基层服务团上岗】 9月5日，完成第九届大学毕业生基层志愿服务团的审核、体检、面试、岗前培训等相关工作。30名志愿者到各二级班子单位正式上岗，开展为期一年的志愿服务工作。

（张景睿）

【阳光青少年家庭中秋专项活动】 9月15日，联合井庄镇开展“游花海聚乡宴享团圆”活动，到南老君堂花海合影并参观乡情村史陈列馆。5个阳光青少年家庭参加活动。

（贺雪）

【对口支援活动】 11月4日，团区委到对口支援的内蒙古自治区乌兰察布市兴和县，为贫困青少年捐赠图书300册、学习用品40套、衣物70件，2所“红领巾梦想号”留守儿童关爱站点捐赠建设经费2.5万元。并与当地青年创业者交流经营管理经验。

（贺雪）

【青年创业培训班】 11月15—18日举办。各乡镇基层团组织、学校和社会学院70人参加。青商会会员现场教学，培训课程包括青年致富带头人经验分享，创业项目选择、市场营销、商务合同签订的风险防控等。

（贺雪）

【农村青年情况调研】 12月，在全区18个乡镇街道开展延庆区18—35周岁青年抽样调查活动。通过入户问卷、座谈访问等形式摸查农村青年底数，掌握流动方向和需求，以便于开展针对性服务。

（赵东冉）

【创城志愿者服务】 年内，开展以“创文明城区办百姓实事迎世界盛会”为主题的万人志愿行动，开展交通引导、环境保护、文明劝导等主题活动20次，1000人次参与。

（张景睿）

延庆区妇女联合会

【概况】 延庆区妇女联合会（简称区妇联）是在区委领导下的社会群众团体组织，机关内设办公室、组宣部、权益部、儿童部（妇女儿童工作委员会办公室）4个职能部室，所属两个事业单位：延庆区妇女儿童社会服务中心和延庆区妇女权益指导服务中心。全区有15个乡镇妇联，3个街道妇联，90个行政机关企事业单位妇委会，376个村妇代会，46个社区妇联，在15家“两新”组织中建立了妇联组织。年内，以“双学双比”“巾帼建功”“最美家庭”

创建活动为载体，组织引导妇女参与全区的政治、经济、文化、社会、生态文明建设。完成全区各基层单位妇联换届选举工作。开展“孤残儿童慰问”“关爱单亲母亲”等救助活动12次，慰问困难妇女儿童7025人次，发放慰问款和物资拆款76万元。先后开展“情暖三八节”慰问行动、“感恩母亲”亲子体验活动和“姐妹牵手邻里互助”巾帼志愿行动。开展家庭公约进校园系列讲座，600名家长参加活动。截至年底，举办手工艺、职场礼仪、新任职妇联干部、有效沟通、舞蹈等各类培训51场，直接受益3595人次。全区各级妇联组织共开展普法宣传活动174场次，发放《反家庭暴力知识手册》《妇女权益保障法》、禁毒防艾知识手册、折页等各类宣传材料3.25万份，受益妇女1万人次。

地址：延庆镇新城街2号

电话：69143467

（李卉冉）

【恒爱行动】 1月8日，由区妇联主办、天使妇女儿童之家承办、多家爱心企业支持的恒爱行动——“百万家庭亲情一线牵”公益活动启动。该活动为孤残困难儿童编织毛衣献爱心，毛线由恒源祥公司赞助。80名爱心妈妈报名参与，编织毛围巾100条、毛衣10件。

（李卉冉）

【两节慰问】 1月26日，区妇联、北京妇女儿童发展基金会延庆工作站共同启动“营造温暖之家共享美好生活”2016年元旦、春节期间走访慰问活动。慰问对象包括老妇救会主任、农村贫困“两癌”患者、单亲贫困母亲、低收入困难妇女家庭等困难群体266人，发放慰问金33.78万元。

（李卉冉）

【5单位10人获市级表彰】 3月2日，区园林管理中心、延庆十一学校、区国税局绩效管理工作办公室、工商局延庆分局、墨墨祝福志愿者协会5个单位获“北京市‘三八’红旗集体”荣誉称号。丁玉玲、董晓旭、李艳芬、张文静、李丽华、冯亚玲、王君玲、赵俊英、沈雁鹏10人获北京市三八红旗奖章。

（李卉冉）

【“三八”妇女维权周活动】 3月3日，区妇联、区司法局、区卫计委、区禁毒办、儒林街道等部门联合开展第十七个“三八”妇女维权周活动。以“建设法治中国首善之区·巾帼在行动——维权服务进社区、进家庭、到身边”为主题，开展宣传咨询活动；进行入户宣传并向社区居民现场发放“反家庭暴力法”“妇女权益保障法”“禁毒防艾知识手册”等宣传品2000份。

（李卉冉）

【系列亲子活动】 3月5日，区妇联妇女儿童社会服务中心举办迎三八“体验传统文化筑梦精彩世园”亲子DIY活动，设置布贴画、皮雕、彩绘葫芦、树叶画、五谷画、五彩轻泥6个项目，80个家庭200人参加活动。4月30日，在夏都公园举办“劳动创造未来春天放飞梦想”“五一”劳动节亲子活动，100个家庭参与活动。6月9日，在儿童游乐园举办“五彩丝线系深情快乐端午粽飘香”端午传统文化体验亲子活动。120个家庭参与活动。9月10日，针对5~7周岁的儿童和家长开展“迎中秋亲子派对”冰皮月饼DIY活动，60个家庭参加。9月24日，在葡萄博览园举办“亲子筑梦世园举家助力冬奥”2016延庆亲子户外拓展活动，5~12周岁儿童和家长70个家庭参与；北京市妇女儿童社会服务中心和区妇联领导出席活动并为“家庭教育沙龙”爱心志愿者颁发荣誉证书。

（李卉冉）

【区第一次妇女代表大会】 3月29日召开，全区202名优秀女性代表出席大会。会议通过《延庆县妇联第八届执行委员会工作报告的决议》，选举产生了延庆区妇女联合会第一届执行委员会；召开一届一次执委会，选举产生了新一届常委会，选举出主席、副主席。市妇联党组书记、主席马兰霞和区委领导李志军出席开幕式并讲话；区领导及全区各人民团体主要负责人、往届县妇联老同志应邀出席大会开幕式，各乡镇、街道、工委妇联负责人列席大会。

（李卉冉）

【市专家组基地评估】 3月23日，市妇联、市科委、市农科院联合组成专家组，对区妇联申报的“首都巾帼现代农业科技示范基地”——北京珍珠山水种植专业合作社进行现场评估。市专家组充分肯定合作社发展现况，并就存在的问题提出指导建议，同时进行现场对接。

（李卉冉）

【家庭儿童剧公演】 5月8日，延庆区“家庭剧乐部”排演的家庭儿童剧《戒网总动员》《放飞梦想》正式公演。300名小朋友和家长观看演出。

（李卉冉）

【“六一”展示活动】 5月29日，区妇联在妇儿中心举办“传承优良家风畅享幸福童年”欢度“六一”展示活动，百余家庭参加。与会区委领导为“最美家庭”标兵代表、“最美家庭”组织奖、优秀宣讲员和首都“和谐家庭”颁发荣誉证书。

（李卉冉）

【“最美家庭”宣讲活动】 6月8日，由区委宣传部、区纪检委和区妇联共同主办的“传承优良家风共建大美延庆”——“最美家庭”宣讲团走进社区活动在行政综合楼第七会议室举行首次宣讲。香水园街道12个社区80名居民参加活动。“最美家庭”宣讲团成员包括“尊文重教、科学教子、热心公益、孝老爱亲、绿色环保”等典型家庭。年内，宣讲团走进机关、乡镇、社区、乡村开展宣讲，受众1000人次。

（李卉冉）

【一届二次执委扩大会】 6月21日召开，会议通过《北京市延庆区妇女代表大会代表联系制度》，并对2016年北京市三八红旗集体和三八红旗奖章获得者进行表彰。各乡镇、街道、行政机关企事业单位妇联干部参加会议。

（李卉冉）

【“6·26”国际禁毒日活动】 6月26日，区妇联围绕“拒绝毒品诱惑、拥抱阳光生活”宣传主题，开展文艺演出和图片展览宣传活动106次，受教育群众8000人次。

（李卉冉）

【第四届职业技能大赛】 7月25日，北京市第四届职业技能大赛钩针纺织初赛在区举办，全市50名钩针纺织爱好者参加比赛。最终评选出20名优秀选手进入决赛，其中延庆选手高书平、孙淑娟获全市工艺画类银奖和雕刻类铜奖。

（李卉冉）

【村妇代会换届完成】 9月底，全区376个行政村完成妇代会换届选举，产生376名妇代会主任。同期选聘兼职副主任590名，人员组成为村中的女村委、女支委、女典型、文化组织员、志愿服务带头人等。

（李卉冉）

【获得全国荣誉】 9月，北京市延庆区康庄镇康大姐志愿者协会被评为全国优秀巾帼志愿服务队。12月12日，延庆区康艳云家庭获第一届全国文明家庭称号，受到习近平总书记会见。

（李卉冉）

【家庭公约进校园】 8月26日，区妇儿中心依托北京市妇儿中心“北京妇女儿童能力提升工程”项目，聘请中国家长教育研究所所长、北京大学家庭文化与家长教育研究所所长齐大辉教授，为延庆区第三小学和第四小学的一年级家长讲解“家庭公约”，400名家长参加活动。

（李卉冉）

【首届月嫂育婴早教培训班】 10月12—19日，争取北京妇女干部学校项目举办第一期月嫂育婴早教培训班，30名妇女参加培训。培训为期8天80学时，包括家政基础知识、产妇生活照料、产褥期照料、新生儿照料、月子餐制作、产后心里疏导、形体恢复训练等内容，通过理论和实操考试，所有学员都取得结业证书。

（李卉冉）

【社区家长学校培训】 10月26日，由区文明办、区社工委、区教委、区总工会和区妇联共同主办的“家庭教育指导服务的创新发展”暨社区家长学校培训，在区总工会一楼多功能厅进行，邀请儿童教育专家、教授、中国儿童中心党委书记、全国妇联家庭教育研究指导中心主任从中笑老师授课。30个社区家长学校骨干及基层妇联干部135人参加培训。

（李卉冉）

【花卉园艺培训班】 11月22—25日，区妇联承办为期4天的花卉园艺培训班，70名妇女参加培训，其中低收入妇女占52%。培训内容包括新农村建设的典型模式及案例分析、芽苗菜种植方法，水培土培花卉种植方法、插花、压花知识及实操。

（李卉冉）

【职业技能大赛颁奖活动】 12月9日，北京市第四届暨延庆区第一届职业技能大赛颁奖活动在文化馆小剧场举行。妫水女手工艺发展促进协会巧娘巩国防获“延庆十大技能达人”称号，会员周利、孙淑娟、延红、高书平、卢宝枝、唐秋云、朱秀雷、杨东旭、宋士格9人的作品获“延庆十大特色创意礼物”称号。

（李卉冉）

【妇女发展培训班】 12月28日—30日，区妇联联合水务局移民办举办“巾帼扮靓世园”妇女发展培训班，邀请世园会宣讲员、区农业推广站高级园艺师和延庆职教中心教师讲授世园知识、家庭园艺设计、园艺与民俗旅游、插花知识与实操等课程。库区移民妇女、基地负责人、民俗户代表、有创业意愿的低收入妇女100人参加培训。

（李卉冉）

【“一元捐”活动】 年内，区妇联开展“节约一元钱、献出一份爱”——每个家庭节约一元钱长效募捐活动，79家单位参与，募集善款29.31万元。

（李卉冉）

延庆区科学技术协会

【概况】 延庆区科学技术协会（简称区科协），是区委领导下的科技工作者群众团体、北京市科协的地方组织。设办公室、科普学会部2个科室，编制9人。年内，依托“延庆科技之家”，实施“科普惠农”“科普益民”和全民科学素质工程，成功举办“第十八届北京延庆科普之春”和“第二十二届延庆科技周”，全年完成各项实用技术培训班102个，聘请市级专家64人次，实际培训8630人次，向市、区报送各种信息90条。

地址：延庆镇高塔街58-1号

电话：69141533

（郝合奎）

【4家企业参加市农产品展销会】 1月20—31日，北京市第一届惠农绿农迎新春绿色农产品展销会在京举行。区科协组织推荐延庆区王木营蔬菜种植专业合作社、张山营五福兴农专业合作社、归原生态农业发展有限公司和北菜园农业科技发展有限公司参加展销会，展出绿色有机农产品、无公害农副产品30个品种。

（郝合奎）

【市科协调研】 1月26日，北京市科协副主席一行就科技套餐工程——都市型现代农业示范基站建设工作，到区科协进行调研。要求延庆区要创新工作思路，使农村科普工作模式得到新转变、力度得到新提高、制度得到新完善。同时要做好基站示范带动作用，并向赤城、怀来等地延伸，加大京津冀一体化合作力度。

（郝合奎）

【参加百万家庭数字生活技能大赛】 1月28日，由北京市科协、市经信委、市妇联共同主办的“第十二届北京百万家庭数字生活技能大赛总结表彰会”上，区科协以715.36分的总成绩，获得大赛组织工作一等奖，四海镇、百泉街道、香水园街道分别获得数字魅力社区称号。

（郝合奎）

【“学雷锋增学识科普进社区”活动】 3月9日在儒林苑社区举行。通过向过往居民发放科普知识手册、挂图、设立科普知识展板等方式，向辖区居民传播科普知识，用实际行动践行雷锋精神。活动期间发放科普挂图、图书等各类宣传品500份。

（郝合奎）

【科技下乡活动启动】 3月9日，在永宁镇启动“送科技下乡，帮农民致富”2016年科技下乡活动第一站。为居民现场发放生物技术、种植技术、科普口袋书等科普图书340本；冬奥知识、应急常识等科技挂图260张；并向城乡居民介绍“延庆科普”微信平台相关情况。

（郝合奎）

【科技套餐项目三次对接指导】 3月10日，北京植物病理学会秘书长裘季燕一行到北菜园农产品产销专业合作社进行科技项目配送交流。3月15日，在市科协科技套餐工程项目对接会上，区与北京土壤学会、农学会、信息化协会等13家科技专家团队达成项目合作意向27个。4月19日，北京农学会陶铁男会长一行4人到延庆落实年内科技套餐对接项目6个。

（郝合奎）

【果树春季管理技术培训】 3月29日，与区园林局、北京夏都果业专业合作社、区果树协会等单位联合开展2016年度延庆区科普之春系列活动之果树春季管理技术培训。北京农科院植保所、北京市农业局土肥站、北京农科院林业果树研究所等单位9名专家就果树病害综合防治技术、果树肥水管理技术、葡萄栽培管理新技术等进行为期3天的培训。延庆区果树乡土专家、果树种植大户、北京夏都果业专业合作社社员、区园林局果树技术从业人员等100人参加培训。

（郝合奎）

【葡萄管理高新技术培训】 4月7日，邀请北京市土肥站、区葡萄研发中心、中坤落英酒庄等单位葡萄种植管理专家对“延怀河谷”产区部分从业人员进行为期2天的葡萄管理高新技术培训，怀来县林业局、延庆区葡萄及葡萄酒产业促进中心以及两地酒庄50名葡萄管理技术人员参加培训。

（郝合奎）

【科技专家做客《今日农村》】 4月20日，邀请农科院植保所专家李兴红在区广播电台《今日农村——农博士走一线》栏目现场访谈，李兴红针对葡萄病害防治相关问题进行讲解，推广葡萄病害防治新技术，帮助农民解决农业技术难题。

（郝合奎）

【崇尚科学远离邪教宣传】 4月22日，联合香水园街道东外社区联合举办“科普进社区、创新促发展——延庆区2016年科普之春”宣传活动，发放资料、挂图等500份。区科协、区司法局、区食药局、香水园街道等相关领导及社区居民160人参加活动。

（郝合奎）

【新品种引进】 5月4日，邀请北京农学会陶铁男教授一行4人，到沈家营镇前吕庄村种植合作社开展科技套餐项目，引进“张杂谷”3号、5号粮食新品种6个；实地考察土壤情况，并对改善土壤结构和地块分布提出建议。

（郝合奎）

【送农资下乡】 5月，区果树协会先后为延庆区果树专业村配送生态复合肥6.20万千克。涉及张山营、旧县、大榆树、井庄、香营5个乡镇11个果树专业村。

（郝合奎）

【为社区科普工作者“充电”】 5月11—13日，组织2015—2016年全国和市级基层科普行动计划奖补社区科普工作人员7名，到北京市科技进修学院进行为期3天的社区科普工作者能力提升培训。

（郝合奎）

【全民科学素质提升行动培训会】 5月20日，举办“2016年度全民科学素质提升行动”专场培训会；邀请北京脑血管病防治学会常务理事杨军老师、北京科技报社记者王亚萍老师授课；区农业局农业技术员120人参加培训。现场发放科普口袋书调查问卷、科普宣传品400份。

（郝合奎）

【北京农学会为榛子基地指导生产技术】 5月31日，邀请北京农学会陶铁男教授一行3人对珍珠泉乡下花楼、秤沟湾等村榛子生产技术进行实地指导。

（郝合奎）

【老年人科普知识竞赛】 6月2日，区科协、区老干部局、区老年书画研究会联合举办“科普杯”知识竞赛笔试，108名老年人参加；成绩前21名组成7支参赛队进行决赛，张学、陈银平、王淑华获得冠军。

（郝合奎）

【两次慰问孤儿】 6月3日和7月28日，区科协先后两次到北京市延庆区仁爱协会“玛尔达之家”孤儿院进行志愿服务和慰问活动，捐赠价值5000元2000册科普书籍以及高清显微镜、四轮飞行器、鲁班锁等70种科学益智玩具；并现场开展“百万数字家庭”科普宣传活动。

（郝合奎）

【科普广场舞汇演】 7月6日，区科协、区委防范处理邪教办和区体育局联合举办以“崇尚科学、拒绝迷信、抵制邪教、珍爱生命”为主题的延庆区2016年科普广场舞大赛暨延庆区反邪教科普宣传月活动。31支代表队参赛，国润家园、振兴北、石河营东、东外、新兴西等5支社区代表队获一等奖，人保局退休干部活动中心等10支代表队获二等奖，双路、恒安等16支社区代表队获三等奖。

（郝合奎）

【“E家科学课”进乡村活动】 8月12日，区科协联合大庄科乡开展“2016年第十三届北京百万家庭数字生活大赛“E家科学课”培训活动。邀请国家二级公共营养师、首都保健营养美食学会理事、北京BTV生活频道营养嘉宾芦俊竹为大庄科乡铁炉村100名村民做“小标签、大学问”科普讲座。

（郝合奎）

【公务员科学素质大讲堂】 9月23日，联合区人力社保局开展公务员科学素质大讲堂活动，结合2016年百万家庭数字生活技能大赛，邀请北京晨报主编王巍老师为100名初任公务员和大学生村官进行摄影基础知识讲座。

（郝合奎）

【科学素质演讲比赛】 9月27日，与区人力社保局共同举办“提高科学素养，做一名合格的公务员”科学素质演讲比赛，100名初任公务员参加活动。经初赛选拔出15名选手进入决赛并现场演讲。最终评出一等奖1名、二等奖3名、三等奖6名。

（郝合奎）

【中国园艺产业发展论坛】 10月19日，由中国农业技术推广协会园艺产业促进分会和北京市农村专业技术协会主办、世园会延庆区筹备办、区园林局、区科协共同承办的第19届北京科技交流学术月活动暨2016年中国园艺产业发展论坛——延怀河谷葡萄产区建设发展论坛在延庆举办。中国农科院、中国林科院、河北农业大学、中国农大等科研院所专家，延庆区乡镇科协、相关企业代表及专业技术人员100人参加活动。论坛分为报告研讨与实地考察参观两部分，20名专家做主题报告，内容涉及园艺产业转型升级、世园会规划现状、园艺产业聚集区的创建与规划、植物土传病害防控技术、互联网+葡萄产业转型升级、智能化远程控制节水技术、葡萄文化健康产业创新发展的思考、张家口葡萄产业现状等内容。

（郝合奎）

延庆区残疾人联合会

【概况】 延庆区残疾人联合会（简称区残联），是区委、区政府领导下残疾人自身代表组织、社会福利团体和事业管理机构的残疾人事业团体，是中国残联的地方组织。内设政办室、残疾人康复服务指导站、残疾人劳动就业服务中心、残疾人文化体育指导站、残疾人组织联络中心等5个科室及下属事业单位，编制21人。年内，招聘社工9人、编外合同制工人10人、协管员17人。新安置371名残疾人就业，新建扶贫助残基地4个，直接安置和辐射带动603名残疾人从事种植业。社会保障实现应保尽保，为5937名残疾人提供生活补助，为3663名残疾人发放养老助残券，走访慰问5516人次，发放慰问品及慰问金352.6万元。完成家庭康复培训507人、业务培训374人、成年肢体残疾人康复训练50人，为129人提供辅具免费租赁服务。举办文体活动117场次，开展“庭院式”法律宣讲活动40场次，参与活动2万人次。在18个街镇成立消费维权工作站，在市区各类媒体发布信息293条。

地址：延庆镇百泉路37号院

电话：69102602

（李征）

【区残联第一届主席团第一次会议】 1月25日召开。会议表决通过调整第一届主席团副主席和委员的决议，听取区残联第一届主席团第一次会议工作报告以及2015年度残疾人就业保障金收支等情况。

（李征）

【春节慰问活动】 春节前夕，市、区领导，乡镇残联相关负责人，在全区开展走访慰问贫困残疾人活动，送去新春的问候和祝福。走访慰问贫困残疾人6088人，支出慰问经费387.86万元。

（李征）

【市残联残疾人滑雪队正式成立】 2月17日，北京市残联残疾人滑雪队正式成立，在石京龙滑雪基地进行集中封闭训练，为备战2022年冬残奥会，培养优秀残疾人雪上项目运动员。

（李征）

【“第十七个全国爱耳日”活动】 3月3日，区残联和八达岭镇残联在八达岭镇中心小学举行爱耳日宣传活动，邀请社区卫生院专业医生讲解爱耳护耳知识。全区各乡镇、街道同时开展听力残疾的预防与康复知识宣传，发放材料3000份。

（李征）

【第二期书画班举办】 4月10日，区残联在区社教中心举办第二期书画班，聘请区内书法绘画名师现场辅导示范，各街道乡镇22名学员参加学习。10月，书画班学员选送18幅作品参加延庆区第一届书法篆刻大赛，2幅作品获一等奖，4幅作品入选区文化馆。

（李征）

【第一届残疾人运动会】 5月11日，区残联主办、区体育局承办的第一届残疾人运动会在区体育场举行。比赛设立立定跳远、踢毽子、轮椅定点投篮、集体跳绳和拔河等13个项目，分为青年组、中年组和老年组；全区18个乡镇、街道残联和区特教中心组织459名运动员参加活动。

（贾子豪）

【助残日活动】 5月13日，为迎接“第26次全国助残日”，中国残疾人艺术团、延庆区残联、张山营镇政府联合在张山营镇文化中心举办“走基层送文化”专场慰问演出活动。中残联宣文部、中国残疾人艺术团、延庆区委相关领导出席活动，400名残疾人及家属观看演出。

（李征）

【中式面点培训班】 6月29日至7月1日，区残联在延庆一职为残疾人举办中式面点培训班，传授基本面点知识和制作技术，76人参加培训。

（李征）

【第八届残疾人职业技能大赛】 7月15—20日，区残联在延庆一职承办北京市第八届残疾人职业技能大赛（刺绣和中式面点）项目初赛，全市13个区163名残疾人参加比赛。

（李征）

【第三届社区残疾人艺术汇演】 8月23日，在沈家营镇温馨家园举办。全区18个乡镇、街道残联选送歌曲和综合类节目34个，120名演职人员参加活动。

（李征）

【庭院式残疾人法律服务活动】 年内，邀请市残联委派的岳成律师事务所律师深入社区和乡村为残疾人提供现场法律服务40场次，内容包括：法律纠纷调解、婚姻法、继承法等法律知识，并现场为残疾人答疑解惑。

（李征）

【助残服务】 年内，对龙庆峡和八达岭青龙谷重点景区进行无障碍设施改造，包括游船安装轮椅、修建坡道和安装升降电梯平台等。对香水园街道、百泉街道、儒林街道残疾人相对集中的6个社区180栋楼房安装楼道扶手3万延米，受益3624人。为260名一级特困无人照顾残疾人家庭提供送餐服务。残疾人危旧房改造12户，补贴金额48万元。

（李征）

延庆区文学艺术界联合会

【概况】 延庆区文学艺术界联合会（简称区文联）是区委、区政府联系全区文艺工作者的桥梁和纽带，履行联络、协调、服务职能。下属作家、美术、摄影、书法、楹联、诗词、戏剧、曲艺、音乐、根雕、民间文艺、老年书画研究等18个协会。会员总数2139人。其中市级会员443人，国家级会员67人。年内，按照“贴近实际，贴近生活，贴近群众”要求，以队伍建设、展示艺术家风采、文艺创作等为载体，围绕中心，服务大局，举办一系列文艺活动，编辑出版文学季刊《妫川》4期，举办大型活动8次。

地址：延庆镇西街1号
电话：69186426

（孙国强）

【送春联下基层】 元旦、春节期间，组织书法协会、硬笔协会、老年书画研究会会员310人次，到15个乡镇和3个街道办事处的7个社区，走进100户家庭，为老党员、贫困户和持有慈善卡的老人现场书写、赠送春联5000副。

（孙国强）

【第十四届迎春征诗征联活动】 1—3月，区委宣传部、区世园会筹备办公室、区文委、区文联、区诗词楹联学会联合举办“我心中的世园会”暨第十四届迎春征诗征联活动。全国20个省、市、自治区1500人投稿，其中对联作品5000副、诗词作品500首。评出诗词、楹联一等奖各3名、二等奖各6名、三等奖各10名。诗词入围奖27名，对联入围奖39名。

（孙国强）

【“京宛情长”书画联展】 4—9月，河南内乡——北京延庆“京宛情长”书画摄影联展开幕式在河南内乡县县衙历史文化街区和延庆区文化馆展厅同时开幕。联展以书法、绘画作品为主，展出两地艺术家120幅作品。

（孙国强）

【区作协成立】 6月3日，北京市延庆区作家协会成立大会暨第一次会员代表大会召开，56名会员代表参会。会议通过《北京市延庆区作家协会章程》，选举产生协会主席、秘书长和理事会。中国作家协会、北京作家协会发来贺信，市作协和区委主管领导出席会议并讲话。

（孙国强）

【“秀美乡村成风化人”活动】 6月23—26日，首都师范大学美术学院师生24人在延庆镇唐家堡村开展墙体绘画创作活动。完成600平方米的墙体绘画。区文联组织30名美协会员参与活动。

（孙国强）

【诗歌楹联征集暨首届书法篆刻大赛】 6月，组织“纪念建党95周年、长征胜利80周年”诗歌楹联征集暨延庆区首届书法篆刻大赛活动。区内8位楹联作者以党代会精神为主题撰联200副，评出65副优秀诗联，刊登于区内报刊媒体。书法篆刻大赛分成人、少儿组，分设硬笔、软笔和篆刻。收到书法篆刻稿件500件，评选出成人硬笔获奖者17名；成人软笔获奖者64名；少儿硬笔获奖者64名；少儿软笔获奖者37名。10月21日开始，获奖作品在区文化馆进行为期一个月的展出。

（孙国强）

【动漫宣传片《画说延庆》推出】 年内，由区委宣传部牵头，区文联组织区内文化工作者、文化名人，以妫水河、八达岭长城、青龙桥火车站、王次仲的故事等历史文化元素为主要题材，结合世园会、冬奥会等世界级绿色发展大事，完成10集动漫宣传片故事脚本创作。聘请国内知名动画设计师、配音师，进行动漫片制作。年底前全部完成。

（孙国强）

延庆区红十字会

【概况】 延庆区红十字会（简称区红十字会）是区委、区政府领导下，从事人道主义工作的社会救助团体，协助政府独立自主地开展与自己职责有关的工作。2004年开始独立办公，机关内设办公室和业务部，下属事业单位应急救护指导中心。有基层红十字会组织76个，志愿工作者230人。年内，出台《延庆区红十字会应急救助办法"，完善"延庆区红十字会少儿大病救助申请表"。筹集32万元资金，开展两节"送温暖"活动，慰问687户1374人。发放救助款5.7万元，走访慰问75名因大病致贫、返贫的患者，每个家庭给予500—2000元生活救助。发放19.5万元救助金，救助患大病少儿11人次。全区215个单位1.6万人次参加捐款活动，全年接收社会捐款96.13万元。

地址：延庆镇西街1号
电话：69104066

（曹军娟）

【博爱在京城"募捐】 4—6月，开展"博爱在京城"募捐筹资活动，全区218个单位1.58万人捐款95.46万元。

（曹军娟）

【"五八"博爱文化月系列活动】 5月8日，在延庆第三中学、区人保局和儒林街道开展红十字常识大讲堂活动；在全区建会学校开展纪念"五八"红十字日黑板报评比活动；在中小学校开展避险逃生演练活动。

（曹军娟）

【红十字知识宣传】 5月12日全国防灾减灾日和9月10日世界急救日期间，联合区卫计委、区旅游局、区地震局、区交通大队等部门，面向社区居民、乡镇护林员、学生、景区服务人员、各行业服务人员等人群，采取摆放宣传展板、发放宣传材料、现场示范等群众喜闻乐见的形式宣传红十字知识，发放宣传材料6000份。

（曹军娟）

【为洪涝灾区募捐】 7月，根据京红〔2016〕101号文件精神，开展为全国洪涝灾区募捐工作，接收社会各界爱心人士捐款1824元，全部上缴北京市红十字会。

（曹军娟）

【博爱助学】 年内，为爱心人士和困难学生搭建爱心平台，架起一对一救助桥梁，全年有9人次得到助学款5200元。

（曹军娟）

【应急体系建设】 年内，开展应急知识进社区、进校园、进农村、进机关、进景区和进企业活动，培训2740人，其中76人通过市红十字会技能考核取得急救员证书。

（曹军娟）

（责任编辑：王新华）

法治 军事

法 治

综述

【概况】 中共北京市延庆区委政法委员会（简称区委政法委），是区委主管政法工作的职能部门，区维护稳定工作领导小组办公室、区社会管理综合治理委员会办公室、区流动人口和出租房屋管理委员会办公室与区委政法委合署办公。区委政法委内设副处级部门1个，办公室、政工科、组宣科、综合科、法制监督科、综治科、维稳科、指导科8个行政科室。有行政编23名，事业编6名。年内，紧紧围绕全区中心工作，服务大局，全面深化平安延庆、法治延庆和过硬队伍建设，群众安全感继续保持全市前列。着力推进司法体制改革，作为民主政治法治建设领域与社会治理体制改革专项小组牵头单位，履行组织协调工作职责，推进各项改革事项顺利开展。完成“完善重大行政决策和行政规范性文件合法性审查机制”“建立流动人口动态管理机制”等改革事项4项，经区委、区政府审议通过并在全区组织实施。

地址：延庆镇新城街2号
电话：69103498

（王丹丹）

【政法综治工作会】 2月3日召开。会议总结2015年政法综治工作，分析当前政法综治工作面临的形势，区政府分管副区长全面部署2016年政法综治工作。主管副区长、“两院”院长以及区政法委全体委员出席，区处级班子单位分管负责人等300人参加会议。

（王丹丹）

【社会稳定风险评估工作会】 4月11日召开。会议传达市“稳评”会议精神，围绕世园会举办、冬奥会筹办中心工作，对2016年“稳评”工作进行部署。截至年底，完成世园会配套道路建设、南菜园1—5巷棚户区改造等重大决策社会稳定风险评估备案工作，做好源头预防，防止引发社会矛盾。

（王丹丹）

【“忠诚卫士”主题宣讲】 8月初，组建由政法各单位宣讲员参加的“忠诚卫士”宣讲团，26日在区行政综合楼会议室，以“社会主义核心价值观”为主题举办首场宣讲，区委宣传部调研组、区委政法委及政法各单位分管负责人和干警代表百人参加。

（王丹丹）

【社会矛盾排查化解】 年内，充分发挥信访联席会议和涉法涉诉专家组作用，在全区开展矛盾纠纷大排查12次，专项排查5次，重点矛盾纠纷全部落实领导包案制度，逐人逐案建立《包案领导及责任人汇总表》和化解稳控方案，明确化解责任、时限和目标，确保重大活动、敏感期间未发生群体性事件和个人极端行为。

（王丹丹）

法制政府建设

【概况】 北京市延庆区人民政府法制办公室（简称区政府法制办）是区政府工作部门。主要职责是：负责依法行政日常工作，为区政府各项重要决策提供法律、政策依据和意见；负责全区行政执法监督工作，指导行政调解和监督检查行政处罚工作；办理规范性文件备案审查工作；统一规划指导法制宣传和培训工作；承办向区政府申请的行政复议案件等。内设综合科、行政执法监督科、行政复议科、行政复议接待室、行政调解指导中心5个科室，编制18人，在岗职工13人。年内，以加强和改进行政执法、规范权力运行为重点，全面完成区和乡镇、街道二级政府法律顾问体系建设；向市政府报备区政府规范性文件9件，接受区内各部门向区政府报备的规范性文件3件。开展全区行政执法岗位目录梳理，组织行政执法人员执法资格培训考试和行政处罚案卷评查，加强对“小产权房”查处、抢栽抢种等重点领域涉法问题的研究分析；全面加强和改进行政执法，部署开展“促严格公正文明执法，树执法队伍良好形象”主题实践活动。

地址：延庆镇西街2号

电话：69183546

（潘燕）

【政府法律顾问体系建设】 年内，调整区政府律师顾问团为区政府法律顾问团，10名成员包括知名法学专家2名、知名律师8名。首次聘请乡镇、街道政府法律顾问，18名成员由市区、延庆区知名律师或律师团队组成，采取“一对一”方式，由乡镇、街道与律师签订聘用合同，顾问费用列入区级财政预算。

（潘燕）

【服务政府依法决策】 年内，区政府49次常务会议、百次专题会议形成的56项决策事项、9项改革事项、169个文件、51件合同协议，均由法制部门进行合法性审查，提出法律意见、建议500条。全程参与“6·29”燃气爆燃和“7·23”东北虎伤人突发事件的处置；为京张高铁、兴延高速、世园会园区建设、南菜园1-5巷棚改等区内重大项目提供法律服务；为《农村农民个人原有宅基地房屋建设管理办法》等重要文件制定提供法律支撑；参与康西草原合作纠纷、“辰龙国际”项目等重大矛盾纠纷依法调处工作。

（潘燕）

【行政执法监督】 年内，印发《北京市延庆区人民政府关于进一步加强和改进行政执法工作的意见》，明确加强和改进行政执法各项工作任务，完善行政执法顶层设计；落实行政执法协调机制、推行“双随机”抽查机制、推进“两法衔接”机制、实行行政执法情况“每月统计、每季度通报、每半年政府常务会听取分析报告”；建立行政处罚自由裁量权基准制度，规范行政处罚执法文书制作和工作标准，制定规范行政行为专项考评细则，重点加大对职权履行率、人均执法量、人均检查量、案卷规范率4项指标的考核力度，督促各执法部门履职尽责。

（潘燕）

【行政应诉、行政复议和行政调解工作】 代理区政府出庭应诉一审、二审、再审案件33件，采取走访、座谈、查看现场等方式调查取证295次，向法院提交答辩和证据类材料329份。接待群众来访、来电300人次，办理行政复议案件17件，以走访调查、现场勘验、听证审理等方式审结的案件占总案件70%，案件纠错率为10%。全区各行政调解主体共处理行政调解案件985件，涉及1815人次，成功化解矛盾纠纷679件，调解成功率为69%。

（潘燕）

社会治安综合治理

【概况】 延庆区社会治安综合治理委员会办公室（区综治办），是区综治委的常设办事机构，与区委政法委合署办公。负责宣传贯彻社会治安综合治理的方针政策和有关法律、法规、规章，执行上级关于社会治安综合治理工作的决定和部署；研究和制定全区社会治安综合治理措施供区委、区政府决策，并组织实施；指导协调和组织联合执法检查，推动全区各地区、各部门社会治安综合治理工作；负责掌握全区综合治理工作动态和社会治安形势；开展调查研究，总结推广综合治理工作经验和做法。

地址：延庆镇新城街2号

电话：69180523

（张世涵）

【全国“两会”服务保障工作会】 2月27日召开。李志军部署工作并强调：高度重视全国“两会”期间的安全稳定工作，时刻保持清醒头脑，切实增强政治意识、大局意识，不折不扣地把维护安全稳定各项工作落到实处；狠抓安全生产和公共安全工作，狠抓社会治安综合治理，确保水电气热等方面的正常供应和安全运行，守好北京的西北大门。

（张世涵）

【综治委第一次全体（扩大）会议】 4月19日召开。会议总结上年综治工作，分析当前面临形势，部署年内工作并提出三点建议：紧紧围绕延庆区发展大局，进一步提升平安延庆建设水平；健全落实综治领导责任制，确保延庆区综治工作取得新成效；扎实开展社会稳定风险评估工作，努力从源头预防和减少社会矛盾。区政府分管副区长及公检法领导出席，区处级班子单位分管负责人300人参加会议。

（张世涵）

【邮件寄递行业整治工作会】 4月22日召开。会议部署各职能部门对全区邮件、寄递企业进行实地检查。对此项工作提出三点建议：各企业层层落实岗位责任，做到全网覆盖无盲点；树立安全与发展并重理念，强化内部管理和自查自纠，建立健全各项安全检查制度，层层落实收寄、分拣、运输、投递等各环节安全检查责任和措施；建立隐患排查、登记、报告、整改、销号闭环管理制度，实施全员、全过程、全方位的安全防范和隐患排查治理，确保邮件、寄递工作安全稳定。

（张世涵）

【“G20”杭州峰会期维稳工作部署会】 9月1日召开。会议通报维稳形势，传达全市有关会议精神和要求，制订严密的工作措施，成立“G20”杭州峰会工作领导小组，会议强调：全面落实社会面防控责任意识，确保各项安保工作力量到位；集中精力解决一批社会矛盾纠纷和突出问题；狠抓工作落实，加强督导检查。

（张世涵）

流管、铁路护路

【概况】 延庆流动人口和出租房屋管理委员会办公室，是区“流管委”的常设办事机构，与区综治办合署办公。

地址：延庆镇新城街2号

电话：69180523

（程荣荣）

【集中开展全区流动人口和出租房屋基础调查工作】 3—5月，集中开展全区流动人口和出租房屋基础调查专项工作，按照“人来登记、人走核销”要求，实现“底数清、情况明、数字准、信息灵”的工作目标。

（程荣荣）

【开展出租房屋安全隐患排查整治】 1—2月，组织各方面力量，重点围绕火灾安全隐患，全面开展出租房屋安全隐患排查整治。

（程荣荣）

【铁路沿线安全隐患排查化解专项整治工作】 6—9月，以铁路沿线安全隐患排查整治为重点，创新工作机制，加强路地合作，全面提高联合执法水平，逐步消除铁路沿线安全隐患，专项整治行动成效初显。

（程荣荣）

公　安

【概况】 北京市公安局延庆分局主要职责是：负责掌握、处置辖区内危害国家安全和政治稳定的情况和案件；负责辖区内刑事案件的侦查工作，预防违法犯罪；负责实施辖区治安管理，处置治安案事件和其他公安行政案件；负责管理辖区实有人口、出租房屋；负责出入境管理有关事项及外事治安工作；负责实施辖区内消防监督；负责依法指导、监督、检查辖区内机关、企事业、文教单位的内部治安保卫工作；负责依法收押、监管犯罪嫌疑人、被告人和行政违法人员；参加警卫工作；组织实施社会安全防范，参与社会治安综合治理；负责交通管理工作；承办上级交办的其他事项。年内，搜集情报信息880条，完成17处检查站卡核录检查进出京车辆人员267.1万笔，查控危险可疑人员432名，查获被盗车5辆，查缴危险品违禁品900件。协同区委宣传部、网信办等部门，发起创建北京延庆“三微+”（指微信、微博和微拍客）新媒体联盟，吸纳70家延庆政府机关和社会单位新媒体入盟，基本实现对延庆区新媒体的全覆盖管控，同时健全完善分局重大敏感案事件应对处置“三同步”“5+X”和合成指挥机制，全年巡查发现处理有害信息1000条。邀请区人大代表、政协委员到分局调研检查指导工作，公布24小时监督电话，组织召开各层面征求意见座谈会21次，设立征求意见箱21个，回访报警事主243名，走访辖区群众1.2万人，征求意见建议232条。建立完成重点地区全覆盖包括2800个探头的视频监控体系，推进“一村一警”工作，组织274名民警对全区376个行政村落实包村责任。为群众提供审批、办证、咨询等窗口服务2.3万次。启动22个办理点，常态提供“5+2”办证服务，为群众办理居住证、登记卡7204个，全年窗口服务管理实现零投诉、零信访。延庆分局信访部门通过公安部信访系统“三项基础建设”工作验收，被评为全国公安信访窗口示范单位。全年完成三级以上勤务警卫工作174次，出动警力5429人次，完成35项67场次大型活动安保任务。投入旅游安保力量1.3万人次。调整领导干部18人次，组织开展教训活动52场次，受训民警1500人次，12次组织召开党建队建会商会，264次组织对基层所队开展联合检查，发现整改问题46件。

地址：延庆镇湖南西路18号

电话：81198020

（李廷昕）

【烟花爆竹案】 1月1日20时13分，延庆分局接报：在延庆镇祁家堡村西沙厂有人非法贩卖烟花爆竹。延庆分局经工作，当场查获运输烟花爆竹集装箱货车1辆，各类烟花爆竹1000箱，准备购买烟花爆竹面包车4辆、厢式货车2辆，嫌疑人均逃离现场。

（李廷昕）

【自行车购买实名制登记宣传】 1月12日，是全市自行车购买实名登记集中宣传日。上午9时，延庆分局在延庆区东外大街捷安特自行车销售商店门前设立宣传站，开展自行车购买实名登记集中宣传活动，发放宣传材料1500份，直接受众7000人。

（李廷昕）

【绑架案】 2月2日22时许，延庆分局下营公安检查站民警在对一辆黑色本田小客车进行盘查时，查获一起绑架案，抓获犯罪嫌疑人3名，经初步审讯，案犯对绑架他人的犯罪事实供认不讳，此案依法移交河北警方进一步处理。

（李廷昕）

【“2·26”持枪杀人案】 2月26日23时30分，延庆分局接市局通报，在昌平回龙观发生一起持枪伤害案，嫌疑人驾驶一辆白色捷达轿车逃离现场，要求加强查控。接报后，延庆分局立即开展查控工作，同时通报河北怀来、赤城县局对全区进出京道路封堵。27日1时20分，延庆分局巡警大队、驻区特警中队武装处突车组，在延庆镇康安小区东南门附近，将该车拦停并进行控制，车内2名杀人犯罪嫌疑人开枪自杀，在车内当场查获枪状物3把（均配有消音器）、子弹153发。

（李廷昕）

【“3·4”杀人案】 3月4日，延庆分局经工作，破获一起杀人案，将杀人犯罪嫌疑人抓获。经审讯，犯罪嫌疑人供述：当日7时许，因邻里纠纷，持镐把将他人打伤（1人因抢救无效死亡），案发后潜逃。

（李廷昕）

【技术开锁入室盗窃案】 4月1日，延庆分局经工作，抓获3名技术开锁入室盗窃犯罪嫌疑人。经审讯，3人供认通过技术开锁盗窃小区居民家中钱物的犯罪事实。之后，在北京暂住窝点起获大量赃物。

（李廷昕）

【"6·10"杀人案】 6月11日，延庆分局刑侦大队经工作，将涉嫌故意杀人犯罪嫌疑人抓获。经审讯，犯罪嫌疑人交代因怀疑其妻与本村村民有不正当关系，6月10日携带单刃刀将他人及其妻扎伤后逃跑的犯罪事实。受伤男子经延庆区医院抢救无效死亡，其妻为左腹部贯穿伤。

（李廷昕）

【执法办案管理中心全面启用】 6月16日上午，召开执法办案管理中心运行工作部署会议并全面启用分局执法办案管理中心。年初区财政投入500万元，6月建成分局执法办案管理中心。

（李廷昕）

【盗窃文物案】 6月19日，延庆分局刑侦大队经工作，破获"5·18"盗窃千家店镇大石窑村下马鹿沟东南台地文物案，将4名盗窃犯罪嫌疑人抓获。经审讯，4名盗窃文物犯罪嫌疑人对盗窃犁铧、金属剑、金属锅等文物的犯罪事实供认不讳。

（李廷昕）

【系列抢劫案】 7月14日，延庆分局刑侦大队在海淀分局的协助下，将2名抢劫犯罪嫌疑人抓获。经审讯，2人供认于在7月10日22时许，抢劫一男子的机动车；7月12日23时许，抢劫一女司机现金200元和一部OPPOR7手机及银行卡等物品。

（李廷昕）

【水库泄洪现场维护】 7月20日21时，因连续降雨，龙庆峡水库、佛峪口水库超警戒水位。21日9时，区相关部门采取围设导流渠等措施，将泄洪水引致附近水域。延庆分局交通大队等相关单位派警力维护秩序。

（李廷昕）

【重大活动安保工作】 7月31日19时10分至20时30分，由北京冬奥组委、北京市人民政府主办，北京冬奥组委新闻宣传部、延庆区人民政府承办的"世界的2022—来自长城的邀请"北京冬奥组委官网发布、会徽征集暨北京申冬奥成功一周年纪念活动在延庆八达岭长城望京广场举行。延庆分局出动14个部门310名（其中民警80名、保安230名）警力，完成安保任务。9月19日晚，2019年中国北京世界园艺博览会会徽吉祥物发布会，在延庆区八达岭长城望京广场举行。延庆分局出动安保力量180人（其中民警29名、保安员151名），确保出席嘉宾代表绝对安全和发布活动有序进行。

（李廷昕）

【故意伤害案】 8月24日，分局刑侦大队经工作，将5名故意伤害犯罪嫌疑人抓获。经审讯，犯罪嫌疑人交待8月13日20时许，在延庆区延庆镇某KTV包房内，因服务问题引发矛盾，将客人打伤的犯罪事实。

（李廷昕）

【中央首长视察警卫任务】 9月2日上午，中央政治局常委、国务院副总理张高丽，中央政治局委员、国务院副总理刘延东，中央政治局委员、北京市委书记郭金龙及相关中央、北京市领导到延庆视察京张铁路青龙桥站及在建八达岭长城站。延庆分局出动87名民警，完成安保任务。

（李廷昕）

【系列盗窃农村村委会案破获】 11月22日，分局刑侦大队在市局十二总队配合下，将系列盗窃村委会案犯罪嫌疑人抓获。经审讯，嫌疑人供述在延庆区多次盗窃农村村委会、卫生院的财物，涉案物品包括笔记本电脑等，总估价8万元的犯罪事实。

（李廷昕）

【检察院驻执法办案管理中心检察室揭牌仪式举行】 12月13日上午，区检察院驻延庆分局执法办案管理中心检察室揭牌仪式在延庆分局执法办案管理中心举行。区领导及区法院、区检察院负责人参加揭牌仪式，为区检察院驻分局执法办案管理中心检察室揭牌，并签署相关文件。与会领导围绕发挥派驻检察室职能、推进执法规范化建设等方面开展座谈交流，并进行参观检查。

（李廷昕）

【王小洪到延庆分局调研】 12月20日上午，公安部副部长、北京市副市长、市公安局局长王小洪到延庆分局调研指导工作。王小洪一行到张山营派出所，察看派出所办公和生活环境，详细了解辖区实有人口、治安状况，以及派出所警力、勤务模式、民警辅警福利待遇等情况。在执法办案管理中心，察看驻区检察官工作室、接待室等工作区域，听取各环节建设、功能及运转情况的介绍，同时听取延庆分局领导工作情况的汇报。

（李廷昕）

【群体访事件】 年内，处置各类群体访472批次9256人次，同比分别上升70.4%、67.8%。同时坚持开门接访，全年接办群众信访事项2419件，化解初信初访1290件，化解率99%。

（李廷昕）

【治安情况】 年内，破获刑事案件462起，刑事拘留犯罪嫌疑人417名，同比分别下降51.9%、上升2.2%，命案破案率连续11年保持100%。查处治安案件3571起，治安拘留处罚违法人员551名，同比分别下降4.5%、21.2%。

（李廷昕）

【交通执法】 年内，发生一般以上交通事故83起，重大交通事故45起，同比分别上升43.1%、55.2%，死亡49人，同比上升53.1%，经济损失63.76万元，同比上升166.7%。组织开展交通安全宣传活动38场次，组织签订交通安全责任书1556份，检查交通安全重点单位298家次，发放交通安全责令整改通知书216份。实施禁止机动车上路行驶处罚96家114辆机动车。开展交通执法检查和集中夜查行动93次，查处交通违法行为1.4万笔，罚款处理1800万元，暂扣违规违法机动车428辆，拘留处理严重交通违法人员155名。

（李廷昕）

【消防安全】 年内，发生火灾事故88起，经济损失53.1万元，同比分别下降5.4%、上升22.1%，没有发生火灾亡人伤人事故。推动建立社区农村和重点单位微型消防站94处，配备消防志愿服务力量303名，与186家消防安全重点单位签订责任书。检查火灾防控重点单位2858家次，发现整改火灾隐患3039处，责令“三停”（指停产、停业、停止使用）和临时查封63家，罚款处理26.9万元，拘留违法人员7人。开展消防安全宣传活动180场次，实施抢险救援162次，救助被困群众88人。

（李廷昕）

【治安监管】 年内，检查行业场所1.3万家次，发现整改治安隐患问题638处，取缔黑开场所12家。同时突出危险爆燃物品、管制刀具、烟花爆竹、预防煤气中毒、物流寄递、低慢小航空器等重点领域，固化落实超常规监管措施，做到安全检查动态化、监管责任全覆盖、重大事故零发生。

（李廷昕）

【强拆秩序维护】 年内，在大榆树镇大泥河村违建强拆工作中，配合有关部门动态排查、宣传教育重点人员60人次，并组织600名安保力量现场维护秩序，确保5栋楼房建筑面达3.8万平方米的违建拆除工作顺利开展。

（李廷昕）

【农村换届选举安保】 年内，全区376个行政村村民委员会进行换届选举工作。期间，延庆分局组织投入警力6000人次，配合走访宣传村民4万人次，“拍肩膀”教育震慑重点人员270人次，依法查处扰乱选举现场秩序人员5名，妥善处理敏感舆情信息130件次，完成换届选举安保任务。

（李廷昕）

检　察

【概况】 北京市延庆区人民检察院（简称延庆检察院）是依法履行法律监督职能的国家机关，设审查逮捕部、公诉部、未成年人案件检察部、职务犯罪侦查局、侦查监督部、刑事审判监督部、刑事执行检察部、民事和行政检察部、检察管理监督部、政治处、监察室、检察技术部、法警大队、行政事务管理局14个部门。有在职人员103人，其中公务员93人、事业编6人、聘任制司法辅助人员4人。年内，新成立职务犯罪侦查局、公诉部、未成年人案件检察部、刑事审判监督部以及“检察服务中心”并举行相关仪式。全年审查逮捕各类刑事犯罪嫌疑人148人，提起公诉256人，其中，起诉侵犯财产类、妨害社会管理秩序类及侵犯公民人身权利、民主权利类案件的犯罪嫌疑人184人，占提起公诉总人数的71.8%；起诉危害公共安全类案件的犯罪嫌疑人39人，占提起公诉总人数的15.2%。加大对新型犯罪案件的审查力度，办理辖区首例非法转让土地使用权案、首例盗掘古文化遗址案；开展打击危害食品药品安全犯罪专项工作，办理乡村医生销售假药案，就延庆区现行乡村医生管理机制存在的漏洞提出整改意见。探索开展生态检察，加强与区环境监管部门的工作衔接，针对如何服务延庆绿色发展大事进行沟通，对延庆区5起涉及环境污染的公益诉讼案件开展专项调查，实现公益诉讼立案零突破，建立破坏环境资源犯罪立案监督常态化机制。妥善化解社会矛盾，依法不批准逮捕43人、不起诉25人，检察服务中心接待来访群众498批872人次；受理控告、举报、申诉线索72件，探索引入第三方平台化解社会矛盾。保障未成年人合法权益，实现“捕、诉、监、防”一体化，将预防工作延伸到学校、社区。严格未成年人刑事诉讼程序，启用未成年人检察工作室。注重保护未成年被害人的合法权益，为未成年被害人联系心理咨询机构，申请“小额爱心救助基金”。全年查办各类职务犯罪案件23件23人，其中现职处级干部3人，职务犯罪立案数创本院近20年之最，为国家挽回经济损失4000万元。以世园会、冬奥会建设工程领域预防工作为着力点，联合区纪委、园林绿化局、住建委对工程建设、评估、审计、监理等公司开展廉政谈话23次。深入工程主责单位开展调研20次，签订《职务犯罪预防和廉政共建协作机制》。开展行贿犯罪档案查询535件950人。发挥“涉农职务犯罪预防警示教育基地”作用，开展警示教育51次，组织参观25批1700人。多次深入乡镇开展职务犯罪案例巡展、讲授法制课，受教育人员1400人；获得“延庆区2011—2015年法治宣传教育先进集体”荣誉称号。全面履行诉讼监督职责，受理立案监督案件6件10人，其中同意公安机关不立案2件2人、公安机关主动立案2件2人、通知公安机关立案2件6人。提前介入公安机关侦查3件6人，退回公安机关补充侦查49件89人；追诉2人，追加遗漏起诉罪行2起。在延庆公安分局执法办案管理中心设立派驻检察室。强化刑罚执行和监管活动监督，派驻看守所检察240天，开展社区矫正检察80天。开展羁押必要性审查，办理羁押必要性审查案件8件8人，向办案单位提出建议变更强制措施7件7人，办案单位采纳6件6人；针对在检察中发现的问题发出检察建议1份、纠正违法通知书1份。开展财产刑执行专项检察，对法院未移交、立案、执行的80件案件提出意见并得到采纳。开展对民事和行政诉讼活动的监督，受理同级监督案件3件，实现该院民事和行政执行监督案件零突破；受理上级交办协查案件8件，审结7件。自觉接受人大监督，制定延庆区检察院《人大代表、特约监督员联络工作办法》。强化内部监督制约，通过专门内设机构对延庆检察院办理的案件实行统一受理、流程监控、案后评查、统计分析、信息查询、综合考评等，对办案期限、办案程序、办案质量等进行管理、监督、预警。保障律师职业权利，接待律师47人次，安排阅卷47次。深化检务公开，依托人民检察院案件信息公开网，公开案件程序性信息和生效法律文书，案件公开率98.5%。贯彻落实“七五”普法规划，在重点乡镇设立法律服务咨询台，接受群众法律咨询280人次，发放、张贴法律知识宣传资料900份；运用“新媒体”公开，官方发布微博信息946条，制作微信专题20期，构建融延庆检察门户网站、官方微博微信、新闻客户端为一体的“宣传网阵”。深化司法改革，选任25名检察官，完成46名检察辅助人员与14名司法行政人员分类定岗工作。检察官人数占全院总人数的26.8%。检察辅助人员占总人数的49.4%，司法行政人员占总人数的15%。将原有的21个部门精简整合为14个部门。突出检察官办案主体地位，制订延庆检察院《检察官权限清单（试行）》和《检察官履职清单（试行）》。

地址：延庆镇庆隆街99号

电话：69141513

（宗振国）

【市院检察长调研】 2月24日，市院检察长到延庆检察院调研指导工作，延庆区委领导、市院办公室主任以及延庆检察院全体班子成员陪同调研。市院检察长肯定延庆检察院取得的进步，并就如何做好今年的检察工作提出五方面要求：立足本地服务中心工作，发挥检察职能效用；积极投身检察改革，做好各项准备工作；认真研究有效措施，加强监督引导侦查；总结查办和预防小官贪腐案件经验，发挥地域优势；研究检务中心职能定位，突显服务窗口职能。

（宗振国）

【民行执行监督实现零突破】 第一季度，受理民行执行监督案件2件，实现新《中华人民共和国民事诉讼法》实施以来民行执行监督案件零突破。

（宗振国）

【纠正公安机关执法不规范问题】 4月13日，办案人员在审查翁某某交通肇事案中，发现案卷的目录与实际证据材料不符，通过启动全程监控系统，证实公安机关移送审查起诉的案卷中存在缺页、串页等严重不规范问题。公安机关做出具体说明并重新出具相关材料移送延庆检察院。

（宗振国）

【重点调研课题公布和申报】 5月3日，公布2016年重点调研课题，明确18个重点调研课题及其课题组成员。《延庆检察院2016年重点调研课题方案》中确定的18个重点调研课题均被申报，有14个部门的44名干警申报重点调研课题，其中院领导2人、中层干部10人、普通干警32人。

（宗振国）

【司法体制改革动员部署会】 6月16日，召开司法体制改革试点工作动员部署会。区委主管领导参加会议。延庆检察院政治处主任宣读该院《首批计入检察官员额工作方案》，检察长作动员讲话，就司法改革试点工作提出相关要求。

（宗振国）

【“举报宣传周”活动】 6月20日，启动以“加强举报人保护，惩治群众身边腐败”为主题的“举报宣传周”系列活动。6月22日，检察长和副检察长带领控申、反贪、反渎、职务犯罪预防、民行、监所、监察、宣传等部门干警到预防农村职务犯罪警示教育基地开展举报宣传咨询活动，向参观群众发放检务公开系列宣传册、职务犯罪预防书籍等宣传资料600份，接受群众咨询18人次。

（宗振国）

【首例盗掘古文化遗址案】 6月24日，办理延庆区首例盗掘古文化遗址案，被盗掘现场位于延庆区千家店镇某自然村村民耕地内。经鉴定，该地为一处金元时期古文化聚落遗址，具有重要文化及考古价值，犯罪团伙的盗掘行为对该处古文化聚落遗址造成巨大破坏。经审查，犯罪嫌疑人赵某明、赵某瑞、王某某涉嫌盗掘古文化遗址罪被延庆检察院批准逮捕。

（宗振国）

【首批计入员额检察官宪法宣誓】 7月26日，组织首批23名计入员额检察官进行宪法宣誓仪式，检察长担任领誓人，区人大常委会主任主持并监誓。23名计入员额检察官面向国旗、立正肃立、庄严宣誓。

（宗振国）

【首次训诫教育会】 8月10日，召开首次未成年人犯罪相对不诉训诫教育会，训诫教育参与方包括检察官、社会调查员、指定辩护人、被不起诉人及其法定代理人。会上，检察官宣读不起诉决定书，被不起诉人袁某某宣读悔过书，与会人员分别对被不起诉人进行训诫教育，检察官还向被不起诉人赠送《检察官寄语》和励志书籍。

（宗振国）

【庭审中证人保护首次开展】 8月份，延庆检察院在办理一起贩卖毒品案中首次探索适用证人保护制度，在案件审查起诉和开庭审理过程中，对案件的关键证人进行特殊保护，有效保障证人的人身安全，确保庭审顺利进行。

（宗振国）

【重点工程建设廉政警示教育推进会】 9月2日，为落实高检院、市院挂牌督办专项预防重点工程项目，联合区纪委、世园会筹备办举办“世园会”重点工程推进暨廉政警示教育工作会，副检察长以《远离职务犯罪，共同打造阳光工程》为题讲授法制课，区有关领导及29个相关职能部门的党政“一把手”及征地拆迁各村两委干部参加会议。

（宗振国）

【女检协延庆分会挂牌】 10月19日，召开女检察官协会延庆分会第二次全体会议暨分会挂牌仪式，检察长为女检协挂牌，女检协延庆分会会长以及全体女干警参加会议。

（宗振国）

【公益诉讼立案实现零突破】 10月21日，对市住建委针对延庆区两家无资质搅拌站不履行职责一案进行公益诉讼立案，并于11月14日向市住建委发出公益诉讼诉前检察建议，督促其履行职责。12月1日，市住建委与区政府联合执法，责令两家非法搅拌企业停止生产并拆除主要生产设备。实现延庆检察院公益诉讼试点工作开展以来的立案零突破。

（宗振国）

【市院领导督查司法改革任务落实情况】 10月31日，市院党组成员、副检察长一行5人到延庆检察院对司法改革任务落实情况进行检查督导。区院检察长从落实改革任务的基本情况、主要做法、取得的成效、存在的问题、下一步计划等8个方面21项具体工作进行专题汇报，市院领导对延庆检察院落实司法改革任务工作给予充分肯定，并就进一步深化落实检察改革提出要求。

（宗振国）

【市院监外执行检察组巡视检察】 11月2日，市院监外执行检察组到延庆检察院巡视检察监外执行检察工作。检察组听取延庆检察院关于监外执行检察日常工作开展情况、检察纠正脱管漏管情况和办理撤销缓刑、假释和收监执行监督案件情况的工作汇报，详细查看监外执行检察工作材料，并到司法局社区矫正科、阳光中途之家进行实地检察。检察组对延庆检察院监外执行检察工作给予充分肯定，并提出工作要求。

（宗振国）

【驻公安执法办案管理中心检察室揭牌】 12月13日，延庆检察院与区公安分局在分局执法办案管理中心联合举办驻该中心检察室揭牌和工作规范会签仪式。区委、区政府、区政法委，区法院，区检察院，区公安分局、区综治办相关负责人出席仪式。区检察院检察长和区公安分局局长为派驻检察室揭牌，并签署《北京市延庆区人民检察院驻北京市公安局延庆分局执法办案管理中心检察室工作规范（试行）》。

（宗振国）

【检察开放日活动】 12月15日，按照市院统一部署，举办主题为“加强侦查监督、维护司法公正”检察开放日活动，邀请区食药局、区城管局、区工商局、区世园办、区园林局等8个单位70名代表走进延庆检察院，通过播放职能宣传片，参观办案工作区、检验鉴定中心、远程视频室、检察服务中心，开展法律咨询、利用展板进行预防犯罪宣传和现场答疑等形式，向参观者介绍检察院工作情况和检察岗位职责。

（宗振国）

法　院

【概况】 北京市延庆区人民法院（简称区法院）属于北京市基层法院，主要负责辖区内第一审刑事、民事、行政案件的审判执行工作，并对人民调解工作和行政执法工作进行法律指导。设立24个审判机构和职能部门，法院总人数256人，其中在编工作人员（包括政法编和事业编）160人、聘任制96人。年内，“延庆法院”官方微信开通，开展法制讲座30次。全年受理各类案件1.31万件，同比上升13.77%；审结1.21万件，同比上升12.58%；一审服判息诉率94.61%，法定审限内结案率99.86%。全年审结刑事案件218件，判处罪犯283人。依法审理妨害公务、寻衅滋事、聚众斗殴等犯罪案件37件，依法审结国家工作人员贪污贿赂、渎职侵权犯罪案件12件，判处罪犯20人；审结民商事案件8935件，同比上升16.64%。探索建立民商事速裁机制，实现当即立案、当即审理、当即裁判，化解案件926件；审结行政案件58件，通过司法建议的方式，促进相关行政机关提高依法行政水平，助推法治政府建设；开展假日、夜间执行模式，办结执行案件2915件，同比上升21.5%，执结标的额20417万元。借助第三方化解律师开展信访案件化解工作，有效实现信访案件的最终化解。通过双向选择、考核考试考察、差额遴选等步骤，有58名法官进入员额，占总编制数的30.7%，办案一线法官人数比改革前上升10%。招录36名审判辅助人员，基本构建“1+1+1”审判团队模式，从综合部门中抽调具有审判职称的干警与院庭长组建综合审判团队，全年办结案件3178件。建立引导分流、首问负责等工作机制，服务当事人1.20万人次，有效满足当事人的诉讼需求。

地址：延庆镇湖南西路20号

电话：61115113

（郭敏娜）

【京津冀协同发展座谈会】 3月31日，与河北省张家口市中院、崇礼区法院等6人就如何落实京津冀协同发展战略进行座谈；区法院部分党组成员及相关部门负责人参加座谈会。

（郭敏娜）

【区首例人身安全保护令】 4月1日，区法院作出区内首例人身安全保护令民事裁定。被申请人王某多次对申请人赵某实施家庭暴力，赵某向区法院提出人身安全保护令申请。法院经查证，被申请人王某对申请人赵某确实存有现实危险，故作出民事裁定书，禁止王某实施家庭暴力；禁止王某骚扰、跟踪、接触赵某及其相关近亲属；责令王某迁出申请执行人住所。

（郭敏娜）

【诉讼服务大厅改造升级】 5月，对诉讼服务大厅升级改造。合理规划办公区域、更换老旧办公设备，在当事人休息区新增办公桌和休息椅；在大厅电子屏滚动播放全体法官及常用法庭办公电话，在当事人休息区提供各类诉讼文书样本。

（郭敏娜）

【首批入额法官宣誓】 5月30日，举行首批入额法官宣誓仪式。51名法官身着法袍，面对国旗肃立，右手握拳高举过肩，齐声宣誓，标志着延庆法院第一批员额制法官诞生。

（郭敏娜）

【共建多元纠纷解决机制】 7月25日，区法院与区司法局就推进多元化纠纷解决机制进行座谈。双方通过签署《诉前调解联动工作机制实施细则（试行）》《关于共同推进诉调、调确、调判对接工作深化多元化纠纷解决机制的指导意见》等文件，进一步建立健全纠纷化解工作联络机制。

（郭敏娜）

【首批审判辅助人员招聘考试】 7月31日，区法院聘用制审判辅助人员招聘考试在延庆区第二中学举行。考试以公开、平等、竞争、择优为原则。区法院党组成员赴现场巡视，对考务工作进行实时监督，严防违纪行为发生。

（郭敏娜）

【无争议分家析产案件通报会】 8月5日，区法院召开无争议分家析产案件新闻通报会。京华时报等多家新闻媒体进行采访与同步直播。通报会对近几年区法院审理的无争议分家析产案件的数量、特点、诉讼请求在形式与内容的不完善之处进行通报，并提出合理化建议。区法院政治处及部分中层负责人、部分入额法官参加通报会。

（郭敏娜）

【为民工集中发放案款】 11月15日，区法院执行局在法警大队协助下，连续为200名农民工集中发放案款530万元。考虑到民工大多来自外地，区法院专门开通涉民生案件发款绿色通道，将信息核实和发款等程序压缩到一次进行。

（郭敏娜）

【拍摄微电影《最初的梦想》】 12月20日，以延庆法院法官助理的真实工作情况为蓝本，由干警自编、自导、自演的首部微电影《最初的梦想》制作完成，并通过中国法院网正式播出。微电影以“坚定法治信仰，守望公平正义”为主题，讲述了女主人公从学生到法律工作者角色转变等一系列心路历程。

（郭敏娜）

司法行政

【概况】 北京市延庆区司法局（简称区司法局）主要履行法律宣传、法律服务、法律保障三大职能。下设7个科室：办公室、政工科、基层工作科、法制宣传科、社区矫正和帮教安置科、公证律师管理科、信息科，承担依法治区领导小组办公室、“法治延庆”建设办公室、区综治委特殊人群专项组和社会矛盾多元调解专项组办公室的日常工作；下辖18个基层司法所、1个公证处、1个法律援助中心、1个阳光中途之家、6家律师事务所和1个民办非企业单位（公益法律服务中心）。干部职工208人，其中公务员89名、事业编制9名、参公2名、工勤3名、抽调监狱警察19名、公益法律服务工作者53名、社区矫正协管员33名。年内，“六五”普法工作圆满收官，及时启动部署“七五”普法任务；围绕服务区重点工作，加大人民调解工作力度，不断完善多元调解机制；加强特殊人群管控力度，推进社区矫正六项创新工作；围绕巩固《北京市司法行政基层建设三年行动计划》成果，进一步夯实基层基础；严抓岗位练兵，提升全员政治素养和业务水平。完成沈家营司法所新址改造；更新司法所硬件设备，实现每个司法所配备一辆业务用车，全区30个司法行政工作站投入使用。投资5万元对演播室设备进行升级，实现与区广播电视中心设备的有效对接。全年播放“妫川说法”栏目20期。做好重点对象的普法工作，针对农村居民，开展农村换届选举主题宣传，组织新任“两委”干部开展法律知识培训，举办“法律明白人”培训会，整合律师、公益法律服务工作者深入乡村、社区开展法治春联下乡、法治灯谜竞猜、法律知识竞赛等活动；针对青少年，积极推进“青春船长法治启航”“十四周岁法治成人礼”“童眼看世界文明小记者”等活动。丰富普法形式和载体，充分利用延庆电视台、《延庆报》等媒介，加大“以案说法”力度；开通法治延庆微信普法平台，全面加大“微视频”普法力度。围绕全国文明城区建设工作，开展主题讲座，印发《致市民一封信》和《创建文明城区　弘扬法治精神》宣传折页15万份、海报3万份。截至年底，开展法治宣传教育活动614场次，法治讲座146场次，发放宣传资料31万份，受教育人数27.8万人次。

地址：延庆镇东外大街96号

电话：69143748

（胡玉冰）

【法治春联下乡】 1月27日，在百泉街道国润家园社区启动2016年“弘扬法治精神　助力美丽乡村建设”法治春联下乡活动。春节前，深入各乡镇、街道开展主题活动10场次，为市民群众书写发放法治春联6000副，受教育人数4000人次。

（胡玉冰）

【延庆·张家口司法行政业务合作签约】 3月2日，根据市司法局开展司法行政工作服务京津冀一体化发展的要求，延庆·张家口司法行政业务合作签约仪式在张家口市司法局举行，延庆·张家口两地司法局班子成员及相关科室负责人参加仪式。

（胡玉冰）

【世园知识大讲堂活动】 5月12日，联合区职教中心、世园办开展“走近世园会——世园知识大讲堂”活动，由区职业技术教育中心教师进行讲解，80人参与活动。

（胡玉冰）

【司法行政开放日活动】 5月27日，组织开展第六届司法行政开放日活动，100名司法干警与千余名群众现场互动，发放宣传材料1.80万份，摆放宣传展板120块，解答群众咨询320人次。区委、区政法委、区政协负责人及部分区人大代表、政协委员出席活动。

（胡玉冰）

【“七五”普法工作启动】 9月7日，召开延庆区“六五”普法总结暨“七五”普法启动大会，部署区“七五”普法规划，明确目标任务。区委、区人大、区政协、区政法委、区公安分局等相关负责人出席会议。

（胡玉冰）

【“世园、冬奥”法律知识考试】 11月30日，组织开展“弘扬宪法精神法治　助力世园冬奥”主题法律知识考试，采取闭卷形式，内容涉及《宪法》《民法通则》等与世园会、冬奥会、创建全国文明城区相关法律知识。全区各二级班子单位负责人、公务员、公职人员及大学生“村官”参加考试。区人大、区政协、区公安分局及区人力社保局、司法局相关负责人对儒林街道、延庆国税局分考场进行巡视。

（胡玉冰）

【“12·4”宪法日宣传】 12月2日，区法制宣传教育领导小组办公室在环球新意东门举办以“弘扬宪法精神　共建和谐延庆”为主题的“12·4”国家宪法日宣传活动，20家成员单位参加。活动通过播放公益普法广告、普法微视频、律师解答咨询、发放宣传材料、摆放宣传展板等形式，进行宪法法律知识宣传。活动期间发放宣传材料2万份，摆放展板60块，受教育人数5000人。

（胡玉冰）

【人民调解】 年内，打造京津冀矛盾纠纷联合调解室，完成市级社会建设专项资金购买社会组织服务项目申报。申请“培育和孵化符合地区发展需要的特色调解工作室”项目，完善千家店百里山水画廊特色调解室建设。指导物业纠纷调解委员会等调解组织建设，完善人民调解进立案庭工作机制，与区人民法院签署相关指导意见和实施细则，增强联调联动效能。组织全区骨干人民调解员参加市级业务技能培训2次、区级3次，基层司法所开展辖区内人民调解员业务培训42场次。截至年底，全区排查纠纷456件，各调解组织成功调处纠纷1407件，调解协议涉及金额733.2万元。

（胡玉冰）

【社区矫正和帮教安置】 年内，在全国、市、区重要会议，重大活动期间，充分利用社区矫正信息管理平台，对全区社区服刑人员进行动态管理，对重点及有危险倾向的社区服刑人员加大指纹报到次数，确保其不脱离监管视线。截至年底，开展初始教育、分类教育、社区服务31场次，受教育487人次。建立2家区级社区矫正和帮教安置过渡性安置基地，完成挂牌、协议签订、就业安置等工作。同时，加大对刑满释放人员的帮教力度，为困难的刑满释放人员提供临时救助、就业指导、办理低保、协办户口等济困帮扶工作。所管“两类”人员未发生重特大刑事案件和影响社会稳定事件。

（胡玉冰）

【法律援助】 年内，开展“法律援助相伴回家路”“关爱妇女法援真情”“法援相伴扶残助残”以及“开展法律援助关爱祖国未来”“法律援助军营行”“法援相伴敬老爱老”“维护你的权益法律援助在行动”等面向不同弱势群体的主题宣传活动。开通“冬奥会”“世园会”热线，为特殊群体设置专属通道，完成北京市“12348法律咨询综合服务平台”的上线运行，开展法律援助案件质量同行评估培训工作，案卷合格率100%，法律援助案件当事人回访满意度97%。截至年底，法律援助中心承办法律援助案件373件，涉案金额512万元。

（胡玉冰）

【律师服务】 年内，完善村居法律顾问机制，签约律师从10家律所71名律师增至13家律所80名律师，实现法律顾问在基层村居的全覆盖。与朝阳区律师协会建立社会矛盾多元调解公益律师顾问长效机制，为世园会、冬奥会、京津冀协同发展等工作提供法律服务和法律支撑。截至年底，顾问律师提供法律咨询服务3025人次，参与纠纷调解46次，为乡镇、街道决策提供法律意见和建议31次。

（胡玉冰）

【公证服务】 年内，夏都公证处参与延庆镇谷家营村、李四官庄村拆迁工作，参与大榆树镇大泥河村强拆工作，参与八达岭镇岔道村、井庄镇张伍堡村、沈家营镇北京长工华业机械配件有限公司、沈家营村原构件厂内、北老君堂村等地的违建执法工作，应区规划委员会城市建设的需求，为香水园街道、儒林街道新建项目公示办理保全证据公证。配合八达岭镇岔道村村民回迁选房工作。截至年底，办理公证事项330件，在市级案卷质量抽查工作中，合格率100%。

（胡玉冰）

【“六五”普法收官评比结果】 年内，延庆区被评为全国法治宣传教育先进区，延庆区司法局、延庆区国家税务局、康庄镇3家单位被评为市级法治宣传教育先进集体，胡春华、谢富江、巩国防3人被评为市级法治宣传教育先进个人。

（胡玉冰）

【社区矫正六项创新工作落实】 年内，为全面深化集中教育、电子监管、指纹报到、矫正宣告、社区服务、社区评议六项创新工作，建设社区矫正信息指挥中心，落实社区评议经费，购置电子监管设备，为新接收的社区服刑人员加带电子腕表，为社区矫正工作的科学管理提供保障。同时，协调区相关单位全力做好监所与司法所视频会见、视频帮教试点工作，全区18个司法所均完成与监所互联互通任务。严格落实新接收的社区服刑人员参加市级集中教育，100%执行社区矫正宣告制度，保证每月的指纹报到，社区矫正六项创新工作全部完成。

（胡玉冰）

军　事

人民武装

【概况】 延庆区人民武装部（简称区武装部）是延庆区人民政府的兵役机关，是延庆区委的军事部，完成本地区国防后备力量建设工作，下设军事科、政工科、后勤科3个科室，同时辖民兵武器装备仓库1个。年内，按照“举旗铸魂、聚焦打赢、依法治理、强基固本、创新驱动、坚强核心”的思路抓建设谋发展，完成1.10万名大学生实弹射击保障任务，消耗弹药5.47万发，武器弹药调运押运行程1600千米。鉴于国家重点建设项目京张高铁八达龄长城站建设施工对部分国防工程安全隐蔽性形成影响。经及时上报区政府和市军事设施保护委员会办公室，使问题得到解决，受到卫戍区通报表扬。为全力做好“7·20”防汛，协调交通部队提前进驻山区险段，及时抢修山体滑坡道路，确保人民群众生命和财产安全。在全市率先推出国有“AAAA”级以上旅游景区（包含八达岭长城、龙庆峡等11家）对全国范围现役军人、残疾军人免收门票；协调区相关部门举办“牵手世园　相约冬奥　情缘七夕”军地青年主题相亲活动；协调教育部门安排部队干部

40名适龄子女入学（入园）和转学；协调市政部门免费上门收集消纳驻区部队产生的生活垃圾；协调区法院，解决历史遗留涉军民事赔偿案件。协调人力社保局组织随军家属专场招聘会2次，提供就业岗位200个。年末，被卫戍区评为国防工程维护管理先进单位和安全稳定达标单位。

地址：延庆镇苏子街10号

电话：69143222

（高军）

【组织军事日活动】 8月1日，协调组织区直机关40人到66011部队野营驻训地开展军事日活动，安排区领导听取汇报、参观营区、观摩装备与特战射击演示等内容，并为驻训部队带去建军节慰问品。

（高军）

【党管武装工作落实】 年内，协调区委办将党委议军制度列为区委工作会议制度；协调区委召开区党委议军会，研究解决制约后备力量建设的6个问题；召开全区党管武装工作会，明确将党管武装工作列入党政领导干部绩效考核内容。

（高军）

【征兵任务完成】 年内，从强化领导、政策保障、创新宣传、荣誉激励4个方面，调动应征青年入伍积极性，完成新兵征集任务，无一例退兵。

（高军）

【征兵优待政策出台】 年内，协调区政府出台延庆区征兵优待政策，当年起，每名新入伍的义务兵，除享受市优待政策，再享受区政府额外发放的2.2万元经济补助，大专以上学历退伍士兵还享受区公务员、事业编单位招录加分、单独录取等优待，着力解决退伍兵出路问题。

（高军）

【专武干部集训】 年内，组织为期4天的专武干部集训，通过授课辅导、武器操作、理论考核、实弹射击、交流体会等环节，提高专职武装干部履职尽责的能力水平。

（高军）

【加强应急能力建设】 年内，为应对汛期隐患，人武部投入8万元采购冲锋舟拖车2台、转运车4台，组织100人民兵应急分队开展针对性训练、演练；协调相关单位投入150万元修建民兵装备仓库，建设车炮库，所有装备全部入库。另协调预备役组织40人参加乐亭驻训并进行实弹射击考核；组织2批12名退伍的士兵返回河北省和天津市原部队训练，提升征、退、储、用一体化水平。

（高军）

【国防教育】 年内，把国防教育的重点放在领导干部和青年学生身上。协调区委将国防教育纳入领导干部学习必修课，将有关报刊、杂志订阅到政府机关和主要党政领导，两次邀请国防大学和战略支援部队教授专家，为区委理论学习中心组宣讲国家安全形势和热点时事；组织抗战老兵给学生讲战斗故事和光荣传统。

（高军）

人民防空

【概况】 北京市延庆区民防局是区国防动员委员会的常设办事机构，是区政府民防工作的主管部门。内设办公室、工程科、法制宣传科3个科室，下属信息管理中心、人防工程应急抢险中心2个科级事业单位。经区政府9月6日批准，信息管理中心、人防工程应急抢险中心纳入工资规范管理事业单位。年内，应急指挥中心增加与市政府联通的电视电话会议系统一套；承接市、区相关视频会议180次，完成警报中转站选址、安装、调试；更新电声警报器17个；更新警报器遥控箱15个；新安装电声警报器设备7套。利用“国际民防日”“防灾减灾日”等宣传节点，与区地震局、儒林街道共同在格兰山水社区开展主题为“减少灾害风险建设安全城市”宣传活动，发放各类宣传品6万份。开展公共安全知识进校园、进社区活动，以展板形式，在全区中小学校和社区进行巡回展出，向学生和居民宣传人民防空、地震灾害、气象灾害、家庭火灾、突发事故灾害应急处置等11个方面的内容。

地址：延庆镇湖北西路3号

电话：69143330

（吴玉英）

【人防指挥通信演练】 4—6月，根据年度训练工作安排，与北京有关区县、天津、河北进行短波及卫星通信训练。10月，应急指挥车参加河北张家口地区森林防火应急演练。

（吴玉英）

【人防工程维护管理】 7月19—20日，延庆区连降暴雨，区人防指挥所发生倒灌，指挥设备设施受损，区民防局组织人员抢险抢修，灾后向市民防局申请资金对指挥所进行全面维护维修。并对兴运嘉园小区的人防工程内通风、地面、照明等项目进行维护维修。全年结合防火专项行动、防汛、安全生产月等工作，组织开展人防工程安全检查286次。

（吴玉英）

【防空警报试鸣】 9月17日，北京市五环外统一开展防空警报试鸣。试鸣当天，全区39台电声警报器鸣响率100%。9月18日，接受市局通信站的防误鸣抽查，合格率100%。

（吴玉英）

【人防工程建设管理】 年内，办理行政审批10件，其中易地建设审批项目7件，规划建设2件，可不结合修建1件。办理人防工程竣工验收备案1处，换发人防工程使用证2个。

（吴玉英）

【早期土洞安全隐患治理】 年内，根据各乡镇早期土洞隐患实际情况，向永宁镇、张山营镇、井庄镇、沈家营镇等6个乡镇拨付隐患治理资金160万元，治理隐患176处。

（吴玉英）

（责任编辑：景冰芳）

综合经济管理

招商引资

【概况】 北京市延庆区投资促进局（简称区投资促进局）是全区招商引资工作的管理部门。设政办室、招商办公室、投资管理科、协调服务科、项目准入科、宣传策划科6个科室和延庆区设计创意产业园服务中心1个科级事业单位，在编24人。年内，主动谋划、多措并举、力求实效，立足国际一流生态文明示范区的功能定位，坚持实施生态文明发展战略，紧抓筹办举办世园会、冬奥会等绿色发展大事的契机，结合区“十三五”规划以及重点产业发展要求，开展项目对接洽谈，及时进行项目论证评审，促进优质社会投资项目尽早落地。获得“2016年北京市项目促进工作考核优秀单位”“2016年延庆区文明单位”。

地址：延庆镇东外大街70号
电话：69142016

（杨田）

【招商引资】 年内，引进企业502家，同比增长20.4%；实现区级财政收入1321万元，同比增长22.8%。其中,引进花卉园艺、有机农业类企业39家，旅游、体育、冰雪类企业39家，亿元以上金融企业27家，注册资本总计334.69亿元。全年实现招商引资固定资产项目91个，到位资金约32.43亿元，同比增长80%。

（杨田）

【园艺项目】 年内，现代园艺产业招商稳步推进，全力做好核心区和25个产园一体化项目建设及招商工作，为7个园艺主题村庄建设全力做好推介工作。全年引进中国绿墙、西诺花卉、妫景郦园、安徽开源汇通园林、印像林海、名匠良品等园艺类企业聚集延庆。

（杨田）

【冰雪项目】 年内，对接洽谈中关村数字文化产业联盟、环球飞雪培训学校、北京体育大学冰雪学院、首都体育大学冰雪学院项目选址，推进张山营冬奥小镇建设。

（杨田）

【引进绿色新兴企业10家】 年内，中关村延庆园“长城脚下创新家园”引进华庆智慧能源、海浪热电等10家绿色新兴企业注册。

（杨田）

【京津冀协同发展】 年内，为河北张家口市怀来、赤城、张北、崇礼、下花园等区域介绍投资合作企业18家。

（杨田）

【宣传推介】 年内，参加2016侨商北京洽谈会、第九届江苏园博会、第八届投资北京洽谈会、2016年国际冬季运动北京博览会、第二十届京港洽谈会、第十九届京台科技论坛等招商推介会，在《北京》杂志发表中英文版《延庆：相聚长城脚下，共建创新家园》，对延庆进行宣传推介。

（杨田）

【招商资源梳理】 年内，梳理全区闲置资产，实地走访项目现场，整理包括园区类、楼宇类、土地和闲置资产类、精品小镇类、旅游服务健康医养类等五大类31项招商资源。编制《北京市延庆区招商引资项目册》，方便投资者咨询对接。

（杨田）

【项目准入论证】 年内，对大榆树公交小镇、卢比肯汽车越野营地、京北小终南、经纬集团、中关村数字文化产业联盟等10余个项目进行论证。

（杨田）

综合调控

【概况】 延庆区发展和改革委员会（挂延庆区新能源与循环经济办公室牌子），是负责全区国民经济和社会发展统筹协调、经济体制改革综合协调、新能源与循环经济发展的区政府工作部门。设工委办公室（监察科）、办公室、体改调研科、综合科（挂延庆区国民经济和装备动员办公室、经济运行协调办）、发展规划科、基础设施科、产业投资科（行政审批科）、社会发展科、法规稽察科、环境资源科（节能监察办、电力办）、价格管理科、金融服务工作办公室、人事教育科、新能源发展科、循环经济发展科、收费检查科、工农价检查科、物价综合科18个行政科室,其中收费检查科、工农价检查科、物价综合科隶属区物价检查所,另有北京市延庆区生态环境建设办公室、北京市延庆区节约能源办公室、北京市延庆区发展建设投融资管理中心、北京市延庆区发展和改革委员会信息中心（北京市延庆经济与社会发展研究中心）、区价格认证中心以及延庆有机农产品发展中心6个事业单位。部门总编制78人。年内，31个项目争取市政府固定资产投资到位资金14.92亿元；完成2015年巩固退耕还林成果专项规划建设项目建设和2015年京津风沙源治理二期建设（建设工期均为2016年1—12月）两项工程；配合市发展改革委对区政府投资项目实施情况和投资计划执行情况进行4次专项稽察；完成2016年乡镇和区直经济部门考核工作；起草完成全年人代会报告和季度经济社会分析4篇；受理项目92个，其中备案50个、核准38个、初审4个，核发批复1000份，接待来人来电500人次，满意率100%。

地址：延庆镇新城街98号
电话：69101063

（肖炉威）

【综合经济管理】 年内，地区生产总值完成117.5亿元，同比增长7.8%。一般公共预算收入完成13.6亿元，同比增长0.8%。固定资产投资完成107.2亿元，同比增长50.7%。社会消费品零售额完成87.6亿元，同比增长8.1%。城镇居民人均可支配收入完成38442元，同比增长8%。农村居民人均可支配收入完成19588元，同比增长8.3%。

（肖炉威）

【金融建设】 年内，开展防范和处置非法集资工作。启动由市区两级政府、中美绿色基金及清华启迪共同发起设立“北京绿色发展基金”工作。启动冬奥会延庆赛区PPP项目相关工作。设立审批小额贷款公司两家，发放贷款38笔6630万元；争取市级一次性补助资金500万元。截至年底，社会各项存款余额364.1亿元，同比增长6.71%；居民储蓄存款余额186.6亿元，同比增长9.44%；银行各项贷款余额66.78亿元，同比增长19.70%，其中居民个人住房贷款余额14.84亿元，同比增长9.0%。

（肖炉威）

【2017年重点项目梳理】 年内，梳理出2017年区级重点工程100个，其中包括重点建设项目71个（含新开工项目49个，续建项目22个；世园会、冬奥会项目40个，其他项目31个），重点推进前期项目29个（含世园会、冬奥会项目10个，产业发展项目15个，民生及社会事业项目4个）。完成2017年政府投资项目征集、梳理工作，涉及基础设施建设、生态环境提升、居民生活改善等领域项目38个。

（肖炉威）

【市政府投资项目资金】 年内，有31个项目争取到位市政府固定资产投资资金14.9亿元。

其中世园会、冬奥会项目19个，获市政府固定资产投资支持11.4亿元；其他城乡基础设施、生态环境提升、社会事业等项目12个，获市政府固定资产投资支持3.52亿元。

（肖炉威）

【29个项目纳入市级绿色审批通道】 年内，实现阜康路、百康路、康河路等世园会园区周边重要路网，妫水河世园段水生态治理工程、新城北部水生态治理工程、新城南部地区供排水管线工程等世园会水环境建设工程29个项目新增纳入市级绿色审批通道。

（肖炉威）

【招投标管理】 年内，对部分政府投资项目开标活动依法进行行政监督，做好招、投标核准会签工作。督促项目单位严格按照招投标核准意见书开展招标活动，整合区公共资源交易平台。全年为各类工程项目提供337次评标专家抽取服务，评标专家参与1600人次。

（肖炉威）

【循环经济示范建设】 年内，完成《北京市延庆县创建国家循环经济示范县实施方案》目标任务。完成《延庆区2016年循环经济建设工作台账》。编制发布《北京市延庆区“十三五”时期循环经济发展规划》。

（肖炉威）

【国家生态文明先行示范区建设】 年内，落实《北京市延庆县国家生态文明先行示范区建设实施方案》指标任务，完成《延庆区2016年生态文明建设工作台账》。推进探索编制自然资源资产负债表、完善污染物排放许可制和企事业单位污染物排放总量控制制度、探索环保法庭审判制度三项制度创新工作，设立三项制度创新工作领导小组和办公室。完成环境资源审判庭建设，成功审理2起环保案件。批复打造旧县镇白河堡村、大庄科乡铁炉村和八达岭镇里炮村3个国家生态文明先行示范村，

（肖炉威）

【国家新型城镇化综合试点】 年内，完成《北京市延庆区重大活动带动、特色城镇发展新型城镇化试点工作方案》申报工作，延庆区成为北京市继通州区、房山区和大兴区之后第三批国家新型城镇化综合试点地区。启动《北京市延庆区国家新型城镇化综合试点实施方案》编制工作。

（肖炉威）

【北京长城国家公园体制试点区建设】 年内，国家发展改革委批复选择八达岭长城区域开展北京长城国家公园体制试点。按照工作责任分工，配合市级相关部门参与组建国家公园体制试点机构，开展试点区建设各项工作。

（肖炉威）

【新能源建设】 年内，制定《延庆区分布式光伏发电项目管理暂行办法》，发布《延庆区分布式光伏备选产品目录》。完成农村阳光浴室项目考核，运行率84%。康庄镇王家堡村和珍珠泉乡下花楼村地源热泵项目获批复。京能北京八达岭太阳能综合试点工程项目并网发电。全区新能源和可再生能源占能源消耗比重31%。

（肖炉威）

【京津冀协同发展】 年内，制定《延庆区推进京津冀协同发展2016年工作要点》《延庆区疏解非首都功能工作方案》。与海淀区签署《海淀区人民政府与延庆区人民政府战略合作框架协议》《中关村海淀园管委会与中关村延庆园管委会关于推动园区建设合作协议》。与怀来县、赤城县签订《大气污染区域防治协作机制》《重大环境事项应急协商合作协议》《水污染突发事件联防联控机制合作协议》，与赤城县水务局签订《延庆区水务局 赤城县水务局水资源保护与治理合作协议》。制订完成外埠过境车辆绕行方案。昌赤路王家山至白河堡水库段方案获规委批复，滦赤路改建工程进入全面施工阶段。延怀河谷技术和市场资源实现共享，编制延怀旅游精品线路，开发冰雪健身休闲旅游直通车，打造跨区域的自行车骑游产品。与北京中医医院开展大科联合建设工作试点，实现门诊病房专科统一化管理。与北

医三院开展科室对接启动创伤中心、心血管中心、内镜中心和康复中心建设。

（肖炉威）

【与河南内乡对口协作】 年内，围绕文化旅游、有机高效农业合作、产业转移承接、优势互补促进增收致富、社会事业等方面签署《延庆•内乡2016年度交流合作备忘录》。在内乡县衙历史文化街区和延庆区文化馆举行内乡—延庆“京宛情长”书画摄影联展，展出书画作品120幅、摄影作品60幅，初步达成内乡菊花参加2019年北京世界园艺博览会意向。内乡宛梆赴延庆参加第八届北京端午文化节暨北京市第三届“非遗大观园”端午游园会演出。与内乡县开展旅游对接帮扶工作，对内乡县旅游规划编制、AAAAA景区标准化创建、智慧旅游建设、宣传营销策略、乡村旅游发展等方面进行实地对接指导和经验交流。

（肖炉威）

【节能降耗】 年内，印发《延庆区2016年节能工作方案》，完成《北京市延庆区“十三五”时期节能发展规划》编制，完成并发布《北京市延庆区“十三五”时期能源发展规划》。完成重点用能单位的能备、能报和一般用能单位的碳报工作，开展夏冬季节温室监测2次。完成固定资产投资项目节能登记类审批6个。完成北京邮电大学世纪学院的能源审计工作。完成北京市三北腾飞工贸有限责任公司、北京京仪绿能电力系统工程有限公司及北京惠农天地生产资料有限公司的清洁生产认证。

（肖炉威）

【电力审批与保障】 年内，制订下发《2016年春节供电保障方案》《“两会”期间供电保障工作方案》《2016年迎峰度夏电力保障方案》《2016年安全生产监督检查计划》《2016年“十一”黄金周安全生产大检查工作方案》《电力行业岁末年初安全大检查工作方案》。审批项目25个，其中核准7个、备案18个；开展安全监督检查171次。

（肖炉威）

【价格认定】 年内，对区域内司法、行政执法、纪检监察等机关的刑事、治安、民事、经济等案件中的涉案物品进行价格认定。全年受理各类物品价格认定案件394件，认定金额152万元，获国家发展和改革委员会价格认证中心“2015—2016年度价格认定工作先进单位”。

（肖炉威）

【价格监督检查】 年内，开展重大活动及重要节日价格、涉企收费、教育收费、殡葬收费、物业服务收费、旅游市场价格、机动车检测、病历复印复制收费、建材市场价格、机动车停放、商品房销售价格行为、汽车销售拆解企业价格行为和药品市场价格行为等专项检查，出动检查执法人员800人次，口头警告及现场责令整改200次。受理12358价格举报案件47件。

（肖炉威）

【物价管理】 年内，核准4所幼儿园和备案2个社会停车场的收费标准，为人文大学9个专业非学历教育的12项收费办理收费备案。完成蔬菜31个品种、居民生活必需品销售80个品种、工业生产资料黑色金属和有色金属97个品种、农业生产资料化肥、农药、生猪、鸡蛋等43个品种的价格监测工作。完成市级下达的18户农产品成本调查工作。

（肖炉威）

国有资产管理

【概况】 延庆区国有资产监督管理委员会办公室根据区政府授权，依据《中华人民共和国公司法》及《中华人民共和国企业国有资产法》等法律、法规履行出资人职责，监管区政府履行出资人职责的企业和区政府授权的实行企业化管理事业单位的国有资产以及区属集体资产；指导推进全区国有及国有控股企业和区属集体企业的改革重组及现代企业制度建设，推动国有经济布局和结构战略性调整；依照有关规定，代表区政府向所监管企业派出董事、监事，负责监事会日常管理工作；承担所监管企业国有资产保值增值的监督责任，负责企业国有资产基础管理，建立和完善国有资产保值增值考核体系；根据区委、区政府授权，按照党管干部原则，对企业负责人进行选拔任用。设资产监管科、企业监管科2个内设机构，1个公益一类正科级财政补助事业单位（北京市延庆区国有企业资产管理中心）定编21人，年末有12人（公务员1人，事业身份11人）。年内，为提高区属国有企业财务监督、建立企业综合绩效考评体系，以经营绩效考评和环境绩效考评两点齐发的方式，首次启动全区11家重点区属国有企业综合绩效考评工作。通过资源调配、股权上划、债务重组、资产重组等手段，推动八达岭旅游集团组建、绿富隆公司平台化转型、国有商业企业改革、中关村延庆园投资发展有限公司组建、延庆区国有资本投资运营中心组建等重点国企改革。截至年底，全区纳入国有资产统计范围的企业55户（统计数据为企业合并数，即已抵消内部往来账项后的数据），账面资产总额40.65亿元，较上年增加12.48亿元，同比增长44.28%；负债总额35.89亿元，较上年增加10.61亿元，同比增长41.96%；净资产4.76亿元，较上年增加1.87亿元，同比增长64.55%；资产负债率为88.28%，同比下降了4.73个百分点；营业收入7.44亿元，同比增长5.57%；营业成本8.37亿元，同比增长9.76%；净利润-0.60亿元，较去年亏损0.12亿元。全区国有企业实际上交税金总额0.69亿元。

地址：延庆镇东外大街建业胡同2号

电话：60159740

（刘宏伟）

【机构调整情况】 年初，根据2月14日北京市延庆区机构编制委员会《关于北京市延庆区经济和信息化委员会加挂北京市延庆区国有资产监督管理委员会办公室牌子的通知》（延编委发【2016】4号），北京市延庆区国有资产监督管理委员会办公室（以下简称区国资办）由区财政局调整到北京市延庆区经济和信息化委员会（以下简称区经济信息化委），在区经济信息化委加挂区国资办牌子。调整后，区国资办设副主任1名，区国资办主任由区经济信息化委主任兼任。区国资办下设2个行政科室和1个中心，定编21人。

（刘宏伟）

【出台国资国企改革意见及实施方案】 年内，区国资办落实区政府“补锅底”的总要求，起草并经区委常委会审议通过《关于进一步深化区属国资国企改革的意见》（以下简称《改革意见》）和《关于全面落实〈进一步深化区属国资国企改革的意见〉的实施方案》（以下简称《实施方案》），《改革意见》以区委、区政府名义印发实施，《实施方案》以区委办、区政府办名义印发实施。

（刘宏伟）

【规范企业经营】 年内，出台《关于区属国有企业房屋、土地租赁暂行办法》《关于区属国有企业投资监督管理暂行办法》《关于区属国有企业重大事项报告制度的暂行办法》等3份文件，保障国有企业依规经营，同时有效降低国资“流减”风险。

（刘宏伟）

【国企车改】 年内，编制完成《北京市延庆区国有企业公务用车制度改革工作实施意见》，报市车改办备案；完成23家委办局下属131家国有企业公务用车制度改革方案审批工作，参改车辆418辆。

（王金全）

统 计

【概况】 北京市延庆区统计局、北京市延庆区经济社会调查队是对全区国民经济各行业进行统计和调查的职能部门。局队设16个实体科室和18个基层统计所，区统计局定编110名，延庆经济社会调查队定编20名。年内，完善管理体系，加强统计法制建设，夯实统计数据质量，提升统计服务水平，强化统计监测，开展统计专项调查，做好延庆区第三次全国农业普查，初步完成延庆区都市型现代农业生态服务价值监测指标体系编制和自然资源资产负债表编制工作，为实现全区经济社会平稳健康发展做出贡献。

地址：延庆镇西街1号

电话：69178333

（李乐思）

【延庆区第三次全国农业普查】 年内，继续2015年8月开始的延庆区第三次全国农业普查，完成普查综合试点和清查摸底工作，清查摸底住户9.84万户、单位1437家。开展以“农业普查，福到农家”为主题的统计开放日和统计宣传日活动，在“北京延庆”微信公众号上增设普查知识，通过电视、广播、《延庆报》、网站等向社会发布普查资讯和进展信息，在乡镇主要街道悬挂路旗、横幅，显著位置张贴宣传画，摆放展板，工地布置围挡，快速路和繁华地段设立大型广告牌等方式进行宣传。

（李乐思）

【价值监测指标体系编制】 年内，与园林、水务等部门合作，初步完成延庆区都市型现代农业生态服务价值监测指标体系编制工作。指标体系包括一级指标3个、二级指标12个、三级指标30个，可以对全区都市型现代农业生态服务价值进行准确监测。

（李乐思）

【自然资源资产负债表编制】 年内，延庆区被纳入北京市统计局自然资源资产负债表编制试点范围，成立由区长牵头的编制工作领导机构，通过业务培训，推进数据搜集和填报，严控数据质量，初步完成自然资源资产负债表编制工作。

（李乐思）

【统计分析与监测】 年内，完成党风廉政建设民意调查、小微企业调查、粮食抽样调查、商业景气状况调查、非公有制人才资源状况调查、“网约车”新政民意调查、低收入农户收入监测调查、重点小城镇监测、节日消费品临时价格监测等监测调查工作。

（李乐思）

【人口动态监测】 年内，实地走访世园会建设、旧城改造等重点建设工程和高校学区，建立定期沟通联系机制，准确掌握外来人口总量变动趋势，提高人口动态监测的准确度，为人口调控工作做好统计服务。

（李乐思）

【统计产品】 年内，以“延庆统计信息网”、《延庆统计》及《北京市延庆区统计年鉴》等为载体，向区委、区政府及社会各界提供统计信息服务。全年编辑《延庆统计》83期；撰写统计信息241篇，统计分析、调研报告59篇，被市区相关网站、电台、杂志、报纸等媒体和刊物采用232篇；对外提供统计数据咨询277次，涉及指标3000个，查询数据量187.6万笔。

（李乐思）

【权力事项梳理】 年内，全面梳理并建立政府统计部门权力清单，梳理权力事项汇总清单45项：行政处罚20项、行政检查6项、行政奖励7项、其他权力事项12项。梳理完成后将政府统计部门的职能、法律依据、实施主体、职责权限、管理流程、监督方式等事项以权力清单的形式向社会公开。

（李乐思）

【行政许可及监管】 年内，按照国家统计局《统计调查证管理办法》相关规定，依法回收到期调查证117个，为专项调查、价格调查和人口抽样等调查工作办理调查证125个。

（李乐思）

【政府信息公开】 年内，落实政府信息公开制度，公开信息188条，其中政务类信息13条，数据类信息175条。受理社会咨询332例，其中网上咨询78例、现场咨询15例、电话咨询239例。

（李乐思）

【统计执法】 年内，对153家基层单位进行执法和督导检查，涉及工业、商业、服务业、建筑业、房地产业、能源、劳资等专业。常规检查74家，集中执法10家，督导检查69家。在常规检查中，对11家有统计违法行为的单位给予警告或警告并罚款的行政处罚。

（李乐思）

【诚信单位评选】 年内，按照《延庆区统计诚信单位评选实施方案》，京中踏鞋业有限公司和北京华润高科天然药物有限公司被评为诚信统计单位，上报北京市统计局纳入信用信息系统。

（李乐思）

财政管理

【概况】 延庆区财政局（简称区财政局），是区政府负责财政财务管理工作的职能部门。内设21个科室，在编116人。年内，印发《加强部门预算执行管理的通知》《做好2016年全区财政增收节支工作的通知》，及时通报约谈支出和盘活存量进度缓慢部门。落实行政事业单位财政性结余资金管理办法，消化存量进度超过90%，完成政府绩效考评目标。成立投资评审中心，制定《财政投资项目评审管理暂行办法》。依法推进财政信息公开，实现除法定涉密信息外，所有使用财政拨款的部门均在法定时限内，通过延庆政府信息公开平台，公开预决算和“三公”经费预决算信息。组建税源建设中心，建立联席会议制度，组织协调各部门每月召开联席会，分析全区税收形势。按照组收部门和行业主管部门方式分配组收任务，定期通报完成情况。深入研究“营改增”相关政策及“跨区迁移协调机制政策”对延庆区的影响及应对措施。构建“一企一策”的税源服务体系，优化招商引资环境。

地址：延庆镇新城街108号
电话：69103146

（连新亮）

【财政收入】 年内，全区公共财政预算收入完成13.61亿元，同口径增长超过10%。按征收部门划分：国税局组织收入3.23亿元，同比增长108.4%；地税局组织收入6.43亿元，同比下降39.3%；财政局组织收入3.94亿元，同比增长193.8%。其中税收收入完成9.47亿元，同比下降20.9%。

（连新亮）

【财政支出】 年内，区财政支出100.01亿元，同比增长14.7%。一般公共预算支出92.47亿元，同比增长10.3%。主要支出科目情况：一般公共服务支出6.86亿元，同比增长15.1%；公共安全支出4.17亿元，同比增长11.7%；教育支出15.66亿元，同比增长12.9%；社会保障和就业支出13.37亿元，同比增长5.5%；医疗卫生与计划生育支出5.80亿元，同比增长3.4%；城乡社区事务支出12.85亿元，同比增长33.2%；交通运输支出1.45亿元，同比增长21%。

（连新亮）

【国库管理】 年内，完成2015年度财政总决算、部门决算工作，首次将财政拨款基本支出经济分类公开到款级科目，首次公开国有资产占用情况。完成行政事业单位“撤县设区”账户变更592户，新增3户。区级预算单位和15个乡镇政府全部纳入公务卡改革，办卡数量和用卡率较上一年度明显提升。完成2015年度权责发生制政府综合财务报告编制工作，启动政府部门财务报告试编工作，落实中央要求，首次开展经济分类财政决算试编工作。

（连新亮）

【政府采购】 年内，设立政府采购办公室，贯彻落实《政府采购法》《政府采购法实施条例》，发挥政府采购在提高资金使用效益、促进廉政建设等方面的重要作用。2016年全区共完成政府采购全额8.33亿元，其中货物类采购1.98亿元、工程类采购6.24亿元、服务类采购1108万元。政府购买服务制定印发《延庆区区级政府向社会力量购买服务预算管理暂行办法》，加强政府购买服务项目预算管理，提高财政资金的使用效益。

（连新亮）

【会计管理】 年内，举办“企业所得税汇算清缴新政策解析及报表填报技巧”专题培训，63家企业120名财会人员参加。组织“会计人员廉政教育专题培训会”，区行政事业一级预算单位146名会计参加。加强会计从业资格证书管理，完成会计证调入35件、调出38件，补证10件，变更4件，17人参加恢复有效期培训。完成会计从业资格无纸化考试、会计专业技术初级资格无纸化、会计专业技术中级资格无纸化考试工作。

（连新亮）

【财政监督检查】 年内，完成2015年专项转移支付资金检查、盘活存量资金检查、政府预决算和部门预决算信息公开情况专项检查、非税收入检查、清理盘活财政沉淀资金专项检查、停车占道费收缴情况等检查工作。开展2016年会计监督检查和财务会计规范化检查工作。检查范围覆盖全区所有一级行政事业单位，必要时延伸检查到二级预算单位。检查发现各预算单位财务运行总体情况较为规范，账目清楚，未发现小金库现象，但个别单位存在会计基础工作较为薄弱，专项资金使用不规范，结转结余资金存量大，预决算信息公开不细化、不完整等问题。

（连新亮）

【依法理财】 年内，加强依法理财基础工作，推行法制宣传教育，制定行政处罚裁量基准并进行公示，279项行政处罚事项中各类违法行为依据社会危害性划定为A、B、C三个基础裁量栏次。好行政许可和行政处罚等信用信息公示工作，制定《延庆区财政局关于推广随机抽查规范事中事后监管工作的实施方案》，明确随机抽查事项清单。

（连新亮）

【行政事业单位资产管理和绩效评价】 年内，开展行政事业单位资产清查及事业单位产权登记工作，对参加清查的269个单位抽审100个单位进行专项审计。确定2016年绩效考评项目8个，评价资金总额1.28亿元，对其中农民生态就业岗位补贴等6个项目进行重点财政评价，评价资产总额1.23亿元，其中5个重点项目综合评价结果均为良好。

（连新亮）

审 计

【概况】 北京市延庆区审计局是区政府综合经济监督部门，机关下设办公室、综合科、企业审计科、行政事业审计科、财政金融审计科、经济责任审计科、基建审计科、信息中心、内审指导中心、委托审计管理中心。在编57人。年内完成审计项目53项，审计和延伸审计单位117个。审计出管理不规范金额2.85亿元、违规金额1.06亿元，其中应上交国库和归还原渠道资金1.06亿元、已上交国库和归还原渠道资金1.04亿元；通过重大工程项目竣工决算审计和跟踪审计，审减拆迁补偿资金和工程造价1214万元。向被审计单位提出审计建议和意见121条，健全完善制度办法19项。

地址：延庆镇香苑街109号

电话：69101855

（刘宝生）

【本级财政预算执行情况审计】 1—5月，对区财政局、地税局、国库延庆支库本级预算执行情况进行审计，重点审计区级预算管理、预算收入完成、财政资金分配、财政专户管理、税收征管和预算资金收纳划解情况；审计区卫生计生委等14个一级预算单位预算编制及执行、“三公经费”等。对预算管理、资金使用、项目管理和财务管理等方面存在的问题纠正和处理，提出规范预算管理的审计意见和建议。7月28日，受区政府委托，向区第一届人大常委会第四次会议报告本级预算执行审计工作情况。10月31日，通过延庆政府网向社会公开预算执行审计结果。

（刘宝生）

【水资源责任审计试点】 10—11月，对沈家营镇2013年至2015年水资源资产的管理、开发、利用情况进行审计试点。提出加强村级管水员和村级污水处理站管理的审计建议和意见。

（刘宝生）

【经济责任审计】 年内，对区文委、区住房城乡建设委、区财政局、区投资促进局、区城管执法监察局、区农业局、张山营镇、四海镇、千家店镇、井庄镇、大庄科乡、珍珠泉乡、儒林街道办事处、北京绿富隆农业股份有限公司、区科协、八达岭特区办事处、延庆开发区管理中心和八达岭开发区管理中心18个单位26名党政领导干部进行经济责任审计，对部分单位存在的重大经济事项决策制度内容不完善和执行不规范、专项资金结存、固定资产管理不规范等问题，提出完善会议记录内容、加强会计基础工作等审计建议和改进意见。

（刘宝生）

【专项资金审计】 年内，开展专项资金审计4项，包括政策措施落实跟踪审计、保障性安居工程审计、中小河道治理工程审计和京津风沙源治理工程审计。对工程管理方面出现的部分项目进度较为缓慢问题，提出审计整改建议和意见。

（刘宝生）

【重大工程项目审计】 年内，对区第二小学综合教学楼工程实施竣工决算审计，审计送审金额6994.25万元，审计认定金额6937.95万元，审计核减工程造价总计56.30万元。开展世园会围栏区、世园会周边环境绿化、南山环线、城西再生管网、市政道路、兴延高速公路6项工程征地拆迁情况跟踪审计。对南菜园1-5巷棚户区改造项目实施全过程跟踪审计。对大榆树镇yt-0400-001等地块安置房项目建设成本实施审核。

（刘宝生）

【其他事项审计】 年内，协助市审计局开展延庆区审计局原局长张景军任职期间经济责任审计、医疗保险基金审计、水污染防治专项资金审计；对北京夏都信达国有资产经营管理中心2015年度资产负债损益情况和延庆区新型农村合作医疗管理机构移交接收工作开展审计。

（刘宝生）

【国家审计署投资司司长许亚调研】 12月9日，国家审计署投资司司长许亚对京张高铁建设情况以及北京冬奥会延庆赛区场馆规划设计及进展进行考察调研，视察奥运运行中心和延庆小海陀高山滑雪建设情况。李志军汇报京张高铁建设项目进展、组织管理、建设资金到位情况及延庆赛区场馆规划进展情况。

（刘宝生）

【安居工程专项审计工作启动】 12月15日，区政府组织召开2016年保障性安居工程专项审计工作进点会，部署审计任务。北京市审计局对延庆保障性安居工程专项审计工作正式启动。

（刘宝生）

工商管理

【概况】 北京市工商行政管理局延庆分局（简称延庆工商分局）主要负责辖区市场经营主体登记、构建新型市场监管体系、商标广告管理、打假维权、维护市场经济秩序等工作；设27个部门，其中14个职能科室、9个工商所、4个事业单位，在编191人。年内，延庆工商分局通过提供市场准入便利化、构建新型市场监管体系和形成社会共治消费维权格局等服务机制，加强事中事后监管和推进协同共治工作，营造公平有序市场秩序。获得市工商系统“先进分局”荣誉称号。截至12月底，全区市场主体存量2.60万户，企业占市场主体比例43.1%。受理消费者投诉举报249件，为消费者挽回经济损失530万元。组织干部培训32期，培训干部1632人次。

地址：延庆镇东外大街70号

电话：69141535

（李志军）

【京西北跨区发展工作会召开】 6月2日，延庆、怀来、赤城三地工商（食品和市场监督管理）部门在河北省张家口市怀来县食品和市场监督管理局召开“2016年度京西北跨区协同发展工作会暨应急执法联盟启动仪式”，总结2015年京西北跨区协同发展工作情况，出台《2016年京西北跨区协同发展工作意见》《跨区应急执法联盟实施方案》，签订《跨区应急执法联盟协议书》。

（李志军）

【登记注册】 年内，全面推行“五证合一”（营业执照、组织机构代码证、税务登记证、社保登记证、统计登记证），发放“一照一码”营业执照9869张，企业登记注册时间缩短至1到3个工作日。在工商登记环节为企业免费配发“法人一证通”数字认证证书，推行“一证在手，全网通办”。实施个体工商户“两证合一”改革，发放“两证合一”（营业执照、税务登记证）营业执照532张。落实“先照后证”改革，1470户市场主体享受改革便利。

（李志军）

【世园会服务】 年内，助力世园会涉及资产运营、市政环境、水务管理、园林绿化等12家筹办类企业快速成立。配合世园会筹办，妥善清理、转移会场及周边70户市场主体外迁。协助完成世园会会徽和吉祥物商标的注册工作。

（李志军）

【“一站式”服务】 年内，延庆区便民服务中心设置分局登记服务办公大厅，加强与许可审批部门的信息共享，实现企业“一站式”通办。依托工商所和开发区，建立13个登记服务站，引入工行、建行等公共服务机构，为投资者提供便捷的登记前端服务。

（李志军）

【商标管理】 年内，新增注册商标285件。选取“延怀河谷”“火盆锅豆腐宴”“百里山水画廊”等辖区100家企业，建立商标管理和培育台账，推动企业争创驰著名商标，落实商标奖励政策，为2015年度被认定为北京市著名商标的“归原”“果园老农”2家企业颁发区政府奖金30万元。

（李志军）

【市场诚信体系建设】 年内，制订全区推动落实市场诚信体系建设的工作方案，牵头对20个单位涉及“创城”的11项考核项目进行具体落实。会同经信委等部门，拟定《延庆区企业信用信息归集与失信企业联合惩戒机制工作意见》，建立企业信用信息“黑红”名单制度，形成部门联动、社会共治的企业信用体系。

（李志军）

【年报公示】 年内，延庆区2015年度企业年报率93.21%，个体户年报率93.16%，农民专业合作社年报率94.08%，年报进度连续3年保持全市前列。全区1150户企业被列入经营异常名录，其中350户企业因办理业务受限申请移出。全年开展年报信息随机抽查7次，涉及各类市场主体2600户。

（李志军）

【“小散乱污”企业专项整治】 年内，关停19户生产加工类企业，引导20户污染环境的企业转型发展，动员396户处于停产、半停产的污染企业注销。制订辖区2016年商品交易市场疏解工作方案，清理有形市场虚数254户，疏解市场从业人员386名。消除挂账无照经营73户，销账率81%，查办无照经营案件48件。

（李志军）

【消保维权】 年内，打造“红盾护学”消费教育品牌，联合区教委成立全市首家青少年消费维权教育指导中心，在辖区7所中小学成立消费维权教育基地，开展消费教育讲座进校园活动17次。全年开展消费教育活动32场，播放公益广告354条次，发放宣传资料6.4万件。发布全市首套盲文版消费知识宣传手册，联合区残联新建6家乡镇残疾人消费维权服务站，实现残疾人消费维权服务组织乡镇全覆盖。

（李志军）

【法治工商建设】 年内，研发“工商机关行政处罚权力清单电子词典”手机应用程序，输入关键字即可实现权力清单和法律条文一键查询。围绕新修订的工商法律法规和新案件管理系统，集中开展法制培训，举办执法办案知识论坛，召开“法治工商建设现状和问题”专题研讨会。聘用专人担任分局公职律师。全年办理行政处罚案件1626件，罚没款134.7万元，人均执法办案量24.6件。

（李志军）

延庆区私营个体经济协会

【概况】 延庆区私营个体经济协会（简称延庆私个协会）是连接工商部门和个体民营企业的社会团体组织。主要职责是贯彻执行国家有关促进私营个体经济发展的法律、法规和规章，引导、培育私营个体经济健康发展；团结、教育辖区私营企业、个体经营者及其从业人员守法经营，履行“自我教育、自我管理、自我服务”职责；发挥协会办事机构“服务、教育、宣传、协调、监督”职能作用，促进私营个体经济发展。有工作人员5人。年内，依托法律服务站、人民调解委员会开展法律服务工作，通过服务站点，开展集中法律服务宣传活动15次，培训1180人，解决消费纠纷66起，挽回经济损失3.4万元。与邮储银行搭建服务平台，帮助26户私营个体企业代款430万元。

地址：延庆镇东外大街64号

电话：69141191

（李志军）

【非公企业党建】 5月19日，延庆私个协会在日上市场组织部分非公有制企业建立党员服务岗，在48户党员中开展非公有制企业党员“三亮”活动，让党员亮身份，亮职责，亮承诺。7月12日，组织部分非公有制企业党组织负责人赴西柏坡接受革命传统教育。

（李志军）

延庆区消费者协会

【概况】 延庆区消费者协会(简称区消协)是具有法人资格，独立开展保护消费者权益工作的社会团体组织。对商品和服务进行社会监督，保护消费者合法权益，引导广大消费者合理、科学消费，促进社会经济健康发展。有工作人员5人。年内，受理投诉241件，办结241件，接待来电来访2092人次，为消费者挽回经济损失38.75万元。

地址：延庆镇妫水北街0号

电话：69187315

（李志军）

【消费宣传】 年内，围绕“新消费，我做主”这一主线，借助《大东说消费》电视栏目，宣传消费维权知识。通过广播、电视、大喇叭、大讲堂等形式开展新《消费者权益保护法》宣传，录制《大东说消费》广播60期，播出240次。

（李志军）

【绿色通道管理】 年内，推动消费争议快速解决绿色通道及绿色通道联盟发展，11户不符合绿色通道标准的企业退出，辖区大型网店企业——北京普缇客科技有限公司成为绿色通道企业；区民俗旅游协会成立延庆区首个市场和民俗旅游两个绿色通道联盟。

（李志军）

质量技术监督

【概况】 北京市延庆区质量技术监督局（简称延庆区质监局）负责贯彻执行国家有关质量技术监督工作的方针、政策、法律、法规，管理全区质量、计量、标准化和特种设备安全监察工作并行使其执法监督职能。设办公室、法制科、产品科、计量科、标准化科、特种设备科6个科室及区稽查队、计量检测所、特种设备检测所、组织机构代码管理中心（综合服务中心）4个下属机构。2016年，以落实质量发展纲要和建立健全大质量工作机制为主线、以推动京津冀协同发展为方向，立足于国际一流生态文明示范区建设。完成行政检查量1209起，行政处罚量64起，罚没款15.89万元，解决投诉举报21起，受理行政许可事项93件，行政服务事项64件。加强标准化监督管理工作，指导1家企业通过第八批国家农业综合标准化示范区考核验收，指导4家单位参加农村综合改革示范区申报工作，指导世界葡萄博览园和百里山水画廊2家旅游单位申报全国知名品牌创建工作。开展企业产品标准自我声明11家23项，企业产品标准备案5家10项，标准登记注册1家3项。加快诚信计量体系建设，引导110家单位开展诚信计量自我承诺。计量检定及校准计量器具1.95万台件，周检率100%。完成检验检测特种设备1373台套，周检率100%。

地址：延庆镇湖南东路20号

电话：69143670

（陈杰）

【全国有机宣传周启动仪式】 9月23日，国家认证认可监督管理委员会主办、延庆区人民政府承办的全国有机宣传周启动仪式在延庆区八达岭国际会展中心举行，全国100家有机企业、商超、电商平台代表参加，推动有机农产品和优势农产品销售合作和优势互补。

（陈杰）

【京津冀有机农产品认证交流研讨会】 11月24—25日召开。会议联合京津冀三地8个相关部门开展有机认证监管和沟通协调，检查有机产品获证企业35家次。协助河北省丰宁、隆化有机产品认证示范区建设，帮扶两县顺利通过国家认证认可监督管理委员会审核验收。

（陈杰）

【质量纲要2016行动方案】 年内，区政府常务会议审议通过并印发实施《北京市延庆区贯彻落实质量发展纲要实施意见2016年行动方案》；成立区质量考核工作小组，印发实施《延庆区质量工作考核管理办法》《延庆区质量工作实施细则》，推动质量工作考核落实。

（陈杰）

【产品质量监督检查】 年内，开展“质量利剑、绿剑护农”等专项检查行动，检查工业产品生产许可证获证企业、燃煤炉具、建材、日用消费品等生产企业276家，市级监督抽查检验合格率100%。

（陈杰）

【质量安全专职协管】 年内，建立乡镇街道三级质量安全专职协管机制，配备质量安全协管员15名，负责宣传贯彻产品质量安全法律法规并协助做好产品质量安全信息收集和监督检查工作，推动质量安全多元共治。

（陈杰）

【煤炭质量专项整治】 年内，开展型煤生产企业监督检查和农村地区劣质燃煤专项治理，排查煤炭生产企业8家，抽查煤炭样品99个，合格率97%，处理案件12起。

（陈杰）

【重大活动特种设备安全保障】 年内，完成“申冬奥成功一周年”纪念活动、京张优质农产品推介会、世园会启动仪式等重大活动特种设备应急保障，检查特种设备510台套，发现并督促企业整改安全隐患93项。

（陈杰）

【高风险电梯安全评估】 年内，以老旧小区为重点，评估高风险电梯8家、20部。

（陈杰）

【特种设备安全监察数据库更新】 年内，注销和清理各类特种设备135台、压力管道306条、清理率8%，完成超期未检设备清理和统计工作。

（陈杰）

【检验检测机构计量监督】 年内，加强检验检测机构事中事后监管，检查获证机构11家、15家次，无行政许可超期行为和计量授权单位。

（陈杰）

【计量专项监督检查】 年内，强化集贸市场、加油站、景区周边等重点民生领域计量执法检查，强化寄递物流、客运索道、宾馆饭店、加油站、汽修等领域综合执法检查，立案查处案件15起，解决计量投诉4起。

（陈杰）

【代码管理】 年内，校核社会信用代码数据55条，“撤县改区”组织机构代码变更62家。

（陈杰）

安全生产监督

【概况】 北京市延庆区安全生产监督管理局（简称区安全监管局），是负责综合管理本区安全生产、履行安全生产监督管理职能的区政府工作部门。内设办公室、综合科、危化科、职安科、法制科5个科室，安全生产执法监察一队、二队、三队3个参公事业单位及安全生产指导中心1个规范收入事业单位，人员40人。年内，坚持“安全生产、预防为主、综合治理”的方针，进行各项安全生产监管工作，及时消除各类安全隐患。安全生产形势平稳。出台《进一步推动安全生产责任体系落实的通知》，依据“1+7”责任体系相关文件，创新提出“5710”工程（落实五大职责、实行七项制度、建立十类档案）。通过以奖代补政策，对提前完成达标的企业予以经费补助。完成二级、三级标准化企业50家，小微企业创建达标465家。5名负责人开展对话谈心活动11次，涉及企业79家，收到工作意见或建议13条，发放宣传资料283份。期间开展执法检查8次，监督检查企业24家，排查治理安全隐患与问题点45个，服务企业100家，发现问题193项，提出整改建议193条，发放安全用电、燃气安全手册等宣传材料100套。

地址：延庆镇西街1号

电话：69183175

（郭燚）

【安全生产月活动】 年内，首次将“安全生产月”宣传咨询日活动地点从中心广场转移到企业厂区，让企业一线职工直接参加到宣传活动中。“安全生产月”期间开展知识竞赛、情景剧大赛、微小说征集、大比武、应急实战演练等形式多样宣教活动。制作安全生产宣传动漫在电视台播出，推出的“大家来找茬”宣传活动获2016北京市安全生产月活动最佳实践活动奖。

（郭燚）

【烟花爆竹行业管理】 年内，全区有烟花爆竹批发单位1家，烟花爆竹长期销售网点2家。受理11家烟花爆竹经营许可证申请。与1家烟花爆竹批发单位和11家销售网点签订烟花爆竹安全管理责任书。

（郭燚）

【危险化学品行业安全管理】 年内，全区有危险化学品生产经营单位49家，其中危险化学品生产企业1家、危险化学品经营单位48家。经营单位中，加油站36家（中石化25家、中石油7家，社会站4家）、化工油漆经营单位1家、工业气体销售3家、成品油销售1家、软注册企业7家。

（郭燚）

【信息化建设】 年内，完成视频会议系统升级改造，实现与各乡镇、街道的视频会议功能。自主研发GIS地图安全管理系统，对全区重点单位进行电子地图标注并进行分类分级监管。与市局移动执法系统对接，配发移动执法终端，实现对安全生产检查队伍的实时管理与检查留痕。

（郭燚）

【专职安全员队伍建设】 年内，采取以干代训、安全员轮训、规范工资、年终考核等管理模式，规范安全员队伍建设，开展安全员轮训9期，轮训45人。全年检查生产经营单位1.47万家次，发现安全隐患8789项，隐患整改率99%，下达检查文书1.57万份，开展各类宣传活动296场，发放宣传材料22.72万份，开展各类应急演练102次。企业检查覆盖率全市第一。参加全市“职工技协杯”职业技能竞赛，获团体理论初赛第三名、实操决赛第二名。

（郭燚）

【组织安监人员考取低压电工操作证】 年内，组织局机关干部27人、专职安全员125人考取低压电工操作证。148名执法检查人员通过理论和实操考试取得低压电工操作证，通过率97%。

（郭燚）

【安全生产教育培训】 年内，组织各类安全生产资格考试、培训52期，1220人参加。其中举办组织特种作业考试39期、795人参加，特种作业考试中，电工低压取证403人、低压复审53人、高压取证34人、高压复审100人，焊工取证55人、焊工复审75人，有限空间取证18人、复审57人。组织高危行业考试11期，155人参加，安全管理人员138人，负责人17人。组织122家生产经营单位的124名主要负责人和146名安全管理人员开展2期安全生产知识培训。

（郭燚）

【淘汰不合格燃气灶具】 年内，制定并下发《北京市延庆区关于淘汰不合格燃气灶具、安装燃气安全辅助设备和独立式感烟火灾探测报警器安装工作的实施方案》，完成4066家低保户、困难家庭和1.33万家低收入农户的前期摸底调查工作。

（郭燚）

【安全生产执法检查】 年内，开展重点建设工程、文化娱乐场所、危险化学品等专项执法行动158次，检查生产经营单位2698家4260次，查处事故隐患3974条，下达行政执法文书5919份，办理行政处罚135起，处罚金额121.76万元。

（郭燚）

【职业健康体检】 年内，邀请国家安全监管总局职业安全卫生研究中心的“健康大篷车”到新建京张铁路三标项目部，为中铁五局、中铁十四局、中铁十九局等10家企业500名施工人员进行职业健康体检工作。

（郭燚）

【双随机执法检查】 年内，在全区开展“双随机”执法检查，建立《执法人员名录库》和《企业名录库》，涉及执法人员30人，生产经营单位110家。随机抽取29组58人，涉及61家企业。

（郭燚）

食品药品监督

【概况】 北京市延庆区食品药品监督管理局为市食品药品监督管理局负责延庆区食品（含食品添加剂）、药品（含中药、民族药）、医疗器械、保健食品、化妆品监督管理工作的派出机构，加挂延庆区食品药品安全委员会办公室牌子。依法行使行政监督、技术监督、执法监督职能。设办公室（财务科）、综合协调科、法制科、食品生产监管科、药品监管科、食品流通监管科、餐饮服务监管科、药械市场监管科、器械保化监管科、机关党委（人事监察科），辖食品药品稽查大队、安全监控中心、政务服务中心和18个乡镇（街道）食品药品监督管理所。有职工162人，其中正式职工91人（食品药品安全监察员71人）。全区有“四品一械”（食品、药品、保健品、化妆品，医疗器械）监管对象7267家。其中，食品生产企业22家、食品生产加工作坊44家，食品销售经营单位2512家，餐饮服务单位2689家；药品生产企业5家、药品经营企业85家、农村药品服务网点33家、医疗机构246家；保健食品生产企业3家、保健食品经营企业188家；化妆品经营企业1048家；医疗器械生产企业6家、医疗器械经营企业137家、医疗器械使用单位249家。年内，宣传贯彻新《中华人民共和国食品安全法》，为管理相对人免费发放新法手册1万册。开展食品安全宣传周、安全用药月等各种形式的宣传活动71次，发放宣传材料7万册。开展“鹰眼”“消夏”畜禽产品专项整治、保健食品、化妆品、网络订餐平台第三方专项行动等各类专项检查48次。完成“世园会、冬奥会考察团考察”“2016爱尔兰圣帕特里克节点亮长城活动”“第八届北京端午文化节”等重大活动食品安全保障任务27项，现场快速检测食品样品225件，现场食品留样871份，及时更换高危食品8件，保障6万人次食品安全。

地址：延庆镇东外小区3号院

电话：69141226

（胡洋）

【食品药品安委会工作会】 3月10日召开。会议传达习近平总书记、李克强总理、张高丽副总理、汪洋副总理对食品安全工作的重要批示及市食品药品安全委员会第一次全体会议精神。听取《抓住机遇、顺势而为，全面提升食品药品安全监管水平》工作报告，主管副区长代表区政府与44个成员单位签订食品药品安全责任书。区食品药品安全委员会各成员单位、乡镇政府、街道办事处主要负责人参加会议。

（胡洋）

【医疗器械质量监督管理培训】 4月15日，邀请市食药监局医疗器械注册和监管处专家进行医疗器械的概念以及分类管理相关知识及《医疗器械使用质量监督管理办法》培训。区卫计委、基层食药所及辖区70家医疗器械使用单位的器械质量管理人员参加培训。

（胡洋）

【无证照餐饮单位治理】 年内，制定《延庆区开展治理无照无证餐饮单位工作方案》，召开无照无证餐饮单位治理工作推进会和专题会，建立无照无证餐饮单位治理工作联合协调机制；集中治理无资质托幼机构违法提供就餐服务。联合区公安分局、区工商局、区环保局、区城管大队等部门开展联合检查35次，出动执法人员2000人次，检查500户次，治理无照无证餐饮单位258户，治理率100%。

（胡洋）

【食品突发事件处置】 年内，处置食品突发事件10起，其中9起事件排除食品安全事故，1起认定为食物中毒事件，均在第一时间得到有效控制，未产生严重后果。

（胡洋）

【食品药品安全监测】 年内，抽检各类食品样品2198件，不合格样品40件，合格率98.2%；快速检测各类食品样品2559件，不合格样品58件，合格率97.8%；抽检药品571件，合格率100%；抽检保健食品18件、化妆品30件、医疗器械12件，合格率100%。全年辖区内未发生重大食品药品安全事故。

（胡洋）

【稽查执法】 年内，受理食品药品投诉举报470件。其中食品类投诉举报413件，药品、医疗器械、保健食品、化妆品投诉举报57件。按照接收来源，市局12331批转238件，咨询1件；投诉举报中心自接209件，咨询12件；食药所接收23件。办理行政处罚案件81件，罚没款及没收物品折合人民币116万元。

（胡洋）

（责任编辑：王新华）

税务 金融

税 务

国 税

地址：延庆镇香苑街99号
电话：69102267

【概况】 北京市延庆区国家税务局（简称延庆国税局），由北京市国家税务局垂直管理，负责贯彻执行国家税收法律、法规，组织中央税收和中央、地方共享税税收和地方税收收入，维护和规范税收秩序。有内设机构12个、直属机构1个（下设5个科室）、事业单位3个、税务所8个，另设机关党委办公室、离退休干部科，有干部职工228人。年内，设立办税服务厅，负责受理全区所辖纳税人的税务登记、申报纳税、发票办理、税务认定等八大类内容。办税服务厅开设20个窗口，年末有人员30人，设置办税服务区、咨询辅导区、自助办税区、等候休息区 4 个区域，按照纳税服务规范内容，全面落实“网上备案”“票e送”“资格认定”等8大类60项网上办理事项，全年网上办税服务厅共处理业务12.7万笔。采用“互设窗口、互派干部”的形式开展联合办税服务，受理业务4077笔。与广电中心三方签订《〈妫川税务〉合作协议书》，打造北京市首档区级国地税联办的税收宣传电视节目。开启“六道畅通交互式培养模式”，即：与上级主管部门、地方政府部门、辖区国有企业、单位内部岗位、外省税务部门以及区域村镇开展挂职交流。全局轮岗交流、挂职干部89人次，3名干部担任第一书记开展精准扶贫，首推2名干部到地方任职。全年组织税收收入21.08亿元，完成收入任务的105%，同比增加3.95亿元，增长23.1%；组织地方级税收收入7.81亿元，同比增加2.91亿元，增长59.4%，超额完成市、区两级收入任务。

（乔淑悦）

【“金税三期”上线】 8月8日，办理业务518户次，标志着“金税三期”成功上线。“金税三期”是中国税收管理信息系统工程的总称，围绕着“一个平台、两级处理、三个覆盖、四个系统”的总体目标而建立。此前，围绕数据清理、岗责设置、双轨测试、单轨上线等关键阶段开展工作，先后组织培训300人次，清理数据9批39项4168条，实现业务培训面100%、数据清理率100%。

（乔淑悦）

【税种管理】 年内，建立以1个大企业管理所为核心，以7个管理所风险防控和堵漏增收为补充，以货劳税、所得税和国际税收3个专项税收分析为支撑的税源管理格局，组织增值税税收收入10.94亿元，消费税税收收入3587万元，车购税入库税款870万元，入库所得税税款9.69亿元，非居民企业累计入库税款5785万元。

（乔淑悦）

【营改增税制转换】 年内，召开延庆区全面推开营改增工作部署会，开展跨省营改增公益讲堂；成立“指挥部”，明确“路线图”，搭建临时服务厅，局党组带头调研20次，实地走访1000户次，顺利完成5592户纳税人的税制转换。营改增全面推开后，延庆国税局营改增税源户增长24.2%，税收增长22.5%。对地方财政收入的贡献率23.8%，比上年提高12.3个百分点。

（乔淑悦）

【税收治理】 年内，加强国地税稽查合作，实施“双进户”检查模式。严格执行市、区两级禁限目录，在全市率先推出风控中心实体化运转，对1368户纳税人开展风险应对，补缴入库4653万元。

（乔淑悦）

【依法治税】 年内，加强行政审批事项管理，明确24项工作内容、责任单位和时限要求。开展规范性文件清理工作，共清理全文失效废止文件32件，部分条款废止文件19件。对4位科级主管开展任中经济责任审计工作，进一步监督科级干部正确履职。创新建立“大督查”问责机制，全年开展督查立项560项，办结率100%。

（乔淑悦）

【征管体制改革】 年内，召开协调会议12次，责任部门间沟通交流74次。涉税信息7651条，采集涉税信息4.8万条；联合3190户企业开展纳税信用评价工作、对30户企业进行专题调研；联合与8家银行签订“银税互动”合作框架协议。

（乔淑悦）

【纳税服务】 年内，围绕两大绿色盛会，加强区域部门联系，对招商引资项目提供全程“管家式”、个性化服务。针对营改增、“金税三期”等热点问题联合开展税收宣传活动40次；共同开设实体“纳税人学堂”和网上“纳税人学堂”，培训纳税人6500人次。

（乔淑悦）

地　税

【概况】 北京市延庆区地方税务局（简称延庆地税局）负责辖区内宣传、贯彻、实施有关地方税收工作的法律、法规及规章，负责编制辖区内地方税收计划并组织实施；负责依法实施征管范围内各种税、费的征收和管理工作，并对各种涉税违法、违规行为进行行政处罚，实施辖区内税收政策咨询和纳税服务工作。设职能科室13个、机关后勤服务中心1个，税务所12个、稽查局1个。有干部职工208人，其中公务员189人、工人19人。年内，全局落实《纳税服务规范》，开展“便民办税春风行动”，设置预约服务室，搭建“国地税局网上纳税人学堂”，联合印制《延庆国地税局纳税服务指南2016》，开展“问需求、优服务、促改革”专项活动。并采取“互设窗口”“互相进驻”方式共建办税服务厅，实现了“进一家门、办两家事”。依托纳税信用A级评价结果，深化“银税互动”，与8家银行联合签订合作框架协议，为小微企业提供贷款300万元。全年收到各类锦旗14面、表扬信5件。全局全年完成各项税费收入15.27亿元，完成任务15.2亿元的100.5%；区级地方公共财政预算收入6.43亿元，完成任务6.4亿元的100.5%。获得首都劳动奖状、首都义务植树先进单位、北京市五四红旗团支部、北京市“三八”红旗集体等先进称号。

地址：延庆镇庆园街4号

电话：69145640

（胡琴）

【税收征管】 年内，延庆地税局围绕税制改革和优化征管服务，实施建筑业、房地产业、金融业、生活服务业营业税改征增值税，全年召开“营改增”工作会12次，实现5592户涉改纳税人的税制转换，完成2203户次142.5万份地税发票缴销和税控机具的注销工作。召开“金税三期”专题会5次，组织系统培训6期，实现“金税三期”平稳上线。建立无税申报动态监控机制，全年申报率99%，平均入库率97.4%。全年开展风险应对1492户次，入库税款1348.47万元。

（胡琴）

【国地税合作】 年内，与延庆国税局联合召开深改联席会3次、协调会14次，责任部门沟通会83次。整合双方税收数据，撰写《联合税收数据分析报告》。联合打造全市首家区级税收电视栏目《妫川税务》，播出20期，联合制订《北京市延庆区国家税务局北京市延庆区地方税务局联合推行国家税务局地方税务局合作工作规范（3.0版）工作实施方案》，深化8类71个事项的合作。

（胡琴）

【税收政策落实】 年内，完成2617户企业汇算清缴，申报率100%。为全区2701名高收入纳税人进行年所得12万以上个人所得税申报，全年个人所得税明细申报率99%。贯彻落实小微企业优惠政策。1816户次小微企业享受税收优惠，减免税款314.53万元。

（胡琴）

【办税服务大厅】 延庆区地方税务局第一税务所办税服务大厅位于延庆区庆园街4号，负责辖区涉税事项的办理及纳税服务工作。办税服务厅一共设立12个纳税服务窗口。其中办税服务厅设立8个服务窗口（6个地税窗口，2个国税窗口）；政务服务中心设立2个服务窗口，办理税务登记；国税办税服务厅设立2个服务窗口。全所共有干部职工14人。

（胡琴）

金 融

中国银行延庆支行

【概况】 中国银行股份有限公司北京延庆支行（简称中国银行北京延庆支行）有机构3个，支行本部及所辖高塔街、妫水南街经营性网点支行。在岗82人，其中正式职工72人、劳务司机3人、大堂引导员7人，比上年增加8人。截至年底，人民币存款余额29.54亿元，比上年增加7.13亿元。实现利润2539.58万元，比上年增加1182.64万元。

地址：延庆镇庆园街12号

电话：69141843

（沈建民）

【存款业务】 年内，人民币各项存款余额29.54亿元，比上年22.41亿元增加7.13亿元。其中人民币公司存款余额19.35亿元，增加5.78亿元；储蓄存款余额10.20亿元，增加1.35亿元。外币存款余额760万美元，与上年相比，增加159万美元，其中公司外币存款余额4万美元，外币储蓄存款余额756万美元。

（沈建民）

【贷款业务】 年内，各项贷款余额6.31亿元，其中人民币公司贷款余额6.14亿元，比上年减少3371万元；人民币零售贷款余额1721万元，比上年减少129万元。无不良贷款余额，资产不良率为零。

（沈建民）

【中间业务】 年内，实现利润2539.58万元，比上年增加1182.64万元，完成分行任务指标的104.03%。实现中间业务净收入588.92万元，与上年同期相比减少22.37万元，完成分行任务指标的92.24%。

（沈建民）

【国际结算业务】 年内，对公国际结算业务量468.77万美元，比上年增加61.77万美元。

（沈建民）

中国工商银行延庆支行

【概况】 中国工商银行股份有限公司延庆支行（简称中国工商银行延庆支行）从业人员110人，内设机构5个，营业网点3个，附属机构1个。截至年末，总资产57.2亿元，比上年增加3.19亿元。人民币各项存款余额49.17亿元，比上年增加2.28亿元；各项贷款余额8.04亿元，比上年减少1.52亿元；中间业务收入2271万元，同比增加391万元；拨备前利润8317万元，同比增加962万元。

地址：延庆镇东街28号

电话：69143392

（梁曼）

【智能化与渠道建设】 年内，营业部为财富管理中心，妫水北街支行为理财中心，东街支行为“理财+自助”。新完成妫水北街支行智能化改造，3家网点全部配备智能设备，营业网点智能化率达到100%。自助银行10个，其中，离行式3个、附行式3个、C类自助行4个；9个自助行提供24小时金融服务。布放自助机具84台，其中智能终端7台、产品领取机3台、自助柜员机48台、查询缴费机17台、回单打印机6台，网吧机3台。

（梁曼）

【代理国库业务】 年内，办理国库业务20.06万笔，金额147.58亿元。其中，预算收入16.5万笔，金额46.53亿元；预算支出0.16万笔，金额95.8亿元；收入退还959笔，金额2.47亿元；更正通知书213笔，金额2.78亿元；办理区授权支付和直接支付3.2万笔。

（梁曼）

【存款业务】 年内，对公存款余额27.28亿元，比上年增加0.74亿元。储蓄存款余额21.89亿元，比上年增加1.54亿元。外币储蓄存款余额230.12万美元，比上年增加121.86万美元。

（梁曼）

【贷款业务】 年内，个人贷款余额4.26亿元，比上年增加0.96亿元。公司贷款余额3.65亿元，比上年减少2.62亿元。

（梁曼）

中国建设银行延庆支行

【概况】 中国建设银行股份有限公司北京延庆支行（简称建行延庆支行）设部室6个（纪检监察部、综合管理部、个人金融业务部、公司业务部、住房金融业务部、业务管理部）、营业中心2个（营业部和妫水南街支行）、个人金融中心2个（胜利街储蓄所和新城街储蓄所），有中长期劳动合同人员108人。截至年底，本外币账面利润9301万元；本外币全口径存款时点余额45.73亿元；本外币各项贷款时点余额15.37亿元；五级分类不良贷款余额1207万元，不良率0.7%。

地址：延庆镇东外大街97号

电话：69101571

（潘颖）

【存款业务】 年内，对企业存款余额23.19亿元，同比增长6.13亿元；储蓄存款余额22.54亿元，同比增长2.28亿元。

（潘颖）

【贷款业务】 年内，企业贷款余额9.07亿元，同比增加2.09亿元；个人贷款余额6.30亿元，同比减少0.41亿元，其中住房贷款余额6.12亿元，区域四行占比46.74%，排名第一。

（潘颖）

【中间业务】 年内，实现中间业务净收入3287万元，同比增加582万元，增幅21.52%。其中对公中间业务净收入2153万元，同比增加1189万元，增速123.34%；对私中间业务净收入1134万元，同比减少608万元。

（潘颖）

中国农业银行延庆支行

【概况】 中国农业银行股份有限公司北京延庆支行（简称中国农业银行北京延庆支行）有内设机构6个，营业网点8个，其中包括支行营业部和7家二级支行，在岗员工206人，均为合同制用工。年内，坚持以服务区域经济为中心，提高服务水平，加强内部控制，努力增收节支，存款规模87.5亿元，较年初增长7.8亿元。贷款余额12.2亿元。向区政府缴纳各项税收972.8万元。坚持深入机关、部队、市场等单位开展“三农业务”“小微企业产品知识”等宣传活动，了解金融需求，普及金融知识，提升客户满意度。

地址：延庆镇东外大街73号

电话：69144474

（吴慧晶）

【贷款业务】 年内，各项贷款余额12.2亿元，较上年增加1.1亿元。其中，个人贷款余额8.5亿元，较年初增加1.5亿元；公司贷款余额3.7亿元，较上年减少0.4亿元。

（吴慧晶）

【存款业务】 截至年末，各项存款余额87.5亿元，较上年增加7.8亿元。其中，储蓄存款余额48.3亿元，较上年增加4.5亿元；对公存款余额39.2亿元，较上年增加3.3亿元。

（吴慧晶）

【中间业务】 截至年末，实现拨备前利润1.36亿元，较上年度增加0.26亿元。实现中间业务收入3216万元，较上年度增加597万元。

（吴慧晶）

中国农业发展银行延庆支行

【概况】 中国农业发展银行北京市延庆区支行（简称农发行延庆区支行），1997年成立，主要职责是按照国家的法律法规和方针政策，以国家信用为基础筹集资金，承担农业政策性金融业务，代理财政支农资金的拨付，为农业和农村经济发展服务。内设办公室、客户业务部、会计结算部。有员工25人，其中正式员工21人、临时用工4人。年内，以分行提出的“奋发进取履好职、精准发力快发展、从严立行谋长远”为指导，以支行年初提出的工作思路为主线，精心组织，真抓实干，各项工作稳步运行。截至年底，各项贷款余额35353万元，各项存款余额24241万元。

地址：延庆镇妫水南街33号

电话：69188337

（闫恒）

【政策性粮油贷款管理】 年内，加大对储备粮库存监管的力度，严格执行定期查库、季度交叉查库制度，认真核实粮食企业库存，确保政策性信贷资金的安全。截至年底，支行发放省级储备粮贷款2笔，金额7481万元；发放市级储备贷款1笔，金额890万元。收回省级储备粮贷款8558万元、收回市级储备贷款1200万元。贷款净收回187万元。办理省级储备粮贷款展期7笔，金额3.12亿元；办理市级储备粮贷款展期3笔，展期金额1564万元。

（闫恒）

【贷款工作】 截至12月底，支行投放各项贷款8415万元，较上年少投放3317万元；收回贷款9758万元，较上年少收回8593万元。支行贷款余额3.54亿元，较上月增加44万元。贷款投放主要因素：发放省级储备粮贷款7481万元用于调入省级储备粮；发放市级储备粮贷款890万元用于轮换玉米；12月份发放市级储备油贷款44万元用于储备油。

（闫恒）

【存款工作】 截至年底，支行各项存款余额2.42亿元，较上年增加2.23亿元。其中企事业单位存款余额2.17亿元，较上年增加20221万元；财政性存款余额2566万元，较上年增加2094万元。

（闫恒）

北京农村商业银行延庆支行

【概况】 北京农村商业银行股份有限公司延庆支行（北京农商行延庆支行），有在职员工253人，拥有营业网点20个，其中支行营业部1个、非管辖支行级网点6个、分理处级网点13个。支行围绕地区发展规划，努力为区重点项目、民生工程提供全面的金融服务支持。以区内棚户改造工程为契机，与项目公司对接沟通，为其开立一般账户，引进企业账户资金落户延庆。年内，继续坚持“立足城乡、服务三农、服务企业、服务百姓”的市场定位，持续深化“调整、巩固、优化”经营主题，努力实现更高质量、更有效益、更可持续的全面发展。全年存款规模突破100亿元。

地址：延庆镇东外大街109号

电话：69147141

（韩煦）

【存款业务】 年内，人民币存款总额达到103.51亿元，比上年增加9.27亿元，增幅9.84%，占全区市场份额的28.43%，在全区金融机构中排名第一。其中，对公存款余额48.13亿元，增幅13.62%；储蓄存款余额55.38亿元，增幅6.73%。

（韩煦）

【贷款业务】 年内，各项贷款余额5.37亿元，其中银团贷款4.05亿元，非银团正常类贷款0.4亿元，不良贷款0.92亿元，不良率17.13%。发放中小企业贷款4笔1398.5万元，发放个人经营类、养殖类、消费类农户贷款3笔86万元。

（韩煦）

【中间业务】 年内，实现中间业务收入1170.46万元。各类保险、理财、基金、国债产品销售额达到10.16亿元，新发展凤凰E账户1636户，拓展凤凰乡村游APP业务79户，新增手机交易宝337户。

（韩煦）

邮政储蓄银行延庆支行

【概况】 中国邮政储蓄银行股份有限公司北京延庆区支行（简称邮储银行延庆支行），在册职工72人，其中正式工68人、劳务工4人。支行机关下设3个部室、13个网点。年内，坚持稳中求进、改革创新，不断增强改革活力，提升发展质量，各项业务稳步推进；全年无任何资金案件和安全事故。截至年底，实现收入3155万元，各项存款余额27.50亿元，发放各类贷款3.46亿元。

地址：延庆镇东外大街72号

电话：69146754

（王瑞雪）

【存款业务】 年内，各项存款余额27.50亿元，同比增长3.44亿元，增幅14.30%。其中，居民个人储蓄存款累计22.89亿元，同比增长2.35亿元，增幅11.44%；对公存款4.61亿元，同比增长1.09亿元，增幅30.97%。

（王瑞雪）

【信贷业务】 年内，发放各类贷款3.45亿元，同比增长0.36亿元，增幅11.61%。其中小额贷款2431万元，同比减少181万元，降幅6.93%；居民住房贷款发放3737万，增长730万元，增幅24.28%，综合消费贷款发放452.4万，同比增长155.4万元，增幅52.32%；小企业贷款4250万元，同比增长1797万元，增幅73.26%；个人商务贷款发放23658万元，同比增长1031万元，增幅4.56%。

（王瑞雪）

【中间业务】 年内，信用卡发卡765张，同比减少558张，降幅42.18%；发展保险业务980.91万元，同比增涨291.89万元，增幅42.36%；发展理财业务4.08亿元，同比增涨1.14亿元，增幅38.66%；发放农村合作医疗报销款1.51万笔，发放金额2584万元，同比减少635万元。

（王瑞雪）

（责任编辑：景冰芳）

农 业

综　述

【概况】　北京市延庆区农村工作委员会（简称区农委），挂北京市延庆区人民政府山区建设办公室（简称区山区办）的牌子，与中共延庆区委农村工作委员会（简称区委农工委）合署办公。区委农工委是负责本区农委系统党的建设、思想政治工作和干部管理工作的区委派出机构。区农委（区山区办）是负责统筹协调本区农村发展和农村经济工作的区政府工作部门。设6科1室、1个中心和1个园区管委会，包括办公室、政工科、监察科、综合科、发展改革科、村镇建设科、山区建设科、北京市延庆区新农村建设服务中心和北京市延庆区生态农业科技园区管委会。行政编制23人，事业编制17人，工勤编制6人。在岗职工39人。农工委系统所属12个单位，包括农委、农业局、园林绿化局、水务局、气象局、农村合作经济经营管理站、种植业服务中心、农机服务中心、水产服务中心、国家马铃薯产业高科技园区管理委员会、野鸭湖湿地自然保护区和北京绿富隆农业股份有限公司。年内，全面启动低收入村户增收攻坚工程，制定并出台《关于推进“十三五”时期低收入农户增收及低收入村发展的实施意见》《关于推进低收入农户增收及低收入村发展任务分工方案》等7个文件。实施2016年农业领域专项转移支付资金项目，深入推进农业“调转节”，全区农业现代化程度90.37%。旧县镇、延庆镇被认定为第三批创建北京市都市型现代农业（高效农业）示范乡镇；确定60个延庆区美丽乡村。制定并出台《延庆区2016年农民住宅抗震节能工程的实施方案》《延庆区2016年“煤改清洁能源”和“减煤换煤”工作指导意见》《2016年延庆区“煤改清洁能源”工作若干补充政策》。统筹4个重点小城镇数据统计、规划编制情况，八达岭、石峡关2个新型农村社区被纳入市级试点建设。实施村级公益事业建设一事一议财政奖补项目70个。继续实施山区搬迁与生态环境提升5项重点工程，启动15个村规划方案编制工作，按照美丽乡村示范村标准推进山区搬迁村建设。印发《延庆区“十三五”时期沟域经济发展规划纲要》，持续对“百里山水画廊”“四季花海”“冰川绿谷”三条沟域进行提档升级，高标准规划“乡宴柳沟”市级重点建设沟域。启动农村土地承包经营权确权登记颁证工作；创新农产品集散中心“农邮通”配送模式，实现“农社对接”和“农宅配送”。2016年全区农村经济总收入完成173.3亿元，同比增长9.0%；农民人均所得实现19533元，同比增长9.5%；纳入监测的13089户低收入群体实现人均收入11280元，同比增长15.5%。

地址：延庆镇西街2号
电话：69142610

（李春杰）

【农村工作会】　5月16日，延庆区2016年农村工作会召开。会上，主管副区长作农村工作报告，总结“十二五”期间农业农村工作，部署了“十三五”时期特别是2016年工作任务。区委、区政府与井庄镇、香营乡2个代表乡镇党委、政府签订了“十三五”时期推进低收入农户增收及低收入村发展工作责任书。区委书记李志军讲话。

（李春杰）

【京张优质农产品推介会】　10月14—16日，2016年京张优质农产品推介会在北京市延庆八达岭国际会展中心举办。该次推介会由延庆区农委、张家口市农委主办，延庆区有机农业协会、北京绿富隆农业股份有限公司承办，2019北京世界园艺博览会延庆筹备领导小组办公室、延庆区农业局、延庆区商务委、北京八达岭国际会展中心、北京行遍天下文化传媒有限公司协办，京张两地128家企业600种产品参展，总展出面积2700平方米。

（李春杰）

【4企业参加农产品交易会】 11月5—8日，组织北京绿富隆农业股份有限公司、北京前庙葡萄种植专业合作社、四海田园农副产品加工有限责任公司、北京独山清泉陶艺文化有限公司参加在云南昆明举办的第14届中国国际农产品交易会，展示有机蔬菜、有机葡萄、无公害杂粮、菊花茶、玫瑰茶、盆窑陶艺等20个品种。北京前庙葡萄种植专业合作社培育的“前龙”葡萄获得交易会金奖。

（李春杰）

【都市型现代农业】 年内，全区粮食作物面积20.4万亩（1.36万公顷），其中玉米面积19.05万亩（1.27万公顷）；蔬菜播种面积2.25万亩（0.15万公顷），其中露地播种面积1.8万亩（0.12万公顷），产量稳定在7160万千克。划定粮田面积12.6万亩（0.84万公顷），菜田4.65万亩（0.31万公顷），稳定花卉、林禽、林菌等林下经济规模4.95万亩（0.33万公顷）。全区蜂群保持在1.5万群。鲜果面积常年稳定在8.1万亩（0.54万公顷）。

（李春杰）

【产业成果】 年内，香营乡新庄堡村（鲜食杏）和沈家营镇河东村（葡语农庄葡萄）被农业部认定为全国第六批“一村一品”示范村镇。

（李春杰）

【农民培训】 年内，起草并以区政府名义印发《延庆区农民培训就业增收“十三五”发展规划》，组织企业负责人、青年农场主等参加市新型农民培训班，内容涉及家庭农场、种植业合作社专业技能型（蔬菜种植）和草莓立体栽培技术等。

（李春杰）

【北京市第四届农业职业技能大赛】 年内，组织164名选手参加北京市第四届农业职业技能大赛，其中菌类园艺工获得全市第1、2、6、9名，动物疫病防治员获得全市第10名。

（李春杰）

【星级园区建设】 年内，全区获评全国休闲农业与乡村旅游星级示范企业（团体）4家，其中国家五星级1家、四星级1家、三星级2家。

（李春杰）

【美丽乡村建设】 年内，千家店镇下湾村被评为中国美丽休闲乡村。旧县镇盆窑村和永宁镇上磨村获评“北京最美的乡村”，铁炉村获提名奖；八达岭镇被确定第四批“美丽宜居小镇示范”，盆窑村和铁炉村被确定第四批“美丽宜居村庄示范”。

（李春杰）

【农业文化遗产】 年内，区香槟果栽培系统（分布在八达岭镇帮水峪村）、八棱脆海棠栽培系统（分布在八达岭镇帮水峪村、石峡村，康庄镇榆堡村等地）、玉皇庙李子栽培系统（分布在张山营镇玉皇庙村）和葡萄栽培系统（分布在张山营镇等地）被评为中国重要农业文化遗产。

（李春杰）

【农民专业合作社】 年内，金粟葡萄、北菜园蔬菜和大庄科中药材3家市级示范合作社晋级为国家级示范社。到年末，全区国家级农民专业合作社达到13家、市级8家、区级27家。合作社均实现“社账托管”。大庄科中药材、王木营蔬菜和前庙葡萄3家农民专业合作社获得贷款贴息及担保费奖励。

（李春杰）

【沟域经济建设】 年内，“乡宴柳沟”沟域被列为市级重点建设沟域，规划涉及井庄、永宁2个乡镇40个行政村。建设豆腐文化体验馆，打造柳沟“冰雪嘉年华”。

（李春杰）

【一事一议财政奖补70个项目】 年内，区农委、区财政局、区水务局和区经管站联合出台《关于开展延庆区村级公益事业建设一事一议财政奖补工作的实施意见》，明确项目内容、监督、管理、验收、资金拨付与结算等相关办法。实施一事一议财政奖补项目70个，其中最美乡村7个、低收入村33个，实现项目完工30个。

（李春杰）

【专项转移支付项目】 年内，区农委、区财政局、区农业局联合出台《关于2016年农业领域专项转移支付整合资金统筹使用的指导意见》，明确项目统筹原则、资金安排方向、项目申报、资金管理、项目验收等相关办法。安排农业领域专项转移支付项目26个，重点推进农民增收、“新三起来”工程，建设“菜篮子”工程等重点工作。

（李春杰）

【低收入村户增收】 年内，确定低收入村58个、低收入农户1.32万户。完成低收入村户动态监测，监测对象为1.31万户、2.74万人，其中人均可支配收入1.12万元以上的5435户，占低收入户数的41.5%。出台低收入村户产业发展资金指导意见及管理办法，向26个低收入村安排一事一议项目资金2000万元。

（李春杰）

【农村减煤换煤】 年内，重点推进优质燃煤替代、取暖“煤改电”、更换无烟煤炉具等工作，实现减煤约3270万千克、换煤8578.5万千克，更换优质燃煤炉具1735台。

（李春杰）

【抗震节能改造工程】 年内，完成农宅抗震节能改造5632户，其中新建翻建2202户、单项保温3430户。完成9个乡镇47个村公益用房外墙改造2.05万平方米、门窗改造4172.89平方米。

（李春杰）

【土地确权及流转】 年内，农村土地承包经营权确权登记颁证工作稳步推进，完成240个行政村公示，合同面积21.75万亩（1.45万公顷），完成总任务的61%。新流转农户家庭承包地面积2866.05亩（191.07公顷），流转总面积达16.65万亩（1.11万公顷），占家庭承包经营总面积35.55万亩（2.37万公顷）的46.7%。签订土地流转合同5.5万份，涉及4.9万农户。

（李春杰）

农业生产与管理

【概况】 北京市延庆区农业局（简称区农业局）挂延庆区动物卫生监督管理局牌子。是负责延庆区农业生产管理、农业行政执法监督和兽医行政管理工作的区政府工作部门。设政办室、计财科、科教科、农产品质量安全科、法制科、种植农机管理科、畜牧水产管理科、应急防疫科8个科室，辖动物卫生监督所、动物疫病预防控制中心、畜牧技术推广站3个独立法人单位和9个基层派出机构（延庆所、康庄所、张山营所、大榆树所、旧县所、永宁所、四海所、千家店所、井庄所）。全局核定编制197名，年末在岗职工173人，其中局机关和动物卫生监督所为行政编制，定编67名，实有65人；机关工勤定编10名，实有7人；其余机构为财政补助事业编制，定编120名，实有101人。年内，根据市政府“调结构、转方式、发展节水农业”的要求，不断深化产业结构调整，大力疏解低端种植、养殖业，粮田播种面积调减17.2%，奶牛、羊、家禽养殖规模分别缩减20.5%、29.3%和51.5%。全区实现农林牧渔业总产值19.31亿元，同比下降6.2%。其中，种植业实现产值5.67亿元，下降7.9%；林业实现产值2.73亿元，增长29.8%；牧业实现产值10.04亿元，下降12.1%；渔业实现产值3172.0万元，下降8.9%；农林牧鱼服务业实现产值5577.4万元，同比增长0.3%。

地址：延庆镇西街2号
电话：69142076

（张珅）

【市第四届职业技能大赛成绩】 4—10月，参加市人力资源社会保障局组织的第四届职业技能大赛，62名基层动物疫病防控人员参加初赛，16人晋级复赛，6人进入决赛，1人获全市第10名，5人取得高级及以上职业资格证书。

（张珅）

【区农产品产销对接会】 7月5日，召开“2016年延庆区农产品产销对接会”。与中国邮政集团北京市延庆区分公司达成战略合作，重点解决农产品物流投递问题。

（张珅）

【《延庆区设施农业项目用地备案管理办法》出台】 9月1日，区农业局牵头制定的《延庆区设施农业项目用地备案管理办法》发布实施。文件明确建立延庆区设施农业项目用地联席会议制度，规定设施农业项目用地备案必须通过申请、初审、部门前置审核、乡镇政府审核、农业部门备案、国土部门备案等6个办理步骤，建立设施农业项目用地管理责任制、日常监管制度和违反惩处机制。

（张珅）

【畜禽检疫净化】 年内，于春、秋两季，开展奶牛“两病”（布鲁氏菌病和结核杆菌病）净化工作。结核病检疫净化工作涉及78个场户，检测奶牛1.74万头，结果均为阴性。全年奶牛布鲁氏菌病净化采样涉及养殖场户98户，血样7769头份，检出79头阳性，核实后对阳性牛进行无害化处理。

（张珅）

【“农邮通”物流体系建设】 年内，在绿富隆公司建设“农邮通”服务总站1处，借助邮政网点在乡镇建设分站10处，形成区、乡镇两级农产品物流集散配送运行模式。运输农产品1556车次、173万千克。

（张珅）

【粮食生产】 年内，粮食种植面积20.4万亩（1.36万公顷），同比减少7.9%1.77万亩（1180公顷）。其中玉米19.2万亩（1.28万公顷），同比减少1.7万亩（1133.33公顷）；豆类和杂粮1.2万亩（800公顷），同比减少0.07万亩（46.67公顷）。粮食平均亩产488.1千克，同比增加12.6千克；总产9953.3万千克，同比减少587.7万千克。

（张珅）

【蔬菜生产】 年内，蔬菜播种面积23975.6亩（1598.37公顷），同比减少5.7%。其中露地蔬菜播种面积16474.3亩（1098.29公顷），同比减少1565.22亩（104.35公顷）；设施蔬菜播种面积7501.3亩（500.09公顷），同比增加124.96亩（8.33公顷）。蔬菜总产量6077.13万千克，同比减少15.2%。蔬菜总收入1.36亿元，同比减少18.3%。地头收购均价2.23元/千克，同比减少0.09元/千克。

（张珅）

【菜田补贴】 年内，全区享受蔬菜补贴总面积1.39万亩（930.18公顷），其中露地蔬菜8583.21亩（572.21公顷）、日光温室蔬菜1515.5亩（101.03公顷）、钢架大棚蔬菜3854.02亩（256.93公顷），补贴金额733.17万元。

（张珅）

【新型职业农民培育工程】 年内，实施新型职业农民培育工程，区农广校承担具体培训任务，组建培训班1个，设置公共基础、专业核心、能力拓展3类课程，103人全部为村级全科农技员。

（张珅）

【基层农技推广体系改革与建设】 年内，全区共有区乡两级农技推广机构34个、农业技术推广人员341人，其中区级层面涉及畜牧兽医、种植业、水产业、农机化4个行业，乡镇层面指乡镇农业综合服务中心，另有村级全科农技员123人。2016年基层农技推广体系改革与建设补助项目确定奶牛、蔬菜和果品为主导产业，聘请首席岗位专家3名，选聘岗位技术指导员49名，推广应用主导品种24个、主推技术18项，培育示范户430名，建设示范基地12个，主导品种和主推技术覆盖10个乡镇、71个行政村，到位率95%，全年培训1.57万人次；启动示范创建工作，创建示范乡镇10个、村级农业综合服务站25个。

（张珅）

【农业应急管理指挥视频会议系统建成】 年内，农业应急管理指挥视频会议系统正式投入使用。项目建设地点在区动物卫生监督所四楼，建设面积60平方米，项目总投资200万元。

（张珅）

【动物及动物产品检疫】 年内，严格按照“有报必记、有报必接、有报必检”的工作制度，产地检疫受理率100%。全年检疫各种动物104.8万头（只），检疫动物产品48.8吨，消毒车辆857车次。

（张珅）

【屠宰禽类环节监管】 年内，对全区3家禽类定点屠宰场，尝试派驻官方兽医轮岗制度，严格品质检验，杜绝“不作为、乱作为”。全年屠宰检疫禽类11.83万只。

（张珅）

【打击私屠滥宰行为】 年内，严查私屠滥宰黑窝点，加强偏远农村的检查，节日期间，开展地毯式检查，查处流动摊贩无证经营行为7起。

（张珅）

【运输环节监督】 年内，4个公路动物防疫监督检查站依法对运输动物及动物产品的车辆逐一检查，检查进京车辆1.29万辆，同比增长2.86%；检查动物460.75万头（只），同比增长133.22%，其中马属1650匹、生猪47.63万头、禽类409.35只、牛1.39万头、羊2.24万只；检查动物产品4660.33千克（枚、张）。

（张珅）

【动物卫生监督执法】 年内，出动执法车辆346车次，出动执法人员2415人次，检查场所577场次，下达监督笔录251份、监督意见书249份。办结行政处罚案件50件，其中一般程序43件，简易程序7件，罚没款49964.5元，应用休眠条款2件。立案数同比增长108%。

（张珅）

【举报处理】 年内，接举报9起，调查取证15次，无害化处理死亡生猪25头，死羊30只，下达监督笔录3份和意见书2份。

（张珅）

【病死动物收集暂存系统建设】 年内，建设病死动物无害化收集暂存点57个，其中畜禽规模养殖场41个、动物屠宰加工企业3个、动物诊疗单位3个、区动物疫病预防控制中心1个、农业局基层所9个，年底全部运行，实现动物养殖、屠宰加工、诊疗各环节病死动物收集暂存全覆盖。

（张珅）

【快速检测】 年内，快速检测室新购置生鲜乳快速检测箱、酶标仪、水浴锅、涡动仪、离心机、培养箱等仪器设备，同时配备黄曲霉素、赭曲霉、磺胺总量、喹诺酮等检测卡和试剂盒。截至年底，快速检测室对蛋、奶开展日常检测，采集样品7家，涉及鸡蛋90枚、奶样4份，全部呈阴性。

（张珅）

【畜禽疫病免疫】 年内，免疫口蹄疫70.30万头只次，禽流感1794.82万只次，新城疫2071.23万只次，猪瘟36.68万头次，蓝耳病29.97万头次，羊布病7.16万只次，小反刍兽疫6.01万只次，强制免疫率100%。

（张珅）

【过敏反应鉴定及补偿】 年内，鉴定过敏现象605起。认定奶牛死亡16头、流产61头；肉牛死亡1头；羊死亡111只、流产64只；禽类死亡352羽。过敏反应补偿资金16.13万元。

（张珅）

【免疫抗体监测】 年内，监测畜禽血样1.65万份，涉及各类场户1507个，免疫抗体合格率均高于国家农业部颁发标准。对集中监测和自免场监测抗体不合格的场户分析免疫不合格原因，及时通知进行补免，并进行跟踪监测，及时指导养殖场户弥补免疫漏洞，确保抗体合格率全年保持在70%以上。

（张珅）

【三品认证】 年内，推进三品认证。全区企业新增无公害认证5家，总数55家；新增绿色认证2家，总数3家；新增有机农产品认证2家，总数42家。

（张珅）

【畜禽养殖禁养区划定及关停】 年内，区农业局制定《北京市延庆区畜禽养殖禁养区划定工作方案》及《延庆区畜禽养殖禁养区规模养殖场小区关停工作方案》并组织实施。关停畜禽养殖禁养区内规模养殖场（小区）12家、千家店镇下奶山养猪场1家、永宁镇新华营村南15个养猪户，清理存栏畜禽42247头只。

（张珅）

【种植业政策性农业保险】 年内，全区种植业承保总面积75762.6亩（5050.84公顷），同比减少12%。其中承保玉米39362.1亩（2624.14公顷），同比减少25988.8亩（1732.59公顷）；承保温室大棚3260.5亩（217.37公顷），同比减少6%；承保果树33025亩（2201.67公顷），同比增加96%；承保露地蔬菜115亩（7.67公顷）（新增险种）。种植业总保额23001.9万元，同比增加3375.9万元，涉及7580户（企业或合作社）。保费收入1187.8万元，同比增加23%（220.8万元）。种植业全年理赔993.7万元。

（张珅）

【养殖业政策性农业保险】 年内，对养殖企业投保情况进行现场审核，全年投保180户次，投保畜禽总量23.5万头只，投保总额1.96亿元。其中奶牛15户次5005头；能繁母猪56户次5741头；生猪102户11.91万头；生猪价格保险5户次5130头；肉鸭2户次10万只。理赔3390户次1.32万头（只），理赔金额854.15万元。

（张珅）

【首家全程农业标准化基地建设】 年内，北京归原生态农业发展有限公司被评为北京市全程农产品质量安全标准化示范基地，是全区首家全程农产品质量安全标准化示范基地。

（张珅）

【农产品质量安全监管示范乡镇创建】 年内，沈家营镇通过现场检查与材料核查，被评为北京市农产品质量安全监管示范乡镇。延庆镇、旧县镇、康庄镇等5个乡镇完成北京市农产品质量安全监管示范乡镇创建。

（张珅）

【狂犬病集中免疫】 年内，全区13个犬只狂犬病免疫定点单位共免疫犬只1.74万条。狂犬病应免免疫率100%，免疫标识佩戴率100%。

（张珅）

【集中消毒灭源】 年内，组织开展“预防重大动物疫病”消毒灭源工作2次，投入消毒药品8800千克，出动708人次、316车次，涉及场户192个，消毒面积201.76万平方米，覆盖全区所有规模、重点养殖场、区、户。

（张珅）

【畜牧产业】 截至年底，全区奶牛存栏1.24万头，蛋鸡存栏284.53万只，生猪年出栏10.97万头，鲜奶产量4714.66万千克，肉牛出栏4905头，羊出栏5.36万只。全年畜牧业产值10亿元，占农业总产值51.97%。

（张珅）

种植业

【概况】 延庆区种植业服务中心（简称种植中心）隶属延庆区人民政府，属事业单位。负责全区种植业管理；种植业技术试验、示范、推广；种植业技术开发、培训、服务；农业植物病虫害检测防治；农资、农产品管理；农资、农产品质量检测；面源污染控制；农村新能源开发、推广、服务等项工作。种植中心机关科室设置政工科、粮经科、蔬菜科、科技科、安全食品科、计财科、控制面源污染科、景观农业建设科、办公室、农村能源办公室。6个下属单位：农业技术推广站、农业科学研究所、植物保护站、农村新能源管理站、种子管理站、农产品质量安全检验检测中心。年内，秋粮收获总面积13593.33公顷，蔬菜播种面积1598.37公顷，农业支持保护补贴面积10142.67

公顷，蔬菜补贴面积930.18公顷，完成上年区巩固退耕还林成果建设工程——基本口粮田建设项目1566.67公顷，全区蔬菜沼液滴灌可控面积120公顷，无公害农产品种植业认证企业32家，有2家蔬菜企业通过绿色食品认证，种子经营备案76家，开办北京市首家区级植物医院，开办植物诊所3所，农民田间学校5所，选派17名技术骨干与全区7个乡镇34户农民进行对接服务，通过培训班、田间指导、科普赶集等形式培训农民6000人次。

地址：延庆镇东外大街88号

电话：69103334

（齐金平）

【全国绿色食品基地监管】 1月，延庆区获得全国绿色食品原料标准化生产基地证书，之后处于证后监管期。年内，实施绿色玉米标准化建设基地监督管理并督促完成田间生产档案记录表。落实全区9个乡镇、60个行政村、1.53万户村民、6813.33公顷绿色食品原料玉米标准化生产基地的生产管理、农业投入品管理等6项制度，遵守绿色食品农药和肥料使用准则，进行绿色玉米生产技术示范推广到户，推进绿色食品原料玉米标准化生产基地建设。

（齐金平）

【首家区级植物医院成立】 5月6日，开办北京市首家区级植物医院。服务14乡镇85个村486户800人次，开出植物病虫害诊断处方1222张，其中病害589个、虫害586个、其他因素处方47个，并根据不同病虫害提出绿色防控意见。至年底，全区开办植物诊所3所，固定诊所2所（延庆绿菜园、延庆茂源广发），北京延庆流动植物诊所1所。

（齐金平）

【菌类园艺工培训班】 6月5日，与区职教中心合作举办的菌类园艺工培训班开班。由菌类栽培管理专家及北京农职院教授辅导授课，对食用菌栽培管理技能进行系统理论和技术培训，培训时间1个月。区农业种植服务一线职工100人参加培训。

（吴铁华）

【粮食生产】 年内，全区秋粮收获总面积203899.95亩（13593.33公顷），其中玉米面积191800.05亩（12786.67公顷），平均亩产508.83千克，比上年增加12.69千克/亩，增幅2.6%。玉米总产量9758.76万千克。

（齐金平）

【农业支持保护补贴】 年内，全区15个乡镇315个村3万户农民享受农业支持保护补贴；补贴作物包括谷物、豆类、薯类，补贴标准97元/亩。补贴面积152140.05亩（10142.67公顷），补贴资金1475.76万元，其中谷物补贴面积151354.05亩（10093.33公顷），补贴资金1468.14万元。

（齐金平）

【农业查灾定损】 年内，全区发生风雹灾4次，粮食受灾面积为49399.95亩（3293.33公顷），造成经济损失784万元。全区受灾理赔面积13500亩（900公顷），总赔付资金210万元。

（齐金平）

【退耕还林基本口粮田建设】 年内，在大榆树镇、延庆镇等13个乡镇，完成上年区巩固退耕还林成果建设工程基本口粮田建设项目23500.05亩（1566.67公顷）。进行土壤深松、土地平整、畦块改造，发放有机肥1175万千克、配方肥82.25万千克。

（齐金平）

【蔬菜生产】 年内，全区蔬菜播种面积23975.60亩（1598.37公顷），其中露地蔬菜16474.30亩（1098.29公顷）、设施蔬菜7501.30亩（500.09公顷）。种植面积在千亩以上的蔬菜品种有菜花、大白菜、生菜、土豆、结球甘蓝、番茄、辣椒等。

（齐金平）

【蔬菜销售】 年内，蔬菜上市6077.13万千克，收入1.36亿元，地头收购均价2.23元/千克。

（齐金平）

【设施蔬菜】 年内，全区设施蔬菜面积6461.90亩（430.79公顷），其中日光温室

2176.60亩（145.11公顷）、连栋温室31.8亩（2.12公顷）、大棚4153.5亩（276.9公顷）、中小棚100亩（6.67公顷）。主要分布在大榆树、康庄、永宁、旧县、八达岭、香营、延庆镇等乡镇。主要种植越夏硬果番茄、辣椒、小西瓜、茄子、生菜等品种。

（齐金平）

【菜田补贴】 年内，完成全区15个乡镇2亩以上蔬菜生产补贴核查和汇总工作。菜田补贴标准为露地300元/亩、大棚600元/亩、日光温室800元/亩、质量安全补贴200元/亩。蔬菜补贴总面积13952.73亩（930.18公顷），同比增加2067.23亩（137.82公顷）。其中露地8583.21亩（572.21公顷）、日光温室1515.50亩（101.03公顷）、大棚3854.02亩（256.93公顷）。补贴资金733.1671万元。

（齐金平）

【蔬菜沼液滴灌建设】 年内，完成东小营、双营、孔化营、唐家堡土建工程建设、沼液滴灌设备安装工程。全区有10个村安装12套设备，可控面积120公顷。追肥期沼液稀释到3500～6000倍浓度进行灌溉施肥，实现水肥一体化。

（齐金平）

【无公害农产品认证】 年内，全区无公害农产品种植业认证企业32家、174个产品，产地规模773.41公顷，年产量3679.16万千克。其中蔬菜认证30家、171个产品，产地规模751.91公顷，产量3675.64万千克；杂粮认证2家、3个产品，生产规模21.5公顷，产量35200千克。

（齐金平）

【绿色食品认证】 年内，全区有2家蔬菜企业通过绿色食品认证，产品数量34个，产地规模32公顷，年产量209.3万千克。

（齐金平）

【农产品质量检测】 年内，全区共抽取蔬菜样品3800个，分别开展农药残留、重金属、亚硝酸盐、三聚氰胺定量及快速检测，合格率100%。

（齐金平）

【种子经营备案】 年内，全区办理种子经营备案单位（户）76家，其中办理专营72家，委托4家。

（齐金平）

【“1+1+X”工程】 年内，实施农村实用人才开发培养工程，选派指导教师17名为全区7个乡镇的34户农民进行对接服务。主要指导蔬菜、玉米、脱毒马铃薯种薯繁育、花卉、中药材的栽培技术及病虫害防治管理。

（齐金平）

【科普惠农】 年内，通过培训班、田间指导、科普赶集等形式，举办各类培训班100期，培训农民6000人次，发放技术资料1000份，咨询服务1000人次。

（齐金平）

【农民田间学校建设】 年内，开办农民田间学校5所，覆盖延庆、康庄、永宁、井庄4个乡镇4个村1个蔬菜基地，培训学员120人。组织农民活动日62次，组织学员观摩5次，田间技术指导48次，解决技术问题60个，推广新技术20项，新产品4个，培训农民辅导员5个，科技示范户50户。辐射带动农户80户，涉及面积2000.1亩（133.34公顷）。

（齐金平）

【2010年绿色燃气工程安全评价】 年内，成德青源园区沼气生产、提纯、运输系统及张山营、康庄、延庆、大榆树4个乡镇12村11个储气站的安全评价。

（齐金平）

水产服务

【概况】 北京市延庆区水产服务中心（简称区水产中心）为全额拨款事业单位，承担全区渔业生产发展规划、管理和服务职能。主要负责全区养殖水面水产技术推广管理、新技术、新品种引进与试验示范、水产品种育苗、水产养殖技术推广，水产品监测、监督、管理和检疫工作，渔业行政执法检查，水生野生动物植物环境保护，渔事纠纷处理等。设政办室、财务科、渔政站、推广站、业务科，核定编制39人，在岗32人，30人持有农业行政执法证。全区渔业水域资源总面积3224公顷，其中渔业生态养护水域面积（水库面积）2975公顷，渔业养殖面积（池塘）249公顷。养殖面积中，休闲渔业面积73.93公顷，籽种渔业面积48.87公顷，精品渔业养殖面积126.2公顷。有养殖户101户，养殖和捕捞的主要品种有青、草、鲢、鳙、鲫鱼，及少量虹鳟、鲟鱼等。全年渔业产量232.7万千克，产值4173万元，同比分别下降22.8%和4.5%。年内，投放鲢鳙草青鲂苗种20.56万千克。推广中草药防治鱼病技术面积0.67公顷、微生态制剂净水技术45公顷。完成26个水产品抽样送检。组织执法活动721次，出动人员1623人次、保安9790人次，车辆620台次，劝退垂钓人员3800人。收缴电捕工具1套、橡皮筏子2个、渔具2套，拆除违规网具3000米。行政处罚4起，罚款3100元。组织专题宣传活动2次，发放宣传材料2000份，为区重要活动提供特勤保障20次。

地址：延庆镇城西路

电话：60159803

（郭万霞）

【非法捕钓联合执法】 1月20日，市渔政站组织昌平、丰台、延庆三区渔政执法人员在妫水西湖开展联合执法。陆上保安定点和渔政人员拉网式巡查相结合，出动执法人员17人次、保安14人次，执法车辆4台次。

（郭万霞）

【官厅水库禁渔期监管】 4月28日至5月15日，区内水域鲤鲫鱼繁殖期间，开展春季渔业违法专项行动，6名执法人员分两组执法，期间行政处罚立案2起，收缴橡皮筏子2个，刺网500米。

（郭万霞）

【渔业环境监测】 4—10月，监测6个渔场5315亩（354.33公顷），区内养殖池塘总P、总N、NO2-、H-NH3均有不同程度超标，经使用生态制剂降解后，养殖水质环境改善明显。

（郭万霞）

【鱼病监测】 4—10月，监测7个点315亩（21公顷）。结果显示，区内养殖鱼类寄生虫病（车轮虫、指环虫、锚头蚤、中华蚤）、水霉、细菌性疾病（烂鳃、赤皮、肠炎）较普遍，经予技术指导，鱼病得到有效控制。

（郭万霞）

【北运河项目抽检】 5月5日，配合市推广站抽检三家渔场和妫水西湖水域，采集水样33份、虹鳟鱼1份、饲料1份。测检水温、溶氧、总磷、总氮、PH值、氨氮、COD、硝酸盐、亚硝酸盐、重金属、石油、挥发性酚、叶绿素和浮游生物等项目。饲料检测重金属，虹鳟鱼检测药残。未发现超标现象。

（郭万霞）

【水生野生动物保护】 5月20日，在日上市场开展水野保护执法一次。作为市农业局双随机检查工作项目，年内确定58家监管对象，对国家一、二级和北京市地方二级水生野生动物捕捉、驯养繁殖、经营利用情况执法检查24次。

（郭万霞）

【大宗鱼类示范】 5—6月，引进长丰鲢水花25万尾，松浦镜鲤乌仔500万尾，在珍珠泉度假村渔场和吴庄渔场等4家渔场进行精套养殖试验，长势良好。

（郭万霞）

【船检现场核发捕捞许可证】 8月15日，官厅水库禁渔期结束，京冀两地渔政、水政部门与周边渔民在官厅湖畔举行开捕仪式。中心渔政站协助市船检机构在张山营西五里营村对辖区渔业船舶进行检验，同时核发2016年《渔业捕捞许可证》27本。

（郭万霞）

【京张优质农产品推介会展示鲟鱼】 10月14—16日，北京鲟龙澎湃科技发展有限公司在京张优质农产品推介会上设展台，展示其特色鲟鱼、鲟鱼标本等，公司生食鱼片受到参会领导及群众一致好评。

（郭万霞）

【冷水鱼田间学校培训班】 11月2日，在中银酒店举办“延庆区冷水鱼田间学校培训班”，市高级工程师讲解冷水鱼养殖及休闲渔业相关知识，培训60人次，发放材料105份。

（郭万霞）

【高产高效鱼池改造】 年内，完成工厂化循环水鱼池和标准化鱼池改造2家。完成1家3000平方米全封闭工厂化循环水养殖车间改造，并通过验收。

（郭万霞）

【京冀两地联合执法】 年内，组织两地三方联合执法2次，拆除违规网具6处3000米并予以没收，保存在怀来渔政站。参与京冀两地渔政、水政联合执法3次，查获违法案件3起，收缴电捕设备2套，违法网具1800米，移送怀来渔政站处罚。

（郭万霞）

【籽种渔业】 年内，生产鲟鱼苗种300万尾，鲑鳟鱼苗种250万尾，鲤鱼、草鱼、鲢鳙等苗种23.8万千克，供应全市及河北、内蒙古、山东、山西、江苏、湖北、贵州、四川等地。

（郭万霞）

【观赏鱼规模化繁养】 年内，两家公司开展锦鲤规模化繁养，养殖红白、昭和三色，大正三色，龙凤黄金等品种，繁殖锦鲤水花100万尾，开创延庆规模化观赏鱼繁养殖的历史。

（郭万霞）

【农资打假执法】 年内组织专项执法3次，出动执法人员36人次，检查苗种生产企业12家次。对企业储存、使用国家禁用兽药及其他化合物、“两证两记录”情况进行检查，经抽检生产苗种无药残超标情况。

（郭万霞）

农机服务

【概况】 北京市延庆区农机服务中心为全额拨款正处级事业单位。承担全区范围内农业机械化服务工作。中心机关设有管理科（安全生产科）、政工科、财务科、企业科、办公室5个科室，下属单位有北京市延庆区农业机械化技术推广服务站（延庆区农业机械化学校）、北京市延庆区农机监理所2个事业单位，有编制81人。年内，调整优化农机装备布局，推进农机新技术试验、示范和推广，提高农机化作业水平，进行农机社会化服务体系建设，强化农机监理和农机安全生产执法。全区农机总动力12.07万千瓦，拖拉机保有量1585台，各类配套农机具1677台件。全区完成机播玉米（全部为精量播种）19.05万亩（1.27万公顷），机播率超过99%。在北京绿菜园蔬菜专业合作社开展“番茄生产关键环节技术示范”项目并协助制定“蔬菜产业农机社会化服务组织建设”项目。举办各类培训班41期，培训人员2318人次，其中农机驾驶员培训4期，农机具操作、职业技能鉴定及各类专项10期，安全教育培训22期，师资培训4期，农机管理干部培训1期。组织“农机安全生产宣传日”“3 · 15宣传活动”“农机监理安全生产联合宣传咨询活动”“六月农机安全生产宣传月”等专题宣传教育活动8次，发放各类宣传材料6000份、文化衫150件，设立展板160块，解答农户和农机手咨询300人次；在路边醒目位置安装标语牌50块，在3户农机大户和7个设施园区安装10个不锈钢宣传橱窗。引进国补机具83台套，国家补助资金478万元。其中，30马力拖拉机15台，简易保鲜贮藏机械500平方米，滴灌3套，喷灌机1套，40马力拖拉机10台，75马力拖拉机5台，120马力拖拉机5台，打捆机8台，青贮收获机3台，骑乘式割草机5台，220马力拖拉机1台，打药机7台，秸秆粉碎还田机7台，秸秆粉碎机6台，48马力拖拉机7台。农业转移项目支出187.75万元，对3台青贮收获机、6台粉碎机、7台自走式粉碎压包机、8台自走式打捆机、2台翻转犁、1台220马力拖拉机进行补贴。

地址：延庆镇东外大街90号

电话：69101241

（贾延文）

【春耕生产服务】 4月1日至5月15日，成立春耕技术指导服务队，深入镇、村实地帮助农机户做好机具检修。检修拖拉机、配套农具以及排灌、植保、运输等机具3846台件，下发催检通知200份。做好配件供应，催促区内维修销售网点和区农业机械化技术推广服务站备足春耕生产中常用配件，保证配件有产品质量合格标识。

（贾延文）

【中耕追肥技术推广】 6月，对承接玉米中耕追肥实验项目的农机服务组织和2015—2016年购置延农牌2BFM-4型精量免耕播种机的农户，补贴配置延农牌3ZF-4型中耕追肥机89台。农户在享受50%的国家补贴的基础上再享受50%的区政府补贴。

（贾延文）

【农机安全警示宣传板】 7月，在15个乡镇农业设施园区安装更换新式农机安全警示宣传板30块；首次将乡村磨面坊固定机械的安全生产纳入到管理范围内，定制并安装160块安全提示牌。

（贾延文）

【果园机械现场演示会】 8月17日，市农业局农机处、延庆区农业机械化技术推广服务站联合北京富力众诚科技发展有限公司及河北中农博远农业装备有限公司，在常家营村爱菩瑞德（北京）种植有限公司举办果园机械现场演示会。现场演示3GP-155自走式果园作业平台、3GP-160自走式果园作业平台、9GS2.1果园割草机、多功能割草机、3WFQ风送式喷雾机5种林果机械。各区农机主管部门负责人到场参观。

（贾延文）

【联合执法百日行动】 8月18日至11月25日，全区范围内开展货车、农用车整治百日专项行动，配合环保、路政、交通、城管、市政市容等部门，对辖区内农业机械上路违章行为展开严厉打击。每天出动执法检查车2部，执法人员4人，参加固定检查组和流动巡查组的行动，检查车辆550台，对超载、道路遗撒、尾气超标、无证驾驶、不参加年检等违章行为进行纠正。检查中发现挪用牌照1起，移交交通部门处理；无证驾驶2起，罚款200元；警告教育40起。

（贾延文）

【蔬菜提质增效项目农机技术培训班】 9月26—27日，由北京市农机试验鉴定推广站主办的“2016年蔬菜提质增效项目农机技术培训班”在延庆举办，区农业机械化技术推广服务站承办。各区农机推广部门领导和技术人员、各区蔬菜种植专业合作社主管人员参加培训。

（贾延文）

【玉米收获机模拟事故演练】 10月8日，在大榆树镇刘家堡村举行。模拟事故为玉米收获机作业过程中驾驶员违章操作，右手被卷入造成挤压负伤。现场演练事故处理的程序和步骤。农机监理所、农机中心、乡镇农机监理员等15人参加演练。

（贾延文）

【农机安全生产检查】 年内，春耕春播作业投入检验农业机械152台。“三夏”期间，检查过境收割机12台。检查青贮收获现场，出动检查车50台/次，执法人员120人/次。“三秋”期间，检查玉米收获现场，出动检查车70台/次，执法人员140人/次。年内，对全区境内的卷帘机、设施农业机械进行检查，现场督促整改60棚次，用户均已排除隐患。全年没有发生农机安全生产事故。

（贾延文）

【高新科技在农业机械方面的试用】 年内，引进高、精、尖的农机装备，分别在延庆镇广积屯村、张山营镇菜家河、四海镇南湾村等地，完成2台拖拉机无人驾驶操作安装实验，1架无人机植保施肥打药实验，2套田间作业监测系统安装试验，其中1套玉米播种监测系统、1套深松作业监测系统。首次引进东方红2204型单向双轮胎拖拉机。引进一台德国雷肯公司研发的(LEMKEN)53N90型翻转犁，分别在延庆镇赵庄村、广积屯村及张山营镇下芦凤营村进行推广作业66.67公顷。进行新型滚筒式卷帘机安装试验，在北京茂源广发蔬菜专业合作社和北京绿菜园蔬菜专业合作社安装20台。

（贾延文）

【玉米全程机械化示范区建设】 年内，在市创新团队粮经作物团队岗位专家和农机中心的指导下，经过实地考察、调研，在张山营镇下芦凤营村建设10公顷“玉米全程机械化示范区”。该项目运用先进的农机装备及配套农艺技术，研究适合本地区及周边地区春玉米种植节水规范化作业模式和标准，探索农机农艺融合制度创新，以提升京郊春玉米的生产能力。

（贾延文）

【露地甘蓝生产全程机械化技术集成与示范项目】 年内，在延庆镇广积屯村茂源广发蔬菜专业合作社选取100亩（6.67公顷）开展露地甘蓝生产全程机械化技术集成与示范项目。该项目集成示范农机化技术23项，实现前茬玉米田园清洁、耕整地、移栽、田间管理、收获、本茬甘蓝田园清洁等7个环节、26个节点的全程机械化作业，比传统人工作业节省人工75%，平均亩产4000千克以上，节水、节肥、节药效果明显。被北京电视台、科技日报等媒体广泛报道。

（贾延文）

【秸秆综合利用】 年内，完成秸秆粉碎还田（玉米机械化收获）8万亩（5333.33公顷），4万亩（2666.67公顷）玉米被用于青贮饲料，6个合作社及20户农机大户投入各类机具30台，收贮秸秆3.2万亩（2133.33公顷），秸秆综合利用率96%。争取财政农业转移资金187.75万元，用于秸秆综合利用机具购置、棚库建设、秸秆收集作业等补贴。组织专人对秸秆禁烧情况进行检查，督导秸秆禁烧工作，出动执法车辆32台次，人员96人次，完成秸秆禁烧检查笔录和影像资料的存档工作。

（贾延文）

【深松整地作业】 年内，4个农机服务组织和5个农机大户进行深松整地作业，完成深松整地3万亩（2000公顷），每公顷作业补贴825元。

（贾延文）

【农业机械销售维修网点执法检查】 年内，经工商注册持农机部门审批有效维修点35个，销售网点5个。全年出动执法人员58人次，车辆22车次，检查农机销售维修企业40家，下发整改通知书2份。

（贾延文）

【拖拉机年度检验】 年内，应检车辆3261台，其中纯拖拉机1013台、收割机108台。检验率87.5%。超出目标2.5%。

（贾延文）

【农机服务体系建设】 年内，依法登记注册成立的合作社5家，入社人员48人，服务农户7026户。

（贾延文）

【清洁空气行动】 年内，完成2013—2017低速货车结构调整工作，淘汰低速货车18辆。截至年底已淘汰105台，提前完成到下年底实现农机低速货运汽车淘汰与替换比例60%（103台）的目标。

（贾延文）

【行政许可】 年内，核发拖拉机牌照43副、收割机牌照3副，拖拉机转移登记40台；新增拖拉机驾驶员51人、增驾2人，新增收割机驾驶员1人、增驾4人。有效期满换证376个；换发技术等级证书6个。

（贾延文）

【行政处罚】 年内，日常执法检查农业机械380台，超额完成规定指标，并全部录入执法平台。制作处罚文书12卷，其中简易程序7卷，一般程序5卷，罚款350元。

（贾延文）

【结对帮扶】 年内，帮助大庄科村在农机具使用、安全生产等方面进行技术指导培训10次，培训总人数70人次。

（贾延文）

【企业遗留问题处理】 年内，接待信访案件4件；延庆铸造厂、铸造厂家属院交由永宁镇管理，债权、债务进行移交并履行签字程序。南菜园家属区通过北京市棚户区改造，完成公有住房自愿购买协议的签订工作。

（贾延文）

马铃薯产业园

【概况】 北京马铃薯产业高科技园区延庆筹备办公室，按临时机构管理，是隶属于北京市延庆区人民政府的纳入规范收入全额拨款事业单位，编制9人，在职10人。单位内设办公室、财务室，有北京市延庆区苗圃1个下属事业单位，在职员工33人。负责北京马铃薯产业高科技园区的总体规划建设与管理，协调园区企事业单位与政府职能部门的关系，负责指导全区马铃薯产业发展工作及国际马铃薯中心亚太中心（延庆）项目建设工作。年内，统筹推进马铃薯产业高科技园区建设和国际马铃薯中心亚太中心（延庆）项目建设。

地址：延庆镇延农路

电话：69148126

（王达超）

【马铃薯种薯研发生产】 年内，北京希森三和马铃薯有限公司种植大棚70个，其中，67个大棚用于微型薯生产；2个网棚用于杂交试验和新品种选育；1个坡面棚用于雾培生产。生产品种有希森系列3号、5号、6号等，全年收获微型薯2300万粒。

（王达超）

【国际马铃薯中心亚太中心（延庆）项目建设】 年内，国际马铃薯中心亚太中心（延庆）项目，主要包括原有综合研发大楼及种质资源库改造、装修和道路铺装、给排水、围墙、供电、供暖等相关内容。截至年底，种质资源库全部完成；综合研发大楼完成内部装修；温室完成基础工程和室外工程。

（王达超）

【苗圃工作】 年内，栽种金叶榆800株；销售花灌木2783株、小乔木224株、针叶192株、阔叶516株、果树97棵、草花7390株，全年收入36.6907万元。

（王达超）

北京绿富隆农业股份有限公司

【概况】 北京绿富隆农业股份有限公司（简称绿富隆公司）成立于2002年12月，注册资金3300万元，属于国有全资农业企业。主营业务涵盖有机蔬菜生产、加工、销售、配送全产业链。是中国农业有机产品发展联盟理事单位、北京市农业产业化重点龙头企业。公司设立13个部门，包括：办公室、人政部、财务部、业务部、战略发展部、物业部、企业文化部、纪检监察部以及大兴配送中心、延庆特产店、北京社区直营店、加工配送中心、正产种植中心；在职员工79人。历年荣获国家农业标准化示范区、北京市著名商标等奖项；通过无公害、有机等认证，被农业部授予“助奥行动”先进集体、全国农产品加工示范企业；被科技部命名为有机农业“北京市国际科技合作基地”，是北京市政府蔬菜应急保障储备承担单位、市外埠“菜篮子”基地建设承担单位。

地址：延庆镇东外大街60号

电话：69101949

（刘盼盼）

【马铃薯新品种试种】 4月起，东龙湾基地提供45亩（3公顷）优质地块和专业种植技术人员，在区种子管理站专家指导下，对鲜食、加工、特色薯种三大类42个新品种进行试种，详细记录出苗率、株高、主茎数、植株形态特征、物候期、块茎性状、单株块茎数量、单薯重量等数据，为2019年世园会提供支持。

（刘盼盼）

【全国生物防治试验示范基地成立】 5月，绿富隆公司与中国农业科学院植物保护研究所合作，成立全国生物防治试验示范基地。基地采用蔬菜高效生态健康种植技术体系，通过微生物菌肥改良土壤技术、喷施阿泰灵提高抗病性技术、撒施白僵菌释放瓢虫等生物防治技术和天敌防控技术，从基数控制蓟马、蚜虫等虫害。

（刘盼盼）

【迁飞性害虫监测区域站建立】 5月，绿富隆公司与北京市植物保护站合作，在延庆区旧县镇东羊坊基地建立全国第一家混合型昆虫雷达迁飞性害虫监测区域站并通过专家验收。监测区域站用来检测害虫数量、飞行速度、飞行高度和飞行方向，通过监测确定防治迁飞性害虫对策，及时发布监测预警。监测区域站基地占地1000亩（666.67公顷），有日光温室21栋、春秋大棚475栋，连栋温室6400平方米；种植黄瓜、番茄、芹菜等30种蔬菜，年产量4000万千克。

（刘盼盼）

【京津冀马铃薯新品种展示观摩会】 6月29日，区种子管理站与绿富隆东龙湾种植基地联合举办“京津冀马铃薯新品种展示示范观摩会”。参加观摩的有市农业局、市种子管理站领导、北京市各区种子管理站领导、相关专家、技术人员，延庆区农委、农业局、种植业服务中心领导，绿富隆公司负责人，延庆区相关乡镇农发办或农服中心负责人，京津冀马铃薯育种单位、企业的专家，马铃薯种子经营户，农业专业合作社以及种植大户。会议期间由主持人引导与会人员观摩，参观40个品种的马铃薯试验田，由区种子管理站4名工作人员分别介绍各区组马铃薯品种。观摩后在工作人员指导下，参观马铃薯主粮化现场体验。

（刘盼盼）

【京津冀新品种筛选展示】 7月6日，绿富隆东龙湾基地与北京市种子管理站、区种子管理站、区技术推广站开展京津冀新品种筛选展示。在鲜食玉米、抗旱作物、瓜廊品种、普通玉米、马铃薯、蔬菜品种等方面试验试种150个品种，为京津冀地区新品种植及2019年世园会积累第一手试验数据。

（刘盼盼）

【2019年世园会后备基地】 8月，绿富隆东羊坊基地被北京市农业局列为2019年世园会后备基地。将试种100个园艺观赏蔬菜品种并筛选出适宜本地区环境的优质品种，分别用于2019年世园会盆栽景观造型、蔬菜迷宫、观赏廊架。

（刘盼盼）

【承办京张优质农产品推介会】 10月14—16日，由区农委与河北省张家口市农委主办，绿富隆公司和区有机农业协会承办的2016年京张优质农产品推介会在区八达岭国际会展中心举办。推介会展览面积2600平方米，北京和张家口参展商124家，展出优质农产品600种，达成交易意向1000万元。设立72平方米特装展位一个，由有机农业、园艺农业、博士后科研工作站版块组成。绿富隆公司完成推介会前期宣传、参展商对接、产品整合、场地安排、安防应急管理、后勤补给工作。

（刘盼盼）

【与中国农科院植保所签订合作协议】 10月26日，中国农业科学院植物保护研究所与绿富隆公司、区农业局签订《推进现代农业发展，保障绿色大事运行合作协议》。协议规定：在有害生物防治、有机蔬菜标准化生产试验示范、共建绿富隆博士后科研工作站等方面开展合作，为延庆引进、培养农业高科技创新人才，推广延庆优质农产品生产标准做好基础储备，为进一步推进延庆农业产业结构调整，服务“世园会”“冬奥会”提供技术保障。

（刘盼盼）

【区农产品集散配送中心揭牌】 11月24日，在绿富隆集散中心举行延庆区农产品集散配送中心揭牌暨全市“农邮通”服务站启动仪式。绿富隆“农邮通”服务站以区域农产品集散配送中心为定位，辐射延庆全区，率先在农产品共同配送领域建立起产品追溯体系，为农民合作社、农业企业提供农产品集散“统一集中”、农产品质量“统一背书”、邮政企业“统一配送”的“三统一”服务。

（刘盼盼）

园林绿化

【概况】 北京市延庆区园林绿化局（延庆区绿化委员会办公室）是负责本区园林绿化工作的政府部门。设6个内设机构和延庆区森林公安处、46个财政补助事业单位，在职职工581人。年内，完成40个村庄五边绿化721.75亩（48.13公顷），京津风沙源治理二期工程2.67万亩（1776.67公顷），山区生态公益林森林健康经营项目，林木抚育8.99万亩（5992.53公顷），彩色树种造林工程3000亩（200公顷），栽植彩色树木10.9万株，国家重点公益林抚育工程林木抚育2.50万亩（1666.67公顷），世园大道及周边绿化建设工程1.06万亩（709.87公顷），"五河十路"绿色通道生态林管护项目2.53万亩（1684.27公顷）。全年义务植树70.4万株，创建首都绿色村庄6个、花园式社区2个、花园式单位3个、首都森林城镇1个、精品月季社区1个。园林管理中心被市妇联、市总工会、市人力资源和社会保障局联合授予北京市"三八"红旗集体荣誉称号。对松山国家级自然保护区、玉渡山自然保护区、金牛湖自然保护区的规划进行调整，新建水头自然保护区。结合"世界野生动植物日""爱鸟周"暨"野生动物保护宣传月"及北京湿地日等宣传节点，开展主题宣传活动。全年救助野生动物31起52只，其中国家级保护动物25只、北京市保护动物26只、一般保护动物1只。监测鸟类1000万只。建立区、乡镇(有林单位)两级专业森林消防队伍体系23支595人；新修建珍珠泉乡水泉子村北梁、千家店镇茨顶村黑山瞭望塔，对消防大队、延庆中队、千家店中队办公用房进行改扩建；25座森林火险监测基站投入使用；完成森林火灾红外监控自动报警系统建设工程，实现重点林区森林资源全面监测及预警全覆盖。森林防火期发布1级红色火险预警3天、2级橙色火险预警13天，接报森林火警7起，同比增加了1起。制订《延庆区—怀来县联防联治突发林业有害生物应急预案》，支援张家口地区农药3万千克，黑光灯200台用于林业有害生物防治，双方开展9轮人员交流活动；与怀来县在官厅湖畔月亮岛开展林业有害生物协同防治应急演练1次。年内，全区野生动物损害涉及11个乡镇118个行政村1337户，造成农作物损失面积37.61公顷，涉及产量30万千克。损害家禽家畜2212只，主要为柴鸡，损失金额642572元。两项均按70%补损，补偿金额514376元。

地址：延庆镇城隍庙街4号
电话：69103770

（刘艳萍）

【"延怀赤"森林防火联防会议】 1月8日，"延怀赤"第23届森林防火联防会议在怀来县召开。三区县主管区县长及政府办、园林绿化局、森林公安负责人等30余人参加。会议签订三区县森林防火联防协议。12月23日，在赤城县召开第24届森林防火联防会议，三区县领导就联防联动方面存在问题进行探讨并达成共识。

（刘艳萍）

【下营综合检查站"林业"检查点启动】 1月18日，启动下营综合检查站"林业"检查站点。该站点是继张山营站、西康站、康庄高速站后在全区综合检查站中启动的第4个林业检查站点。

（刘艳萍）

【市林保站调研林业有害生物防治】 1月20日，市园林绿化局林业保护站人员到区调研林业有害生物防治工作。要求开展对白蜡窄吉丁、红脂大小蠹的生物习性调查研究，探索防控工作新途径。

（刘艳萍）

【国家林业局领导调研】 3月18日，国家林业局驻北京森林资源监督办事处专员苏祖云一行到延庆调研指导世园会、冬奥会相关工作推进和落实情况。北京市园林绿化局副局长朱国城、延庆区副区长刘明利等陪同调研。调研组实地考察世园会、冬奥会生态建设情况。对延庆筹备工作取得的成绩给予充分肯定。明确表示国家林业局将加强沟通配合、服务指导，全力支持做好相关工作，为成功办好两大盛会奠定基础。

（刘艳萍）

【爱鸟周”宣传活动】 4月1日，在野鸭湖湿地自然保护区开展“爱鸟周”宣传活动。活动主题是“尊重自然，顺应自然，保护自然和科学爱鸟护鸟”，倡导大家爱护动物，保护大自然，构筑和谐生态环境。区园林绿化局和北京人大附中师生200人参加活动。

（刘艳萍）

【第32个首都义务植树日活动】 4月2日，是首都第32个全民义务植树日。当天上午，开展以“全力推进绿色发展大事，建设国际一流生态文明示范区”为主题的大型全民义务植树活动。区领导与机关干部、志愿者、劳模等1000人，在永宁镇孔化营村妫河生态走廊工程区域参加义务植树，栽植五角枫、栾树、杨树等苗木1000株。

（刘艳萍）

【京津冀林业有害生物协同防控（京西片区）座谈会】 5月5日，在延庆召开。北京市林保站、河北省森防站以及张家口市、怀来、涿鹿、赤城、昌平、门头沟、延庆等区县林业局相关负责人，河北小五台国家级自然保护区负责人及林保站站长参加。会议讨论《京津冀协同发展毗邻地区林业有害生物联防联治工作方案（试行）》，并成立京津冀林业有害生物协同防控“京西片区”和“片区指挥部”。

（刘艳萍）

【京津冀林业有害生物协同防控轮值会】 5月16日，张家口市森防站以及怀来县林业局、森防站等领导到区，就京津冀林业有害生物协同防控（京西片区）的林业有害生物联防联治工作进行沟通座谈。双方就京津冀协同发展框架下的林业有害生物防控工作达成共识。

（刘艳萍）

【打击破坏林（绿）地违法行为专项行动】 4—8月，开展打击破坏林（绿）地违法行为专项行动，查处违法行为10起，立案3起，给予行政处罚并限期恢复原貌。接报火警41次，制止各种野外违章用火2989起，破坏林地事件16起，野外放牧1615次，非法狩猎5起，挖沙取土15次，纠正生态护林员脱岗16人次。

（刘艳萍）

【苹果产业发展研讨会】 6月23日，延庆苹果产业发展研讨会在区八达岭镇里炮村召开。北京市园林绿化局产业发展处和区园林绿化局领导参加研讨会。会议建议延庆苹果制订可行的标准和规范，并进行示范建设，以此带动和推广新品种、新技术和新理念，进而推动延庆苹果市场化发展和进步，解决延庆苹果销售困难问题。

（刘艳萍）

【北京市林业有害生物绿色防控现场会】 7月5日在延庆区召开。北京市林保站主要负责人、各区林保站站长及技术人员、京津冀协同发展京西片成员单位怀来县、涿鹿县以及国家级自然保护区小五台林场、北京市林业有害生物防治协会的负责人90人参加。市林保站负责人对延庆区绿色防控工作取得的成绩给予了高度肯定，要求全市各林保站要以延庆区为榜样，下大力气搞好绿色防控工作，全面提升北京市无公害防治比例。

（刘艳萍）

【全国标准化林业工作站建设项目通过验收】 8月31日，国家林业局标准站核查组到延庆区，核验抽查永宁镇、旧县镇两个全国标准化林业工作站建设情况。通过对各项指标进行逐项评分，核查组对园林绿化局2011年后全国标准化林业工作站建设工作给予高度评价，被核查的两个林业工作站均高分通过核查组的检查验收。

（刘艳萍）

【第四个“北京湿地日”宣传活动】 9月18日，第四个“北京湿地日”宣传活动在野鸭湖湿地公园举办，活动主题为“湿地坚守未来”。北京市园林绿化局、北京市野生动物救助中心、中小学生代表、志愿者、各界媒体等共100人及生态林管护员50人参加。活动现场呼吁公众保护湿地、保护环境。

（刘艳萍）

【延怀赤三地防火演练】 9月23日，在延庆区张山营镇上阪泉村新寺开展延怀赤联防紧急支援小分队首次演练。三地近百名指战员参演。延怀赤三地成立应急处置森林防火演练指挥部，并以延庆为主导负责总体部署，演练的筹备和组织工作。

（刘艳萍）

【森林资源协同监督机制试点启动】 11月8日，国家林业局驻北京专员办与监督区林业工作站森林资源协同监督机制试点工作启动会在延庆区召开。国家林业局林业工作站管理总站、国家林业局森林资源监督办公室、国家林业局驻北京森林资源监督专员办事处、北京市园林绿化局以及延庆区委相关负责人出席会议并讲话。

（刘艳萍）

【增彩延绿与山区绿化综合论坛】 11月9日，由北京科技社团服务中心、北京林学会、区科学技术协会、区园林绿化局、市园林绿化局增彩延绿工程办公室联合举办的“增彩延绿与山区绿化综合论坛”在延庆区召开。与会专家为延庆区绿化美化进一步提升改造献计献策。

（刘艳萍）

【《平原林木养护技术服务协议》签署】 11月15日，区园林绿化局与颐和园管理处双方座谈并签署《平原林木养护技术服务协议》。为下一步相互合作，优势互补，结对双赢，培养技术力量和提升平原林木养护工作奠定基础。

（刘艳萍）

【森林防火宣传】 11月18日，区森林防火指挥部在妫川广场举办森林防火宣传活动。发放挂历、停车卡、太阳帽、防火宣传册、宣传布袋等各类宣传材料3万份。

（刘艳萍）

【蒸馏葡萄白兰地试验成功】 11月22日，葡萄及葡萄酒产业促进中心在中坤落樱酿酒师郝德光的指导下，试验蒸馏葡萄白兰地成功。

（刘艳萍）

【国光苹果延怀葡萄获百强称号】 12月16日召开的“全国果菜产业质量追溯体系建设年会暨第十四届中国果菜产业论坛”上，延庆区果品服务中心报送的延庆国光苹果和葡萄及葡萄酒产业促进中心选送的延怀河谷葡萄获得“2016全国果菜产业百强地标品牌”和“2016全国果菜产业十佳文化传承地标品牌”荣誉称号。

（刘艳萍）

【绿色产业】 年内，全区稳定花卉种植面积1.40万亩（933.33公顷），实现产值1.5亿元。林下经济产业累存面积4.29万亩（2861.63公顷），林下经济实现产值4400万元，带动农民劳动就业2000人。全区稳定蜂群总量7000群，生产蜂蜜4万千克、蜂花粉500千克、蜂王浆500千克，实现产值67.0万元。

（刘艳萍）

【城镇绿化】 年内，对夏都公园、体育公园、香水苑公园、江水泉公园、迎宾公园5大公园，以及湖北路、玉皇阁大街、西沟路等13条城区街道进行绿化补植，栽植乔木5159株、灌木281株、紫叶小檗篱2950株。以八达岭镇创建首都森林城镇为重点新增，绿化面积4.3公顷，栽植乔灌木5.2万株、宿根花卉3.3万株。

（刘艳萍）

【山区生态护林员轮岗培训】 年内，落实年度生态林护林员轮岗工作。护林员全部购买人身意外伤害保险，并进行森林防火、护林员岗位职责等内容的培训。涉及管护员8041人，管理人员300人。

（刘艳萍）

【林地和森林资源管理】 年内，审批占用林地43件，审核面积177.37公顷。办理林木采伐审批450件，采伐林木2.78万立方米、30.11万株。受理城区树木砍伐移植23件，批准砍伐树木152株，批准移植树木419株。完成官厅水库防汛及水资源调度管理中心工程等建设项目园林绿化专业审查11件。依法查处涉林案件，受理信访134件，立案71起，已办结案件52起，处理违法单位26个、违法个人27人，行政罚款1.96万元，补种树木6475株。

（刘艳萍）

【林业有害生物防治】 年内，完成林业有害生物防治任务17.11万亩（1.15万公顷），其中山区5.21万亩（3473.33公顷），川区11.90万亩（7933.33公顷）。设立国家级中心测报点1个、市级测报点55个、区级测报点80个，设置各类虫情监测点1100个。林业有害生物普查完成15个乡镇、220个村范围内的踏查。踏查路线93条，调查监测点1600个，普查面积1.70万亩（1133.33公顷）。检疫世园会园区周边绿化工程苗木1.99万株。复检“2016中国（北京）景观苗木博览会暨京津冀生态建设工程苗木交易会”参展苗木，检疫外省参展苗木花卉单位85家，涉及苗木、盆景花卉1835株，未发现检疫性及危险性林业有害生物。设置美国白蛾监测点110个，监测到美国白蛾越冬代成虫8头，对城区周边和部分乡镇重点地区片林、公路和铁路两侧林带进行三次人工喷烟普防美国白蛾，防治面积4.50万亩（3000公顷）。

（刘艳萍）

【林地年度变更调查】 年内，林业调查队成立3个调查组，对全区平原造林、规模化苗圃、征占用林地、毁坏林地、林业工程等引起林地增减变化项目进行调查，根据各相关单位提供的数据资料，依据最新航片影像，进行实地核实并上图入库。

（刘艳萍）

农村合作经济经营管理

【概况】 北京市延庆区农村合作经济经营管理站（简称区经管站），负责指导全区农村土地承包合同管理、乡村集体经济组织“三资”管理、农民负担管理、农民专业合作经济组织规范化管理；通过市农村管理信息系统和依托农产品产销信息平台，为各级政府管理部门、农民专业合作社和广大农民等提供信息服务；围绕农村经济发展和农民增收进行广泛统计调研，为各级政府进行宏观决策和微观指导提供数据服务。同时负责各类农村经济管理人员业务培训工作。设政办室、监察科、合同管理科、仲裁科、财务管理科、审计科、减轻农民负担办公室、调查统计科、培训科，下设农业和农村管理信息中心、农民专业合作社服务中心，在编在岗职工42人。年内，开展农村集体经济合同清理规范专项行动，规范整改经济合同7030份；协助区农委开展农村土地承包经营权确权登记颁证工作；推进农村集体财务管理规范化建设，全区99.8%的乡镇、村达到规范化建设要求；创新村级财务公开方式，以张山营镇为全市试点，开展北京美丽智慧乡村信息服务平台建设；引入3家会计师事务所，完成对5个乡镇、109个村的村级财务审计；以规范建设为重点，提升农民专业合作社管理水平，完成18家农民专业合作社“社账托管”工作；根据上年农户人均可支配收入低于11160元为基本标准，开展新一轮低收入村、户精准识别和建档立卡工作；启动智慧沟域建设，推进信息进村入户工程，建设延庆区首家益农信息社；流转农户承包地土地2940亩（196公顷），签订流转合同728份。

地址：延庆镇西街2号

电话：69149234

（崔健）

【美丽智慧乡村信息服务平台试点建设】 6月，选取张山营镇作为北京市“三务公开”（党务公开、村务公开、财务公开）首个试点乡镇，开展“北京美丽智慧乡村信息服务平台”建设，平台包括综合概况、镇村快报、党务公开、村务公开、财务公开等10个模块。11月，下芦凤营、马庄、吴庄3个村进行试运行，当地村民可通过电视查看所在村“三务公开”情况。

（崔健）

【低收入村户精准识别】 7月，完成新一轮低收入村、户精准识别及建档立卡工作，全区共识别低收入村58个、低收入农户1.32万户，全部实现建档立卡。

（崔健）

【信息进村入户工程】 7月，选取珍珠泉村作为农业部信息进村入户工程试点单位，建设标准型益农信息社。11月15日建设完成并试运营，面向农村开展公益服务、便民服务、电子商务服务及培训体验服务。

（崔健）

【业务培训】 年内，举办农村管理信息化、农村财务管理、合作社财务软件等专题业务培训9期，区、乡镇、村1583人次参加培训；组织区、乡镇、合作社工作人员168人次参加农业部、市农委、市农经办举办的专题业务培训。

（崔健）

【农村经济运行情况】 年内，进行农村经济统计报表制度改革，调整农村经济统计指标体系。按新口径统计显示：实现农村经济总收入173.3亿元，同比增长9%；农民人均所得1.95万元，同比增长9.5%；农村劳动力10.90万人，其中就业劳动力10.48万人，就业率96.2%。

（崔健）

【农村土地承包经营权确权登记颁证】 年内，配合区农委开展农村土地确权登记颁证工作。全区287个村开展土地确权登记颁证，占全区应确权村数的76.3%；涉及承包土地面积26.2万亩（1.75万公顷），占全区拟确权土地总面积的73.8%。

（崔健）

【农村集体经济合同清理规范】 年内，创新建立“1142”工作格局（1个工作领导小组，下设1个办公室，4个工作组，引入会计师事务所、律师事务所2个社会服务机构全程参与）和“社会监督、自我监督、组织监督、民主监督”4个监督并行的监管机制，清查集体经济合同1.21万份，其中问题经济合同9475份，涉及规范整改7030份，整改率74.2%。

（崔健）

【农村集体财务管理规范化建设】 年内，全区15个乡镇级单位、375个村级单位达到农村集体财务管理规范化建设要求，占全区391个乡村两级单位的99.8%，超额完成95%的任务目标。

（崔健）

【农村集体经济产权制度改革分红】 年内，继续深化产权制度改革，全区有18个村实现股份分红，分红总额1316.9万元，其中集体股东分红111.6万元、个人股东分红1205.3万元，个人股东人均分红1315元。

（崔健）

【农村集体经济组织登记证换发】 年内，以香营乡、珍珠泉乡为试点开展农村集体经济组织登记证换发工作，将原有的登记管理部门和其他部门发放的机构代码整合为十八位统一社会信用代码，换发农村集体经济组织统一社会信用代码证。通过信息比对、系统测试、登记信息录入、审核传送完成43个村的证书换发工作。

（崔健）

【委托审计村级财务】 年内，委托瑞华会计师事务所、北京华益和会计师事务所、中审众环会计师事务所，完成对井庄镇、沈家营镇、大榆树镇、珍珠泉乡、刘斌堡乡5个乡镇109个村2013—2015年村级财务的审计。

（崔健）

【村级公益事业专项补助资金监督管理】 年内，全区应享受村级公益事业专项补助资金8425.7万元，截至年底，15个乡镇376个村到位资金总额8484.9万元（含以前年度未及时入账，暂缓拨付等资金92.6万元），资金到位率99.6%，较上年度增加0.3个百分点，全年可支配资金12074.2万元（上年余额3589.3万元），支出8061.5万元，占当年资金总额的95.7%，占可支配资金总额的66.8%。

（崔健）

【物联网建设】 年内，376个设施大棚进行"互联网+设施农业"物联网建设，与区3个农民专业合作社签订协议，有效提升农业生产管理的智能化、节能减排及农产品质量安全水平。截至年底，完成176个大棚的物联网建设。

（崔健）

【农村矛盾纠纷调处】 年内，接待涉及农村集体"三资"管理、土地承包纠纷等来信来访87起120人次，受理农村土地承包仲裁案1起；到延庆镇李四官庄村、谷家营村，大榆树镇下屯村，康庄镇大王庄村等村，就征地补偿费管理和使用的政策向村民进行宣传、解答，指导拆迁村的集体资产清产核资工作。

（崔健）

【农民专业合作社发展】 截至年底，全区登记注册农民专业合作社669家，较上年增加42家；其中运营合作社166家，成员总数13966户，带动非成员农户数25734户；资产总额78774.7万元，同比增长10.9%；总收入53823.2万元，同比增长8.1%。培育创建区级及以上规范社48家，其中国家级示范社13家，市级示范社8家，区级规范社27家。

（崔健）

水 务

【概况】 北京市延庆区水务局(简称区水务局)是区人民政府的水行政主管部门，统一管理全区地下水、地表水和再生水等水资源；统一管理全区的供水、节水、排水、污水处理、水土保持、水环境治理以及防汛抗旱、水政监察等工作。有行政科室7个，参照公务员管理事业单位3个，规范工资事业单位3个，财政补助事业单位8个，经费自理事业单位4个。在编285人。年内，完成延庆平原区地表水厂供水工程净水厂、配水厂建设，改变城区供水单纯依靠地下水的现状，构建以地表水为主、地下水为辅的双水源供水格局；持续开展水环境保护与治理工作；编制完成《世园会水环境建设规划》和《延庆区"十三五"时期水资源保障与利用规划》，修改完善《"十三五"水务发展规划》和《北京2022年冬奥会和冬残奥会水资源与水环境保障规划（延庆赛区）》。完善水务基础设施，实施城西再生水厂及配套管网工程、乡镇污水管网和厂站、生态清洁小流域、农村饮水应急解困、延庆区2016年小型农田水利重点区建设项目、水库移民后期扶持等多个水务工程建设项目。已完成平原区地表水供水工程净水厂、平原区地表水供水工程配水厂全部建设工作；葡萄产业带集中供水工程完成佛峪口水厂改扩建，古城加压泵站、白河堡加压泵站、沿途配套管线等全部工程任务；城西再生水厂工程完成主体建设任务和工艺管线设备安装的80%。完成"河长制"、水务协管员改革等任务，落实最严格水资源管理制度考核办法。批准机井6眼，机井验收12眼。检修和维护53处雨情自动遥测站、18处人工雨量监测站、6处水情自动遥测站等设施。开展各种防汛宣传演练，参与群众1万人。组建专业防汛应急抢险队伍28支1953人。汛期应对31次降水过程。全年受理全程办事代理事项122件，其中审批事项95件，办结95件；服务事项27件，咨询事项29件，全部予以答复。截至年底，万元地区生产总值水耗下降4%，污水处理率82.3%。

地址：延庆镇龙庆南路6号

电话：69101385

（韩东方）

【“7·20”救灾抢险】 7月19日7时至21日1时，区降特大暴雨，全区平均降雨168.38毫米，最大站八达岭石峡366.5毫米；降雨造成18个乡镇（街道）、260个自然村、2.56万人受灾，倒塌房屋803间，公路中断42次条，供电中断4条，转移安置2910人，直接经济损失21170.7万元；其中农作物受灾面积3014公顷。灾情出现后，全区各防汛指挥部出动3815人次，运输设备431班次，排水及其他设备31台次投入抢险。

（韩东方）

【白河堡水库大坝安全鉴定】 8月，市水利规划设计研究院全面完成对白河堡水库大坝的安全鉴定。涉及工程质量评价、运行管理评价、防洪标准复核、结构安全评价、渗流安全评价、抗震安全评价、金属结构安全评价以及大坝安全综合评价等一系列工作，并针对防洪调度方案、溢洪道桥梁闸室等方面，提出建议8项。

（韩东方）

【白河南干渠柳沟村段过渠桥修复工程】 9月14日至12月28日施工，完成土石方开挖528立方米、级配砂石垫层63.2立方米、C30混凝土121.34立方米、C35混凝土269.4立方米、C25混凝土58立方米、钢筋安装2.60万千克、模板安装2152.3平方米、箱涵接缝38.6平方米、栏杆58米、拆除混凝土结构271.25立方米、桥涵支架252.67立方米。12月28日工程竣工验收并通车。

（韩东方）

【水资源公报】 年内，地表水资源量0.3亿立方米，入境水资源量1.33亿立方米；地下水资源量0.65亿立方米；全区水资源总量2.28亿立方米。人均（不含入境水）水资源量301立方米/人，人均（含入境水）水资源量721立方米/人。全区地下水位平均埋深18.72米，比上年全区地下水平均埋深18.68米下降0.04米。

（韩东方）

【水资源调度】 年内，白河堡水库入库水量1.01亿立方米，出库水量1.08亿立方米，其中向密云水库输水9506万立方米，向延庆西湖输水1268万立方米。历年向密云水库总输水11.8亿立方米。

（韩东方）

【水影响评价】 年内，重新修订《北京市建设项目水影响评价文件编报审批管理规定》《北京市建设项目水影响评价分类管理规定》。受理15个项目的水影响评价技术审查，15个区级项目全部获得批复，受理业务按时办结率100%。

（韩东方）

【供水】 年内，全区总用水量5588.45万立方米。其中，农业用水2359.80万立方米，工业用水222.39万立方米，家庭居民生活用水1195.86万立方米，公共服务用水608.02万立方米，园林绿化用水344.83万立方米，其他用水857.55万立方米。

（韩东方）

【排水】 年内，全区镇级以上污水处理厂处理污水134.66亿千克，利用再生水93亿千克，污水处理率82.3%。办理和更换排水许可证23份，排水证明13份，回复咨询函6件，施工降水临时排水证4份。

（韩东方）

【供排水管理】 年内，编制完成《延庆区进一步加快污水处理和再生水利用三年行动方案（2016年7月至2019年6月）》和《延庆区农村饮水水质达标方案》。完成123个村水质监测，水质合格率87%。

（韩东方）

【降雨量】 年内，经人工观测统计，全区全年平均降雨量583毫米，与上年全年降雨量508.4毫米相比增加74.6毫米，同比增加14.7%；与多年平均降雨量438.1毫米相比，增加141毫米，增加33.1%。降雨量最大的人工站为大庄科站715.8毫米，最小站为沈家营站446.9毫米。汛期平均降雨量432.4毫米，比上年同期356.2毫米增加76毫米，同比增加21.3%；与多年平均汛期降雨305毫米相比增加124毫米，增加41.7%。最大一次降雨发生在7月20日，全区平均降雨128.7毫米，降雨最大站为大庄科站，降雨量216.6毫米。

（韩东方）

【城西再生水配套管网工程】 年内，新建截污管线4.7千米，新建退水管线1.04千米，新建再生水管线12.9千米。完成全部止水帷幕、顶管工作坑建设；完成1.04千米退水线，穿越妫河段138米管线建设；完成污水主管道顶管1.388千米。

（韩东方）

【妫河水环境应急治理】 年内，完成超磁水体净化设备安装工作，运行超磁水体净化设备，处理溢流污水。安装推流曝气机7台，设置生物浮岛4000平方米，向湖中投撒生态除藻剂2000千克。完成污水处理厂北侧、谷家营断面、谷家营河岔等5地重点水域实施试点工程。在3个水质考核断面处安装视频监控系统，投挂宣传警示牌14块。

（韩东方）

【小型农田水利重点建设项目】 年内，完成节水灌溉面积9670亩（644.67公顷）。其中，管道灌溉160亩（10.67公顷）、喷灌4445亩（296.33公顷）、滴灌3230亩（215.33公顷）、微喷灌995亩（66.33公顷）、小管出流840亩（56公顷）。

（韩东方）

【小城镇污水处理市场化建设配套管网工程】 年内，完成钢筋混凝土管及PVC污水管网铺设61.7千米。该工程分为5个标段，涉及永宁镇、井庄镇、大榆树镇、康庄镇、八达岭镇、旧县镇、香营乡7个乡镇。

（韩东方）

【农村地区供水改造工程】 年内，统筹上年区农村供水工程、2016年区农村饮水健康行动工程和区农村饮水应急解困工程及其他资金，解决9个乡镇32个村庄供水问题。完成供水管网2.50万米，新建及维修井房13座，新建及维修蓄水池4座，水泵2套、消毒设备10套、开关柜及变频器4套，街道井16座。

（韩东方）

【生态清洁小流域综合治理工程】 年内，投资2468.7万元，完成37平方千米生态清洁小流域综合治理任务。工程分3个项目，其中2015年延庆县京津风沙源小流域综合治理工程14平方千米，涉及大楝树小流域7平方千米，里炮小流域7平方千米；2016年区生态清洁小流域综合治理工程17平方千米，涉及周四沟小流域17平方千米；2016年区国家水土保持重点建设工程6平方千米，涉及马坊小流域6平方千米。

（韩东方）

【水土保持监测】 年内，更新上辛庄水土保持科技示范园园区内监测设备，包括径流、分流桶72个，拆除及翻建基础68处。

（韩东方）

【水库移民后期扶持登记和资金发放】 年内，核定农业户口水库移民24748人，其中核减371人，新增199人，补发2015年漏登2人，发放直补资金1484.94万元；核定无固定职业农转非水库移民4523人，补发2015年以前漏登17人，发放培训补贴资金241.184万元。

（韩东方）

【移民精准扶持项目】 年内，完成教育补贴、大病救助、创业扶持3个项目。其中核定考取高职大专239人、本科402人、研究生15人，发放教育补贴117.8万元。核定患15种大病85人，发放救助资金69.12万元。核定符合乡村能人创业、妇女双学双比创业和大学生创业条件的创业人员8人，发放扶持资金2.4万元。

（韩东方）

【移民接收村专项资金扶持】 年内，完成11个乡镇专项资金扶持项目40个，拨付资金3200万元。工程内容包括供水、排水（雨水、污水处理）、村级环境整治、街道硬化、公共设施维修、产业发展（大棚、冷库建设）、节水灌溉、铺设农田路、购买防汛和生产设备等。

（韩东方）

【中央资金扶持移民项目工程】 年内，落实中央扶持资金6246万元，对移民进行扶持。涉及王家堡村“5+2”美丽家园试点项目、延庆镇西北片农村安全饮水工程、旧县镇东龙湾村污水治理工程、张山营镇小河屯村污水治理工程、大榆树镇程家营村供排水改造工程、大榆树镇宗家营村排水工程6个项目。其中延庆镇西北片农村安全饮水工程、旧县镇东龙湾村污水治理工程、张山营镇小河屯村小河屯村污水治理工程、大榆树镇程家营村供排水改造工程，完成总工程量80%。

（韩东方）

【节水型社会建设】 年内，编制《延庆区节水型区创建实施方案》及《“十三五”时期节水型社会建设规划》，通过区政府审批并印发实施。全区创建10个市级节水型村庄和30个市级节水型单位。在永安、康安、双路、温泉西里、温泉东里、温泉馨苑、格兰一期7个老旧小区推广高效节水型花洒5590套。

（韩东方）

【水务执法监察】 年内，查处盗采砂石、擅自开凿机井、河道种植高杆作物、餐饮企业未设置隔油设备等各类水事违法行为38起（含办结回复非紧急救助中心转来举报件9起，每日舆情1起）。其中立案2起，罚款3.3万元，下达责改通知书20份。与区环保局、区城管执法监察局、官厅水库管理处等单位相互配合开展排污、涉嫌“小产权房”供水、取水、库区违建等联合执法10次，进行联合检查26次。全年巡查出动110车次，执法巡查人员350人次。组织专项巡查110次。

（韩东方）

【水务工程质量监督】 年内，监督在建水利工程项目25项。其中，承接上年未完工程项目18项，新完成7项水利工程项目的监督注册办理，日常实体监督检查53次，参与隐蔽工程验收10次，分阶段工程验收143次，单位工程验收2次，竣工验收6次，形成45份监督检查记录，提出整改建议20条，下达《质量监督检查结果通知书》5份，约谈监理单位2次，对在检查中发现的质量问题进行复查，确保在建水务工程质量处于受控状态。

（韩东方）

【水务安全管理】 年内，编制水利工程建设动态统计46期。开展安全月活动，发放宣传材料2000份，各类安全教育培训4期，应急演练4场，参加活动1000人，各类展板、标语70块。严格落实“3+1级督察”机制。全年出动检查人数2100人次，检查生产经营单位390家次，排查出较大隐患52项次，经整改，复查全部达标，整改达标率100%。

（韩东方）

【管水员队伍改革】 年内，对全区15个乡镇原有1000名村级管水员队伍实施解聘，通过竞聘、选聘、民主推荐的形式，重新组建镇村两级水务协管员队伍，招录镇村两级水务协管员589名，其中乡镇级水务协管员36名、村级水务协管员553名。

（韩东方）

【河湖生态环境管理“河长制”】 年内，制定并印发《延庆区实行河湖生态环境管理“河长制”工作方案（试行）》，设立延庆区“总河长”办公室，办公室设在区水务局。在全区46条4级以上河道设立河长信息公示牌68块，15个乡镇分别完成本地区河长制工作方案、管护台账、河道档案的编制。

（韩东方）

气 象

【概况】 北京市延庆区气象局（简称延庆区气象局）受北京市气象局及区政府的双重领导，负责区气象工作及气象行政管理，同时协助管理国家气象局档案馆延庆分馆和北京市人影办炮械库。下辖延庆国家基本气象站和佛爷顶国家一般气象站，设综合办公室、业务管理科、社会管理与法制科、气象台、气象服务中心、人工影响天气办公室。主要工作职能为气象观测业务类（地面观测、区域气象站观测、生态气象观测、设施农业观测、卫星接收与雷达），气象预报预警服务类（常规天气预报预警服务、决策气象服务、公众气象服务、专项气象服务），以及农业气象服务、气象防灾减灾服务、人工影响天气服务、气象行政执法。辖区内有区域气象站44个、防雹增雨站10个、高山地基增雪烟炉13个、土壤水分站2个、生态气象观测站1个和设施农业观测站3个。其中在冬奥赛区建设梯度气象站4个和高山地基增雪烟炉6个；在万科石京龙滑雪场测试赛区建设梯度专业自动气象环境站4个，高山地基增雪烟炉2个。有气象编制在岗职工16人，人影编制在岗职工10人。年内，不断提升气象保障服务能力，构建完备气象监测体系、拓宽服务领域、积极开展气象为农服务工作，全面推进气象现代化建设。逐步推进延庆突发事件预警信息发布中心建设，加强气象科普宣传力度，提高气象灾害防御能力。提升气象社会管理能力，完成权力清单和责任清单梳理，加强执法力度，及时有效地开展人工影响天气作业和安全隐患排查。落实节能减排全力推进煤改电项目，完成各防雹增雨作业站、佛爷顶气象站、北京市人影办炮械库煤改电工作。完成冬奥雪联考察等大型活动以及“6 · 28”“7 · 20”“8 · 12”等汛期重大天气过程的保障任务。全年制作、发布各类气象预警104期（其中与国土延庆分局联合发布地质灾害气象风险预警4期）、《重大天气报告》5期、《天气情况》57期、《气象信息》64期、《环境气象快报》24期、《雨情信息》136期、节假日气象服务专报19期、供暖专报29期，发布决策气象服务信息319期、公众气象服务信息305期，发送气象服务短信75万条，录制“天气连线节目”49期。

地址：延庆镇湖南西路12号

电话：81196359

（杨静超）

【2022年冬奥会延庆赛区气象服务】 年初，将冬奥会延庆气象服务分中心、冬奥专项探测系统建设纳入北京市气象局《冬奥会气象服务保障工程》和《北京市延庆区气象事业“十三五”规划》中。5月10日，作为成员单位被列入北京2022年冬奥会和冬残奥会延庆赛区筹办领导小组，完成10次冬奥延庆赛区考察以及申冬奥成功一周年纪念活动的气象保障服务。配合市气象局开展海坨山雷达选址工作。12月2日，完成万科石京龙滑雪场4套梯度气象环境站，1块电子显示屏，2套增雪烟炉建设。

（杨静超）

【气象防灾减灾演练】 6月17日，延庆国土分局、区水务局、旧县镇政府在旧县镇烧窑峪村联合组织延庆区2016年防汛暨地质灾害应急演练。烧窑峪村地形复杂，易受泥石流威胁，全村116户281人。演练内容为受连续降雨和强降雨的诱发，地质隐患点发生山洪、泥石流和山体崩塌可能性突然加大，情况十分紧急为背景，延庆区气象局与各部门间在灾情会商、信息共享方面密切配合，并开展气象防灾减灾科普宣传活动。

（杨静超）

【延庆风廓线雷达升级改造】 12月16日，完成延庆气象站风廓线雷达的升级改造工作，改造后型号为CFL—6型，改造工作由北京市气象探测中心和中国航天科工集团第二研究院二十三所共同完成。

（杨静超）

【气象概况】 年内，全区平均累积降水量616.0毫米，降水量最大出现在四海站814.0毫米。全区降水呈“南多北少”的特征，延庆城区、东南部地区、西南部地区以及中东部刘斌堡乡等地的降水相对东北部山区偏多。延庆站累积降水量637.2毫米，较常年（1981—2010）441.5毫米偏多44%，较上年567.7毫米偏多12%，年平均气温10.2℃，年日照时数2472.4小时。

（杨静超）

【气象防灾减灾建设】 年内，提交气象灾害应急响应预案，建立辖区内各村（社区）责任人制度。推举康庄镇参加中国气象局标准化气象灾害防御乡镇评审。联合区安监局、区民政局开展气象安全社区认证，认证率100%。将延庆突发事件预警信息发布中心建设项目纳入到北京市气象局“冬奥会气象服务保障工程”之中。开展气象防灾减灾宣传12次。

（杨静超）

【人工影响天气】 年内，组织火箭作业14日次，组织防雹作业15日次，开展增雪作业81次。

（杨静超）

（责任编辑：景冰芳）

工业和信息化建设

工 业

综述

北京市延庆区经济和信息化委员会（简称区经济信息化委）与中共北京市延庆区委经济和信息化工作委员会（简称区委经济信息化工委）合署办公，是负责延庆区工业经济和信息化产业管理工作的政府工作部门。设办公室、经济运行监测科、产业发展规划科、中小企业科、信息化科、政工科（监察科）、综合科、创新能力建设科组成8个科室。年内，加挂北京市延庆区国有资产监督管理委员会办公室牌子（简称区国资办），北京市延庆区机构编制委员会印发《关于调整中关村科技园区延庆园管理委员会所属事业单位的通知》，整合北京八达岭经济开发区管理中心和北京延庆经济开发区管理中心，成立中关村科技园区延庆园服务中心，并进行业务移交。全年规模以上工业企业完成产值70.5亿元，同比增长33.9%；新能源和环保产业完成产值43.6亿元，同比增长85.6%，占规模以上工业总产值61.8%。中关村延庆园完成纳税总额21.2亿元。

中关村延庆园建设。完成延庆片区197等四个地块上市工作及地块控规编制工作。明确“1+3+1”的政策服务体系顶层设计思路（“1”是延庆区关于推动大众创业万众创新实施意见；“3”是制定三个资金支持办法；“1”是建立延庆园综合服务平台），建立了政策支持平台、融资担保平台、信用促进平台和招商推介平台。

优化产业结构。中材科技将8条生产线、400套产能转移到新建的河北邯郸生产基地。恒阳电缆厂签订将制造环节疏解到涿鹿县的框架协议。引进蜂赛鹰等12家软件服务企业，合计注册资金9000万元。完成《延庆通航产业规划总体思路》起草工作。重点项目备案11个，计划总投资5.3亿元。节能减排联动推进。清理整治违法违规排污及生产经营行为，完成19家市级任务及770家区级清理整治任务。工业污染企业调整退出39家，强制关停北京永振亮建材制品有限公司。研究制定延庆区工业清洁空气行动计划方案，协调推进八达岭酒业等四家企业燃煤锅炉清洁能源改造。全年工业压减燃煤1820万千克，完成年计划191.6%。形成《区经济信息化委关于2016年落实环保职责加强环境保护工作的报告》启动12次应急保障工作，出动监督检查人员600人次，向企业发放倡议书及《延庆区工业污染企业应急工作方案》。

优化企业发展环境。开展安全标准化认定工作，检查指导企业870家次，开展3家工业企业的标准化认定工作。开展企业专题培训。举办“企业所得税2016年汇算清缴”和“中小企业2016年营业税改增值税”专题培训会，服务企业109家，培训人员217人次。举办北京市延庆区高低压电器装配工的初赛、复赛，31名选手取得国家职业资格证书，其中技师5人、高级6人、中级10人、初级10人。开展申报全国“小微企业创业创新基地城市示范”项目工作。

地址：**延庆镇东外大街建业胡同2号**
电话：**69103310**

（高建敏）

【专利权转让合同签署】 4月6日，中国科学院微生物研究所与中农绿康（北京）生物技术有限公司就刘杏忠研究员课题组的发明专利“一株淡紫拟青霉菌与应用”在区举行专利权转让签约仪式。以一株淡紫拟青霉

（Purpureocillium lilacinum）发酵菌体为活性成分的新型微生物菌剂——微球制剂，无毒、无残留，施用快捷、方便。对蔬菜根结线虫病平均防效达60%。

（高建敏）

【中小企业所得税汇算清缴培训会】 4月6日，联合区财政局举办延庆区中小企业所得税汇算清缴培训会。培训会由市中小企业服务中心主办，帮助中小企业系统了解“企业所得税2016年汇算清缴”新政策变化情况，掌握申报技巧和方法，防范税务核算风险，降低成本，提高企业竞争力。延庆开发区、八达岭开发区入区实体企业及部分国有企业63家120人参加培训。

（高建敏）

【北玻院获批中关村标准化试点单位】 5月13日，中关村管委会确定“中关村标准化试点单位”88家和“中关村标准化示范单位”10家，其中北京玻钢院复合材料有限公司获批“中关村标准化试点单位”。

（高建敏）

【“储能国际峰会2016”专场活动】 5月13日，联合中关村储能联盟，共同举办“储能国际峰会2016”专场活动——“储能产业论坛暨中关村延庆园推介会”。国内及韩国、澳大利亚等地近30家企业参加。与会嘉宾先后赴八达岭新能源谷智能电网、“中关村长城脚下的创新家园”概念规划展览、延庆规划展览馆、世园会场址等参观考察，并就新能源产业发展前景、延庆园发展愿景等进行交流座谈。区投促局、区发改委、世园办等部门有关领导参加座谈会。

（高建敏）

【中关村信用政策宣讲会——延庆专场】 6月16日，中关村企业信用促进会在延庆园举办中关村信用政策宣讲会——延庆信用工作平台专场，延庆园59家中关村高新技术企业以及多家规模以上企业和区内银行等60人参加。中关村信用促进会秘书长助理徐兴华老师为企业详细解读中关村科技金融政策，包括科技中介服务、融资租赁、小额保证保险等7个政策解析。会议期间，延庆园开通中关村企业信用促进会延庆工作平台微信群。

（高建敏）

【清理整治违法违规排污工作会】 6月29日，召开关于延庆区清理整治违法违规排污及生产经营行为工作会。会议听取区经济信息化委、区环保局等相关部门关于清理整治违法违规排污及生产经营行为工作进展情况汇报。会议要求，各执法部门要以最高的标准，最短的时间，最高限的处罚落实此项工作；重点乡镇和重点地区要制定出清理整治实施方案；区清理整治指挥部办公室要做好调度、督促、考核、协调、通报等工作。

（高建敏）

【高低压电器装配工初赛】 7月22日，北京合锐赛尔电力科技有限公司102名高低压电器装配工参加第四届北京市职业技能大赛初赛暨“我为世园做贡献”延庆区第一届职业技能大赛，比赛地点在八达岭开发区北京合锐赛尔电力科技有限公司。经测评，有31名选手晋级高低压电器装配工复赛。

（高建敏）

【无人机飞行比赛】 9月24日，由中国无人系统产业联盟、北京高博特公司主办，中关村延庆园管委会、中关村延庆园公司协办，北京云翼同创科技有限公司承办的“尖兵之翼·飞手汇—延庆站”无人机飞行比赛在北京延庆龙湾国际露营公园举行。致导科技、领航高科、智航、艾特航空及TCK航模俱乐部等20家单位的30名专业飞手参赛，评比出“撞锥桶”“极速穿越”“空中拔河”三项比赛项目冠军。

（高建敏）

【中农绿康产品获市级证书】 9月，中农绿康(北京)生物技术有限公司产品“绿地康（抗病毒型）”获2016年第四批“北京市新技术新产品（服务）证书”。

（高建敏）

【“营改增”专题培训会】 11月2日，由市经济信息化委主办，区经济信息化委承办的中小企业营业税改增值税专题培训会在中银酒店举办。培训内容重点围绕“营改增”常用统筹方法、风险防范和难点解析三部分。开发区及乡镇46家企业110人参加培训。

（高建敏）

【新能源和环保产业】 年内，新能源和环保产业持续保持快速增长态势，完成产值43.6亿元，同比增长85.6%。重点企业：中材科技风电叶片股份有限公司完成产值31.7亿元，同比增长226.1%；北京京能清洁能源电力股份有限公司完成产值2.2亿元，同比增长40.4%；北玻院复合材料有限公司完成产值3.6亿元，同比增长20.3%；东晨阳光(北京)太阳能科技有限公司完成产值5812万元，同比增长138.9%；北京合锐清合电气有限公司受总公司财务制度调整，完成产值1.3亿元，同比下降37.3%。

（高建敏）

【重点园区工业运行】 年内，中关村延庆园服务中心规模以上工业共完成产值66.7亿元，占全区规模以上工业产值的94.6%。其他区域规模以上工业完成产值3.8亿元，同比增长1.7%。

（高建敏）

【高新技术企业认定】 年内，美科尔（北京）生物科技有限公司、北京阔野田园生物技术有限公司等20家企业通过中关村高新企业认证审核，取得中关村高新技术企业证书；为15家证书到期企业换发中关村高新企业证书。全区中关村高新技术企业65家，其中国家高新技术企业39家。

（高建敏）

【北玻院“高性能复合材料杆塔”项目获金奖】 年内，北京玻钢院复合材料有限公司“高性能复合材料杆塔”项目获北京发明创新大赛金奖。复合材料杆塔采用仿生结构设计理论，计算机模拟优化设计结构，比同种型号金属塔减轻30%，具有轻质高强、耐腐蚀、耐老化、绝缘性能好、成型工艺优越、可设计性好等多种优点。

（高建敏）

【空气重污染应急监督检查】 年内，加大空气重污染应急监督检查。先后检查庆和食品、北玻院、大兆新元等企业空气重污染应急措施落实情况。出动6个空气重污染督查小组28人次，对天立诚信、艾瑞机械等19家停产限产企业进行现场监督检查

（高建敏）

中关村科技园区延庆园服务中心

【概况】 2012年10月，经国务院批复，中关村国家示范区延庆园成立，规划面积491.20公顷，包括北京八达岭经济开发区305公顷、北京延庆经济开发区129公顷、康庄农民就业产业基地57公顷。2013年4月，园区获授牌。2014年5月，中关村科技园区延庆园管理委员会成立。延庆园是北京“两城两带”中北部研发服务和高技术产业带的重要拓展区域。未开发利用空间271公顷，占延庆园规划面积的55.2%，园区基础设施完备，生态环境优美，配套服务设施齐全，政府服务高效，初步形成“一园多基地”“121”产业集群创新引领的发展格局，整体定位为首都绿色科技新磁极，京津冀协同发展新支点。八达岭经济开发区1992年8月经市政府批准成立，2000年12月晋升为市级经济开发区，2006年3月被发展改革委确定为北京市保留的16家市级开发区之一，2009年6月被认定为“北京市新能源产业基地”。2012年被认定为市第三批生态工业试点园区。2015年5月，北京八达岭经济开发区管理委员会更名为北京八达岭经济开发区管理中心。园区实现“九通一平”（通水、通电、通气、通蒸汽供热、通道路、通排污、通电信、通雨水分流、通有线电视和场地平整）。先后引进中材科技、国家能源风电叶片研发中心、中科院智能电网研发中心等一大批新能源与节能环保科技企业和研发机构，建成中国首个、亚洲最大的塔式太阳能热发电站——八达岭太阳能热发电实验电站，建设的“北京市新能源产业基地智能微电网建

设项目”是国内首个政府主导的较大规模的新能源应用及智能微电网示范项目。延庆经济开发区1992年8月经市政府批准成立，2004年升级为市级开发区，2006年通过ISO 14001国际环境管理体系认证，成为第四批通过发展改革委审核的市级开发区。2015年5月，北京延庆经济开发区管理委员会更名为北京延庆经济开发区管理中心。园区实现“八通一平”（道路、电力、电讯、有线电视、供水、雨水、污水、供热等“八通”和场地平整）。北京卓文时尚纺织有限公司、北京华润高科天然药物有限公司等多家知名企业入驻，形成以纺织服装、生物医药、绿色食品等产业为特色的三大产业聚集区，主导产业初步实现规模化、集聚化发展构想。康庄农民就业产业基地地处北京八达岭经济开发区和“北京市新能源及环保产业基地”西北侧，康庄镇依托八达岭经济开发区和新能源基地，实施整体运作、联动开发，大力实施集中供暖、供水等基础设施建设，不断提高北京和合拉链公司、北京光瑞机械制造公司等现有企业的产能以及一批重点项目建设，着重开发和引进总部经济。园区内企业可享受国家、北京市、中关村示范区的各类优惠政策。年内，延庆园管委会与中关村发展集团股份有限公司工作对接小组成立，土地开发建设专项小组和招商引资专项小组组建。结合世园会冬奥会及园区新能源产业基础，重新规划园区未来发展方向为园艺产业、体育健康产业、能源互联网等重点产业发展方向；先后对接中关村储能联盟等企业100家，中关村能源互联网产业技术联盟和中关村纤维增强复合材料产业技术创新战略联盟入驻园区。全年引入注册企业222家，注册资金42.80万元。完成纳税总额21.23亿元，完成财政收入7.48亿元，其中实体企业纳税3.76亿元；规模以上企业完成工业总产值65.89亿元，同比增长6%；完成固定资产投资7.29亿元，同比增长170%。

地址：**康庄镇紫光东路1号**

电话：**61166802**

（王雪）

【实体企业入驻延庆园八达岭片区】 年内，引进宝丽莱科技有限公司，注册资金200万元，主要从事LED空气净化灯的研发实验；北京美正检测技术有限公司，注册资金1000万元，主要设立食品检测等第三方检测机构；联合益康（北京）生物科技有限公司，注册资金2000万元，主要从事生物体外诊断试剂生产项目；欧洛普智控（北京）科技发展有限公司，注册资金500万元，主要从事节能技术咨询、销售（总部）工作。

（王雪）

【科技成果】 年内，园区5家企业被认定为国家高新技术企业（总数33家），17家企业被认定为中关村高新技术企业；北京玻钢院复合材料有限公司获国家工商行政管理总局“2014—2015年度守合同重信用企业”；中农绿康生物技术有限公司与北京玻钢院复合材料有限公司被区工会评选为“创新工作室”并获证书和奖励5.50万元；北京卓酷冰雪科技有限公司等3家企业成功申请由中华人民共和国国家版权局、中华人民共和国国家知识产权局颁发的专利证书。

（王雪）

【知识产权保护服务工作站成立】 年内，中关村延庆园12330知识产权保护服务工作站正式成立，由市保护知识产权举报投诉服务中心、延庆区知识产权局、中关村延庆园管委会三方共建，主要负责接收和转交知识产权侵权假冒违法行为的举报投拆，提供知识产权维权援助，开展知识产权政策宣传、业务培训和纠纷调解等工作，并启动12330知识产权保护服务工作站微信互动平台，有20家重点企业加入。

（王雪）

入园企业

【北京大兆新元停车设备有限公司】 北京大兆新元停车设备有限公司成立于2002年，是集机械式停车设备的研发、制造、安装、维护保养为一体的现代化专业厂家。取得国家质监总局颁发的《特种设备制造许可证》和市质量技术监督局颁发的《特种设备安装改造维修许可证》。先后开发出8大类40个品种的停车设备产品，为同行业停车设备种类最全的生产厂家之一。企业获得20项实用新型发明及软件著作权专利，并被认定为国家高新技术企业、中关村高新技术企业，同时被评为北京市纳税信用A级企业。2016年公司通过公开招投标及内部邀标等形式共中标并签订合同9个，销售2996个车位，销售产品分布北京、四川、重庆、陕西、湖南、山西、天津、福建、辽宁、贵州等省份，并有产品出口加拿大、乌克兰等地。2016年公司年产值3342万元，总收入3342万元，共缴纳各种税收138万元，2016年公司新增加就业岗位28个。

地址：双杏东街48号

电话：63390445

（王雪）

【北京迪威尔石油天然气技术开发有限公司】 北京迪威尔石油天然气技术开发有限公司（下称“公司”），是集科研、生产、服务于一体的高新技术企业。2002年落户延庆经济开发区设立机电设备分公司，占地30亩（2公顷）。2008年9月，中国石油集团公司收购公司所有股份，公司正式由股份制公司转变为国有企业。2010年1月，公司与中国石油集团工程设计有限责任公司北京分公司整体合并，之后在北京分公司内部独立运行。公司拥有电子实验室、化学实验室、油气流程模拟实验室。公司在油气处理橇装设备、自动控制、阀门、加热换热设备、油田化学药剂等领域处于国内领先水平。拥有专利证书70项。拥有中华人民共和国进出口企业资格证书、机电设备施工资质证书；拥有压力容器设计（A1、A2和A3）和制造（A1、A2）证书、ASME U证书、GC2级压力管道安装资格证书、压力管道元件组合装置制造许可证、特种阀门生产许可证；通过QHSE质量、职业健康安全和环境管理体系认证。2016年公司与中国石油工程建设有限公司重组合并，业务调整以设计和科技研发为主要业务，逐步缩减机电设备分公司制造业务比重。截至年底，机电设备分公司员工数缩减为14人。2016年度完成涉及国内外的8个项目，18台（套）橇装设备，生产产值7847.18万元，实现利税751.04万元。

地址：延庆镇菜园南街8号

电话：81195555

（王雪）

【北京光瑞机械制造有限责任公司】 北京光瑞机械制造有限责任公司为股份制企业，2001年6月成立，注册资金369万元。占地面积1.46平方米，建筑面积7830平方米，员工133人。具有与各公司合作开发设计医用X线机及生产制造能力。公司分为钳工车间、机工车间、喷漆车间、组装车间4个生产车间。拥有机械加工、焊接、板金冲压、电器安装、组装、喷漆表面处理等加工生产能力。公司先后通过ISO 9001:2000质量管理体系认证，ISO 13485:2003医疗器械质量管理体系、ISO 14001:2004环境管理体系认证。产品为医用X线机系列产品：遥控床、摄影床、数字胸片架、UC臂、导管床、移动床等各种不同类型，主要为国内外医疗公司配套。公司先后获区A级纳税企业、首都非公经济“文明单位”、北京市就业与社会保障先进民营企业、北京市和谐劳动关系先进单位、北京市厂务公开民主管理示范单位、北京市“安康杯”优胜单位；公司钳工车间班组被评为全国“安康杯”优胜班组。2016年完成生产产值3913万元，实现产品销售收入4110万元，上缴税金436.13万元，利润总额533万元。

地址：康庄镇康祥路11号

电话：61119657

（王雪）

【北京京能清洁能源电力股份有限公司】 北京京能清洁能源电力股份有限公司是由北京能源投资（集团）有限公司控股的外商投资企业，公司注册地为中关村科技园区延庆园服务中心，注册资本64.77亿元，营业范围包含电力生产、供热服务及投资咨询等业务，公司于2011年12月在香港联交所挂牌上市。公司主要从事风电、天然气发电、水电、节能环保和光伏发电等发电业务。在北京、内蒙、广西、云南、四川、宁夏等省市自治区投资数十个燃气发电、风力发电、水力发电、光伏发电等清洁能源项目，同时积极推进能源资源综合利用和节能环保等项目，发展垃圾发电、地热与余热资源综合利用、区域供热管网等工程。2016年，实现工业总产值1.58亿元，实现销售收入2.71亿元。

地址：中关村科技园区延庆园服务中心

电话：64469718

（王雪）

【北京京仪绿能电力系统工程有限公司】 北京京仪绿能电力系统工程有限公司（以下简称京仪绿能）由北京京仪集团有限责任公司（控股股东）、北京能源投资(集团)有限公司、保定英利能源（中国）有限公司合资组建的高科技新能源企业，于2010年2月10正式注册成立，注册资金11875万元。京仪绿能在中关村科技园区延庆园服务中心内建设光伏系统生产基地，基地占地面积90亩（6公顷），规划总建筑面积4.7万平方米。京仪绿能公司是中国光伏发电产业的先驱者之一，致力于为客户提供完整的光伏发电系统集成解决方案。京仪绿能具有自主知识产权的光伏逆变器及相关产品，可提供3千瓦至1兆瓦光伏并网逆变器、并网配套附件、电站数据监控软件、太阳能路灯及控制器、光伏水泵等产品。除了光伏核心产品，京仪绿能还具备光伏发电系统集成能力。作为国内光伏逆变器行业领军人物，京仪绿能公司国内首批获得金太阳认证的企业之一；同时也是首批通过TUV、CE及DK5940认证的中国逆变器企业之一。2016年实现产值2.6亿元；实现销售收入2.5亿元，解决就业131人。

地址：西康路22号4幢

电话：61165988转6007

（王雪）

【北京九龙制药有限公司】 北京九龙制药有限公司于1996年入驻开发区，集研发、生产、营销为一体的高科技企业。公司为GMP认证企业，高新技术企业，ISO 9000和ISO 14000认证企业。有5种剂型的生产线，即滴丸剂、片剂(薄膜衣)、颗粒剂、口服液(10ml-200ml)、胶囊。单班年产量为：口服液1500~3000万瓶；滴丸8亿粒；胶囊2亿粒；颗粒剂6000万袋；片剂8亿片。九龙制药拥有国内一流的中药提取设备和技术，可进行高温溶剂提取、低温浸渍、低温梯度渗滤、温控动态提取；真空减压浓缩、薄膜蒸发浓缩、双效蒸发浓缩、醇沉、乙醇回收、乙醇蒸馏；真空减压烘干等多种中药有效成分的提取。公司有药品28种，中药提取物12种。公司与北京中医药大学合作建立研究生培养基地，合作开发具有自主知识产权的创新药物。2016年上缴税收300万元，完成产值3000万元。

地址：延庆镇妫水南街13号

电话：69182080

（王雪）

【北京三吉利新材料有限公司】 北京三吉利新材料有限公司成立于2001年7月19日，是中国北方稀土(集团)高科技股份有限公司控股旗下一家专业稀土合金制备的高科技公司。公司位于中关村科技园区延庆园服务中心，公司引进日本设备，采用先进的真空速凝薄片技术，专门研究、生产和销售稀土合金材料，特别是高性能钕铁硼合金材料。主导产品合金薄带年生产能力为500万千克，也是国内最大的钕铁硼合金薄带生产和销售的专业厂家。公司产品质量、性能等指标国内领先，达到国际先进水平，产品出口日本、欧洲等发达国家。公司已通过ISO 9000质量管理体系、ISO 14000环境体系。2016年，产品产量518.7万千克，年销售收入2.57亿元。

地址：延庆镇益祥北街3号

电话：81196955

（王雪）

【北京众和聚源混凝土有限公司】 北京众和

聚源混凝土有限公司占地2.33万平方米。主营商品混凝土的生产和销售，注册资金1000万元。公司主要机械设备有：生产量180立方米/小时的混凝土生产线3条，水泥仓储量200万千克，混凝土搅拌运输车60辆，混凝土汽车泵6辆，装载机3台。试验室配置能检测混凝土、水泥、砂、石、外加剂、掺合料等试验设备。完全具备生产C60及C60以下普通砼和高强、高抗渗、抗冻融、自密实等特种砼的能力。有员工67人，90%的员工为延庆籍，公司11名有职称的工程技术和经济管理人员中，经济师、会计师各2名，工程师5名。公司制度健全、管理体系完善，2003年7月通过ISO 9001质量管理体系认证，同年获得北京市建筑委员会认定的《建筑企业资格》三级资质证书；2005年被评为“AA级信用企业”；2007年分别成立党支部和工会组织；2012年被北京市住房和城乡建设委员、北京市发展和改革委员会、北京市环保局评选为预拌混凝土绿色生产达标搅拌站、2014被延庆县安全生产监督管理局评为安全生产标准化三级企业。年内，公司生产混凝土11万立方米，产值3646万元，上缴税收142万元。

地址：延庆镇东卓家营村

电话：61129381

（王雪）

【北京卓文时尚纺织股份有限公司】 北京卓文时尚纺织股份有限公司（以下称公司）作为具有国际竞争力的全球知名毛针织服装供应商，已成为中国毛针织服装行业领军企业，具备年出品针织制品1800万件的生产能力。公司通过ISO 9001:2000质量管理体系认证、ISO 14001:2000环境管理体系认证和28001-2001职业健康安全管理体系认证。为国内外近100家服装品牌商提供自行设计、生产管理、质量管理和物流等供应链服务，服务的客户包括全球服装排名前四位的80家国际服装品牌商和中国服装零售排名前列的美特斯·邦威、森马、李宁、七匹狼等20家服装品牌商。公司与H&M签订《战略合作伙伴协议》，是与H&M达成战略合作伙伴关系的唯一一家国内针织服装供应商。ZARA和GAP将公司列为一级供应商（Very important supplier），C&A将公司评为中国唯一的一家金牌供应商。2016年，“思诺芙德”品牌成为天猫商城羊绒类销售第一品牌，进入唯品会亿元俱乐部。全年营业收入9.19亿元，实现工业产值5.17亿元。

地址：延庆镇迎泉街3号

电话：53275188

（王雪）

【金果园老农（北京）食品股份有限公司】
金果园老农（北京）食品股份有限公司（以下称公司）成立于2006年12月12日，是一家集果仁深加工、专卖店连锁及产品代理为一体的专业休闲食品加工、销售型企业。公司注册资本6545.22万元，资产总额近3亿元，拥有北京市著名商标“果园老农”自有品牌系列休闲干果食品。公司已经通过ISO 9001质量管理体系认证、ISO 22000（HACCP）食品安全管理体系认证及ISO 14001环境管理体系认证及食品工业企业诚信管理体系。公司依托当地优势资源，在不断注重企业品牌培育与塑造的同时，积极采用龙头企业+专业合作社+农户的方式，有效解决当地农产品销售问题，于2011年获得第五批农业产业化国家重点龙头企业殊荣。经营为果仁、果干、蜜饯三大类产品，在北京及北方果仁休闲产品市场中占有较大市场份额，销售渠道覆盖北京98%以上KA卖场、连锁综超和百货商场（如家乐福、沃尔玛等）。从2008年开始在北京市内开设“果园老农”休闲食品专卖店，已开设百余家。2016年公司工业产值2.8亿元，销售业绩2.5亿元，交纳税金1500万元。

地址：东环路1号

电话：84598760转8009

（王雪）

【中材科技风电叶片股份有限公司】 中材科技风电叶片股份有限公司（简称中材叶片）成立于2007年6月，注册资本4.4亿元，位于中关村科技园区延庆园服务中心，由中材科技股份有限公司作为主要发起人组建，隶属于国务院国资委下属中央企业中国建材集团有限公司。承继北京玻璃钢研究设计院50多年玻璃钢/复合材料研究开发的技术和经验，是专业从事风电叶片及模具设计、制造、销售和技术服务的具有完全核心自主知识产权的高新技术企业，是国内最早形成兆瓦级风电叶片产业化的公司之一，是国内知名、北京地区唯一的兆瓦级风电叶片制造商，是中国风电叶片行业龙头企业。中材叶片凭借强大的综合实力在行业中树立了良好的商誉，已成为中国风电装备制造领域的佼佼者。中材叶片拥有多家国内外一流风电主机客户。全球装机叶片超过4.9万片，分布在在中国、美国、加拿大、德国、印度、泰国、韩国、巴拿马等国家地区500多个风电场装机，运行效果持续稳定可靠，得到客户普遍青睐，国内市场占有率连续5年排名第一。中材叶片以技术创新为先导，产品开发实现从1.0兆瓦到7.0兆瓦系列化推进，拥有六大系列50个型号产品。拥有北京延庆、甘肃酒泉、江苏阜宁、吉林白城、内蒙古锡林、江西萍乡和河北邯郸等7个兆瓦级风电叶片产业基地，具备年产4000套兆瓦级风电叶片的生产能力，规模化、专业化水平在国内位居行业前列。2016年实现工业总产值31.72亿元；实现销售收入32.57亿元。

地址：**东环路1号**

电话：**84097712**

（王雪）

信息化建设

经济和信息化建设

【概况】 全年新增光缆600千米，总长度1.18万千米，光纤宽带网络覆盖全区，光纤宽带网络接入覆盖率达到100%。城区及376个行政村具备100M宽带接入能力，政企用户具备1000M高宽带接入能力。新增家庭宽带光纤用户0.5万户，完成光改1200户，总用户数超过8万户，普及率超过80%，政企宽带光纤用户超过1.2万户。新建物理基站移动通信基站118个，全区4G通信基站1251个，用户24.5万，基本覆盖城区、乡镇、行政村、高速及主要道路、重点景区等区域。制定印发《北京市延庆区信用体系建设三年行动计划》《北京市延庆区信用体系建设联席会议制度》。制定并印发《关于建立完善守信联合激励和失信联合惩戒制度加快推进社会诚信建设的指导意见（试行）》《北京市延庆区诚信“红黑名单”制度（试行）》《北京市延庆区社会信用体系建设工作考核办法（试行）》《北京市延庆区信用信息管理办法（试行）》。在区政府门户网站开设集中公示专栏，截至年底，通过自建专栏归集行政许可和行政处罚信息3237条，其中行政许可1406条、行政处罚1831条。制定印发《北京市延庆区智慧延庆建设项目管理办法》。联通电商平台延庆专区借助宽带用户5.51万户、手机用户13.67万户的潜在消费群体和联通电子商务平台200万户的注册用户，打造具有延庆区特色的电子商务平台，200家企业入驻。完成全区150个行政事业单位、18个乡镇街道、376个行政村、30个社区的政务外网运维工作。

地址：**延庆镇东外大街建业胡同2号**

电话：**69103310**

【区政府网站公开栏上线运行】 年内，区政府门户网站信用信息公开专栏正式上线运行，专栏由行政审批事项公示和行政处罚事项公示两部分组成，其中行政审批事项公示涉及28个单位350项，行政处罚事项公示涉及56个单位9264项。

（高建敏）

通讯企业

【中国联合网络通信有限公司北京市延庆区分公司】 隶属北京市分公司，下设综合管理部、党群工作部、集团客户部、客户服务部、网络分公司网建部、网络分公司运维部，营销支撑中心、网络分公司客户响应中心、网络分公司网络维护中心，城关、永宁、康庄、龙庆峡、大榆树营服中心。年内，开展“光进铜退”升级工程，完成全部DSLAM设备全部下电工作。实现全部客户光网转化率达100%，开启延庆区全光网通信的新纪元，是16个郊区第一个真正完成电缆用户全部改光的区。同时做好重大活动通信保障工作，作为当地通信主导运营商，延庆联通切实担负起应有的社会责任，全力保证地方应急通信需求和重要通信保障，顺利完成“两会”、春节、“五一”、“中秋国庆、中高考等重要通信保障工作。4月20日延庆分公司、永宁商业街营业厅开业。截至年底，有5家自有营业厅。6月1日，组织修订防汛应急预案，完善各专业预案，做好汛前安全检查，固网机房地线60处、基站地线72处；检测维修基站防雷设备36处、固网防雷设备58处；完成全部发电机组的日常保养工作；完成60台基站空调、104台固网空调维修保养。

地址：**延庆镇东外大街107号**

电话：69141003

（窦文艳）

（责任编辑：王新华）

商贸服务业

综 述

北京市延庆区商务委员会（简称区商务委），挂北京市延庆区粮食局（简称区粮食局）牌子，与中共延庆区委商务工作委员会（简称区委商务工委）合署办公。区委商务工委是负责延庆区商务系统党的建设、思想政治工作和干部管理工作的区委派出机构。区商务委（区粮食局）是负责延庆区内外贸易、对外经济合作和粮食流通工作的区政府工作部门。区委商务工委和区商务委设办公室、流通发展科、服务交易科、安全监管科、外经外贸科、政工科，行政编制23人。辖延庆区商务执法监察队，编制13人；北京市延庆区粮食管理中心，定编4人；北京市延庆区会展促进中心，编制11人。年内，制定发布《延庆区生活性服务业品质提升三年行动计划》和《延庆区“十三五”时期商业发展规划》；出台《延庆区“十三五”时期会展业发展规划》和《延庆区会展业发展扶持政策》，制定促进会展业改革发展联席会议制度和会展活动备案制度。全区社会消费品零售额完成87.6亿元，同比增长8.1%。外贸进出口总额完成1.03亿美元，实际利用外资2066万美元，合同外资2155万美元。

地址：延庆镇新城街2号
电话：69101551

（李丽新）

【北京市延庆区粮食管理中心设立】 11月，区机构编制委员会办公室同意设立北京市延庆区粮食管理中心，为区商务委所属公益一类正科级财政补助事业单位，定编4名。负责区粮食储备、购销的日常管理工作；负责粮油市场统计、信息监测、技术服务等工作。

（李丽新）

【生活性服务业品质提升】 年内，完成城区33家便民服务网点地面、墙面、货架和室外牌匾等硬件设施设备改造提升工作。

（李丽新）

【再生资源回收行业规范整治】 年内，完成31家再生资源回收站点的搬迁工作，补贴拆搬迁资金135.1万元。对全区社会站点开展执法检查，检查回收站点468家次，整改各类问题110项，罚款5000元。对主体企业下设站点加强规范管理，完成社区站点23块标识牌的更换工作。

（李丽新）

【节假日促销】 年内，完成春节、国庆等节日期间促销活动组织和市场供应保障工作，并开展消费品市场运行监测。重点监测的13家商市场销售额17.6亿元，与上年持平；10家重点餐饮企业销售额0.99亿元，同比增长2.5%。

（李丽新）

【对外及对港澳台经贸管理】 年内，办理新批项目3个，变更项目4个，外商及港澳台商投资企业设立、变更备案登记7件，对外及港澳台贸易经营者备案登记39件；区对外及港澳台经贸企业争取上年稳增长奖励资金18.2万元、年内稳增长奖励资金168.5万元。

（李丽新）

【粮食行业管理】 年内，收购玉米8350万千克，对区内500万千克储备玉米进行轮换，粮油市场基本稳定。制定并发布《延庆区落实粮食安全区长责任制实施方案》。

（李丽新）

【商务执法检查】 年内，出动执法检查人员1486人次，检查经营单位441家次，下发限期整改通知书7份，行政处罚101起，罚款人民币5000元，罚没不合格碘盐3515千克。

（李丽新）

【打击侵权假冒】 年内，督促成员单位利用"3·15"消费者权益保护日"4·26"世界知识产权日等重要时间节点，集中宣传打击侵权假冒的相关政策和法律法规，提升消费者识假辨假的意识和能力。

（李丽新）

【重点行业管理】 年内，对全区11家典当企业进行年度审核，掌握资金流向和经营情况，防止违规经营行为。加强成品油市场监管，34家成品油零售经营企业销售7646.39万千克，销售额55301万元。对全区4家规模发卡企业进行单用途商业预付卡监管，发卡1.04万张，金额589.25万元。加强盐产品配送，区内盐业批发企业配送各类盐产品450万千克，其中食用盐80万千克。做好消夏露天餐饮审批工作，24家经营场所签订消夏露天餐饮经营场所规范经营责任书。办理酒类流通备案登记49户，发放随附单4850份。

（李丽新）

北京市延庆区商贸总公司

【概况】 北京市延庆区商贸总公司（简称区商贸总公司）由原县工业品公司、副食品公司、食品公司、外贸公司重组而成。有延庆人民商场有限责任公司、夏都顺祥糖酒商贸中心、长城酿造有限公司、延食拓业劳务服务社、北京市华庆资产管理中心5家基层经营单位。公司有在职干部、职工199人。公司机关有政工科、纪检监察科、计财科、资产管理科、安全科和办公室。年内，实现自营销售收入5950万元，同比上升38.9%；折合地方财政收入163万元，同比上升59.8%；资产负债率18.3%，同比下降11.4个百分点；租金收入1168万元，与上年同期基本持平；上缴税金322.4万元，同比上升32%；职工收入增长率16%；国有资产保值增值率100%。

地址：延庆镇东街11号

电话：69101143

（吴纪芳）

【人民商场扶贫助残活动】 7月21—26日，人民商场联合创维集团、区残联开展扶贫助残活动。活动期内有1570名残疾人士和低保户凭借创维补贴卡到人民商场购买创维家电。销售创维家电产品1573台，销售金额291万元。

（吴纪芳）

【棚改户意向书签订】 9月23日，南菜园1—5巷棚改户项目意向书签订工作启动，公司在南菜园1—5巷有原工业品公司幼儿园一处，建筑面积884.56平方米，土地面积1548.15平方米和企业自建职工住房57户，9月底全部按时签订意向书。

（吴纪芳）

【闲置资产盘活】 年内，将闲置的原二副食店（东街21号）、原五交化大楼（东街26号）对外出租，年增加租赁收入60万元。

（吴纪芳）

【危旧房屋改造】 年内，公司投资42万元对华庆资产管理中心院落及库房屋顶、顺祥一部后院及地面、公司办公楼楼顶及南菜园平房屋顶等危旧房屋进行维修改造和扩建。

（吴纪芳）

【企业硬件设施投入140.56万元】 年内，投资92.56万元为人民商场更换两部观光梯，改造一部货梯为客梯。投资20万元更换夏都顺祥糖酒商贸中心电梯一部。投资20万元改造百货大楼室外消防栓及妫川北街46号楼地下管道、暖气管道。投资8万元，对公司办公楼安装红外枪式摄像机等监控设备，实现全系统技防监控全覆盖。

（吴纪芳）

【夏都顺祥自营销售】 年内，夏都顺祥开展自营销售，实现自营销售收入5366万元，同比上升27%。取得五粮液、剑南春等高档酒的延庆代理权。

（吴纪芳）

【企业收入】 年内，资产经营实现租赁收入1168.70万元，与上年基本持平。其中，公司机关租金收入553万元，同比增长5.2%；人民商场租金收入372万元，同比下降6.7%；华庆资产管理中心租金收入200万元，与上年基本持平；夏都顺祥租金收入43.7万元，同比上升13%。

（吴纪芳）

延庆粮油总公司

【概况】 北京市延庆粮油总公司是由原延庆县粮食局整体转制组成的市属国有独资企业，公司从事粮食贸易经营，承担国家和地方储备粮储存、管理，军粮供应，退耕还林粮食供应，救灾粮供应等职责。公司有土地面积67.57万平方米，房屋面积13.24万平方米，有北京市延庆粮食收储库（下属大榆树、康庄、大柏老、永宁、张山营、沈家营6个粮库）、北京京粮隆庆贸易有限公司、北京市昊利恒粮油贸易有限公司、北京市夏都军粮供应站（北京市延庆粮管所）、北京市八达岭食品厂、北京康拓饲料公司、北京市成龙工程公司7家企业，业务涉及粮油贸易、粮油储备、不动产经营三大产业，形成以贸易为龙头、仓储和不动产经营齐头并进的经营格局。在职干部职工195人。年内，公司坚持“以收储为基础、以经营为根本、以效益为中心”的工作方针，加强市场研判，创新经营思路，不断提升粮源采购能力和市场反应能力。公司总资产2.07亿元，粮油仓储容量1.9亿千克，全年粮食贸易经营总量4亿千克，集中收购农民玉米2940万千克，不动产经营土地面积23万平方米，年汇总收入2.65亿元（其中主营业务收入2.60亿元，其他业务收入511万元），汇总利润182万元。市级储备粮出、入库7360万千克。其中，入库市储备粮3790万千克（小麦1310万千克、玉米2480万千克）；出库市储备粮3570万千克（稻谷870.3685万千克、玉米2050万千克、小麦640.088万千克）。完成军粮供应143.9万千克，贸易成品粮销售69万千克。公司实现不动产收入450.32万元。配合京粮股份上市的需要，对北京京粮隆庆贸易有限公司进行权属变更。制定《客户管理办法》《不动产管理办法》《合同管理办法》《客户信用等级评价管理办法》管理制度，新签订合同146份，其中买卖合同30份、租赁合同102份、运输合同2份、建设工程施工合同12份，涉及金额3亿元。

地址：延庆镇京张路口南400米

电话：69144716

（李薇）

【三粮库防暴雨】 7月20日，延庆降特大暴雨，积水漫过康庄粮库围墙，进入防空洞，巡查人员发现及时和施工方共同努力快速堵住洞口。沈家营粮库仓房漏雨，值班人员每2小时轮岗一次，确保雨水淋不到粮食。大榆树粮库及时清理北墙外排水沟，确保水道畅通，使粮食免受水浸。

（李薇）

【储备粮规范化管理】 年内，公司推行包仓管理制度，同每位保管员签订包仓管理责任书，将储粮数量、质量、费用、安全及规范化纳入到包仓管理的内容当中，确保粮食数量准确、质量良好、费用合理、安全无事故。

（李薇）

【基础设施建设】 年内，投资400万元，对大柏老粮库食堂升级改造，完成大榆树和永宁粮库仓房维修工程、大柏老粮库监控安装工程以及沈家营、康庄粮库供暖工程。康庄粮库建设两栋平房仓，总建筑面积7090.44平方米，仓容2.97亿千克；耗资2485万元，其中市政府投资1739万元、国家投资609万元、企业自筹137万元。

（李薇）

延庆区饮食服务总公司

【概况】 北京市延庆区饮食服务总公司原隶属于县供销联社，分支机构包括：北京市延庆县饮食服务总公司同丰酒店（原北京市新风大酒店）、北京市延庆县饮食服务总公司同昊酒店（原新风分店）、北京市延庆县饮食服务总公司同祥酒店（原北京市延庆燕春饭店）、北京市延庆县饮食服务总公司同喜大酒楼（原北京市延庆县新城服务楼）、北京市延庆县饮食服务总公司同凯酒店（原北京凯思大酒店）、北京顺德祥达商贸有限公司、北京博艺苑印章有限公司、北京永宁豆腐宴餐饮有限公司8家企业。公司固定资产7200万元，建筑面积3.5万平方米。有在职职工445人，其中城镇工286人、农民工159人。拥有各类技术人员271名，其中高级技师93名、技师29名、高级工118名、中级工30名、初级工1名。公司党委下设同丰酒店党支部、同祥酒店党支部、同喜大酒楼党支部、同凯酒店党支部、公司机关党支部、老干部党支部，有党员119名。公司机关下设政工科、财务科、劳资科、业务科、办公室，有机关人员18名。2016年完成营业收入9177.4万元（含销项税），同比下降7.1%；实现利润69万元，同比增长147.7%；上缴税金403.1万元，同比下降20.3%；核销待摊费142.6万元，同比增长39.7%；人均应发工资4.9万元，同比增长6.5%；人均劳效197363元，同比增长14.8%。，

地址：**延庆镇京张路口东南角（新风分店）**
电话：**69103218**

（张旭靖）

【引进3e管理模式】 年初，凯思大酒店率先引进实施推广新常态“3e现场管理”工作。所谓“3e”管理是指：易操作的整理，易掌握的标准，易持久的监督。其核心是“四分、四统、六定、一清”，“四分”包括分类、分区、分层、分颜色；“四统”指客人物品、开封食料、员工用品、量大物品做到统一集中存放；“六定”指定名、定量、定位、定向、定流线、定职责；“一清”则是做好工作场所的卫生清洁。3月15日，以533分通过新常态3e现场管理标准实践基地验收。

（张旭靖）

【第二十届职工职业技能大赛】 7月，公司组织第二十届职工职业技能大赛，35名选手参加中式烹调师热炒、中式烹调师凉拼、中式面点师、餐厅服务员4个项目的比赛，21名选手进入比赛项目前三名。

（张旭靖）

【延庆区中式烹调师技师研修班】 10月13日，由区人力资源和社会保障局联合北京市工贸技师学院，举办延庆区中式烹调师技师研修班。区餐饮企业29名高级技师、7名技师和2名高级工参加研修班。公司选派12名技师参加培训。

（张旭靖）

【硬件设施提升工程】 年内，公司办公室完成基建装修改造工程1733平方米，其中公司翻扩建新风食品加工车间215平方米；公司后院北侧新挪扩建仓库113平方米。新风大酒店后院门厅装修94平方米，北楼地下室公厕装修14平方米，餐厅顶层面做防水层214平方米，安装总下水管道71米，翻新下水井11个。燕春饭店，一、四层大宴会厅装修604平方米。凯思大酒店一层门厅装修90平方米。由公司业务科筹备建设钢结构老年餐桌配送中心，建筑面积1133平方米，可满足社区4000名老年人就餐，11月交付同心分店正式运营。

（张旭靖）

【专业成果】 年内，同丰酒店参加第九届“恰卡杯”中国药膳制作技术大赛团体赛，以“喜迎冬奥”为展台主题，摘得团体赛“特金奖”。同祥酒店所属燕柳园参加“2016年京郊旅游农家院特色美食品鉴活动”，选送“火盆锅豆腐宴”被评为十佳特色宴席。同丰酒店“吴金宝中餐烹饪首席技师工作室”获区人保局批准，成为延庆区第一家首席技师工作室。同丰酒店副经理王付田在“寻找技能达人”活动中，被评为“厨艺达人”。同丰酒店张秀亮和路慧享受2016年度北京市政府技师特殊津贴，路慧荣获“首都劳动奖章”。路慧和王盈盈入选“北京市商务系统人才库”；王志远、胥树青、赵冬青、陈艳峰参加《北京当代名厨》第四部的宣传。

（张旭靖）

延庆区供销合作总社

【概况】 北京市延庆区供销合作总社（简

称区供销社）是综合经营的集体所有制商业企业。机关设办公室、人事劳资保卫科、资产经营管理科及工会委员会、共青团总支、女工委员会组织。下属企业有城关、康庄、大榆树、旧县、张山营、四海、千家店7个乡镇级基层供销社。直属企业有鑫妫川购物中心、土产公司、生产资料公司、永安宏业商贸中心。全系统在职职工99人。年内，完善《财务管理制度》，对财务基础管理、资产管理、收入管理、成本费用管理、利润及利润分配管理、财务报告管理等9项管理制度进行细化。配合区委、区政府抓好南菜园棚户区改造工作。该项目涉及全系统7个单位、57户居民，建筑面积2269平方米，按要求全部签订住房购买协议，确保南菜园拆迁改造工程顺利进行。春节期间，设鞭炮销售网点16个，销售烟花爆竹100万元。截至年底，全系统商品销售额5100万元，税金完成72.3万元，实现利润5.2万元；资产负债率60%。

地址：延庆镇东外大街26号
（鑫妫川购物中心5楼）
电话：69103212

（徐所柱）

北京市延庆区烟草专卖局（公司）

【概况】 北京市延庆区烟草专卖局（公司）（简称延庆烟草），负责延庆辖区的卷烟经营和市场管理，下设专卖监督管理科、营销网建科、配送仓储科、法制科、人事劳资科、监察（政工）科、财务科、办公室（安保科）、内部管理监督办公室。有在岗职工62人。年内，制作行政许可案卷宗477卷，其中新办78件、变更25件、延续255件、歇业88件、注销31件。全区持证卷烟零售户1338户，销售卷烟1.30万箱，同比下降9.04%；实现利税5705.59万元，同比增长0.41%；单箱销售额26051元/箱，同比增长3.78%；重点品牌销量1.14万箱，同比下降9.07%。

地址：延庆镇妫水南街9号
电话：81196686

（孙刚）

【微信售烟治理】 4月，针对专卖执法人员在日常检查中发现个别微商利用微信平台销售卷烟的情况，制定专项行动计划，联合工商局查获无烟草专卖零售许可证经营的鸭绿江卷烟1.08万支，经初步鉴定为真品卷烟，由工商部门立案并做出行政处罚。

（孙刚）

【市场调研】 9月23日，延庆烟草走进2022年冬奥会场施工地区，开展“消费者在哪里，我们就到哪里”调研，了解该区域消费群体数量及销售卷烟结构，找准具体品牌进行推介上柜，并对新品培育和顺销卷烟销售进行跟踪指导，促进场地周边客户提高品牌宽度和结构，提升获利水平。

（孙刚）

【普法宣传】 年内“3·15”“12·4”期间，联合工商等部门在延庆金锣湾商业区开展集中宣传活动，向零售户和消费者宣讲涉烟常见违法行为及处理办法、烟草相关法律知识、传授真假烟鉴别小技巧、宣传普及控烟举报电话“12313”，并解答现场群众提问。现场发放《烟草专卖法》《烟草专卖法实施条例》等法律法规宣传材料400份。

（孙刚）

【卷烟打假打私】 年内，查获涉烟违法案件50起，查获违法卷烟78.92万支，案值23.48万元。查获假私烟案件3起、违法卷烟22.96万支，全年平均市场净化率94.5%。

（孙刚）

北京八达岭国际会展中心

【概况】 北京八达岭国际会展中心（简称“八达岭国展”）占地402亩（26.8公顷），建筑面积5.3万平方米，在岗职工62人，内设办公室、会展部、财务部、工程部、保障部、市场部和北京八达岭国际葡萄酒交易中心有限公司、北京八达岭长城会展中心有限公司、北京妫川荣成会展服务有限公司3个全资子公司。主要职责是代表区政府对八达岭国展的资产进行经营管理。八达岭国展企业化经营后，确定“政府扶持、市场化导向”的发展目标，坚持“品牌化、专业化、市场化、国际化”的办展原则，为举办“高水平、有特色”的世界级各类会议提供场馆使用保障和安全保障。年内，以市场化运作方式引进2016中国（北京）景观苗木博览会。为北京国际自行车博览会、京张两地优质农产品推介会等大型展会提供场地保障。多次组织消防应急演练，制定会时保安方案、保洁方案、社会面防控方案、会时应急预案、停车及交通疏导方案、观众参观流线等方案。全年举办会议9场、博览会12场，比上年增加11场。

地址：延庆镇庆园街65号

电话：69148188

（韩雪）

【公车停放管理】 年内，根据《关于全面推进公务用车制度改革的指导意见》和《中央和国家机关公务用车制度改革方案》的相关工作安排，配合区政府落实公车改革管理工作，提供C3、C4、A馆场馆（面积6200平方米）和外部停车场306个车位（面积5508平方米）用于存放车辆，并执行对车辆的停放管理工作。

（韩雪）

【相关奖项】 年内，参与2016国际冬季运动（北京）博览会，获得“优秀展示奖”。参与第六届中外会展洽谈会，获得“2016年度金五星优秀场馆新秀奖”。获中国会展产业交易会组委会颁发的“2016年度中国会展产业金手指奖”和中国会展杂志社颁发的“2016年度中国会展最佳城市形象场馆奖”。

（韩雪）

（责任编辑：景冰芳）

旅　游

综 述

中共延庆区委旅游发展工作委员会（简称区委旅游工委）与延庆区旅游发展委员会（简称区旅游委）合署办公。区委旅游工委是负责旅游系统党的建设、思想政治工作和干部管理工作的区委派出机构。区旅游委是负责全区旅游发展统筹协调、产业促进和行业管理的区政府工作部门。区委旅游工委辖旅游工委机关党委、八达岭特区办事处党组（5月份改为八达岭特区办事处机关党委）、八达岭旅游总公司党委、龙庆峡管理处党委。区旅游委内设办公室、规划发展科、行业监督管理科、公共服务科、政工科（监察科）5个机构。辖延庆区旅游宣传中心、延庆区旅游信息服务中心、延庆区旅游产品研发中心、延庆区旅游发展研究中心、延庆区乡村旅游发展中心、延庆区旅游标准化促进中心6个事业单位。公务员编制18名、事业单位编制45名。全区有各类旅游企业140家。景区景点30处，其中A级旅游景区19家（AAAAA景区1家——八达岭长城，AAAA景区6家：龙庆峡、千家店百里山水画廊、松山森林旅游区、八达岭水关长城、野鸭湖国家湿地公园、世界葡萄博览园）。宾馆饭店96家（其中星级饭店12家），有旅行社20家，特色旅游购物场所5家，星级民俗村43个，星级民俗户1108户，特色业态72家。年内，以“休闲延庆 快乐金秋”为主题，推出不同主题的秋季旅游项目。①赏花。推出四季花海、百菊园、珍珠山水、多彩田园等金秋赏花景点以及四海镇一路花香特色旅游线路。②赏红叶。推出八达岭国家森林公园、八达岭长城、八达岭水关长城、八达岭古长城、百里山水画廊、松山森林旅游区、莲花山森林公园、玉渡山等金秋红叶最佳观赏地。③采摘。推出张山营镇、旧县镇、香营乡的葡萄和苹果、大庄科乡板栗等特色果蔬采摘。④美食。推出柳沟火盆锅豆腐宴、大榆树镇菊花宴、沈家营镇盔锅牧骨、卓家营火锅馄饨等特色美食。⑤自行车骑游。范围涵盖主要景区景点、民俗村和20个租赁站点。在首届中国残疾人冰雪运动季暨延庆区第三十一届冰雪欢乐节期间，举办“京津冀旅游新玩法·京北冰雪旅游季”等系列交流推介活动，推出迎冬奥冰雪马拉松、冰雪徒步大会、井庄镇“祈福冬奥”、石京龙“HIGH SNOW嗨雪嘉年华”等体育娱乐项目。举行“长城内外一家亲”京津冀冰雪文化大庙会等新春文化活动，创新开发山地滑雪、温泉养生、民俗美食、反季节采摘等多种旅游休闲项目。

地址：延庆镇妫水北街72号

电话：81191198

（谢雅娟）

行业管理

【旅游投诉工作会】 2月2日，组织区内20家重点景区、饭店等旅游单位召开2016年旅游投诉工作会。会议通报上年延庆区旅游投诉情况，签订《延庆区2016年度压减旅游投诉工作责任书》，就旅游投诉数量、时间、产生原因等方面与旅游企业进行座谈交流。会议决定搭建“延庆旅游行业投诉交流”QQ群线上平台，丰富沟通渠道，精简沟通层级。

（谢雅娟）

【延庆入选国家首批全域旅游示范区】 2月，国家旅游局发布《关于公布首批创建“国家全域旅游示范区”名单的通知》，公布首批262个国家全域旅游示范区创建单位名单，延庆区名列其中。

（谢雅娟）

【军人免门票政策】 7月29日，八达岭长城瓮城广场举行“军人免门票活动”，正式启动八达岭长城等11家国有旅游景区对现役军人、残疾军人免门票政策。涉及旅游景区分别是：八达岭长城、百里山水画廊、龙庆峡、野鸭湖国家湿地公园、松山森林旅游区、世界葡萄博览中心、水关长城、古崖居、八达岭残长城、玉渡山和莲花山森林公园。

（谢雅娟）

【旅游标准化年会】 9月29日，区旅游委与区质监局联合举办。会议以提高各旅游企业质量等级管理水平为核心，针对《旅游景区质量等级的划分与评定》（GB/T17775—2016报批稿）和《旅游饭店星级的划分与评定》（GB/T14308—2010），对全区21家A级景区和17家重点旅游饭店进行标准培训，同时就2019年世园会旅游饭店接待情况进行研讨。

（谢雅娟）

【旅游产业项目通过专家评审会】 9月29日，区旅游委参加北京市旅游发展委员会组织的2016—2017年旅游产业发展引导资金项目专家评审会。上报的“百里画廊滨水步道建设项目”和“延庆区四、五星级民俗村旅游服务配套设施项目”，均通过专家评审。

（谢雅娟）

【市旅游委公共服务项目验收】 10月18日，北京市旅游委对延庆区2016年旅游公共服务项目进行验收，全区八达岭长城、八达岭水关长城、世葡园等12家景区标志牌、旅游厕所、无障碍设施等升级改造项目通过验收，获得市旅游委补贴资金100万元。

（谢雅娟）

【组织参加京郊旅游管理培训班】 11月30日至12月2日，区6个乡镇主管培训的负责人，代表延庆区到北京上园饭店参加由市旅游委组织的“2016年‘百千万’京郊旅游管理人员培训班”。延庆区在成果汇报中取得第一名的成绩。

（谢雅娟）

【旅游业“订单式”培训】 年内，根据旅游经营管理人员实际需求和存在问题，开展“订单式”培训，重点进行酒店新员工岗前培训、服务礼仪培训、民俗户烹饪技能培训等实操培训，开设31个培训班，培训5120人次。

（谢雅娟）

【智旅延庆二维码导游导览系统建设】 年内，与青岛风光传媒科技有限公司合作，为各旅游景区建设开发“智游延庆二维码导游导览系统”。系统根据手机定位功能获取并显示游客当前的地理位置，设有旅游目的地景区、景点内部不同旅游服务设施的导航服务，触发导游系统播放景点语音、文字、视频讲解及3D虚拟游。

（谢雅娟）

【星级饭店年度复核】 年内，启动饭店星级复核工作，按照全区所有星级酒店的30%抽取星级酒店作为复核对象。复核涉及新风大酒店、妫川金谷酒店、燕春饭店、仁智苑大酒店4家星级饭店，按照《旅游饭店星级的划分与评定》标准，从饭店内部结构、设备设施、服务质量、培训制度及节能减排等方面进行达标复核。复核结果：新风大酒店、妫川金谷酒店自愿取消星级资质；燕春饭店、仁智苑大酒店复核通过。

（谢雅娟）

【旅游投诉】 年内，接到旅游投诉206件，被投诉旅游单位有30家。其中接转市12301热线投诉42件、非紧急救助中心138件、延庆网站工作单2件、“创城”专报1件、每日舆情21件、政风行风热线1件、区长信箱1件，投诉主要集中在景区内部管理、服务态度方面。所有投诉均随时处理，办结率100%，游客满意度100%。

（谢雅娟）

【旅游市场整治】 年内，组织安全秩序联合执法检查50次，出动执法检查车辆1000辆次，出动检查人员2700人次。检查生产经营单位600家次，检查旅游车辆2.2万辆次。检查导游员3000人次，对30名导游员进行扣分处罚，暂扣导游证22个，对8名黑导罚款1.1万元，行政拘留使用假导游证件人员一名；查扣“黑旅游大巴车”6辆，罚款6万元。举办各类安全生产培训班6期，培训相关人员420人次；开展各类宣传活动6场，发放各类宣传材料4500份。

（谢雅娟）

【旅游行业监管】 年内，区旅游委官方网站开辟“诚信旅游”专栏。专栏包括“法律法规”“信息公开”“守信激励”“公益大使”和“最美达人”5部分内容。公布延庆区首批“全国旅游价格信得过景区”名单。搭建旅游行业管理交流平台。包含旅游景区内审员交流平台、旅游饭店内审员交流平台、旅行社交流平台、旅游行业投诉交流平台、旅游景区公共服务设施改造项目交流平台，涉及旅游企业127家，162人次参与交流。

（谢雅娟）

【旅游产业发展】 年内，升级改造八达岭长城、龙庆峡等11家景区景点基础服务设施；完善珍珠泉、慈母川等10条旅游休闲步道建设；推进万达城市综合体、岔道古城、八达岭森林生态文化体验基地等项目建设；规范19家A级旅游景区用地建设；改造建设23座旅游厕所；在京藏高速延庆出口设立旅游导向标志牌。

（谢雅娟）

【重点项目建设】 年内，万达城市综合体项目控规通过审批，会展中心东侧地块一级开发项目启动，文物迁移完成招标。岔道古城签约242户；八达岭驻场演出项目重新选址岔道村北；八达岭森林生态体验基地完成主体结构施工和配套设施装修。国际马球中心项目确定土地一级开发主体；完成全周影院改造建设；在旅游景区、咨询站等地建成136台电动车充电桩；完成云瀑沟登山休闲步道建设；建设八达岭“石光长城”、刘斌堡“隐居乡里”和千家店“百里乡居”3家乡村酒店。

（谢雅娟）

景区管理

【八达岭特区办事处】 北京市延庆区八达岭特区办事处是1981年北京市人民政府批准成立的旅游特区，同年6月正式挂牌。八达岭特区办事处作为北京市延庆区人民政府的派出机构，负责辖区内的行政事务和社会公共事务，发展旅游事业和公益事业，贯彻执行法律、法规、规章和市、区人民政府的决定、命令，完成市、区人民政府部署的各项任务。内设办公室、党建办公室、人事科、财政科、基建科、综合治理办公室、文物管理科、外事办公室、监察科、保卫科、旅游应急办公室、经济合作办公室12个职能科室。辖宣传营销中心、票务管理中心、后勤服务中心、环境保洁中心、游客服务中心、信息管理中心、园林绿化中心、综合管理中心、长城文化研究中心9个科级事业单位，年末有正式职工332人、合同制工人314人。①安全检查。年内，开展森林防火、社会消防、内保防盗、燃气安全、锅炉安全等各类安全检查、自查自纠检查70次，检查对象400家/次。发放安全生产、防火宣传材料1000份，发布各类安全生产预警信息1100条。出动检查人员700人次，发现环境秩序、市场秩序、服务设施、食品安全、服务质量等内容的问题90个，派发整改通知单65份。开展夜巡98天196次；整治滚天沟停车场市场秩序，取缔商摊占道、占车位超范围经营现象。景区清运固体垃圾145.13万千克；液体垃圾210.61万千克。②游客服务。完成游客服务55万人次，同比增长14.6%，其中咨询服务30.75人次、便民服务18.18万人次、广播服务5.57万人次、医疗处置及门诊售药3499人次、医疗紧急救助174人次、残障服务319人次。在景区旅游重要节点设立志愿服务岗7个，培训志愿者18次，350人次；开展志愿服务活动30次，活动时长40天；参与人员500人；服务22万人次，服务项目包括指路、咨询导览、开水、医疗、无障碍登城、发放宣传资料等。接待三级以上外事勤务130次，其中接待外国元首2人次。③旅游宣传。全年在中央电视台、北京电视台和延庆电视台进行电视宣传报道34次；在中共中央机关报、《人民日报》和《北京日报》《北京晚报》《北京晨报》《北京青年报》《法制晚报》等市级报纸对景区风光、服务接待、交通秩序、文明旅游等进行平面新闻报道29篇次；在人民网、新华网、中国网、北京旅游信息网、搜狐网、新浪网、千龙网、乐途网等网络媒体刊载八达岭长城相关新闻75篇次，转载量1100次；利用手机移动客户端进行3场现场直播，借助微信公众平台《北京延庆》发布景区图文消息9条；策划组织并协助完成各类文体活动19场次，与北京及周边590家旅行社和北京市内192家三星级以上宾馆饭店签订合作协议、联络学校47所、文化传媒公司43家。参加“2016年中国西北旅游营销大会”“2016北京国际商务及会奖旅游展览会”“十一届海峡两岸旅展会”“中国东盟博览会旅游展”等15次旅游推广活动。④基础设施。完成八达岭武警巡逻中队营区改造工程，工程总用地面积6876.76平方米、总建筑面积3826.18平方米。新增宿舍13间，接待室增加至4间，实现生活区与办公区的分离。完成岔西停车场升级改造工程，改造面积9.15万平方米；完成八达岭长城景区南城应急疏散及消防通道改造工程（二期），改造南三楼至南六楼便道570米，设置休息平台7处，总面积600平方米，沿路设置指示牌11个，区域导览牌1个，安装监控、广播系统6套。全年新增标牌、维修、拆除、移动标识牌568块。⑤文物修缮。进行开放段巡查900多次，更换磨损严重的地面砖、台阶砖60块、修补松动封顶砖65块；维修焊接扶手栏杆8处；对关城两洞间进行墙体勾缝；北七楼断崖小城墙进行墙基加固，墙面勾缝；完成未开放段长城北13台至北19楼保护修缮工程；完成开放段长城南1楼至南7楼、北1楼至北12楼避雷、监控升级改造及八达岭关城防雷工程。截至年底，八达岭长城接待中外游人870.28万人次，同比增长4.54%；实现旅游收入2.87亿元，同比增长3.96%。

（郭佳）

【八达岭旅游总公司】 北京市八达岭旅游总公司属国有企业，按区属二级班子单位管理。设8部2室（职能部室），包括办公室、人力资源部、监察审计部、党群工作部、财务部、经营管理部、市场营销部、基建工程部、事业发展部、上市筹备办公室，辖二级企业23家，即北京古崖居望湖宾馆、北京京都八达岭旅游发展有限公司、北京八达岭旅游发展有限公司、北京长城五洲风采文化传播中心、北京古崖居风景名胜区旅游中心、北京八达岭世界葡萄博览中心、北京八达岭水关旅游开发有限责任公司、北京八达岭索道有限公司、北京八达岭畅安地面缆车运营有限公司、北京八达岭饭店有限公司、北京八达岭巨龙工艺品有限责任公司、北京长城全周影院有限公司、北京八达岭国际旅行社、北京八达岭智慧旅游有限公司、北京八达岭伟业停车场有限公司、北京八达岭岔道古城旅游开发有限公司、北京市八达岭综合市场中心、北京市八达岭水关长城旅游公司、北京八达岭残长城旅游观光有限公司、北京八达岭森林旅游开发有限公司、北京八达岭传奇旅游发展有限公司、北京万科八达岭旅游开发有限公司、北京八达岭势至旅游管理有限公司。有职工902人。年内，与万科企业股份有限公司、北京石京龙滑雪场娱乐有限公司出资成立合资公司——北京万科八达岭旅游开发有限公司，共同经营石京龙滑雪场。对石京龙滑雪场的软件服务、硬件设施、管理创新等方面进行全面改造升级。与北京势至山水文化传播有限公司合资成立北京八达岭势至旅游管理有限公司，共同推进园区木屋、房车营地、树屋、集装箱酒店等“住”文化项目建设。以电商公司成立为契机，将所属4个景区及八达岭索道原有售检票系统进行更换，实现数据时时传输。对伟业停车场、葡萄博览中心停车场、古崖居停车场、水关长城停车场和古长城停车场5家停车场收费价格进行统一调整，实行计次收费（收费标准为小车10元/辆次、大车20元/辆次）。委托传奇公司经营管理八达岭伟业停车场有限公司，签订委托经营协议和人员借调协议，并完成交接工作。成立北京八达岭智慧旅游有限公司，延庆区域旅游目的地电商平台——“长城内外”正式上线，开启“互联网+旅游”新型推广模式。游客可在电商公司官方微网站、携程网、去哪儿网等平台进行电子购票。电商平台上线后，实现营业收入780万元。截至年底，实现旅游收入24529.41万元，比上年同期22881万元增加1648.41万元；上缴税收形成区级财政收入3721.22万元，比上年同期3632.99万元增加88.23万元；实现利润2081.04万元。

（马兴）

【龙庆峡管理处】 龙庆峡管理处和旅游公司1984年成立，1998年10月加盟北控，是北控集团唯一旅游企业。年末有职工480人，设办公室、政工科、财务科、旅游科、综治办、基建科、公园管理科、客运部、电梯管理科、冰灯办公室等17个职能科室、实体单位。还有公安派出所、城管分队、工商所等执法部门和安全管理部门。先后通过ISO 9001质量体系认证和ISO 14001环境体系认证，自1996年后连续被评为“首都文明景区”“北京市最佳安全景区”“守信企业”等荣誉和称号。年内，建成龙庆峡景区微型消防站，配备消防头盔、防护服、灭火防护靴、空气呼吸器、防毒面具、消防员呼救器等11种消防员基本防护装备。全年开展安全检查30次，落实整改措施30条，开展旅游市场综合整治行动15次，组织各实体部门开展应急救援、消防等应急演练13次，未发生重大安全事故和旅游投诉事件。依托电视媒体、报刊杂志进行整体宣传，在北京、天津、河北、山西等电视台播放景区的天气预报，对冰灯艺术节开幕式进行3天现场直播，在《法制晚报》《北京晨报》《北京电视周刊》等报刊杂志上刊登景区最新旅游信息。申请龙庆峡微信公众号，及时准确地发布景区旅游信息，并实现在线购票。同唐山华夏驴妈妈旅游网合作，在美团网、携程网、乐途网等网络上进行宣传，出售景区门票。参加在北京全国农业展览厅举行的“2016北京国际旅游博览会”、第五届北京国际旅游商品及旅游装备博览会等旅游宣传推介活动，参与和举办“2016冰雪情—中韩缘文化节”“龙庆峡杯第十二届中华缘大赛”、2016韩国哈拿多乐国际观光博览会、“第十一届心连心中韩模范青少年文化互访”等活动。购进10艘52座燃气游船，初步完成游船更新工作，景区无障碍改造示范工程全部完工，包括码头栈桥建设、室外无障碍坡道建设等14项工程。组织志愿服务队30人在水库源头开展以“创建文明景区，保护生态资源，美化景区环境”为主题的志愿服务活动；捡拾方便面袋、酒瓶、便携式燃气管等生活垃圾500千克。截至年底，龙庆峡景区接待游客82.88万人次，合资公司实现旅游收入6841万元。

（付艳春）

【康西草原管理处】 “康西草原管理处”和“康西草原旅游公司”于1989年12月经延庆县人民政府批准成立，管理处和旅游公司为一套机构两块牌子，归旅游办管理，属于企业性质，独立核算，自负盈亏，总占地面积580.05

亩（38.67公顷）。1990年正式对外开放营业，同年2月经延庆县机构编制委员会延编发字〔1990〕第4号文批准，康西草原管理处为自收自支事业单位，实行企业管理。2005年9月，北京康西草原旅游开发公司整体转制。大部分职工进入民营企业（北京中坤投资集团成立的“北京中坤康西草原旅游开发有限公司”）。康西草原旅游公司职工102人与原公司解除劳动合同，78名职工与北京中坤康西草原旅游开发有限公司签订劳动合同。康西草原旅游公司保留，承担转制前遗留的债权、债务问题。2006年1月13日根据延编办〔2006〕第02号文件要求，重新组建“延庆县康西草原管理处”（2015年12月改称延庆区康西草原管理处），确定为全额拨款事业单位，履行服务、协调、监督职能。内设办公室和综合治理办公室，编制8人，在职7人。

（方俊杰）

【野鸭湖湿地自然保护区管理处】　野鸭湖于1997年7月成立县级自然保护区，2000年晋升为市级自然保护区。2013年国家林业局对野鸭湖国家湿地公园进行授牌。野鸭湖湿地自然保护区管理处（简称野鸭湖管理处）主要职能为：贯彻执行国家有关湿地管理的方针、政策和法规，拟定并监督实施野鸭湖的管理政策；拟定并实施野鸭湖的规划、计划；承担野鸭湖湿地的保护、管理和开发利用，确保资源永续利用；组织开展对外宣传；协助有关部门开展科学研究和科普教育；协调解决辖区内及周边乡镇、村的各类问题；完成区政府交办的其它事项。有编制30名。年内，中国科学院遥感与数字地球研究所环境健康遥感研究室在野鸭湖湿地自然保护区设立工作站，市园林绿化局在野鸭湖设立“野生动物救护站”。野鸭湖入选“初中开放性科学实践活动”项目，设立湿地野外鸟类辨认课程，成为全区首家初中开放性课程活动单位，全市范围内初中生均可登录初中开放性科学实践活动网站及APP选课。中国观鸟会、北京市野生动物救护中心、野鸭湖湿地自然保护区管理处共同合作，邀请英国鸟类学会专家Terry.Townshend等进行指导，对野鸭湖湿地大杜鹃展开环志、卫星跟踪器安放活动。深入开展湿地保护工作，申报完成湿地保护补助资金、康庄小学校外活动基地等重点项目，启动湿地公园总体规划修编工作，进一步完善基础设施建设、提升科研监测水平、发挥科普宣教功能、提高旅游服务质量，顺利通过国家AAAA级旅游景区复核，被列入北京市第一批市级湿地名录。

（宋亮楠）

【北京延庆世界地质公园管理处】　2016年9月，北京延庆世界地质公园管理处纳入工资规范管理，年末共有编制21名、在编16名。年内管理处围绕地质公园“保护地质遗迹、普及地学知识、促进地方经济发展”主旨，推动八达岭园区和古崖居园区地质科普陈列室建设，开展地质公园标识导览系统基础详查，进行地质博物馆软硬件升级；加强恐龙足迹化石、硅化木等地质遗迹保护；在中国延庆世界地质公园网站上发布信息36篇，在世界地质公园网站上发布新闻通稿14篇，开通“中国延庆世界地质公园”微信公众平台号；完成地质公园导览线路规划，制定地质农家乐行业标准和提升改造方案。协办第二届国际地质公园管理与发展培训班。与希腊莱斯沃斯木化石森林世界地质公园共同开展延庆硅化木保育工作；与中国地质大学（北京）联合开展志愿服务项目，50名地质大学学生参与地质公园讲解志愿服务，志愿服务时长700小时，服务4000人（次）。

（李昀倩）

【中国长城博物馆管理处】　长城博物馆管理处为正处级事业单位，设办公室、人事部、财务部、业务部、社教部、保卫部，有职工52人（其中合同制员工12人）。年内，对原监控系统进行升级改造，包括新建监控室一间，面积65.5平方米；设置高清红外监控点位45个，配备由12台46寸液晶显示器组成的监控屏幕，安装数字硬盘录像机1台并配有磁盘扩展柜1台。完成可移动文物普查工作总结，完成数据库建设和普查成果发布工作。完成与河南内乡县衙博物馆的文化交流项目，举办“雄关天堑——八达岭长城四季风光展”。延庆区纪委授予长城博物馆“德蕴清风”廉政教育基地称号。举办“欢欢喜喜过大年”——中国木版年画展、“我心中的世园会”诗词楹联书画作品展、“长征——不朽的丰碑”纪念长征胜利80周年图片展等临时展览7个，参观人数52.25万人次。举办“新年新希望 军民寻宝庆元旦”活动、“感恩父母 超越自我 拼搏百天 造就辉煌”百日誓师大会、“展示自我风采 放飞童年梦想”——画文物庆“六一”活动等主题教育活动33场次，参与活动人数3761人次。同时配合延庆区19所中小学校开展以“知我家乡，妫川之旅”为主题的社会大课堂参观活动，接待师生3171人次。

（王丽萍）

景点介绍

【八达岭长城】 八达岭长城位于北京市延庆区南部八达岭镇域内，距北京市区60千米，始建于明朝弘治十八年（公元1505年），由戚继光、谭纶督建，历经弘治、嘉靖、隆庆、万历四代皇帝（1505—1589年），是扼守京西北居庸关—八达岭关沟军事防御体系的重要组成部分。据明代《长安客话》：“路从此分，四通八达，故名八达岭，是关山最高者”。八达岭长城1958年正式对游人开放，国保段全长7741米，游览开放段全长3741米，19个敌楼。景区规划面积70.1平方千米，核心景区面积55平方千米。截至2016年底，接待外国元首政府首脑509位。

（郭佳）

【八达岭古长城】 八达岭古长城景区位于八达岭长城西南10千米处，是八达岭长城防御体系的西大门，景区于2000年4月29日正式对外开放，属国家AAA级风景区，是北京市爱国主义教育基地。古长城是在原始残缺城体基础上经维持原貌的加固修缮，断壁残垣、雄风犹存，让游人感受古长城的历史沧桑感和厚重感。古砖窑遗址和采石场均有保留，供游人了解城砖的烧制过程和长城建造的历史，具有很高的考古价值。年内，景区接待游人6.76万人，实现旅游收入193.09万元。

（马兴）

【水关长城】 水关长城景区位于北京西北40千米，八达岭段长城东端，因修建中国第一条自主设计的京张铁路而截断，属国家AAAA级旅游景区。水关长城历史悠久，古老沧桑又不失雄伟壮观，是明长城的遗址，距今已有400余年历史，是拱卫京畿的重要关口之一，由抗倭名将戚继光督建，以宏伟的景观、完善的服务设施和深厚的历史文化内涵而著称。年内，完成金鱼池改造项目，新建售票亭3间、环保厕所6座。景区接待游客157.43万人次，实现旅游收入2435.01万元。

（马兴）

【中国长城博物馆】 中国长城博物馆坐落于八达岭长城景区内，是一座以长城为主题全面反映长城历史、军事、建筑、经济、文化艺术及现状的专题性博物馆。1994年9月建成开馆，2007年全面改陈，建筑面积4000平方米，展览面积3200平方米。展览主题为“世界奇迹·历史丰碑”。截至年底，长城博物馆接待观众73.64万人次。其中学生10.7万人次、外宾1.23万人次；为观众免费讲解1085次，连续多年保持接待零投诉。

（王丽萍）

【龙庆峡】 龙庆峡是国家AAAA级景区，距北京市区70千米；古称“古城九曲”，是一处水绕山环风光秀丽的峡谷，属于自然水域风光型景区，既有南国山水的妩媚秀丽，又不失北国山水的雄浑壮观。1973年10月建龙庆峡水库，大坝高70米，坝顶长90米，整个水库流域面积119平方千米，库区面积34万平方米，库容852万立方米。1984年成立旅游公司，开始发展旅游事业。龙庆峡是新北京十六景之一，年均接待游客80万人次，其中外宾人数20万人次。

（付艳春）

【玉渡山景区】 玉渡山景区为国家AA级景区，隶属于北京龙庆峡旅游发展有限公司，2002年7月正式对外接待游人。有财务科、旅游开发科、公园管理科和办公室4个科室。景区位于燕山第一高峰海坨山脚下。地域面积75平方千米，植被覆盖率90%以上；区内有维管束植物105科380属713种，乔木、灌木种类繁多、覆盖山野；山中溪水长流，春夏秋时节、花开不断。空气含氧量比市区高2~3倍，堪称天然“氧吧”。夏季凉爽宜人，最高温度只有28℃，比市区低5—6℃，是消夏避暑的佳地。年内，举办高山草坪“星空帐篷节”、2016北京玉渡山越野挑战赛和七夕节景区门票优惠等活动，开拓北京市以外周边旅游市场，签约旅行社365家。全年接待游客15.31万人次，同比增长90.7%；营业收入661.84万元，同比增长88%。

（付艳春）

【康西草原】 康西草原是北京地区唯一的草原，草原风光特色突出。拥有草场9199.95亩（613.33公顷）。景区北依海坨山、西邻官厅水库，地广水阔，水草丰茂，景色秀丽。草原动植物种类众多，有苜蓿、野菊花等草类植物50余种，野兔、田鼠等动物10多种，野鸭、灰鹤等鸟类20余种。草原气候宜人，是温带和中温带半干旱与半湿润过渡地带，属于大陆性季风气候，年平均气温9摄氏度，年平均降水量494毫米，是理想的避暑地之一，为骑马爱好者提供了广阔的空间。康西草原20世纪90年代被评为北京新16景之一，曾与八达岭、龙庆峡、松山等景区齐名，成为延庆旅游业的支柱企业。曾经举办“万马奔腾迎亚运”“康西杯优马大赛”“那达慕大会”“京津冀三地优者赛马大会”等颇具影响力的赛事活动，车马大赛项目开创中国赛马项目之先河，让马文化迅速传播于北京周边各省市地区。

（方俊杰）

【北京野鸭湖国家湿地公园】 野鸭湖国家湿地公园位于北京市延庆区西北部，新中国“建国第一库”官厅水库之滨，北依松山、大海坨山；是由官厅水库延庆辖区及环湖海拔479米以下淹没区及滩涂、河流、库塘、沼泽组成的自然—人工复合型湿地。公园总面积4251亩（283.4公顷），位于北京市面积最大、生物多样性最丰富的野鸭湖湿地自然保护区的实验区，是北京地区重要鸟类栖息地，也是国际鸟类迁徙路线东亚——澳大利亚路线的中转驿站。每年迁徙季节，有众多鸟类在此停歇，其中雁、鸭种类和数量最多，野鸭湖由此得名。野鸭湖湿地动植物资源丰富，已经记录到鸟类302种，其中国家一级保护鸟类10种、国家二级保护鸟类42种，高等植物472种，其中野大豆（Glycine soja Sieb）、绶草（Spiranthes sinensis）为国家二级保护植物，还有上百种昆虫与鱼类，是人们亲近自然、放飞心灵的好去处。2016年7月29日开始，向现役军人、残疾军人免收门票。年内，向社会公布野鸭湖新增国家Ⅰ级保护鸟类玉带海雕，国家Ⅱ级黑翅鸢以及细纹苇莺、普通夜鹰、长尾山椒鸟、棕背伯劳、水雉7种，新增夜莺目夜莺科、水雉科和山椒鸟科。截至年底，野鸭湖有鸟类18目61科302种。

（宋亮楠）

【延庆地质博物馆】 延庆地质博物馆是以延庆世界地质公园为依托，集地质科普、延庆地质遗迹、自然景观与人文风貌于一体的综合性、公益性博物馆。展厅面积2000平方米，展品300件。博物馆通过陈列延庆地质遗迹标本、文字、图片以及采用多种电子高科技手段，全面展示地质科普知识、延庆典型地质遗迹类型以及地质与文化、社会发展的关系等内容。全馆由序厅、地球科学厅、地质遗迹厅、地质遗迹和文化遗产厅、地质遗迹国际对比厅和今日延庆6个展厅组成。2013年7月20日正式开馆以来，先后挂牌“中国地质大学教学科研基地”“北京市科普基地”“延庆区中小学生社会大课堂实践活动基地”“延庆区中小学地质科普知识师训基地”和“全国科普基地”。地质博物馆全年接待游客4.2万人次，其中个人游客3.44万人、团队75批次。接待延庆区社会大课堂中小学生3000人。

（李昀倩）

【古崖居】 古崖居景区位于延庆区张山营镇域内，南邻妫水河，北依海坨山，1991年初步对外开放，是由一支不见史志记载的古代先民在陡峭岩壁上开凿的崖居洞窟，属国家AAA级旅游景区，是中国目前已发现规模最大的崖居遗址；有石室137个，大小不均、形状不一，上下多层、层层相通。全部石室或圆或方，均合美学规矩，表现出一种原始的审美情趣，古崖居的来历至今仍是千古之谜。年内，景区停车场改造工程竣工，新停车场包括大车位20个、小车位184个、残疾车位3个，新建景区游客中心、车场卫生间、景区大门等基础设施投入使用。接待游客10万人，实现旅游收入301.96万元。

（马兴）

【葡萄博览园】 世界葡萄博览园位于延庆区张山营镇东南部，是葡萄主题公园，属国家AAAA级旅游景区。2014年7月25日正式对外开放，是集葡萄品种展示、观赏采摘、生态体验、景区游览、科普教育、休闲娱乐等功能于一体的综合性博览园。园区落实“以农业为基础、以教育为支撑、以旅游为补充”的规划目标，打造“四季有花”的农业主题，举办郁金香文化节、百合文化节、菊花文化节、葡萄文化节以及冰雪节和文化庙会。同时以中小学生素质教育为核心内容，建造青少年户外拓展训练基地和户外营地，升级改造科普馆，不断完善景区接待设施。年内，接待游人8.9万人次，实现旅游收入444.08万元。

（马兴）

【万科石京龙滑雪场】 万科石京龙滑雪场位于延庆区张山营镇东北部，始建于1999年，是北京地区首家滑雪场，也是全国首家采用人工造雪的滑雪场。2016年底，滑雪场重装开业，造雪面积提升70%，雪具大厅面积增加60%，雪板数量增加75%，整体接待能力提升1.5倍，日均最大接待容量5000人，成为国内首家互联网滑雪场。营造开放式、平台式、友好型滑雪体验，客户可通过手机移动端实现网络订票、现场取票、雪具租赁、消费、滑雪等所有功能，实现滑雪场内无现金化消费。2016—2017雪季接待游客7.5万人，实现旅游收入2100万元。

（马兴）

旅游活动

【第三十届冰灯艺术节】 1月15日晚，龙庆峡第三十届冰灯艺术节正式对外接待游客。艺术节以“相约冬奥，欢乐冰雪”为主题，占地20万平方米；分彩灯区、冰展区、娱乐区；350组花灯、2000棵树灯、350件冰灯、200件冰雕、100件雪雕，以及环绕群山的万米长城灯，其中150组冰雕、20组雪雕集中展示冬奥会项目。北京电视台、新华社、人民网、《人民日报》《中国青年报》《北京日报》、北京交通台等30多家媒体200人参加开幕式。至3月6日，龙庆峡冰灯接待中外游客38万人次，实现旅游收入2600万元。

（付艳春）

【“龙庆峡杯”国际冰雕雪雕大奖赛】 1月15—17日，第十二届“龙庆峡杯”国际冰雕雪雕大奖赛在龙庆峡景区举行。法国、西班牙、俄罗斯、哈尔滨、牡丹江、鹤岗以及龙庆峡等25支代表队50名选手参加比赛。大赛以“相约冬奥，欢乐冰雪”为主题，黑龙江队获得一等奖。伊春、沈阳以及吉林、延庆分别获得二等奖和三等奖，牡丹江、龙庆峡一队、河北美院队和长春、鸡西队的参赛作品分获特别成就和谐奖和文化创意奖。

（付艳春）

【野鸭湖冰雪马拉松】 1月17日，北京首场冰雪马拉松、中国规模最大的冰雪马拉松——2016科勒杯北京野鸭湖冰雪马拉松开跑。奥运冠军王丽萍、央视《新闻调查》制片人王同业等共同领跑。项目设置为半程马拉松赛，由马孔多（北京）文化有限公司、区旅游委、区体育局、北京野鸭湖国家湿地公园共同举办。赛道每隔300米设置一个医疗点，有热水、鸡汤和姜糖水供参赛者选用。2022名跑友参加活动，当日因大风、极寒天气影响，完赛率仅八成。

（宋亮楠）

【2016冰雪情——中韩缘文化节】 1月29—30日，由驻华韩国文化院、韩中文化友好协会、北京龙庆峡风景区共同主办，大韩民国文化体育观光部海外文化弘报院、中韩人文交流共同委员会、大韩民国驻华大使馆为后援的“2016冰雪情——中韩缘文化节”在龙庆峡景区举行。韩国馆展区通过冰灯艺术向游客介绍韩国传统建筑和历史文化；期间有3万名游客参观。

（付艳春）

【李长春参观八达岭水关长城】 4月8日，原中共中央政治局常委李长春到八达岭水关长城景区参观。

（马兴）

【第三届古长城杏花节】 4月9—24日，古长城景区举办主题为“杏好有你”第三届杏花节。景区推出2条最佳赏花路线、6个最佳观赏点，并开展赏花、长城杏花宴、精彩演出、长城露营、长城观星、徒步长城等活动。其间接待游人1.10万人次。

（马兴）

【为中国加分暨绿色旅游主题活动】 4月15日，由国家旅游局主办，北京市旅游委、首都文明办共同承办的2016年“为中国加分”文明旅游公益行动暨“绿色旅游”主题活动启动仪式在八达岭长城举行。活动现场由志愿者向游客发放《文明旅游任务卡》，通过与游客互动倡导游客文明旅游。

（郭佳）

【地球日科普宣教活动】 4月18—22日，延庆世界地质公园走进千家店小学，为学生们开展恐龙足迹与环境变迁科普知识讲座；走进中国地质大学（北京），开展世界地球日科普周之地质公园文化展，宣传延庆地质遗迹等科普知识。

（李昀倩）

【全国助残日主题交流活动】 5月16日，北京市肢残人协会与浙江省杭州市富阳区“中途之家”联合主办的爱在蓝天下——京浙两地中途之家迎接全国助残日主题交流活动在八达岭长城景区举行。20名杭州残疾人通过无障碍通道登上八达岭长城。

（郭佳）

【长城森林艺术节——儿童专场】 5月28—29日，由新长城庄园（原探戈坞音乐谷）联合主办的“2016北京延庆长城森林艺术节——儿童专场”活动，在新长城庄园举行。活动以“休闲延庆　音乐生活”为主题，涵盖大型艺术表演、儿童艺术工作坊、帐篷酒店、亲子瑜伽等内容，是一场“艺术走进森林”的“六一”盛会。

（郭佳）

【野鸭湖“亲子环境月”主题活动】 6月1日，野鸭湖国家湿地公园以“小手拉大手　文明齐步走”为主题，举办“亲子环境月”启动仪式。活动以儿童节和世界环境日为契机，传播和弘扬“生活方式绿色化”理念，通过系列亲子活动让孩子和家长共同接受环境保护教育。延庆一小300名师生及家长参加活动。

（宋亮楠）

【“地质公园杯”包粽子比赛】 6月9—11日

端午文化节期间，在地质广场举办中国延庆世界地质公园杯包粽子比赛，500名参赛选手经过初赛和复赛，最终胜出一等奖1名、二等奖2名、三等奖4名，均获得延庆世界地质公园提供的不同等值大礼包。

（李昀倩）

【端午文化节野鸭湖分会场活动】 6月9—11日，野鸭湖国家湿地公园以“鸭博士邀您过端午”为主题，举办“非遗”项目展演，京津冀以及江苏、湖北等地的60个非物质文化遗产项目在水上舞台进行现场表演。

（宋亮楠）

【野鸭湖校外实践活动课观摩现场会】 6月15日，北京教科院基教研中心联合野鸭湖湿地自然保护区召开课程实施交流及展示活动，到野鸭湖基地现场观摩“利用社会资源丰富中小学校外实践活动课程”。北京基教研中心项目组，全市30家资源基地相关负责人以及各区综合实践活动学科教研员等60人参加活动。

（宋亮楠）

【“挑战100一起跑”总决赛】 6月26日，由盛力世家（上海）体育文化发展有限公司主办，巴西驻华大使馆、延庆区体育局、野鸭湖国家湿地公园协办的“挑战100一起跑”总决赛在野鸭湖国家湿地公园举行。前马拉松世界冠军孙英杰、前马拉松世锦赛冠军白雪、前奥运冠军钱红参加领跑，全国5大赛区重庆、深圳、厦门、上海、北京5个城市10支代表队参赛，上海猛犸纵横队获得冠军。

（宋亮楠）

【第二届百合文化节】 6月24日至7月31日，葡萄博览园举办第二届百合文化节，以“共赴百合之约，梦圆世园延庆”为主题，推出百合花车展、百合花雕展、湿地花船、花海雨屋等精品项目。花展通过室内、室外展览，设置百合花墙、百合花球以及创意花田，展示240种珍贵百合。接待游人5.86万人次，实现综合收入272.21万元。

（马兴）

【香港青年交流团参观八达岭】 7月19日，第二届“四海一家·香港青年交流团”2000人到八达岭长城景区参观。交流团由香港基层青年、精英代表和资深青年工作者组成。

（郭佳）

【野鸭湖湿地科普志愿活动】 7月23日，野鸭湖国家湿地公园与北京市科协科普部、北京科普志愿服务总队、北京科普发展中心、北京科普志愿服务青蜜分队共同举办“保护地球之肾，享受湿地之美”科普志愿活动。中国林业科学院湿地所和野鸭湖管理处负责人分别作为两组志愿者的领队专家，带领40名志愿者学习湿地科学、动植物资源、景观美学等知识，制作湿地生态系统小瓶，现场开展科普公益志愿服务活动，为游客传播湿地科学知识，宣传公益理念。

（宋亮楠）

【导游关爱日活动】 7月29日，由北京市旅游行业协会主办、北京市旅游行业协会导游分会承办的“导游关爱日活动”在八达岭关城广场举行。志愿者向当天游览八达岭长城景区带团的300名导游发放导游爱心包、爱心卡和《导游文明公约》。

（郭佳）

【长城景区悬挂军人免门票标牌】 7月29日，区旅游局、区双拥办在八达岭关城广场举行悬挂“现役军人、残疾军人免门票”标牌仪式，延庆区11家旅游景区代表参加活动。建军节前夕，延庆在全市率先推出国有“AAAA”级以上旅游景区对全国范围的现役军人、残疾军人全部免收门票政策，包括八达岭长城、龙庆峡在内的11家国有旅游景区每年为此减少门票收入1000万元。

（郭佳）

【2016延庆徒步大会】 7月31日，由北京冬奥组委新闻宣传部、北京市体育局、北京市团市委、延庆区人民政府、北京市徒步运动协会等单位共同主办，延庆区野鸭湖国家湿地公园、延庆区体育局、共青团延庆区委员会承办的“纪念北京申办冬奥成功一周年——美丽延庆与冬奥同行”延庆区徒步大会，在野鸭湖

湿地公园举行。5000名市民参加活动，为北京2022冬奥助力加油。

（宋亮楠 贾子豪）

【森林马拉松接待活动】 8月28日，第二届北京百里山水画廊森林马拉松在千家店镇开跑，2022名选手参加。赛前区旅游委联合公安、食药、千家店政府等部门，对千家店镇民俗户开展专项检查，排除民俗户经营安全隐患，做好4000名选手及游客的服务接待工作。活动带动千家店镇乡村旅游收入增长近百万元。

（谢雅娟）

【长城艺术走进森林系列活动】 8—9月，2016北京延庆长城艺术走进森林系列活动在延庆新长城庄园音乐谷举行。活动以“让艺术成为一种生活方式”为主题，贯穿民谣演奏、场外探秘、艺术互动、运动冒险、露天电影、舞蹈体验等系列活动，具体由山谷民谣音乐节、帐篷趴、舞蹈日三部分组成。活动呼吁全国百家舞蹈培训机构参与公众免费开放日活动。

（郭佳）

【万科石京龙滑雪场雪季发布会】 9月9日，万科石京龙滑雪场2016—2017雪季发布会在八达岭饭店召开。北京市残疾人联合会滑雪训练基地授牌仪式、教师免费滑雪暨百万青少年上冰雪赠票仪式、西大庄科村冰雪产业技工培训合作仪式以及2017年国际雪联越野滑雪中国巡回赛万科石京龙站启动仪式等同时举行。国家体育总局冬季运动管理中心和北京市残疾人联合会相关负责人，延庆区委政府领导，万科集团董事会，滑雪相关企业及媒体嘉宾等近百人出席发布会。

（马兴）

【慈善马拉松比赛】 9月10日，野鸭湖国家湿地公园与中国大饭店共同举办“益呼百应　为爱出发”慈善马拉松比赛，300名长跑爱好者参加比赛。

（宋亮楠）

【菊花文化节】 9月10日至10月10日，葡萄博览园举办菊花文化节，以“为世园增色，为冬奥添彩”为主题，倡导“创新、协调、绿色、开放、共享”五大理念，设“一线八区十六景”，以凤凰来仪、劳动与丰收、十二生肖等特色景观造型为主，展示1500个传统品种菊花3000盆和2000盆案头菊，50件插花作品及20幅书画作品等花材80万盆（株）。

（马兴）

【世葡园民俗趣味运动会】 10月22日，以“建最美葡园、迎冬奥盛会”为主题的2016北京市体育公益活动社区行闭幕式暨延庆区“创城杯”民俗趣味运动会在世葡园举办。市人大常委会、市体育局、市体育基金会、延庆区政府等相关领导出席活动。

（马兴）

【第二届万圣节活动】 10月29—31日，古崖居景区举办第二届万圣节活动，分为花海合影区、自助餐区域和3D投影区，其中有600平方米蓝色彼岸花、山顶灯光秀等场景。接待游人1000人，实现旅游收入9.51万元。

（马兴）

【保护候鸟主题教育活动】 11月5日，市、区园林绿化局，市野生动物保护协会、野生动物救护中心、野鸭湖国家湿地公园联合开展“绿色中国　保护候鸟”主题教育活动。与会领导为现场“候鸟护卫队”志愿者授旗，候鸟护卫队志愿者代表宣读倡议书，呼吁全社会爱鸟、护鸟。活动现场发布《2016年野鸭湖新增鸟类情况及最新名录》，市野生动物救护中心科学放归秃鹫2只、雀鹰1只、红隼3只，均为国家二级重点保护动物。中国观鸟会的18个北京高校观鸟专业队，全市中小学生爱鸟者代表，延庆社区居民候鸟护卫队以及园林系统干部职工等100人参加活动。

（宋亮楠）

【无人机环保应用公益活动】 11月9日，开展“互联网+”背景下无人机环保应用公益活动。活动由中国互联网协会、新华网股份有限公司主办，野鸭湖被授予无人机环保应用实践基地，获赠大疆系列无人机3台，dobby口袋无人机一套。

（宋亮楠）

乡村旅游

【乡村美食月】 5月28日，乡村美食月开幕式在延庆永宁镇举行。活动以“美丽延庆·食在乡村”为主题，通过30户民俗户美食比拼方式，集中展示近千道特色菜肴。现场还推出“非遗”表演、民俗商品展示、特色活动体验等活动。乡村美食月期间，还推出“最受游客喜爱的延庆十大乡村美食”“美食天天品”等特色优惠活动。

（谢雅娟）

【3D主题民俗村揭幕】 7月9日，四海镇南湾村举行3D主题民俗村揭幕仪式。区旅游委与四海镇政府合作，聘请专业团队，结合南湾村花海景观，利用南湾村村民房屋、院墙，采用虚实结合办法制作128幅3D画，推出北京市首个以3D画为特色的主题民俗村，3D画分为花卉园艺、民风民俗和娱乐互动3个主题。活动当天同时举行CCTV7《农广天地》栏目大型系列节目《田园乡村—京郊季》延庆篇开机仪式。

（谢雅娟）

【推广民俗户保险政策】 年内，区旅游委与中国人保财险合作，推广民俗户保险政策，区旅游委补贴50%，民俗户缴纳200元，就能为自身家庭财产、游客和从业人员人身安全提供总额30万元的安全保障，为500户民俗户投保。市旅游委制定北京市京郊旅游保险服务制度，在全市范围内推广延庆的经验做法。

（谢雅娟）

【搭建融资担保平台】 年内，区旅游委与北京市农业融资担保有限公司和北京银行合作，为20户民俗户办理贷款服务，总额534万元。以东龙湾村乡村旅游合作社为试点，申请贷款加快乡村酒店建设。

（谢雅娟）

【扶持乡村旅游合作社】 年内，区旅游委指导长寿岭村、下湾村、东龙湾村成立3个乡村旅游合作社，升级柳沟村、古城村2个乡村旅游合作社。引导下湾村、长寿岭村与珍珠泉乡乡村旅游合作社在餐具洗涤、技能培训等方面开展合作。

（谢雅娟）

【培育特色村户】 年内，聘请北京市旅游专家，对全区申报的民俗村、户进行等级评定，新评出星级民俗村5个、星级民俗户90户、特色业态9家，新升级星级民俗村8个，星级民俗户15户，其中四星级以上民俗村8个、四星级以上民俗户22户；制定民俗村品质提升方案，为上年评定的下湾、南湾两个四星级以上民俗村的60户星级民俗户配备灯笼、字画、窗花剪纸等装饰品。

（谢雅娟）

（责任编辑：王新华）

交通 邮政

交通运输

路政管理

【概况】 延庆公路分局作为北京市交通委员会路政局的派出机构，设办公室、计划科、工程管理科、养护管理科、路网管理科、安全质量监督科、乡村公路管理科、财务科、政工人事科、监察科、宣传科11个职能科室，辖公路路政执法大队1个直属机构，有职工70人。分局党委下设3个基层党支部，有党员41人。年内，全区公路总里程1975千米，其中国道151千米（含高速公路32.7千米）、市道179.3千米、县道436.8千米、乡道674.6千米、村道503.9千米、专用道路29.5千米，路网密度99千米/百平方千米。分局管养县级以上公路里程为698.8千米，其中，国道2条，99.7千米；市道8条，162.2千米；县道51条，436.9千米。桥梁282座，隧道10座。2016年，分局实施新建工程1项（房柳路），3.8千米；续建工程1项（滦赤路），7千米；提级改造工程3项（延康路、康张路、黑艾路），21.3千米；大修工程6项（永偏路、香刘路、香龙路、大西路、玉海路、河东路），66千米；预防性养护工程2项（延下路、八峪路），18.6千米；郊区综合治理项目1项（G6辅路）；管养公路路况水平持续提升。实施乡村公路大修工程17项，改造公路19千米，涉及大榆树镇、井庄镇、旧县镇等10个乡镇；继续加大村村通公交工作支持力度，实施村村通公交配套道路工程2项，解决周边7个村村民出行难题。完成冬奥会考察、延庆国际自行车赛、第二届北京百里山水画廊森林马拉松赛、北京国际马球公开赛等重大活动和节假日的道路交通保障工作。全年保障24次40天（其中冬奥会保障7次23天），出动人员近6000人次、机械近900台次。汛期备勤35次，备勤人员5600人次，备勤机械车辆2730台次。“7·20”暴雨期间，出动抢险人员180人次，机械车辆60台次，清理塌方2.5万立方米，确保六处下凹式立交桥未出现积水情况，分局管养道路安全畅通。继续实施与昌平分局、交管部门及首发集团等单位的除雪保通联动机制，最大限度减少降雪对市民出行的影响。全面拓展公众出行服务内涵，向公众提供更加全面、快捷的出行服务信息。通过可变情报板对外发布动态信息6200条，接听值守电话150次，800兆电台420次。全年处理违法案件550件，拆除违法非公路标志370块，清理堆物堆料及违法摊点等93处；办理路政许可案件15件，收取补偿费26万元。全年检测车辆155万辆，卸载货物930吨，超限率0.01‰。开展联合执法24次，检测车辆718辆，查获超限运输72辆。

地址：延庆镇东外大街50号
电话：69142546

（许静）

【消防应急救援演练】 6月22日上午，延庆公路分局联合延庆消防队支队永宁中队，在滦赤路（红石湾—河西段）应急改造工程施工现场开展消防应急救援演练，市交通委路政局、区应急办、区安监局观摩此次演练。演练场景模拟电焊工在焊接过程中，由于防护措施失当，高温焊渣与模板接触引发火灾。演习过程中，严格按照应急预案内容进行实施，使得现场工人对初期火灾扑救、疏散逃生有了直观感受。

（许静）

【延庆周边公路大修工程竣工】 7月初，对延庆区周边5条道路实施大修工程，涉及大西路、延下路、香刘路、香龙路、永偏路共46.39千米，“十一”前全部完工。

（许静）

【延康路提级改造工程第二标段开工】 10月4日，延康路提级改造工程第二标段开工。延康路全长9.59千米，现状为二级公路。该次提级改造工程（第二标段）起点规划东姜路，终点康庄镇政府，路线全长约6.61千米，设计等级为一级公路，机动车道两上两下，设计车速为60千米/小时。

（许静）

【黑艾路提级改造工程开工】 11月1日，黑艾路提级改造工程开工。黑艾路起点北京市延庆区旧县镇黑峪口村，终点河北省赤城县后城镇艾河滩村，该次黑艾路提级改造工程为北京段，起点延庆区屈家窑村K0+742，终点北京市界K9+250，道路全长8.51千米，设计速度30千米/小时，路基宽7.5米，路面宽6.5米。

（许静）

【滦赤路应急改造工程竣工】 年内，全市重点疏堵工程项目——滦赤路应急改造工程竣工通车。工程路线全长7千米，千米路基宽8.5米，路面宽7米。路线2次跨越白河，1次跨越现红旗甸河，新建预应力混凝土连续箱梁桥3座。

（许静）

交通行业管理

【概况】 北京市延庆区交通局（简称区交通局）是主管全区交通行业的职能部门，设办公室、法制科、综合管理科、行政审批科、安全监督与应急科、人事教育科6个行政科室，辖运管所、修管所、出租管理所、张山营公路交通检查站、康庄公路交通检查站、火车站综合管理处、道口办、110高速公路综合检查站、京张高速公路综合检查站、白河堡综合检查站10个事业单位。有职工168人，其中行政19人、事业149人。延庆区交通局加强交通行业管理、综检治超执法、运政稽查与安全检查等各项工作，开通调整公交线路、站点，加强化危运输企业监控，更新电动出租车，推进污染物协同减排，组织协调开展缓堵工作，提高运营服务水平，构建绿色交通、人文交通。全区有公交客运企业1家，区域内运营线路47条，区域公交配车168辆，其中LNG天然气公交车121辆，区域内运营长度1880.5千米，跨区域公交车（919）配车130辆，均为LNG天然气公交车，919运营长度161千米，清洁能源公交占公交车总数的84.2%，年客运量1340万人次，年运营里程1100万千米；市郊铁路S2线延庆站累计到发旅客71万人（次），八达岭站累计到发旅客136万人（次），客流比上年同期增长4.6%；出租汽车个体经营者5户，出租企业3家，汽车459辆，其中电动出租企业1家，区域电动出租车150辆；汽车租赁企业9户，车辆55辆；货运企业2653家，运营车辆4641辆；水运游船企业6家，游船189艘；汽车维修企业152家。

地址：延庆镇百泉街10号

电话：81196331

（杨森）

【春运保障】 2月1日，制定春运保障工作方案。根据客流预测情况增加发车班次，调整首末车时间（919加车30辆，S2线春运期间发车11对）；协调铁路部门春节期间确保S2线运力；加强客运、化危品运输、出租、维修企业等行业安全监管，确保节日安全；建立应急队伍，对区域内公交线路、站点进行巡查，做好大客流应对准备工作及雪、雾天气应急保障。

（杨森）

【治超百日专项行动】 3月1日至6月10日，在张山营综合检查站组织开展治超百日专项行动，严格查处超限大货车人为造堵，超限车辆跳磅、搓磅、拉磅及超限车不上磅等违法行为。检查车辆30万辆，查处超限超载2.2万辆。

（杨森）

【水运行业开航前检验】 4月，出动执法人员12人次，检查企业4户次，检验非自航船舶151艘，131艘非自航船舶通过检验；检验自航船舶

39艘，提出整改项目2项。

（杨森）

【维修行业“双随机”监管】 4月起，对汽修经营单位实施“双随机”监管检查。至年底出动执法人员237人，检查业户70户，复查9户。

（杨森）

【货运“双随机”入户检查】 5月起，对5车以上道路货物运输企业实行“双随机”入户检查。至年底，出动执法人员192人次，入户检查81次，复查15次，采取限期整改措施5起，企业主动申请货运车辆注销227辆。

（杨森）

【龙舟赛安全隐患排查】 6月7—8日，在端午节前对第八届端午文化节大型水上活动龙舟赛进行安全隐患排查，对龙舟赛救生员、船员进行证件审查。9—11日活动期间，每天派2名工作人员现场督察，保障龙舟赛期间的水上安全。

（杨森）

【全区实现村村通公交】 7月15日，延庆区实现村村通公交。采用大公交的方式解决西大庄科、仓米道、牤牛沟、水头4个行政村702人出行难的问题。剩余7个未通公交车行政村受道路条件的限制，以采用小汽车接送方式解决通行。

（杨森）

【维修经营环境专项整治】 8月10—24日，区交通局牵头区环保局、区城管执法局等部门对知夏路、海川路、延康路沿线维修经营单位环境卫生问题进行综合整治。出动执法人员370人次，检查40户次。重点针对汽修业户院内停车场、维修车间厂容厂貌和院外乱堆垃圾、停放“僵尸车”进行治理，对乱堆垃圾、地面卫生差、多有油污的15家汽修业户采取现场整改措施，对问题较重的3家汽修业户采取限期整改措施，经复查，各业户整改后达标。

（杨森）

【交通运输秩序治理百日行动】 8月23日至11月30日，结合延庆区关于“农用车、过境大货车整治百日行动”工作部署，开展交通运输秩序治理百日行动，联合公安、环保、城管、建委等部门，对区域内道路货运、公交客运、出租客运、机动车维修企业全面进行监督检查。五综一站、执法大队共查处718起违法违章车辆，罚款43.44万元；卸载398辆；劝返847辆，其中运输劣质燃煤车辆312辆。各行管科室共出动805人次，检查业户178户次，对企业采取现场整改46起，限期整改6起。百日行动后，区交通局持续保持高强度执法监管，全区违法违章车辆明显减少。

（杨森）

【督促出租汽车更换三元催化器】 9月9日起，监督辖区内出租汽车更换三元催化器。截至10月底，按规定需要更换三元催化器的305辆出租汽车全部更换完毕。

（杨森）

【治超新标准启动】 9月21日，按全国统一标准，各综合检查治超站实行治超新规定，全面禁止“双排车”（原标准是6轴车最高拉55吨，新标准最高是49吨）及过渡运行的“单排车”通行，同时对公路货运车辆超限超载认定标准进行调整。

（杨森）

【黄金周运力保障】 “十一”期间，八方达延庆分公司在919路公交车加派67辆备用应急车辆及43名工作人员，在高峰时段陆续派出，“十一”期间共发车3544车次，运送旅客20万人次。S2线按照周五至周一时刻表运行，“十一”期间发车77对，延庆站到发旅客3万人次，八达岭站到发旅客6万人次。

（杨森）

【延庆919新总站启用】 10月24日，延庆919新总站正式启用。919路新总站在原址基础上改建，向人行道内侧凹进，有一个公交车入口和一个公交车出口，两个乘客专用入口，每个出入口处和上车处均有2名安全员负责维持秩序，同时每辆车上增派一名安全员负责维护治安；新总站加长排队护栏，最高可承载320名乘客同时排队候车。

（杨森）

【电动出租车更新置换】 12月，协助妫川出租公司与北汽新能源汽车营销公司签订购买150辆EU220电动出租车合同。12月末，第一批50辆电动出租车完成置换。

（杨森）

【行政执法职权梳理】 年内，梳理确定行政执法职权242项。其中，行政许可审批事项4项，行政检查18项，行政强制14项，行政确认2项，行政处罚190项，其他执法权14项。

（杨森）

【运政执法】 年内，各执法部门出动执法人员1.5万人次，检查车数16.3万辆，检查户数458户，查处违章1186起，罚没款82.80万元，结案率100%。

（杨森）

【综合检查站查处6.4万辆超限车】 年内，区属6个综合检查站累计检测货车290.6万辆，查处超限货车6.4万辆，货车超限率2.2%。

（杨森）

【劣质煤运输车辆查处】 年内，张山营、西康、白河堡三个综合检查站开展严查劣质煤行动。由执法人员对不合格车辆进行登记，建立台账，依法劝返，并送出北京境，劝返运送劣质燃煤车辆470辆。

（杨森）

【多部门联合治超】 年内，联合路政、交管、治安等部门开展联合治超专项行动24次，出动执法人员257人次，检查车辆1052辆，查处76辆，罚款8.15万元。

（杨森）

【新增、优化公交线路】 年内，延庆区新增延庆至西大庄科、延庆至仓米道、延庆至楼梁、延庆至水头、延庆至牤牛沟、延庆至邮电大学6条公交线路，调整优化15条公交线路。

（杨森）

【公交基础设施巡查维护】 年内，巡查公交线路5200千米，维修候车亭45座，安装公交站牌570块。

（杨森）

【水运行业安全检查】 年内，出动执法人员150人次，检查企业55户次，检查3058船次。强化水域游船企业安全监管，与辖区6家水运企业签订水运安全管理责任书，覆盖率100%。

（杨森）

【完成辖区内黄标车清退】 年内，延庆辖区内9辆黄标车通过自主注销、公示注销等方式注销，实现全区无在册黄标车。

（杨森）

【严把维修企业准入关】 年内，加强对申请维修单位维修设备、经营场地、从业人员等条件审核和核实，确保经营资质达标。全年依法审核通过新开业1户，降类1户，不予换证审批、劝退34户。

（杨森）

【铁路道口安全监管】 年内，出动检查人员288人次，检查道口364次处，接送客货列车1.05万列次，进行安全教育3554人次，全年无安全事故。

（杨森）

【交通运输服务安全监管】 年内，出动执法人员130人次，检查交通运输企业65户次，检查停车场站55个次，交通运输车辆295辆。经检查，个别企业存在易燃品堆积、灭火器过期问题，经整改合格。

（杨森）

【行政许可审批办结率100%】 年内，办理业务2.92万件，其中，行政许可事项723件，其他事项5600件，申请注销227件，小客车业务办理6875件，档案装订6550件，咨询解答等服务事项9196件，办结率100%，群众满意率100%。

（杨森）

【规范市场退出机制】 年内，按照《北京市道路运输许可证件注销管理办法（试行）》要求，对不合规企业、货运车辆依法注销。全年管理注销《道路运输经营许可证》维修、货运企业55户，注销货运车辆《道路运输证》1022辆。

（杨森）

【人大建议政协提案办结】 年内，承办完成人大建议、政协提案11件，信访349件，办结率100%，满意率100%。

（杨森）

邮　政

【概况】 中国邮政集团公司北京市延庆区分公司（延庆区邮政分公司）隶属中国邮政集团公司，受集团公司和区委、区政府双重领导，国有通信企业，担负着全区邮政通信管理经营服务工作。在册职工237人，离退休人员79名，其中离休3人。机关设市场经营部、人力资源部、计财基建部、监督检查与安全保障部以及办公室；辖代理金融业务分局；函件分局、电商分销分局、报刊发行分局、专业分公司（集邮分公司）1个；邮政支局5个、邮政所18个，（金融网点12个、代办所1个、报刊亭9个）。服务面积1993.75平方千米，服务人口33万人。全公司设邮路道段44条，其中汽车邮路10条、全长935千米；电动车道段34条，全长2295千米。设信筒、信箱410个，其中村邮站376个。主要设备有汽车35辆，电动车55辆；自有房屋面积1.48万平方米，固定资产总值4107.71万元。业务功能主要有：金融、集邮、发行、包件、函件、汇兑等传统业务和电子商务、礼仪分销、DM广告策划制作等新型业务。年内，延庆区全资费业务收入4746.95万元，完成年预算进度的101.46%，同比增长14.27%；净利润362.10万元，完成年预算进度的102.58%；成本费用4164.40万元，完成年预算进度的100.21%，同比增长3.66%；包裹快递业务收入104.73万元，完成年预算进度的88.76%，同比增长8.56%；国内函件业务收入326.55万元，完成年预算季度的163.27%，同比增长66.42%；集邮业务收入883.20万元，完成年预算进度的100.36%，同比增长2.50%；报刊发行业务收入349.40万元，完成年预算进度的112.71%，同比增长15.47%；代理金融业务收入2822.90万元，完成年预算进度的100.49%，同比增长21.2%。

地址：延庆镇庆园街16号

电话：69102695

（邵雪娇）

【“长城”“水果”邮票首发式】 7月23日至8月20日，区邮政分公司在世葡园和长城博物馆分别举办“水果”和“长城”邮票首发仪式，吸引众多邮迷和媒体到场，收寄各类封（片）5000件（枚），加盖各类纪念戳3万枚，600多人参加。

（邵雪娇）

【“把美丽延庆寄出去”活动】 8月20日，在长城博物馆举行的“长城”邮票首发仪式上，千家店骑行邮驿主题邮局和八达岭长城主题邮局出售“美丽延庆”明信片。“美丽延庆”明信片一套8枚，印制了延庆精典的景色和特色民俗，销售明信片6000元。

（邵雪娇）

【军包收寄】 8—9月和11—12月，两阶段到部队提供包裹收寄服务，出动120人次收寄全区复员退转军人包裹1267件。

（邵雪娇）

【“农邮通”服务站启动】 11月4日，区农委和区农业局成立延庆区优势农产品物流集散中心，由邮政提供统一配送服务。9个乡镇邮政局所开设“农邮通”服务站点，采用“9+1”的模式运抵集散中心，完善物流配送体系。截至年底，农产品配送9457件。

（邵雪娇）

（责任编辑：景冰芳）

城乡建设 环境保护

市政建设

【概况】 延庆区市政市容管理委员会（简称市政市容委）是负责全区城乡环境建设综合协调、城市综合管理协调和相关市政公用事业、市容环境卫生管理的区政府工作部门。设市政行业管理科、市政设施规划管理科、市容环境管理科、城乡环境整治科、办公室、政工科、监察科、财务科、燃气管理办公室9个科室。辖区环境卫生服务中心、区市政管理处、区市政工程公司、区市政材料设备供应站、区市政供暖所、区供暖管理办公室、区地热资源研究开发中心、区垃圾渣土管理办公室、区农村环境管理办公室、区市政工程项目管理办公室、区王泉营停车场管理处11个基层事业单位。编制371名，实有314人。年内，启动延庆区生态文明和城乡环境建设三年行动；实施市级重点环境建设工程和延庆城区交通环境整治工程。推进城乡垃圾分类工作和网格化城市管理体系运行。改造儒林苑、康安、新兴、石河营、川北5个老旧小区供热设施，续建芳荷路道路。推进城区重点区域夜景照明二期工程和“陕京四线”输气管道及门站建设工程；推进“送气下乡”“煤改气”工作。

地址：延庆镇东外大街89号

电话：69103648

（张冰）

【工程建设】 年内，完成芳荷路续建工程地表清理工作；完成香苑街自东外大街至庆园街1011米道路绿化工程；完成京张路路西919总站停车系统、乘客待车区、人行步道向京张路西侧改移，按规范标准重新设计、布局工程；完成公共自行车服务系统建设工程，安装自行车锁车器1000套，投入自行车1000辆。

（张冰）

【交通环境整治】 年内，在城区安装护栏2400米；实施玉皇阁大街、菜园南街、东顺城街、新城街4条道路改造及迎宾环岛停车港湾改造工程；维修广兴街、新城街、妫水南街、庆隆街等破损人行步道、非机动车道和机动车道4700平方米。重新铺设尚书苑等小区出入口沥青路面119平方米，修补沥青路面1500平方米、树池口617座、路缘石3580米，安装路口挡车石158根。

（张冰）

【城乡环境建设】 年内，启动城区生态文明和城乡环境建设三年行动；实施城区（东二区）环境综合提升（含照明）、城区（南二区）环境综合提升、香苑街沿线环境建设、世园会旅游服务带至冰川绿谷景观带、世园会旅游服务带至铁炉村、世园会主通道沿线环境整治与建设、世园会精品小镇环境整治与建设、世园会美丽乡村环境整治与建设8项市级环境建设重点项目；开展春季环境、垃圾渣土、夏季市容环境、城乡结合部综合环境专项整治行动，清理建筑垃圾2000车、大件垃圾1000件，清理乱堆乱放134处，涂刷小广告1万条，解决居民侵占绿地和无人管理绿地89处；在城区38个小区建立分类桶站、分类指示牌、废旧衣物回收箱，成立垃圾分类运输队伍。生活垃圾及厨余垃圾日处理量3万千克，渗滤液处理量5.2万千克；推进网格化城市管理，引入第三方暗查，将暗查中发现问题及社会热线、舆情纳入网格化平台中，登入案件7548件，完成整改7450件，整改率98%。

（张冰）

【城市运行管理】 年内，实施城区重点区域夜景照明二期建设工程，完成环湖周边及广场周边50栋建筑灯具的安装和调试；拆除行政企事业单位、金融机构、电信运营商、14个乡镇及临街商户违规设置户外电子显示屏1088块。

（张冰）

住房和城乡建设管理

【概况】 中国共产党北京市延庆区委住房和城乡建设工作委员会（简称区委住房城乡建设工委）和北京市延庆区住房和城乡建设委员会（简称区住房城乡建设委）合署办公，北京市延庆区住房和城乡建设委员会加挂北京市延庆区政府住房保障和改革办公室（简称区政府房改办）和北京市延庆区房屋征收办公室牌子。区委住房城乡建设工委是负责本区城建系统党的建设、思想政治工作和干部管理工作的区委派出机构。区住房城乡建设委（区政府房改办）是负责延庆区住房和城乡建设行政管理的区政府组成部门。有7个行政科室：办公室、政工科（监察科）、工程管理科、建筑业管理科、房屋登记科、房屋征收补偿科、住房保障科；1个参公科室：工程质量监督站（安监站）；12个事业科室：建材办、招投标办、房屋鉴定站、房屋市场管理中心、小区办、房屋租赁办、住保中心、房屋征收事务中心、承发包交易中心、检测中心、测绘所、危改康居办；另有10月21日成立的北京市延庆区重大项目协调服务中心，下设综合科、规划科、宣传联络科、棚改环境整治办公室、公路拆迁办公室、重点项目推进办公室。在编137人。年内，研究制定延庆区《关于完善公共租赁住房租金补贴政策的通知》和延庆区《关于市场租房补贴申请条件及市场租房补贴标准有关问题的通知》两个文件，年底发布执行。区住房城乡建设委被市住建委评选为“北京市房地产开发企业资质审批工作标兵单位”。北京八达岭金宸建筑有限公司施工的教学楼和中北华宇建筑工程公司施工的教学楼等2项获市文明安全工地称号，预演接待中心1#等7项（延庆音乐文化营地项目）工程被评为2016年度结构“龙庆杯”优质工程。全年84项重点工程，开复工37项（政府投资19项，社会投资18项），建筑面积64万平方米，完工6项。房屋开复工面积89万平方米，其中住宅72.3万平方米；竣工1.98万平方米。完成建筑业总产值45.98亿元，同比降低18.8%。

地址：延庆镇东外大街89号
电话：69103360

（宋雪莲）

【房产实测绘成果审核】 3月1日，正式开展房产实测绘成果审核工作，完成5个项目的房产实测绘成果审核，涉及26个栋楼，建筑面积13.86万平方米。

（宋雪莲）

【预拌混凝土管理】 3月底，组织开展全区预拌混凝土专项执法检查，排查在施工程18项，混凝土搅拌站4家，未发现问题。6月22日至8月25日，对全区在建工程预拌混凝土进行执法检查，对存在的问题，及时下发《责令整改通知书》。

（宋雪莲）

【延庆区重大项目协调服务中心成立】 10月21日，北京市延庆区重大项目协调服务中心成立（据延编委发〔2016〕19号文）。隶属区住房城乡建设委公益一类财政补助事业单位，正处级事业单位，定编30名，其中主任1名（正处级，由区住房城乡建设委主任兼任），副主任2名（副处级）。设综合科、规划科、宣传联络科、棚改环境整治办公室、公路拆迁办公室、重点项目推进办公室6个科室。主要职责为：协助拟定延庆区重大项目建设总体计划并组织实施；承担重大项目规划、征地、拆迁、建设等环节的协调服务工作；参与重大项目落实资金计划的执行协调；编制2022年冬奥会、冬残奥会延庆赛区工程建设规划制定和联络协调等工作。

（宋雪莲）

【保障性住房受理备案】 年内，复审且通过市级备案的保障房家庭549户，受理公共租赁住房租金补贴家庭29户，发放廉租住房租金补贴15户4.75万元。

（宋雪莲）

【保障房配租配售】 年内，协助开发企业为已配售的天成家园保障房项目中的经济适用房家庭办理开通网签的相关手续，298户经济适用房家庭完成签订购房合同、领取房屋钥匙等手续。

（宋雪莲）

【保障性住房项目建设】 年内，沈家营保障房一期项目1212套限价房和经适房年底竣工，超额完成延庆区2016年基本建成保障性住房740套的任务。

（宋雪莲）

【南菜园1—5巷棚户区改造】 年内，完成南菜园1—5巷棚户区改造项目北侧单位建房区域房屋征收工作。累计签约452户，占总户数457户的98.91%（其中住宅签约完成452户，占总户数456户的99.12%；非住宅签约0户，占总户数1户的0%）。单位产签约完成3户，占总户数3户的100%，单位产不计入总比例。

（宋雪莲）

【城中村棚户区改造】 年内，南辛堡村－民主村－百眼泉村棚改项目和小营村－石河营村棚改项目，均已纳入北京市2016年棚户区改造和环境整治项目储备计划，招标产生实施主体，开展控规编制和概念设计。

（宋雪莲）

【预售许可审理】 年内，受理预售许可申请3件，涉及商品住房483套，建筑面积4.34万平方米；保障性住房552套，建筑面积4.81万平方米，办公用房235套，建筑面积1.82万平方米；车位83个，建筑面积2583.79平方米。

（宋雪莲）

【定向安置住房签约】 年内，审核格兰山水二期定向安置住房签约813套。回迁工作涉及居民815户，房屋1691套，完成部分占总量的48.07%。

（宋雪莲）

【存量房交易网签】 年内，完成购房资格审核2500人次，房源核验2184套，核验注销49笔，存量房网上签约2180件，存量房合同注销179份，整理留存交易档案4592份。

（宋雪莲）

【房地产交易市场监管】 年内，开展执法检查12次，发放责令改正4件，接待群众来访23起，处理书面及网上投诉45件。

（宋雪莲）

【物业服务企业资质管理】 年内，办理新增物业服务项目合同备案2项，物业服务企业资质变更12家；物业服务合同备案变更17个项目；物业服务合同注销4个项目。

（宋雪莲）

【物业服务企业培训】 年内，组织物业服务企业相关人员参加“安全生产培训”和“物业法规政策讲解”，受训人数380人。

（宋雪莲）

【商品住宅专项维修资金审核】 年内，审核商品住宅专项维修资金38件、651.49万元，其中屋面防水工程32件、590.38万元，电梯大修、6件47.33万元。

（宋雪莲）

【小区基础设施改造】 年内，延续2015年老旧小区基础设施改造工作，结合小区雨污分流改造，对温泉西里小区、永安小区、温泉馨苑小区进行路面、路灯、增加停车位、雨水系统等基础设施改造。温泉西里小区、永安小区已完工。温泉馨苑小区因增设雨水调蓄池，尚未完工。

（宋雪莲）

【普通地下室管理】 年内，与52家普通地下室安全使用责任人签订2016年度《延庆区普通地下室安全使用责任书》，开展专项执法行动6次，整改安全隐患40处，发放限期整改通知单5份，约谈告诫1人，实施处罚1例，未发生重大安全使用事故。

（宋雪莲）

【房地产经纪机构管理】 年内，修订《北京市房地产经纪管理办法》开展调研、房地产经纪机构群租房治理和清理非法小广告专项行动，发现违法违纪现象14处，约谈告诫2人。

（宋雪莲）

【城镇房屋安全检查】 年内，完成国有土地上603.94万平方米城镇房屋的安全检查。其中，完好房459.72万平方米，基本完好房121.78万平方米，一般破损房21.74万平方米，严重破损房0.18万平方米，危房0.52万平方米。

（宋雪莲）

【超期公建排查】 年内，排查8处、2.14万平方米的公共建筑物。其中，厂房（仓库类）2处、0.36万平方米，翻建1处，0.31万平方米，拆除1处，0.09万平方米，未超期公建4处、1.38万平方米。未发现超期使用。

（宋雪莲）

【城镇房屋防汛】 年内，完成《2016年延庆区城镇房屋安全防汛工作实施方案》，修改《延庆区2016年城镇房屋防汛预案》，发布《延庆区2016房屋防汛公告》。汛期，接听报修电话67个，处理积水52处，修复漏雨46间，排除地下室倒灌1处；倒塌危房2间，撤离塌房连排居住3户，完成翻建。

（宋雪莲）

【危房拆除】 年内，拆除妫水北街温泉花园A10号楼，建筑面积481.25平方米。

（宋雪莲）

【燕水佳园10号楼加固】 年内，完成外墙保温、屋面防水和局部危险点加固工作。

（宋雪莲）

【房屋安全鉴定】 年内，完成房屋安全鉴定89项，改造51项，楼房维修资金3项，廉租房鉴定1项，燕水佳园房屋安全鉴定1项。

（宋雪莲）

【房屋测绘】 年内，办理各类测绘项目106项，建筑面积45.31万平方米。

（宋雪莲）

【施工现场管理】 年内，出动人员1642人次，巡查工地413个次，发出安全监督检查记录334份，排查各类安全隐患2890条。排查的隐患中，安全防护类隐患1342条，施工用电类隐患662条，消防保卫类隐患205条，其他安全隐患681条。督促43个工地限期整改，责令2个工地停工整改。

（宋雪莲）

【建筑施工安全生产】 年内，与相关企业法定代表人签订“安全生产文明施工责任书”32份，召开安全生产会议12次，制定施工现场安全管理各项工作方案6份，对存在重大安全隐患的4家责任单位进行约谈告诫，发放《北京市建设工程安全生产管理标准化手册》150册，安全教育光盘150张，播放安全教育片6场，受教育人员3600人次。

（宋雪莲）

【施工现场扬尘专项治理】 年内，与32家建筑施工总包企业签订《安全生产、绿色施工责任书》，建立延庆区在施工程台帐，与在施工的30个项目部签订《绿色施工责任书》。制定《2016年延庆区扬尘治理专项工作方案》，成立建筑工地扬尘专项治理工作领导小组，召开6次施工现场扬尘治理工作会，督促全区30个建筑工地成立组织机构，指定专人负责施工现场扬尘治理工作，了解道路硬化、洒水降尘、土方覆盖、垃圾清运等情况，加强施工现场扬尘治理工作动态管理。建立施工现场扬尘治理工作台账，通过企业自查、联合执法、巡检抽查等检查方式，排查环保隐患121条，督促20家施工企业限期整改。

（宋雪莲）

【综合执法】 年内，开展综合执法检查17

次，牵头安监、劳动、消防、环保、卫生等部门对全区建筑工地安全隐患排查，督促43个工地限期整改，责令2个工地停工整改。约谈告诫2个责任单位负责人，做出行政处罚24起，处罚金额9.8万元。

（宋雪莲）

【劳务管理】 年内，按照市住建委《房屋建筑和市政基础设施工程劳务管理专项检查工作方案》要求，分别在第二、三、四季度对新复开工工程、校安工程和停工项目的劳务分包队伍进行专项检查。1—12月份，检查在施工程30项，劳务分包企业46个，对施工现场使用外地农民工1.8万人进行入场教育培训。解决拖欠农民工工资问题5起。

（宋雪莲）

【质量监督注册及竣工验收备案】 年内，办理质量监督注册手续14项，总建筑面积3.89万平方米；办理竣工验收备案5项，总建筑面积1.98万平方米。

（宋雪莲）

【建筑工程质量监督执法检查】 年内，受理各项工程质量投诉71起，全区在监工程152项，面积133.29万平方米；在施工程52项，面积54.24万平方米；新开工项目7项，面积3.93万平方米，其余为完工未验收项目。建设工程质量监督管理行政检查128次，下发整改通知书37次，约谈企业13次，对监理企业记分1起，竣工验收备案类行政处罚2起，工程质量类行政处罚2起，罚款279.85万元。

（宋雪莲）

【招标投标与承包发包交易】 年内，办理入场登记54项，涉及工程项目61万平方米；完成合同备案59项，其中施工合同备案42项、监理合同备案17项；入场项目公开招标50项（施工39项，监理11项）、邀请招标2项（施工1项，监理1项）、直接发包2项（施工1项，监理1项）。收取交易服务费128万元。

（宋雪莲）

【企业资质管理与建造师注册】 年内，建筑业企业资质新设立11项、变更19项，换证79项；房地产企业新办暂定资质3项、重新核定17项、变更2项，办理备案项目1项，手册验核项目1项。完成二级建造师初始注册35人，增项注册2人，变更注册63人，延续注册54人，注销21人，重新注册7项，补办1项。

（宋雪莲）

【专项资金收缴】 年内，办理专项资金收缴手续12项、建筑面积10.96万平方米。其中，民用建筑9项、建筑面积8.81万平方米，全部为公共建筑；工业建筑3项、建筑面积2.15万平方米。收缴新型墙体材料专项基金12项、109.58万元。

（宋雪莲）

【建筑节能管理】 年内，办理建筑工程节能设计审查备案登记7项、面积6.28万平方米。其中，住宅2项、面积5.23万平方米，公建5项、面积1.05万平方米；办理9家建设单位的12项节能专项验收备案，总面积5.28万平方米，其中住宅1项、面积0.33万平方米，公建11项、面积4.95万平方米。同时，加强建筑节能执法检查，开展综合执法检查12次，多次组织建材、禁止现场搅拌、建材采购备案、建筑节能及热计量装置、建筑节能与钢管扣件等专项检查，纠正不按施工图设计标准进行施工等行为，使新建民用建筑在施工阶段执行节能设计标准100%。

（宋雪莲）

【重点工程项目协调推进】 年内，84项重点工程中有37项实现开复工（政府投资项目开复工19项，社会投资项目开复工18项），开复工项目年度建筑面积64万平方米，重点推进47项工程前期手续办理。6项重点工程完工；组织召开重点工程协调会50次，撰写重点工程简报25期，会议纪要20期，延崇高速专题快报26期。保障兴延高速、沈家营保障住房、探戈坞音乐谷、电网改造等项目施工，保障世园会安置房、延崇高速、新城05街区和丽嘉苑等项目开工建设，推进中医院迁建、新华人寿养老住区项目。

（宋雪莲）

【线性征拆补偿完成】 年内，完成、推进线性工程拆迁补偿工作9项，分别是兴延高速公路（兴隆口—延庆）、滦赤路（滦平—赤城）延庆段、南山环线（一期）工程、房柳路（柳沟—房老营）、2016年配电网改造工程、延康路（延庆—康庄）提升改造、康张路（康庄—张山营）提升改造、延崇高速（延庆—崇礼）和国道110（二期）项目。

（宋雪莲）

【延崇高速公路延庆段开工】 延崇高速公路位于延庆区大浮坨村西侧，与在施的兴延高速相接，终点位于市界与延崇高速河北段相接，全长33.7千米，途经八达岭镇、康庄镇、延庆镇、张山营镇4个镇、15个自然村、3个自然风景保护区（松山、野鸭湖和玉渡山），其中平原段15.2千米、山区段18.5千米。首发集团建设，北京市政建设集团、中交路桥建设有限公司、北京城建集团有限责任公司等施工，北京逸群工程咨询有限公司和中咨公路工程监理咨询有限公司监理，12月29日开工建设。

（宋雪莲）

【冬奥延庆赛区场馆建设】 年内，正式发放2022年冬奥及冬残奥延庆赛区场馆设施建设项目中标通知书，中标单位为中国建筑设计院有限公司、北京市市政工程设计研究总院有限公司、Ecosign Mountain Resort Rlanners Ltd、Planungsburo Deyle Gmbh为成员的联合体。12月12日，由北控集团和广厦房地产开发公司联合成立的2022冬奥会延庆赛区场馆和配套基础设施项目建设工作组正式启动。

（宋雪莲）

【信访】 年内，接到群众来信来访160件，其中观澜国际居民要求商水商电改民水民电问题引发的系列上访31件，辰龙国际无法交房问题引发的系列上访17件（包含重复上访）。在受理的信访事项中，接待群众来访112批次、群众来信48件。其中反映房屋质量类38件、拖欠工程款类1件、房地产市场管理类21件、住房保障类9件。2016年6—8月，因汛期雨水偏大造成房屋漏水、地下室进水类信访件激增，收到此类信访件69件。

（宋雪莲）

规划管理

【概况】 北京市规划委员会延庆分局由市规划委垂直管理，负责组织实施延庆区域内的规划编制、规划审批和规划监督管理工作。局机关设办公室（政工科、综合业务科、纪检监察科）、规划科（建设用地管理科、乡村建设管理科）、建设工程管理科、市政交通工程管理科、北京市延庆区规划监察执法队5个科室，辖北京市延庆区城市建设档案馆、北京市延庆区规划信息中心、北京市延庆区规划展览中心、北京市延庆区规划设计所、北京市延庆区测绘勘察所5个事业单位。年内，完成规划审批和服务事项109件。核发选址意见书14件（市政基础设施工程14件、城镇建筑工程0件）、核定总用地面积133.12万平方米。其中市政建筑工程4件，总建筑规模3.75万平方米；交通线性工程10件，道路占地面积129.37万平方米。建设用地规划许可证15件，其中，市政基础设施工程8件，总用地面积59.1万平方米；城镇建筑工程7件，总用地面积72.2万平方米。建设工程规划许可证13件，其中市政基础设施工程1件，总建筑规模563.46平方米；城镇建筑工程12件，总建筑规模19.47万平方米。规划条件22件，其中市政基础设施工程1件、城镇建筑工程16件（自有用地12件、土地前期储备整理4件）、乡村建设5件。建设项目规划意见复函11件，其中市政基础设施1件、城镇建筑8件、乡村建设项目规划（乡审字）2件；市政建设项目函复8件。规划许可有效期延续1件，其中市政基础设施1件，城镇建筑0件。乡村建设规划许可5件，其中，一般建设项目3件，核定建设规模11873.7平方米；临时建设规划许可2件，核定建设规模18978.38平方米。规划验收12件，规划验线7件，建筑物名称核准1件。

地址：延庆镇东外大街89号

电话：69180038

（李壬）

【规划研究和编制】 年内，启动《延庆区总体规划纲要》编制，启动14个乡镇域规划编制工作。制定《美丽乡村示范村工作方案》《精品小镇建设指导意见》《个人原有宅基地房屋建设管理办法》《农村集体住宅建设项目审批流程》。修订《延庆新城总体城市设计白皮书》。推进《延庆区停车专项规划》《延庆区海绵城市规划研究》《延庆旧城历史风貌保护实施方案》课题研究。

（李壬）

【项目审批】 年内，核发大榆树镇YQ10-0400-0001安置房《建设用地规划许可证》。核发延庆二中、大榆树中学、大榆树中心小学、延庆八中4所学校建设风雨操场的规划条件。核发大榆树镇姜家台村，康庄镇南曹营村4户个人宅基地审批规划条件。核发北京城建万科天运置业有限公司沈家营镇东王化营村建设的A-1#住宅楼等22项商品房《建设工程规划许可证》。

（李壬）

【监督执法】 年内，完成规划验线7件、2.4万平方米，规划验收12件、9.3万平方米。出具规划审批情况认定函106件，涉及建筑面积16.77万平方米，围墙1616.26延米。核发责令停止建设通知书2件。

（李壬）

国土资源管理

【概况】 北京市国土资源局延庆分局（简称“市国土局延庆分局”）设办公室（财务科）、地籍科（地质矿产科）、土地利用科（耕地保护科）、综合科4个内设机构。设纪检监察科（政工科）。辖不动产登记事务中心、土地利用事务中心、土地整理储备中心、执法监察队和国土资源管理一、二、三、四、五、六所10个事业单位。编制145人，其中机关行政编制23人、机关工勤编制2人、事业编制120人。年内，划定延庆区永久基本农田20.8万亩（1.39万公顷），其中城市周边范围永久基本农田9140亩（609.33公顷）。完成11个建设项目的耕地占补平衡工作，补充耕地95.73公顷，政府收益2274.912万元；完成5个高标准基本农田建设项目工程验收。受理不动产登记业务1.08万件，发放证书8181本，其中颁发不动产权证书4839本、出具不动产权证明3342本。办理建设项目用地预审28件，回函58件。实行CA认证，确保网络安全，依托市规划国土委“一张图”网络平台，提升国土资源管理效率和质量。配合推进世园会、冬奥会等重点项目手续办理，完成延庆区重点折子工程、固定资产投资及精品小镇美丽乡村建设等相关工作。

地址：延庆镇香苑街6号

电话：69101119

（张景怡）

【土地执法监察】 10月，联合公安、检察院，多种手段打击砂石盗采行为。立案查处11起，扣押违法车辆17辆、挖掘机4台、铲车1辆。

（张景怡）

【不动产档案接收】 11月21日，完成区住房和城乡建设委员会房产档案接收工作。档案包括房产登记资料10.69万卷，其中房产转移档案6.81万卷，房产抵押注销档案2.99万卷；公产档案2699卷；其他6228卷。年内，延庆区不动产登记事务中心与区园林绿化局完成林权档案移交，移交林权档案9卷。

（张景怡）

【征地及农用地转用项目用地管理】 年内，完成农转用及集体土地征收前期工作12宗，涉及面积236.14公顷。其中，取得征地批复项目3个，征地30.32公顷；取得农转用批复项目1个，批复土地面积1.28公顷。

（张景怡）

【土地整理及耕地占补平衡】 年内，完成高标准基本农田建设项目工程验收5个，总建设规模8万亩（5333.33公顷），总投资15535.23万元，涉及基本农田面积5.88万亩（3920公顷）。完成8个市财政投资土地整理项目新增耕地验收，新增耕地5047.92亩（336.53公顷）。完成11个建设项目的耕地占补平衡工作，补充耕地1435.95亩（95.73）公顷，政府收益共2274.912万元。

（张景怡）

【土地供应计划及实施】 年内，《北京市2016年度国有建设用地供应计划》分解到延庆区的约束性指标810亩（54公顷），其中商品住宅30公顷、商服用地6公顷、保障性住房18公顷。商品住宅在延庆新城05街区05-037、05-043地块土地一级开发项目中落实，供地面积58.65亩（3.91公顷）。完成千家店镇文化中心改建工程项目、延庆区体育中心（全民健身中心）、延庆区沈家营镇东王化营村西侧A03、B05地块二类居住用地（配建经济适用住房、限价商品住房）项目——经济适用住房3个项目划拨供地手续，供地面积76.9146亩（5.12764公顷）。

（张景怡）

【保障性住房用地供应】 年内，延庆区保障性安居工程用地计划落实总量262.95亩（17.53公顷），均为计划新增供应。

（张景怡）

【土地储备开发】 年内，在施一级开发项目19个，用地面积11955.75亩（797.05公顷），在施土地面积756.29公顷，规划建筑规模315.85万平方米；供应项目1个，供应面积7.14公顷，规划建筑规模15.70万平方米。

（张景怡）

【土地执法监察】 年内，发现违法用地行为901宗，均现场制止并责令停止违法行为，全部下达《责令停止违法行为通知书》。立案查处违法占地和矿产违法案件22起，罚款591.52万元。其中，违法占地案件21起，罚款585.52万元；矿产违法1起，没收违法所得6万元。

（张景怡）

【矿产资源核查】 年内，完成建设项目是否压覆重要矿产资源核查12件。完成1家矿泉水采矿权、4家地热探矿权、4家地热采矿权信息公开系统填报工作。

（张景怡）

【地质灾害防治】 年内，完成珍珠泉乡八亩地村阳坡泥石流灾害、旧县镇盆窑村以及香营乡上垙村、山底下村、屈家窑村地质灾害治理项目的申报工作。3个项目5个隐患点，均完成招投标。珍珠泉乡水泉子村南沟门泥石流灾害治理项目竣工并通过验收。全年发生崩塌事件17起，崩塌土石1.69万立方米，均无人员伤亡。

（张景怡）

【信访接待】 年内，受理信访举报事项139件次，与上年同期相比增加24%。其中，信访事项1件次，同比减少93%；举报事项138件次，同比增加42%；接收来信53件，同比减少20%；来访86批次，163人次同比增加91%。来访中，集体访4批次、60人次，同比增加300%；重复访74批次、114人次，同比增长825%。网上信访件31件次，同比减少40%。市长信箱14件、市局局长信箱8件，同比减少40%，其中重信4件次、联名重信3件次。

（张景怡）

环境卫生

【概况】 延庆区环境卫生服务中心隶属于北京市延庆区市政市容管理委员会，负责城区清扫保洁、垃圾清运、公厕维护及主要环卫基础设施管理等工作。下设区环卫清扫保洁一队、区环卫清扫保洁二队、区环卫清运一队、区环卫清运二队、区小张家口粪便消纳站、区小张家口垃圾卫生填埋场、区永宁垃圾卫生填埋场、区环卫公厕保洁队、区环卫垃圾综合处理中心9个正科级作业单位，内设行财科、政办室、管理科、安全科、收费室5个副科级科室。编制156名，实有123人。年内，完成城市清扫保洁、垃圾清运、公厕管理、填埋场管理工作。

地址：延庆镇广兴街72号

电话：69103800

（张冰）

【清扫清运】 年内，道路清扫管护面积218.52万平方米，投放电动三轮车24辆、电动扫地车4台，全天候运行。为居民免费清运渣土1572万千克，抽运粪污1963.3万千克，清运生活垃圾4180.1万千克、餐厨垃圾404.72万千克。

（张冰）

【公厕建设管理】 年内，新建大城堡北公厕1座、翻建三里河公厕1座。管理公厕总数49座。

（张冰）

【填埋场运行】 年内，完成小张家口、永宁垃圾填埋场升级改造工程，全年填埋垃圾7191.14万千克，渣土场消纳渣土7093万千克。小张家口粪便站处理站累计处理粪便88.95万千克。小张家口粪便消纳站、永宁渗滤液处理站处理渗滤液1286.3万千克。

（张冰）

城管监察

【概况】 延庆区城市管理综合行政执法监察局，是负责全区城市管理综合行政执法工作的区政府直属行政执法机构，具有综合协调、综合执法、综合监管职能。设办公室、政工科、法制科、监察科、执法业务科、装备财务科、宣传教育科、综合管理科8个内设机构，辖指挥中心、督察队、5个城区执法队、4个乡镇执法队、2个旅游景区执法队13个直属机构，在职人员154人。年内，完成“两会”、G20峰会、中高考、端午消夏避暑节、国际自行车骑游大会及世园会、冬奥会筹备等重大活动环境保障任务。抓好“两学一做”学习教育和“五引领、五强化”（以“两学一做”学习教育为引领，强化思想理论武装；以系统专题教育活动为引领，强化队伍管理规范；以爱岗敬业、忠诚履职为引领，强化中心任务保障；以提升城管执法“软实力”为引领，强化首都城管形象品牌建设；以关爱基层队员为引领，强化队伍凝聚力和归属感。）主题教育。全年查处无照经营、黑车运营、非法小广告、渣土运输、施工扬尘、露天烧烤等违法案件4364起，比上年增长1165%，罚款223.8万元，比上年增长864%。

地址：延庆镇京张路口北

电话：69174116

（王跃杰）

【违法建设拆除】 年内，履行区查违办职责，按照“强化宣传、控制新生、拆除旧有”原则，完成全部小产权房台账限拆手续。协助拆除违法建设147处，建筑面积13.2万平方米，其中单体最大建筑面积3.8万平方米。

（王跃杰）

【大气污染治理】 年内，严查施工扬尘和道路扬尘。全面摸排施工工地、更新梳理基础台账，严格查处施工扬尘、泄露遗撒等违法行为。查处施工扬尘、泄露遗撒等环境违法行为为124起，罚款127.35万元。严管消夏露天餐饮及露天烧烤。定点盯守露天烧烤突出点位，严厉打击露天烧烤、未经许可经营消夏露天餐饮等违法行为。严控“三烧”违法行为。及时协调解决垃圾箱起火、露天焚烧、烧荒等重点问题。

（王跃杰）

【街面秩序净化】 年内，执行日常巡查制度，在“高发时段、重点地区”实施“实时监控”“延时执法”“错时管理”“无缝隙执法”工作制度，完成恒生周边无照聚集、妫水街、东街创城样板街打造等专项整治工作。全年查处店外经营、堆物堆料等违法行为为64起，罚款3.82万元。

（王跃杰）

【燃气供气用气安全保障】 年内，加强对施工工地、餐饮单位等用气单位以及街面摊贩的日常监管，联合市政、安监、质监等部门定期检查全区燃气供应企业。查处燃气类违法行为8起，罚款19万元，对某天然气公司无照经营，罚款10万元。查处街面使用液化石油气49起，罚款2.37万元。

（王跃杰）

【重点地区环境秩序净化】 年内，对八达岭景区、龙庆峡景区、环球新意、东关车站等高发点位加强日常巡查，采取控无照经营、打黑车黑导、清非法广告、治“门前三包”等措施，规范治理重点地区环境秩序，建立健全长效管控机制。联合公安、交通开展联合执法，查处黑车无证照经营23起、罚款21.3万元，查处电动三轮车无照经营152起、罚款3.14万元。

（王跃杰）

【整改监察】 年内，向属地政府、委办局派发《监管通知单》508件次，涉及整改暴露垃圾、堆物堆料、路面破损、土方未覆盖、露天焚烧等多类问题1560件，整改完成市城管执法协调办《监管通知单》139件，整改反馈率100%。

（王跃杰）

环境保护

【概况】 北京市延庆区环境保护局（简称区环保局）是对辖区内环境保护工作实施统一监督管理的区政府工作部门。设政办室、行政审批科、综合科、生态科、监察队、ISO 14000管理办公室、环境保护科学技术研究所、环境保护监测站、机动车排放管理站9个科室。有干部职工119人，其中公务员15人、参照公务员管理24人、事业80人，本科以上学历占89.3%，党员占67%。年内，落实清洁空气行动各项措施，强化环境执法监督，推进污染减排，加强环境监测，严格建设项目审批。大气主要污染物二氧化硫、二氧化氮、可吸入颗粒物、PM2.5平均浓度分别为9.6微克/立方米、33.6微克/立方米、74.2微克/立方米、60微克/立方米。二氧化硫同比下降17.9%，二氧化氮同比上升9.1%，可吸入颗粒物同比下降7.6%，PM2.5同比下降1.6%。

地址：延庆镇香苑街102号

电话：69104029

（张振环）

【噪声污染防治】 7—10月，开展餐饮单位噪声、中高考期间噪声专项整治行动，向重点商户普及噪声污染相关法律知识。出动执法人员250人次，检查噪声单位120家次，制止噪声污染行为8起。

（张振环）

【大气污染防治】 年内，制定《延庆县2013—2017年清洁空气行动计划重点任务分解2016年工作措施》。完成247蒸吨燃煤锅炉清洁能源改造。完成城区04、05街区禁燃区建设；以外埠过境大货车、新城周边柴油货车、老旧机动车为监管重点，防治机动车污染。配合区公安部门开展治理大货车和农用车“百日行动”，检查各类机动车61.25万辆，劝返外埠超标机动车1713辆，处罚超标机动车1933辆，处罚金额58.35万元，淘汰老旧机动车6266辆。城区5000平方米以上施工工地全部安装摄像头，以监控扬尘污染；18家工地采取围挡、苫盖、运输车辆清洗和路面硬化等措施抑制扬尘。新购置大型天燃气洗地车4辆、天燃气洒水车4辆、纯电动洗地车3辆，全区清洁能源环卫车61辆，新城保洁新工艺作业覆盖率达到75%。实施北京玻钢院车间废气治理工程，减排挥发性有机物21.7万千克。

（张振环）

【水污染防治】 年内，对辖区内的饮用水水源地企业进行地毯式环境安全隐患排查，启动妫河流域、黑河白河流域污染源排查等重点工作。开展规模化畜禽养殖场专项执法行动，排查是否存在违法建筑物、排污口、畜禽养殖、网箱养殖等面源污染问题，以及其他可能影响饮用水水源安全的因素，共检查企事业单位27家。

（张振环）

【固体废物管理】 年内，对辖区内工业固体废物、生活垃圾、医院危险废物统一监管、统一收集、集中清运、安全处置。机关学校产生的电子废物交与北京市危废处置中心进行安全处置，收集废旧灯管（泡）6337根、电池1.22万节、硒鼓4259个、墨盒2215个以及电脑等电子废弃物283件，全部交与有处置资质的相关单位处置。

（张振环）

【辐射环境监管】 年内，对辖区内31家使用射线装置单位及12家医疗单位的医疗废物和医疗废水处置情况全面检查，检查射线装置单位55家次、产生危险废物单位65家次、产生医疗废物和废水单位62家次。

（张振环）

【建设项目清理整治】 年内，清理整治13个环保违法违规建设项目，其中淘汰关闭项目7个，整顿规范项目2个，完善备案项目3个。全年环境影响评价审批279项，环境影响登记表备案207项。

（张振环）

【主要污染物减排】 年内，制定《延庆区2016年主要污染物减排计划》《主要污染物减排任务分解表》。完成18家企业燃煤锅炉清洁能源改造项目。完成8家畜禽粪便治理工程。通过环保部、市政府污染减排和绩效考核现场检查核查，全年消减氮氧化物、二氧化硫、化学需氧量、氨氮四项污染物分别为7.7万千克、12.6万千克、38.3万千克、2.2万千克；减排比例分别为3.12%、3.33%、7.33%、3.42%；超额完成市政府制定的2%、3%、2%、2%减排任务。

（张振环）

【环保执法检查】 年内，出动执法人员8500人次，检查各类排污企业6322家次，开展联合执法行动11次。完成“一厂一档”任务1608家，消除污染隐患113处，行政处罚40家，罚款

160万元，征收排污费442万元。

（张振环）

【环境监测】 年内，编写《延庆县环境质量报告书（2011—2015年）》《2015年延庆县环境状况公报》《延庆县污染源监测年报（2015年）》。继续开展国家重点生态功能区县域生态环境质量监测、评价和考核。开展北京市、河北省地表水跨界断面联合监测工作。配合妫水河治理，对白河调水后妫水水质变化情况及妫水西湖富营养化情况开展高密度监测。全年完成27个环境水质监测点位294次监测、216个大气降尘监测、193个环境和道路交通噪声监测、67家次污染源废气监测、200家次污染源废水监测、5家重点污染源14次在线自动监测设备的比对监测。全年报出监测数据9769个，同比增长30%。

（张振环）

【环境信访】 年内，接待信访472件，其中，涉及水方面66件，大气方面242件，噪声方面117件，固废方面13件，辐射方面1件，其他33件。处理率100%，未发生集体上访案件。

（张振环）

【环保宣传】 年内，结合“六五”世界环境日、世界地球日等主题日，深入机关、企业、社区、学校、农村开展环境主题日宣传、环保大讲堂活动，发放环保资料3万份、宣讲72场，受众2万人。

（张振环）

【环境应急】 年内，编制《延庆区突发水环境事故应急预案》《延庆区集中式饮用水水源地突发环境事故应急预案》。修订《延庆区突发环境事故应急预案》，完成50家企业环境应急预案备案。

（张振环）

【生态文明建设】 年内，对《延庆县生态文明建设规划（2013—2020年）》进行中期评估和修编，落实年度任务和建设指标。制定《2016年生态文明体制改革工作方案》《北京市延庆区绿色GDP和生态环境资产核算体系研究工作方案》。初步完成《延庆区创建国际一流生态文明示范区指标体系》。

（张振环）

【环境管理体系】 年内，对60个部门内审员进行新版标准培训，培训人员通过考试取得资格证书。修订ISO 14001环境管理体系文件。进行环境管理体系内部审核，认证中心年度监督审核通过，延庆区继续保持环境管理体系认证资格。

（张振环）

【化学品调查】 年内，根据国家公布的优先控制化学品名录，对高风险化学品生产、使用进行严格限制，并逐步淘汰替代。调查妫水河、黑河、白河、白河堡水库、两个工业园评估环境和健康风险，落实防控措施。对全区12家存在环境激素类化学品生产使用情况单位进行调查。

（张振环）

【冬奥环境保障】 年内，制定《北京2022年冬奥会和冬残奥会延庆赛区筹办工作领导小组生态环保组工作方案》，开展大气环境治理、延庆赛区调水、延庆赛区及场馆周边绿化美化等12大项25小项工作任务。

（张振环）

防震减灾

【概况】 北京市延庆区地震局（简称区地震局）承担区地震监测预报和地震灾害预防、地震应急管理、震后救灾与重建及防震减灾科普宣教、防震减灾依法行政等职责，是区政府负责管理地震工作的职能部门。设办公室、监测预报科、震灾防御科和应急救援科，在编人员10人。下属地震观测台点有松山地震观测站、延庆一中地震组、旧县盆窑地震观测点、康庄地震观察站和12个宏观测报点（震情灾情速报点）。主要针对首都圈地区尤其是京西北延怀盆地开展地震前兆观测，利用SODE和MapSIS等软件对观测数据进行处理和分析，及时落实地震异常情况。2016年完成53期周、月会商和加密会商。2015年松山水汞和数字化气氡测项观测资料在北京市2016年度观测资料评比会获得优秀奖；获评北京市2016年度区地震监测预报工作先进单位和北京市区防震减灾工作综合考核优秀单位。

地址：延庆镇康安小区11号楼三层

电话：69144269

（尤美倩）

【京晋冀蒙交界地震联防区合作】 10月，在京晋冀蒙交界地震联防区2016年度会议上，与张家口市、大同市、乌兰察布市共同草拟《京晋冀蒙交界地震联防区地震应急联防合作框架协议》初稿，各地震部门就2019年北京世园会和2022年北京冬奥会地震安全保障工作达成共识。

（尤美倩）

【农村民居地震安全培训持续开展】 11月25—26日，联合区建筑行业协会共同举办2016年延庆区村镇建筑工匠职业技能培训班暨乡村抗震设防科普知识工匠培训班，针对农村抗震设防和简隔震技术的应用进行培训，全区15个乡镇425名农村泥瓦工匠参加。

（尤美倩）

【地震应急避难场所建设】 12月，初步完成延庆区体育场室内应急避难场所建设。该应急避难场所设计安装37种233块应急避难场所标志和道路指示牌，具有16种应急避险功能，可安置受助人员30天以上。

（尤美倩）

【地震台网改造】 年内，协助市地震局完成玉渡山强震台从办公区到科技科普展示区的搬迁和延庆二中强震台改造工作，完成对松山地震观测站气氡测项水路泄流系统、供水系统、安全防护措施的改造。

（尤美倩）

【地震公共安全宣教】 年内，开展系列宣传活动16场次，发放各类宣传资料和宣传品8000份，受益群众2000人次。

（尤美倩）

【防震减灾科普示范学校建设】 年内，延庆二中和延庆三中被区教委和区地震局评定为延庆区防震减灾安全示范学校。延庆区级防震减灾安全示范学校达到4所，市级防震减灾安全示范学校达到2所。

（尤美倩）

【地震行政执法】 年内，开展行政许可1次，行政处罚1次，行政执法检查26次，其中延崇高速公路（北京段）影响松山地震台观测环境的行政许可是北京市首例。

（尤美倩）

【震后应急跟踪和处置】 年内，成功处置怀来县2.6级地震和尚义县M4.0级地震震后应急工作。重点落实延庆地震台五里营井水温异常和香营乡北京天润霞葡萄酒庄种植基地水井水温异常事件，为市地震局地震预报提供可靠的资料和信息。

（尤美倩）

【地震科普大赛】 年内，组织延庆二中、三中、四中384名学生参加北京市中学生防震减灾知识竞赛，组织延庆三中、延庆四小和大柏老中心小学三所示范学校参加第三届“城市与减灾”杯防灾减灾作品征集大赛，延庆三中王佳玉同学的参赛作品《火患克星》获得中学组一等奖，延庆三中帅欣婷和张斐然两位同学的参赛作品均获得中学组三等奖，延庆大柏老小学的赵艺和王雨晴获得小学组三等奖，延庆大柏老小学王思敏和延庆四小赵正姿、王铭浩、王乐天、王泽5名同学的参赛作品均获得小学组优秀奖，北京市延庆区地震局获得组织奖。

（尤美倩）

供 电

【概况】 国网北京延庆供电公司（简称延庆供电公司），是北京市电力公司直属供电企业，下辖供电所7个，负责延庆地区范围内的电网规划建设、运行管理、电力销售和供电服务工作，在岗员工164人。年内，管理营业客户15.30万户。其中110千伏客户4户、10千伏客户1340户、低压客户15.16万户。全区有重要二级客户10户。与区政府签署《延庆地区电力建设战略合作协议》，完成“网格化”配电网规划，形成“一报告六专题四图三表一册”规划成果。城网供电可靠性完成99.97%，优于考核指标0.004个百分点；农网供电可靠性完成99.82%，优于考核指标0.024个百分点。做好政治保电和应急响应工作，高效组织开展应对“1·22”极寒、“6·13”强降雨等应急响应42次，完成申冬奥成功一周年、野鸭湖马拉松、国际越野滑雪等供电保障任务32项。修编应急预案26项，保障度冬“煤改电”用户供电。平稳度过冬季用电高峰，历史最大负荷22.95万千瓦，实现3个百日安全生产长周期。重点推进“五新”（“互联网+”服务新手段、接电服务新模式、配套建设新制度、流程规范新标准、业务协同新机制）服务专项行动。实施全流程业务线上管控，推进业扩报装提速提效。2016蝉联年度“全国文明单位”称号，连续十年摘得“首都文明单位标兵”称号，获“延庆区文明单位”“北京市青年文明号”“首都学雷锋志愿服务站”等荣誉称号。

地址：延庆镇庆园街53号

电话：69101219

（颜渊）

【电网规划与建设】 年内，编制完成《延庆冬奥会配套主网规划报告》，取得《世园会电力专项规划》批复。推进“两件绿色发展大事”（北京2019年世界园艺博览会、2022年北京冬季奥林匹克运动会）筹备工作。延庆区政府与国网北京市电力公司签署《延庆地区电力建设战略合作协议》《世园会110千伏输变电工程及世园会、冬奥会电力运行保障中心投资划分协议》。配合市公司推进500千伏张北柔性直流换流站和220千伏西白庙输变电工程选址选线落地工作。优化35千伏网架结构。完成5座35千伏变电站改造，新增及更换35千伏主变压器8台，新增变电容量65兆伏安，新增及更换开关柜72面。永宁35千伏变电站改造工程完成立项核准、物资和施工监理招标。配电网建设改造工程立杆6994基，架设线路409.9千米，换装变压器468台，新装及改造断路器352台，完成36

项工程，涉及27条10千伏线路。

（颜渊）

【安全生产】 年内，编制印发《电网建设改造安全质量监督工作方案》，完成23条八级质量事件、19条七级质量事件的分析工作，累计下发各类违章通知单17张，发现并整改问题177项。领导干部及管理人员下现场274人次。逐级签订人身安全责任书、十条禁令承诺书129份。开展反违章工作，强化安全巡检，组织外协施工队伍进行安全教育，组织264名生产作业人员参加安全技能等级评价考试，平均成绩在市公司排名第二。开展查责任落实、查基础管理、查风险隐患，强化制度执行、强化反措落实、强化责任追究的“三查三强化”隐患排查管控，排查治理隐患102项，整改隐患148条，治理率100%。治理问题台区526个，配网故障率压降30%。

（颜渊）

【营销与优质服务】 年内，接电15.9万千伏安，同比增长22.3%，超额完成年度指标10.91%。定期召开服务投诉现场会，保持服务投诉管控高压态势。95598远程工作站全年受理业务工单8901件。完成24村5938户“煤改电”工程，建成并投运电动车充换电站26座，充电桩346个，实现日服务5536车次。拓展网络服务手段，采集覆盖率99.4%，“掌上电力”APP和电力微信注册客户4.4万户。

（颜渊）

供暖供热

【概况】 延庆区供暖管理办公室设于区市政市容管理委员会，负责全区供暖、供热公用事业管理工作。年内，全区有供热单位18家，锅炉房20座，锅炉47台1005.5蒸吨，供暖总面积739万平方米。其中，居民供热面积517万平方米，占总面积的70%；居民供热面积222万平方米，占总面积的30%。城区有居民4.16万户，城东热源厂供暖3.03万户，延庆开发区公用事业服务中心供暖1.13万户，2家供暖单位均属于集中供暖。

地址：延庆镇城东热源厂
电话：69101826

（张冰）

【运行管理】 年内，全区供暖单位完成供暖设备设施维修、燃煤储备、运行保障等任务。全区18家供热单位筹措资金，开展设施建设、维修和改造工作，检修改造122处，其中更新设施设备25处、更新锅炉2台、水泵16台，更新供暖管线16.57千米，设施设备大修66处，管网检修13处。

（张冰）

燃 气

【概况】 延庆区燃气管理办公室设于区市政市容管理委员会，行使延庆区燃气行业管理职能。年内，全区5家天然气企业，铺设中低压管线140千米；6家液化石油气企业，其中5个充装站，1个储罐站。

地址：延庆镇东外大街89号

电话：60168635

（张冰）

【运行管理】 年内，全区天然气居民用户4.7万户，公共服务业用户831户。公共服务业用户中，天然气用户596户，液化石油气用户235户。液化石油气年用气量413.1万千克，天然气用气量1116万立方米。

（张冰）

【陕京四线】 年内，延庆境内两条隧道均已贯通，其中杨树沟隧道全长451米，军都山隧道全长1495米。干线工程完成大庄科乡段征地清登工作，测绘11.71千米，评估747户。香营乡、旧县镇、张山营镇放线21.54千米，测绘评估20.27千米。分输站建设完成土地流转放线清登工作。

（张冰）

【送气下乡】 年内，完成15个乡镇361个行政村开户工作（其余村使用天然气、沼气），建设村级换瓶点282个。截至年底，开户6.3万户，销售50.88万瓶。

（张冰）

【煤改气17村】 年内，17个村庄通气，安装壁挂炉3410台，敷设燃气管道7万米，改造村庄数量占全市完成总量的27%，减少农村地区用煤量840万千克。

（张冰）

（责任编辑：池尚明）

科技 教育

科 技

【概况】 北京市延庆区科学技术委员会（简称区科委）是区政府管理全区科技工作的职能部门。设有办公室、管理科、综合科、知识产权科、科技协作服务部5个科室，有在职干部职工23人。年内，1项科技项目（课题），被列为市级科技项目，获市扶持资金240万元。2个项目（课题）通过验收。高新技术企业增至42家，市专利试点单位达到19家，市级创新型科普社区达到9家。举办各类科技政策法规培训科普宣传、知识产权宣传等8期，培训3000人次。

地址：延庆镇高塔街58号
电话：69142014

（罗振）

【应急指挥系统课题通过验收】 1月20日，区政府办公室、北京歌华有线电视网络股份有限公司延庆分公司联合承担的北京市科技计划《延庆县综合应急指挥系统功能提升建设》课题通过验收。

（罗振）

【市级科普先进集体和个人】 3月，完成北京市科普工作先进集体与个人申报工作。旧县镇科协、詹天佑纪念馆被评为市科普工作先进集体，杨燕、张静、吴强被评为市科普工作先进个人。

（罗振）

【知识产权宣传】 4月26日，区知识产权局联合区工商分局、区文委等单位，在绿韵广场开展以“加强知识产权保护运用，加快知识产权强国建设”为主题的知识产权宣传咨询活动。以现场发放宣传资料、解答疑问、图片展示等形式宣传《中华人民共和国商标法》《中华人民共和国专利法》《中华人民共和国著作权法》《北京市展会知识产权保护办法》《展会知识产权保护指导案例》等知识产权法律法规及基本知识，发放宣传资料和物品5000份（册），宣传群众3000人次。

（罗振）

【“十三五”科技规划正式发布】 8月22日，《北京市延庆区“十三五”时期科技事业发展规划》正式发布。规划提出，十三五时期延庆区科技工作重点围绕强化绿色科技支撑，推动绿色产业创新发展，保障世园会、冬奥会成功实施等六个方面开展。

（罗振）

【马铃薯工程技术课题通过验收】 9月2日，北京希森三和马铃薯有限公司承担的《马铃薯工程技术研究中心及科技示范基地建设》（编号：z141100002314001）课题通过验收。

（罗振）

【延庆区技术市场登记处成立】 11月26日，延庆区技术市场登记处获市科委批准成立，登记处编号1100-47。具体负责区内技术合同认定工作。

（罗振）

【技术课题通过专家论证】 12月1日，美科尔（北京）生物科技有限公司承担的《万寿菊产业化关键技术研发与集成示范》课题实施方案通过专家论证。

（罗振）

【专利执法】 12月5—14日，区知识产权局执法人员到北京百信仁康大药房等12家药店及农资商店进行专利行政执法检查，查出涉嫌假冒专利产品15件；分别没收违法所得，并处以违法金额2—4倍的罚款。

（罗振）

【中关村延庆园知识产权保护服务站成立】 12月9日，中关村延庆园知识产权保护服务工作站揭牌仪式在北京鼎翰恒海生物科技发展有限公司举行。区政府、市知识产权局等相关领导及企业代表80多人参加揭牌仪式。中关村延庆园知识产权保护服务工作站由市保护知识产权举报投诉服务中心、延庆区知识产权局、中关村延庆园管委会三方共建，主要负责接收和转交知识产权侵权假冒违法行为的举报投诉，提供知识产权维权援助，开展知识产权政策宣传、业务培训和纠纷调解等工作。

（罗振）

【落实专利扶持政策】 年内，区知识产权局为北京玻钢院复合材料有限公司、北京科苑达医疗用品厂等15家企业办理专利申请费用减缓证明，为企业降低专利申请成本。

（罗振）

【高新技术企业认定】 年内，北京阔野田园生物技术有限公司、北京德立福瑞医药科技有限公司等15家企业通过国家高新技术企业认定。

（罗振）

【科普资源】 年内，全区有科技博物馆6个，科技馆4个，城市社区科普专用室22个，农村科普活动场地359个，科普画廊300个；科普教育基地14个，其中国家级科普教育基地8个；创新型科普社区20个，其中市级创新型科普社区9个；科普专职人员195人，科普兼职人员1252人。

（罗振）

【科普活动】 年内，举办科普讲座、科普展览等1724次，参加110万人次；专题活动304次，参加人数7万余人次；实用技术培训1692次，参加6万人次；发放科普读物和资料120万份。

（罗振）

教 育

教育管理

【概况】 延庆区教育委员会（简称区教委）是主管全区教育事业的职能部门。区教委与区教育工委合署办公，下设教育工委办公室（教工委机关党委办公室）、行政办公室、人事科、计划财务科、体育美育科、小学学前教育科、中学教育科、职业教育与成人教育科、政策法规与综合治理办公室、审计监察科（纪工委办公室）、德育科，代管延庆区人民政府教育督导室。机关总编制62人（公务员编制47人，工勤编制15人）。全系统在岗教职工4998人，其中专任教师3555人。年内，对申请教师资格认定人员356人进行考评；经评审对354人（非师范类专业毕业人员85人）认定教师资格，其中初级中学教师资格59人、小学教师资格264人、幼儿园教师资格31人。招聘88人补充师资队伍，其中，北京市65人、京外23人；高中13人，初中6人，小学18人，幼儿园50人，直属单位1人。全系统完成改善办学条件设施设备配备总投资2533.13万元，其中，教育网维护131.98万元，中小学课桌椅更新和录课室桌椅购置206.72万元，中小学幼儿园燃气报警设备购置、6所中小学图书购置、4所中小学实验室改造等11个项目347.91万元，中小学和幼儿园信息化设备购置等30个项目1846.52万元。全面落实国家各项减免政策，涉及金额1015.38万元，惠及学生4.94万人次。其中，“两免一补”减免834.34万元，惠及4.77万人次；发放高中国家助学金31.61万元、宏志奖学金21.80万元，惠及744人次；发放中等职业学校国家助学金11.25万元、政府奖学金5.80万元、免学费98.38万元，惠及933人次；学前教育资助12.20万元，惠及71人次。

地址：延庆镇高塔街51号

电话：69143122

（李晶华）

【第七轮校长任期目标验收总结会】 1月14日召开。区教委作《延庆区教育委员会第七轮校长负责制任期目标终期检查工作总结》报告，66个单位参加验收，23个单位评为A等级，43个单位评为B等级。教育系统副校级以上干部300人参加会议。

（高天学）

【义务教育均衡发展验收总结会】 1月18日召开。会议听取《延庆区迎接国家级义务教育均衡发展达标区县验收工作总结》，宣读《关于表彰推进义务教育均衡发展工作先进单位的决定》。延庆三中等45个单位获“突出贡献先进单位”和“争创优秀先进单位”荣誉称号。延庆四中等6个先进单位分别作交流发言。全区小学、初中综合差异系数分别为0.53和0.42，高质量通过国家级验收认定。主管副区长、区教委负责人及全系统校级干部200人参加会议。

（高天学）

【青少年校园足球联盟成立】 3月4日，举行青少年校园足球联盟成立大会。会议通过《延庆区青少年校园足球联盟章程》，选举理事会主席、秘书长、监事。40名校长为联盟成员。校园足球联盟是致力于青少年校园足球发展的民间组织，是北京市和全国第一个校园足球联盟。

（赵文新）

【安全教育日活动】 3月28日至4月1日，全系统进行安全教育日活动。举办安全知识讲座45期，组织疏散演练50次，召开安全主题班队会221次。全区所有中小学校参与活动。

（宋佳）

【校园周边环境治理】 3—4月，联合区综治办、区城管、区工商局及乡镇综治办等部门针对永宁学校和康庄幼儿园周边安全隐患开展治理工作。规范永宁学校门口秩序，保障学生出行安全；消除康庄幼儿园西墙外私搭乱建现象，解决潜在消防安全隐患。

（宋佳）

【“5·12”防火减灾演习观摩】 5月12日，以“减少灾害风险　建设安全城市”为主题在延庆四小举行“5·12”防火减灾演习观摩活动；1698名师生用时4分25秒钟完成疏散演练，整个过程安全有序。全区各校安保干部及延庆四小全体师生参加活动。

（吴铁华）

【市民族团结教育活动在区举行】 5月18日，活动在延庆太平庄中心小学举行。与会人员观看以“中华民族一家亲　同心共筑中国梦”为主题的蹴球、葫芦丝演奏、民族舞蹈等民族文体活动；市民族教育学会会长就民族团结教育作主题报告，太平庄中心小学、海淀双榆树小学、宣武回民小学3所学校校长作民族团结教育工作经验介绍。市民族教育学会、市民委及全市民族学校校长和教学主管干部80人参加活动。

（高天学）

【特级教师工作室成立】 6月29日，成立6个特级教师工作室。工作室分别由特级教师桂彩丽、孟宜安、田毅敏、赵方红、赵子余、赵春青名字命名，并由他们分别主持工作。每个工作室选拔有发展潜力教师10—15人为成员。工作室活动周期为1年，全区中青年教师77人入选。

（张美丽）

【安装燃气报警系统】 7—8月，调拨专项资金110.74万元，对未安装燃气报警设备的58所学校进行统一安装。9月投入使用。

（宋佳）

【延庆一中文体楼竣工】 8月，完成延庆一中文体楼建设工程，建筑面积7280平方米，总投资5365万元。分地上3层地下1层，地上是音乐、体育、美术、舞蹈专用教室，地下是游泳馆。由北京八达岭金宸建筑有限公司总承包。

（赵文新）

【教师节表彰会】 9月8日，召开教师节庆祝大会。会议表彰先进单位10个、优秀教师100人、优秀教育工作者46人。全系统干部教师300人参加会议。

（张美丽）

【第一轮校长任期目标启动会】 10月27日召开。会议就第一轮任期目标进行说明，当场为延庆四中校长等8位法人代表颁发聘书，延庆一中、延庆一小、延庆一幼的法人代表与教委签订目标责任书，延庆十一学校、沈家营中心小学校长作经验交流发言。第一轮学校（单位）管理体制改革及任期责任目标自2016年1月1日开始实施，至2020年12月31日结束。教育工委、教委负责人，各单位法人代表以及专职书记、副书记等280人参加会议。

（张美丽）

【首卷《延庆教育年鉴》编纂出版工作启动会】 12月30日召开。教育宣传中心负责人就教育年鉴的体例及年鉴条目撰写方法等相关知识进行培训。区教委相关领导、教育系统年鉴撰稿人80人参加会议。

（赵文新）

【5人获评市级师德先进】 年内，教育系统5人被评为市级师德先进。经单位推荐、现场评审、综合考量等环节，市教工委研究确定师德榜样和师德先锋正式人选。延庆中小学4人获北京市师德先锋称号、1人获北京市师德榜样称号。

（张美丽）

【退休干部信息库建立】 年内，为具有干部身份退休教师建立信息库（采集籍贯、退休单位、家庭情况等方面信息）。至年底，全系统68个单位2166个退休干部录入信息库。

（张美丽）

【青年人才培训班】 年内，举办青年人才培训班。学员以“北京市中小学校长任职资格培训”（包括政治思想与职业道德、教育政策法规等六部分内容）课程学习为主，参加异地党性锻炼、学员论坛等活动，完成必修课程300学时和异地培训40学时任务。经结业测试，参训学员全部获得任职资格证书。入选学员44人及未取得校长任职资格合格证书校级干部20人参加培训。

（张美丽）

【百姓宣讲活动】 年内，开展百姓宣讲活动。教工委在基层单位选调教师7人组建百姓宣讲团。围绕社会主义核心价值观和延庆绿色发展大事，到基层单位宣讲33场。

（张美丽　任坤）

【教师职称改革和评定工作】 年内，制定《延庆区深化中小学教师职称制度改革实施方案》，改革内容包括统一中小学教师职称（职务）系列、首次设立正高级教师职称等；全区中小学教师按照改革后的统一系列办理职称过渡手续。改革后首次参加职评教师207人，认定或晋升职称202人，其中正高级2人、高级57人、中级43人、初级100人。

（张美丽）

【各级各类培训】 年内，组织各类干部培训9批次。25人参加市级“十三五规划”学习培训，30人参加市级“卡内基”专项培训，4人参加“北京市中小学党组织书记‘两学一做’学习教育活动示范培训班”，中小学校级干部各10人到东城区参加挂职培训，167人赴河南参加党性教育异地培训等各类市级培训活动。启动区级名校长培养工程（首批遴选10人），副校级以上干部30人参加区级“中小学校长领导力提升”卡内基专项培训，64人参加区级青年人才培训班培训，170人参加区级外籍知名教育专家讲座培训，副校级以上干部1300人次参加区级干部理论大讲堂活动。全年完成（或与其他机构合作完成）各类教师培训12批次：选派教师11人参加“国培计划”培训，81人赴华东师范大学参加新课改与有效教研专项研修培训，42人参加区教委与北京教育学院合作学前教育本科班，31人参加区教委与北京第二外国语学院合作在职英语硕士研究生班日语和法语辅导。专任教师3470人完成市“十二五”继续教育培训，154人参加市级信息技术应用能力提升工程培训。区教委配合北京教育学院到12所学校开展“协同创新”培训，与首都师范大学合作开展第四期延庆区骨干教师科研能力提升培训班（学员39人）并合作组织全体初中历史、地理、政治、生物学科教师160人进行专业基础知识技能培训等市级培训。组织94人参加新教师上岗培训，幼儿教师538人和非教学岗位教师803人完成区教委岗位继续教育培训，骨干教师20人参加延庆区市级名师培养工程等区级培训。

（张美丽）

学前教育

【概况】 年内，全区有托幼园所54所，其中民办园17所、集体办园2所、教育部门办园35所（直属园9所，乡镇中心园和校办园26所）。教学班193个，离园1557人，入园2010人，在园幼儿5131人，幼儿入园率95%。幼教教职工721人，其中专任教师544人。6月29—30日，延庆五幼和延庆康庄幼儿园通过北京市一级幼儿园评估验收。至年底，全区有北京市示范园3所、北京市一级幼儿园14所。北京市社区儿童早期教育示范基地15所。年内，举办第十一届“童心杯”学前教师基本功培训与展示活动；经过各园初评，推选75名干部、教师参加区级理论考核、教学设计、说课三项比赛，9人获全能一等奖，14人获全能二等奖，101人次分获单项一、二、三等奖。

（高天学）

【农村园长高研班】 3月启动。学员由学前研训员、直属园业务干部和中心园园长50人组成，培训期一年半，每月开展一次活动，培训形式为举办讲座或走进幼儿园等，全年走进区7所幼儿园进行实践研讨。

（高天学）

【KT足球比赛】 6月15日，在延庆四幼举办校园足球联盟幼儿园“KT足球”比赛。比赛设3个项目，每场比赛时间3分钟，根据“KT足球”比赛计分方式决定胜负。永宁幼儿园、延庆四幼、延庆三幼分别获得“1V1”“2V2”“3V3”项目冠军。全区8所公办幼儿园72名幼儿参加比赛。

（高天学）

【两所幼儿园通过市一级园验收】 6月29—30日，市教委学前处验收组分别对延庆五幼和康庄幼儿园进行北京市一级幼儿园评估验收。专家组通过实地察看、听取汇报、查阅档案等方式，分别对两所幼儿园人员条件、物质条件、管理工作和办园方向等进行评估验收。在反馈总结会上，专家组对两所幼儿园在园所管理、挖掘当地资源，开展特色办园等做法给予肯定。两所幼儿园均通过验收。

（高天学）

【教育理念与管理经验研讨会召开】 7月6日，召开李爱华教育理念与管理经验研讨会。区第四幼儿园园长李爱华以《研究引领发展，成长源于担当》为题进行汇报，中国教育科学研究院教授刘占兰、市教育学院副院长杨志成、北京第五幼儿园园长朱小娟分别进行点评。市教委学前处、人事处和延庆区教委干部教师200人参加会议。

（高天学）

【幼教名师参加南北精品展示活动】 11月8日，延庆名师——第一幼儿园教师解春荣受《学前教育》《早期教育》杂志社邀请，参加在江苏苏州举行的第四届中国幼教南北精品展示活动。解春荣进行“体验育人”理念教学活动展示，并进行相关讲座。

（高天学）

【pck项目培训汇报交流会】 12月22日，在延庆四幼举行延庆区幼儿园干部教师赴上海参加pck项目培训汇报交流会；11名园长和教师分别作汇报交流。区政府教育督导室、区教委负责人和幼儿园干部教师25人参加会议。

（高天学）

中小学教育

【概况】 年内，全区有小学28所，其中中心校24所、完全小学4所。教学班443个，招生1834人，在校生1.22万人（其中外省市户口借读生2095人），毕业1697人。教职工1339人，其中专任教师1304人。小学入学率、巩固率、毕业及格率均100%。中学20所，其中初中11

所、完全中学2所、高中2所、九年一贯制学校4所、体育运动学校1所。教学班315个，其中初中205个、高中110个。毕业3380人，其中初中2165人、高中1215人。招生2843人，其中初中1627人、高中1216人。在校生8962人，其中初中5119人、高中3843人（在校生中外省市户口借读生606人）。初中入学率100%，巩固率99.81%，毕业合格率99.91%；高中入学率99.28%，毕业合格率94.85%；普通高考专科以上录取率97.23%。教职工2115人，其中专任教师1235人。特殊教育单位1个，教学班7个，其中小学班5个、初中班2个），在校生73人，教职工33人，残疾儿童入学率100%。校外教育单位2个，教职工61人。中小学教师学历合格率99.8%。特级教师8人，高级教师396人。全区考生1200人参加高考，600分以上109人；本科上线1075人，上线率89.58%，同比提高2.35个百分点，其中理科本科上线率同比提高4.91个百分点。文科总分平均分超市平均15.42分，其中数学超市平均8.33分。理科数学平均分108.7分，首次超过市平均分。普通高考录取1298人，录取率97.23%，其中本科录取954人，录取率79.5%。延庆一职187名学生全部被高职院校自主招生录取。延庆区太平庄中心小学和永宁学校代表全区接受北京市民族团结教育示范校评估并通过验收。

（李晶华）

【16名初中生获全国数学一等奖】 3月27日，以“数学与生活”为主题的全国数学解题能力展示活动颁奖典礼在北京101中学礼堂举行。延庆二中、延庆四中等6所中学16名参赛学生获得一等奖，区教育科学研究中心获最佳组织奖。

（赵文新）

【跨区域教育发展联盟活动】 3月30日，由市教委基教二处、教科院基教所主办的北京市跨区域高中特色发展联盟首次活动在延庆五中举办。北京师范大学教育学部教授以“学校多样化、特色化、个性化”为题作报告；北京19中校长以“制定实施《发展规划》，特色项目促进落实”为专题作报告。与会人员观摩课堂教学、听取校长汇报，并提出意见。市项目组专家及丰台、延庆干部教师30人参加活动。

（赵文新）

【中小学生田径运动会召开】 4月28—29日，召开延庆区中小学生田径运动会。运动会设田赛和径赛2个主项，其中田赛6个小项、径赛10个小项。延庆一中、延庆四中、康庄中学、延庆二小、大榆树中心小学、小丰营中心小学分获各组别团体第一名。打破高中女子400米、初中男子200米、小学男子跳高等11项区中小学生运动会纪录。

（赵文新）

【学校干部挂职培训】 4月和9月，延庆区学校干部20人分2期到东城区参加挂职培训，每期挂职3个月。经考核，20人均获得北京教育学院东城分院干部培训结业证书。

（张美丽）

【汉字听写大赛】 5月11—12日，举办中学生汉字听写大赛。大赛与“中国汉字听写大会”赛制相同，评委由区教科研中心初高中语文教研员、中学高级教师等担任，设置监审组。内容为给汉字注音、判断词义解释错误项、根据一种读音写多个词语等5种题型。18所学校108名选手参赛，延庆二中获一等奖；永宁学校、十一学校、张山营学校获二等奖；延庆三中、延庆四中、延庆七中和八达岭中学获三等奖。

（赵文新）

【首次聘请国际足球教练】 6月27日，延庆康庄小学聘请西班牙高级足球教练员巴勃罗·里奥斯·弗莱雷任培训教练，时间为2016年6—9月，其间对学生进行10次足球培训。

（高天学）

【说课展示与交流活动】 6月，由北京教科院基教研中心主办，延庆教科研中心和延庆十一学校承办的说课展示与交流活动在十一学校举行。活动以“基于学生表现与测试数据分析的初中数学复习课”为主题，分说课展示和沙龙研讨2个阶段。全市16个区21名教师进行说课和答辩，其中延庆3名教师参加。北京教科院基教研中心中学数学室主任以“求真务实，提高质量”为专题进行讲座。北京教科院基教研中心专家、市区数学学科教研员和教师代表200人参加活动。

（赵文新）

【首届空军及民航类高中特色班开办】 8月7日，延庆区首届空军及民航类高中特色班在延庆五中开班。由延庆五中和昌平区京师文化培训学校合作办班并共同管理，招收高一新生34人。学员在校均接受军事化管理，除完成高中教学大纲全部课程外，增加航空体育、航空概论、无人机技术等专业类课程学习。3年后，身体条件达到飞行员标准的学员可获中国民航局从业人员体检合格证书，并被保送至对口航校享受全公费培养；不能满足飞行员体检要求的学员转入航空类院校空管、安全、雷达、无人机等专业继续学习。

（赵文新）

【对口援助学校交流活动】 8月9—18日，延庆四中与河南南阳内乡实验初中开展教育对口援助学校交流活动。内乡实验初中负责人和师生到延庆四中，交流教师专业发展、课程建设、学生实践活动；观看活动专室和学生科技艺术作品；参观中国延庆地质博物馆、八达岭长城和野鸭湖湿地自然保护区。延庆四中到内乡实验初中，就新班级感恩教育，学生行为习惯养成，班级班风建设等德育方面工作进行交流。两校干部、师生100人参加活动。

（赵文新）

【骨干教师新加坡培训】 8月21—30日，延庆区骨干教师到新加坡参加“基于信息通信技术的创新教学”项目培训。学员听取新加坡资深教育专家“21世纪技能学习与少教多学理念下的教育学”“课堂写作学习与科技在教学中的应用”等7场报告，参观新加坡南洋理工大学、弥陀小学及新加坡学生教育基地。全区市级农村中小学骨干教师13人参加培训。

（张美丽）

【与韩国开展足球文化交流活动】 8—9月，应韩国东大门区政府邀请，区教委组织学生赴韩开展足球文化交流活动，到首尔两所小学参观、开展足球友谊赛。韩国东大门区为延庆学生捐赠足球100个。

（赵文新）

【延庆一中实施“春晖行动计划”】 9月1日，延庆一中开始实施“春晖行动计划”。规定所有学生早7:30至晚9:00期间不得随意离校，中晚餐统一在学校食堂就餐。中午35分钟开设各类特色课程活动，30分钟休息，10分钟听时事要闻，晚饭后30分钟为锻炼时间。

（赵文新）

【延庆体校开学第一课】 9月2日，羽毛球世界冠军董炯和前国安足球队足球运动员南方参加延庆体校开学第一课活动。两人分别结合自己成长经历，以“为孩子们伴跑，在避短中扬长”为题作报告，与学生进行羽毛球和足球游戏互动。全校师生60人参加活动。

（赵文新）

【延庆四小参加亚太控烟大会闭幕式】 9月25日，延庆四小的京东大鼓《争做控烟小精英》作为中国青少年组唯一节目参加亚太控烟大会闭幕式，以民族曲艺方式向全球汇报中国控烟成果以及对控烟的理解。

（赵文新）

【冬奥进校园系列活动】 9—12月，区领导向中小学校赠送奥林匹克运动书籍。区教委组织中小学新生到区文化馆参观“冬奥知识展览”。组织14所学校3000名学生开展滑雪技能培训，其中5所学校成立校级滑雪队。组织7所学校5500名学生体验滑冰活动。

（赵文新）

【延庆一中建校60周年联谊会召开】 10月6日，延庆一中以“龙腾六十载，同心育英才”为主题召开建校60周年联谊会。延庆一中校长致辞，历任校长代表为“甲子铃”揭幕。学校向10名在各行业取得业绩并时刻关注学校发展的历届优秀学生代表颁发“情系母校奖”。联谊会还开展每届毕业生代表为学校种植一棵树，各届校友代表作讲座等多项联谊活动。市教委、区委相关领导、区教委领导及历届校友3700人参加活动。

（赵文新）

【首个科学小记者团成立】 10月15日，区教委举行首个科学小记者团成立仪式。与会领导为延庆区科学小记者团揭牌，颁发科学小记者和辅导员教师代表“小记者证”和“小记者辅导员证”并赠送《科技周刊》。中小学生44人成为首批科学小记者。

（赵文新）

【中学教学工作研讨会】 11月19日在延庆一中召开。区教委负责人以“坚定信心，把握规律，科学备考”为题作报告，延庆一中校长以“协力同心，打造延庆教育新生态”为题发言，区研训员组织教师分学科研讨交流课堂教学和复习备考工作。全区中学校长、教学干部、中高考学科教师500人参加会议。

（赵文新）

【冰上项目实践基地投入使用】 12月9日，珍珠泉中心小学创办珍珠山水冰上项目实践基地。基地位于珍珠泉乡珍珠泉村西菜食河上游，南北30米，东西50米，冰场总面积1500平方米，是延庆区首个投入使用的自然水域冰上运动场。聘请区体育局滑冰教练上滑冰课，全校学生60人进行滑冰练习。

（赵文新）

【中小学生冰雪体验活动】 12月27日在延庆二小举行。活动以“冰雪延庆，邀约冬奥”为主题，由区政府、区体育局、区教委联合主办，北京市冬季运动管理中心支持，北京长电传媒科技有限公司承办。延庆二小学生代表向全国青少年宣读“纯洁的冰雪　激情的约会”参与冰雪运动倡议书。部分学生在可拆装200平方米“仿真冰场、仿真滑雪场”上进行冰雪滑行体验。冰雪体验活动周期为2016—2022年，全区中小学采用“两周训练、一次测评、数据全纪录”的模式，全程动态跟踪学生对冰雪运动掌握情况。

（赵文新）

【小教基本功展示获奖】 年内，小学青年教师8人参加北京市中小学第一届“京教杯”青年教师教学基本功展示活动，5名教师获市级二等奖、3名教师获市级三等奖。

（高天学）

【青少年校园足球队成立】 年内，成立延庆区青少年校园足球队。足球队由区教委和区体育局共同组织，根据各校足球成绩并结合地理位置选拔120名足球队员组建U10、U12、U14男女队各3支。训练采取专业足球教练训练、辅导教师协助管理的方式在课外开展活动。延庆二小、延庆四小、延庆十一学校初中部为足球队训练基地校。成立金志扬工作室，邀请马元安、高洪波、邓广忠等国内优秀教练员加盟工作室，定期指导延庆青少年校园足球工作。截至年底，延庆7所学校被认定为“全国青少年校园足球特色学校”。

（赵文新）

职业与成人教育

【概况】 年内，全区职业高中1所，开设专业22个，教学班60个，毕业831人，招生470人，在校生1394人；教职工254人，其中专任教师186人。学校占地面积11.37万平方米，建筑面积5.62万平方米。固定资产总值1.35亿元。全年教育经费投入7583.48万元，其中国家拨款7578.64万元、自筹经费4.84万元。区级成人学校3所，开设专业29个，招生3156人，在校生6540人，教职工147人，其中专任教师103人，全年学历教育毕业2978人，各类培训结业1.26万人（次）。乡镇、街道成人学校15所，市级示范性乡镇成人学校6所，市级示范村成人学校35所，全年开展各类培训活动12万人次。区级成人学校占地总面积2.28万平方米，建筑总面积2.01万平方米，固定资产总值7135.81万元。全年教育经费投入4440.77万元，其中国家拨款4213.75万元、自筹经费227.02万元。年内，通过北京市学习型城市创建评估专家组评估验收，被认定为“北京市建设学习型城市工作示范区”，成为全市第5个通过学习型城市示范区验收的区。区成人教育科研成果获市级奖项，其中一等奖1人、二等奖2人、三等奖4人；北京开放大学延庆分校获得2015—2016年度科研成果优秀组织奖。参加北京市社区教育与农村成人教育信息化教学设计（说课）及微课评选，2件作品获得教学设计（说课）一等奖，微课作品获得二等奖9个、三等奖6个；区教委获优秀组织奖。

（宋佳）

【威斯康星（中国）英语培训中心揭牌】 3月14日，延庆区第一职业学校与美国威斯康星州英语培训学校举行友好学校签约暨威斯康星（中国）英语培训中心揭牌仪式。美国威斯康星州英语培训学校成立于1981年，为世界各地留学生进行英语培训。根据协议，两校将开展高层互访、教师培训、夏令营等活动。威斯康星（中国）英语培训中心由威斯康星州英语培训学校、延庆一职和环球亲子国际文化交流（北京）有限公司共同组建，校址设在延庆一职。培训中心将提供中小学教师英语培训、学生出国留学、外国留学生学习汉语等服务。该校负责人及学生200人参加活动。

（吴铁华）

【国际专家考察学习型示范区创建】 4月16日，联合国教科文组织终身学习研究所专家到延庆区珍珠泉乡考察农民培训以及北京市学习型城市示范区创建工作。专家组到珍珠泉乡下水沟村玫瑰田间学校，考察北京农业职业学院教授石进朝现场为学员进行的盆栽玫瑰剪枝课堂教学，到民俗户邂逅驿站参观民俗户建设情况，听取区社教中心和职教中心学习型城区示范区建设和农民培训情况工作汇报，进行交流研讨。联合国教科文组织终身学习研究所高级项目官员德国专家RAUL、韩国行动学习研究会名誉主席LEE SUNGMR、联合国教科文组织终身学习研究所助理项目官员、教育部教育发展研究中心、太原市教育局、北京教科院职成教研所和延庆区教委等领导参加活动。

（吴铁华）

【全民阅读主题活动】 4月19日，举办“倡导全民阅读，共建书香延庆”主题活动。创建学习型延庆领导小组办公室负责人宣读《北京市延庆区建设学习型党组织工作示范点表彰通报》，与会领导为香水园街道新兴东社区党委等22个“延庆区建设学习型党组织工作示范点”授牌。光明日报《博览群书》主编、杂志社社长董山峰为延庆区农村宣传文化组织员、学校教师代表赠送书籍。国家图书馆原馆长、教授、博士生导师詹福瑞作“经典的命运”主题报告，突出“回归经典，共建书香延庆”阅读理念。相关单位200人参加活动。

（吴铁华）

【区一职在全国职业院校技能大赛获奖】 5月23—25日，延庆一职学生参加全国职业院校技能大赛中职组烹饪技能比赛，1人获冷拼与雕刻项目二等奖，1人获中西点项目三等奖。

（吴铁华）

【京郊职成教联盟信息化说课赛】 5月26—27日，京郊职成教联盟信息化说课比赛在北京市昌平职业学校举行。30名选手参加比赛，延庆一职5名参赛教师全部获奖，其中一等奖1人、二等奖2人、三等奖2人。

（吴铁华）

【区第十二届全民学习周活动】 10月19日启动。活动以“创建学习型城市示范区，助力区域生态文明建设”为主题，开通延庆终身学习网站，网站设置“新闻资讯”“政策文件”“学习型组织”“社区教育”“资源中心”“通知公告”“妫川文化”7个栏目，有34类3800节微课程供市民注册学习、积分、记录并评估。市级学习型城市专家作题为“创建学习型城市　助力延庆生态文明建设”专题讲座。创建学习型延庆43个成员单位、13个终身学习服务基地、6个学习型城区示范区迎评工作示范单位主管领导及具体工作负责人和区级学习型组织理论指导教师164人参加启动仪式。

（宋佳）

【学习型家庭评选】 10月24日至12月1日，完成2016年学习型家庭评估。由区学习办及学习型组织指导教师共同组成学习型家庭评估组，对51户家庭进行创建评估。评估组听取创建家庭汇报，查看学习环境，与家庭成员座谈，对每户家庭创建情况进行全面评估，评选出先进学习型家庭47户。

（宋佳）

【承办北京外语游园会】 10月，由北京市人民政府外事办公室主办、延庆区外语协会承办的2016年北京外语游园会延庆分会系列活动举行。会员以“学外语　促交往　迎奥运”为主题，走进山区小学、城镇中学，走进大学、机关、农村等不同单位普及奥运知识，为外语学习爱好者提供帮助，带动市民学习外语。活动分会场设在延庆四中，由外语协会教师作“冬奥伴我行”讲座，聘请《牵手冬奥——北京市民冬奥实用外语手册》瑞士籍编审专家、中国传媒大学副教授David Feng（冯琰）进行“冬奥英语”交流。北京外语游园会每年10月中旬举办，主会场设在朝阳公园，分会场设在各区。

（宋佳）

校外教育

【概况】 年内，全区有校外教育机构2个，即延庆区青少年活动中心和延庆区科学技术馆，两个单位合署办公，占地面积1.33万平方米，建筑面积9995平方米。延庆区青少年活动中心开设舞蹈、书画、器乐、体育等38个专业，招生5200人次。教职工43人，其中本科以上学历41人，教师中副高级职称7人、中级职称21人。专任教师23人，区骨干教师1人。图书馆藏书2604册。固定资产总值3136.46万元。全年教育经费投入5978.17万元。学校信息化经费投入49.73万元，拥有计算机93台，多媒体教室座位19个，校园网出口总带宽800Mbps，数字资源量200GB。延庆区科学技术馆内设展览教育部、培训部、办公室3个机构。教职工18人，其中专任教师17人。教职工中本科以上学历17人，副高级职称1人、中级职称11人。图书馆藏书3991册，电子图书1.2万册。固定资产总值366.53万元。全年教育经费投入362.9万元。学校信息化经费投入20.1万元，拥有计算机32台，多媒体教室座位120个，校园网出口总带宽100Mbps，数字资源量1070GB。

（赵文新）

【中德青少年合唱交流活动】 3月29日，德国国家大剧院童声合唱团到延庆青少年活动中心开展合唱交流活动。由46人组成的德国童声合唱团演唱《图兰朵》《卡门》等歌曲，表演芭蕾舞剧《胡桃夹子》等作品。延庆合唱团演唱《北京画廊》等歌曲。中国合唱协会副理事长、中国合唱协会艺术委员会主任吴灵芬以及延庆区八里庄和下屯中心小学师生300人参加活动。

（赵文新）

【中小学生象棋比赛】 5月12—13日，举行中小学生象棋比赛。比赛分为团体赛和个人赛，24所学校44个代表队参加各组别团体赛，110人参加个人赛。延庆四小男女队、延庆八中男队、延庆二中女队分获各组别团体赛冠军；延庆四小闫睿昊、李思瑶，延庆二中张尧、郭歌分获各组别个人赛冠军。

（赵文新）

【太空种子种植大赛】 6月30日，开展中小学生太空种子种植大赛，全区16所中小学129名学生参加比赛。选手展出栽种在花盆中“航椒10号”“太空黄钻”“驱蚊草”等70盆太空植物，提交37份种植论文。植物展示评出一、二、三等奖28盆；论文评出一、二、三等奖15篇。

（赵文新）

【参加第九届世界合唱大赛获奖】 7月15日，第九届世界合唱大赛在俄罗斯索契举行，延庆少年合唱团参加童声组比赛，并首次获得金奖。世界合唱大赛每两年举办一次，本届有76个国家和地区283支合唱团、1.2万名合唱队员参与比赛。

（沈明霞）

【英语夏令营活动】 8月17—27日，区教委与中国教育国际交流协会等机构联合在延庆一中开展BIEE英语夏令营活动，全区300名初、高中学生参与。担任辅导教师的有英国教师14名、延庆教师30名。夏令营开设艺术、文化、运动等课程，涉及健康、音乐、西方餐饮文化、戏剧等内容，师生用英语沙龙形式交流沟通。

（赵文新）

【中小学生武术比赛】 10月20日，举行中小学生武术比赛。比赛分单项、集体规定及集体自选3个项目，全区27所学校700学生参加。按照《中小学生武术比赛规则》，大榆树中心小学、十一学校、延庆五中分获小学组、初中组、高中组团体总分第一名；八里庄中心小学王梦乐、十一学校崔莹、延庆五中乔兆丰等学生分获各组别单项冠军。

（赵文新）

【中小学生乒乓球比赛】 10月25—28日，举行中小学生乒乓球比赛。比赛由区教委体美科主办，延庆青少年活动中心承办，全区19所学校44支代表队参加各组别团体比赛，学生112人参加各组别个人单打比赛。按照《中小学乒乓球比赛规则》，延庆一中、永宁学校、延庆二小分获高中、初中、小学各组别团体冠军；崔仕林、陈泓任、田嘉义等学生分获各组别个人单打冠军。

（赵文新）

【科普进校园活动】 11月9日，在沈家营中心小学举行第十一届（2016）北京阳光少年——文化科普进校园活动。北京校外教育协会副会长致辞，北京校外教育协会和北京天文馆向学校赠送乐高科普套材和天文科普书籍。校外教育协会把北京天文馆和自然博物馆流动车送进延庆四中、沈家营小学等4所学校，通过整合校外活动场馆优质教育资源，为农村中小学生提供文化、科普互动活动。

（赵文新）

特殊教育

【概况】 延庆区特殊教育中心占地面积1.98万平方米，建筑面积4000平方米，体育场面积1.04万平方米。图书馆藏书2.32万册，电子图书1万册。固定资产总值910万元。全年教育经费投入629万元。学校信息化经费投入145万元，拥有计算机56台，多媒体教室座位40个，校园网出口总带宽100Mbps，数字资源量300GB。普通教室7个、专用教室20个。教职工33人，其中副高级职称1人、中级职称18人；专任教师27人，北京市骨干教师1人，区骨干教师4人；本科以上学历28人。开设教学班7个，毕业13人、招生10人、在校生73人，初中28人、小学45人、寄宿生22人。智力障碍39人，自闭症9人，听力障碍1人，视力障碍1人，言语障碍1人，脑瘫10人，肢体障碍6人，多重残疾5人，精神残疾1人。

（周英杰）

【京张首届冰雪联谊活动】 2月28—29日，组织学生参加京张首届残疾人冰雪联谊活动暨张家口第二届残疾人运动会。活动由两地残联、体协共同举办。学生5人参加雪地滑行、雪地足球射门、冰上陀螺、冰上射门4项个人项目，获得一等奖1人、二等奖2人、三等奖2人；2人在雪地拔河集体比赛中获得优胜奖。

（周英杰）

【第一届融合教育系列评优活动】 4月19—20日，开展延庆区第一届融合教育课堂教学系列评优活动。活动由区教委小教科、特教中心共同组织，全区20所小学30名教师参加，活动评出同班就读课堂教学一等奖7人、二等奖11人，同班就读教学设计一等奖5人、二等奖7人、三等奖6人，融合教育课堂教学一等奖4人、二等奖7人，融合教育教学设计一等奖3人、二等奖4人、三等奖4人。

（周英杰）

【首届特奥运动会】 6月17日，召开首届特奥运动会。师生进行“快乐拍手操”和“八段锦”课间操展示。学生分组参加25米往返跑、

100米、400米、蚂蚁搬家、立定跳远5项田径类个人项目；家长和学生共同参加骑小车、数字跳2项融合项目及接力跑、原地传接球2项集体项目。各类一等奖60人次、二等奖120人次。师生和家长130人参加运动会。

（周英杰）

【首次参加市艺术节展演】 11月15日，组织15名学生到北京天桥剧场参加北京市第19届学生艺术特殊教育成果展演。学生用马林巴、三角铁、小唐鼓、梆子演奏《龙的传人》等曲目，马林巴木琴演奏还与石景山培智学校抖空竹节目进行合作表演。

（周英杰）

【培智课堂教学研究结题】 12月，2015年3月立项的特殊教育教研课题结题。专任教师21人通过对2006—2015年间课堂教学的实践经验进行梳理、归纳和总结，形成研究成果《培智学校课堂教学模式的实践与研究》。

（周英杰）

高等教育

【北京科技大学延庆分校】 北京科技大学延庆分校是一所公办全日制普通高等职业院校，由北京科技大学、延庆县政府于1984年联合创办。学校设有外语系、文法系、土木工程系、计算机科学系和基础部；有6个专业、9个专业方向，包括英语教育、幼儿英语教育，文秘（新闻传播、策划与主持），数字媒体技术，动漫设计与制作，工程造价（建筑、市政），建筑经济管理。年内，学校停止招生。年末有在校生516人，生源分布在北京市各区和河北、内蒙、安徽等9个省市。其中外国语学院303人、土木与环境学院87人、数理学院81人、文法学院45人。截至年底，毕业班统计就业率96.98%。

地址：延庆镇庆园街69号

电话：69103148

（尤志华）

【高职升本录取率】 年内，推荐68名同学参加高职升本考试，录取54人，总录取率80%。其中42人被北京联合大学录取、12人被北京建筑大学录取。英语专业推荐43人，录取31人，录取率72.1%；文秘专业推荐5人，录取5人，录取率100%；计算机专业推荐6人，录取6人，录取率100%；工程造价专业推荐14人，录取12人，录取率86%。

（尤志华）

【学生参赛获奖】 年内，组织11名学生参加北京市第27届大学生数学竞赛，其中一名获三等奖，学校获组织奖。组织参加2016年北京市大学生人文知识竞赛预决赛，由英语和文秘专业学生联合组成的参赛团队获三等奖。

（尤志华）

【资助困难学生】 年内，为94名家庭经济困难学生发放饮用水、洗澡、电话补助1.74万元；为185名在校生发放家庭经济困难学生专项补助3.7万元；发放勤工助学报酬2.06万元；发放国家励志奖学金8.5万元、国家助学金35.56万元；发放服义务兵役学费补偿款27.6万元。

（王盈）

教育督导

【概况】 延庆区人民政府教育督导室（简称区教育督导室），主要职责包括：组织实施全区教育督导工作；对教育系统贯彻执行有关教育法律、法规和方针、政策的情况实施督导，对有关行政部门和乡镇人民政府管理教育工作的情况实施督导，对中等及中等以下各级各类学校的办学方向、教育质量实施督导；会同教育行政部门组织协调全区教育评估工作；对教育工作中的重大问题进行调查研究，向区人民政府及其教育行政部门报告和反映情况，提出建议。有工作人员7人，其中主任1人、责任督学2人、借调专职督学4人。另聘兼职督学31人。年内，开展“社会主义核心价值观教育的落实、基础教育学科教学改进意见的贯彻、学校'减负'工作的落实”三项重点工作专项督导检查，完成3项区级专项督导报告。联合区政府办、区公安分局、区卫计委、区财政局等相关单位参与数据统计，完成全区学前教育发展状况监测数据的收集、整理、审核、上报工作。印发《督学管理暂行办法》《延庆区教育督导制度汇编》，制定《关于做好空气重污染天气应急督导检查工作方案》。

（宋佳　李树敏）

【督学队伍建设】 2月，聘任王少华、吴飞宇等11人为专兼职督学。11月，教育两委会审议通过《2017年拟聘专兼职督学工作方案》，明确专兼职督学实际需求、来源和建议名单等。

（宋佳　李树敏）

【专项督导检查】 2—3月，组织全体专兼职督学进行开学专项督导检查工作。在所有挂牌督学调研基础上，完成《延庆区中小学师资情况督导调研报告》和《延庆区幼儿园师资情况督导调研报告》。

（宋佳　李树敏）

【推进素质教育督导自查】 3—9月，建立素质教育年度自评工作机制，推进学校内部督导。下发《关于开展2016年全面实施素质教育情况年度自评的通知》，各学校进行自评自查并提交自查报告和自评量表；完成《延庆区2016年全面实施素质教育自查工作总结》。

（宋佳　李树敏）

【国家义务教育质量监测完成】 5月26日，全区完成国家义务教育质量监测。监测对象是四年级和八年级抽样部分学生以及学校校长、班主任、语文、音乐和美术教师，监测涉及四年级和八年级学生语文、艺术学科，以及课程开设、条件保障、教师配备、学科教学和学校管理等相关影响因素。市政府教育督导室、市教育质量评价研究中心领导分别到八达岭中小学、康庄中小学、延庆一小、十一学校和香营学校，就监测工作实施情况进行巡视。全区14所小学，8所中学接受测试。

（宋佳）

【重点工作落实情况专项督导】 9月，制定《延庆区2016年开学暨年度重点工作落实情况专项督导检查表》，对重点工作落实情况进行专项督导检查。责任督学深入全区中小学校，通过察看校园、走访干部师生、查阅资料等方式展开督导检查。月底完成《延庆区人民政府教育督导室关于2016年开学暨年度重点工作落实情况专项督导检查报告》并提交市督导室。

（宋佳　李树敏）

【挂牌督导创新区评定工作启动】 9—12月，启动北京市中小学责任督学挂牌督导创新区评估认定工作。制订《延庆区争创中小学校责任督学挂牌督导创新区工作方案》，明确争创路线图。

（宋佳　李树敏）

【初中科学实践活动属地督查】 11—12月，开展初中开放性科学实践活动属地督查工作。区教委解读《北京市初中开放性科学实践活动管理操作规程（2016—2017学年秋季学期试用）》；区政府教育督导室解读《延庆区加强初中开放性科学实践活动属地督查工作方案》；督察组对延庆区所有初中学校和实际开设课程的7个资源单位进行实地专项督查，并向被督查单位指出存在的问题并提出改进建议。

（宋佳　李树敏）

【市教育法律法规督导检查】 12月2日，全区接受北京市教育法律法规督导检查组督导检查。重点对新建改建居民区教育配套建设、落实义务教育经费“三个增长”、职业教育法规执行情况进行检查。市督导组听取区教委工作汇报；召开座谈会，查阅档案资料；分组对延庆七幼、天成家园配套幼儿园建设工地和延庆一职、职教中心进行实地考察。区政府、区发改委、区住建委、区财政局、区规划分局、区国土分局、区教委等委办局负责人30人参加会议。

（宋佳　李树敏）

【减负督导监测工作】 12月14日，开展减轻中小学生过重的课业负担（简称“减负”）督导检测工作。对全体责任督学进行减负监测培训，解读监测工作具体要求。全体责任督学分别对42所中小学校进行督导检查，年底完成减负督导监测数据网上填报工作。

（宋佳　李树敏）

文化 传媒

文 化

【概况】 北京市延庆区文化委员会（简称区文委）是负责全区文化、文物、新闻出版、广播影视工作的区政府工作部门。设政办室、文化科、文物科、文化市场管理科、财务审计科、文化行政执法队6个机构，辖文化馆、图书馆、文物管理所（博物馆）、公益电影放映中心、文化中心后勤服务中心、新华书店和夏都文化传播有限公司7个基层单位。有干部职工172人。年内，推进乡镇文体中心达标建设工程，在全区190个行政村实施公共文化设施冬季取暖项目。完成全区第一次可移动文物普查，登录文物9300件。在永宁幼儿园、井庄镇二道河小学建设区级非物质文化遗产少儿传承基地；以动漫形式对“八达岭长城传说”进行创新性保护。完成全区第二批非物质文化遗产13项候选项目评选。完成星火工程演出1128场，周末场演出54场、百姓周末大舞台6场，演出总时长10万小时。完成公益电影放映1.5万场，观众85万人次。举办大型文化展览9次。开展移动博物馆巡展10期。开展社会大课堂、红领巾读书等宣传教育活动10项，完成妫川大讲堂讲座12场。参与策划“从长城发出的邀请”纪念北京申冬奥成功一周年活动和纪念红军长征胜利80周年暨大庄科开放式红色体验大型活动。举办第七届群众广场舞蹈大赛，推选6支队伍参加2016“舞动北京”全民广场舞蹈大赛复赛，获创作表演金奖和团体铜奖。

地址：延庆镇高塔街57号
电话：69183652

（徐攀）

文化活动

【元宵花会展演】 2月22日举行，以“百年花会迎盛事　美丽延庆开新篇”为主题，重点体现冬奥、世园和“非遗”内容。36档花会沿庆园街—广兴街—庆隆街—新城街1.8千米环形路段进行展演，活动历时3小时，3万市民观赏。

（徐攀）

【中古文化志愿者活动】 3月28日，举行以“精彩世界、文化长城”为主题的2016世界文化·延庆行——中古文化志愿者活动。古巴文化志愿者体验剪纸、书法等中国传统文化，古巴李斯特·阿方索舞蹈团表演舞蹈，古巴驻华大使馆政务参赞出席活动。

（徐攀）

【端午文化节活动】 6月9—11日举行的第八届北京端午文化节和北京市第三届“非遗大观园”端午游园会期间，组织策划夏都公园文化节主会场和妫川广场端午游园会2个开幕仪式以及“打火勺、赛龙舟、长城铁花、非遗展演”4个板块10项活动，集聚全市各区市级以上“非遗”展卖、展演项目52项。

（徐攀）

文化事业

【文化基础设施建设】 年内，推进大庄科等6个乡镇文化中心建设工作。190个行政村文化完成外墙保温建设和外线增容改造。投入资金400万元为全区376个村、30个社区配置音响、乐器设备及文化类光盘资料。

（徐攀）

【图书馆服务】 年内，配送图书64次3.09万册，回收图书2.41万册；增购新书1.17万种5.66万册；新办读者证2394个，全区持证读者2.44万人，到馆借阅13.58万人次。

（徐攀）

文化市场

【行政审批制度改革】 年内，梳理公布75项权力清单，公示行政许可审批事项14项，办理行政许可事项27项。其中设立及变更出版物经营单位9家；互联网上网服务营业场所5家；歌舞娱乐场所3家；电子游艺娱乐场所1家；营业性文艺表演团体1家；电影院1家；营业性演出许可6家、38场次；注销文化经营单位1家。

（徐攀）

【文化执法】 年内，开展文化执法专项行动23项，出动执法人员1813人次，检查各类文化娱乐场所1285家次。实施行政处罚12起，罚款2.90万元；取缔无证书摊1个，收缴非法出版物760册。

（徐攀）

文物管理

【文物保护】 年内，申报文物修缮项目11项，完成西白庙关帝庙、泽润寺及榆林堡南城墙修缮工程。完成《大庄科辽代矿冶遗址群文物保护规划》草案的编制。

（徐攀）

【考古发掘】 年内，世园会围栏区及世园村发现墓葬727座，截至年底发掘200座，其中规格较大唐墓一座，出土墓志等物品。

（徐攀）

传 媒

【概况】 北京市延庆区广播电视中心（简称区广电中心）是隶属区委宣传部的区级财政补助（全额拨款）规范管理事业单位，辖延庆人民广播电台、延庆电视台、延庆区新闻中心。中心负责制定广播电视新闻事业发展规划并组织实施；负责广播电视新闻业务研究、培训、交流，广播电视节目的采录、制作、播放、转播，广播电视事业技术服务、设备管理与维护，农村广播电视覆盖，新闻采访、编辑、制作、发布以及主报出版等工作。设15个科室：办公室、人事科、财务科、总编室、媒体融合科、新闻科、专题科、文艺科、广播科、社教科、广告科、技术科、播控科、纸媒采访科、纸媒编辑科；辖3个科级事业单位：北京市延庆区电视转播站、北京市延庆区广播电视记者站、北京市延庆区广播电视服务部（内设播音部）。在岗干部职工165人。年内，投入33万元对延庆人民广播电台音频工作站设备进行升级改造；中心前期拍摄设备、新闻制作网系统、新闻媒资系统、新闻演播室视音频系统和高清播出系统实现高清化。延庆电视台自办栏目有《延庆新闻》《百姓大舞台》《妫川娇子》；服务性栏目有《乐游延庆》《工商视点》《健康有约》《环保延庆》《食药连着您和我》《消费风向标》《妫川美食》《万事大吉》《天气预报》《药监温馨提示》；联办栏目有《卫生新视野》《妫川说法》《法庭内外》《检察视点》《妫川国税》《一路平安》《金盾之光》《阳光民政》《绿色家园》《延庆教育》《水润妫川》《妫川清风》《魅力新农村》《物业改革进行时》。《延庆新闻》推出外界媒体看延庆板块，随时播报外界媒体聚焦延庆的相关报道；开辟专栏和专题报道20个，全年制播365期，总时长5400分钟；《2016延庆百姓春晚》在延庆电视台多频次滚动播出。广播电台自办节目《延庆新闻》《生活导航》《今日农村》《快乐调频928》《戏曲欣赏》；联办节目《工商进万家》《大东说消费》《食药连着我和你》；书场类节目《名家讲坛》《百家书场》《广播剧场》《小说连播》和汽车类栏目《远誉快车道》。《延庆报》全年出报153期，设专栏27个，刊发时政要闻、城乡新闻、乡镇专版、文学作品等稿件254万字，图片新闻308篇，摄影作品300幅，篆刻书法作品30幅。

地址：**延庆镇高塔街73号**
电话：**69103462**

（胡洋）

【《妫川红色记忆》播出】 7月，为庆祝建党95周年，围绕延庆党组织建立发展、革命战争、中华人民共和国建立前老党员、优秀妇女代表、革命时期党群关系等内容，策划播出《星火燎原》《战火洗礼》《革命脊梁》《巾帼英雄》《鱼水深情》《薪火相传》6集专题片，在延庆电视台和北京延庆、延庆在线微信平台同步播出。

（胡洋）

【《食在妫川“八六席”》获国家级优秀奖】 9月27日，由龚素娟、赵莉创作的《食在妫川“八六席”》，在第九届中国旅游电视周优秀旅游电视节目评比活动中，获专题类优秀作品奖。

（胡洋）

【外宣数据】 年内，延庆电视台向中央电视台新闻频道报送新闻45条次，体育频道10条次；向北京电视台新闻频道报送新闻140条次，配合直播北京播出5条次；配合央视及北京台记者采访及提供新闻素材20条次。延庆电台在中国乡村之声、北京人民广播电台等媒体发布新闻150条次。

（胡洋）

卫生 体育

医疗卫生和计生管理

【概况】　延庆区卫生和计划生育委员会（简称区卫生计生委）是负责全区卫生和计划生育工作的区政府工作部门。机关设有办公室（卫生应急办公室）、公共卫生科、医政科、中医管理科、计划生育基层指导科(流动人口计划生育服务管理科)、计划生育综合发展科、健康促进科（爱国卫生工作办公室）、监察科、财务审计科（综合治理办公室）、人事科。卫生计生系统有30个单位，其中卫生计生单位10个，包括卫生计生监督所、疾病预防控制中心、卫生干部进修学校、输血站、社区卫生服务管理中心、信息中心、妇幼保健计划生育服务中心（加挂“北京市延庆区妇幼保健院”、“北京市延庆区第四医院”、“北京市延庆区牙病防治所”牌子）、卫生和计划生育宣传中心、计划生育家庭发展中心、卫生应急保障中心；群团组织2个，包括计划生育协会、医学会。全区有医疗机构252家，其中二级医疗机构4家，包括区医院、区中医医院、区妇幼保健院、区精神病医院；社区卫生服务中心15家，村卫生室164家，其他医疗机构69家。全系统开放病床1034张、卫生技术人员1842人，每千人拥有床位3.16张、执业（助理）医师2.70人、注册护士1.93人。年内，启动区医院与北京大学第三医院合作共建，深化区中医医院与北京中医医院合作共建；广泛开展基层卫生岗位练兵和技能竞赛活动；广泛宣传“全面两孩”政策，培训技术专干1000余人，助产机构床位由53张增加至106张，产科人员增加9人，有效应对生育高峰；启动第三批“123”高层次人才建设工程暨第四批“师徒传承”工作，与34名高中毕业生签订定向培养协议；完成千家店镇国家卫生镇复审工作，创建完成6个北京市健康促进示范村。

地址：延庆镇东顺城街26号
电话：69101695

（龚伟）

【生育情况】　年内，全区育龄妇女7.72万人（户籍7.12万人，流动5963人），其中已婚育龄妇女5.70万人（户籍5.29万人，流动4137人）。出生人数2824人（户籍2637人、流动187人），计划生育率99.47%。出生人口性别比106.18。全年办理生育登记、再生育行政确认3995例，其中申请一孩2225例、二孩1634例、再生育行政确认110例、流动人口生育登记26例。

（龚伟）

【生命统计】　年内，全区出生率11.71‰，死亡率7.14‰，人口自然增长率4.57‰。因病死亡1865人，占总死亡人数的92.24%。死因顺位前10位疾病依次为脑血管病、恶性肿瘤、心脏病、呼吸系统疾病、损伤和中毒、内分泌、营养和代谢等其他疾病、消化系统疾病、神经系统疾病、精神障碍、泌尿生殖系统疾病。人均期望寿命79.69岁，其中男性77.74岁、女性82.02岁。

（龚伟）

【医疗卫生改革】　年内，撤销区改水办公室，农村改水职责及2名编制划转至区水务局。农村合作医疗管理中心整体划转至区人力社保局。成立公民献血委员会，作为区政府议事协调机构。卫生监督所更名为卫生计生监督所，增加计划生育行政执法职能。将妇幼保健院、计划生育生殖健康技术服务中心、计划生育宣传指导站、计划生育药具管理站承担的职责进行整合，成立妇幼保健计划生育服务中心，加挂“延庆区妇幼保健院”牌子。将计划生育宣传指导站更名为卫生计生宣传中心。将计划生育药具管理站更名为计划生育家庭服务中心。将计划生育生殖健康技术服务中心更名为卫生应急保障中心。北京大学第三医院延庆医院组建理事会并正式挂牌，任命执行院长，在医疗、教学、科研、管理等方面开展深入合作。推进以区医院、区中医医院为核心的两个医联体建设，区中医医院与大榆树镇社区卫生服务中心签订“紧密型”医联体合作意向书。开展医师多点执业医疗单位数量11家，有24名医师申请多点执业。

（龚伟）

【人才队伍建设】 年内，公开招聘15人，首都医科大学定向生28人，引进非北京生源16人。新入职人员博士研究生1人、硕士研究生16人、本科学历19人、大专学历23人。引进神经内科和口腔医学高级人才2名。全区医疗机构续聘退休专家55人，其中初级职称8人、中级职称31人、高级职称16人。启动第三批“123”（10名区级学科带头人、20名院级学科带头人、30名业务骨干）高层次人才建设工程暨第四批“师徒传承”工作，涉及89人，其中区级学科带头人10人，院级学科带头人19人，学科骨干30人，师徒传承30对。

（龚伟）

【社区卫生】 年内，有社区卫生服务中心15个、社区卫生服务站55个，其中政府办社区卫生服务中心15个、社区卫生服务站54个，社会办社区卫生服务站1个。在岗卫生技术人员645人，其中全科医师140人、社区护士124人、防保医师55人。全年门急诊125.16万人次，上门服务6041人次。15个社区卫生服务中心全部完成标准化建设。建立社区卫生服务团队94个，签约5.42万户、8.28万人，签约率25.33%。有6所二级医院、2所三级医院434人次支援社区卫生服务机构1890天，门诊1.12万人次，转诊2117人次。社区卫生服务机构建立健康档案22.31万份，建档率68.24%，使用率76.0%；其中建立电子健康档案22.27万份，电子档案建档率68.09%。

（龚伟）

【农村卫生】 年内，全区有村卫生室165个，均为非营利性集体所有制。村卫生室和农村社区卫生服务站覆盖率59.8%。注册乡村医生277人，乡村医生理论培训和技能培训100学时。

（龚伟）

【新型农村合作医疗】 年内，新农合人均筹资水平1200元，总筹资1.87亿元。全区有15.57万人参加新型农村合作医疗，农业人口参合率99.59%，比上年度增加0.06%。截至6月底，为83.73万位参合农民报销医药费用9545.87万元，报销费用同比提高14.13%。其中住院报销7775人次、5160.6万元，门诊报销82.88万人次3914.26万元，门诊特殊病报销747人次、471.04万元。（下半年农村合作医疗管理中心整体划转至区人力社保局。）

（龚伟）

【传染病防治】 年内，报告法定传染病15种1017例，发病率323.89/10万。其中乙类传染病报告11种432例，发病率137.58/10万；丙类传染病报告4种585例，发病率186.31/10万；无甲类传染病。报告死亡2例，死亡率0.64/10万。发病率前3位的疾病是手足口病、其他感染性腹泻病、细菌性痢疾，分别发生409例、116例、113例，发病率分别为130.25/10万、36.94/10万和35.99/10万。处理手足口病聚集性疫情11起，涉及病例38例，无重症及死亡病例。新登记管理结核病73例，监化督导率100%，治愈率90.5%。新生儿卡介苗接种率100%。大学生结核菌素皮肤实验（PPD）监测1655人，结核菌感染180人，结核菌感染率10.9%，检出结核性胸膜炎1例。新发性病、艾滋病141例，发病率44.90/10万，其中艾滋病6例，规范治疗5例。开展性病门诊哨点监测202人份，社区暗娼问卷调查和血清学检测107人份，接受自愿咨询610人次，开展暗娼、农民工、男性性接触人群（MSM）、吸毒人群、性病就诊者5类人群行为干预2.52万人次。开展流感样病例监测102.8万人次，检出流感样病例9262人。

（龚伟）

【慢性非传染性疾病防治】 年内，新成立糖尿病管理小组15个、高血压自我管理小组30个。脑卒中高危人群随访926人，肿瘤随访825例。

（龚伟）

【地方病防治】 年内，监测居民碘盐300份；尿碘监测702件，其中育龄妇女200件、孕妇100件、成年男子200件、小学生202件；全区无地方性氟中毒、碘缺乏病报告。未发现鼠间鼠疫和人间鼠疫病例。采集布病高危人群血标本52份，阳性率21.15%；全年报告布病37例。

（龚伟）

【精神卫生】 年内，全区有在档重性精神病患者2004人，发病率4.92‰，其中6种重性精神病患者1694人，系统治疗1051人。完成精神病患者随访9800次。950名患者参加免费服药项目，同比增加169人，发放免费药品1.14万人次。重性精神疾病患者规范管理率97.9%，在管患者规范管理率97.91%，在管患者病情稳定率99.67%，检出患者管理率94.74%。

（龚伟）

【学校卫生】 年内，应检学生2.26万人，实检2.14万人，受检率94.7%。其中，检测视力不良患病率57.97%；检测营养不良患病率3.59%；检测超重患病率14.58%，肥胖患病率16.52%；检查恒牙龋齿2.05万人，患龋率12.67%；检测贫血2.08万人，患病率8.87%；检测沙眼2.02万人，患病率0.00%。

（龚伟）

【计划免疫】 年内，预防接种建卡3849人，建卡率100%。应接种脊髓灰质炎、百白破、白破、麻风、麻风腮、流脑、流行性乙脑、乙肝、甲肝等疫苗6.03万人次，实种6.03万人次，接种率99.94%。接种不良反应发生率36.73/10万针次，调查处理疑似预防接种异常反应40例，其中一般反应32例、异常反应4例、偶合4例。开展应急接种8次、81人次，其中，麻疹疫苗3次、8人次，麻风疫苗1次、6人次，麻风腮疫苗1次、3人次，水痘3次、64人次。外来民工接种麻疹疫苗和A+C群流脑疫苗共40人次。接种流感疫苗1.97万人，其中学生免费接种5893人，接种率45.29%；60岁以上老人免费接种1.32万人，接种率55.74%；保障人员免费接种9人；自费接种599人。

（龚伟）

【控烟监督】 年内，全区无烟学校覆盖率100%，有无烟医院18家，无烟餐厅23家，无烟机关单位13家。控烟监督检查1823户次，责令改正328户次。受理控烟举报投诉案件40件。处罚控烟不力单位3家、个人1人，罚款1.305万元。

（龚伟）

【公共健康宣传】 年内，组织开展健康素养传播行动、健康中国行动等，组织社区居民开展全民健康生活方式演讲比赛，开展健康知识大课堂246场，受众11105人次。利用短信发送传染病、职业卫生、食品卫生及其他卫生常识，发送短信107万条。

（龚伟）

【卫生监督】 年内，辖区内有各类公共场所509户，量化分级377户，量化比例96.92%。监督检查1855户次，监督覆盖率98.23%，合格率96.76%。处罚45户次，其中简易处罚34户次、一般程序11户次，罚款1.6万元。量化分级中，A级241户，占63.93%；B级125户，占33.15%；不予评级11户，占2.92%。

（龚伟）

【饮用水卫生监督】 年内，辖区内有供水单位466户。生活饮用水卫生监督624户次，监督覆盖率98.33%，监督合格率99.08%。行政处罚8件，其中简易程序7件、一般程序1件，罚款金额1万元。

（龚伟）

【医疗卫生检查】 年内，有医疗卫生机构252家，其中开展临床用血工作的医疗机构3家、开展母婴保健技术服务工作的5家。完成对各级各类医疗机构监督检查998户次，监督覆盖率100%，合格率99.57%；对血液安全监督检查5户次，监督覆盖率100%，合格率100%；对母婴保健监督检查5户次，监督覆盖率100%，合格率100%。行政处罚12户次，其中简易程序3

件、一般程序9件，罚没金额2.0478万元。

（龚伟）

【传染病防治和消毒产品卫生】 年内，有传染病防治和消毒产品被监督单位266户，监督检查传染病防治和消毒产品相关检查1065户次，行政处罚18户（次），其中简易程序17件、一般程序1件，罚款金额0.30万元。

（龚伟）

【孕妇保健】 年内，辖区有孕产妇3290人，孕产妇系统管理率97.72%，住院分娩率100%。高危产妇1808人，高危孕产妇管理率99.06%。剖宫产1132例，剖宫产率42.21%。孕产妇死亡1例，孕产妇死亡率30.15/10万。婚前检查433人，婚检率6.98%，疾病检出率5.31%。

（龚伟）

【新生儿保健】 年内，辖区新生儿活产数3317人，高危新生儿243例，高危新生儿管理242人，高危新生儿管理率99.59%。新生儿死亡6例，死亡率1.67‰。婴儿死亡8例，死亡率为2.41‰。5岁以下儿童死亡8例，死亡率为2.41‰。新生儿出生缺陷发生率0.93%，主要出生缺陷病种是多指（趾）、副耳、肾异常。6个月内母乳喂养率81.50%。辖区0～6岁儿童1.37万人，系统管理率96.73%，贫血患病率2.30%。

（龚伟）

【计生条例培训】 年内，开展“全面二孩”、《北京市人口与计划生育条例》（修正案）培训，其间发放宣传品3000张。全区乡镇（街道）分管计生工作的副乡镇长（主任）、计生办主任、工作人员、各工委、机关企事业单位计生干部等600人次参加学习。

（龚伟）

【流动人口计生管理】 年内，在延庆镇司家营村、下水磨村开展流动人口动态监测工作，调查流动人口育龄群众40人。开展流动人口免费进行孕情、环情检查100人次，落实流动人口免费计生“四术”6人次。向各乡镇（街道）拨付资金42.1万元，在重大节日期间开展流动人口计划生育宣传活动和送温暖活动，惠及流动人口计生家庭1000户。

（龚伟）

【避孕措施及优生指导】 年内，有避孕药具人工发放网点446个，自助发放机32台。调入各类药具4种、1248箱，金额57.47万元，发放到各乡镇（街道）、企事业单位药具4种、907箱，金额42.78万元。

（龚伟）

【生殖健康】 年内，区中医医院、区妇幼保健院为全区免费孕前优生健康检查定点医院。为496对待孕夫妇开展免费孕前优生健康检查和优胜咨询服务。生殖健康服务月活动贯穿全年，增加男性健康服务、妇科血糖、中医诊疗等项目，服务10万人次。继续实施农村长效节育户籍已婚育龄群众免费健康体检项目，有9008人参加体检。对全区6000户新婚、孕产、术后、新入户等重点人群进行生殖保健上门服务，服务率96%；全年发放婚育健康服务包2118个。

（龚伟）

【计生奖励扶助】 年内，有符合计划生育奖励扶助政策人员3.71万人，奖励总金额627.83万元。享受独生子女父母奖励3.44万人，奖励金额206.65万元。享受一次性奖励对象769人，奖励资金76.9万元；一次性经济帮助对象11人，帮助金额11万元。符合可生育第二个子女但书面表示不再生育的一次性奖励对象280人，奖励金额28万元。农村部分计划生育家庭奖励扶助对象1440人，标准为1440元/人/年，奖励扶助金额207.36万元。独生子女家庭特别扶助对象100人，标准为6000元/人/年，扶助金额60万元。独生子女伤残家庭特别扶助对象79人，标准为4800元/人/年，扶助金额37.92万元。

（龚伟）

【计生家庭保险】 年内，投保计生家庭保险2.98万份，金额110万元，同比增加2576份、11.49万元。其中，计生家庭意外伤害保险1.66万份，金额50万元；女性关爱“两癌”（乳腺、子宫）保险6886份，金额28万元；综合劳动力保险6353份，金额32万元，同比增加2576

份11.5万元。有补贴的乡镇数由6个增至11个。

（龚伟）

【“幸福工程”项目】 年内，针对“幸福工程”7个项目开展服务、培训和指导。“暖心计划”投入资金14.91万元。传统节日期间，对14个乡镇68户、101名失独老人进行慰问，为784位独生子女父母办理农村独生子女家庭养老保险补贴。

（龚伟）

【世界人口日主题宣传】 年内，开展纪念“7·11”世界人口日主题宣传活动暨“妫川女子展风采，唱响人口好声音”计划生育家庭才艺展示活动，真诚关爱女孩，2000个家庭参加活动。

（龚伟）

【医疗服务】 年内，全区门、急诊251.74万人次，其中门诊239.71万人次，急诊12.03万人次。出院2.31万人次，病床使用率78.79%，平均住院日8.56天（不含精神专科医院），死亡率1.32%，住院手术6339人次。

（龚伟）

【对口支援】 年内，派出8名医疗专家赴河南省内乡县开展对口支援工作，接收河南省内乡县医疗卫生骨干5人学习交流。派出1名临床业务骨干作为第八批第3期援疆医疗队员，赴新疆和田地区开展为期1年的医疗服务工作。派出8名医疗骨干赴宁夏回族自治区，开展为期7天的对口支援工作。

（龚伟）

【无偿献血】 年内，自愿无偿献血876人次、1126单位，其中团体无偿献血189人次、211单位，街头自愿无偿献血542人次、717单位，站内无偿献血145人次、198单位。机采血小板580人次、741单位。临床共用悬红细胞2508单位、少白细胞悬红20单位、血小板129单位、血浆67000 ml。成分输血占临床用血总量的100%。

（龚伟）

【信息化建设】 年内，投入信息化建设资金204万元。完成区卫生计生委网站改版，建成全科医师预约复诊信息系统，包括排队叫号、语音报价、复诊预约等子系统，涉及永宁、旧县、康庄、南菜园、延庆镇、张山营、井庄、沈家营、大榆树镇9家社区卫生服务中心。

（龚伟）

【延庆区医院】 延庆区医院为延庆区卫生计生委直属单位，差额拨款全民所有制事业单位，是全区集医疗抢救、教学科研、预防保健为一体的综合性二级甲等医院。占地6.80万平方米，有床位540张，在职职工870人，硕、博研究生90人。专业技术人员中，高级职称130人、中级职称400名、初级职称521人。全院设14个职能科室、26个临床科室、10个医技科室、1个健康体检中心、1个120分中心。拥有核磁成像仪、全身螺旋式CT机、新型数字减影血管造影机、高压氧舱、彩色超声诊断仪、全自动生化分析仪、免疫测定仪、肾透析机、CR、DR影像处理系统、心脏彩色多普勒超声仪、经颅多普勒脑血流检查仪TCD、脑地形图仪、电子胃肠镜、腹腔镜、宫腔镜及各种内窥镜等大型医疗设备器械。年内，门诊量82.83万人次，急诊量10.65万人次，出入院1.67万人次，住院手术4003例，病床使用率76.99%。体检站接待体检3.02万人次，其中高考体检1536人、征兵体检267人。特级护理合格率98.38%，护理技术操作合格率99.27%，护理文件书写合格率98.54%，急救物品完好率100%，基础护理合格率98.96%。开展新技术、新项目46项。

地址：延庆镇东顺城街28号

电话：69103020

（龚伟）

【延庆区中医医院】 延庆区中医医院始建于1994年12月，是一所中医特色突出、中西医并重，集医疗、教学、科研、预防保健、康复为一体的综合性二级甲等中医医院，承担延庆地区中医医、教、研、预防和基层指导任务。医院为国家级县级公立医院改革试点单位、国家中医药管理局第四批“治未病”预防保健服务试点单位、国家中医药管理局针灸理疗康复重点建设单位、“北京市示范中药房”单位、北京市中医皮肤特色诊疗中心协作单位，延庆区老年护理保健院，河北北方学院教学医院，占地面积1.35万平方米。年内，开放病床120张，日均门诊量1200人次，年出院病人4000人次。医院在职职工334名，其中正、副主任医师46人，“双高”人才5名，博士生3名、硕士研究生30名。有25个临床医技科室，包括3个北京市重点专科、2个基层老中医传承工作室，设有专病专台。有多排螺旋CT、全自动生化分析仪、体外冲击波碎石机、彩色多普勒超声诊断仪、大型X光诊断仪、腹腔镜、宫腔镜、电子胃肠镜等大型设备20台件，中医诊疗设备127件。中药房常备中药饮片530种，能够提供普通饮片、小包装饮片及中药配方颗粒剂。

地址：延庆镇新城街11号

电话：69146621

（龚伟）

体 育

【概况】 北京市延庆区体育局是负责全区体育工作的行政职能部门。局机关设行政办公室、业务科2个职能科室，辖社会体育管理中心（体育产业发展中心）、体育中心和青少年业余体校3个事业单位。全局编制38名、编外合同工12名。2016年获中共北京市延庆区委先进基层党组织、北京市体育产业示范项目、北京市延庆区社会治安综合治理先进单位、2016年度交通安全工作先进单位、创建全国文明城区先进单位，延庆区安全生产先进单位、精神文明单位和北京市机关档案工作测评市级优秀单位。全区有36个体育生活化社区、19个体育特色村、18个体育单项协会。年内，承办国际级比赛5次、国家级比赛3次、市级比赛5次；举办区级比赛36次；18个体育协会举办体育活动20次，11.39万人次参加。举办社会体育指导员和体育骨干培训班4次，培训1000人次。青少年运动员在北京市青少年锦标赛上，有2人次获得第一名、3人次获得第二名、6人次获得第三名。16所学校被命名为体育传统项目学校，其中市级体育传统项目学校3所、区级体育传统项目学校13所、青少年体育俱乐部7所。全区设电脑体育彩票专营店20家，彩票年销售额2987.05万元。2016年全区体育人口15.5万人，对2226人进行国民体质监测，针对全区1500名群众开展国家体育锻炼标准工作。更新健身器材168件，审批二级运动员4名，包括田径项目3名、武术项目1名，审批1个体育项目经营单位。

地址：延庆镇湖北东路118号

电话：69144456

（贾子豪）

【全国新年群众登高健身活动】 1月1日，2016年全国新年登高健身大会北京主会场活动在八达岭长城举办。大会宗旨是“登高健身、喜迎新年，科学健身、幸福生活”，突出申办2022年冬奥会圆梦和冰雪主题，北京、张家口两地2022名登山爱好者参加活动。奥运冠军邓亚萍，国家体育总局、市政府、国家体育总局登山运动管理中心、市体育局相关负责人以及延庆区领导李志军、穆鹏等出席活动。

（贾子豪）

【首届大众冰雪北京公开赛高山滑雪比赛】 1月6日在石京龙滑雪场举行。比赛设双板男子回转赛和双板女子回转赛2个项目，北京各大高校和周边省市高山滑雪爱好者近百人参加比赛。最后以总分大排名决出男子高山滑雪大回转前八名和女子高山滑雪大回转前八名，沈阳李松获男子组第一名，北京邢艳燕获女子组第一名。

（贾子豪）

【全国速度滑冰马拉松赛（延庆站）】 1月9日，2015—2016年度全国速度滑冰马拉松赛（延庆站）在延庆区户外滑冰场举行。比赛共分六项，包括女子3千米、8千米、4×3千米接力；男子5千米、10千米、4×4千米接力。全国各地300名选手参加比赛，其中20名延庆选手参加了除女子8千米外的所有比赛项目。北京滑冰爱好者王玥奇和吉林省中老年速滑队朴文峰分获女子3千米、8千米冠军；中国劲道SV战队谭护军和保定猎隼俱乐部高鹏分获男子5千米、10千米冠军；黑龙江劲道SV战队获女子4×3千米、男子4×4千米接力赛冠军。

（贯子豪）

【环球飞雪冰雪运动学校成立】 1月16日，全国第一所由教育部审批的民办冰雪运动学校在石京龙滑雪场正式成立。学校以服务冬奥、回报社会为宗旨，致力于普及大众冰雪运动，培养奥运专业人才。区委领导李志军在成立仪式上致辞；自由式滑雪项目第一个世界杯总决赛冠军李妮娜以及北京奥运城市发展促进会、市体育局等相关负责人出席成立仪式。

（贯子豪）

【世界雪日暨国际儿童滑雪节延庆站开幕式】 1月17日，以“体验、快乐、探索”为主题的“2016世界雪日暨国际儿童滑雪节活动”全国20家滑雪场同步展开，北京石京龙滑雪场是活动站点之一。活动由国际雪联发起，旨在向全世界青少年推广普及滑雪，通过“体验、快乐、探索”的主题，激发青少年对冰雪运动的兴趣，鼓励更多青少年参与其中。在石京龙滑雪场，国家首位冬奥会雪上项目冠军韩晓鹏带领50名少年现场进行滑雪技巧表演。国家体育总局冬季运动管理中心、北京市体育局相关领导，延庆区领导李志军、穆鹏，自由式滑雪世界杯冠军李妮娜、百米蝶泳奥运冠军钱红、羽毛球世界冠军叶钊颖等体育明星以及该次活动的赞助方——启利网高层负责人出席开幕式。

（贯子豪）

【寒假少儿围棋定段、定级赛】 1月19日，举办2016年延庆区寒假少儿围棋定段、定级赛。比赛分五级（含五级）以下组、二级组、一级组、一段组，92名运动员参赛。比赛各组均采用积分编排制，五级和五级以下组前13名晋升二级，14~33名晋升五级，二级组前11名晋升一级、一级组前7名晋升一段、一段组前6名晋升二段。

（贯子豪）

【中国首届冰蹴球邀请赛】 1月21日在延庆户外滑冰场举行。比赛由中国少数民族传统体育协会指导，区政府主办，区体育局、北京有朋体育文化发展中心承办，市民族传统体育协会协办。北京、天津、河北三地30支队伍、150名选手参加比赛，天津队和河北队分获冠、亚军，北京清上园冰蹴球队获第三名。

（贯子豪）

【第一届大众冰雪北京公开赛速滑马拉松赛】 1月30日，“滑向2022冬奥会”第一届大众冰雪北京公开赛速度滑冰马拉松比赛在延庆夏都滑冰场举办。全国各地不同年龄段的100人参加比赛。保定猎隼轮滑滑冰俱乐部获得少年男、女组和成年男子组5千米和10千米冠军，公安大学林梓怡和北京市什刹海俱乐部刘荣仙分获成年女子5千米和10千米冠军，中国劲道SV战队刘忠臣、王桂荣分获老年男、女组5千米和10千米冠军。

（贯子豪）

【第二届“常鸿杯”桥牌邀请赛】 1月31日，助力冬奥第二届“常鸿杯”桥牌邀请赛在延庆北科国杰老年学院举办，全市20支队伍80人参加比赛。冠山俱乐部3队获得冠军，常鸿律师4队、冠山俱乐部2队分获亚军和季军。

（贯子豪）

【首都大学生第十届高山滑雪比赛】 2月1日，助威冬奥首都高校大学生第十届高山滑雪比赛在北京石京龙滑雪场举办。北京25所高校28支代表队参赛。北京理工大学陈特和首都经济贸易大学党帅分获男女单板比赛冠军，北京大学孙骥和中国青年政治学院王嘉冰分获男女双板冠军，北京大学一队获得团体冠军。

（贾子豪）

【首届延庆海坨冰雪徒步大会】 2月4日，“走向2022迎冬奥首届延庆海坨冰雪徒步大会”在八达岭长城举行。邓亚萍、李佳军、张昊、王丽萍等体育明星和全国各地2022名徒步爱好者用徒步健身方式，为2022北京冬奥会献上祝福。

（贾子豪）

【第8届退休干部文化节暨第15届乒乓球决赛】 3月16日，区体育局联合区人力资源和社会保障局举办“第8届退休干部文化节暨第15届乒乓球决赛”，全区78家单位187位老干部参加。比赛实行单淘汰制，永宁镇和区职教中心选手分获男女组一等奖。

（贾子豪）

【首届农民双升拖拉机比赛】 3月24日在永宁镇文体中心举行。全区15个乡镇64名农民运动员参加。比赛实行淘汰制，刘斌堡乡获得一等奖，沈家营镇、大庄科乡获得二等奖，珍珠泉乡、旧县镇、四海镇、张山营镇、香营乡获得三等奖。

（贾子豪）

【体育彩票销售人员参加市技能竞赛】 4月1日，区体育局开展体育彩票销售人员技能竞赛。竞赛分初赛、复赛、决赛三个阶段，采取笔试和终端操作相结合的形式。延庆初赛区40人参加选拔赛，选出3名优秀选手代表延庆参加复赛。

（贾子豪）

【太极拳社会体育指导员培训班】 4月7—8日在区体育馆举办。聘请国家级社会体育指导员高延迎老师授课。全区乡镇、街道、社区、机关单位150名学员参加培训。

（贾子豪）

【“国税杯”乒乓球公开赛】 4月9—10日在区体育馆举行。活动由区体育局、区国税局、区乒乓球协会联合举办，37个单位参赛。质监局代表队获男子团体冠军，工商局代表队获女子团体冠军。胥大民、赵海英分获男女青年组单打冠军，周尚兴、沈立萍分获老年组男女单打冠军。

（贾子豪）

【气排球社会体育指导员培训班】 4月15日，区体育总会在区体育馆举行2016年延庆区气排球社会体育指导员培训班。聘请原北京市排球协会副秘书长肖德生主讲排球基本打法和动作要领。全区排协俱乐部及各社区排球爱好者157人参加培训。

（贾子豪）

【2016迎世园、迎冬奥绿色健康长走大会】 4月16日在野鸭湖湿地公园举办。300人参加活动，其中100人参加10千米健康跑，200人参加5千米徒步。

（贾子豪）

【第十七届北京市农民象棋赛】 4月19—21日，由北京市农民体育协会、北京市农民体育工作办公室主办，延庆区体育局承办的“第十七届北京市农民象棋赛”在延庆华海田园农业度假村举行。全市12个区，13支代表队，39名选手参加比赛。延庆区获体育道德风尚奖。

（贾子豪）

【科学健身大讲堂】 4月29日，区体育局在香水园街道、儒林街道分别举办科学健身大讲堂讲座。北京市科学健身专家讲师团秘书长、国家级社会体育指导员、著名健康专家赵之心老师应邀授课。机关干部、社区居民200人参加活动。

（贾子豪）

【区钓鱼运动协会成立并举行比赛】 5月8日，在延邮会议厅召开区钓鱼运动协会成立大会，审议并通过《北京市延庆钓鱼运动协会章程》，选举产生第一届理事会。6月5日，协会在北京金隅八达岭温泉度假村举办“邮储银行杯”钓鲫精英赛，100名会员参加。

（贾子豪）

【区第12届“节水杯”暨第10届“和谐杯”乒乓球赛】 5月14－15日，举办2016年延庆区第十二届“节水杯”乒乓球公开赛暨第十届“和谐杯”乒乓球总决赛。比赛由区体育局、区水务局主办，区乒乓球协会承办。有32支团队及个人单打400人次参加比赛。激情兄弟代表队获男子团体冠军，儒林一队获女子团体冠军，高颖、黄润、周尚兴、袁红岩、郭绍颉、李翎茜分获男子单打、女子单打、老年组男子单打、老年组女子单打、小学组男子单打、小学组女子单打冠军。

（贾子豪）

【“体育彩票杯”篮球联赛】 5月17—26日，区体育局举办2016年北京市体育公益活动社区行暨延庆区“体育彩票杯”篮球联赛。16支代表队参加。市政代表队获冠军，延庆镇代表队获亚军，活力二小代表队获季军。京仪绿能和出租司机代表队获体育道德风尚奖。

（贾子豪）

【2016麦典珍珠北京妫河女子半程马拉松赛】 5月22日在夏都公园举办，由马孔多公司主办，区体育局、园林局、团区委等单位协办，为中国田协官方注册赛事，是中国北方首个女子半程马拉松比赛。埃塞俄比亚、肯尼亚等国家和北京、上海、广东、河南、安徽等地2019名参赛选手参赛。奥运冠军杨伊琳领跑助阵，央视韩乔生为大赛主持人，李志军等区领导为大赛鸣枪发令。比赛路段设在夏都公园及妫河沿线，全程21.0975千米。肯尼亚选手撒勒·杰母塔·吉马雅赢得冠军，北京罗川和肯尼亚加拉叠丝·杰帕凯切分获第二、三名。

（贾子豪　时亚辉）

【端午文化节龙舟赛】 6月10—12日，区体育局组织3场龙舟比赛。分别是首都高等学校第六届北京大学生龙舟锦标赛、京台龙舟友谊交流赛和延庆区群众龙舟大赛。31支高校代表队参加比赛，其中男子组19队、女子组12队。北京建筑大学和中央民族大学分获男女组冠军；京台龙舟联队获友谊交流赛优秀奖；区教工委获群众龙舟赛冠军。

（贾子豪）

【第三届北京国际自行车博览会暨第五届北京自行车文化节】 6月17—19日，2016北京国际自行车博览会暨第五届北京自行车文化节在延庆举办。该届博览会由豪思国际、中国自行车协会主办，北京奥运城市发展促进会、延庆区人民政府支持。共有100多个厂商携180个品牌报名参展，其中自行车整车品牌58个、自行车零配件品牌70多个、户外装备及其它品牌50多个。参展企业国际化程度高达60%以上。参展观众达1.46万人次，媒体投放户外、平面和网络媒体硬广20家。

（贾子豪）

【2016要跑·24小时城市接力赛】 6月18日，中国人寿·2016要跑·24小时城市接力赛北京站在延庆龙湾国际露营公园举行。赛事由市体育总会、众辉国际体育管理有限公司联合主办，市田径运动协会、区体育局协办。200支跑团3000名跑者参加。李宁Irun跑步俱乐部随风行队以跑量360.5千米、北大五四队以跑量385千米分获精英组和挑战组冠军。

（贾子豪）

【第六届北京国际自行车骑游大会】 6月18—19日在延庆举办。活动由市体育局、区政府、团市委、北京奥运城市发展促进会、市体育总会、市青联合作主办。骑游大会以“休闲延庆，骑乐无穷，喜迎世园，助力冬奥”为主题，包括休闲骑游、公路自行车比赛、山地自行车越野赛、趣味活动等多项内容。推出“红色之旅、冬奥之旅和世园会之旅”休闲骑游线路3条，5000名骑游爱好者参加活动。胡志超获公路自行车男子精英赛冠军，朱俊获山地自行车越野赛男子精英组冠军。

（贾子豪）

【冰雪运动与科学健身宣讲活动】 6—11月，区体育局联合区社教中心面向15个乡镇和3个街道开展冰雪运动推广与科学健身宣讲活动。截至11月底，出动宣讲人员288人次，宣讲72场次，直接听众7200人。

（贾子豪）

【中国足协D级教练员培训班】 7月1—10日，区体育局承办中国足协D级教练员培训班，聘请中国足协讲师授课。全市24名学员参加培训，其中16人是延庆教师和足球俱乐部教练。

（贾子豪）

【2016延庆徒步大会】 7月31日，为纪念北京成功获得2022年冬奥会举办权一周年，延庆区举办“走向2022——美丽延庆与冬奥同行”2016延庆徒步大会，5000名市民相约美丽延庆，用实际行动弘扬奥林匹克精神，为北京2022冬奥助力加油。

（贾子豪）

【荧光夜跑活动】 8月8日，“永恒·长城里”2016全民健身日“助力冬奥”荧光夜跑活动在区体育场举办。活动以“助力冬奥　共圆梦想”为主题，450名跑步爱好者参加。

（贾子豪）

【全民健身知识普及活动】 8月8日在区体育局举行。活动现场免费向市民发放2000册《冰雪运动普及读本》《国家体育锻炼标准》《全民健身科普知识手册》和《骑车游延庆》等7种全民健身知识普及图书。

（贾子豪）

【国家雪橇队运动员选拔活动】 8月22—24日，由国家冬季运动管理中心主办、市冬季运动管理中心和区体育局承办的2016年国家雪橇队运动员测试选拔活动在延庆区举行。全国7个省市60名青少年参加测试，其中有延庆区运动员3名。

（贾子豪）

【第二届北京百里山水画廊森林马拉松赛】 8月28日在北京延庆世界地质公园千家店园区举办。活动由区政府和马孔多公司（北京）文化有限公司主办，区体育局、千家店镇、区旅游委、团区委等单位协办；2022名选手参加。清华大学的王浩和夏雨雨分获男女第一名。

（贾子豪）

【千森杯国际自盟公路越野赛延庆站】 8月31日，2016第四届“千森杯”国际自盟公路越野职业一级赛延庆站，在区树香园自行车越野基地举行。19个国家95名专业运动员参赛。胡浩、王学丽分获全国越野业余赛男女组冠军。比利时PEETERS　Rob和美国KACHOREX　Emily分获男女精英组冠军。

（贾子豪）

【北京延庆“美利达杯”国际自行车赛】 9月11日在延庆举办。活动由区政府和美利达自行车（中国）有限公司主办，区体育局、北京德曼体育策划有限公司承办，国内外2500名自行车选手参赛。

（贾子豪）

【全民健身技能展示活动】 9月12—14日，举办2016北京市体育公益活动社区行暨延庆区全民健身技能展示活动，33个社区表演队700人参加，表演花棍、抖空竹、广场舞、交谊舞等项目。湖南社区和新兴社区获最佳技能奖，泰安社区等8个单位获最佳表演奖，石河营东社区等23个单位获优秀表演奖。

（贾子豪）

【北京国际马球公开赛】 9月24日，2016北京国际马球公开赛决赛在延庆举办。中国、英国、新西兰和吉尔吉斯斯坦4支队伍参赛。经过四节比赛，新西兰以5:4战胜英国，夺得冠军杯；中国和吉尔吉斯斯坦分获第三、第四名。

（贾子豪）

【延庆区体育中心奠基仪式】 10月12日在区体育场东南侧举行。该项目执行国家乙级标准，被列入北京市重点工程。总用地面积3.72万平方米。体育馆建筑面积1.84万平方米，具备举办篮球、排球、羽毛球等国家级别赛事的能力，游泳馆建筑面积7827.72平方米。

（贾子豪）

【组队参加北京市农民篮球比赛】 11月5—26日，选派12名队员参加北京市农民篮球赛，区代表队获得优秀组织奖和精神文明奖，王海波在3分球比赛中获得冠军，卓建伟在技术比赛中获得第三名、周洪彪在2分球比赛中获得第四名。

（贾子豪）

【区首届气排球比赛】 11月22日，由区体育局、区体育总会主办，区排球协会承办的2016年延庆区迎冬奥首届气排球比赛在区体育馆举行。各机关单位、部队、社区21支代表队210人参赛。经过44场比赛，香水园街道办事处新兴西代表队获得男女组冠军，儒林街道办事处康安社区代表队和中鼎华信基金一队分获男女组亚军。

（贾子豪）

【区桥牌联赛】 11月26日，举办2016年延庆区“北科国杰健康城杯”桥牌联赛，10支代表队50人参赛。试验厂代表队获得冠军，张山营学校获得学生组冠军。

（贾子豪）

【2016年终象棋赛】 12月10日，区体育局举办2016年终象棋赛，全区12个单位36名选手参加。比赛采用个人带团体形式，经过积分编排7轮126局角逐，永宁代表队获团体赛冠军；张磊获个人赛冠军。

（贾子豪）

（责任编辑：王新华）

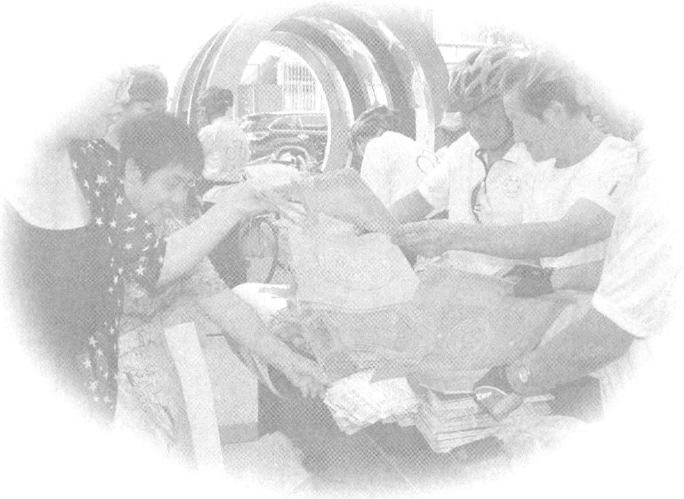

社会管理 居民生活

人力资源和社会保障

概 况

北京市延庆区人力资源和社会保障局(简称区人力社保局)，有促进就业、统筹建立覆盖城乡的社会保障体系、指导事业单位人事制度改革等职能14项，行政权责事项182项。主要负责就业、社会保障、人才、人事、收入分配（工资）和劳动关系工作职能。有行政、事业科室31个，其中行政科室15个、事业科室16个（含副处级事业单位1个，内设18个科室）。年末有编制253个，工作人员269人（其中在编人员205人）。年内，新型农村合作医疗管理机构正式划归区人力社保局。新型农村合作医疗参保人数15.57万人，基金收入1.87亿元，支付1.83亿元。建立政府应急周转金用于救助农民工；制定中关村延庆园机构改革人员安置方案，涉及的134人全部确定安置岗位并平稳有序到岗。截至年底，实现城镇新增就业7793人，城镇登记失业人员就业2885人，城镇就业困难人员就业1665人，农村劳动力转移就业4359人。城镇登记失业率4%，城镇登记失业人员就业率52.59%。生态就业岗位安置农村就业困难人员8530人，社区公益性就业岗位安置城乡就业困难人员2555人。

地址：延庆镇高塔街53号
电话：69181846

（任雪莲）

人事管理

【人事代理和档案管理】 年内，新增流动人员档案4768份，转出3385份，接转失业人员档案3106份，档案总量2.17万份。有立户存档单位699家，委托存档2789份。办理改派手续178份，查阅、借阅档案328份，与毕业生签订三方协议95份。转入和新参统社会保险人员1694人，转出1711人，参保总人数1704人；为421名存档人员办理退休手续。

（任雪莲）

【退休审批】 年内，审批企业退休人数1335人，其中正常退休811人，特殊工种提前退休201人，病退13人、退职4人、一次性退休18人；职工保险转居民保险288人，行政审批补缴养老保险33人，个人账户补填1人，延期退休备案10人。审批机关事业退休人数270人，其中公务员67人、事业管理人员32人、专业技术人员136人、编内合同制工人35人。

（任雪莲）

【人才引进和服务】 年内，为区内企事业单位引进双高人才3人，引进非北京生源毕业生122人，高学历留学人员3人，为10人解决两地分居，为248人办理居住证新办、续签、随迁等相关手续。截至年底，94家企事业单位管理、专业技术、工勤技能三类人才1.12万人，其中专业技术人才7597人，（具有高级职称1029人、中级职称3207人、初级职称3361人）。区农业推广站、科学研究所、种子苗木管理站等事业单位按照科研机构职称结构进行调整，高级职称结构比例由8%提高到30%。申报“延庆区生态休闲农业建设”“世园办园艺产业聚集区建设”两个专家服务基层项目，其中世园办项目获国家人力社保部经费支持12万元。

（任雪莲）

【专业技术人才培养选拔】 年内，申报“骨干教师信息通信技术创新教育研修班”出国（境）培训项目获批。区中医院金合、区种植业服务中心种子管理站吴敬新2人获得2016年国务院政府特殊津贴荣誉称号。

（任雪莲）

【大学生“村官”管理】 年内，2013届次大学生村官181人合同期满，已就业167人，其中公务员70人、事业单位52人、专项事业编6人、企业20人、自主创业1人、社区工作者3人、编外合同制工人3人、续签5人、考研4人、灵活就业3人，未就业14人，就业率92.27%。选聘大学生村官62人，岗前培训50学时。引导大学生村官参与村级管理、基层文化、志愿服务和校村共建，推荐优秀大学生村官到世园办实训；开展创业意识、创业技巧培训并后期跟踪指导，鼓励自主创业。

（任雪莲）

【公务员管理】 年内，公务员招考68人、调动214人、调任35人；纳入规范人员招聘42人、纳入规范人员调动36人。科级干部任免563人，其中科级干部竞争上岗涉及12家单位81人，通过竞争上岗走上科级领导岗位44人。截至年底，全区行政机关公务员2121人，参公事业单位公务员392人，纳入规范管理事业单位人员1420人。1638名科级及以下公务员参加在线学习，通过率100%。

（任雪莲）

【事业单位公开招聘和管理】 年内，招聘事业单位工作人员276人。截至年底，纳入岗位设置管理的单位（二级班子单位）35家，设置三类岗位1.08万个，聘用0.96万人。其中，管理岗位1666个，聘用1411人；专业技术岗位8331个，聘用7528人；工勤技能岗位797个，聘用680人。

（任雪莲）

【军转干部服务】 年内，接收并安置营职及以下职级和技术类、体育类军转干部3人。为38名自主择业军转干部平均增资500元。为11名随军家属办理接收手续，为15名随军家属出具接收函。做好企业军转干部解困维稳工作，49人享受到退休企业军转干部生活性补助。

（任雪莲）

【人事考试】 年内，组织26场1.65万人次的人事考试。其中，43人参加选调生笔试。1530人参加全国职称外语考试。1212人参加事业单位公开招聘工作人员笔试。1240人次参加全国计算机应用能力考试。1812人参加一级建造师执业资格考试。1628人参加二级建造师执业资格考试。147人参加大学生村官选聘笔试。320人参加全国经济专业技术资格笔试。3236人参加北京市各级机关考试录用公务员公共科目笔试。722人参加中央机关及其直属机构2017年考试录用公务员公共科目。298人参加全国一级注册消防工程师考试。3986人参加编外合同制工人招聘笔试。

（任雪莲）

【退休人员管理】 年内，举办以“乐享绿色晚年、共创文明城区”为主题的第八届退休干部文化节。文化节历时8个月，其间陆续举办文娱活动、参观考察、书画比赛、知识讲座、文艺演出等5大类21项活动，退休干部5500人次参加。截至年底，退休中心管理退休干部人数4441人，社区管理企业退休人员7978人。

（任雪莲）

创业就业

【就业政策落实】 年内，宣传和落实市、区两级用人单位岗位补贴和社会保险补贴政策、灵活就业（自谋职业）社会保险补贴政策、公益性就业补助政策、绿色生态就业补助政策。全年落实促进就业资金5.31亿元，其中市失业保险基金2.08亿元，区财政3.23亿元，促进3.6万人次就业。

（任雪莲）

【创业带动就业】 年内，与区财政局、区国税局、区地税局召开联席会议，落实创业税费减免政策；与团区委联合举办青年创业大讲堂、青年创业培训班，聘请3名有丰富创业经验的人士为区推进创业就业顾问；4人被市人力社保局、团市委、市农委联合评为青年创业带头人。鼓励城乡劳动力实现创业65人，带动就业

185人。

（任雪莲）

【高校毕业生就业】 年内，717名高校毕业生档案转到延庆人才交流服务中心。开展未就业高校毕业生实名制登记就业服务和就业指导，实行困难家庭毕业生一对一帮扶，暂未就业26人，就业率96.4%。

（任雪莲）

【公共职业介绍和职业指导】 年内，采集空岗信息9830个，办理求职登记1358人，推荐成功就业398人次；组织招聘会65场，参加招聘企业1662家次，提供岗位3.21万个次，参会求职3.52万人次，达成就业意向1.07万人次，实现就业218人；全年开展职业指导6856人。

（任雪莲）

【基层公共就业服务平台建设】 年内，全区111名基层社保所工作人员工资纳入规范管理。在延庆、永宁、大榆树三镇试点“一村一人”配备村级劳动保障协管员。实行基层工作人员统一着装，永宁镇、百泉街道社保所新建办公大厅。

（任雪莲）

社会保险

【社会保险费率调整】 5月起，阶段性降低社会保险费率，企业职工基本养老保险单位缴费比例由原来的20%调整为19%，失业保险单位缴费比例由原来的1%调整为0.8%，个人缴费比例不变，暂按两年执行。工伤保险费率根据不同行业的工伤风险程度，自0.2%~1.9%，分为八类基准费率，自上年10月1日起执行。

（任雪莲）

【社会保险基金】 年内，五险收缴13亿元，同比增加1.17亿元，增幅9.84%，五险发放13.98亿元，同比增加1.18亿元，增幅9.22%。社保稽核发现少报缴费基数单位16家，补缴48.69万元。

（任雪莲）

【城乡居民养老保险】 年内，参加城乡居民养老保险6.5万人，其中农村居民6.42万人，收缴金额6829.12万元。领取养老金2.36万人，其中农村居民2.31万人，领取保险金额1.54亿元。基础养老金上调40元，上调后基础养老金标准为每人每月510元。完成对全区4.03万名符合补贴条件的参保人员缴费补贴工作，补贴金额245.06万元。

（任雪莲）

【社会保险待遇调整】 年内，调整企业退休人员基本养老金，平均增幅6.5%；城乡居民基本养老保险基础养老金增幅8.5%，城乡居民老年保障福利养老金增幅10.4%，失业保险金增幅7.7%。调整工伤保险待遇，包括伤残津贴、供养亲属抚恤金和生活护理费，分别增幅9.8%、9.7%和9.6%。

（任雪莲）

【社会保险制度改革】 年内，完成机关事业单位养老保险制度改革，全区269家机关事业单位2万人进入机关养老保险库，5113人补缴机关事业养老保险及职业年金，6032名机关事业单位退休人员养老金纳入社保基金支付。机关养老保险收入6.11亿元，支付6.51亿元；机关职业年金收入8559.78万元（暂未发放）。

（任雪莲）

【医保审核】 年内，医疗费用审核结算139.38万人（次），同比增幅12.17%。其中基本医疗保险审核结算124.06万人（次），占总人次数的89%；城镇居民基本医疗保险、工伤保险、生育保险、离休人员医疗费用审核结算人次数分别为13.81万、3047、2629、9432人（次）。基金支付金额4.56亿元，其中城镇职工基本医疗保险基金应支付金额4.17亿元，占总金额的91.60%。城镇居民基本医疗保险、工伤保险、生育保险、离休人员应支付金额分别为1899.06万元、383.18万元、750.83万元、796.99万元。

（任雪莲）

【社会保险参保】 截至年底，基本养老保险参保3579户，同比增加20.79%；参保9.02

万人，同比增加1.69%。失业保险参保3631户，同比增加25.16%；参保7.19万人，同比增加8.52%。工伤保险参保3769户，同比增加24.72%；参保7.86万人，同比增加3.86%。生育保险参保3548户，同比增加26.13%；参保7.08万人，同比增加3.30%。基本医疗保险参保3445户，同比增加22.73%；参保11.79万人，同比增加8.67%。城镇居民医疗保险参保缴费2.06万人，同比增加8.88%。

（任雪莲）

技能培训

【职业技能培训】 年内，对农村劳动力、城镇失业人员开展社区保洁绿化、计算机文字录入处理员等技能培训。职业技能培训3319人，在培99人，结业3220人，其中失业人员再就业培训261人，农村劳动力转移就业培训439人，其他人员2517人。申请职业培训补贴31.749万元。

（任雪莲）

【高技能人才培养】 年内，在新风大酒店成立全区首家首席技师工作室，首席技师6人；在服务公司组织中式烹调师技师研修班，37人参加培训。4人获得2016年市政府技师特殊津贴。

（任雪莲）

【职业技能鉴定】 年内，组织参加鉴定792人。其中农村劳动力考核141人，职技院校学生双证考核578人，城镇失业人员73人。取得职业资格证书468人，其中初级25人，中级443人。鉴定涉及中式烹调师、中式面点师、美容师、美发师、汽车维修工、客房服务员、餐厅服务员、保育员、绿化工、花卉工、计算机操作员11个工种。

（任雪莲）

【职业技能竞赛】 年内，举办北京市第四届职业技能大赛暨“我为世园做贡献”延庆区第一届职业技能大赛，805名选手参赛，涉及花卉、园艺等19个职业工种，11名选手获得市级名次，其中菌类园艺工获得全市第一名。开展“寻找技能达人”活动，28名技能达人展现皮雕、糖画、植物画、豆塑等绝技绝活，评选出延庆“十大技能达人”和延庆“十大特色创意礼物”。

（任雪莲）

【人事培训】 年内，开展为期15天公务员科级任职培训，区内各行政单位65名新晋升科级干部的公务员参加培训。开展为期12天公务员初任培训，全区65名新录用公务员参加培训。开展为期3天延庆区培训管理者培训班，全区各行政单位人事部门负责公务员培训工作的科长或具体负责人90人参加培训。完成延庆区公共知识培训工作，全区1800名科级及以下公务员参加公务员职业道德建设培训。128人参加技工培训。

（任雪莲）

劳动关系

【编制外合同制工人管理】 年内，全区承接行政事业单位编制外合同制工人涉及16家单位，在岗职工4326人。全年新签劳动合同173人，续签劳动合同692人，解除劳动合同184人。

（任雪莲）

【工伤认定】 年内，办理工伤认定392例，认定工伤334例，不予认定工伤7例，终止工伤认定8例，撤销认定申请3例，结转下年40例。工伤认定时限内办结率100%。全年有22名工伤职工进行康复治疗。

（任雪莲）

【劳动能力鉴定】 年内，组织劳动能力鉴定244人。其中工伤评残212人，同比上升27.7%。已达到伤残等级177人，未达到伤残级别35人；因病鉴定人数21人，同比下降22.2%。达到完全丧失劳动能力17人，未达到完全丧失劳动能力4人；配置辅助器具确认8人；委托鉴定3人。

（任雪莲）

【劳动合同履行】 年内，对重点行业、重点企业实施劳动合同监控，办理劳动合同季报207家，涉及劳动者2.2万人次，合同签订率99.1%。推进各项劳动关系审批备案工作。截至年底，集体合同备案单位140家，涉及职工1.09万人；综合计时工时工作制单位113家，涉及9880人；不定时工作制单位24家，涉及381人；劳务派遣单位47家。

（任雪莲）

【劳动监察】 年内，处理延庆百果园装修改造欠薪事件，启动政府应急周转金救助农民工，并有效实现“行刑”衔接，向公安部门移送企业涉嫌拒不支付劳动报酬相关材料。贯彻实施京津冀劳动保障监察案件协查机制。日常检查用人单位555户，涉及劳动者1.75万人次；查处劳动违法案件61件，为1142人追发补发工资641.98万元；为3人补缴社会保险，责令改正通知书22份。

（任雪莲）

【劳动人事争议调解仲裁】 年内，拍摄普法微电影、推行流动仲裁庭、邀请群众旁听仲裁庭审活动等，引导劳动者依法维权。规范实施“一裁终局”，提高办案效能。受理各类争议案件1043件，同比增加4.51%，其中集体争议73件，涉及职工473人，同比减少15.23%。全年结案率95.3%，调解率66.6%，一裁终局比例46.52%，为申请人追回劳动报酬及其他赔偿等1194万元。其中因劳动报酬引发争议450件，保险福利40件，经济补偿及赔偿480件，其他原因73件。用人单位胜诉比例占37.4%，个人胜诉比例占45.6%，双方部分胜诉比例占17.0%。

（任雪莲）

工资福利

【正常晋升工资及奖金发放】 年内，机关事业单位工作人员正常晋升工资工作涉及82家二级单位1.47万人次。为全区机关及规范事业单位2015年度考核称职及以上工作人员4492人及2015年度内退休、去世、调出调入人员兑现机关年终一次性奖金1173.4万元。为机关在职人员4413人按人均1.5万元标准发放政府绩效管理考核奖6850.1万元。为除教育系统外的事业单位5183人及2015年度退休、去世、调出调入人员按人均不突破1万元的标准发放绩效奖金5164.6万元；为除教育系统、公共卫生系统外事业单位4360人及2015年度退休、去世、调出调入人员按人均不突破2000元的标准发放绩效奖金1032.1万元；为公共卫生事业单位821人发放年终绩效奖金109.3万元。事业单位一次性增加绩效工资按年人均1.5万元的标准，为全区事业单位2015年度考核称职及以上工作人员9899人及2015年度内退休、去世、调出调入人员兑现奖金15520.8万元。按时兑现教育系统学年奖3952.95万元。核定2016年度工资总额9.7亿元。按月做好为241个独立核算的机关事业单位1.8万名在职、离退休人员工资统发工作。

（任雪莲）

【企业最低工资标准调整】 年内，全区企业最低工资标准从1720元提高到1890元，增长9.9%。

（任雪莲）

【福利养老金】 截至年底，城乡无社会保障老年人享受福利养老金人数2.58万人，同比减少5.16%。发放福利养老金1.40亿元，同比增支6.02%。福利养老金上调40元，上调后人均月养老金标准425元。

（任雪莲）

【考核奖励】 截至年底，全区91家单位4224名处级及以下公务员（含参公、规范）参加年度考核，其中优秀等次816人，称职等次3277人，参加考核不确定等次131人；未参加考核3人；979人获得奖励，其中体育局马玉泉获得“人民满意的公务员”荣誉称号；191人获三等功（处级领导48人，科级及以下人员143人）；787人获嘉奖（处级领导191人，科级及以下人员596人）。事业单位工作人员年度考核涉及全区33个单位9380人，其中参加考核9338人，未参加考核42人。参加考核人员中，优秀等次1842人，合格等次7418人，基本合格等次1人；不合格等次4人，未定等次73人。

（任雪莲）

民 政

【概况】 北京市延庆区民政局是负责全区民政事业、民族事务、宗教事务的区政府工作部门。有14个科室，其中行政科室7个，事业科室7个；辖属单位10个。在岗职工149人。年内，推行“月台账清单式”业务管理基本模式，为7大类民政服务对象1.47万人发放19项民政救助资金1.65亿元。完成第十届村民委员会选举。有登记注册社会组织233个。有注册志愿者2.28万人，志愿服务队伍480支。有优抚对象2346名。城乡低保标准调整为800元。低保人数有4608人。完成116户危旧房改造，发放救助资金488.25万元。为24名见义勇为人员发放慰问金和生活困难补助7.74万元。接收各类善款254.45万元。救助临时困难群众568人，发放救助资金89.72万元。为58名大学新生发放高等教育新生入学救助资金25.78万元。争取福彩资金购置粮油6000份，慰问困难群众6000人。区光荣院与区中小学校共建活动20次，接待学生参观300人次。

地址：延庆镇东外大街59号

电话：69141405

（王晓云）

养老服务

【老年营养餐服务体系】 年内，与延庆区饮食服务总公司合作，在城区构建“中央厨房+社区配餐”服务体系，完成中央厨房建设，建筑面积1200平方米，可同时提供4000份老年营养餐。在山区完成13家村级餐桌建设，可同时为800名老年人提供用餐服务。

（王晓云）

【社区居家养老服务】 年内，完成八达岭镇、大庄科乡、百泉街道3家养老照料中心项目初审和实地评审工作；拨付2家养老照料中心项目款379万元；为康庄镇养老照料中心拨付居家辐射项目补助资金35万元。发展服务商7家，为老年人提供50项居家养老服务。

（王晓云）

【敬老月活动】 年内，评选“新24孝”孝星20名。开展“金秋暖重阳，免费游世园”和“金色夕阳幸福晚年”健康促进活动。慰问全区百岁老人15名。组织志愿者到全区养老机构开展重阳文艺演出。配合区委、区政府在大庄科乡慈母川村慈孝广场开展“妫川重阳·情暖京华”为主题的北京“重阳文化节”延庆系列文化活动。

（王晓云）

【老年人精神关怀】 年内，投资20万元在香水苑公园建设老年人精神关爱苑。关爱苑包括政策法规篇、健康促进篇、孝亲敬老篇三部分。

（王晓云）

【养老机构管理】 年内，为12家社会办养老机构发放运营补贴314.93万元；指导全区31家养老机构完成“北京市社会福利综合管理平台”和“全国养老服务机构数据中心系统”入住老人、机构及工作人员信息录入、更新工作。

（王晓云）

【惠老政策】 年内，完成8802名80周岁以上老年人的养老助残卡充值工作，充值资金944.78万元；为2688名65周岁及以上老年人办理老年人优待卡，其中外埠老年人225人；为772名60—64周岁老年人办理老年人优待证；完成3.09万名老年人“卡变卡”工作。为789名90周岁及以上老年人发放高龄津贴78.88万元，其中为18名百岁老人发放高龄津贴3.37万元；为21名95周岁及以上老年人办理补助医疗报销

8.07万元。为762位老年人配发防走失手环；为265户老年人安装紧急救援设施。

（王晓云）

社会救助

【两节走访慰问】 年内，慰问6大类28小类民政对象7085人（户）。慰问区光荣院、区儿童部、区厚德养老院3家福利机构。慰问救助资金683.81万元。

（王晓云）

【城乡最低生活保障】 年内，调整全区城乡低保标准，城乡低保标准从家庭月人均710元调整为800元；城乡特困分散供养标准从家庭月人均994元调整为1120元；城乡低收入标准从家庭月人均930元调整为1050元。全区有城乡低保对象3147户、4608人，支出低保金4308.89万元；城市特困人员和农村“五保”对象811户、823人，支出资金1044万元。为城乡低保和城乡特困人员发放电价补贴34.97万元。

（王晓云）

【城乡低保复审】 年内，对全区18个乡镇（街道）4032户城乡低保对象和城乡特困人员复审，清退127户206人。

（王晓云）

【采暖救助】 年内，对依靠燃煤自采暖的3787户低保家庭和分散供养特困人员给予采暖补助377.25万元。为50户集中供热采暖的低保家庭和分散供养特困人员发放集中供热采暖补助5.12万元。

（王晓云）

【参保参合救助】 年内，为8710人次发放医疗救助资金1122.96万元。集中资助符合参保参合条件的城乡社会救助对象个人缴费部分，共资助6253人，支出资金108.07万元。其中，资助参保296人，支出资金12.76万元；资助参合5957人，支出资金95.31万元；参保率99.67%，参合率100%。

（王晓云）

【因病致贫救助】 年内，出台《关于开展因病致贫家庭医疗救助有关问题的通知（试行）》，对社会救助对象以外的罹患重大疾病人群，按照病种和费用两种方式救助。为61户因病致贫家庭发放医疗救助资金51.41万元。

（王晓云）

【定补发放】 年内，发放征地超转人员补贴款101.96万元，发放孤儿基本生活费96.54万元，发放白河伤残民工补贴款134.57万元，为季发定救人员发放补贴款1.10万元，全年发放总额334.17万元。

（王晓云）

【“三留守”人员摸底排查】 截至7月底，统计摸排城乡留守儿童169人，困境未成年人338人，农村留守妇女2人，农村留守老人11人。

（王晓云）

【留守儿童服务项目】 年内，通过政府购买服务方式委托北京市延庆区鹏鲲社会工作事务所开展留守儿童（困境未成年人）关爱服务项目，服务期限自2016年6月1日起至2017年5月31日止。服务内容包括：开展“三留守”人员及困境未成年人摸底排查、开展“三留守”人员及困境未成年人入户走访、建立和维护“三留守”人员及困境未成年人动态基础信息库、运用社会工作专业知识开展关爱服务活动等。

（王晓云）

【流浪乞讨人员救助】 年内，救助流浪乞讨人员171人次，其中，男性受助人员145人次，女性受助人员26人次；儿童14人次，老年人12人次；残疾人（智力残疾、肢体残疾）22人次；危重病人、精神病人7人次。全年受助人员总住站天数406天，全年自行离站151人次，亲属接领10人次，跨省护送2人次，市内区外安置1人次，区内护送返乡2人次，流出地政府部门接领2人次，流出地救助站接领2人次，其他方式离站1人次。

（王晓云）

【救灾物资临时储备库迁址】 年内，将临时储备库从京张路口东500米汇友家具院内迁到延庆区南菜园经济开发区迎泉街6号天尊家具厂院内，完善出入库规章制度，制作库房简介和救灾物资平面指示牌。

（王晓云）

【物资储备库建设】 年内，推进北京市应急救灾物资储备库延庆分库建设，完成绿富隆和商贸总公司地块地上、地下建筑物评估工作。

（王晓云）

【防灾减灾救灾活动】 年内，培训新入职社区灾害信息员142名。创建全国综合减灾示范社区1个、北京市综合减灾示范社区3个。开展防灾减灾大讲堂进社区活动69次。完成“5·12”全国防灾减灾日和“10·13”国际减灾日宣传演练活动。全年完成4次自然灾害统计核查报送工作。下拨市级救灾资金195.6万元，下拨区级救灾资金23万元。

（王晓云）

【“拒绝绝望”大病救助】 年内，扩大救助对象范围，对本人为外地户口、与延庆籍居民结婚共同生活三年以上罹患重大疾病的居民进行救助，救助大病家庭178户，发放救助款356.3万元。

（王晓云）

【“妫川希望”助学】 年内，联合爱心企业，依托延庆慈善网，对延庆区户籍低保家庭在读学生按照小学、初中、高中、大学四个阶段进行资助，共资助救助341人，发放助学款67万元。

（王晓云）

【“SOS”紧急救助8人】 年内，制定《“SOS”紧急救助项目管理办法》，对因重大疾病、意外事故等原因无力承担医药费的急难群众，给予2000元至5000元不等的一次性救助金进行帮扶。全年救助8人，发放救助款4万元。

（王晓云）

【慈善“1+1”关爱空巢助老项目】 年内，以大庄科为试点启动“1+1”关爱空巢助老项目，通过“民政主导、慈善引领、志愿联动、项目管理”的方式，由慈善协会提供一定的助老服务交通和通讯补助，支持志愿服务队为有需求的老人提供理发、助医、助洁、日间照料、精神慰藉等服务。该项工作在大庄科乡、旧县镇、千家店镇、八达岭镇4个乡镇得到落实。区慈善协会为“1+1”关爱空巢助老项目划拨资金10万元，250名志愿者为500名高龄特困老人开展助老服务，打造没有围墙的敬老院。

（王晓云）

【募集善款】 年内，“共产党员献爱心”活动收到捐款158.65万元。“送温暖 献爱心”活动募集善款95.8万元。每月25日开展“爱心捐赠日”敞开收活动，全年收到捐赠衣物246包8375件。“冬衣送暖”活动接收捐赠衣物196包5601件。

（王晓云）

【建立首家慈善驿站】 9月28日，在旧县镇慈善超市举办延庆区首家慈善驿站“缙慈驿站”的揭牌仪式。

（王晓云）

民政社会治理现代化

【第十届村民委员会选举】 年内，登记选民17.68万人，参加选举14.15万人，参选率为80.03%；全区选出村委会成员1218名，其中主任376名、副主任7名、委员835名。村党组织书记与村委会主任“一人兼”263人，占69.94%；村“两委”交叉任职710人、占61.84%；村委会班子成员具有大专以上学历的245人，占20.11%；村委会班子成员中有党员795人，占65.3%，无白点村；有女委员410人，占33.67%，每个村委会班子中均有女委员；平均年龄45.5岁，30岁以下的有15人，30~50岁的有622人，50岁以上的有581人，分别占1.23%、51.07%和47.7%；非党员村主任47人。该次换届，基本实现“两保持、两提高、两确保、两降低”的目标。其间接待群众来信、来电、来访260件次、430人次。

（王晓云）

【行政区划】 年内，完成1997年乡镇级行政区域界线勘界档案电子化录入工作；召开街乡镇界线联检工作部署会，启动延庆区街乡镇界线联检工作；联合北京市测绘设计研究院，印制延庆区行政区划图2000张。

（王晓云）

【社区服务】 年内，全区共有注册志愿者2.27万人，志愿服务队伍480支。8名志愿者获得2016年度首都社区志愿者之星称号，情润妫川志愿服务队、康庄镇康大姐志愿者协会被评为首都社区志愿服务组织之星；“爱心献社会，真情暖人间”和“1+1”关爱空巢老人2个项目评为首都优秀社区志愿服务项目。评选100名区级社区志愿者之星。全年开展社区大课堂42节，2475人受益。社区服务信息网发布信息2234条。96156服务热线接单96个，服务单96个，客户满意率100%。

（王晓云）

【社会组织】 年内，全区共有登记注册社会组织233个。其中社会团体153个，民办非企业单位80个。社会团体中专业性社团117个、行业性20个、学术性社团6个、联合性社团9个、社会公益性1个。办理社会团体注册登记11个，变更登记10个，注销登记1个，撤销登记7个，行政警告2个。民办非企业单位中社会工作类31个、教育类24个、体育类7个、科学研究类6个、生态环境类2个、农业及农村发展类1个、法律类2个、卫生类2个、文化类2个、其他类3个。办理民办非企业注册登记10个，变更登记9个，注销登记1个，撤销登记5个，行政警告1个。

（王晓云）

军民融合

【义务兵优待标准提高】 从2016年9月1日起，在按照全市统一标准发放优待金的基础上，为新入伍的义务兵每人发放一次性经济补助1万元；在服现役期间，为其家庭每月发放定期生活补助500元；2015年9月入伍的义务兵，按照同样标准发放。至年底，为210名2015年、2016年入伍义务兵发放家庭定期生活补助、一次性经济补助142万元。

（王晓云）

【优待抚恤】 年内，为2335名各类优抚对象发放抚恤补助金3097.3万元、慰问金194.7万、价格临时补贴42.5万、集中供热采暖补助176.8万。建立优抚管理系统、民政统发系统时时对接机制，档案全部实现电子化。核查2346名优抚对象数据，数据核查率100%。为215名义务兵发放优待金618.2万，为312名优抚对象报销上年度医疗费386.8万元，为6名优抚对象翻建危房投入32.4万元，为123名困难优抚对象发放临时救助10万元，为71名残疾军人争取市级资金33.14万元配备轮椅等辅助器具。全年新增优抚对象46人，去世优抚对象100人。

（王晓云）

【散葬烈士墓抢救保护】 年内，投入29.7万元，新建珍珠泉乡烈士陵园、修缮彭家窑烈士纪念碑、集中安葬29座散葬烈士墓、就地维护29座散葬烈士墓；与80户自行管理的散葬烈士墓烈士遗属签订协议书，制作遗属联络表。

（王晓云）

【退役士兵安置】 年内，接收2015年度退役士兵99人，其中自主就业退伍士兵92人，符合政府安置工作7人。政府安置的7人中，有3人选改自主就业。发放自主就业一次性经济补助562.5万元。组织退役士兵参加教育培训，有11人被市民政局指定的十所大专院校录取，4人参加短期技能培训，发放教育培训资金0.26万元。

（王晓云）

【双拥共建】 年内，出台《延庆区双拥工作领导小组成员单位绩效管理评价办法（试行）》和《延庆区关于加强双拥宣传工作的意见》，以量化考评方式规范延庆区双拥工作。区机关和区企业慰问驻延部队投入经费70万元。为立功受奖军人家属送喜报。为全区192户现役军人家属门前悬挂“光荣军属”牌。

（王晓云）

【平北抗战精神传承】 年内，平北抗日烈士纪念园专题馆主体建设完工。反映平北抗战的纪录片电影《北平以北》于9月开始拍摄。平北抗日烈士纪念园推出手机扫描二维码免费听语音讲解的便民服务。举办第三届“我是小小讲解员”比赛活动。丰富平北馆藏，受赠吴涛将军1955年被授予少将军衔礼服一套，收藏13件新文物，出版《平北抗战故事》和《侯起与雨花的故事》。挖掘平北抗战史料，召开长嵯突围战寻踪座谈会；在大庄科乡举办“缅怀先烈　不忘初心　继承遗志　砥砺前行”纪念红军长征胜利80周年暨传承平北抗战精神座谈会。

（王晓云）

【军休人员台账建立】　年内，建立延庆区军休人员详情台账，整理完善军休干部、无军籍职工个人及家庭基本信息以及医疗档案。截至年底，全区实有军休干部34人，无军籍职工39人。

（王晓云）

民族宗教

【民族乡村发展项目5个】　年内，完成5个少数民族乡村经济发展项目，分别为大庄科乡慈母川村特色村寨建设二期工程项目、井庄镇王仲营村特色村寨建设一期工程项目、永宁镇新华营村菊花育苗基地建设项目、永宁镇东灰岭村水源工程及满族文化展示设施项目、永宁镇南张庄村改水工程项目，项目总投资688.16万元，获得市民委以奖代补扶持资金630万元。

（王晓云）

【宗教活动】　北京市宗教界捐助少数民族乡村贫困户捐赠仪式在延庆区大庄科乡慈母川村举行。延庆区、密云区、房山区38个民族村的617户少数民族贫困家庭获得捐款共计123.4万元。其中，延庆区4个乡镇14个民族村的151户贫困家庭获得捐款30.2万元。平安夜、圣诞节共接待信教群众及参观人员5250 人次。开斋节和古尔邦节会礼活动共接待300名穆斯林群众。

（王晓云）

社会专项事务

【见义勇为人员权益保护】　年内，邓晓光获得第十一届“首都见义勇为好市民”称号，刘玉东、蒋桂顺、胡爱民获得“首都见义勇为模范群体”称号，为4人发放奖励金0.4万元。为24名见义勇为人员发放慰问金和生活困难补助7.74万元。为10名获得“社区安全保卫之星”称号人员发放奖励金1万元。组织24名见义勇为人员免费体检。

（王晓云）

【残疾人就业安置】　年内，全区31家福利企业安置在职职工1048人，其中集中安置残疾人职工481人，残疾人职工所占比例46%，超比例安置残疾人职工219人，残疾人职工月平均工资2436元，超出北京市最低工资标准546元。全区31家福利企业完成销售收入3671万元，实现利税987万元。区民政局会同区残联和沈家营镇政府共同举办“2016年春季残疾人就业招聘会”暨福利企业残疾人就业招聘活动，12家福利企业提供25个门类就业岗位，沈家营镇及周边乡镇100多名残疾人现场就业咨询。

（王晓云）

【婚姻、收养登记】　年内，共办理婚姻登记5365件，其中结婚登记2891件，离婚登记1383件，补领婚姻登记1091件，依法登记合格率100%。全年办理收养登记13件。

（王晓云）

【福利彩票】　年内，全区24家销售站销售福利彩票3004.41万元，其中电脑福利彩票2318.25万元，销售即开型福利彩票686.16万元。

（王晓云）

【殡葬管理】　年内，接运、火化遗体1715具，土葬区安葬273具；发放丧葬补贴38.5万元。对经营性公墓、殡仪馆逐一检查和排查摸底，没有发现违规行为；殡仪馆不存在对遗体存放、未登记、销售殡葬用品未明码标价等违规行为。对丧葬用品市场联合执法检查，依法查处18家违规经营封建迷信用品的店铺。对农村公益性公墓实行监督管理，对1家对外经营的公墓依法行政处罚。八达岭陵园全年销售墓碑477个，办理安葬714个，建立网站纪念馆331个，墓碑实景传送89家，制作各种照片264张，代客祭扫2000份，礼仪服务721次；完成老旧墓碑改造29家，老旧墓区路面硬化3000平方米，护栏500米，园内景观建设5处。

（王晓云）

【殡仪馆基础设施改造】 年内，申请福彩资金2076万元，新建骨灰堂，占地2778.93平方米，年底完成主体工程。申请财政资金61.8万元，完成取暖锅炉“煤改气”工程。投入资金40万元，对院内环境进行局部改造。申请财政资金121万元，新建殡仪馆围墙。申请财政资金32万元，更换尸体冷藏柜。

（王晓云）

【民生资金统发】 年内，通过民政资金监管信息化平台，完成老龄、低保、社救、优抚等民生资金统发8762.4万元。

（王晓云）

居民生活

【概况】 2016年，全区人民生活水平继续稳步提高。城镇居民人均可支配收入38442元，同比增长8.0%。农村居民人均可支配收入19588元，同比增长8.3%。城乡居民储蓄存款余额达1868113万元，同比增长9.5%。随着人民收入水平的提高，消费品市场繁荣活跃，按产业经营地初步统计，全年全区实现社会消费品零售额875931万元，同比增长8.1%。

（林茹）

【城镇居民收入、支出情况】 年内，根据城镇居民家庭抽样调查统计，2016年城镇居民人均可支配收入38442元，比上年增长8.0%。工资性收入28532元，增长5.9%。城镇居民人均生活消费性支出24809元，同比增长8.4%，八大类消费支出中食品烟酒支出和其他用品和服务支出下降，衣着支出持平，其他类支出均有不同程度增长。其中增速最快的是生活用品及服务支出，同比增长31.6%，其次分别是医疗保健、交通通信、居住、教育文化娱乐，增速分别为25.5%、20.0%、8.0%和2.7%。

（林茹）

【农村居民收入、支出情况】 年内，根据农村居民住户调查资料显示，2016年农村居民人均可支配收入19588元，同比增长8.3%，其中工资性收入12677元，增长7.1%；经营净收入3298元，增长5.0%；财产净收入653元，增长23.4%；转移净收入2959元，增长14.7%。在农村居民收入增长的推动下，农村居民人均生活消费支出达到14500元，同比增长8.4%。八大类消费支出中除其他用品和服务支出下降外，其他类支出均有不同程度增长。其中增速最快的是交通通信，同比增长19.1%，其次分别是居住、衣着、医疗保健、教育文化娱乐、食品烟酒、生活用品及服务，分别增长11.3%、7.4%、5.7%、5.5%、5.2%和2.7%。

（林茹）

社会建设

【概况】 中共延庆区委社会工作委员会（简称区委社会工委）是负责全区社会建设工作的区委派出机构，与延庆区社会建设工作办公室（简称社会办）合署办公。主要负责制定政策、综合协调、社区建设、社会组织建设、社会队伍建设、志愿者工作、社会公共服务和社会领域党的建设。设科室3个，编制10人。年内，完成第三批社区服务用房项目申报工作，批复6个项目，批复总建设面积2105.60平方米，总投资2.77亿元；完成4个社区规范化示范点创建；引入6家社区社会组织；选拔出非公有制经济组织志愿服务示范项目1个；非公有制企业建立党组织89家，社会组织建立党组织33家；完成10个农村社会服务管理创新试点；完成8个老旧小区自我服务管理试点创建；6个试点小区完成施划机动车和非机动车停车标线；补充招录社工59名；全年物业改革资金1000万元，年内全部拨付。

地址：延庆镇妫水北街70号
电话：69177830

（胡琳）

社会领域党建

【建立党组织122家】 年内，建立非公有企业党组织89家，覆盖率31.46%；建立社会组织党组织33家，覆盖率19.41%。制定《关于在全区非公有制企业和社会组织党员开展“学党章党规、学系列讲话、做合格党员”学习教育的实施方案》，以发放学习资料、横幅、展板等方式开展学习。以微信群、微信群“手机报”宣传工作动态，组织文艺体育、社会公益、安全维稳活动。举办第一届“两新”组织党建杯足球邀请赛、第一届“91金融”杯诗歌朗诵大赛、首届“两新”组织党建知识竞赛。

（胡琳）

社区建设与管理

【物业服务费用测算评估】 6月，会同住建委聘请专业评估公司对全区有物业企业提供服务的住宅小区综合物业服务状况及费用情况进行评估，完成12家物业服务企业和3个街道对费用测算评估的意见征求工作，对无物业老旧小区三清费用进行实际运行测算。

（胡琳）

【规范社工工资】 8月，拟定《延庆区关于进一步规范社区工作者工资待遇的实施办法》，文件规定按照上年度北京市社会工作者平均工资的70%为标准，核定延庆区确定社工平均工资，并于同年8月1日开始实施。

（胡琳）

【康庄镇小区监控设施升级改造】 年内，启动康庄镇小区以及城区31个住宅小区视频监控升级改造工程。新建和整合监控视频2000路，并将各小区视频监控系统接入社区网格化工作站。

（胡琳）

【9个小区绿化外包管理】 年内，会同区园林绿化局印制《延庆区住宅小区绿化养护管理手册》，通过专业部门检查指导，提升绿化养护工作水平。结合小区实际情况，以专业外包管理模式，解决9个小区绿化养护不到位问题。

（胡琳）

【物业改革宣传片录制】 年内，联合区广电中心录制物业改革宣传片《物业改革进行时》，完成12期脚本编写，节目录制5期，正式播出4期。

（胡琳）

【小区停车秩序整治】 年内，制定《延庆区住宅小区环境秩序专项整治活动工作方案》，清理废旧自行车和僵尸车，在3个街道6个试点小区施划机动车和非机动车停车标线，引导香水园街道会展公寓小区和百泉街道公安自管楼由政府托底管理向市场化物业服务转变，由保障类小区改划为规范类小区。

（胡琳）

【政府折子工程落实】 年内，完成第二批社区办公和服务用房项目资金使用情况审计工作。完成第三批社区服务用房项目申报及评审工作。批复6个项目，批复总建设面积2105.60平方米，总投资2.77亿元。国润家园社区、兴运嘉园社区、振兴北社区、石河营东社区4个购置类项目入驻办公；确定川北西、新兴东、恒安3个无法申报市级项目的社区用房项目建设方案。全区46个社区实现办公和服务用房目标。

（胡琳）

【社区示范点创建】 年内，完成儒林苑社区、望都家园社区等4个社区规范化示范点创建任务；以“社会+社会组织+社工+社会志愿者”四联动形式，解决特殊人群上门服务不足问题，完成大庄科乡社区和八达岭镇社区“一刻钟社区服务圈”创建；完成10个老旧小区自我服务管理试点创建工作；采取“电站共建”模式，完成21个村级社会服务管理示范点创建工作；创建智慧社区，以社会建设网为依托，以30个社区网站为抓手，完善“1+30”社会建设站群网络体系，推进兴运嘉园社区等5个社区智慧社区创建工作。

（胡琳）

【网格化建设】 年内，编制《延庆区网格化社会服务管理系统使用手册》和《延庆区网格化社会服务管理工作手册》，按照区级、街道（乡镇）级、社区（村）三级，建立网格化三级培训体系。设计印发海报2000张、致居民的一封信3万份、制作宣传板1000套，安装社区网格化宣传栏30组，建立各乡镇（街道）、社区（村）工作人员QQ交流群。

（胡琳）

【社会组织孵化中心建设】 年内，完成区级社会组织孵化中心建设，配置必要办公和活动设备，提供必要活动场地，聘请市第三方机构代运营，引入6家社区社会组织入驻，获得21个项目申报批复，批复资金325万元。

（胡琳）

【社区志愿服务示范项目】 年内，完成社区、商务楼宇、非公有制经济组织、专业社工机构4类志愿服务示范项目申报工作，选拔社区志愿服务示范项目4个，商务楼宇志愿服务示范项目1个，非公有制经济组织志愿服务示范项目1个，专业社工机构志愿服务示范项目2个。

（胡琳）

社工队伍建设

【社工培训】 11月28日至12月2日，举办2016年新招社工集中培训。3个街道和部分乡镇社会工作者180人参加。培训班为期6天。

（胡琳）

【招录社区工作者59名】 年初，面向社会公开招聘社区工作者。经过报名、笔试、面试、体检、政审等招录流程，招录59名社区工作者，其中女性社工40名。该批社区工作者8月1日上岗工作。

（胡琳）

【聘请社会监督员36名】 年初，聘请36名社会监督员，利用网格民生服务平台对住宅小区物业服务状况进行实施监督，制定社会监督员日常检查工作方案，将社会监督员对规范类住宅小区物业服务情况的评价纳入年终考核成绩当中。截至年底，社会监督上报事件751件，其中属于物业管理事件544件，办结274件，办结率95%。

（胡琳）

街　道

百泉街道

【概况】 北京市延庆区百泉街道办事处位于延庆城区南部，东至京银路路中，西至汇川街和延康路，南至东江路、百泉街和姜家台村南侧，北至妫水河中线，总面积6.2平方千米。百泉街道办事处设党政办公室、社区事务管理科、综合治理办公室3个行政科室，社会保障事务所、社区服务中心、文化体育管理中心、社区工作服务管理站、信访接待中心、安全生产监督检查所、网格化管理服务中心7个全额拨款事业科室，1个残疾人联合会，1个志愿服务组织（爱相随志愿服务组织）。有行政、事业干部56人、社区专职工作者68人。科级升任处级干部2名，新招聘事业干部2名，调任事业干部2名，机构改革划转事业干部4名。街道下辖社区居委会9个。驻区内行政、企业、事业单位61家，辖区楼房223栋、常住人口户数1.13万户3.18万人，户籍人口户数6284户、1.41万人。外来人口686人，出租房屋619户。有汉族、满族、回族、蒙古族、新疆维吾尔族和壮族6个少数民族。截至年底，出生人口103人，出生率0.20‰；死亡人口58人，死亡率0.04‰；人口自然增长率0.16‰。辖区内有中、小学校及幼儿园10所，医疗卫生服务机构4所，敬老院、建材市场及集中供暖所、集中供气所各1处。有职工图书室9个，藏书3万册。

全年发放高龄津贴11人、1.46万元；养老助残金11人、13.87万元；高龄老人医疗补助金766.72元，慰问金600元；大病救助金4户、7.2万元；慈善助学金7人、1.2万元；义务兵抚恤金2人、5.62万元；低保户医疗救助金14户、1.9141万元；失业金1385人次、163.1685万元。残疾人护理补贴83人、14.72万元，生活补助76390元，助残券4.02万元；为生活特困残疾人发放临时救助金2000元。发放《北京通养老助残卡》816张，老年人优待卡146张，优待证56张。受理残疾证110个，持证残疾人449人。为老年人免费订阅《北京社区报》30份。4人当选北京市万名“孝星”。年内，完成12个业主委员会换届选举工作。在振兴北社区建设图书流转中心，增配图书3000册、电脑1台、扫码器1件。

百泉街道办事处工委辖基层党组织20个，其中党总支4个、党支部16个。发展中共党员4名，转正6名，培训入党积极分子10名，共有党员916人。开展“两学一做”专题教育，研讨互动学习100次。首次实行“党员小书包”、短信平台、微信群新媒体自学管理制度。通过“党建+民生服务、党建+安全维护，”开展党员志愿服务197次，服务1万人次。组织190名党员补缴党费9.5万元。举办“三微服务”，整改存在问题100件。年内，将街道分为东西两片，建立中国电信和振兴北两个党建服务站，开展多种形式教育活动。庆“七一”表彰34人，慰问13人。2名党员分获区级优秀党员、优秀党务工作者称号，街道工委获“先进党组织”称号。舜泽园社区党支部党建品牌“幸福账单”项目获“北京市社会领域优秀党建活动品牌”称号。莲花苑社区在第12届北京百万家庭数字生活技能大赛中获得“数字魅力社区”称号。在创建全国文明城区、综合治理、精神文明建设、基层党组织建设、学雷锋活动、年终大考核中均获得优秀（先进）单位、先进集体、金牌团队等称号。

地址：延庆镇妫水南街6号

电话：69186601

（朱振银）

【京台社区交流】 6月8日，台北市村里长联谊总会会长勤荣辉等13人，到百泉街道振兴南社区、振兴北社区开展京台社区交流，到多彩生活科学馆观摩学习。举办以“交流共融 合作发展”为主题的京台社区大讲堂活动2次。

（朱振银）

【第一届党员文化节启动】 6月16日启动，振兴北党总支部牵头举办第一届党员文化节。文化节推行“积分制”，通过积分管理，调动党员参与社区治安维护、环境保护、小区建设等活动，提高党员组织生活参与率。区委党校讲师邓国军博士作开班第一课。学《党章》和《习近平总书记系列重要讲话读本》是文化节的主题。文化节党员参与人数120人，最高奖励积分153分。

（刘满军）

【党员代表选举】 11月2日，召开街道党员代表大会，106人参加。以无记名投票方式，选举出出席延庆区第二次党代会代表8名。

（朱振银）

【人大代表选举】 11月15日召开，选举划分4个选区，登记选民9444人，参加投票选民9289人，参与投票率98.36%。选举产生人大代表8名。

（朱振银）

【爱相随志愿服务】 12月5日，街道“爱相随”志愿者协会在莲花苑社区举办“邻里守望 真情相助”志愿服务活动，庆祝第31个“国际志愿者日”。开展法律咨询、心理辅导、有奖问答、家政服务、中医义诊、修门、修锁、理发、磨刀、磨剪子等活动。发放宣传品200份、纪念品100份，参与志愿者80人次，服务居民200人次。

（朱振银）

【“创城”宣传】 年内，百泉街道向区“两办”（政府办、区委办）上报“创城”信息120条，采用24条。成立20人微博、微信传播团队，在“北京延庆”公众号，刊发30条次；转发、编播2800条次。创建50人的“美丽百泉”工作交流群，利用“美篇”APP编辑软件开展互动式发布，“志愿之花在百泉绽放”“美丽百泉因你而美”点击量600人次。围绕“创建全国文明城区”“世园会、冬奥会”“物业改革”“志愿服务”等主题，拍摄“张灯结彩过大年”等“创城”专题新闻15条。完成拍摄《物业改革进行时》脚本撰写工作，在延庆电视台播出131条，在延庆报登载专刊2期，稿件24条；市级媒体2条，30篇稿件被网易、新华网、中国文明网等网站转载。组建“美丽百泉”百姓宣讲团，制作专题新闻20条次。编制“2016年百泉街道创城迎检宣传册”，起草创建全国文明城区倡议书——百泉街道办事处致全体居民的一封信，制作展板400处，宣传范围2万平方米。组织国润家园社区、湖南社区、颍泽洲社区、舜泽园社区开展以“全面携手 共建绿色家园 同创文明城区”“创城行动齐参与 垃圾分类我先行”“创文明城区 建和谐家园”“垃圾分类知识竞赛”为主题的知识竞赛6场，参与居民360人，发放纪念品、宣传手册1000份。组织“创城”志愿活动100次，参与人数3000人。在颍泽洲社区“泽心园”绘制百米名人名言文化墙。发放《百泉街道创城居民宣传手册》1.2万册，发放《创建全国文明城区倡议书》1万张。

（朱振银）

【党组织建设】 年内，开展“四个逐一”（查找失联党员专项工作，逐一核实转入的党员介绍信，逐一核实转出的党员介绍信，逐一完善党员信息，逐一清查党员库），核实转入、转出的党员介绍信600份，完善800名党员信息，清查9个社区党员库。开展“四类”学习。购买图书10种，定向学；建立党员微信群，互动学；请老干部授课，辅导学；举办“学党史、背党章、明党纪”知识竞赛、“两项法规”测试，拓展学。对辖区“两新”组织登记建账，增设9个党支部；成立足球队，主办区“两新”组织党建杯足球赛；成立在职党员临时党委，建立227个党小组；和25户困难户结成帮扶对子，开展培训活动6场、志愿活动22

次，慰问25户。

（朱振银）

【社会保障】 年内，采集空岗信息797条。对393人次开展职业指导服务；接、转、借、还档案755份。新登失业人员345人，登记失业人员就业342人，就业困难人员就业128人，登记失业人员就业率60.2%。为96家企业办理招聘备案手续，招聘岗位134个。“一老一小”参保176人。药费报销36人次，享受无保障待遇人员273人。城乡居民养老保险46人。灵活就业403人，其中新办147人、停止256人。申请公租房市级备案19户，公租房变更2户，廉租房复核2户，公租房资格终止1户；20个公租房项目意向登记11人。社保人员参加培训286人次，社区劳动保障协管员参加培训180人，社保专干参加培训36人。

（朱振银）

【减煤换煤】 年内，与中标供煤企业、炉具企业签订供应合同。421户更换无烟煤炉具，换煤110万千克；个体工商燃煤取暖户29户，更换燃煤28万千克，其中煤球15万千克、蜂窝13万千克，更换炉具4个。

（朱振银）

【生育服务】 年内，办理一胎生育服务证和生育登记69例，二孩生育服务证及生育登记88例，再生育行政确认5例，办理流动人口两孩以内生育服务登记10例，退二胎指标8例。发放独生子女父母奖励费1574人、9.44万元；发放独生子女父母一次性奖励65人、6.5万元；上报独生子女父母一次性奖励79户，上报一次性经济帮助1户。

（朱振银）

百泉街道2016年社区基本情况统计表

表1

序号	居委会名称	党支部书记	居委会主任	户数（户）	人口（人）
1	颍泽洲社区居委会	孙思明	孙思明	1441	3831
2	湖南社区居委会	马　里	白文广	1587	4924
3	燕水佳园社区居委会	侯学丽	侯学丽	1123	2662
4	莲花苑社区居委会	张　龙	张　龙	1005	3084
5	振兴北社区居委会	沈石立	沈石立	1644	5217
6	振兴南社区居委会	赵鑫磊	赵鑫磊	1867	5568
7	国润家园社区居委会	王慧清	王慧清	1436	3475
8	舜泽园社区居委会	王冬华	王冬华	798	1898
9	上都首府家园社区居委会	孙　斌	孙　斌	438	1180

儒林街道

【概况】 北京市延庆区儒林街道工委、街道办事处是区委、区政府的派出机构。负责辖区内党员教育管理、精神文明生态文明创建、社区治安综合治理、计划生育、社区环境整治、民政、残联、社保、文化体育等工作。辖区内有9个社区居民委员会、3个社区党委、12个社区党支部、3个非公有制经济党支部、1个机关党支部、1个儒林劳务服务中心党支部；驻区企事业单位70个。机关设行政科室3个、党政办公室（人大工委办公室）、社区事务管理科（计划生育办公室）、综合治理办公室（信访办公室），事业科室7个（文化体育管理中心、信访接待中心、社区服务中心、安全生产监督检查所、社会保障事务所、社区服务管理站、网格化服务中心）和1个残疾人联合会。有机关和社区事业干部58人、社区专职工作者66人。年内，根据“文化儒林　和谐家园”的设计理念，设计出儒林街道logo（徽标）。完成儒林苑社区401.6平方米的规范化办公用房达标建设，通过市委社会工委、市社会办检查验收。举办康安社区第二届菊花文化节，第四届“孝老敬亲”人口文化奖演出，第五届社区文化艺术节，第六届“亮儒林彩灯　创文明城区　迎世界盛会”元宵灯展灯谜会。成立“社区找差团”，查找环境、秩序、服务等方面存在的差距，曝光身边的不文明现象和突出问题。开展春晚海选、花会选拔赛、文艺演出、合唱比赛、讲座培训、职工趣味运动会等活动140场次，获得北京第十九届中老年优秀健身项目比赛总分第一，获表演奖；获得2016年全国百城千村健身气功展示暨第八届北京市体育大会健身气功比赛”优秀组织奖。获得“舞动北京”广场舞大赛郊区街道组第二名，获优秀表演奖。北京市第十届和谐杯乒乓球比赛优秀组织奖。儒林街道被评为“法治延庆”先进单位，“六五”普法先进集体；3人获评延庆区“六五”普法先进个人；2人获评延庆区政法系统先进个人。

地址：延庆镇儒林街道康安小区16—2

电话：69100237

（王来永）

【孝老敬亲评选】　6—10月，举办第四届人口文化奖暨“孝老敬亲”模范人物评选活动，丁玉珍等10人获得“孝老敬亲”模范人物称号。

（李慧敏）

【家庭安全知识竞赛】　7月16日，举办“关注安全　关爱生命”主题家庭安全知识竞赛。通过个人必答、小组必答、抢答题和风险题4个板块，宣传燃气安全、消防安全和交通安全常识。评出一等奖1名、二等奖2名、三等奖3名。

（李慧敏）

【康安社区第二届菊花文化节】　10月9日，在康安社区举行“美丽延庆　文化儒林　情暖重阳”暨康安社区第二届菊花文化节活动。设重阳留影、品菊尝茗、咏菊画菊、文艺演出、趣味游戏、中医义诊、“创城”知识问答8个板块。区2016年慈孝家庭代表崔占霞宣讲自家慈孝故事。康安社区居民楼前、道路两侧摆放万株菊花。社区志愿者、社区居民1000人参加。

（李慧敏）

【西里社区换装防盗门】　11月，温泉南区西里社区投入8万元，将社区的12栋楼51个原传统的双扇对开木门单元门换成防盗门。

（李慧敏）

【创城旋风行动】　12月11—31日，集中开展乱堆乱放、非法小广告清理行动，贴出限期整改通知，向居民发放“创城”宣传资料。街道全体职工、物业公司人员以及“创城”志愿者3500人次，清理乱堆乱放4000处，清理各类堆积物、垃圾渣土68车、13.6万千克，清除各类非法小广告3000处，清理绿地10万平方米。

（李慧敏）

【民政慰问】　年内，筹集慰问物资米面5600千克，油185桶，棉被85条，慰问金2.94万元，慰问残疾人、大病、高龄老人及优抚对象243人。

（李慧敏）

【残联服务】　年内，发放助残券3.47万元、生活困难补助7.08万元、护理补贴11.85万元、城乡保险补贴审核1.6万元。完成残疾人专项调查466人，入户调查458人、核查死亡8人，入户调查率100%。

（李慧敏）

【社会救助】　年内，为10户低保家庭申请供暖补贴0.95万元。为20户、29人发放低保金，为3户学生家庭申请临时救助，为57人次发放医疗救助3.6万元，为23户优抚对象申请供暖补贴3.5万元。

（李慧敏）

【社会保障】 年内，社保所城镇登记失业人员就业290人，帮助就业困难对象就业、再就业121人，组织就业、再就业培训40人；空岗信息采集645个；职业指导390人；帮助35名失业人员公益性就业，办理灵活就业和自主创业人员社会保险补贴150人，实发失业保险金794人次、90.73万元。发放社保卡450张，办理“一老一小”保险207人，定点医疗机构变更120次，对领取城镇老年保障待遇的228人实施动态管理，为40个申请家庭办理保障性住房资格审核。

（李慧敏）

【让爱住我家百姓宣讲】 年内，社区居民崔占霞与其母亲、儿子、侄女和居委会干部组成的“让爱住我家”宣讲团，宣讲2场，获“延庆区十佳百姓宣讲团”称号。

（李慧敏）

【计划生育】 年内，生殖健康体检8000人次，发放避孕工具1万盒，外用和口服避孕药3100盒。42对待孕夫妇免费孕前优生健康体检。发放独生子女父母一次性奖励费5.2万元、独生子女父母奖励费4.8万元，特别扶助对象兑现10人，一次性经济帮助2人2万元。办理两孩以内生育服务单，一孩57例，二孩60例，流动人口生育服务单13例，发放独生子女父母光荣证24个。全年出生99人，其中男48人，女51人，没有违法生育现象，政策符合率100%。

（李慧敏）

【基层司法行政】 年内，成立儒林“创城”普法服务队，建设“七五”法治文化苑，开展法治宣传72场次。开展矛盾排查化解12场次，受理法律咨询400人次，代理诉讼67件次，调处民间纠纷22件次，法律援助37件次，非诉讼代理48件次，担任法律顾问11家，代写法律文书390份，涉案金额100万元。收到锦旗1面，表扬信3封。

（李慧敏）

【环境整治】 年内，儒林街道推行“一巡、三查、三定”工作法，实现环境建设“四清、五净、六无”工作目标。“一巡”即街道党政、行政一把手巡查社区环境卫生，同时社区居委会主任落实带队巡查社区环境卫生机制，每周至少巡查一次；“三查”即建立三级检查台账制度，社区自查问题台账、物业环境办检查问题台账、街道领导检查问题台账；“三定”即依托环境卫生网格化管理，定人、定岗、定责；“四清”即墙面清、宣传栏清、电灯杆清、垃圾桶清；“五净”即路面净、绿地净、人行道净、树坑净、雨（污）水井口净；“六无”即无垃圾渣土、无乱放杂物、无白色垃圾漂浮物、无枯枝败叶、无污水脏物、无私搭乱建。开展春、夏季重点区域垃圾渣土等专项整治行动，清理9个社区卫生死角1341处，堆积物、垃圾渣土450车、92.8万千克，清除非法小广告1385处，规范广告牌匾40块，清理绿地16万平方米，修剪树木1000株。

（李慧敏）

【垃圾分类宣传】 年内，在9个社区开展垃圾分类宣传20次，发放垃圾分类宣传材料3500份、垃圾袋12.5万个；联合市政管委走进区第六幼儿园、第一幼儿园以及第一小学开展“小手拉大手　垃圾分类进社区”教育实践活动，师生及学生家长400人参加。发放《绿娃在行动》手册、围裙等宣传材料640份，垃圾分类袋4万个。

（李慧敏）

【小型维修管理】 年内，利用小型维修资金修建温泉南区西里社区健身园围墙96米；扩建儒林苑停车路面175平方米；拓展温泉南区东里社区停车位8个，硬化重修路面200平方米，粉刷一层污损楼道4000平方米。自来水管道、污水主管道及井身坍塌井盖下沉等维修、抢修工程44次。

（李慧敏）

【西里社区楼顶做防水】 年内，街道领导和区住建委沟通、协商，由住建委启动应急维修金基金对温泉南区西里社区12栋楼102户顶楼房屋，6.31万平方米作防水。

（李慧敏）

【安全生产检查】 年内，检查生产经营单位1063家次，出动2126人次，下达执法文书1346份，发现隐患问题510项，整改率100%，对辖区547家企业登记造册。

（李慧敏）

【人口抽样调查】 年内，完成人口抽样调查抽中3个调查小区的数据核实、小区图绘制、上报、人口变动情况入户摸底和正式入户工作。完成调查户278户，登记人口689人，登记户数257户。

（李慧敏）

儒林街道2016年社区基本情况统计表

表2

序号	居委会名称	党支部书记	居委会主任	户数（户）	人口（人）
1	温泉南区东里社区居委会	仰凤云	仰凤云	1679	5127
2	温泉南区西里社区居委会	武凤军		650	1486
3	温泉馨苑社区居委会	贾国庆	贾国庆	372	665
4	格兰山水二期社区居委会	刘满成	刘满成	1795	5512
5	胜芳园社区居委会	王淑玲	王淑玲	606	2400
6	永安社区居委会	赵俊英	赵俊英	909	2076
7	儒林苑社区居委会	胡晓霞	胡晓霞	370	1197
8	康安社区居委会	王景宇	杨顺喜	1980	5412
9	悦安居社区居委会	王春娟	王春娟	682	1920

香水园街道

【概况】 北京市延庆区香水园街道工委（办事处）以妫水湖中心线以北、妫水北街以东为管辖区域，北至团结路和庆园街，东至龙庆路和京银路，面积7.5平方千米。辖12个居委会，居民楼房302栋，1.6万户、4.9万人。有11个社区党委，34个社区党支部，2个两新组织党总支，党员2399人。有行政科室3个、事业科室7个、外派站所4个。有公务员13人、事业干部81人、社区专职工作者80人，“4050”人员352人。2016年，街道工委完成党员组织关系排查和党费核查补交工作，实施“一员一卡一册一库”规范管理，开展“戴党徽亮身份、摆公示牌晒承诺”活动，举办知识竞赛和宣讲26场次。落实“三会一课”制度，以签责任书、上廉政课、看教育片、写观后感等形式增强党员廉洁意识。聘请12名党风政风监督员。“红耀”新经济组织党总支设党支部9个、联合流动党支部4个；“彩虹协会”新社会组织下设协会党支部2个，实现区域党建全覆盖。开展“五学”（讲学、帮学、领学、送学、互学），安装党员小书包、建立网络学习平台。实施“一居一品”提升工程，安装主题雕塑，以红色家园为主的12个党建基地接待3万人次参观学习。借助京台交流活动，接待6批次200名台胞参访，促进5个社区与高雄社区签订合作协议。成立“马上零距离”党员志愿服务队21支、文明劝导队12支，参与党员834人，开展志愿服务300次。街道成立延庆区首个老年大学和社区科普大学，被市委评为老干部工作先进集体。制定《香水园街道社区民主协商制度》，为老百姓办实事12件。开展“1+2+X精准帮扶”服务项目，与弱势群体建立帮扶对子。选派1名正科级干部任第一书记包村，春节走访慰问98户。投入210万元，完成党组织服务群众建设项目50项。完成中国共产党延庆区代表大会代表选举工作，选出代表11名。

年内，新建社区服务中心和新兴西党群活动室；完成街道老年活动中心、图书流转中心、高塔社区消防设施、石河营东社区办公及服务用房等项目升级改造。完成新兴西社区围墙改造。完成石河营18、19号两栋楼外墙保温综合改造工程。完成会展公寓小区基础设施提升改造工程。将规范类10.69万平方米绿地承包给专业绿化养护公司，实行专业养护公司管理和物业公司管理的双重管理模式。完成南高塔小区7、8号楼南侧绿地升级改造，对新兴西社区南门主路两侧绿化带，尚书苑小区7号楼南侧绿化带，温馨家园花园，东外、新兴东等5个黄土露天比较严重的社区进行局部绿化升级改造。制作安装300个绿地标识牌。为泰安、恒安会展公寓、新兴西51号楼3个小区安装起落杆；为新兴东社区搭建16个自行车车棚；为高塔等4个社区单元门前划定自行车停车线；粉刷社区楼道墙面2万平方米。建立健全物业管理准入与退出机制和考核制度，对辖区物业公司实施奖罚分明的管理机制，为恒安会展公寓、川北东、东外部分住宅楼引入物业。制订《50%小型项目维修资金立项预算管理办法》，用50%小型维修资金，完成更换楼道纱窗、更换井盖、安装凸透镜、更换阳光板、墙体修复、路面维修、楼前积水改造等居民反映强烈的物业难题60余项。选出13个业主委员会，制订业主委员会公章使用制度。完成东外、兴运嘉园、新兴西3个老旧小区自我服务管理试点验收。推进12个社区垃圾分类工作，选聘167名垃圾分类指导员指导垃圾分类投放，在新兴西等4个社区进行垃圾分类市场化管理试点工作，实行“编号包干”责任制。在延庆电视台播放《物业改革进行时》专题片，对各物业公司在绿化、治安巡逻、环境整治等方面进行规范。落实《延庆区2013-2017年清洁空气行动计划重点任务分解2016年工作措施》，把小区禁燃、露天烧烤、绿色出行宣传、“减煤换煤”、空气重污染应对等作为环境保护的重点工作，辖区内11户平房区居民全部使用清洁煤，更换清洁煤2.6万千克，更换炉具5套。推进恒安、石河营东2个居民小区的热计量改造工作。在应对空气重污染工作中，组织社区老党员、志愿者开展巡逻值守，参与人数达5000人次。解决老旧小区中信报箱缺失、楼房漏雨、地下管道堵塞、暖气管道渗水、自来水污染等各种难题107件。街道荣获北京市信访工作先进集体；北京市交通安全先进单位；社会治安综合治理先进单位；北京市社会领域优秀党建品牌；北京市五四红旗团委；第三届“北京之声—2016首都市民合唱周”合唱比赛银奖；北京市第十届“和谐杯”乒乓球赛优秀组织奖；社保所被评为全国人力资源保障系统优质服务窗口，北京市优质服务窗口。全年获得各项荣誉100项。

地址：延庆镇妫水北街70号
电话：69177807

（宋玉霞）

【东外社区互动科技馆建成】 1月，投资105万元、总面积190平方米的东外社区互动科技馆建成。内设展品38件，是一座集产品展示、现场体验、科普知识培训、居民互动学习的科技场馆，年内，组织辖区中小学生和家长1000人次参加科普实验活动。

（宋玉霞）

【全国文明城区创建】 年内，成立“娘子军”网格志愿督查队，督查社区环境卫生问题整改情况。采取“周检查、月通报、季评比”方式对社区环境进行督查整治，每月定期召开物业改革工作会，针对检查出的问题进行整改，治理城乡环境挂账隐患。开展环境综合整治150次，发动人员1万人次，清除楼道、楼前楼后、道路两侧堆积物1300车。街道投入2.4万元，把每月最后一周周六确定为“闲置物品兑换大集日”，社区居民用闲置的大件家具、自行车、电器等废旧物品兑换洗衣粉、洗衣液、铁锹、垃圾袋等生活用品，参与居民5000人次。开展“核心价值观文化培树集市四季行——小手拉大手　共创文明城”活动，获首都文明办未成年人思想道德建设创新案例提名奖；举办“创文明城区、办百姓实事、迎世界盛会”主题消夏文艺演出24场，在演出过程中开展“创城”知识问答，参与活动居民近万人。开展“纪念中国工农红军长征胜利80周年”文艺汇演暨创建全国文明城区表彰活动，表彰先进集体和优秀团队20个、社区文明家庭50户、优秀家长100名。更新更换“一居一品”宣传栏2000块，安装楼道社会主义核心价值观通知栏1300块，制发饮水杯、小扇子、扑克牌等宣传品6万件，分类垃圾袋100万个，印发致居民一封信、“一居一品”画册等宣传材料5万份。2016年6月创建“我家香水园”微信公众号，截至12月底，发布信息400条，关注人数3000人，总阅读量突破1万。定期实施多部门联合执法，有效解决新兴西社区商业街店外经营问题，改善恒生、日上2个批发零售市场环境秩序。重点打造“一街两院一社区”，（新城街，恒安会展公寓小院、南高塔小院，新兴东示范样板社区）。

（宋玉霞）

【社会保障】　年内，对2779份失业人员、公益性人员、社区管理退休人员档案进行规范管理；就业困难人员就业311人，完成全年指标的164%；就业培训100人，完成全年指标的100%；职业介绍空岗采集772个，完成全年指标的172%；职业指导490人次，完成全年指标的109%。组织100名失业人员开展技能培训，全年促进497名失业人员实现就业。石河营西社区创建市充分就业示范社区，新兴东社区创建国家级充分就业社区。发放失业保险金191万元；为48人办理退休手续；为236人办理灵活就业、自主创业社会保险补贴手续；为300名享受政策人员办理终止手续，对756名享受自谋职业、灵活就业人员代收代缴社会保险自缴部分17万元，申请社会保险补贴55万元；为401人办理大病医疗保险参保手续，为2035名“一老一小”和城镇居民参保人员报销门诊医药费43万元；为236人办理城乡养老保险参保续保手续；为336人办理申领、补办社保卡、变更定点医院手续；为212名退休人员办理档案转入和转出手续。为20户家庭办理申请保障性住房和租金补贴手续。

（宋玉霞）

【民政残联】　年内，为347名残疾人申请办理各种补贴100万元；受理申请残疾证98人；发放残疾人一卡通117人；发放残疾人护理补贴60.7万元；为10名残疾人开展辅助器具租赁服务；为6名重度残疾人提供邻里守望试点送餐服务。为低保户50人次办理医药费二次报销5.53万元；为35户、60人低保家庭办理复审，申请取暖补贴3.03万元；为2名低保学生申请高等教育新生入学救助金9000元；为11名低保学生申请临时救助（助学）1.92万元；为低保低收入等特困家庭发放米面油380份；为71人办理精神障碍看护管理补贴。为5户大病家庭申请慈善救助13万元。上报13名“妫川助学”学生及家庭的材料。为2名烈士子女申请慰问金1600元；为7名义务兵发放优待金19.67万元；为优抚对象办理供热采暖补贴开具凭证49人次；采集优抚对象信息75人次。“两节”慰问100户困难家庭，发放慰问金及慰问品折款2万元；为48名特困居民申请各类救助金34万元。为210名80周岁以上老年人办理养老服务券，为20名90岁以上的高龄老年人发放高龄津贴，并在老人生日当天送去生日蛋糕；为65周岁及以上老人办理养老助残卡2483张。

（宋玉霞）

【计生服务】　年内，办理一孩生育服务单200个，二孩生育服务单160个。办理新生儿入户183人，独生子女证44个，开具婚育证明418份，记账单130份。组织无业已婚育龄妇女健康体检，服务7000人次。发放各种药具1.3万盒；自取机发放4500盒。为33对夫妇提供孕前优生检查服务。发放独生子女一次性奖励102人、

10.2万元，退二孩指标4人、4000元，一次性经济帮助1人、1万元，独生子女父母奖励费1.18万元。完成9户“失独”家庭、4户伤残家庭年审。完成3户“失独”家庭申报工作。借助节日、人口计生纪念日等节点，开展新春送福、优秀母亲评选表彰等活动，服务1.5万人次，服务率103.6%。

（宋玉霞）

【网格化管理】 年内，为12个社区、31名网格员购买手机，安装App手机软件，购买流量包，以便快速处理社区内网格事件。通过网格化社会服务管理平台上传网格事件5111件，其中社会保障类955件、社会事业类397件、社会安全296件、应急23件、城市管理类3007件、物业服务管理类433件。办结率为99.94%。

（宋玉霞）

【文化建设】 年内，在高塔社区设置图书流转中心，配备书柜10个，图书3600册；为12个社区配备体育器材箱，对恒安、新兴西、泰安社区健身园修缮。街道有文体队伍50支，文艺骨干60名，社会体育指导员80名，各类团队队员3000人次。街道“水园香”合唱团在全市百支合唱团的投票遴选中名列第8名，成为延庆区合唱金牌团队。举办“奉献创城迎盛会、舞动冰雪展风采”花会大赛，“一颗红心永向党”红歌大赛等活动，全年开展活动100场，参与人数4万人次。

（宋玉霞）

【平安社区建设】 年内，12个社区成立微型消防站，3000个手提式灭火器发放到每个楼门，制作烟花爆竹禁放标识牌391个，全年辖区未发生安全生产事故。对辖区内食药部门2100户全面督查，全年核发食品经营许可证111件，现场核查餐饮单位51户，完成快速检测样本200个，开展医疗器械、过期食品、餐饮业等专项整治工作。提供法律援助，公益法律服务中心解答法律咨询207人次，代写法律文书、代理非诉讼法律事务、办理法律援助案件、调解纠纷170件，挽回经济损失152万元。

（宋玉霞）

香水园街道2016年社区基本情况统计表

表3

序号	居委会名称	党支部书记	居委会主任	户数（户）	人口（人）
1	川北东社区	张志亮	张志亮	1706	4610
2	川北西社区	张荣强	张荣强	1288	3805
3	石河营东社区	高合春	刘云涛	1560	4400
4	石河营西社区	彭永军	彭永军	1030	2865
5	新兴东社区	邵　兵	邵　兵	990	3868
6	新兴西社区	王惠荣	王惠荣	3000	8827
7	高塔社区	贾元兴	董　强	2654	6741
8	恒安社区	吴小亭	吴小亭	1371	3803
9	东外社区	于庆霞	于庆霞	895	2345
10	双路社区	张富臣	张富臣	1023	3056
11	泰安社区	郝洪勇	郝洪勇	709	2238
12	兴运嘉园社区	张培新	张培新	218	545

（责任编辑：池尚明）

乡　镇

延庆镇

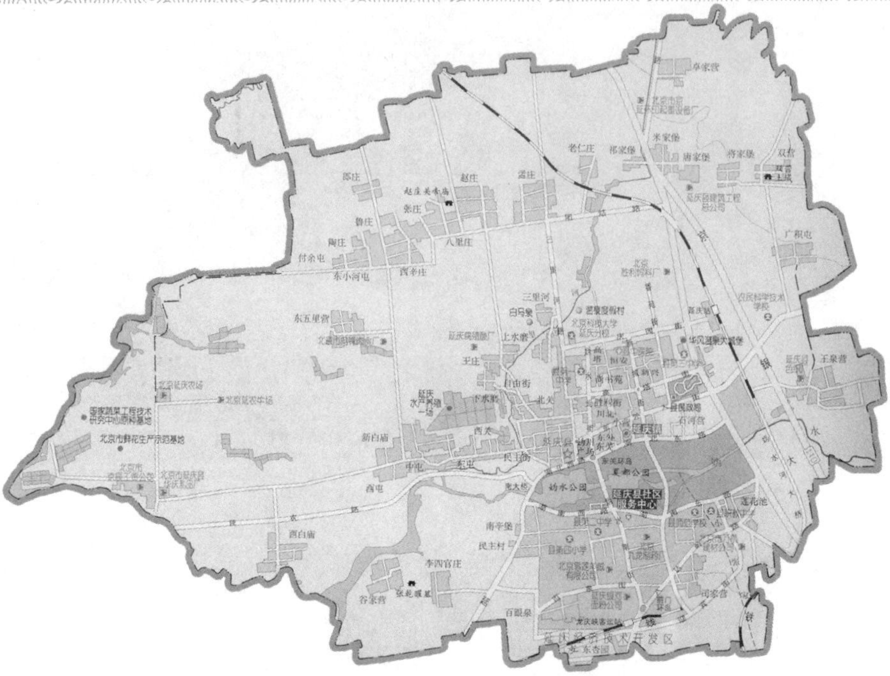

【概况】 延庆镇位于延庆区中心区域，是延庆区委、区政府所在地。全镇面积75平方千米，另有接收山区整体搬迁村山场面积1670公顷。辖45个行政街村、11个物业管理小区。2016年，全镇户籍户数2.06万户，户籍总人口4.13万人，其中农业人口2.09万人，城镇居民人口2.04万人。另有流动人口1.53万人。农村从业人员2.33万人，从事一产的2588人，从事二产的2886人，从事三产的1.79万人。年内，出生人口455人，出生率1.1%；死亡人口279人，死亡率0.7%；人口自然增长率0.4%。全镇有经营单位1424家，其中法人企业306家、个体工商户1118家。新增注册经营单位544家，其中个体工商户363家、企业181家。中心小学校2所、分校3所，成人学校1所，幼儿园14所（其中集体所有制园2所）。镇级卫生院1所，敬老院1所，家庭寄养指导中心 1 所。健身广场43处，达标村级文化大院35个。文物古迹49处，其中市级文物保护单位2处、区级文物保护单位11处。古树12株。

2016年，镇党委辖基层党支部57个，其中农村党支部45个。年内发展党员49名，预备党员转正41人，全镇有中共党员2413名。唐家堡村被评为市级先进基层党组织，延庆镇党委、李四官庄、谷家营被评为区级先进基层党组织；年内成立北京市京北机动车检测场党支部；成立3个非公有制企业联合党支部，2个社会组织“功能型”党组织，覆盖率100%；新增10名农村实用人才，全镇农村实用人才261人。全镇耕地面积3.66万亩（2440公顷），其中粮田面积6975亩（465公顷）、蔬菜面积3343.05亩（222.87公顷），果林面积3523.05亩（234.87公顷）。年产蔬菜921.66万千克、干鲜果品108.45万千克。设施园区4500亩（300公顷），有日光温室722栋、春秋棚1150栋。可利用水域面积1995亩（133公顷），其中鱼塘面积

1.2万亩（800公顷）。规模养殖小区11个。畜牧生产，奶牛存栏2176头，年产奶1156.88万千克，出栏肉牛128头，出栏生猪4761头，出栏羊4210只，出栏家禽3.26万羽，鲜蛋产量69.05万千克，水产产量56.1万千克。全镇农村经济总收入50.8亿元，同比增长9%；农民人均劳动所得21323元，同比增长9.5%。财政收入2563.5万元，同比增长10.4%；财政支出7975.8万元。旅游收入3880.2万元，同比增长27.4%；接待游客49.59万人次，同比增长42.6%。招商引资到位资金12亿元。

年内，完成体育中心（全民健身中心）工程、延庆城西再生水配套管网工程、芳荷路西延工程、2015—2016年电网改造工程、03街区地块征地工作、大秦铁路孟庄段设立声屏障工程等重点工程征占拆补。东关旧村改造项目进入二级开发建设，总投资18亿元，用地7.14万平方米，建设规模15.7万平方米，其中回迁房7.09万平方米，自住型商品住房5.15万平方米，商品房3.46万平方米。完成双营、广积屯和唐家堡248栋大棚500亩（33.33公顷）的葡萄种植水肥一体化滴灌工程及4眼机井设备更新。建立5个农业综合服务站，获“北京市都市型现代农业（高效农业）示范镇”称号。龙海庄园草莓参加北京市第三届“北京草莓之星”评选活动中获最高奖项五星奖。投资110万元，升级改造三里河、上水磨和王庄3个村自来水管道。投资1274万元，完成西北片18个村与区葡萄产业带集中供水管线对接，铺设主管道15.8千米，建小井79座。完善检修王泉营、石河营和莲花池村4处一体化污水处理厂。完成中央资金1200万元孟庄自然村小川梁工程，修建水泥路6900米、巡山路2000米，筑防洪墙1000米、拦砂坝100道，疏浚河道4500立方米，栽植果树400亩（26.7公顷）。

全年拆除违法建设24处，其中房屋面积5369.84平方米，蒙古包面积176.6平方米，蒙古包基座719平方米，地基及水泥地面1252.88平方米，围墙79.3延米，制止新生违建82处。做好全国“两会”、G20杭州峰会、十八届六中全会等重大活动维稳安保，出动群防群治力量1万人次，为12个城中村配备微型消防站器材，为街村更换一氧化碳报警器50个、新装400个。完成危险化学品等14项专项整治行动，实现安全生产标准化三级达标企业3家、小微企业岗位达标80家，对石河营建材城南城163个商户联合执法安全检查，实现镇域企业安全检查全覆盖。

全年完成城镇失业人员就业217人，农村劳动力转移就业740人，为121名失业人员发放失业金135万元，发放失业人员过节费4.16万元；完成城乡居民养老保险共计8784人，缴费金额915.22万元；新型农村合作医疗参合人数2.1万人，报销医药费1607万元；参加“一老一小”医疗保险350人，报销医疗费26.76万元。完成城镇低保复审2次，农村低保复审1次。有城乡低保350户，“五保”户28户，其中农村新申请23户、撤销16户；为低保垫付医药费201人次、8.74万元，五保户垫付医药费127人次、11.73万元；非大病低保户门诊住院医药费报销318人、32.61万元；大病低保户门诊住院医药费报销40人、22万元；享受住院押金减免即时报销40人次，金额32万元；教育救助31人、12.38万元；慈善大病救助23人次、51万元，大病临时救助8人次、5.14万元；因病致贫2人、1.17万元。完成70户公租房初审、8户公租房租金补贴资格年度复核。投入36万元为妇女体检，体检率99.7%；对5名考上一类大学本科独生子女颁发奖金7000元；为146名独生子女父母发放一次性奖励金每人1000元。全镇低收入户364户、602人，人均可支配收入20087.34元，同比增长10%。3户被纳入低保户，12户在审核中，为1户医疗救助3万元，为1户提供残疾人救助，为13人提供就业岗位，为10户办理学费减免申请。为中屯村1户垒院墙，为北关村1户购买优质燃煤3000千克，为卓家营村245户发放安装壁挂炉补贴900元。完成37个村、3829户2011—2012年抗震保温自查自纠；对2013年40个村、618户农宅进行抗震结构检测，完成300户、

1.90万平方米墙体保温；完成2014年355户新建翻建房抗震节能房屋申报；完成西辛庄、八里庄等15个村24户危房改造工程；核实发放库区移民扶持资金364万元。购买型煤1212.33万千克；卓家营村243户“煤改气”，收购卓家营村劣质烟煤26.9万千克；老仁庄村48户安装空气源热泵。清理街村、道路沿线渣土4万立方米，整治“三乱”2000处，治理店外经营、堆物堆料400处，清理违规广告牌匾105处300块，清理粉刷小广告2万条；投资200万元配置10个垃圾大箱、120个垃圾桶、5个单臂吊；补植花卉1000株，新增绿化面积200平方米；完成保洁员管理机制改革，压缩保洁员数量到1100人；完成唐家堡“世园村”和祁家堡“齐家文化园”两个特色村，付余屯区级“十佳村”，以及张庄、小河屯两个垃圾分类优秀村的创建工作。

地址：延庆镇湖北东路109号
电话：69101687

（黄荣）

【领导调研】 3月24日，市委组织部部务委员、研究室主任王凤等6人到镇调研重大拆迁任务中党组织发挥作用情况。9月2日，国家级生态乡镇专家评估组5人对镇生态环境建设工作检查评估。9月21日，亚非国家议员研讨班20人到唐家堡村调研。11月21日，市移民办和各区代表到延庆镇参观学习农村危房改造。

（黄荣）

【妫水春韵国粹雅集活动】 4月15日，延庆镇联合北京人文大学、妫水琴社和上古草堂在妫水河畔举办“迎世园、庆冬奥”——妫水春韵国粹雅集活动。活动内容包括茶艺表演，古琴演奏，诗歌吟唱，书法表演。

（黄荣）

【祁家堡村建“连心菜园”】 5月11日，“连心菜园”启动，基地有地块200个，标号挂牌175个，路面、管道、排水硬件设施完善，以蔬菜种植合作社的形式运行管理，市民可通过村委会租赁土地进行农事体验。

（黄荣）

【村委会换届选举】 5月9日，镇第十届村委会换届选举完成，选举产生村委会成员137人，村主任45人，其中连选连任28人，书记、主任“一身兼”22人；村民代表824人，村务监督委员会成员135人。

（黄荣）

【“世园会围栏区园艺类”培训班】 5月11日，“世园会围栏区搬迁村园艺类”培训班开班。培训班由区教委牵头，区职教中心和外聘专业教师讲解。培训内容为园艺、计算机、服务、手工4个类别，涉及小盆栽种植、插花、服务礼仪、网上开店、布艺制作等20门课程。培训时间3个月，李四官庄和谷家营村300名村民参加培训。

（吴铁华）

【释放赤眼蜂防治玉米螟】 7月27—29日，全科农技员在镇域5000亩（333.33公顷）玉米田释放赤眼蜂防治玉米螟。

（黄荣）

【创城志愿服务】 8月8日，延庆镇50名志愿者参加区“创城万人行”活动，参与“巧手绘蓝天”“创城”漫画涂鸦、“我爱清洁”志愿者环保活动，到镇“创城”样板街清理非法小广告，打扫垃圾。

（黄荣）

【大学生村官到革命老区参观】 10月12日，举办“重走革命路，缅怀烈士情”红色教育活动，镇组织大学生村官到大庄科乡，联谊大庄科乡村官60人，参观沙塘沟纪念馆、白乙化雕像、昌延联合县政府旧址。从沙塘沟纪念馆步行8千米至昌延联合县政府旧址，“在道路上忆苦思甜”。

（黄荣）

【民俗户美食获奖】 10月19日，镇3家民俗户参加区2016年“美丽延庆，食在乡村”主题乡村美食大赛，下水磨“李记炸糕”、王泉营“杂粮荟萃”获三等奖，唐家堡“火勺宴”、王泉营汇金元农家餐厅被评为“最受游客喜爱的十大延庆乡村美食”。

（黄荣）

【祁家堡村“齐家文化园”建设】 10月21日，与首都师范大学师生联合在祁家堡村打造以“齐家文化园”（取祁家堡村“齐家”的谐音）为主题的文化墙，在主街和部分拐弯处小街墙面以绘画的形式“晒家训、传家风、展民情”，有绘画作品30幅。

（黄荣）

2016年延庆镇村委会基本情况统计表

表4

村委会名称	党支部书记	村委会主任	户数（户）	人口（人）	经济总收入（万元）	农民人均所得收入（元）
解放街	闫建利	闫建利	41	77	32587.3	24441
自由街	李双武（负责人）	李双武	300	651	45638.9	25546
民主街	陈壮有	徐长泽	174	479	34869.9	22059
胜利街	赵利萍	赵利萍	711	1381	51819.0	24237
东　关	鲁世春	黎四彦	336	885	49648.3	26183
西　关	张印明	张印明	311	956	28882.5	20054
北　关	雷胜利	雷　军	999	2657	40012.0	20455
蒋家堡	唐瑞云	解爱军	188	451	24137.1	18624
双　营	贺玉明	潘　贵	175	676	22740.2	18816
广积屯	黄二利	王金荣	327	794	34772.3	20780
王泉营	王金锁	王广庆	522	1384	30838.1	19496
司家营	张志安	马计民	861	2015	39858.0	18642
百眼泉	郭书银	郭书银	499	1187	29047.4	21363
民主村	郭　宏	王子华	229	584	35392.5	24685
南辛堡	王秀记	王秀记	406	1106	43121.4	25381
李四官庄	祝胜利	刘卫民	383	785	24526.0	19219
谷家营	张岩松	谷　宁	656	1391	28716.2	19656
小　营	张玉仑	王　伟	1607	3418	56697.9	22810
石河营	张学昌（负责人）	刘志清	2356	4832	66849.0	26467
莲花池	房文生	白云峰	533	1310	37991.2	19656
上水磨	孙立京	孙立京	136	365	24308.7	19545
下水磨	潘贵利	潘贵利	346	823	26075.1	21489
王　庄	王东林	车记娥	132	304	20198.3	17680
三里河	刘金华	刘金华	420	1034	26825.4	20578
赵　庄	贺爱忠	王建利	353	803	23945.6	17696
八里庄	史军利	史军利	366	916	26194.3	19911
孟　庄	孟祥立	孟祥立	419	1186	26308.0	19259
老仁庄	刘根柱	刘根柱	126	379	19983.2	17462
祁家堡	郝东长	郝东长	70	178	28824.9	25989
米家堡	贺志永	袁　明	189	521	33252.0	19406
唐家堡	吴建军	李长有	152	373	26695.0	21953
卓家营	鲁振忠（副书记）	卓鑫宇	262	576	46682.6	23265
陶　庄	吴三成	吴三成	125	301	20923.0	18148
鲁　庄	鲁红兵	鲁秀银	110	256	20240.6	17362
郎　庄	郎永福	郎永福	152	394	20243.6	17563

续表4

村委会名称	党支部书记	村委会主任	户数（户）	人口（人）	经济总收入（万元）	农民人均所得收入（元）
张　庄	张仕功	张仕功	106	283	21899.5	19069
西辛庄	王　波	王　波	347	902	27780.0	21593
小河屯	贺　伟	赵立新	96	263	20437.1	18021
付余屯	陈开明	陈开明	236	652	22579.8	18773
东五里营	吴国珍	吴国珍	364	1026	24394.6	19510
新白庙	王来常	王来常	260	848	22807.0	19081
东　屯	王东明	王东明	241	624	23088.9	18639
中　屯	段明晨	段伯田	244	763	26222.6	20319
西　屯	马占清（负责人）	马石富	357	1022	28251.6	20330
西白庙	于宗乐	于宗乐	381	811	29311.3	21128

康庄镇

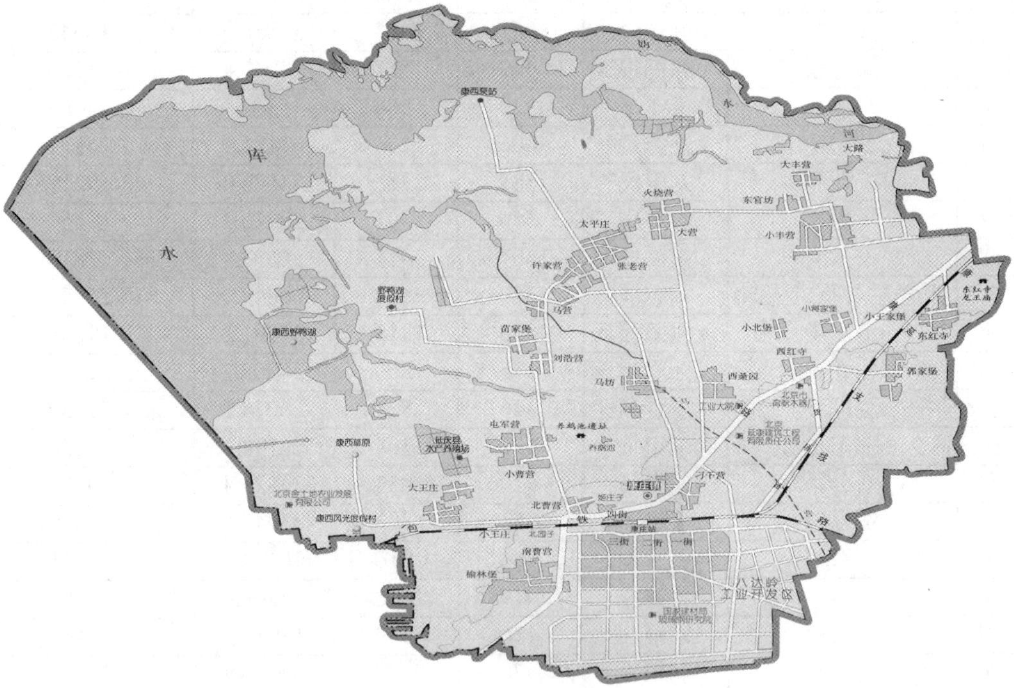

【概况】 康庄镇地处延庆区西南，距延庆城区12.5千米，镇域面积100.7平方千米。辖31个村民委员会、2个社区居委会。2016年，全镇户籍户数1.39万户，其中农业户7235户、非农业户5666户。户籍总人口2.59万人，其中，男性13091人，女性1.28万人；农业人口1.45万人、非农业人口1.14万人。年内，出生人口423人，出生率16.36‰；死亡人口158人，死亡率6.11‰；人口自然增长率10.25‰。镇域内延康路、康张路、天佑路、西官路、西环路、百康路和南环路纵横贯通。有邮电所2处、电管站1处、通讯营业厅1处、农业银行1处、农商银行1处。镇工业园区有入区企业28家，其中军山机械制造公司、金兰钢结构公司、京城压缩机有限公司、中能发电力设备有限公司、德菲电器公司、光瑞机械制造公司、天立诚信公司、中智华慧公司8家生产企业产值2000万元以上。中关村延庆园康庄园区有入驻企业11家，北京河田羽绒制品公司、北京兴力通达科技发展公司、北京松泰兴业公司3家企业注册在康庄镇。全镇有大学2所，教职工495人，在校生6126人。中学1所，教职工65人，在校生220人。小学3所，教职工147人，在校生925人。幼儿园1所，教职工53人，入园儿童320人。成教学校1所，教职工4人，年内培训2000人次。卫生院1所，医护人员63人。卫生服务站4所，村级卫生室12所。村级文体活动室31所，数字影厅32个，村级健身广场33处。

2016年，康庄镇党委辖基层党组织48个，其中农村党支部31个、社区党支部2个、非公有制企业党支部8个、企事业单位党支部9个。年内发展中共党员35名，预备党员转正35名，全镇中共党员1906名。开展“两学一做”学习教育，坚持“红色牵动、绿色推动、互联互动”党建思路，将党建工作与推动发展相结合，以红色力量，党建领航引领绿色发展；以绿色推动，康庄节奏助推绿色大事。总结提出“农村七步工作法”，确保重大工程、重点工作有效落实。立足“园艺风情小镇、科技创新家园”发展定位，坚持“以人为本、大事带动、统筹兼顾、绿色发展”工作理念，构建“一城三区”镇域产业发展布局。完成全部村委会、居委会换届选举工作，选举产生村委会成员98名，居委会成员6名。全镇粮食作物播种面积2.44万亩（1624.53公顷），亩产631.7千克，总产量1539.37万千克。主要农作物播种面积和产量：玉米播种面积2.43万亩（1621.2公顷），总产量1534.77万千克；蔬菜作物播种面积6253亩（416.87公顷），总产量1763.87万千克；园林果品种植面积3870亩（258公顷），总产量133.24万千克。全年，生猪出栏8506头，存栏4124头；肉牛出栏457头，存栏2338头；羊出栏5626只，存栏3253只；家禽出栏39.6万羽，存栏17.56万羽。牛奶产量814.46万千克；鲜蛋产量252.82万千克；肉类总产量142.24万千克；干鲜果品总产量144.76万千克；渔业产品产量54.88万千克。造林160公顷，栽植树木5.6万株。全镇农村经济总收入14.56亿元，比2015年增长4.75%；农民人均劳动所得20421元，比2015年增长14.47%。固定资产投资完成77348万元，比2015年增长35.9%。工业总产值2.2亿元，上缴税金435万元，吸纳职工1235人。

年内，完成京张高铁道路工程所涉大王庄等11村土地征占，完成世园大道及周边绿化工程所涉郭家堡等6村6300亩（420公顷）土地流转，王家堡村“美丽乡村”项目施工，马球中心项目实质性推进，镇区3条城市次干路开工建设。新建镇级公益性公墓1个，村级公益性公墓2个。落实“日检查、周汇总、月评价、季考核”管控机制，提高环境监管水平。查处违法建设36起，拆除违法建设16处、2.95万平方米。开展联合行动18次，阻止抢栽抢种行为30起，清除抢栽抢种20起、面积230亩（15.33公顷）、苗木38.4万株。减煤换煤423.5万千克，小丰营等7村实施“煤改电”工程，431户安装空气源热泵，7户安装储能式电锅炉。完成工业园区、政府机关供暖锅炉煤改气改造。开展“助老、助学、助残、助医、助困”工作，实现社会救助全覆盖，补贴资金550万元。城镇登记失业人员就业376人，农村劳动力转移就业394人。完成低收入户认定905户1848人，通过产业扶持、就业帮扶和社保兜底等措施促其增收。组织专业团体演出90场，共享工程放映260场，益民书屋阅览9600人次，阅览20400册次。开展“平安康庄”创建，实施多元参与创安模式，地区社会安全稳定。

地址：康庄镇四街

电话：69131007

（肖蓓）

【送春联200幅】 1月29日，镇社保所联合延庆区人力社保局在马营村举办“社保政策惠民生，春联祝福暖夕阳”送春联活动。邀请区内书法家撰写春联200幅。

（肖蓓）

【青年普法志愿队成立】 2月25日，康庄镇成立由镇团委、司法所以及6名被延庆检察院聘用为“兼职法律宣传员”的大学生村官共16人组成青年普法志愿队，在全镇范围开展法律宣传、法律援助、法律咨询等。截至年底，提供法律援助服务60人次。

（肖蓓）

【春季就业招聘】 3月24日，康庄镇联合区人力社保局举办促进就业春季招聘会，27家招聘单位提供594个就业岗位，650人应聘，171人达成就业意向。

（肖蓓）

【“五保”老人住“新家”】 3月30日，原康庄镇敬老院16位“五保”老人迁入位于镇中心的瑞康缘老人养护中心。瑞康缘老人养护中心建于2015年底，占地15亩（1公顷），建筑面积3992.61平方米，可容纳175名老人养老。

（肖蓓）

【野鸭湖健步走活动】 5月6日，康庄镇总工会组织职工开展“喜迎冬奥　热建世园　走向健康”健步走活动，全程6千米，48名职工参与。

（肖蓓）

【康大姐“绿色引领”进景区】 5月30日，康庄镇康大姐志愿者协会组织开展“绿色文明引领进景区”活动。30名志愿者到国家级自然湿地保护区野鸭湖捡拾垃圾。

（肖蓓）

【镇第八届端午文化节】 6月7日，康庄镇在屯军营健龙祥合农家院举办“走康庄大道、品世园风情”第八届端午文化节。文化节包括包粽子比赛、编织五彩绳、慰问敬老院老人3个环节。100人参加。

（肖蓓）

【优秀党员表彰】 6月24日，镇举办“庆祝中国共产党成立95周年暨庆‘七一’优秀共产党员表彰大会”。大会总结全镇“十二五”期间在政治、经济、社会、文化、生态建设取得的成绩，表彰优秀党员57名。与会党员干部共同宣誓，重温入党誓词，观看“红色”主题文艺演出。镇领导班子成员、48个支部负责人、部分农村支部党员代表500人参加。

（肖蓓）

【“强军兴镇　鱼水情深”军民联欢会】 7月28日，康庄镇在文体中心举办“强军兴镇、鱼水情深”军民联欢会，纪念建军89周年、长征胜利80周年。联欢会由古塞雄风、强军战歌和鱼水情深3个篇章组成，演出歌曲、舞蹈和小品等节目。区相关领导观看演出。康庄镇党政领导班子成员，10名抗战老兵及家属、18支驻康庄镇部队的首长，驻康庄镇部队官兵代表，康庄镇村“两委”干部、村妇联主任、大学生村官和文化组织员600人参加。

（肖蓓）

【京张高铁高架特大桥施工】 9月1日，京张高铁延庆段康庄高架特大桥施工单位进场施工。此项工程是京张高铁正线的控制性工程之一，全长9.1千米，途径11个村，按照工程指挥部的总体安排部署，如期完成土地流转、地上物补偿和土地征占工作。

（肖蓓）

【“3条道路”工程开工】 9月1日，康庄镇汇通路、庄祥街、兴隆北街道路建设举行开工典礼。汇通路西起延康公路，东至兴隆街，全长1265米；庄祥街北起汇通路，南至康庄大道，全长398米；兴隆北街北起汇通路，南至康庄大道，全长615米。3条路总长2278米，投资3208万元。

（肖蓓）

【镇第一次党代会召开】 9月18日，中国共产党康庄镇第一次党员代表大会召开。大会坚持创新、协调、绿色、开放、共享五大发展理念，按照建设国际一流的和谐宜居之都的目标要求，围绕绿色健康之城、休闲宜居之城、山水心灵之城的新城发展定位，确定镇建设园艺风情小镇、科技创新家园的奋斗目标。大会选举产生中国共产党康庄镇新一届党委、纪委委员，完成镇第一届党委、纪委换届工作。

（肖蓓）

【东官坊与西城区新街口共建】 10月13日，康庄镇东官坊村与西城区新街口街道举行“城乡手拉手，共建新农村”共建仪式。西城区新街口街道及地区单位代表为东官坊村捐赠帮扶款和图书，签订《“城乡统筹 文明先行”共建协议书》。双方在丰富城乡共建形式与内容、创新工作方法、推进纵深合作方面达成共识。

（肖蓓）

【残疾人就业帮扶】 10月20日，镇残联联合北京外企人力资源服务有限公司召开残疾人专场招聘会，招聘岗位为生态管理员，200名残疾人参会，98人达成就业意向。

（肖蓓）

【北曹营村百米墙绘】 11月5—6日，千龙网工作人员与传媒学院师生代表，为北曹营村打造文化长廊，在百米墙体上墙绘10幅作品。

（肖蓓）

【镇第一届人代会第一次会议召开】 11月25日，康庄镇第一届人民代表大会第一次会议召开，57名人大代表和34名列席代表参加。会议审议通过康庄镇政府工作报告和人大工作报告、康庄镇2016年财政预算执行情况和2017年财政预算（草案）的报告。选举产生康庄镇第一届人民政府镇长1人、人大主席1人、副镇长6人。

（肖蓓）

2016年康庄镇村委会基本情况统计表

表5

村委会名称	党支部书记	村委会主任	户数（户）	人口（人）	经济总收入（万元）	农民人均所得收入（元）
榆林堡村	陈淑春	陈淑春	1068	2250	5695.0	18749
一街村	康　民	王建柱	382	1260	3478.6	20416
二街村	马志刚	张建新	170	400	5672.3	22882
三街村	宋文柱	宋文柱	158	418	4907.0	22148
四街村	梁　磊	梁　磊	368	826	2546.8	17564
马坊村	王玉龙	王玉龙	244	524	4486.7	21669
西桑园村	谢春金	康　强	378	510	3273.7	21052
西红寺村	罗桂存	陈爱民	438	720	2221.7	18197
刁千营村	赵延生	赵延生	315	850	7086.5	20740
郭家堡村	段秀成	王　强	410	758	5550.5	24073
小北堡村	李桂山	李桂山	173	306	1949.3	24683
大丰营村	卢建文		239	448	2062.3	22812
大营村	白建忠	张强	775	1420	12191.3	26152
火烧营村	王桥海	王桥海	95	216	326.6	10462
太平庄村	徐海珠	徐海发	355	613	3106.0	20430
张老营村	张同柱	张文利	398	568	3240.9	20422
许家营村	鲁顺利	吴树泉	279	504	1751.4	18303
马营村	孙金文	孙金文	663	1100	2355.0	16104
苗家堡村	胡爱民	何　莽	290	530	1654.6	17149
刘浩营村	张树山	张树山	298	559	2292.1	22685
屯军营村	王二永	王二永	411	1200	4701.5	18650
小曹营村	王艳波	闫卫军	193	310	1125.0	19903
大王庄村	王　勇	聂永泉	570	1130	3259.9	16555

续表5

村委会名称	党支部书记	村委会主任	户数（户）	人口（人）	经济总收入（万元）	农民人均所得收入（元）
北曹营村	曹艳永	曹艳永	182	300	3016.0	19800
南曹营村	曹建波	曹建波	152	270	1310.7	21851
小王庄村	张进军	张进军	224	360	2068.8	20236
小丰营村	崔全利	崔全利	1121	2057	20133.9	26683
东红寺村	谢金海	闫俊峰	416	865	3499.5	14716
大路村	赵保军	赵保军	130	260	320.4	14811
王家堡村	赵永利	赵永利	251	448	1018.3	16609
东官坊村	哈玉民	王志强	231	323	1412.6	25572

八达岭镇

【概况】　八达岭镇位于延庆区最南端，东与井庄镇为邻，北接大榆树镇，西北与康庄镇相连，西部及南部与河北省怀来县及北京市昌平区接壤。镇域面积96平方千米，辖15个村民委

员会。2016年，全镇户籍数4366户，户籍总人口7320人。其中男性3725人、女性3595人。年内出生人口130人，出生率17.9‰；死亡人口56人，死亡率7.7‰。人口自然增长率10.2%。镇域70%为山区，30%为平原和丘陵。有建设用地1.78万亩（1187.4公顷），耕地6900.6亩（460.04公顷），基本农田2315亩（154.33公顷），林地6.4万亩（4226.67公顷）。镇域内有10千伏高压输变电站、110千伏变电站等基础设施，华北联网50万伏高压电网、110千伏高压线路穿越镇域；还有中科院太阳能1兆瓦光热发电示范电站以及供水场、污水处理厂等节能设施。全镇有中学1所，小学1所，中心幼儿园1所，学前班1所。社区卫生服务中心1所，村级卫生室9个，社区服务站2个。

镇党委辖基层党组织24个，其中农村党支部15个；年内发展党员33名，培训入党积极分子57名；全镇中共党员838名。2016年，以建设"国际旅游休闲名镇"和打造"美丽延庆第一印象"为目标，依托八达岭长城及周边旅游景点的优势，发展以旅游接待、休闲度假、观光农业为主的旅游服务产业。全镇乡村旅游接待户106户，接待游客27.5万人次，旅游收入2782.2万元。长城森林音乐节已经连续举办6届，成为延庆"品牌文化名片"。石峡乡村酒店被国家旅游局授予"金牌农家乐"，被评为五星级民俗户。

年内，推进岔道古城、营城子国际健康旅游城和东沟山里中国项目，完成探戈坞音乐谷主题酒店、会所等工程主体建设，中科院太阳能1兆瓦光热发电示范电站建设，花家窑长城等文物重点修缮，石峡关生态综合治理、里炮矮化苹果更新、小浮坨农副产品加工和东曹营果园基础设施改造等工程。京张高铁、兴延高速、世园大道等市区重点工程完成征拆补偿签约，全部开工。八达岭镇中心区、营城子社区、烽火台遗址3个生态休闲公园实施景观节点建设，同时在延昌交界处增设景观标识。实施生态文明"十大专项行动""清洁空气—蓝天行动"。以里炮村为试点，开展生态文明先行示范社区建设。落实农村用能结构调整工作，探索新型能源在八达岭地区的试点运用。推广优质燃煤替代，全年减少劣质燃煤使用1600万千克；推广压缩天然气入户，南园新村采用太阳能+天然气辅助采暖144户，岔道新村648套房屋全部使用天燃气采暖；以东曹营村为试点，推广农村"煤改电"。里炮村果园改"大水漫灌"为"精准滴灌"，提高水资源利用率。通过老林改造、培育反季花卉、栽种盆景果树、葡萄等实现一产与三产有效融合。创建市级绿色村庄1个、市级生态村13个、区级优秀村13个。开展安全生产、矛盾纠纷排查化解、社会治安综合治理等工作，成功应对"7·21"暴雨等极端天气。完成全国"两会"、国庆等多项重大活动和重点节日的服务保障任务。截至年底，全镇固定资产投资1277万元。招商引资1.91亿元。财政收入1087.9万元。农村经济总收入12.1亿元，人均劳动所得2.83万元。

地址：八达岭镇西拨子村

电话：69120395

（王昊迪）

【镇第一次妇女代表大会召开】 1月31日，中共延庆区八达岭镇委员会第一次妇女代表大会召开。会议选举产生八达岭镇妇女联合会第一届执行委员会。选出第一届妇女联合会主席1人，选出不驻会副主席2人。

（王昊迪）

【花卉园艺工培训班结业】 3月14日，八达岭镇营城子村花卉园艺工培训班举行结业仪式。培训由延庆一职组织教学并负责，内容涉及花卉管理、插花技艺、病虫害防治等。历时3个月，53名学员参加，51名学员通过职业资格鉴定考试获得中级结业证书。

（吴铁华）

【路地共建慰问演出】 8月13日，延庆区文委和八达岭镇共同举办、北京鑫浩美通艺术发展有限公司承办的"路地共建和谐发展"八达岭镇周末场慰问演出活动在镇文体中心举行。京张高铁和兴延高速建设者中铁五局、中铁十九局职工代表以及营城子、西拨子等村群众观看演出。演出节目有歌曲、舞蹈、戏曲、魔术、杂技、变脸等。

（王昊迪）

【“最美长城人”宣讲会】 9月7日，在镇二楼会议室举办2016年“最美长城人”百姓宣讲会。8位宣讲员以“最美长城人”为主题，讲述发生在身边的生动故事，全镇机关干部、农村两委干部150人参加。

（王昊迪）

【镇第一次党代会】 9月25日召开，全镇86名党员代表参加。会议听取、审议通过党委、纪委工作报告，选举产生中共八达岭镇第一届党委委员、纪委委员和出席区党代会的代表。

（王昊迪）

【安全知识宣传】 10月26日，八达岭镇安全管理科联合镇食药所、司法所在八达岭镇商业街开展安全生产、食品药品、司法等宣传、咨询活动。发放宣传材料200份，受教育人数100人。

（王昊迪）

【重阳节庆祝活动】 10月9日，八达岭镇各行政村通过组织文化汇演、走访慰问中华人民共和国成立前老党员等形式开展重阳节庆祝活动。镇领导分别向32名老人进行节日慰问，送上慰问品。

（王昊迪）

【路地共建欢度国庆】 10月1日，在石峡村举办“路地共建欢度国庆”八达岭镇庆祝新中国成立67周年文艺演出。演出节目有诗朗诵、合唱、舞蹈、乐器演奏等。兴延路的建设者们和游客100人参加。

（王昊迪）

【东沟村休闲体育中专班开班】 11月2日，八达岭镇东沟村举办“文艺中专班毕业暨休闲体育中专班开班仪式”。中专班有学员21人。

（王昊迪）

【小浮坨村新居建设项目封顶】 11月4日，小浮坨村在小浮坨新村举行新居封顶仪式，小浮坨村为建设单位北京龙庆建筑工程有限公司赠送锦旗。八达岭镇、北京龙庆建筑工程有限公司、监理公司等相关领导及小浮坨村两委班子成员参加。

（王昊迪）

【镇第一届人民代表大会第一次会议】 11月26日召开。全镇45名镇人大代表和30名列席代表参加。会议听取并审议通过八达岭镇人大工作报告、政府工作报告和财政工作报告，讨论提出关于八达岭镇经济社会发展的意见建议，选举产生新一届政府班子和人大主席。

（王昊迪）

2016年八达岭镇村委会基本情况统计表

表6

村委会名称	党支部书记	村（居）委会主任	户数（户）	人口（人）	经济营业收入（万元）	农民人均所得（元）
石峡村委会	彭长根		83	186	1424.1	24148
帮水峪村委会	董　山	彭永东	365	718	1956.8	16461
里炮村委会	张　良		194	401	4684.0	34488
外炮村委会	田吉祥	白燕军	168	295	991.9.0	19962
营城子村委会	王万发		600	1126	9237.1	25163
东曹营村委会	邢　东		386	700	4698.3	19682
大浮坨村委会	耿秀林	康海涛	639	1157	9850.7	22094
小浮沱村委会	李　红		336	631	3433.6	20946
程家窑村委会	王金生	王雪生	272	488	3203.6	20125
岔道村委会	朱爱军	陈　刚	597	1252	35163.0	51300

续表6

村委会名称	党支部书记	村（居）委会主任	户数（户）	人口（人）	经济营业收入（万元）	农民人均所得（元）
西拨子村委会	李志刚		256	415	7844.9	32890
南园村委会	史志刚	孙建超	135	292	1365.0	18027
东沟村委会	李建华		126	253	1821.7	22631
石佛寺村委会	姬时雨		162	295	13784.3	59134
三堡村委会	宋海英		47	80	967.2	28750

永宁镇

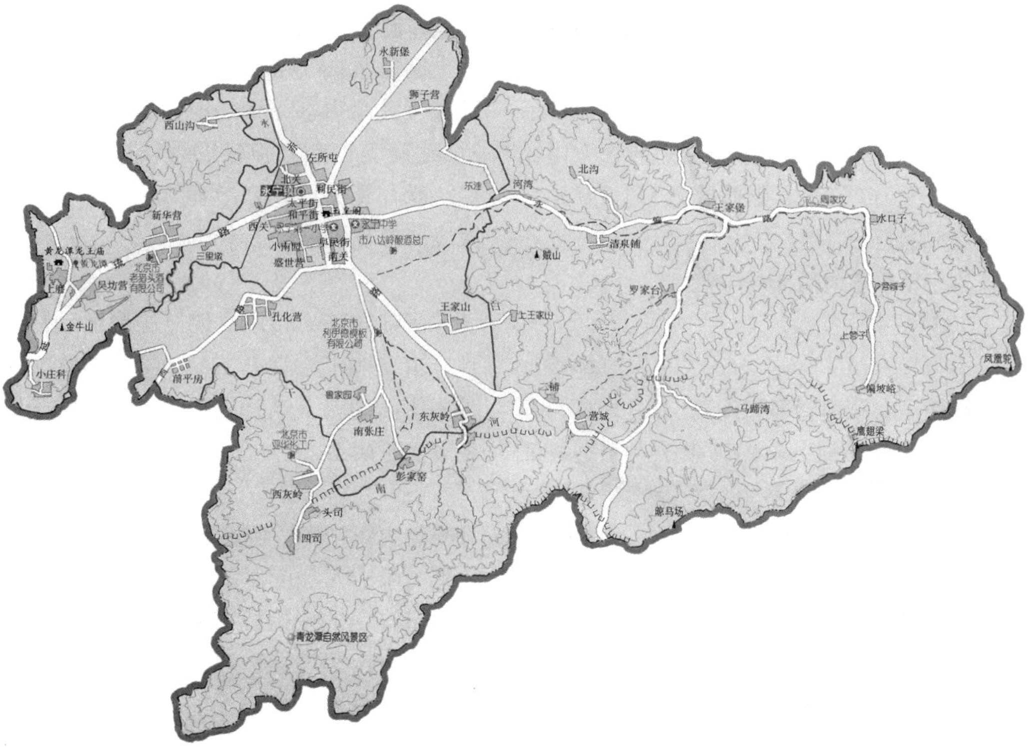

【概况】 永宁镇位于延庆区中部，北依香营乡、刘斌堡乡，东临四海镇，西部由北至南分别与旧县镇、沈家营镇、井庄镇接壤，南与大庄科乡及怀柔区交界，辖区面积146.5平方千米，耕地面积61970亩（4131.33公顷）。辖36个村民委员会。全镇户籍户数9806户，其中农业户7773户、非农业2033户；户籍总人口2.35万人，农业人口1.68万人、非农业人口6617人。年内出生人口218人，出生率9.29‰．死亡人数291人，死亡率12.36‰。人口增长率为-6.93‰。镇内有永宁古城、妫水源头、青龙潭等旅游景点。有九年一贯制学校1所，在校生883人，教职工183人；幼儿园1所，入园儿童330人，教职工60人；有社区医院1家。

镇党委辖基层党组织43个，包括党总支1个，党支部42个；年内发展中共党员14名，全镇有中共党员1684名。全镇农作物耕种面积2.69万亩（1794.33公顷），化肥使用量1479.8

万千克。主要农作物玉米播种面积1.90万亩（1264.07公顷），总产量8633万千克，每亩量产455.3千克；蔬菜播种面积5045亩（336.33公顷），每亩产量885.1千克；干鲜果总产275.6万千克，其中鲜果175.2万千克。全年出栏生猪3.78万头，存栏2.58万头；羊出栏2245只，存栏5960只；肉牛出栏357头，存栏397头；鲜蛋产量1095.1万千克。全年造林1050.8亩（70.05公顷）。农业总产值1.54亿元，其中种植业4605万元。全镇新型农村合作医疗参保人数1.81万人，新型农村社会养老保险参保人数1.31万人。就业人口1.37万人，其中外出就业人员4483人，占32.8%。年内，举办民俗旅游接待培训班3期，27家民俗户参加，培训300人次。组织2016年乡村美食比赛、正月十五灯会等特色旅游活动。截至年底，全镇经济总收入7.14亿元，人均所得14705元；财政收入311.7万元，同比增长8.4%。

地址：永宁镇永宁大街39号
电话：60171741

（邹磊）

【贫困独生子女家庭春节慰问】 1月15日，开展“节前送温暖，慰问贫困独生子女家庭”活动，镇领导慰问阜民街村丁益民等12户贫困独生子女家庭，送去慰问金1万元。

（邹磊）

【捐书寄语贵州贫困儿童】 1月14日，镇举办“千里献爱心——为贵州贫困儿童捐书寄语”活动，40名机关干部和大学生村官捐书113本、捐款2437元及衣服等物品若干件。募捐所得全部捐给贵州省黔西南州望谟县桑郎镇。

（邹磊）

【新春文化庙会活动】 1月30日，镇举办“推门长城就在屋檐下”情系冬奥福润京津冀文化志愿者春节送“福”到家启动仪式暨永宁古城迎新春文化庙会、灯谜会活动。内容包括“福临古城”特色表演、“福至古城”民俗产品展示售卖、“福戏古城”游戏、“福到古城”文艺演出、“福迎古城”书法活动、“福亮古城”灯展活动。观众2万人。

（邹磊）

【永宁幼儿园民间传统体育节活动】 5月4—5日，永宁幼儿园举办第四届民间传统体育节。开幕式上，各班幼儿组成“奥运会比赛项目”方阵，表演幼儿园根据孩子年龄特点编排的《足球操》《笸箩操》《亲子操》等，展示舞龙、武术、花式足球等运动项目。体育节开设《娃娃踩高跷》《老鼠娶亲》《划龙舟》等民间亲子游戏以及拔河、跳绳、滚铁环等传统游戏。

（邹磊）

【乡村美食大赛举办】 5月28日，“美丽延庆食在乡村”延庆区2016年乡村美食大赛在永宁镇上磨村举办，各乡镇30家民俗户参加。北京饭店行政总厨郑秀生、中国烹饪大师王素明和3位延庆美食专家担任评委，永宁镇妫源鲟鱼锅、妫川喜宴八八席参赛队获得二等奖，寒江城烧烤参赛队获得三等奖。

（邹磊）

【“品味端午　传承文明”主题活动】 6月8日，镇文体中心举办“品味端午传承文明”主题文化活动，全镇36名选手进行包粽子比赛并观看文艺演出。

（邹磊）

【“魅力永宁人”百姓宣讲】 8月16日，开展“魅力永宁人”百姓宣讲报告会，6位宣讲员分别以《老兵的爱情故事》《沈迎的竹马人生》《永宁有个古城通》《百善孝为先》《回乡创业的崔淑敏》为题目，展现永宁特有魅力、宣扬永宁典型人物、传播励志故事。区文明办公共文明引导队队长贾庆华进行点评。区园林绿化局调查队副队长，区疾病预防控制中心公共卫生科科长、2015年“十优”百姓宣讲员王绍华、区委宣传部宣教科副主任科员、市级优秀百姓宣讲员兰玉芳，镇领导、各村妇女主任、文化组织管理员、大学生村官参加。

（邹磊）

【安全文艺进校园演出】 9月13日，永宁镇举办“生命至上平安是福”安全文艺进校园演出，汇演由首都社会治安综合治理委员会办公室、市安监局、区政府主办，永宁镇政府和永宁学校承办，市安监局、首都综治办督导考核处等相关领导参加，主管副区长出席活动并讲话。永宁学校600名师生观看演出。

（邹磊）

【中秋节敬老院慰问演出】　9月14日，开展“关爱老人、欢度中秋”永宁镇中秋节敬老院慰问演出活动，为镇敬老院10位老人送去慰问品，进行诗歌朗诵、竹马表演等慰问演出。

（邹磊）

【残疾人艺术汇演大赛】　9月30日，镇举行残疾人艺术汇演，14名残疾人歌手参加，演唱《映山红》《党啊、亲爱的妈妈》《嫂子颂》等歌曲。评出一、二、三等奖并颁发奖品。

（邹磊）

【迎冬奥知识专题培训】　9月21日，开展“全民健身迎冬奥快乐冰雪圆梦想”宣讲活动，区社教中心教师做“开展冰雪运动与科学健身指导”专题培训，镇群众文化组织员和体育爱好者100人参与。

（邹磊）

【精神残疾人家属康复培训】　10月26日，永宁镇举办精神残疾人家属康复培训班，邀请张山营精神病院专家针对精神残疾人发病原理、正确治疗方法、日常治疗误区以及用药说明进行讲解。同时详细解答精神残疾人家属提出的问题。残疾人专职委员、精神残疾人及家属70人参加。

（邹磊）

【平安北京宣传活动开展】　11月5日，镇政府与城管、工商、交通、派出所、法庭等各部门联合举办“共建平安北京共享北京平安”宣传活动，发放法律咨询、权益保障、禁毒、反邪教等宣传材料3000份。

（邹磊）

【计生专干演讲比赛】　11月25日，举办“健康生活惠民生婚育新风靓古城”演讲比赛。选拔的14名计生干部通过亲身经历、生动事例进行演讲。

（邹磊）

【“携手抗艾　重在预防”宣传活动】　11月23日至12月9日，开展预防艾滋病宣传周活动，通过利用户外电子屏幕循环播放艾滋病防治知识，倡导健康生活方式。发放宣传折页、宣传画、安全套200份。

（邹磊）

【2016年冬季趣味运动会】　12月2日，举办2016年冬季趣味运动会，比赛项目有一分钟夹豆子、赶猪、踢毽入筐、沙包掷准、托球跑、两人三足、一分钟双人跳绳、拔河8个项目，全镇36个村350人参加。

（邹磊）

【安全生产检查】　12月7日，联合镇派出所、城管、综治办、食药所等部门，对金果园老农（北京）食品股份有限公司、北京八达岭酒业有限公司和永宁学校等单位进行联合检查。检查组强调各单位要高度重视安全生产工作，强化主体责任意识，积极开展企业自查自纠，及时消除事故隐患，同时加强应急值守，认真巡查，切实保障人民群众生命财产安全。

（邹磊）

2016年永宁镇村委会基本情况统计表

表7

村委会名称	党支部书记	村委会主任	户数（户）	人口（人）	农村经济总收入（万元）	人均劳动所得（元）
河　湾	桂献杰	安素荣	221	436	634.0	12233
北　沟	张振宗	张存山	26	43	94.4	10074
清泉铺	张石良	池春红	335	670	956.7	10865

续表7

村委会名称	党支部书记	村委会主任	户数（户）	人口（人）	农村经济总收入（万元）	人均劳动所得（元）
罗家台	沈茂生	沈海龙	175	338	407.4	11201
王家堡	李仕春	郝代石	77	153	198.1	11410
水口子	李树林	—	54	114	328.1	14043
偏坡峪	钱志龙	刘春亮	37	80	342.6	17319
二　铺	吕长有	吕德新	123	241	757.2	12106
营　城	徐晓菲	卫满福	226	423	713.7	10737
马蹄湾	巴士义	谢连庆	65	141	185.7	10697
西山沟	宋立民	宋立民	151	300	619.7	11844
永新堡	李秀环	李怀顺	184	389	612.3	13032
狮子营	韩　颖	—	187	350	800.0	12209
上　磨	国爱学	訾景成	237	457	2634.7	20626
吴坊营	吴秀起	吴荣富	635	1196	3704.0	14192
小庄科	魏石兰	罗树友	295	562	1122.1	13661
前平坊	韩贵洲	韩贵洲	161	323	837.8	13329
孔化营	梁志磊	王海龙	712	1359	4320.1	18980
新华营	朱长富	时芝东	1190	2266	8831.4	20346
左所屯	张造有	—	1277	2433	6730.1	15110
北　关	张冰山	王永合	246	480	6470.8	18066
西　关	董海江	杨四胖	869	1753	4927.3	17102
小南元	闫占江	闫占江	173	332	684.7	11562
盛世营	纪凤起	李　森	166	315	614.8	14081
南　关	陈　鹏	陈　鹏	363	693	1741.4	11110
太平街	杨金禄	杨金禄	788	1470	3815.2	13019
利民街	盛长栓	陈石来	898	1696	4188.1	11177
和平街	颜铁柱	吴晓育	519	1006	1884.6	11373
阜民街	杜永斌	李士强	821	1501	3355.0	12987
王家山	张树立	张彦廷	471	963	2116.0	13735
南张庄	张振林	张永强	184	390	1382.7	21304
东灰岭	赵金柱	杨友泉	539	1045	2848.5	20689
彭家窑	彭永强	彭永强	244	514	747.3	10200
西灰岭	高双富	孙皂红	357	718	1183.7	11337
头　司	赵晓兵	赵小文	79	152	253.2	12121
四　司	陈小松	陈小松	144	318	366.9	10835

旧县镇

【概况】　旧县镇位于延庆区东北15千米处，东邻香营乡，南接沈家营镇，西连张山营镇，北与河北省赤城县接壤。面积107.6平方千米。辖22个行政村，总人口数1.91万人。2016年出生266人，出生率12.13‰；死亡191人，死亡率8.71‰。人口自然增长率3.42‰。镇域有延庆古八景中的三处：“古城烟树”“神峰列翠”“独山夜月”，有烧窑峪“摩崖造像”明代石佛像群，有“陶艺之乡”美誉的盆窑村，有云瀑沟景区。占地523亩（34.87公顷）的妫州牡丹园，种植牡丹200亩（13.33公顷），是集观光、采摘、餐饮、住宿为一体的多功能生态园区。全镇有中小学校4所。幼儿园3所，其中公立2所、私立1所。医院1所，床位50张，投入使用20张。数字影院23个，其中固定影院22个，流动影院1个。健身广场23个。

镇党委辖基层党组织30个，其中农村党支部22个；全镇党员1530名。年内，发展党员34名，按期转正37名。完成镇人大换届选举，全镇1.83万名选民，选举出出席区第二届人民代表大会的代表14名，镇第一届人民代表大会代表56名。全镇粮食作物播种面积2.38万亩（1586.4公顷），亩产369千克，总产量878万千克。主要农作物播种面积和产量：玉米播种面积2.32万亩（1549.07公顷），产量873.58万千克；谷子播种面积235亩（15.67公顷），产量2.55万千克；大豆播种面积325亩（21.67公顷），产量1.82万千克；蔬菜作物播种面积1364亩（90.93公顷），总产量225.8万千克。年末羊存栏6249只、牛存栏3537头、猪存栏5080

头、家禽存栏8.5万羽。羊出栏4584只、牛出栏1322头、猪出栏5465头、家禽出栏44万羽。全年造林780亩（52公顷），植树3.3万株。年内，新建抗震房223户，单项保温506户，减煤换煤690万千克，更换炉具103台。文艺演出67场，其中22个行政村星火演出62场，夏日文化广场演出3场，周末场演出2场。代表延庆区参加北京市健身舞比赛获得二等奖；镇文体中心被评为2016年全国优秀文化站。拆除违法建设16处，房屋6612平方米，围墙174.2延米。截至年底，全镇固定资产投资完成2878万元，同比增长4%；财政收入171.1万元，同比下降22.5%。招商引资到位资金11.93亿元。完成农村经济总收入21.37亿元，同比年减少24.08%；实现农民人均劳动所得2.47万元，同比增加9.44%。

地址：旧县镇旧县村

电话：61151837

（胡学峰　陈旭）

【乡村道路修建2条】　年内，修建完成白草洼路和旧县村至盆窑村公路，投入绿化资金120万元，绿化面积450亩（30公顷）。

（胡学峰　陈旭）

【水利设施建设】　年内，完成车坊、团山2个村700亩（46.67公顷）节水灌溉项目；完成东龙湾村供排水改造项目，总投资506.86万元；库区移民1409人，资金84.54万元，转非移民266人，资金14.952万元。

（胡学峰　陈旭）

【环境整治】　年内，8个区级垃圾分类示范村，执行九类细分，其中盆窑、小柏老村、烧窑峪村创建为十佳村庄，实现五类细分。设立150万元专项资金，用于加大建筑垃圾清运力度，制作1000套垃圾分类标识。投入20万元，更换垃圾分类桶2000套，配备垃圾收集车30辆，大垃圾箱3个。投入资金120万元，新增绿化面积280亩。环境建设区级排名第一。

（胡学峰　陈旭）

【民俗村验收】　年内，东龙湾村旅游合作社正式与大地原乡北京科技有限公司签约，打造东龙湾精品民宿。完成古城村、东龙湾村四星级民俗村验收复核，其中古城村王志勇农家院五星级验收复核完成。

（胡学峰　陈旭）

【休闲旅游设施建设】　年内，修建云瀑沟景区道路1万平方米。铺设华海田园天文农庄道路1000平方米。盆窑陶艺大课堂实践基地新建房屋20间、500平方米。

（胡学峰　陈旭）

【志愿服务】　年内，全镇有乡风文明志愿者服务队、大学生村官志愿者服务队、文化志愿者服务队、乐农家学雷锋志愿者服务队、黄马甲志愿者服务队、爱心姐姐志愿者服务队、关爱母亲河志愿服务队、缙阳巾帼志愿服务队、缙慈志愿服务队等志愿者队伍，拥有1000名志愿者，服务内容涉及环境保护、扶弱助残、社会公益等多个领域。

（胡学峰　陈旭）

【低收入户精准识别工作】　年内，低收入农户806户，低收入户家庭成员1918人。烧窑峪，北张庄，白河堡3个村为低收入村。

（胡学峰　陈旭）

2016年旧县镇村委会基本情况统计表

表8

村（居）委会名称	党支部书记	村（居）委会主任	户数（户）	人口（人）	经济营业收入（万元）	农民人均所得（元）
大柏老	陈建明	陈建明	1165	2248	37021.0	51573
西龙湾	张新艳	张新艳	410	773	7214.8	38679
团　山	赵桂祥	赵桂祥	575	1075	3374.6	16660
东羊坊	李相平	李相平	513	992	2159.5	15388

续表8

村（居）委会名称	党支部书记	村（居）委会主任	户数（户）	人口（人）	经济营业收入（万元）	农民人均所得（元）
旧 县	高华彪	高华彪	1423	2938	15142.5	30799
东龙湾	裴玉慧	裴玉慧	258	490	1149.1	13949
白草洼	陈进行	陈进行	159	350	1648.6	19153
小柏老	刘玉林	赵爱东	179	389	1901.6	27159
三里庄	唐爱青	陈所囤	506	1054	1697.9	10695
车 坊	王海龙	刘合昌	486	931	2450.5	11251
耿家营	闫立民	赵会君	407	782	1458.0	14141
烧窑峪	李来有	李来有	126	277	483.4	10299
盆 窑	王海涛	王海涛	293	543	2737.0	25122
米粮屯	王小玮	王小玮	998	1905	6304.6	20045
白河堡	赵庆中	赵庆中	126	265	337.6	9707
黄峪口	程立存	程立存	174	351	388.9	10517
北张庄	田金来	田金来	468	1065	2032.2	10532
古 城	乔爱忠	乔爱忠	945	1880	13783.0	52591
常家营	许 奎	王石军	406	837	2681.9	20191
闫 庄	方建军	闫承利	937	1778	2650.3	10719
常里营	马淑华	李腾飞	272	494	1066.3	11695
白羊峪	程桂山	程桂山	54	120	202.4	10166

张山营镇

【概况】　张山营镇位于延庆西北部，南邻康庄镇、延庆镇，北隔海坨山与河北省赤城县接壤，西邻河北省怀来县，东与旧县镇、沈家营镇相邻，镇域面积267平方千米，全镇2.46万人，其中男性1.25万人、女性1.21万人。年内，出生人口227人，出生率9.2‰；死亡人口202人，死亡率8.2‰；人口自然增长率1‰。全镇有9年一贯制学校1所，小学2所，中心幼儿园3所，社区卫生服务中心1所，村级卫生室6所，文体中心1座、数字影院26座、健身广场21处。

2016年，镇党委辖基层党组织48个，其中农村党支部32个，发展中共党员20名，培训入党积极分子26名；全镇有中共党员1750名。完成“十三五”期间全镇总体规划，明确“冬奥冰雪休闲小镇”功能定位，制订相关规划，实现“多规合一”。开展“庆七一　忆长征”主题活动。参观赤城县平北抗战根据地纪念馆。举办庆“七一”文艺演出以及慰问困难党员活动。完成全镇32个村村委会换届选举工作。全镇耕地面积4.10万亩（2733.33公顷），粮食作物播种面积1.80万亩（1201.67公顷），亩产463.99千克，总产量836.36万千克。主要农作物为玉米，种植面积1.72万亩（1145.07公顷），总产量802万千克。全年牛存栏751头，出栏160头；羊存栏6520头，出栏4383头，猪存栏368头，出栏636头。造林104.6亩（6.97公顷），植树2970株。

年内，完成抗震节能改造1788户，其中新建翻建383户、单项改造1405户。减煤换煤3505户、752.23万千克。胡家营、西五里营、佛峪口、西卓家营、西羊坊、靳家堡、吴庄7个村煤改电工程，安装空气源热泵157户，电暖器21

户，电锅炉1户。查出运输和销售劣质燃煤车辆154辆，其中处罚1辆、劝返153辆。镇政府燃煤锅炉改造4台，拆除经营场所小煤炉30台。拆除私搭乱建10处；拆除违规广告牌及电子屏44块；清理建筑垃圾2万立方米；清理杂草、树枝、玉米秆5万立方米；对贯穿全镇的110国道两侧进行垃圾清运、地形整理，先后在松山路与110国道交界、110国道镇政府周边打造精品景观5处。巡查发现违法建设16宗，制止8宗，拆除8宗，拆除面积1.13万平方米，围墙11延米。截至年底，全镇固定资产投资完成16313万元，同比下降27%；税收完成6555.98万元，同比增长169.51%；财政收入1209.48万元，同比增长60.4%；农村经济总收入191997万元，人均劳动所得18420元。

地址：张山营镇佛峪口村南

电话：69111051

（康文）

【护城河工程协议书签订】 3月1日，镇政府与河北省怀来县北辛堡镇、河北省赤城县大海陀乡共同召开“护城河工程”联席会。双方代表签订社会治安“护城河工程”协议书和反邪教“护城河工程”协议书。

（康文）

【领导调研】 3月9日，新华社北京分社社长陈新洲到镇小海坨山冬奥赛场调研，并到前黑龙庙村慰问全国三八红旗手韩书琴。

（康文）

【中国残疾人艺术团慰问演出】 5月13日，中国残疾人艺术团“关爱孤残儿童 让爱洒满人间”慰问演出在镇举行，演出聋人舞蹈千手观音、京剧《三岔口》、歌伴舞等节目。并慰问全镇孤残儿童。

（康文）

【禁种铲毒踏查】 6月23日，镇政府组织40人踏查小队，分别沿着石佛寺线、五里坡线、高家河线、五间房线开展搜山踏查禁种铲毒工作，未发现有非法种植毒品原植物（罂粟）现象。

（康文）

【庆祝申冬奥成功2周年演出】 7月29日，在西大庄科村举行庆祝申冬奥成功二周年活动，演出小品《冬奥会前的一家人》、舞蹈《张灯结彩》等多个节目，100人参加。

（康文）

【独生子女表彰】 8月22日，镇计生办举办2016年独生子女考学奖励表彰大会。表彰考入一本、二本及重点高中的63名独生子女，分别按照3000元、2000元、1000元的标准，发放11.7万元奖励金。

（康文）

【张山营葡萄入驻电商平台】 9月1日，镇政府组织辖区各葡萄种植专业合作社与京东等四家电商平台进行合作洽谈，9月13日签订合作协议，张山营葡萄正式入驻电商平台。

（康文）

【葡萄文化节】 9月13日，在世界葡萄博览园举办“萄醉金秋季·共叙冬奥情”葡萄文化节，文化节推出景区、民俗户与采摘园结对惠游活动，在镇辖区内的世界葡萄博览园、松山、古崖居、玉渡山四个景区购买全价门票及辖区三星级以上民俗户消费一定数额后，可免费获赠葡萄采摘代金券，到指定葡萄园免费采摘葡萄1~2斤。活动持续到10月10日。期间发放2斤券1.93万张，1斤券4963张，接待采摘游客2万人。

（康文）

【“我为冬奥做贡献”百姓宣讲】 9月27日，举办“我为冬奥做贡献”百姓宣讲活动，10位宣讲员讲述发生在张山营镇的10位优秀人物的典型事迹，全镇机关干部、大学生村官100人参加。

（康文）

【高龄老人慰问金发放5万元】 10月9日，张山营镇为辖区内90岁以上的50名高龄老人发放每人1000元慰问金。

（康文）

【文艺院团采风基地落户张山营】 11月4日，北京市文艺院团“深入生活、扎根人民”主题实践活动创作采风基地揭牌仪式在张山营镇文化活动中心举办，北京交响乐队演出交响乐。市委宣传部文化处、市文化局以及区相关负责人出席。400名村民观看演出。

（康文）

【志愿服务】 年内，张山营镇“海坨之子”志愿者协会、海坨志愿服务队和巾帼志愿服务队3支志愿服务队伍，有志愿者500人。开展赴河北省赤城县大海陀乡捐冬衣、捐图书；清理海坨山南麓垃圾；减煤换煤宣传；帮助困难群众收苹果等志愿服务100场。

（康文）

2016年张山营镇村委会基本情况统计表

表9

序号	村名	党支部书记	村委会主任	户数（户）	人口（人）	村级总收入/万元	人均劳动所得/元
1	下　营	刘志军		1228	2296	7699.4	18426
2	东门营	孙铁合	孙铁合	526	986	4767.4	18156
3	姚家营	郭维奇	王国伟	843	1597	7183.6	17849
4	胡家营	胡顺泉	胡顺泉	424	778	3005.0	17889
5	水　峪	刘明富	刘明富	185	359	1673.5	20951
6	佛峪口	杨根山	杨根山	199	371	1727.0	18032
7	西大庄科	徐建喜	徐建喜	51	110	596.5	23837
8	西五里营	盛永民	盛永民	826	1609	7788.6	19888
9	前黑龙庙	王合亮	王合亮	290	551	2753.1	21932
10	后黑龙庙	杜皂银	杜皂银	182	386	1923.9	16744
11	西卓家营	张小龙	张爱勤	278	476	2193.9	18600
12	马　庄	马海山	马海山	85	152	717.0	18846
13	张山营	卢兴民	卢兴民	861	1557	7557.9	20297
14	上芦凤营	卢瑞明	卢瑞明	169	277	1134.0	17399
15	下芦凤营	宋凤存	宋风永	240	444	2131.3	17833
16	小河屯	赵　巍	赵　巍	845	1605	7337.8	17428
17	玉皇庙	吕　华	吕　华	88	184	1101.3	20178
18	上板泉	李同会	李向新	742	1396	6320.2	17476
19	下板泉	刘志涛	刘志涛	828	1526	5164.2	17483
20	西羊坊	李石清	李石清	373	636	3945.8	18228
21	辛家堡	陈春双	陈春双	397	216	1772.7	16662
22	丁家堡	苏跃兰	苏跃兰	571	328	2612.6	18388
23	田宋营	徐宇亮	徐宇亮	569	1018	4752.0	17195
24	吴　庄	卢铁墩	卢铁墩	145	256	1248.9	17180
25	靳家堡	薛桂宝	薛桂宝	440	787	3573.7	18355
26	晏家堡	王富贵	晏二小	347	622	2781.1	17750
27	龙聚山庄	郭明德	赵　杰	364	713	7095.3	21078
28	中羊坊	许跃斌	于富江	681	1242	5880.0	17786
29	黄柏寺	佟兰红	佟红利	355	645	3374.9	18314
30	韩郝庄	段桂赛	吴瑞新	276	525	2312.2	17190
31	上郝庄	张书民	孙全海	78	168	796.0	21820
32	苏　庄	古文叶	古文叶	176	331	1457.5	17953

四海镇

【概况】 四海镇位于延庆城东46千米处，东、南、西三面与怀柔区接壤，东北临千家店镇、珍珠泉乡，西北靠刘斌堡乡。全镇面积115.7平方千米，辖18个行政村、6个自然村。2016年，全镇户籍户数3517户，其中农业户2548户、非农业户969户。户籍总人口6850人，其中农业人口5546人、非农业人口1304人。年内出生人口64人。镇域四面环山，森林覆盖率79.42%。全镇平均海拔700米，昼夜温差大，年积温2700℃，平均气温7.4℃，年降水量550~700毫米，无霜期155天左右，光照充足，平均年日照时间2826小时，属温带大陆型气候。有明代天顺八年（公元1464年）修筑的四海城遗址、万里长城第一楼之称的“九眼楼”长城、西沟里自然风景区以及天门关“摩崖石刻”。辖区设有35千伏变电站、电信支局、手机信号接收塔。境内延四路、琉四路、安四路、四沙路4条三级公路穿越，18个行政村全部实现公路村村通。全镇有社区服务中心院1所，医务人员44名，床位15张，下设14个村级卫生室。

2016年，四海镇党委辖基层党组织25个，发展中共党员11名，培训入党积极分子13名。全镇有中共党员837名。完成18个村党支部换届选举工作，选举产生50名村党支部委员，其中7个村的党支部书记连选连任。全镇花卉种植面积5600亩（373.33公顷），主要种植经济类花卉，有万寿菊、百合、串红、蓝花鼠尾草、马鞭草、醉蝶、茶菊等。农作物补贴4860亩（324公顷）47万元。粮田划定6943亩（462.87公顷），菜田划定1599.44亩（106.63公顷）。全镇接待游客72.9万人次，旅游综合收入4153.7万元。税收完成0.5亿元，同比下降60%；财政收入0.78亿元，同比增长136%；农村经济营业收入3.11亿元，同比增长9%；农民人均所得14812元，同比增长9.5%。

年内，对135户低保户复审；新申请审批农村低保14户、“五保”6人，有606人享受残疾人补助，42人享受助学补贴；为4名白内障患者进行复明术，为14名残疾人免费租赁轮椅、座便椅等辅助器具，无障碍改造27户。申报茶菊基地项目，王顺沟、前山等低收入村60名残疾人每人年增收1.26万元。为全镇18户符合改造条件的低保、残疾人家庭进行危旧房改造。对85人进行就业政策援助和职业指导，建立就业单位回访制度；全年发放失业金6.3万；审批失业人员享受灵活就业政策12人；为12人办理农村自缴三险业务；新办补办转移就业证113人。全年城乡劳动力转岗就业206人。农村合作医疗报销474万元；为20人城镇居民办理“一老一小”参合工作。发放丧葬费71人、35.5万元。收缴企业退休、无保障、城乡保险参合人员死亡退费4.8万元，已全部上缴。创建市级星级示范民俗户33户。为13个行政村安装冬季取暖设施，全镇减煤换煤20.97万千克。“星火工程”文艺演出54场，放映电影560场，流动放映点放映电影40场。接待保障性住房申请户政策咨询40次，受理申请公租房11户，完成5户市级备案。投入资金13万元，为公路沿线民俗户、商店统一制作牌匾40块。更换垃圾桶860套，投入资金5.1万元，购置垃圾大箱6个。投入资金2.8万元，修复损坏垃圾大箱11个。投入资金11万元，新建半地下式垃圾坑11个。清除乱堆乱放140处、违法小广告60处、违规广告牌匾40处。

地址：四海镇四海村

电话：60187772

（姚凯）

【敬老爱老演讲比赛】 5月29日，举办“敬老成时尚，举贤传德风”敬老爱老演讲比赛和计划生育政策知识答题活动。各村妇女主任、计生专干40人参加，活动评比出一等奖1名、二等奖2名、三等奖3名。

（姚凯）

【3D民俗村开幕仪式】 7月9日，四海镇举办南湾3D民俗村开幕仪式，南湾村共有民俗户15家，星级户11家，可同时容纳500人食宿。南湾村将3D画和民俗旅游相结合，3D画内容有北欧风、地中海风、田园风的“建筑群”，有向日葵、郁金香、玫瑰等花卉。

（姚凯）

【消夏欢乐节开幕】 8月21日，四海镇四季花海消夏欢乐节开幕，邀请山西晋剧，歌舞艺术团，少儿艺术团等优秀团队，利用周末共演出8场。

（姚凯）

【农民舞蹈大赛】 8月27日，四海镇举办“花海飞舞第二届农民舞蹈大赛”，共16支队伍139人参加，活动评出一等奖2名、二等奖4名、三等奖8名。

（姚凯）

2016年四海镇村委会基本情况统计表

表10

村（居）委会名称	党支部书记	村（居）委会主任	户数（户）	人口（人）	经济营业收入（万元）	农民人均所得（元）
四　海	巩长海	王淑海	357	698	2827	15236
海字口	王　江	陈春江	399	837	2430	15315
岔石口	李树江	卫德友	262	546	1295	15754
郭家湾	任淑凤	任正常	168	346	872	15160

续表10

村（居）委会名称	党支部书记	村（居）委会主任	户数（户）	人口（人）	经济营业收入（万元）	农民人均所得（元）
椴木沟	赵久满	赵久满	216	411	1062	13935
永安堡	赵桂梅	李久江	218	399	1259	12473
菜食河	朱立平	朱立平	196	391	803	9740
西沟里	刘德印	刘德印	67	125	521	16372
西沟外	张树平	张树平	173	298	899	15478
石　窑	王金莲	王怀春	86	178	447	14640
黑汉岭	闫书芳	闫书芳	297	575	1651	15690
大胜岭	王永发	李彦新	177	340	1068	14518
南　湾	卢艳旺	张立华	323	592	1590	16570
楼　梁	田　成	韩振财	84	173	343	14720
王顺沟	韩成强	韩成强	140	259	570	12967
前　山	王永怀	王永怀	99	183	384	14838
大吉祥	葛　伟	葛　伟	183	368	1831	16830
上花楼	高　仁	胡　旺	72	131	384	16380

沈家营镇

【概况】 沈家营镇位于延庆城东4千米，面积37.3平方千米。辖22个行政村，其中农业3765户、8471人，非农业2208户、3634人。2016年，全镇户籍数5973户，户籍总人口1.21万人。其中男性6107人、女性5998人。年内出生人口196人，出生率16.19‰。镇域内有初级中学1所、中心小学1所、打工子弟学校1所、幼儿园1所，社区卫生服务中心1所。村级卫生室12个，村级服务中心3个，数字影院23个、健身广场22个。2016年，镇党委辖基层党组织34个，其中农村党支部22个，发展中共党员21名，培训入党积极分子145名。全镇有中共党员1101名。全镇开展各类主题志愿服务活动60次，参与4700人次。主题包括“喜迎国庆　靓我家园”“保卫母亲河　捡拾白色垃圾”“做合格党员　迎世界盛会”“防灾减灾伴我行”“阳光大爱　远离毒品”“敬老爱亲　情暖夕阳”以及送法进养老院法援宣传活动等。

年内，全镇粮食作物播种面积1.58万亩（1056.47公顷），亩产529千克，总产量838.4万千克。蔬菜作物播种面积1067亩（71.13公顷），总产量269万千克。鲜果产量60.6万千克。奶牛存栏1319头、生猪存栏5607头、蛋鸡存栏19.6万羽。全镇有中小型企业197个，企业从业人员1226人。有北京庆和食品有限责任公司、北京亚龙羊毛衫厂等工业企业4个，新发展个体工商户96户。工业企业产品主要有毛衣制品、腐乳、水泥制品等。全年完成规模企业总产值17881万元，企业利润总额6203万元。全镇税收完成3955.8万元，比上年增长33%；财政收入758.3万元，比上年增长10%；农村经济总收入107014.9万元，比上年增长9%；实现人均劳动所得21682元，比上年增长9.5%。

全镇开展“春节期间环境整治行动”“春季环境整治行动”“垃圾渣土专项整治行动”，清理建筑垃圾及生活垃圾1.5万立方米，投资77.8万元，更换垃圾分类桶5000套、垃圾分类车70辆，添置垃圾大箱15个，垃圾两类粗分达到98%，五类细分达到50%。制止23处违法建设；查扣15辆盗采砂石违法车辆，8个砂石场全部停产整顿。清理流动无照商贩200处，劝导店外经营商户60户，清理小广告400处，拆除非法广告牌匾50块，拆除电子显示屏12块。拆除违法建设10处，其中拆除违法建设4262.47平方米，清理违法占地9200平方米，围墙182.7延米，恢复耕地面积26.7亩（1.78公顷）。完成65条管养公路的路面保洁工作，及时修补京冯路临河村路段破损路面，为曹兴路安装16米涵管。全年植树1.98万株，其中义务植树1.78万株、绿化乔木986株、灌木943株。完成驻镇12家机关企事业单位和万科住宅小区的热力管网并网工程，铺设热力管网1900米，合并回水管线3800米，实现万科住宅小区4万平方米的燃气供暖。镇域集中供暖总面积9万平方米。为22个村进行土地确权登记发证；18个村购买优质燃煤296万千克；完成河东和新合营2个村、289户整体煤改电工程，完成上花园、下花园、前吕庄、孙庄4个村、685户整村煤改气工程；对西王化营、连家营、曹官营、北老君堂、前吕庄、八里店和兴安堡7个村实施节水灌溉改造2700亩（180公顷），为西王化营村更新机井1眼。利用田间学校、成人学校等资源完成技能培训50人、农业实用技术培训9000人次和3个中专班教育。通过招聘会、职业指导、技能培训，帮助698名农村就业困难人员实现绿色生态就业。为3490人办理城乡居民养老保险续险工作，对224户383人进行低收入户精准识别，为159户、229名人员发放城乡低保金164.2万元，为108名低保户、低收入家庭办理医疗二次救助28.6万元，帮助24名低保家庭申请慈善救助4.52万元。新农合参合8336人，筹资128.96万元，参合率达99.54%。全年组织星火工程演出66场，组织春节花会展演、七一文艺汇演、农民运动会和舞蹈大赛，参加全区广场舞大赛获得优秀奖和网络投票第三名，参加全区第九届群众合唱节获得第七名，参加区体育局健身操舞比赛获得优秀奖，参加全区象棋大赛荣获团体第六名。

地址：沈家营镇沈家营村

电话：61131575

（赵曦）

【镇第十三届党员代表大会第四次会议】 1月24日召开，90名党员代表出席。会议听取并审议镇党委2015年工作报告、镇纪委2015年工作报告，书面审议2015年度党费收缴、使用和管理情况报告及领导班子成员述职述德述廉报告和干部选拔任用工作报告，组织开展抓基层党建工作考核测评和干部选拔任用“两评议”工作。

（赵曦）

【镇第十六届人民代表大会第八次会议】 3月20日召开，42名镇人大代表参加。大会听取并审议通过《2015年镇政府工作报告》《2015年镇人大主席团工作报告》《2015年镇财政预算执行情况和2016年财政预算安排（草案）》，选举产生沈家营镇人民政府镇长1名。

（赵曦）

【村委会换届选举】 5月，全镇22个村登记选举村民1.05万名，选举产生新一届村委会主任22名、村委委员44名，其中妇女委员22名。村委会主任连选连任12名，“两委”交叉任职48名。17个村实现党支部书记、村主任“一人兼”，未出现“白点村”。

（赵曦）

【采编实践基地授牌】 8月26日，中央人民广播电台、中国乡村之声北京延庆采编实践基地授牌仪式暨《城乡之间》大型活动在沈家营镇下花园村举行，下花园村成为中央人民广播电台、中国乡村之声节目组在延庆区的10个采访点之一。

（李子季）

【镇第一次党员代表大会】 9月25日召开。大会审议通过中共沈家营镇第十三届党委和纪委工作报告，选举产生9名中共沈家营镇第一届委员会委员和7名纪律检查委员会委员及8名出席中共北京市延庆区第二次代表大会代表。

（赵曦）

【镇第一届人民代表大会】 11月26日，召开北京市延庆区沈家营镇第一届人民代表大会第一次会议，选举新一届人大主席1名、镇长1名、副镇长4名。

（赵曦）

【星级园区评定】 年内，涵碧泉花卉展示园被评定为国家级四星园区，葡语农庄评为市级四星园区，富博庄园评为市级三星园区。

（赵曦）

【一村一品】 年内，为22个村制定“一村一品”发展规划。河东村成为镇首个葡萄种植专业村；由葡语农庄牵头，与80多户农户签订合同，进行网上销售，降低交易成本20%。

（赵曦）

【“三品一标”认证】 年内，指导帮助葡语农庄葡萄、龙海庄园草莓、老齐种植专业合作社西瓜进行“三品一标”（无公害农产品、绿色食品、有机农产品和农产品地理标志）认证，全镇“三品一标”数量达到15个，被评为北京市都市型现代农业（高效农业）示范镇，河东、八里店被评为市级农技推广示范村。

（赵曦）

【生态休闲旅游】 年内，对下花园村进行重点打造，挖掘元仁宗故里文化深层次内涵，修建“仁宗故里民俗文化展示馆”，全年接待游客16万人次。修建小公园、小景观、旅游标识牌等，铺设漫道并对公园及村庄周边6200平方米进行绿化。举办“园中育先贤，粽情闹端午”、清明节“陪伴成长”“小小劳作家”“烧烤节”“百姓看戏，园区买单”和“百菊聚重阳”等文化活动。

（李子季）

【特色餐饮获奖】 年内，下花园推出的“盔锅牧骨”被京郊旅游特色美食品鉴大会评为十佳宴席，春饼宴、家宴被评为延庆区餐饮大赛二等奖。

（赵曦）

2016年沈家营镇村委会基本情况统计表

表11

村（居）委会名称	党支部书记	村（居）委会主任	户数（户）	人口（人）	经济营业收入（万元）	农民人均所得（元）
沈家营村	孙石根	无	340	750	17.6	28830
东王化营村	段振忠	谢建辉	189	375	2.6	21872
冯庄村	王怀礼	王怀礼	72	182	11.5	22829
曹官营村	王成一	无	361	800	0.8	23667
新合营村	徐桂莲	杨　华	179	348	0.6	21347
临河村	宋兰根	张　岩	414	863	33.2	21882
前吕庄村	张铁军	张铁军	364	760	1.4	20615
连家营村	郑宏伟	郑宏伟	183	369	6.2	19538
魏家营村	张海山	王世民	209	388	7.6	24206
兴安堡村	李根伏	焦海鹏	338	745	0.4	20108
北老君堂村	李海旺	无	320	650	7.2	23074
香村营村	胡文发	胡文发	665	1333	2.9	23072
后吕庄村	刘振华	刘振华	201	610	15.4	19279
马匹营村	周留锁	周留锁	128	382	5.0	20710

续表11

村（居）委会名称	党支部书记	村（居）委会主任	户数（户）	人口（人）	经济营业收入（万元）	农民人均所得（元）
孙庄村	段四利	段四利	161	325	17.8	21496
下郝庄村	张会敏	赵建华	70	150	47.6	18163
北梁村	孙占奎	孙付军	106	231		13084
西王化营村	史来玉	史来玉	248	530	14.4	19699
八里店村	刘书龙	苗秀慧	578	1256	43.3	22129
下花园村	李　涛	郭振远	106	321	15.9	21245
上花园村	刘石锁	刘石锁	77	160	14.3	19130
河东村	侯金栓	无	142	474	12.0	18668

千家店镇

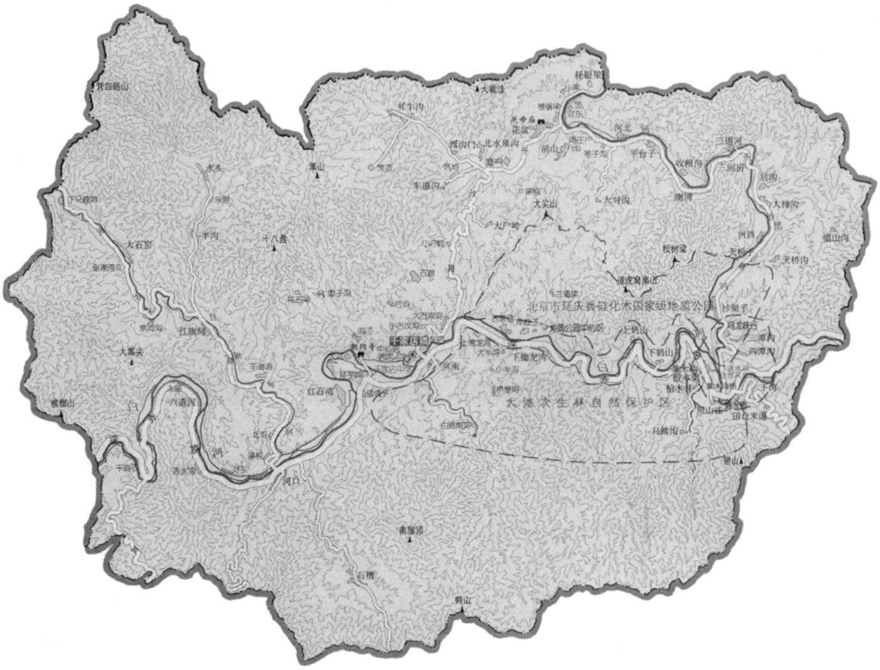

【概况】　千家店镇地处延庆区东北部深山区，镇政府所在地距县城60千米，是全市最边远山区大镇。境域东与怀柔区接壤，西与刘斌堡乡、香营乡毗邻，南与珍珠泉乡相邻，北与河北省赤城县交界，面积371平方千米，占全区总面积的1/6，辖19个行政村、83个自然村，户籍户数5705户，户籍人口1.16万人，属全市人口密度最低区域。全镇有公路68条，全长261.9千米，其中国防路一条、县级公路3条、镇级柏油路3条、通往景区的道路5条，全长83.96千米。有硅化木中心区、滴水壶、乌龙峡谷、大滩自然保护区、燕山天池5大自然风景区25个旅游景点，是北京市首家涵盖全镇范围，实现“镇景合一”的大型国家“AAAA”级旅游景区。镇域内生态林面积47.6万亩（3.17万公顷），占全县生态林面积的1/4，林木绿化率71.44%，林木覆盖率63.51%，过境的黑河、白河交汇蓄积密云水库，每年为市区供给饮用水3.15亿立方米。矿藏有铂、金、铁、银、铜、铅、锌。全镇有小学1所，教职工44人，在校生174名。校属幼儿园1所，入园儿童41名。敬老院1所，106张床位。卫生院1所，医护人员31名，病床15张。邮政所1处，农村商业银行1所。

2016年，镇党委辖基层党组织28个，28个党支部，有中共党员1208名。发展中共党员15名，培训入党积极分子28名；完成19个村党支部换届选举工作，选举产生59名村党支部委员，其中14个村的党支部书记连选连任。全镇粮食作物播种面积1.37万亩（911.2公顷），亩产365.44千克，总产量499.48万千克。玉米播种面积1.11万亩（739.87公顷），总产量464.38万千克；蔬菜播种面积779亩（51.93公顷），总产量111.07万千克。全镇各景点接待游客32.35万人次，同比增加2.24%；综合收入1513万元，其中门票收入447.5万元，同比增加2.09%。全镇有执照民俗户237户，星级民俗户169户，比上年增加26户，其中5星级4户，4星级6户；全年收入5551.5万元，比上年增长556.2万元。全镇税收完成1900万元；财政收入440万元。农村经济收入50743.1万元，农民人均所得2.1655万元，同比增长9%。

年内，百里画廊公路沿线栽植宿根花卉和木本植物15万株。新建彩叶林1000亩（66.67公顷）。投入4500万元启动黑河生态修复项目。为保护“恐龙足迹”地质遗址，实施滦赤路改建工程，对恐龙足迹化石保护区封闭管理；景区内栽补金叶榆3000株；干沟景观园绿化，使用土方400立方米，栽种鸢尾花1.6万株、沙地柏3000棵，5个厕所升级改造，安装护栏1500米，回填土方969立方米，平整花地3230平方米。投资190万元对秀水湾、下德龙湾、下湾景观升级改造。完成《百里山水画廊AAAA级》景区复核工作，年底通过“AAAA”国家级景区复核验收。四潭沟村栽植各类乔木720株，灌木200株；河口、平台子两个村“五边”绿化，栽植各类乔木6400株、灌木1.22万株、花卉5.75万株。在水泉沟黄土梁村及千家店小户岭规划国家重点公益林管护工程6889亩（459.26公顷），在千家店村完成生态公益林健康经营工程7690亩（512.67公顷），辛栅子和菜木沟完成彩叶林工程1000亩（66.67公顷）。重修牤牛沟村公路3千米；完成河口村44户煤改电清洁能源工程，完成镇区集中供热锅炉煤改气工程，减煤454.8万千克。关停影响环保的河南砂厂、菜木沟猪场。完成红旗甸、大栜树、红石湾、花盆4个行政村农村改造工程，涉及670户1500人。为23户发放市县慈善大病救助金47.9万元，为4名自费在3万以上的人员办理临时救助。为554户、1080人发放救灾资金23.87万元。优抚对象105户、105人，季度发放优抚金38.66万元。为5户优抚对象申请优抚临救款5000元，为4户低保、“五保”危房户发放翻建和维修房屋补贴款11.7万，为7名孝星发放市区孝星款0.6万元。为66名优抚对象申请集中供暖补贴款。为低保112户、181发放农村低保救助资金180.9万元，为70户、71人“五保”发放农村“五保”救助资金80.5万元。为3户、7人发放城市低保金10.6万元，为80岁以上476人发放养老助残券45.4万元。为14名低保家庭困难学生申请助学款3.02万元。城乡居民养老保险参保4323人，续保3533人，续保率98%，参合率100%。全镇育龄妇女3106人，已婚育龄妇女2476人，2400名育龄妇女接受孕检，孕检率97%以上。全镇二孩网上登记28人。围绕“婚育新风靓妫川”主题，开展“关注男性健康，促进家庭和谐”男性健康日活动、“行动起来，向‘零’艾滋迈进”、“生育传承希望，关怀相伴和谐”“5·29会员活动日”“每个人都有贡献，关注70亿人口的世界”演讲比赛等各项宣传教育活动，发放宣传材料4000份。开办林业中专班，学员42人；民俗旅游中专班，学员34

人；现代农业中专班，学员62人；休闲体育中专班，学员32人；全年成人学校及民俗户培训4300人次；开展农村劳动力技能培训49人，实现农村劳动力转移就业305人次。全年登记失业人员再就业37人，控制失业率在3.5%以下，被评为充分就业乡镇。承办第六届北京市“中小学生围棋段位赛”；举办第二届“百里山水画廊森林马拉松”赛。星火工程演出57场，播放电影850场次。参加区“舞动北京”舞蹈大赛获得优秀奖；参加区群众合唱文化节获得乡镇组第10名。

地址：千家店镇东店村西

电话：60188345　　60188048

（张春生）

【美食制作比赛】 4月21日，在下湾村知青食堂举办民俗户面点制作大赛。邀请区旅游委主任、区一职特级烹饪教师等担任评委。27名村民参赛，于占荣获一等奖、李学花获二等奖。8月3日，长寿岭村“福禄长寿宴”、下湾村“壶畔土鸡”及河口村“白河鱼宴”三家，参加区“美丽延庆　食在乡村”第二届美食大赛，“福禄长寿宴”获得“一等奖”。“壶畔土鸡”代表延庆区特色美食，参加11月30日“畅游京郊”金秋旅游季电视节目。

（张春生）

【百里画廊端午接待】 6月9—11日端午文化节期间，百里山水画廊景区硅化木、乌龙峡谷、朝阳寺、龙王庙、恐龙游乐园等主要景点接待游客1.76万人，同比增加4.6%；营业收入69.26万元，同比增加3.5%。

（张春生）

【2016千家店山水戏剧周】 8月5—13日，“2016千家店山水戏剧周”在镇文化广场开幕。活动分为镇文化广场、朝阳寺戏楼、朝阳寺停车场3个主会场，下设六道河等8个行政村分会场。北京曲剧团演出《穆桂英挂帅》《王宝钏》等戏剧，《百姓大舞台》节目在各分会场演出。期间接待游客2.5万人次。

（张春生）

【镇第一次党员代表大会召开】 9月22日，延庆区千家店镇第一次党员代表大会召开，应到代表111名，实到代表109名。会议听取并审议镇党委工作报告。

（张春生）

【民俗旅游管理】 9月，成立“长寿岭民俗旅游专业合作社”。有90户星级民俗户投保。组织四星以上民俗户和特色业态参加市、区旅游委组织的“千百万工程培训”。

（张春生）

【重阳文化节活动】 10月9日，与区旅游委联合在长寿岭村举办以“相约长寿岭村　欢乐过重阳”为主题的重阳文化节活动，1500人参加。

（张春生）

【全镇文体活动】 12月9日，19个行政村和镇机关干部200人在镇中心广场，参加“全民健身，助力冬奥”拔河比赛。29日，19个行政村和镇机关干部、驻镇单位、各村文艺骨干400人，在千家店学校礼堂开展“冰雪激情　文化暖冬”群众文艺汇演。

（张春生）

【签订旅游合作协议】 年内，镇政府与北京、内蒙、天津、保定、廊坊等288家旅行社签订合作协议，选择唐山方舟、内蒙古迈途等旅行社为当地总代理。与八达岭智慧旅游有限公司合作，开展电子门票网上直销和分销。

（张春生）

【滦赤路改造工程竣工】 年内，二级滦赤路改造工程竣工，全长7千米，设计时速60千米/小时，路基宽8.5米，路面宽7米。路线2次跨越白河，1次跨越现红旗甸河，新建预应力混凝土连续箱梁桥3座。建设停车港湾、观景休息区11处。

（张春生）

【百里画廊宣传】 年内，配合镇“围棋赛”“马拉松”及“戏剧周”等大型活动，组织长寿岭和下湾两个民俗旅游合作社，在政府门前大街进行农家特色小吃、农副特产售卖，日营业额2万元。邀请央视7频道《农广天地》、北京电视台《四海漫游》、北京新闻频道以及区电视台等多家媒体对百里山水画廊、长寿岭村及下湾村合作社以及“福禄长寿宴”“壶畔土鸡”“白河鱼宴”等方面进行宣传报道。联系百度地图对4星级和5星级民俗户进行百度全景地图拍摄。

（张春生）

2016千家店镇各行政村基本情况统计表

表12

村　名	村书记	村主任	户数（户）	人口（人）	村级总收入/万元	人均劳动所得（元）
千家店	纪亚东	葛娅惠	690	1370	9576	23905
河　南	张晓辉	张晓辉	411	646	2831	20929
下德龙湾	纪凤贵	纪凤贵	349	638	3646	27235
红石湾	李　健	刘海全	350	576	2564	19826
河　口	贾祥山	贾祥山	129	318	1608	23805
石　槽	周尚臣	王　海	57	120	778	27000
水　头	郝建超	郝建超	123	229	1411	28952
大石窑	侯文有	李　刚	123	269	1801	22602
红旗甸	韩志国	韩志国	150	309	1976	20032
六道河	刘秀国	李永忠	402	740	3505	21513
平台子	白广辉	白广辉	249	490	2776	22857
花　盆	高尚礼	周举国	433	734	3057	16771
水泉沟	郤凤元	郤汉利	196	295	2027	17379
牤牛沟	郭海英	郭汉军	82	135	666	19251
大栜树	高德强	高德强	419	767	2954	17539
沙梁子	祁文春	郭成全	361	672	2784	17783
菜木沟	贾德全	刘玉富	293	499	3006	23012
下　湾	纪文福	翟秀军	306	460	2283	25229
四潭沟	刘兴军	刘兴军	129	305	1494	16780
合　计			5252	9572	50743	21655

大榆树镇

【概况】 大榆树镇位于延庆区城东南部，南与八达岭镇交界，东与井庄镇相接，北隔妫水河与沈家营镇相望，西与康庄镇延庆镇接壤，镇域面积60.7平方千米，辖25个行政村。2016年，全镇户籍数5436户，户籍总人口1.61万人。其中男性8066人、女性8061人。年内出生人口244人，出生率15‰；死亡人口106人，死亡率7‰；人口自然增长率8‰。镇域内有中学2所，小学2所，幼儿园1所，镇级社区服务中心1所，村级卫生室16家，健身广场26处。2016年，镇党委辖基层党组织37个，其中农村党支部25个；发展中共党员11名，培训入党积极分子19名；全镇中共党员1328名，年内献爱心捐款4万元。全镇粮食作物播种面积15525亩（1035公顷），亩产623千克，总产量966.8万千克。蔬菜作物播种面积2450亩（163.33公顷），总产量8714万千克。全年畜牧业产值4036.5万元。羊、牛、家禽存栏量分别为6493只、403头和26.3万羽。全年植树0.23万株，国家重点林管护完成林木抚育面积5621亩（374.73公顷），五河十路管护面积1467.7亩（97.85公顷）。

年内，编制完成大榆树镇“十三五”规划纲要，确定“园艺风情大榆树，美丽乡村新典范”的功能定位和“世园风情小镇”的发展目标。打造东、西两个设施农业基地，有设施大棚997栋，其中日光温室165栋、钢架大棚832栋，占地面积1301.5亩（86.77公顷）。主要种植硬果西红柿、彩椒和草莓等品种。全镇共划定粮田1.01万亩（671.18公顷），储备菜田601.56亩（40.1公顷）。建苗床1000平方米，安装自动化洒水车2台，补光灯9盏，陈家营和杨户庄堆肥点各一处。实施簸箕营、奚官营两个村的一事一议项目。举办首届北京牡丹科技文化节，推出新品牌——牡丹宴。实施“牡丹园”AAA景区创建工程，依托玉皇山、百草园等农业休闲园区安全设施、附属服务设施建设，打造牡丹风情生态体育小镇旅游示范区。多项重点工程加速推进，下屯村世园会回迁安置房项目开工，京张高铁、阜康路、世园大道、南山环线、世园路、下屯村美丽乡村建设试点、小张家口整村搬迁、公交集团“风情小镇”、阜高营“牡丹风情体育小镇”、东杏园村旧村改造等重点项目有序推进。完成高庙屯、大榆树、阜高营、姜家台、小张家口、军营、程家营、宗家营村工程建设。完成大榆树镇燃煤锅炉清洁能源改造工程，总投资494万元，为镇区8个企事业单位4万平方米提供供暖服务。对簸西路等道路进行翻修、硬化，对镇区太阳能路灯进行维修。建筑面积2053.7平方米的镇文体中心项目开工建设。为簸箕营、杨户庄、东杏园、刘家堡、高庙屯5个村安装多媒体机柜；小泥河村、杨户庄村新建数字影厅和益民书屋投入使用；阜高营村、姜家台村益民书屋增加房屋面积50平方米。完成140户农村自有住宅新建、翻建抗震节能综合改造。建村级换瓶站18个。稳妥推进杨户庄、东桑园村“煤改电”和程家营村“煤改气”工程。加快推进杨户庄310户饮用水主管网建设，为岳家营村修建饮用水水井1座，改造50亩（3.33公顷）滴灌。完成军营村、陈家营村供水管网与井房连接，维修阜高营村蓄水池，完成下屯村河道治理。拆除水泥钢筋结构的活动房28个，冷库1个。拆除村内违建房屋、围墙6处，二层楼房294.84平方米。彩钢房70平方米，围墙130延米。

全镇有低收入户316户、629人。出台镇级帮扶政策，以“一类一政策、一户一办法”为原则，做实低收入户精准帮扶工作。举办“送岗位、促就业、保增收”春季专场招聘会，20家用人单位提供招聘岗位389个，现场求职人数300人，33人与企业达成就业意向。对解决10人以上就业，且签订一年以上用工合同的5家单位，给予一次性2万元奖励。全年发放各类民生资金3000万元。举办春、秋“送岗位、促就业、保增收”专场招聘会，农村劳动力共转移就业280人。组织农村劳动力和失业人员各种专业技能培训3次，培训人数150人，报销群众门诊、住院等费用302万元，“一老一小”“无业居民”参加大病医疗保险460人，为辖区群众办理城乡养老保险4324人，为18户家庭办理申请保障性住房备案手续。发放残疾人生活救助各类补助、减免费用200万元；为3名残疾人大学生发放扶残助学补助金1.7万元，为1户残疾人家庭发放危房改造补贴金3000元，为劳动年龄段内符合参保缴费条件的319名残疾人办理农村养老保险补贴缴费手续，其中享受全额补贴的重度残疾人122人，享受一半补贴的一般残疾人197人。投入4万多元对7名考入一本、15名考入二本和26名新入学独生子女进行表彰奖励。对各类人员的奖励、慰问金等事业费投入30万元。组织全镇育龄妇女参加免费“两癌”筛查，计生事业费投入60万元。星火工程演出75场。截至年底，固定资产投资完成1.84亿元，比上年增长63%。全年接待游客43万人次，旅游综合收入2659万元。全镇税收完成901.5万元，比上年增长10%；财政收入901.5万元，比上年增长10%；农村经济总收入8.19亿元，人均劳动所得18012元。

地址：**大榆树镇大榆树村52号**
电话：**61182045**

（史宏伟）

【创城宣传】 1月28日召开。会议印发《创文明城区　办百姓实事　迎世界盛会”主题活动方案》。年内，开展“创城”主题征文、文艺演出和“创城”万人志愿行动。为群众发放印有“创城”宣传口号的环保垃圾袋和致全镇群众的一封信。

（史宏伟）

【农业科普宣传】 2月19日，借助镇2016年花会展演活动，搭建科普宣传惠百姓平台。发放农产品质量安全生产宣传材料300份，动物卫生H7N9禽流感、生鲜乳、肉类识别等宣传普法系列材料1000份，农机安全生产宣传材料300张，卷帘机安全操作100张，蔬菜栽培技术读本100册，悬挂横幅1条、展出展板6块。

（史宏伟）

【第十届村民委员会换届选举】 3月31日，召开工作部署会。全镇登记在册选民1.08万人。5月8日正式选举，选出村委会成员75人，其中村委会主任25人，委员50人。

（史宏伟）

【文明祭扫宣传】 4月4日，“文明祭扫”志愿服务宣传队在镇内上坟烧纸的主要地点为过往村民发放树苗，鼓励村民文明祭祖，改烧冥币为植树造林，并推出用冥币换取鲜花活动。

（史宏伟）

【捡拾垃圾志愿服务活动】 5月3日，在姜家台村及京银路两侧开展“亲近大自然，青春志愿行”主题捡拾垃圾活动，25名团员参加。

（史宏伟）

【镇第一届牡丹文化节举办】 5月10日至6月12日，举办以“国色牡丹、妫川绽放”为主题的第一届北京牡丹科技文化节。文化节展示栽植面积22万平方米，牡丹品种400多种，接待游客5万人，旅游收入55万元。

（史宏伟）

【发放2016年义务兵优待金】 6月7日，为6人发放2016年义务兵优待金16.86万元，每人2.81万元。

（史宏伟）

【2人获“最美的士之星”荣誉】 年内，孟任民获得延庆区“最美的士之星”称号，王忠获得“最美的士之星”提名奖　。

（史宏伟）

【法律讲座】 8月18日，岳成律师事务所的付律师为70名残疾人和残疾人家属开展法律知识讲座，普及法律知识，提高残疾人依法维权意识。

（史宏伟）

【百姓宣讲】 8月18日，镇举办以“践行核心价值观 讲述最美榆树人”为主题的宣讲会。年仅12岁的美德少年、从医44年的老中医、巾帼不让须眉的女创业家做宣讲，镇机关村文化资源管理员等130人参加。

（史宏伟）

【人大换届】 8月31日，召开2016年人大换届选举选民登记培训会。11月15日，完成区、镇两级人大代表选举工作，选举产生区代表10名，镇代表50名。11月26日，召开第一届人民代表大会，区、镇两级人大代表49人参会。会议选举延庆区大榆树镇第一届人民代表大会主席1人、人民政府镇长1人、副镇长5人。

（史宏伟）

【党委换届】 9月17日，召开第一次党员代表大会，应到代表103名，实到代表101名。实到会的101名代表，选举产生延庆区大榆树镇第一届党委委员9名、第一届纪委委员7名及出席延庆区党代会代表9名。

（史宏伟）

【第二届菊文化节】 10月1—30日，举办“‘醉’美大榆树　温情暖重阳”庆祝重阳节暨第二届菊文化节活动，文化节设置“赏菊、采菊、画菊、咏菊、品菊”五大主题的特色民俗体验活动，组织志愿者、医生、理发师为镇内老人免费体检和理发。邀请区书法、绘画、摄影艺术家以菊花为主题创作作品。

（史宏伟）

【“寻找金婚夫妇”活动】 10月9日，大榆树镇为4对金婚夫妇举行金婚庆典。区委宣传部、文明办、“创城”办、民政局、残联、簸箕营村的老人和残疾朋友100人参加。

（史宏伟）

【平安大榆树建设】 12月2日，召开“七五”普法启动仪式。建立健全“1133”网格化社会服务管理工作体系，划分25个基础网格、659个微网格，确立管理员25名、信息员112名，初步构成“小网格，大服务”的格局。

（史宏伟）

【生态环境建设】 年内，清除镇内主要商业地段违规广告牌匾78块。开展大秦铁路大榆树镇域路段环境综合整治活动，450人次清理渣土垃圾3500立方米，平整地形6800平方米。细化村干部、村保洁组长分类考评标准，奖金额度由9000元提高到1.8万元，从2016年1月1日实施。实施减员增效，将原有677人保洁员队伍按照保留40%的比例缩减为290人，生态就业补贴由原每人每月500元提升至每人每月1250元，要求保洁员全天上岗。全镇配备垃圾大箱20个、分类垃圾桶2000套户，创建4个垃圾分类示范村。

（史宏伟）

2016年大榆树镇村委会基本情况统计表

表13

村（居）委会名称	党支部书记	村（居）委会主任	户数（户）	人口（人）	总收入（万元）	农民人均所得（元）
姜家台	潘晓华	吴国庆	225	607	1741.8	22189
陈家营	王延宾	王大泉	193	502	1351.6	22068
杨户庄	张　京	张　京	300	600	1361.2	21084
阜高营	曹桂华	路宝臣	188	560	24960.5	22644
奚官营	张红岩	张雪峰	78	196	423.0	15538
下辛庄	乔小四	李志勇	186	528	1610.3	22542
上辛庄	杨土来	杨土来	136	276	483.4	15823
宗家营	李德利	李建宾	332	853	1804.4	21910
大榆树	高春海	李秀启	277	696	20937.5	22393
高庙屯	李明珠	李春忠	396	965	1411.8	15063
刘家堡	李永泉	张鑫龙	127	310	845.2	16976
北红门	王爱军	杨秀贤	134	318	885.9	14824
南红门	李振永	宋宝良	132	322	555.9	14714
东桑园	申玉龙	李志强	283	618	1793.1	22778
大泥河	胡艳青	胡艳青	590	1564	4616.6	15781
小泥河	刘黎明	刘浩东	69	171	595.6	19561
小张家口	刘　洋	刘　洋	183	423	887.3	14123
下　屯	夏振焜	夏振焜	620	1334	5397.0	24867
东杏园	翟志亮	陈　东	295	750	1656.8	23162
西杏园	闫三平	闫三平	146	396	853.5	19985
岳家营	王爱英	岳云生	137	346	683.4	21941
簸箕营	王土记	王京友	305	870	5749.4	22713
新宝庄	康国余	邵海云	185	565	2071.0	22470
程家营	刘向云	刘海强	160	439	1275.2	22297
军　营	张景义	张立军	177	516	1089.1	17342

井庄镇

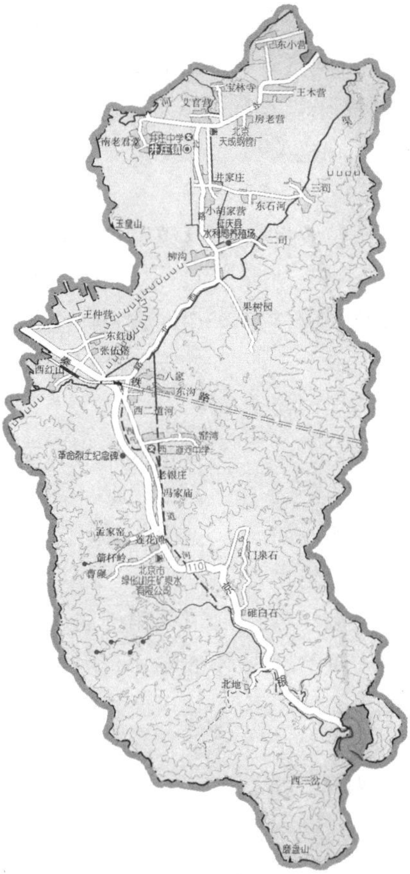

【概况】 井庄镇位于延庆区中部偏西，距延庆城区12.5千米，东与永宁镇毗邻，南与昌平区交界，西与大榆树镇接壤，西北隔妫水河与沈家营镇相望。镇域面积126.1平方千米，辖31个行政村。全镇户籍数6844户，其中农业户4141户，非农业户2703户，户籍总人口1.25万人，其中男性6479人、女性6055人；农业人口8726人，非农业人口3808人。出生人口141人，死亡人口121人，人口增长率1.12%。镇内有中学1所，中心小学2所，在校生249人，在岗教师98人。中心幼儿园1所，敬老院1所，卫生院1所，村卫生室8处。

2016年，镇党委辖基层党支部39个，党员1232名。培训入党积极分子61名。全镇耕地面积2.17万亩（1445.33公顷），粮食作物播种面积2.06万亩（1373.53公顷）。争取基本口粮田项目2000亩（133.33公顷），人工种草续建项目1000亩（66.67公顷）。将两田划定任务分配至27个行政村，完成最低保有量任务指标。完成3580亩（223.75公顷）大田节水灌溉施工项目。退耕还林1.11万亩（7400公顷），为29个退耕还林村发放补贴肥料。全镇30个行政村上报农业支持保护补贴2647户1.86万亩（1239.56公顷），补贴资金180万元。菜田补贴10个村，露地蔬菜290.1亩（19.34公顷），钢架大棚56亩（3.73公顷），日光温室110亩（7.33公顷），补贴资金24.22万元。投资4002万元，完成沟域经济建设9项，其中生态环境提升3项，基础设施建设1项，新农村产业升级3项，文化产业挖掘2项。全镇有林地面积13万亩（8666.67公顷）。其中果林面积4782.1亩（318.81公顷），主要品种有杏、梨、葡萄、苹果等，年产量87.08万千克。全年生猪出栏3062头，存栏1514头；羊出栏6474只，存栏3932只；肉牛出栏201头，存栏92头；家禽出栏3.21万羽，存栏4.98万羽。牛奶产量403.51万千克；鲜蛋产量45.57万千克；肉类总产量39.11万千克。全镇农村经济总收入4.73亿元，同比增长9%；人均劳动所得16052元，同比增长9.5%；财政收入95.7万元，同比增长3%。工业总收入5214万元，工业总产值4401万元，工业利润总额430万元。接待游客95.6万人次，实现旅游收入6500万元。

年内，落实环境治理责任制，建立“一抓、二明、三落实”（党政一把手主抓；明确主要任务、明确督查机制；落实包片、包村责任，落实网格化管理，落实保洁员改制任务）工作机制。完成北西路南老君堂渣土点治理项目，清理商户电子屏、广告牌8块。开展“春季环境整治月”和“换届环境整治月”专项活动，拆除违建10处，清理乱堆乱放100处，购买单臂吊垃圾清运车1辆，安装地埋式大箱8个，为各村配备垃圾分类桶4045个。新增、更换乡村旅游标识21个。为王仲营等5村实施煤改气587户。为柳沟停车场重新划线，规范商亭摆放。统一为柳沟村民俗户发放窗花等文化装饰用品。镇域内注册民俗户137户，完成377户、731人低收入农户精准识别及建档立卡工作，联合区人力资源社会保障局举办专场招聘会，为50人提供就业岗位。农村人员参合率99.8%。为327名残疾人发放补助金72.46万元。救助重大疾病患者1661人次，救助金额89.05万元。春节期间对274户，374名城乡低保、“五保”家庭发放慰问金13.52万元。完成镇文体活动中心工程2395.3平方米，完成17个村共享工程维修工作。全年星火工程演出110场次，放映数字电影1330场次。

地址：井庄镇井家庄村

电话：81173842

（曹惠文　刘磊）

【村委会换届选举】 5月，完成第十届村民委员会换届选举工作，31个行政村选民10316人，选出村主任31人，村委会委员103人，其中党员66人，非党员村主任2人，女性村主任2人，妇女委员37人。

（曹惠文　刘磊）

【镇第一次党代会】 9月28日召开。应到代表117名，实到代表114名。到会代表以无记名投票的方式，全票选举产生延庆区井庄镇第一届党委委员9名和第一届纪委委员7名。

（曹惠文　刘磊）

【镇人大代表选举】 11月15日，镇人大选举工作完成，全镇1.02万名选民，投票率98.09%。选出区人大代表9名、镇人大代表48名。

（曹惠文　刘磊）

【镇第一届人代会】 11月25日召开，到会代表以无记名投票的方式，全票选举产生北京市延庆区井庄镇第一届人民代表大会主席1人，镇长1人，副镇长4人。

（曹惠文　刘磊）

【火盆锅豆腐宴获十佳特色宴席】 11月30日，由北京市旅游委主办，北京旅游行业协会承办的2016京郊旅游特色美食品鉴活动中，镇火盆锅豆腐宴被评为“十佳”特色宴席。

（曹惠文　刘磊）

【柳沟冰雪欢乐园开幕】 12月29日，延庆区井庄镇“祈福冬奥·乡宴柳沟　91金融冰雪欢乐园”开幕。冰雪欢乐园活动场地位于井庄镇柳沟村北，占地面积12万平方米。冰雪欢乐园以灯光“五福红门”中心分为南北两片区域，南片区域主要用于冰上雪上娱乐活动，北片区域用于文化演出、文化大集及其他非冰雪体验项目。人民日报社、冬奥组委、市农委、区相关领导及奥运冠军张昊出席；社会各界3000人参加。

（曹惠文　刘　磊）

2016年井庄镇村委会基本情况统计表

表14

村委会名称	党支部书记	村委会主任	户数（户）	人口（人）	经济营业收入（万元）	农民人均所得收入（元）
南老君堂	孟会民	孟会民	318	674	3308.7	22154
艾官营	韩文杰	韩殿臣	160	388	1822.4	14201
王木营	杨宏梁	刘全德	384	1067	3461.6	13296
井　庄	徐世利	李智利	281	798	2673.6	14461
三　司	张永田	张永田	162	379	1612.1	15278
柳　沟	胡宝祥	胡宝祥	363	994	5469.4	18747
房老营	房书明	房书明	132	319	1322.0	13397
东小营	李　钢	李　钢	218	673	2226.0	15030
宝林寺	罗顺利	罗顺利	86	278	805.6	14644
小胡家营	胡吉明	胡吉明	85	228	752.9	14450
东石河	张六林	张六林	143	374	1205.9	14684
二　司	高来所	高来所	98	249	779.0	17147
果树园	武爱虎	张玉明	73	201	839.7	15769
王仲营	霍广才	霍广才	53	154	692.1	22165
东红山	赵玉龙	韩云龙	70	164	990.2	14430
张伍堡	韩维江	韩维江	57	133	735.6	16767
八　家	张爱宁	王德发	106	284	827.4	14042
西红山	张土山	张土山	148	333	851.3	14268
西二道河	陈建国	孟金华	104	273	1067.3	15145
东　沟	梁爱民	尹时光	109	235	779.3	14016
窑　湾	张治海	崔永启	106	322	1010.5	14375
老银庄	贺志军	贺志军	130	294	952.9	14781
冯家庙	孙石根	时建军	103	254	974.0	22138
孟家窑	马爱山	王永峰	88	232	909.9	14341
莲花滩	方　勇	沈合义	57	157	614.2	14150
箭杆岭	王佳亮	王　剑	32	66	337.9	14400
曹　碾	高落石	高落石	21	41	151.6	13125
碓臼石	张金柱	王　伟	49	119	372.4	13541
门泉石	朱怀荣	朱怀荣	25	57	242.7	14903
北　地	张学余	张学余	46	110	459.2	19523
西三岔	丁春宇	丁春宇	12	25	145.1	18576

大庄科乡

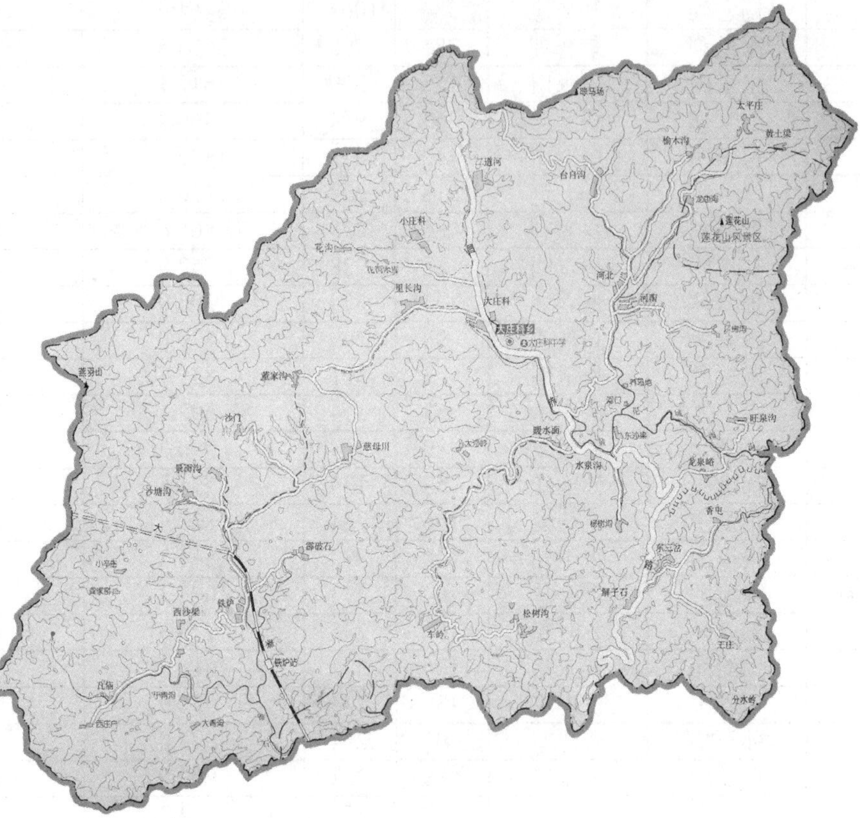

【概况】 大庄科乡位于延庆区东南部，全乡面积126.5平方千米，辖29个行政村、40个自然村。2016年，全乡户籍户数2090户，户籍总人口5853人，其中农业人口4893人，城乡居民人口959人。流动人口23人。农村从业人员3184人，从事一产的2073人、从事二产的61人、从事三产的1050人。年内，出生人口57人，出生率0.97%，死亡人口43人，死亡率0.73%，人口自然增长率0.24%。全乡有文物古迹8处，其中国家级文物保护单位1处，区级文物保护单位7处。古树13株。有经营单位126家，其中小微法人企业8家、个体工商户118家。中心小学校1所，成人学校1所。幼儿园1所。乡级卫生院1所，敬老院1所。健身广场5处，村级文化大院29个。

2016年，乡党委辖基层党支部33个，其中农村党支部29个。年内发展党员15名，预备党员转正25人，全乡有中共党员789名。铁炉村被评为市级先进基层党组织，河北村、沙门村被评为区级先进基层党组织。年内新增5名农村实用人才，全乡农村实用人才267人。组织群防群治力量5000人次，做好全国“两会”、G20杭州峰会、十八届六中全会等重大活动维稳安保工作。全乡耕地面积5858.2公顷，其中粮田面积2080公顷，蔬菜面积236公顷，果林面积5622公顷。年产蔬菜398万千克、干鲜果品861.9

万千克。畜牧生产，生猪存栏184头，出栏生猪136头，家禽存栏1.3万羽，鲜蛋产量95.5万千克。蜂蜜产量47.4万千克。全年农村经济总收入1.5亿元，同比增长9%；农民人均劳动所得15126元，同比增长9.5%；全乡接待游客26.1万人次，旅游收入1602.3万元。

年内，完成2016年农业综合开发项目、王庄—东三岔段陕京四线重点工程征占拆补。完成铁炉、董家沟、台自沟、暖水面等村新打岩石井4眼。董家沟、沙塘沟2村新建蓄水池，铁炉新修2座塘坝。完成慈母川等8村“一事一议”项目，投资340.58万元。清理垃圾、渣土、漂浮物、淤泥量610立方米，投入资金27.62万元、人力1260个、台班30个、车工60个。沙塘沟村硬化田间路440米，新建截流3座，沟道绿化1万平方米；沙门村管灌200亩核桃，Φ50钢管1440米，村庄绿化美化2000平方米，新建停车场1座，补栽核桃2500株；董家沟村管灌110毫米镀锌管660米，Φ50钢管300米，出水口120个，灌溉牡丹100亩（6.67公顷），硬化田间路500米，栽植牡丹100亩（6.67公顷）；慈母川硬化田间路340米；沙塘沟村硬化田间路440米，新建截流3座，沟道绿化1万平方米。全年拆除违法建设2处，其中房屋面积510平方米。公路沿线专项整治共清理公路沿线乱堆乱放256处、清理建筑垃圾486立方米、清除小广告562处，更换公路沿线垃圾桶100套；村庄环境专项整治共清理村内“三乱”368处，清理垃圾24.5万千克，清除小广告257条，配备垃圾分类桶300套，拆除电子显示屏1个；公路绿化美化共种植乔木320棵，花灌木3600株，树立村标景石4块，新建12个垃圾填埋场；垃圾渣土专项整治共清运垃圾10万千克；29个行政村白色垃圾兑换完毕，兑换垃圾7.5万千克；完成沙门村区级“十佳村”和沙塘沟村垃圾分类优秀村创建工作；完成河北、香屯、瓦庙、里长沟、松树沟5个村美丽乡村的申报工作。新装一氧化碳报警器670个。完成重点行业领域、建设工程专项整治行动16次，完成经营单位生产安全检查310家次，实现乡域企业安全检查全覆盖。完成2016年327户新建翻建房抗震节能房屋申报，其中铁炉、沙门两村泥石流整体改造67户，196户农宅进行抗震结构检测；购买型煤159.1万千克，对26个村换煤；安装优质锅炉42台；对2个村进行“煤改电”。全乡低收入户648户1394人，人均可支配收入9346元，同比增长10.6%。为183人次医疗救助16.46万元，为20户提供残疾人救助，为47户提供生态公益就业岗位，引进“鸡司令”项目帮扶8户，金盏菊种植项目帮扶1户，里长沟村搬迁帮扶23户，为2户家庭进行危房修缮。完成农村劳动力转移就业57人，为2名失业人员发放失业金，完成城乡居民参保总人数2042人，参保金额207.33万元；新型农村合作医疗参合人数4353人，全年报销464人次，报销金额110.49万元，参加“一老一小”医疗保险14人。有低保户85户、126人，“五保”户9户、9人，新增申报低保9户、18人；为低保户、低收入户开展医疗救助183人次，救助金额16.46万元，春荒救灾救助377户、759人，救助资金42万元；为10位大病人员办理大病救助，发放救助金2.18万元。申报因病致贫家庭40户，审核通过5户；为91户低保户家庭发放燃煤补贴，每户1000元，共发放9.1万元；资助低保低收入参合143人，资助金额2.28万元；为2户家庭危房修缮。为570名妇女体检，体检率45.2%；独生子女升学奖励2人4000元；独生子女父母家庭一次性奖励6人，每人1000元。

地址：大庄科乡大庄科村南

电话：60189429

（贾文程）

【“祭五谷　尽孝道”腊八节活动】　1月17日，在慈母川举办“祭五谷　尽孝道”腊八节活动，内容包括介绍腊八习俗、同做腊八粥、慈孝堂敬祖、挂红灯笼等特色活动，吸引100名市民参加。

（贾文程）

【慈善“1+1”项目启动仪式】　4月23日，

以“敬身边老人　孝天下父母”为主题的慈善“1+1”关爱空巢助老项目在大庄科乡慈母川村启动。区慈善协会和大庄科乡思语服务队，为170名空巢老人提供全方位的长期志愿服务，包括助医、精神慰藉、理发、保洁、代购等。全年服务3400人。

（贾文程）

【端午文化节主题活动】　6月8日，“踏寻红色印记　粽情温暖山乡”端午文化节主题活动在霹破石村举行。活动开展红色记忆诗歌朗诵，在昌延联合县政府旧址里包粽子，大庄科乡党员骑游红色路线，将粽子和节日祝福送到9名老党员家中。

（贾文程）

【基层党支部结对共建】　6月30日，“永远跟党走”纪念建党95周年暨基层党支部结对共建主题活动在昌延联合县政府旧址——霹破石村举行。区委宣传系统、北京交通台、大庄科乡100名党员参加，活动内容包括聆听革命故事、同唱革命歌曲、重温入党誓词、参观革命遗址、重走革命路等。

（贾文程）

【第一次党员代表大会】　9月23日，大庄科乡召开第一次党员代表大会。会议听取党委工作报告，选举产生延庆区大庄科乡第一届党委委员9人和出席延庆区党代会代表81人。

（贾文程）

【大庄科乡开放式红色体验基地揭牌仪式】
10月22日，纪念红军长征胜利80周年暨大庄科开放式红色体验基地揭幕仪式在大庄科乡沙塘沟村平北红色第一村纪念馆举行，中央和北京市12家基地发起单位的党员干部400人参加活动。

（贾文程）

【第一届人民代表大会第一次会议】　11月27日，大庄科乡召开第一届人民代表大会第一次会议，大会按照法定程序，听取并审议以“砥砺进取　创新求实　开创大庄科乡发展新局面”为主题的大庄科乡政府工作报告、《大庄科乡人民代表大会工作报告》和《大庄科乡人民政府2016年财政预算执行情况和2017年财政预算的报告》。选举产生大庄科乡人大主席1人，大庄科乡乡长1人，大庄科乡副乡长4人。

（贾文程）

2016年大庄科乡村委会基本情况统计表

表15

村委会名称	党支部书记	村委会主任	户数（户）	人口（人）	经济总收入（万元）	农民人均所得收入（元）
东二道河	温建国	郭双柱	142	320	645.4	14453
台自沟	马自清	陈丁丁	110	229	509.9	13253
榆木沟	刘造环	刘造环	25	40	172.9	18250
东太平庄	刘殿群	刘殿群	68	170	215.5	10041
黄土梁	刘殿全	韩殿虎	44	115	237.0	11486
小庄科	李雪昆	杜绍锋	102	274	716.2	19886
里长沟	田文海	赵文海	116	260	416.2	11711
大庄科	田玉华	沈桂明	146	331	977.0	19879
河北	赵有刚	赵有刚	102	240	498.2	13520
河南	王长河	蒋永利	240	518	1079.6	15308
董家沟	胡瑞山	李亚军	95	204	460.1	11397
慈母川	高稳明	岳　春	181	379	1244.3	22440
沙　门	闫贵发	闫贵发	25	57	256.1	15456

续表15

村委会名称	党支部书记	村委会主任	户数（户）	人口（人）	经济总收入（万元）	农民人均所得收入（元）
景而沟	胡彩广	刘宝权	58	120	268.5	13775
沙塘沟	张海元	张红霞	129	313	616.4	13674
霹破石	杨春德	杨忠云	74	206	678.4	12572
铁　炉	韩台山	韩　河	172	359	626.8	14534
西沙梁	韩贵全	赵秋来	37	90	333.0	20111
瓦　庙	王海霞	董世忠	30	72	209.20	18055
车　岭	张　玉	张　玉	80	183	435.4	14699
松树沟	刘仕旺	张仕礼	112	249	886.0	14465
暖水面	宋立军	宋立贵	143	301	1003.7	14219
水泉沟	谢久所	闫海明	57	112	222.1	14312
旺泉沟	于守进	于守欣	37	70	213.4	11857
龙泉峪	王建国	王书民	39	70	507.4	17842
香　屯	王俊清	王绍军	126	269	730.4	15189
东三岔	付　强	付　强	66	171	706.8	13789
解字石	祝元清	张秋莲	44	100	264.7	12450
东王庄	王有军	王有军	44	100	265.0	12450

刘斌堡乡

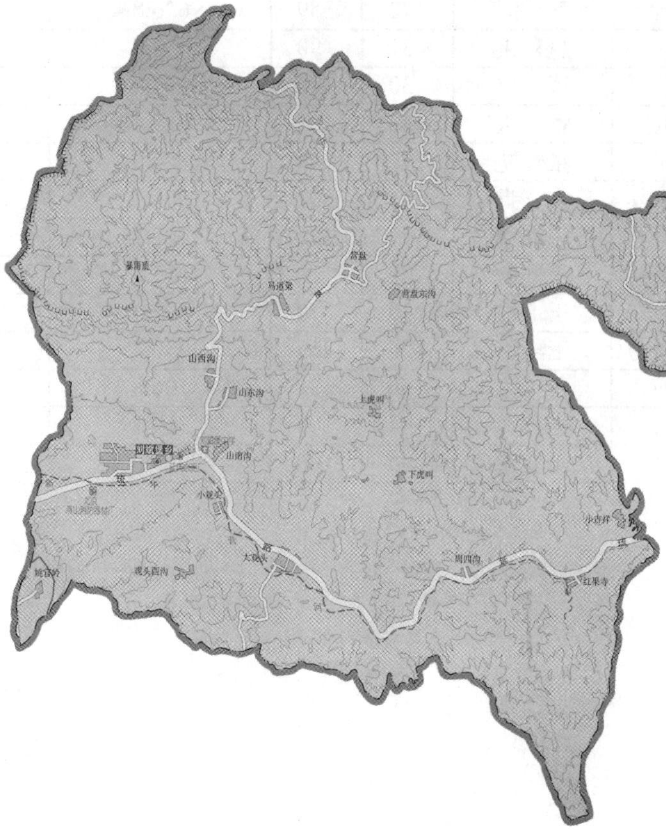

【概况】 刘斌堡乡位于延庆城区东部25千米处，东与四海镇相邻，南、西和永宁镇接壤，西北与香营乡以白河渡槽为界，北和千家店镇以山相连。乡域东、南、北三面环山，属山谷盆地。全乡面积116.2平方千米，辖16个行政村，全乡户籍人口3107户、7255人，其中农业人口2162户、5851人，非农业人口945户、1404人。2016年出生人口60人。全乡有中学、小学、幼儿园各1所，在校学生219名，教职员工81名；社区卫生服务中心1所，医护人员20名，社区卫生服务站2个，农村卫生室5个；敬老院1所，在院老人6人；北京农商银行支行1所，国家电网网点1个。2016年，乡党委辖基层党组织22个，其中农村党支部16个、社区党支部1个、非公有制企业党支部1个、企事业单位党支部4个。年内发展中共党员34名，预备党员转正25名，全乡中共党员814名。开展党员组织关系和违纪违法排查，为16个行政村统一更换统一规格的不锈钢公开栏。投入300万元，用于订阅党报党刊、基层党组织服务活动经费、党员慰问、改造党员电教室设备等。

2016年，粮食作物播种面积1.34万亩（892.8公顷），粮食总产量618.9万千克。其中玉米播种面积1.24万亩（828.8公顷），产量602.6万千克。退耕还林基本口粮田建设项目发放有机肥125万千克、复合肥8.75万千克。蔬菜补贴195.3亩（13.02公顷），惠及5个村农户、合作社。完成农业保险工作，玉米投保惠及10村、151户、960亩（64公顷），果树8户、76亩（5.07公顷）。农业产值2788.8万元。生态林面积13.98万亩（9321.87公顷），其中“五河十路”生态林管护项目2250亩（150公顷）。山区森林健康经营工程8240亩（549.33公顷），森林覆盖率70.23%，林木绿化率75.09%。果品总产量28.44万千克，干果总产量8.48万千克，林业产值669.1万元。全年出栏生猪1752头、肉鸡4.17万羽、羊3891只，出售鲜蛋16.23万千克；畜牧总产值1087.3万元。工业总产值297万元，农村经济总收入16216万元，同比增长11.8%；人均劳动所得12542元，比上年同期增长20.9%。全年组织全科农技员培训7次，农产品质量安全主体调查录入信息1191条。完成山东沟村市级绿色村的达标工作。为全乡18家星级民俗户办理意外伤害保险业务，民俗户代表参加“延庆区乡村特色美食大赛”获得三等奖。全年接待游客1.95万人次，旅游收入77万元。

年内，完成2015年项目马道梁、周四沟、下虎叫3村水源井工程。观西沟村田间路工程、山西沟村护坝工程、小观头村集雨工程。升级改造乡村公路2条、清理垃圾三乱211万立方米。统一安装广告匾48.95平方米、集中清洗粉饰和修缮公路沿线村庄外立面墙684.9平方米，地面硬化6886.4平方米，新更换盖板1313.3米。配备垃圾分类桶640套。完成第三次全国农业普查入户摸底调查和数据质量审核与验收工作；开展低收入精准识别建档立卡工作；认定低收入农户1539户，3381人。确定低收入村12个。为全乡符合政策条件的农村低保204户、农村“五保”67户、城市低保13户、436人发放低保金32.45万元；为持有残疾证的823名残疾人办理残疾人补助45.53万元，护理补贴18.14万元，助残券9.32万元。为老年人办理老年优待卡872人、高龄老人慰问金8400元，老年人意外伤害保险4050元。评选出市级孝星1人、区级24孝上报2人。农村新型合作医疗参合人口5833人，收取参合款82.36万元，农业人口参合率99.8%。丧葬补贴36人、18万元。为1200名育龄妇女生殖健康体检，服务率86%以上。全乡新出生人口60人，计生率100%，全年无违法生育。对辖区餐饮服务单位进行量化分级。抽检流通食品样品96个，餐饮食品样品30个。专项整治30次，治理无证经营2户，培训活动3次，监督检查175户次，出动执法人员425人次。开展食品药品安全法律法规宣传活动10次，发放《中华人民共和国食品安全法》、食品安全知识彩页等2200份。与各村、企业、民俗户、餐厅及在施工单位签订《安全生产责任书》《食品安全责任书》《承诺书》22份。出动检查人员892人次，检查生产经营单位215家次，排查各类隐患76项。举办文艺中专班、农村经济管理中专班、果树中专班等培训各类人员2000人次。空岗信息采集420人、职业指导139人，职业介绍147人，农村劳动力转移就业160人。邀请北京文华飞彩艺术团和北京残疾人艺术团等开展专业演出16场，乡群乐艺术团星火演出和交流演出40场。举办农村健身操舞培训班，并在健身操舞大赛中获得二等奖。获得2016年延庆区群众合唱大赛三等奖，获得2016年延庆区群众舞蹈大赛乡镇组二等奖。

地址：刘斌堡乡刘斌堡村
电话：60181485

（侯得书）

【乡党代会召开】 9月24日，召开中国共产党刘斌堡乡第一次党员代表大会。会议审议通过刘斌堡乡第十四届委员会和纪律委员会的工作报告、党费收缴和使用情况报告以及代表提案审查情况的报告。选举产生新一届委员会委员9人，新一届纪律检查委员会委员7人，出席区党代会代表5人。

（侯得书）

【乡纪委一次全会】 9月24日，召开新一届纪委班子一次全会，会议选举产生纪委书记、副书记。

（侯得书）

【乡第一届人民代表大会第一次会议】 11月26日召开，会议听取刘斌堡乡政府工作、财政预决算、人大工作等报告，选举乡第一届人民代表大会主席1人、乡人民政府乡长1人、乡人民政府副乡长4人。

（侯得书）

【种植观赏植物830亩】 年内，整合刘斌堡村“多彩田园”，大观头村“牡丹园”，周四沟村“七彩农园”，山南沟村红掌、蝴蝶兰花卉基地生态旅游观光园区，打造“四季花海第一印象”。在刘斌堡村种植中药材及观赏花卉650亩（43.33公顷），在周四沟村七彩农园种植花卉、杂粮100亩（6.67公顷），在营盘村种植油菜花80亩（5.33公顷）。

（侯得书）

【保障性住房】 年内，受理咨询352人次，发放申请材料286份，录入系统36份，上报36份，完成市级备案32份。完成廉租家庭、保障房家庭年度复核工作。

（侯得书）

【司法服务】 年内，举办各种法制宣传52场次，受教育人数1.6万人次。为17个村及部分驻乡企事业单位担任法律顾问，公益法律服务提供咨询138人次，代书216份，非诉讼案件6件，调解9件，代理诉讼12件，法援6件，中彩金13件，挽回经济损失78万元。

（侯得书）

【植物迷宫建设】 年内，在刘斌堡中学西南公园打造全市最大的植物迷宫项目，占地21.6亩（1.44公顷），迷宫内栽植侧柏1万株、玫瑰1000株、兰亚麻100株，建中心凉亭1座、建草坪450平方米。

（侯得书）

【土地确权】 年内，开展第二批土地承包经营权确权登记颁证工作，涉及7个村，分别为刘斌堡村、周四沟村、山西沟村、营盘村、红果寺村、观西沟村、营东沟村。涉及承包户1394户，合同面积7678.14亩（511.88公顷）。

（侯得书）

【合同清理】 年内，开展合同清理工作，清理经济合同92份，流转合同155份。经济合同中资源类88份、资产类3份、其他类1份。流转类合同中，直接对外流转138份、流转给村集体17份。

（侯得书）

【低收入记账调查】 年内，全乡12个低收入村，抽样调查115户低收入记账户，分别为刘斌堡村30户，大观头村20户，周四沟村10户，红果寺村5户，上虎叫村5户，下虎叫村5户，营盘村10户，马道梁村10户，山东沟村5户，山南沟村5户，小观头村5户，小吉祥村5户。

（侯得书）

2016年刘斌堡乡村委会基本情况统计表

表16

村（居）委会名称	党支部书记	村（居）委会主任	户数（户）	人口（人）	经济营业收入（万元）	农民人均所得（元）
刘斌堡村	卢兴勇	韩志勇	1292	2527	7855.6	13244
大观头村	侯海民	马玉朋	491	1008	2463.3	12897
周四沟村	陈桂香	陈桂香	259	549	870.3	13202
红果寺村	陆彩华	宋　云	144	290	379.2	11534
上虎叫村	张有德	张有德	67	124	261.2	12204
下虎叫村	张有旺	时永纲	83	177	228.7	11456
营盘村	郭长华	郭长华	191	410	616.7	11448
营东沟村	闫学付	韩　利	29	58	101.3	12100
马道梁村	闫怀富	闫怀池	202	459	690.4	11528

续表16

村（居）委会名称	党支部书记	村（居）委会主任	户数（户）	人口（人）	经济营业收入（万元）	农民人均所得（元）
山西沟村	郝明辉	胡　杰	264	483	809.3	11565
山东沟村	雷占余	雷占余	133	252	421.6	12048
山南沟村	赵志忠	赵志忠	89	166	281.8	12937
小观头村	贾广军	贾广军	87	163	295.6	11539
观西沟村	张秋来	张秋来	127	263	488.1	11545
姚官岭村	张晓静	张春生	64	120	225.2	12918
小吉祥村	宋兰坤	宋兰坤	72	134	227.7	12452

香营乡

【概况】　香营乡位于延庆城区东北部20千米处，距北京城区90千米。北与河北省赤城县后城镇相连，南与永宁镇接壤，东临千家店镇、刘斌堡乡，西接旧县镇。辖区面积117平方千米，山区面积79平方千米，占全乡总面积的67%。辖20个行政村。2016年，全乡户数4490户，总人口8635人，其中劳动力5593人。年内，出生人口82人，出生率9.9‰；死亡人口73人，死亡率8.8‰；人口自然增长率1.1‰。香营乡有白河堡水库、硅化木和钟乳石溶洞、辽代缙阳寺遗址、明代烽火台、长城边墙遗址等自然和人文景观。全乡有九年一贯制学校1所，有教职工68人，学生196人；中心幼儿园1所，入园儿童70名。社区卫生服务中心1所，卫生技术人员21名。卫生服务站2所，村卫生室7所，乡村医生12人。

2016年，乡党委辖基层党支部31个，其中农村党支部20个、事业单位党支部2个、社区党支部1个、机关党支部4个，非公有制企业联合党支部1个、社会组织党支部3个，共有党员667人。年内发展党员10名，培训入党积极分子7名。全乡有中共党员680名。开展“说说我身边的好党员”征文和红心向党诗词书法比赛，制定合格党员行为规范与合格党支部建设规范，推动基层党务工作规范化建设。建立“五个一”（每天有一名班子成员带班接待群众来访，每周有一天包村干部驻村开展工作，每月召开一次支部工作汇报会，每个科室负责包村指导一个支部，每位机关干部负责结对帮扶一户困难群众）服务群众机制和“六必到”（村级会议必到，重点工作必到，重大活动必到，重点时期必到，突发事件必到，群众有访必到）包村工作制度，开展“五型”（服务型、效能型、诚信型、法治型和廉洁型）机关建设。推广“共产党员先行机制”（在重点工作中，党员必须先行响应和支持，否则按程序给予组织处理，切实把党员先锋模范作用体现时时处处事事上）。探索“党建+”模式，深化“法治香营”建设，开展法治宣传12次，完善乡村两级管理制度18项。开展软弱涣散组织整顿帮扶工作。完成乡镇党委换届选举，选举产生党委委员9名。完成20个村党支部换届选举，选举村党支部班子成员60名。关爱帮扶生活困难党员60名，资助金额6.48万元。慰问建国前入党老党员6名，发放生活补助每人每年2.6万元。

全乡耕地面积2.14万亩（1.43万公顷），主要种植玉米。果林面积9668亩（644.53公顷），主要种植苹果、葡萄、杏等果品；林地10.4万亩（6933.33公顷）。建设用地3510亩（210公顷）。交通运输用地2395亩（159.67公顷）。水域及水利设施用地7244亩（482.93公顷）。其他用地1901亩（127.33公顷），主要有设施农用地、空闲地。全乡主导产业是玉米种植和果品种植，果品逐渐形成规模，北山苹果观光带、新庄堡杏树基地、香营葡萄园带来的经济效益正逐年凸显。引入众田有限责任公司，在黑峪口村种植高矮密苹果和老旧果园改造300亩（20公顷）。引入市供销合作总社下属企业建设世欣沃沃现代苹果示范园，占地3000亩（200公顷），总投资1.5亿元。辖区内润生源农家院被评为五星级农家院。新庄堡村通过“一村一品”验收，鲜食杏园成为北京农林科学院果树研究所新品种新技术实验示范基地。

年内，精准扶贫识别低收入农户848户、1800人，低收入村7个。为13户特困患有大病的家庭户申请慈善救助金22万元，为4户家庭困难的高中学生申请龙庆中天希望助学金6600元。新农合参合率99.9%，城乡居民养老保险参保率96%。农村劳动力转移就业154人。依托缙阳腾飞劳务派遣公司，向外输出劳动力14人，与输出人员续签劳动合同18人。开办里仁堡村休闲体育服务与管理中专班24人、后所屯村文艺中专班52人。“1+1+X”农村实用人才工程新增10名实用人才，新增3名实用人才被评为市级高级农村实用人才。开展法治大讲堂“五进”（进机关、进农村、进学校、进社区、进企业）活动25次。在学校开展“法律进校园”手抄板报和“小手拉大手”活动；启动“法律志愿服务村村行”活动；举办法律知识培训5次、农民法律知识竞赛2场，开展法治文艺演出3次，发放法律知识读本500册，全年法律咨询服务200人次。截至年底，全乡财政收入87.5万元，比上年增长32%；农村经济营业收入51.3万元，农民人均所得16886元。

地址：**香营乡香营村**
电话：**60161043**

（郑学伟）

【文艺演出活动】 1月6日，香营乡“法制惠民我先行，和谐共享缙阳情”第五届农民文化艺术节群众文艺大汇演举行，演出歌舞、健美操、诗朗诵、小品、快板等节目，200名观众观看演出。6月28日，香营乡在后所屯村开展“庆七一唱红歌”比赛，17位选手演唱《唱支山歌给党听》《红梅赞》《红星伴我去战斗》《敬祝毛主席万寿无疆》等红色歌曲。12月29日，香营乡在文体中心举办“创文明城区·建法治家园”群众文艺大汇演。演出包括舞扇、歌舞、小品、快板、三句半等，100名观众观看演出。

（郑学伟）

【环境建设】 年内，为400户农户免费清运建筑垃圾5万立方米；完成东白庙二期工程，醉蝶、百日草、串红、月季、万寿菊等花卉种植面积1万平方米；昌赤路东白庙段公路沿线两侧清理乱堆乱放垃圾1300立方米，修复排水渠150米，修复破损路面700平方米；各村清理乱堆乱放300处，清理柴草200处。实施重点公益林面积3794亩（252.93公顷），森林健康经营面积8394亩（559.6公顷）。减煤换煤26万千克。完成聂庄、黑峪口、新庄堡、里仁堡村煤改气工程。拆除违法建设10处，面积2941.5平方米，围墙32延米。拆除乱搭乱建8处，规范广告牌匾8块。创建绿化村1个。

（郑学伟）

【文化建设】 年内，完成乡文体中心建设工程，总投资630万元，建筑面积1255平方米，改建孟官屯等5个村级文化大院，为屈家窑等6个村的基层公共设施进行采暖改造，实现益民书屋和共享工程全覆盖。星火工程演出60场。举办第五届农民文化艺术节，开展“文化走亲”下乡演出、趣味运动会、法治文艺巡回演出系列活动，组织群众性文化活动1000次，参与人员5万人次。在聂庄、新庄堡村制作文化墙3000平方米。开展“文明村”“文明户”等群众性精神文明创建活动，发放宣传单1000份、手提袋500个。

（郑学伟）

【助残服务】 年内，为186户肢体重度残疾人家庭进行无障碍设施改造。新增38户无障碍设施改造家庭。为300名残疾人发放困难补助金80万元。为155名重度残疾人发放养老助残卷18.6万元。为191名重度残疾人申请并办理护理补贴31.32万元。为7名大病困难残疾人发放残疾人临时救助款7000元。

（郑学伟）

2016年香营乡村委会基本情况统计表

表17

村委会名称	党支部书记	村委会主任	户数（户）	人口（人）	家庭经营收入（万元）	农民人均所得（元）
八道河	柳艳云	柳石锁	30	66	412	15468
屈家窑	屈金安	屈金安	83	157	901	15129
黑峪口	刘九来	刘九来	130	234	1403	16695
上 垙	孙立斌	卢富成	75	148	786	14041
下 垙	郭 磊	郭 磊	92	191	1123	14126
山底下	赵树奎	赵树奎	70	162	991	16592
东白庙	徐有祥	张会杰	649	1250	6554	15884
孟官屯	聂云龙	聂学峰	434	840	4338	16317
小 堡	乔书明	乔书明	376	736	4161	16763
香 营	郭晓朗	郭晓朗	534	1075	6712	18753
新庄堡	于振平	于振平	441	842	5596	16205
后所屯	王全立	尤长石	621	1120	7634	16772
里仁堡	国文会	国文会	621	1199	7011	19478

续表17

村委会名称	党支部书记	村委会主任	户数（户）	人口（人）	家庭经营收入（万元）	农民人均所得（元）
聂　庄	周海龙	刘静庵	162	314	1674	17542
庄　科	薛进良	薛进良	28	54	404	11698
高家窑	高　成	高　成	37	69	387	12622
小　川	闫皂荣	闫皂荣	30	36	250	16060
三道沟	李桂海	李桂海	36	67	400	13650
南　窑	吴进存	吴进存	23	46	333	15853
东　边	王金燕	孙进有	18	29	239	13846

珍珠泉乡

【**概况**】　珍珠泉乡位于北京市延庆区东北部山区，距离城区55千米，东南部与怀柔区毗邻，北与千家店镇接壤，西与四海镇相连。境内有珠泉喷玉、齐仙岭、仙壶沟等景区。全乡总面积144平方千米，林木绿化率88.13%，森林覆盖率68.39%。辖15个行政村、29个自然村，总人口3902人，其中农业人口3250人、非农户人口652人。常住人口3236人，其中男性1672人、女性1564人。年内，出生人口35人，出生率8.97‰；死亡人口34人，死亡率8.71‰；人口自然增长率0.26‰。四宝路贯穿全乡，Y18、Y29、Y30、Y34、Y37路公交车穿境而过；乡内中心小学1所，幼儿园1所，在校生62人，教职工32人；社区卫生服务中心1所，医务人员3人，村级卫生室7所；二级旅游咨询服务中心1处。

2016年，乡党委辖18个党支部，包括15个行政村党支部、1个机关党支部、1个珍珠泉中心小学党支部、1个社区党支部；全乡中共党员556名。发展中共党员12名，开展党员培训210次，组织党员学习考察10次，建立村级党员志愿服务队18个。完成15个行政村村委会换届选举，选举产生46名村委委员。开展“三严三实”专题教育，查找出领导班子不严不实问题8条，广泛征求意见、建议104条，制定整改措施18项。围绕“打造珍珠山水，发展沟域经济，建设高端旅游经济度假区”的战略思想，形成“一轴、双核、两翼、多点”的产业空间布局，获“首都绿色园林小城镇”荣誉称号。全乡农民专业合作社25家，吸纳社员767户。粮食作物播种面积3909亩（260.6公顷），亩产408.47千克，总产量159.67万千克。蔬菜播种面积679亩（45.27公顷），总产量107.95万千克；玫瑰花播种面积514亩（34.27公顷），总产量2.62万千克。生猪存栏1096头，羊存栏1212头，蛋鸡存栏5482羽，鸭存栏3655羽，鹅存栏217羽。全乡民俗户135户，市级星级民俗户96户，乡级星级民俗户101户，可同时提供5000人就餐、2160人住宿。年内接待游客69.5万人次，同比增长3.21%；旅游收入2248.7万元，同比增长7.87%。全乡财政收入35.3万元，比上年下降3.29%；农村经济总收入13549万元，人均劳动所得15644元。

年内，农民中专班、田间学校、短期培训班提升农民就业技能。通过生态护林、保洁、管水等“十大员”解决公益性就业岗位1134个，占全乡劳动力57%，为低保、“五保”、低收入户发放救助款35.3万元，完成低收入建档立卡低收入户670户，1386人。申报低收入村8个，低收入户集中村1个。组织农村转移劳动力和失业人员的专业技能培训50次，培训人次2000人次。为桃条沟等9个村做外墙保温，面积2302.24平方米。修整步道1740平方米，修建停车场4处。种植花卉、草坪4320平方米，硬化道路1200平方米，绿化、美化面积1300平方米。完成森林健康经营项目工程9893亩（659.53公顷），重点公益林抚育项目3850亩（256.67公顷），双金草村彩页工程2000亩（133.33公顷），修缮9个行政村的阳光浴室，完成60户抗震节能改造。减煤换煤136.85万千克，煤改电175户。拆除违建120平方米，腾退土地0.18亩（0.01公顷）。创建垃圾分类示范村2个，生态文明示范村10个，生态文明户100个。硬化垃圾场地6处，修建垃圾填埋场2处，购置垃圾大箱7个，分类垃圾桶1200个，拆除广告牌匾56处，清理违规电子屏100平方米，清理小广告1457处，清扫垃圾2100方，清理乱堆乱放杂物1.5万千克，清理边沟67千米。全乡新农村合作医疗参合率99%。星火工程文化演出45场次，放映电影690场。成功举办水泉子村第七届“鸟节”、第四届端午文化节、庙梁村首届仙水壶文化节、“花为媒，泉为甘，爱在珍珠山水”集体婚礼庆典以及首届“泉水叮咚”中秋游园等旅游文化活动。

地址：**珍珠泉乡珍珠泉村**
电话：60186546

（张琪）

【“7·20”暴雨灾情】　7月19—25日，珍珠泉乡降雨量185.9毫米，全乡受灾农作物面积2760.8亩（184.05公顷），成灾面积1725.95亩（115.06公顷），绝收面积378亩（25.2公顷），受灾人口788人，转移人口458人，因灾倒塌房屋4户9间，受损房屋103户，房屋漏水866户，院墙坍塌90户。

（张琪）

【乡党委、纪委换届选举】　9月22日举行。应到党代表81名，实到80名，通过无记名投票选举党委委员9名、纪委委员7名。

（张琪）

【首届珍珠山水乡村旅游中专班开班】　11月3日，“延庆区第一职业学校·珍珠山水乡村旅游中专班”举行开班典礼。该班学制3年，实施“学历+技能”培养模式，开设农家服务、农家餐饮制作、农家院网络营销、农家院环境布置、乡村旅游解说等12门课程；珍珠泉、庙梁、八亩地等村44名村民报名学习。区教委、区旅游委、区一职老师、珍珠泉乡的相关领导干部及东部川山区6个乡镇教育助理32人参加开班仪式。

（张琪　宋佳）

【乡政府、人大换届选举】　11月25日举行。应到人大代表45名，实到45名，通过无记名投票选举政府乡长1名、副乡长4名、人大主席1名。

（张琪）

【益农信息社成立】　年内，珍珠泉村成立延庆区第一个标准型益农信息社。益农信息社为村民提供与市场类型相同、价格低廉的产品，提供挂号、代购、代缴等便民服务。截至年底，信息社内补齐便民产品23种，帮助村民挂号267次，代缴电费、话费等共计8956元，节省村民生活开支20%。

（张琪）

【冰上体验基地创建】　年内，珍珠泉乡依托天然冰雪资源建立"迎冬奥·珍珠山水冰上体验基地"，经过专业勘探，冰场选址在水深1.2米，冰层厚度12厘米的珍珠泉村西头。冰场建成后珍珠泉小学每周三、周五的体育课堂场地。

（张琪）

【下花楼村迁居楼房】　年内，下花楼村新建楼房72栋，完成搬迁22户、61人，新楼房采用地源热泵集中供暖，供暖10户。

（张琪）

2016年珍珠泉乡村委会基本情况统计表

表18

村委会	党支部书记	村委会主任	户数（户）	人口（人）	农村经济收入（万元）	农民人均所得收入（元）
珍珠泉	于甫琴	于甫琴	295	548	1695.0	16981
称沟湾	范长宇	范长宇	115	219	545.0	12478
庙梁村	崔富国	崔富国	309	616	1907.7	17702
下水沟	陈玉林	陈玉林	53	115	417.0	14673
上水沟	张建军	张树合	224	109	569.4	15099
下花楼	周汉兴	周汉兴	136	274	684.0	15597
转山子	姜言海	姜言海	188	374	731.2	14255
八亩地	于海林	于海林	111	215	730.7	16406
水泉子	石长海	石长海	255	491	1443.3	15552
双金草	靳满才	靳满才	79	134	443.8	17033
小川村	崔　勇	崔　勇	156	274	774.0	14530
小铺村	王占义	黄文义	72	117	223.0	14257
桃条沟	翟永亮	翟永会	54	104	177.0	13600
仓米道	刘玉臣	刘玉臣	32	60	146.3	14129
南天门	于亚全	于德来	73	140	271.6	13271

（责任编辑：池尚明）

附　　录

北京市延庆区人民代表大会常务委员会工作报告

——2016年12月21日在北京市延庆区第二届人民代表大会第一次会议上

北京市延庆区人大常委会主任　郭振清

各位代表：

我受北京市延庆区第一届人民代表大会常务委员会委托，向大会报告工作，请予审议。

2016年的主要工作

2016年，是延庆撤县设区的起始之年，是“十三五”规划的开局之年，也是世园会园区、冬奥会赛区建设全面启动之年。今年四月份，区委召开了人大工作会，会议转发了“区人大党组关于加强区、乡镇人大工作和建设的若干意见”，志军同志代表区委对如何做好新时期人大工作提出了新的目标和要求。在区委的领导下，区一届人大常委会全面贯彻党的十八大和十八届三中、四中、五中、六中全会精神，深入学习贯彻习近平总书记系列重要讲话精神，坚持党的领导、人民当家作主和依法治国有机统一，依法行使职权，扎实开展工作，为坚持和完善人民代表大会制度，推进民主法治建设，加快建设国际一流的生态文明示范区作出了积极贡献。

一、抓好区、乡镇人大换届工作，保证人民群众依法行使权力

区人大常委会作为区人民代表大会的常设机关，认真履行宪法法律赋予的职能，通过抓好代表选举、人代会组织、会议决议落实，保证人民群众当家作主。

（一）依法领导区、乡镇人大代表换届选举

常委会深入学习贯彻中央和市委、区委文件精神，加强对换届选举新情况新问题的研究，依法作出区、乡镇人民代表大会换届选举的决定，设立区、乡镇选举委员会。协助区委召开换届选举工作动员部署会。成立5个督导组，加强关键环节的督导，确保整个选举既充分发扬民主，又依法有序、风清气正，保证人民群众选举权的行使。11月15日，区、乡镇人大代表换届选举一次成功，22.9万选民选举产生了北京市延庆区第二届人民代表大会代表184名，乡镇新一届人民代表大会代表763名。从选举结果看，代表结构进一步优化，代表素质进一步提高。

（二）精心筹备区二届人大一次会议

成立由常委会主要负责人任组长的大会筹备工作领导小组，对区二届人大一次会议的会议议程、会议日程、大会及主席团会议流程进行反复研究，制定出切实可行的方案，并报区委批准。根据区委的要求和部署，常委会党组配合区委组织部，就扩大区二届人大常委会组成人员职数、设立区人民代表大会5个专门委员会，提出初步方案。通过强化组织建设，保证代表大会更好地代表全区人民依法行使权力。大会召开前，以乡镇、街道为单位，组织代表集中开展联系选民活动，广泛听取群众意见。组织代表对会议的各项报告进行预审，使各项报告具有更加广泛的民意基础。

（三）认真执行区一届人大一次会议决议

在区委领导下，根据区一届人大一次会议确定的各项任务开展工作。一年来，常委会共召开会议9次，完成34项议题。听取和审议“一府两院”专项工作报告6项；听取和审议国民经济和社会发展情况以及财政、审计等5项报告；任免国家机关工作人员71人次，并按照有关法律规定，组织新任命的国家机关工作人员进行宪法宣誓。

二、加强和改进监督工作，不断提高监督实效

常委会严格履行宪法和法律赋予的监督职责，按照“该做、能做，有用、有效”的工作原则，聚焦延庆转型发展中的突出问题，综合采用多种监督方式，提高监督工作的针对性、实效性。

（一）围绕法律法规实施和依法行政、公正司法开展监督

2016年，常委会重点对《中华人民共和国文物保护法》、《中华人民共和国防洪法》在我区的执行情况进行了检查。

常委会在对《中华人民共和国文物保护法》的执法检查中发现，群众的文物保护意识比较薄弱，文物管理工作机制不够健全，文物的保护和使用衔接不够紧密。常委会建议：加大文物保护工作的宣传力度，充分发挥文物保护主责单位牵头作用，统筹协调文物保护工作。特别提出，要有效挖掘各类文物丰富内涵，推进文物的合理适度利用，促进文物保护利用与经济社会发展相结合。区政府相关部门高度重视常委会的意见，研究制定工作方案，采取11项有效措施，促进文物保护法的落实。

对《中华人民共和国防洪法》的执法检查中，重点就地质灾害易发区搬迁工作进行了检查。听取了区政府工作报告、实地查看珍珠泉乡下花楼村新民居建设情况。常委会建议政府：要严格落实搬迁政策，做到依法行政；要将搬迁工作与城乡一体化发展相结合，推进新型农民社区建设和公共服务均等化；要在搬迁工作中始终坚持农民主体地位；要强化部门联动，形成支持新型农民社区建设的合力。这些建议为政府做好地质灾害易发区搬迁，推进新农村建设与农业转型升级发挥了积极作用。

在司法监督方面，常委会听取并审议了区人民法院关于案件执行情况的专项工作报告，推动区人民法院进一步提高执行工作的质量和效率。

区政府高度重视依法行政工作，年内向常委会报告了工作情况，通过常委会对依法行政工作的审议、检查，促进了政府依法行政工作水平的提高。

常委会就市人大在我区开展的《北京市气象灾害防治条例（草案）》等法律法规的调研活动提供服务保障并就法规内容提出建议。

（二）围绕发展改革和民生工作开展监督

常委会听取并审议了区政府关于环境状况和环境保护目标完成情况、关于妫河水系环境治理情况、关于城区排水设施建设管理情况等3个专项工作报告，认为区政府开展的以“清空净水”为主要内容的环境综合整治工作取得了积极进展，但也存在一些不容忽视的问题。建议政府相关部门加大执法力度，努力完成“清空净水”各项工作目标；增强治污的紧迫感，加强各项基础设施建设；强化工作措施，推动污染防治；加大宣传力度，增强全社会环保意识。

常委会高度重视“三农”工作，通过听取区政府关于推进60个具有示范带动作用的美丽乡村建设情况的专项工作报告，提出要把美丽乡村建设与绿色发展大事筹办相结合，全面推进城乡发展一体化，不断推动农村发展、农业转型、农民增收。

常委会专门听取区政府重点工作折子工程和为群众拟办重要实事工程安排情况的专项工作报告，并通过组织调研、专项视察等形式，推动政府重点工程的落实。常委会工作机构还持续开展了对物业管理、食品安全等工作的监督，推动解决了一批群众关心的实际问题。

（三）围绕计划、预算执行情况开展监督

常委会听取并审议了我区2016年上半年国民经济与社会发展和财政预算执行情况的报告，批准了2015年决算。常委会认真贯彻落实

新预算法，加强全口径预算审查监督，对2017年预算草案初步方案进行初步审查，研究提出初审意见，提高预算编制的精准水平。

三、尊重代表主体地位，充分发挥代表作用

人大代表是国家权力机关的组成人员，是人民代表大会的主体。常委会通过健全代表工作机制，保证代表依法行使职权、发挥作用。

（一）积极为代表履职创造条件

以乡镇、街道为单位，组织代表学习党的十八届六中全会、市委十一届十一次全会、区委一届三次全会和第一次人大工作会议精神；组织开展法律法规和人大基础知识培训；为代表订阅了《中国人大》、《北京人大》和《延庆报》等报刊杂志；及时印发《延庆人大信息》、更新区人大常委会网站，畅通代表知情知政渠道。受市人大常委会委托，为延庆区的市人大代表开展活动提供服务，保障市人大代表依法履行职务。

（二）密切常委会与代表的联系

建立了由常委会统一负责，代表联络室综合协调，常委会各工作部门参与的代表工作机制，密切与代表的联系。坚持常委会组成人员联系代表制度，常委会主任、副主任带头联系基层代表，听取意见。发挥5个专业代表小组作用，围绕常委会议题，听取群众意见建议，使常委会和代表、代表和群众之间形成上下互动的良好局面。根据会议需要，邀请与审议议题相关的代表列席常委会会议并作发言，使常委会的议题审议更接“地气”。常委会积极组织代表参加有关活动，2016年，共有61位代表参加了常委会组织的调研、视察和执法检查等工作。

（三）做好代表建议办理工作

区一届人大一次会议期间共收到代表建议63件（以下简称建议），全部转由政府有关部门承办。其中，年内解决的建议30件，已全部办理完毕并答复了代表；列入工作计划，预计两到三年内可以解决的建议24件；受法规、政策和财力等客观条件限制，目前难以解决的建议9件，已向代表做了解释，取得代表理解。

为加强建议督办力度，常委会分别于7月、11月两次听取代表建议办理情况的报告，针对存在的问题，提出改进意见。对于涉及全区经济社会发展的重点建议，由常委会领导牵头，相关委室参加，到承办单位了解情况、听取汇报、跟踪督办，促进建议的落实。

区政府高度重视代表建议办理工作，穆鹏区长亲自挂帅，形成了区长负总责、常务副区长具体抓、承办单位“一把手”亲自抓的工作机制。按照区政府办理人大代表议案、建议的工作要求，将办理情况纳入到处级单位的工作考核中。区水务局、市政管委、交通局、卫计委、公路分局等单位采用“开门办案”的方式，主动邀请代表参与办理过程，加强了代表与承办单位之间的互动交流，提高了建议办理的实效。关于在刘斌堡卫生院建公交招呼站、修建白河干渠柳沟南桥等一批事关群众切身利益的问题得到解决。

四、加强与乡镇人大联系，指导乡镇人大开展工作

常委会坚持主任、副主任和工作机构分片联系乡镇、街道人大工作制度，通过开展集中下乡活动，密切与基层人大的联系，加强工作指导。今年是乡镇人大换届之年，组织代表选举和筹备新一届人代会任务很重，常委会针对基层人大干部调整较大、新人较多的情况，多次举行集中培训，指导乡镇依法规范做好相关工作，确保圆满完成各项任务。截止11月底，全区15个乡镇顺利召开了新一届人大一次会议。

五、深入开展“两学一做”学习教育，切实加强常委会自身建设

常委会坚持以问题为导向，以提高履职能力为目标，从严处入手、从实处着力，努力加强常委会及机关自身建设，不断提高工作水平。

（一）加强思想政治建设

认真学习贯彻党的十八届六中全会精神，进一步增强“四个意识”，自觉在思想上政治上行动上同以习近平同志为核心的党中央保持高度一致，坚定维护以习近平同志为核心的党中央的权威。深入学习习近平总书记系列重要

讲话精神，坚定理想信念，加强理论修养。组织全体党员开展湖南衡阳破坏选举案、四川南充拉票贿选案及辽宁拉票贿选案反思教育，举一反三，引以为戒，严格遵守“九严禁”等换届纪律，确保换届风清气正。针对今年工作特点，常委会党组书记带头讲党课，以什么是风清气正、如何做到风清气正、风清气正人人有责为主题，要求进一步打造风清气正的换届环境和工作环境。

（二）加强人大工作研究

围绕学习贯彻新修订的《中华人民共和国地方各级人民代表大会和地方各级人民政府组织法》等法律法规，全面落实中央和市委、区委对人大工作的新要求，深入开展理论研究和工作研究，把握新形势下人大工作的规律和特点。以1949年12月延庆县各界人民代表会议召开为起点，对66年来延庆人民代表大会制度的发展历程进行梳理、归纳、总结，编辑出版了《延庆人大志》。围绕常委会重点工作，开展调查研究，形成了多篇高质量的调研报告。

（三）加强作风建设

始终把作风建设放在重要位置。结合人大实际情况，认真组织开展“两学一做”学习教育，教育引导常委会组成人员和机关党员干部，严格执行中央八项规定和市委、区委关于作风建设的各项规定，严格执行《延庆区人民代表大会常务委员会议事规则》等制度规定，坚持用制度管人，按规矩办事，自觉树立人大干部风清气正、勤勉务实、乐于奉献的良好形象。通过持续不断的作风建设，常委会及人大机关的学风、工作作风和整体面貌有了进一步的改进。

各位代表，我们这一届常委会是从2015年12月开始履职的，结合五年来的工作实践，常委会对坚持和完善人民代表大会制度，做好人大工作有了一些切身的感受。

第一，坚持党的领导，这是做好人大工作的政治保证。常委会始终把自觉服从党的领导，增强政治定力，作为人大工作一以贯之的首要原则，在思想上政治上行动上同党中央和市委、区委保持高度一致，重大问题、重要事项及时向区委请示汇报。围绕区委的中心工作，服务保障世园会、冬奥会等绿色发展大事筹办，提出意见建议，作出决议决定，确保区委的重大决策部署通过法定程序转化为全区人民的共同意志。坚持党管干部与依法任免干部相一致原则，依法行使人事任免权，确保区委推荐的人选通过法定程序成为国家机关工作人员。

第二，保证人民当家作主，这是做好人大工作的根本要求。常委会始终把保证人民当家作主作为工作的本质和核心，通过多种形式扩大代表、群众对常委会工作的参与。及时回应人民群众对经济社会发展的新期待、新要求，集中民意，汇集民智，使人民群众的意志和愿望有序进入“一府两院”的决策和工作当中。把实现好、维护好、发展好群众的利益，作为常委会工作的出发点和落脚点，把群众关心的教育卫生、食品安全、弱势群体帮扶等问题，作为常委会持续跟踪的监督内容，让群众有更多的获得感。

第三，坚持改革创新，这是做好人大工作的关键环节。常委会始终把创新作为推进人大工作的不竭动力，既坚持在法律的框架内开展工作，又主动适应经济发展新常态，社会运行新特征，人民群众新期待，积极探索人大工作新方法。在监督工作中，常委会首次尝试审议议题开放制度，在常委会议题计划中，选取部分涉及群众切身利益、社会关注度较高的议题，通过报纸、电视、网络、“微信”等媒体向社会公布，畅通人民群众表达渠道，使监督过程成为集民意、汇民智、聚民心的过程，增强了监督工作实效，使人大工作紧跟时代步伐，始终充满生机和活力。

各位代表，本届常委会工作中取得了一些进展和成效，这是区委正确领导，区人大代表和常委会组成人员共同努力，“一府两院”有力配合，广大人民群众和社会各界帮助支持的结果。在此，我代表区一届人大常委会，向全体人大代表，向所有关心、支持、帮助人大工作的同志们、朋友们，表示崇高的敬意和衷心的感谢！

肯定成绩的同时，我们也清醒地认识到，常委会的工作同中央和市委、区委的部署和要求，同宪法和法律赋予的职责，同人大代表和人民群众的期望相比还有不小的差距。主要是：对新形势下人大工作的探索创新还需要进一步加强；监督工作的制度机制还需要进一步完善；代表履职的服务保障工作还需要进一步改进；常委会组成人员和机关工作人员的素质能力还需要进一步提高。这些问题，都需要在今后的工作中认真对待，着力解决。

今后五年的工作建议

各位代表，常委会的任期是有限的，而人大工作作为党的事业的组成部分，必将与时俱进，不断发展。今后五年，是筹办举办世园会冬奥会、全面建成小康社会的决胜时期，是延庆可以大有作为的重要战略机遇期和黄金发展期。刚刚闭幕的区第二次党代会制定了全区未来五年工作的指导思想和奋斗目标，提出：要全力开创党建新局面、圆满完成赛会筹办举办服务保障工作、全面建成小康社会、努力实现跨越发展的宏伟目标。在新的形势下，新一届人大常委会既面临着更加有利的工作环境和条件，也面临更加高难的目标和要求，更加繁重的工作和任务。新一届常委会要在区委的领导下，高举中国特色社会主义伟大旗帜，深入学习贯彻习近平总书记系列重要讲话精神，坚持党的领导、人民当家作主、依法治国的有机统一，紧紧围绕全区工作大局，积极履职，主动作为，不断开创人大工作新局面，为世园会和冬奥会筹办举办，加快建设国际一流的生态文明示范区，奋力推动延庆发展实现新跨越作出新的贡献。

延庆区第一届人民代表大会常务委员会的履职即将结束，在此，一届人大常委会怀着对人民代表大会制度的敬仰、怀着对人大事业的眷恋和期待，怀着对人民代表和人大工作者的感情和敬意，对新一届人大常委会的工作提出如下建议：

一、牢固树立“四个意识”，把握人大工作正确的政治方向

认真学习贯彻党的十八届六中全会精神，进一步增强“四个意识”特别是核心意识、看齐意识，在思想上政治上行动上同以习近平同志为核心的党中央保持高度一致。自觉接受区委的领导，进一步健全完善重大问题、重要事项及时向区委请示汇报制度。注重发挥好常委会党组的领导作用，把党的领导贯穿于人大工作的各个方面。

二、开好人民代表大会，保证人民当家作主

人民代表大会是党领导人民行使国家权力的机关。保证人民当家作主，必须保障人民代表大会有效行使职权。常委会作为区人民代表大会的常设机关，要通过做好各项服务保障工作，不断提高区人民代表大会会议的组织水平；要提高会议各项报告的质量，便于人大代表充分审议、做出决定，保障人大代表依法行使职权；要通过常委会的日常工作，确保大会决议、决定得到贯彻落实。

三、围绕区委中心工作，依法履行各项职责

立足人大监督的性质、特点和优势，以确保宪法和法律得到正确实施，确保行政权和司法权得到正确行使，确保公民、法人的合法权益得到尊重和维护为目的，坚持站在全局的高度，围绕全区中心工作、人民群众切身利益、社会普遍关注的重大问题进行监督。坚持积极监督、有效监督，创新工作机制、改进工作方法，提高监督实效。坚持在区委的领导下，依法做好重大事项决定和人事任免工作。

四、保障人大代表依法行使职权，密切同人民群众的联系

加强代表的学习培训，提高履职能力。完善向代表通报重要情况和征求意见工作，拓宽代表知情知政的渠道。强化代表参与常委会和专门委员会工作的广度和深度，发挥代表主体作用。完善代表建议督办方式，努力使建议办

理过程成为国家机关密切联系代表、加强和改进工作的过程。推动代表联系群众工作进一步制度化、规范化，发挥代表联系群众的桥梁纽带作用。

五、全面从严治党，不断提高履职能力

全面贯彻党的十八届六中全会精神，加强和规范党内政治生活，强化党内监督，努力营造良好政治生态。推动“两学一做”学习教育常态化、长效化，充分发挥共产党员的先锋模范作用。继续抓好人大知识和法律法规的学习培训，不断提升常委会组成人员和机关干部的能力素质。不断完善人大专门委员会建设、机关建设等各方面的制度，把人大党的建设和各项工作提高到一个新水平。加强与市、乡镇人大之间的交流和沟通，密切工作联系，完善工作机制，提高人大工作整体水平。

各位代表，人大工作责任重大，各位代表使命光荣。我们相信，新一届人大及其常委会，一定会在延庆区委的正确领导下，紧密团结在以习近平同志为核心的党中央周围，认真履行宪法和法律赋予的职责，充分发挥国家权力机关作用，为建设国际一流的生态文明示范区，奋力推动延庆发展实现新跨越做出更大贡献，以优异成绩迎接党的十九大胜利召开！

谢谢大家！

中国人民政治协商会议
北京市延庆区第二届委员会常务委员会
工作报告

——2016年12月19日在区政协二届一次会议上

延庆区政协主席　赵双利

各位委员、同志们：

我受政协延庆区第一届委员会常务委员会的委托，向大会报告工作，请审议，并请列席会议的同志提出意见。

一年工作回顾

2016年是延庆区政协的起始之年，是在继承中创新、在创新中发展，奋力开创工作新局面的一年。一年来，常委会在中共延庆区委的领导和市政协的指导下，认真学习贯彻党的十八大、十八届三中、四中、五中、六中全会精神，以马克思列宁主义、毛泽东思想、邓小平理论、“三个代表”重要思想、科学发展观为指导，深入贯彻落实习近平总书记系列重要讲话精神，紧密围绕市委和区委决策部署，按照“四个全面”战略布局，牢固树立创新、协调、绿色、开放、共享的发展理念，团结带领各界委员，大力推进协商民主探索实践，切实履行政治协商、民主监督、参政议政职能，较好地完成了一届一次会议提出的工作目标和任务，发挥了协调关系、汇聚力量、建言献策、服务大局的作用，为实现“十三五”良好开局、推动国际一流的生态文明示范区和美丽延庆建设作出了积极贡献。

一、加强学习，保持政协工作正确方向

常委会坚持把学习中国特色社会主义理论体系和中央、市委、区委重大决策部署作为履行好职能、发挥好作用的重要前提和基础，自觉运用科学理论武装头脑、指导实践。

（一）强化政治理论学习，筑牢共同思想政治基础。着力加强对党的十八大以及历次全会、习近平总书记系列重要讲话和治国理政新思想、新战略的学习，推动各界委员不断增强中国特色社会主义道路自信、理论自信、制度自信、文化自信。认真抓好党的十八届六中全会精神的学习贯彻，牢固树立“四个意识”特别是核心意识、看齐意识，始终在思想上政治上行动上同以习近平同志为核心的党中央保持高度一致。撤县设区对政协工作提出了新的更高要求。在区委的领导下，全面贯彻落实市委第四次政协工作会、区委第一次政协工作会和中共延庆区第一次代表大会、区委一届三次全会精神，认真学习统一战线和人民政协新理论、新要求，进一步明确任务、形成共识，切实把思想和行动统一到区委的决策部署上来，把智慧和力量凝聚到全区改革发展的目标任务上来，做到了与区委、区政府思想同心、目标同向、工作同力。

（二）落实党的方针政策，推进政协协商民主建设。深入贯彻落实中共中央《关于加强社会主义协商民主建设的意见》、《关于加强人民政协协商民主建设的实施意见》，准确把握政协性质定位，深刻认识政协职责任务，找准政协工作着力点，真正做到“懂政协、会协

商、善议政”，努力提升促进发展的能力。深刻领会市委和区委关于加强政协协商民主建设的重大决策部署，按照市委、区委《关于进一步加强政协协商民主建设的实施意见》精神，加大探索实践力度，不断加强政协协商民主制度和机制建设，进一步提高工作制度化、规范化、程序化水平，当好延庆经济社会发展的“助推器”。认真实施协商年度工作计划，着力发挥人民政协作为协商民主重要渠道和专门协商机构作用，切实把协商民主贯穿于政协履职的各环节，落实到政协工作的各方面，体现在政协服务大局、服务群众的各领域，为推进延庆经济、政治、文化、社会和生态文明建设作出了新贡献。

二、精准协商，全力助推美丽延庆建设

常委会始终把服务延庆科学发展作为履行职能的重要着力点，围绕全区改革发展的重要问题，深入开展调查研究，积极建言献策，为党委政府决策提供有力支持。

（一）围绕绿色大事，为推进世园会、冬奥会筹办献良策。今年是“十三五”开局之年，延庆区建设起始之年，世园会园区、冬奥会赛区建设全面启动之年，围绕立足首都生态涵养发展区的功能定位，抓住筹办绿色大事机遇，转方式调结构、促发展惠民生的重要问题，组织委员深入调研、开展协商、交换看法、提出建议、寻求共识，形成《借助筹办绿色大事，加快建设美丽乡村》、《借助筹办绿色大事，构建我区融资平台》等调研报告。听取世园会规划、园区拆迁安置以及相关重点工程建设情况的通报，视察兴延路、京张高铁等工程建设项目，提出制定花卉园艺产业发展战略，完善城乡发展规划，加强城市建设和管理，提升人居环境水平等建议。听取冬奥会延庆赛区筹办工作总体规划、重点工作开展情况和《2022年冬奥会带动延庆冰雪产业发展战略规划》的通报，到小海坨山地区和石京龙滑雪场进行实地考察，就“紧抓冬奥会契机，推动冰雪运动产业发展和‘冰雪之城’建设”问题，召开专题议政会、协商座谈会，从利用筹办冬奥会契机，完善城市基础设施建设，开展青少年冰雪运动，促进延庆冰雪旅游产业提档升级等方面提出了建议。组织委员就中关村延庆园建设发展问题召开协商座谈会，提出依托自身优势，引进符合延庆功能定位的产业项目，全力推进延庆园建设等建议。

（二）重视环境治理，为建设生态文明先行示范区建真言。牢固树立和践行“绿水青山就是金山银山”的发展理念，围绕延庆环境保护与生态建设的重点难点问题，组织专题调研和座谈研讨。围绕城乡环境综合整治工作，听取延庆区生态文明建设、清洁空气行动和减煤换煤工作以及水环境建设情况的通报，视察垃圾综合处理场、城西再生水厂和污泥处置工程建设情况，提出将城乡环境建设与宜居新城、精品小镇、美丽乡村建设和创建全国文明城区工作有机结合，让全区广大群众和来延游客共享绿色发展成果等建议。着眼于提升区域景观品质，视察香水苑、江水泉公园改造升级工程和野鸭湖国家湿地公园保护与恢复工程，召开协商座谈会，汇集各方智慧，提出意见建议，形成《打造野鸭湖湿地样板，树立京津冀生态典范》的调研报告，提出科学编制湿地保护和发展规划，加快湿地保护区产业结构调整，促进湿地高效利用与生态保护的有机结合，培养专业管理人才和科研队伍，提高公众参与保护的意识等建议。同时，还针对生态清洁小流域治理、妫河流域水环境治理、农村生态环境整治、平原造林管护利用等方面问题开展系列视察考察，为推进相关问题的解决提出了意见建议。

（三）关注产业发展，为推动经济快速健康发展出实招。积极适应经济发展新常态，高度关注延庆经济发展新特征，举办经济形势分析会、座谈会，听取全区国民经济及社会发展情况的通报，研讨全区经济运行态势，有效发挥决策咨询作用。针对调整提升现有产业，着力优化发展环境等问题开展系列调研活动，并就相关问题进行分析探讨。听取全区旅游休闲产业发展和消夏避暑季、冰雪欢乐节期间旅游及文化活动情况的通报,视察八达岭森林生态文化体验基地和岔道古城项目建设情况，考察密云古北水镇建设发展情况，提出抓住疏解非首都功能机遇，加快构建与区域功能定位相适应、与人口资源环境相协调的绿色产业体系，不断培育新的经济增长点等建议。持续关注农村经济发展、低收入村户增收问题，多次深入到千家店、珍珠泉、大庄科和四海等乡镇跟踪调研，就环境整治、基础设施建设、山区搬迁和产业发展以及百里山水画廊、四季花海、冰川绿谷沟域建设等问题实地了解情况。就“以筹办世园会和冬奥会为契机，实施精准帮扶，全力推进低收入村户增收”问题，召开议政座谈会，听取全区低收入村户基本情况的通报，从加大对全区低收入村户的帮扶力度，进一步拓宽农民就业渠道等方面提出意见建议，为党委、政府科学决策提供了参考。

（四）聚焦城乡建设，为努力打造生态宜居典范谋善举。聚焦抓住筹办两大盛会和撤县设区机遇，大力推动城乡建设管理，努力打造生态宜居典范等方面工作，组织委员多次开展调研、视察活动。围绕加快建设特色宜居新城，认真学习《关于紧抓重大机遇加快延庆新城规划建设管理的实施意见》，就“绿色健康之城、休闲宜居之城、山水心灵之城”的发展定位，积极建言献策。听取老旧小区综合整治改造情况的通报，视察社区绿化美化、节能保温等工程建设情况，提出争取资金支持加大基础设施投入力度，加强监管确保工程质量，建立管理体系提升城乡管理水平等建议。围绕积极培育精品小镇，视察康庄、八达岭、张山营等乡镇，针对小城镇建设问题，召开协商座谈会，从建设形态美、功能强的现代化小镇，切实增强小城镇服务新城、带动农村的功能，促进产业结构调整等方面提出建议。围绕美丽乡村建设工作，深入到永宁、千家店、大庄科等乡镇进行视察，赴密云区、怀柔区进行考察，针对农村新型社区建设、农村宅基地管理等问题，召开议政性座谈会、讨论会，就相关问题互动交流，从明确功能定位，实施好美丽乡村建设意见和行动计划等方面提出建议，形成《新型农村社区建设管理的现状与发展建议》和《加强农村宅基地管理，推进美丽乡村建设》等调研报告。

三、情牵民生，积极促进发展成果共享

常委会始终坚持履职为民，把增进人民福祉作为履行职能的出发点和落脚点，通过提案、社情民意信息等形式反映群众意愿和诉求，努力为推进共享发展、增强群众获得感和满意度贡献智慧和力量。

（一）关注社会热点难点，努力促进民生保障落实。有针对性地把改善民生作为调研视察和议政建言重点，围绕人民群众所想所盼、所愿所求履行职能，做到“合民意”、“接地气”，促进民生问题的解决。听取重点工作折子工程和为群众拟办重要实事工程进展情况的通报，就人民群众普遍关心的生态环境保护、社会事业发展、精准扶贫脱贫等方面问题展开讨论，提出工作建议。先后组织委员听取北京中医院延庆分院、北医三院延庆分院工作情况的通报，实地走访乡镇社区卫生服务站，形成《开展社区慢病管理，提高群众健康水平》的调研报告；听取教育事业发展情况的通报，视察部分中小学、幼儿园，就相关问题座谈讨论；视察保障性住房建设工作进展情况，提出加强管理提高建设工程质量，强化监督保障低收入困难家庭住房分配等建议。围绕全国文明城区创建，多次深入香水园、百泉和儒林街道，听取创城工作开展推进情况和社区物业、流动人口、网格化管理工作情况以及公共文化体育设施建设使用等方面情况的通报。实地查看《北京市控制吸烟条例》落实情况和城区主要街道、路口交通秩序以及市场周边环境、摊点整治情况，就“助推全民创城，提升城市文化品位”问题，召开协商恳谈会，从加强诚信制度建设，优化志愿服务氛围，关注百姓利益诉求，让创建成果真正惠及民生等方面提出建议，形成《户外广告牌匾设置对延庆城市形象的影响及对策》的调研报告。

（二）全面推进协商办案，不断提升提案工作水平。坚持科学选题，广泛征集提案线

索。一年来，共收到委员书面建议119件，审查整理后形成正式提案72件。提案内容涉及世园会冬奥会筹办、生态品质提升、环境污染治理、经济结构调整、绿色产业发展、城乡基础建设、文明素养培育、增进民生福祉等方面内容。注重提案办理协商的探索实践，将协商贯穿提案工作全过程，切实推动提案办理取得实效。充分发挥政协各参加单位、各界别和政协专委会的作用，将调研视察、协商座谈中提出的意见建议及时转化为提案，形成较完善的提案审查制度，进一步提高提案质量。加强提案承办单位与提案人的交流沟通，形成提案办理全过程的协商工作机制。完善提案交办协商，推进重点提案督办协商、热点提案集中协商、难点提案个别协商，提案办理成效明显提升。建立提案办理答复意见公开和提办双方互评机制，组织委员到市政市容委、园林绿化局以及永宁镇、珍珠泉乡听取提案办理落实情况，面对面征求意见，推动问题的解决。完善提案办理督查机制，加强与区委、区政府督查部门协作，通过专项督办、联合督办、跟踪督办等方式，确保提案办理工作取得实效。强化提案办理工作宣传，努力营造全社会广泛关注、积极参与、大力支持提案办理工作的良好氛围。一年中，政协委员提案全部办复，委员们对提案办理结果较为满意。

（三）体察民情反映民意，切实增强民主监督实效。注重发挥委员联系基层、联系群众的优势，通过学习交流、调研视察和走访座谈，及时把人民群众的意愿要求和委员建议报送区委、区政府领导，当好人民群众的代言人。坚持工作重心下移，重视发挥社情民意信息在民主监督中“直通车”优势，“关于加强对城区早晚市食品安全和市场秩序监管的建议”、“关于在G6辅路营城子桥至八达岭路段增设红绿灯的建议”等多篇社情民意信息得到区主管领导批示，促进了社会热点问题的解决。充分发挥各民主党派、工商联和无党派人士民主监督的积极性，推荐选派政治素质好、责任心强、熟悉相关部门工作的委员担任区政府、纪检监察、司法等部门的特约监督员、行风政风评议员，做到知情监督，敢于直言。积极支持政协委员参加区委、区政府和有关部门组织的座谈会、测评会、调查检查等活动，做到党委、政府决策部署到哪里，政协民主监督就跟进到哪里、监督力量就集聚到哪里，进一步提高民主监督工作实效，对督促相关部门、单位改进工作作风、强化廉政建设、提高工作效能起到了积极作用。

四、发挥优势，广泛汇聚改革发展合力

常委会充分发挥人民政协作为最广泛的爱国统一战线组织的重要作用，努力做好团结共进、凝聚力量的工作，为推动延庆改革发展和现代化建设增添正能量。

（一）广泛凝聚共识，爱国统一战线组织作用有效发挥。学习贯彻落实中央统战工作会议精神，重视发挥政协团结统战功能。利用视察、调研等途径，广泛宣传党的路线、方针、政策以及我区的重大战略部署，努力营造社会各族各界人士团结一心、共谋发展的良好氛围。密切与各民主党派、工商联、人民团体、无党派人士和社会各界的交流和沟通，加强与民族宗教界人士以及新的社会阶层的联系和团结，凝聚建设国际一流的生态文明示范区和美丽延庆的强大力量。充分尊重和保障各民主党派、工商联、无党派人士和各人民团体依法行使民主权利，大力支持和鼓励他们开展视察调研、撰写提案、反映社情民意信息等履职活动，积极为他们议政建言提供平台，搞好服务，切实发挥了人民政协作为最广泛的统一战线组织作用。注重加强同委员的联系，多次深入到委员所在的乡镇、企业及单位，了解情况、沟通信息，帮助委员解决在学习工作、生产生活中遇到的困难和问题，统一了思想、凝聚了共识，做到了为延庆改革发展稳定发出好声音、汇聚正能量。

（二）充分发挥优势，联谊交流社会公益活动深入开展。注重发挥政协委员的专业特长和才智，积极组织活动，为各项事业发展服务，取得较好效果。联合区卫生计生委、药

监局、红十字会，组织医药卫生界委员和医务工作者到乡镇开展义诊活动，为当地农民群众提供诊疗和健康咨询。组织科技界、农林界委员深入到新农村建设结对帮扶联系点开展公益服务活动，受到了村民们的好评。组织社会法制界委员参加司法行政开放日活动，向群众发放宣传资料，就“七五”普法规划进行座谈交流，提出了意见建议。组织城建环保界委员参观区规划展览馆，了解延庆城市发展历程以及未来发展方向，就紧抓重大机遇，加快新城规划建设管理提出了意见建议。组织文化、体育界委员参加街道、社区文化艺术节文艺演出活动，为丰富基层文化生活做出了努力。组织开展“政协委员活动日”活动，举办摄影书画、自行车骑行、乒乓球比赛等活动，活跃了政协工作，丰富了委员的文化生活，同时也为委员搭建了相互交流、相互学习的平台。委员们还积极投身社会公益事业和慈善捐赠活动，体现了强烈的使命感和责任意识。

五、强基固本，切实加强履职能力建设

常委会主动适应形势任务变化，以改革思维、创新理念、务实举措，扎实推进自身建设，提高政协工作制度化、规范化、程序化水平，推动政协事业不断向前发展。

（一）坚持开拓创新，着力加强自身建设。切实把改革创新精神贯穿到履职的各方面和全过程，在改进履职方式、增强履职实效上下功夫。加强学习培训，把建设学习型组织，提高委员履职水平，作为一项重要工作列入议事日程，并得到认真落实。抓好议政建言能力建设，在深入调研上下功夫、在分析和集中各方面意见上下功夫、在求深求精上下功夫，注重用事实说话、用数据分析，真正做到建言建在需要时、议政议到点子上、监督监在关键处。尊重和保障委员民主权利，完善委员联络制度，充分发挥专委会基础性作用和联系委员的纽带作用，扩大委员对政协工作的参与度。加强对委员的服务，努力探索新形势下发挥委员主体作用的途径方法，让委员在履职中尽其谋、竭其力、扬其长、展其慧。加强委员履职管理，引导委员积极履职尽责，不断提高思想认识水平和参政议政能力。注重政协协商民主建设中的理论和实践问题的研究探讨，创新工作方式方法，促进履行职能制度化、规范化、程序化建设，进一步提高了政协工作水平。

（二）注重求真务实，切实提升服务水平。巩固拓展党的群众路线教育实践活动和“三严三实”专题教育成果，扎实开展“两学一做”学习教育。认真学习党的十八届六中全会精神，严格贯彻执行《关于新形势下党内政治生活的若干准则》和《中国共产党党内监督条例》，认真落实全面从严治党各项要求。通过“两学一做”学习教育，政协机关党员理想信念更加坚定，政治意识、大局意识、核心意识和看齐意识进一步增强；联系委员、服务委员更加自觉，在学习、工作和社会生活中充分发挥先锋模范作用；机关作风明显好转，营造了求真务实、勇于担当、严于律己、风清气正的良好工作氛围，为政协履职提供了坚强的政治保障。积极参与扶贫济困救灾等各项公益捐助、服务活动，圆满完成新农村建设结对帮扶等工作。通过延庆电视台、延庆报等新闻媒体，及时报道政协会议、调研视察、提案办理、委员活动等重要工作，加大了政协新闻宣传力度。着力推进“学习型、创新型、服务型、和谐型”政协机关建设，为政协工作提供了有力保障。

总之，在我们的共同努力下，区一届政协常委会与时俱进、开拓创新，致力发展，开创了政协工作的新局面，在推进我区经济社会科学发展中发挥了积极作用。一年来，区政协常委会的工作得到了市政协的指导、中共延庆区委的高度重视和区人大、区政府及社会各方面的大力支持。在此，我代表政协常委会向所有关心支持政协工作的各级领导、有关部门、单位和社会各界表示崇高的敬意，向所有为区政协工作辛勤努力、无私奉献的委员们、同志们、朋友们，表示衷心的感谢！

在充分肯定成绩的同时，我们也清醒地认识到，与新形势的发展、党和人民群众的期望

相比，我们的工作还有许多需要改进的地方。政治协商工作机制有待完善和健全；民主监督工作的方式方法还需进一步探讨；参政议政活动的质量有待进一步提高。特别是调查研究还需进一步深入，提案质量有待进一步提升，反映社情民意信息工作还需进一步加强，委员管理的方式方法还需进一步探讨。所有这些，都需要我们在今后的工作中加以研究和改进。

主要工作体会

经过区政协一届委员会一年的工作实践，我们对做好新时期政协工作有了深刻的体会。

一、必须坚持党的领导，人民政协事业才能保持正确的发展方向

坚持中国共产党的领导，是人民政协履行职能、发挥作用的根本保证。一年来，区委高度重视政协工作，召开了政协工作会议，出台了《关于进一步加强政协协商民主建设的实施意见》，为全面推进我区政协事业奠定了坚实基础。区委坚持把政协工作纳入总体工作部署和重要议事日程，建立了定期研究政协工作、政协主席列席党政重要会议、重大事项协商在决策之前等制度，积极为政协开展工作创造条件。区委、区政府领导关心政协工作，出席政协重要会议、活动，为政协委员作专题学习报告，督办政协重点提案，促进了政协工作。区政协始终坚持把履行职能的各项工作置于区委的领导之下，坚持按照区委的决策部署，确定工作思路和工作重点，切实做到与党政工作同步合拍。坚持重要问题及时请示汇报，重要活动及时征求意见，重要建议及时报送，对区委的重大决策部署，及时学习传达，及时研究布置，认真贯彻落实，努力把区委的工作思路、工作意图转化成政协委员和各界人士的自觉行动，形成了党委重视、政府支持、政协主动、社会各界积极配合的良好工作格局。实践证明，只要我们始终坚持和依靠党的领导，主动争取党委、政府和社会各方面的重视和支持，人民政协工作就能够沿着正确的政治方向不断取得新成绩、迈上新台阶。

二、必须围绕中心服务大局，政协工作才能发挥独特优势和重要作用

人民政协是中国特色社会主义事业重要组成部分，只要围绕中心、服务大局，就能和党委、政府同心、同力、同向，就会有为有位，就能发挥更大的作用。一年来，区政协准确把握性质定位，深刻认识职责任务，充分发挥人民政协作为协商民主重要渠道和专门协商机构的作用，紧扣党政中心工作，倾力服务延庆全面深化改革大局，认真履职尽责。立足全局建言，把党政重视、群众关注、政协有条件做好的课题作为履行职能的主攻方向，着力为党政科学民主决策服务；立足实际建功，协助有关方面把党政期望、人民群众盼望的事情办实办好，最大限度地调动社会各界的积极性，形成殚精竭虑谋发展、齐心协力促振兴的良好局面。切实做到了党委政府中心工作推进到哪里，政协工作就跟进到哪里、“好声音”就传播到哪里、“正能量”就汇聚到哪里。实践表明，只要自觉围绕党委和政府的决策部署谋事，紧扣改革发展稳定干事，人民政协就一定能在富民兴区实践中成事。

三、必须把握团结民主两大主题，才能汇聚起建设美丽延庆的强大力量

人民政协是最广泛的爱国统一战线组织。促进大团结、大联合是人民政协的神圣使命。一年来，区政协认真贯彻中央统战工作会议精神，始终坚持大团结大联合，不断凝聚和增进共识、巩固和扩大团结，为延庆改革发展稳定增添正能量。努力搞好各党派、团体、各族各界人士的合作共事，积极做好宣传政策、扩大共识、协调关系、凝聚人心的工作，充分尊重和保障政协委员和各族各界人士发表意见的权利，切实搞好以协商讨论和批评建议为主要形式的民主监督，及时反映社会各界的利益诉求，在活跃民主政治生活、促进社会和谐、推动全区经济发展中发挥了积极作用。这些成绩的取得，得益于政协领导班子的团结民主，得益于各界别之间的关系融洽，得益于我们始终坚持了团结和民主两大主题，广开言路，营造民主和谐的政治氛围。实践证明，我们只有坚持和发扬这些优良传统，才能体现新特点，干出新特色，在我区政治和社会生活中发挥独特作用。

四、必须坚持开拓创新，人民政协事业才能永葆生机与活力

开拓创新是人民政协事业发展的动力。推动人民政协事业稳步发展，要始终坚持一切从实际出发，坚持解放思想，实事求是，与时俱进，用新的理念理解把握人民政协的工作方向和历史使命，把创新贯穿于履行职能的各项工作和各个环节。一年来，区政协自觉从思想理论的高度对政协工作的实践进行深入思考，以求真务实的科学态度探寻政协工作规律，大力推进协商民主探索实践，把协商民主贯穿履职全过程。进一步完善政协全体会议、常委会议、议政会制度，创新议政性主席会议、协商座谈会等形式，活跃有序地组织专题协商、对口协商、界别协商、提案办理协商等各类活动。协商内容更加规范，协商密度进一步加大，协商平台和形式更加丰富多彩，协商质量和成效得到提高，在推动全区经济社会发展中发挥了重要作用。实践证明，只有不断推进人民政协理论创新、制度创新、工作创新，人民政协事业才能永葆生机与活力。

五、必须加强自身建设，人民政协才能不断提高工作的科学化水平

人民政协发挥作用、体现价值，不是靠“说了算”，而是靠“说得对”。这就要求人民政协必须不断加强自身建设，提高工作的科学化水平，才能适应新时期人民政协工作的需要。一年来，通过打造“活力、有为、务实、和谐”政协，切实加强自身建设，为提升政协履职能力现代化创造了条件。加大视察调研统筹力度，注重与重要协商议政活动相衔接，切实形成工作合力。强化信息舆情汇集和民意表达功能，履职“直通车”的作用得到有效发挥。加强政协委员队伍建设，完善服务与管理机制。强化专委会与有关部门、党派界别、市区政协之间的协作联动和专委会之间的沟通互动，形成履行职能、开展工作的合力优势。深入开展“两学一做”学习教育，转变作风，改进工作，提高服务大局、服务基层、服务委员、服务群众水平，让政协委员满意，让人民群众满意。实践证明，只要政协始终坚持和完善自身建设，就能在关键时刻“顶得上去，帮得上忙，管得上用”。

以上几点认识和体会，是对历届政协经验的继承和发展，也是今后必须长期坚持的基本经验，值得我们倍加珍惜，更需要我们在新的实践中继续坚持、完善和发展。

今后工作建议

各位委员、同志们，今后五年，是筹办举办世园会冬奥会、全面建成小康社会的决胜时期，是延庆可以大有作为的重要战略机遇期和黄金发展期。中共延庆区第二次代表大会明确了今后五年的工作指导思想和奋斗目标：高举中国特色社会主义伟大旗帜，紧密团结在以习近平同志为核心的党中央周围，全面贯彻党的十八大和十八届三中、四中、五中、六中全会精神，坚持以马克思列宁主义、毛泽东思想、邓小平理论、“三个代表”重要思想、科学发展观为指导，深入贯彻习近平总书记系列重要讲话精神，紧紧围绕统筹推进“五位一体”总体布局和协调推进“四个全面”战略布局，深入践行新发展理念，严格落实全面从严治党要求，主动融入京津冀协同发展大局。落实首都城市战略定位，紧抓重大历史机遇，坚定不移实施生态文明发展战略，全力服务保障世园会冬奥会筹办举办，全面建成小康社会，加快建设国际一流的生态文明示范区，奋力推动延庆发展实现新跨越，为早日实现山更绿、水更净、天更蓝、空气更清新、人民更幸福的美丽延庆蓝图奠定坚实基础。“集众智则无不任，合众力则无不胜”。新的形势和新的任务对政协工作提出了更新更高的要求，也为政协事业发展提供了新的舞台。站在新的历史起点上，

新一届区政协要不忘初心、继续前进，紧密地团结在以习近平同志为核心的党中央周围，全面贯彻党的十八大以及历次全会和习近平总书记系列重要讲话精神，在中共延庆区委的坚强领导下，发挥党组核心作用，统一思想、步调一致，围绕中心、服务大局，努力在服务改革发展上建睿智之言，在增进民生福祉上谋长远之计，在促进社会和谐稳定上献可行之策，在健全协商民主制度上求创新之举，不断提高政协工作的科学化水平，为推动延庆发展实现新跨越作出更大贡献。

一、深化学习、狠抓落实，着力推进政协协商民主制度建设

（一）准确把握区政协工作总体要求。按照习近平总书记提出的“懂政协、会协商、善议政”的新要求，突出思想政治建设，围绕十八大以来中央重大方针政策和习近平总书记系列重要讲话，组织开展形式多样、务实有效的学习活动。认真学习统一战线新思想新理论，深刻理解政协工作新观点新论断，明确政协工作的前进方向。牢固树立创新、协调、绿色、开放、共享的发展理念，积极适应经济发展新常态，认真贯彻落实市委十一届十一次全会和中共延庆区第二次代表大会精神，准确把握人民政协性质定位，深刻认识政协职责任务，引导政协各参加单位、广大委员，切实把思想和行动统一到中央和市委、区委决策部署上来，把智慧和力量凝聚到实现“十三五”发展的目标任务上来，始终做到与区委、区政府思想上同心、目标上同向、行动上同行、工作上同力。

（二）认真抓好《实施意见》贯彻落实。深入贯彻落实北京市第四次政协工作会议和延庆区第一次政协工作会议精神，认真学习市委、区委《关于进一步加强政协协商民主建设的实施意见》，进一步领会精神实质、重要意义，把握服务大局的主要任务，遵循履行职能的制度机制，明确自身建设的具体要求，用《实施意见》规范履职行为，指导履职实践，提高履职实效。进一步探索和完善政协履职制度，使之在实践中继续得到丰富和发展。着力加强与党政部门沟通与合作，按照《实施意见》要求，逐步规范政治协商的内容、形式、程序，使政治协商切实成为党政决策的重要环节。适时与区委、区政府督查部门联合开展对《实施意见》贯彻落实情况的督查，使《实施意见》的要求真正落到实处，不断推进政协履行职能的制度化、规范化、程序化。

二、把握大势、协商议政，努力推动延庆经济社会跨越发展

（一）不断推进协商民主探索实践。大力推进协商民主探索实践，把协商民主贯穿履职全过程，推动政协协商民主建设取得新进展。不断完善政协全体会议、常委会议、议政会制度，创新议政性主席会议、协商恳谈会等形式，活跃有序地组织开展专题协商、对口协商、界别协商、提案办理协商等各类活动，推进协商民主广泛、多层、制度化发展。进一步丰富协商内容、增加协商密度、拓展协商形式、提高协商质量，提升协商成效。紧密围绕中共延庆区第二次代表大会提出的各项工作任务，积极参与全区经济社会改革发展重大问题和涉及人民群众切身利益的实际问题的协商讨论，积极建言献策，为区委、区政府科学决策提供参考。认真落实市委区委决策部署，积极参与制定并认真组织实施协商年度工作计划，在实践中不断总结经验，进一步健全协商机制、完善协商程序，着力推进人民政协协商民主制度化、规范化和程序化建设。专委会要加强与相关部门的对口联系，积极参与社会重点、热点和难点问题的协商，建真言、献良策、出实招，为推动延庆经济社会发展贡献力量。

（二）切实提高民主监督质量实效。准确把握政协民主监督的性质定位，深入研究政协民主监督工作特点规律，切实提高民主监督的质量和实效。加强对全区重大工作部署实施情况和社会热点、难点问题解决落实的民主监督，进一步提高民主监督成效。重视发挥政协各种履职形式的民主监督作用，把对政协建议案、重要提案、委员反映集中的意见建议的办理答复列为民主监督的重要内容。政协协商

活动适当增加民主监督内容，注重将民主监督意见转化为其他履职成果。密切与党委和政府监督机构以及新闻媒体的联系，加强工作协调和配合。提高政协民主监督组织化程度，继续选派特邀监督员和行风评议员，开展民主监督活动，促进政府机关依法行政和司法机关公正执法，维护人民群众的切身利益。专委会要进一步密切与社会各界的联系，为委员履行民主监督职能创造条件。政协委员要关注我区经济社会发展改革中的矛盾和问题，收集和反映有识之士的意见和建议，反映带有全局性、倾向性、苗头性的问题，促进社会和谐稳定。

（三）务实深入开展参政议政活动。坚持把促进发展作为履行职能的第一要务，进一步丰富参政议政工作内容，务实深入地开展参政议政活动。坚持问题导向，把围绕“十三五”规划实施建言献策作为参政议政工作的主线，紧扣经济社会发展的重大问题、全面深化改革的难点问题、推动创新创造的关键问题、人民群众关注的热点问题，特别是制约延庆全面建设国际一流的生态文明示范区的“短板”，聚众智、建诤言、支实招、献良策。2017是世园会冬奥会各项建设全面推进之年、全国文明城区创建决胜之年。要重点围绕世园会冬奥会筹办举办服务保障工作开展协商座谈，积极建言献策。围绕教育卫生、社会保障、就业增收等人民群众最关心、最直接的利益问题，广泛深入地开展调查研究、视察考察活动，多建利民之言，多谋发展之策，努力使政协履行职能的过程成为推动民生问题解决的过程。围绕提升生态环境质量、发展绿色生态经济、加快推进城乡建设、深入创建文明城区、全面深化改革创新、切实加强党的建设等方面内容开展各项活动，积极献计出力，为推动延庆实现跨越发展做出贡献。

三、着力民生、倾情履职，不断增进人民福祉促进社会和谐

积极创新提案工作方式方法，进一步健全完善提案审查立案、交办督办反馈和办结通报等制度，鼓励委员在调查研究、视察考察的基础上，提出有情况、有分析、有建议的高质量提案。把协商贯穿提案工作全过程，全面推进协商办案。在提案办理协商工作程序中引入提案者和承办单位双向评议机制，进一步增强提案办理的实效。坚持完善重点提案主席督办、难点提案跟踪督办、开门办理等制度，扎实做好提案办理工作。广泛宣传优秀、典型提案以及办复效果较好的提案，增强全社会对政协提案工作的认识。加强与区委办公室、区政府办公室以及各承办单位的联系，及时掌握提案办理进度，了解提案办理情况，确保提案如期得到办复落实。充分发挥政协畅通社情民意的作用，注重从走访联系、调研视察、群众来信来访等环节收集社情民意，主动倾听群众的意见和呼声，及时反映人民的愿望和诉求。办好《情况反映》，真正使其成党政领导了解社情民意的重要窗口和桥梁。不断探索开展为民服务的活动方式，继续组织有专长的政协委员，联系有关单位开展义诊咨询、志愿服务等活动。

四、团结各界、广泛联系，凝聚加快建设美丽延庆强大力量

深入学习贯彻党中央关于统一战线重大决策部署，重视发挥政协团结统战功能。坚持商以求同，协以成事，正确把握人民政协一致性和多样性的关系，切实加强委员互动和讨论沟通，进一步拓宽委员知情明政、参政议政的渠道，大力营造既畅所欲言、各抒己见，又理性有度、合法依章的团结民主氛围，努力凝聚思想上的最大共识。按照民主协商、平等议事、求同存异、体谅包容的原则，密切与各民主党派、工商联、人民团体、无党派人士和社会各界的联系、交流和沟通，加强与民族宗教界人士以及新的社会阶层的联系和团结，调动一切积极因素，寻求最大公约数，增进最大共识度，凝聚改革正能量，为延庆发展实现新跨越汇聚强大力量。加强与外界的交流联谊，广交朋友，扩大延庆的对外影响。关注与人民群众切身利益密切相关的热点、难点问题，积极建言，推动相关问题得到妥善解决。充分发挥广

大委员和政协各参加单位在维护社会稳定中的独特作用，积极做好协调关系、理顺情绪、化解矛盾、增进团结的工作，营造和衷共济的发展氛围。

五、加强管理、提升能力，大力推进政协履职能力现代化建设

尊重和保障委员民主权利，让每位委员在政协干事有舞台、建言有渠道、工作有作为。加强委员学习培训和履职管理，引导委员切实珍惜荣誉，自觉锤炼道德品行，不断提高能力素质，增强履职的主动性、积极性和创造性，着力打造“懂政协、会协商、善议政”的政协委员队伍。健全完善委员联系制度，为委员履职尽责创造良好条件，让委员愿进政协门、乐做政协人、爱干政协事。进一步加强与党政职能部门的对口联系，建立完善协商议政、咨询服务的合作共事机制，充分发挥专委会的组织优势、专业优势和联络优势，有效提高参政议政实效。积极探索开展界别活动的新方法、新途径,不断扩大团结面，增强包容性，充分调动各界别参政议政的积极性。深入开展政协协商民主建设中的理论和实践问题的研讨，积极发挥政协民主监督在推进全面从严治党中的作用。深入学习贯彻党的十八届六中全会精神，落实全面从严治党要求，加强机关党的建设。以建设学习型、创新型、服务型、廉洁型的政协机关为基础，努力建设一支政治坚定、学识丰富、务实高效、作风优良的高素质政协干部队伍，为广大委员履行职能提供服务保障。

各位委员、同志们：

新起点开启新征程，新期待激励新奋斗。面对新形势，新一届政协责任重大、任务艰巨、使命光荣。祝愿新一届政协，更加紧密地团结在以习近平同志为核心的党中央周围，在区委的坚强领导下，在市政协的关心指导下，在社会各界的通力协作下，以更加昂扬的斗志，更加饱满的热情，更加务实的作风，全力服务全区工作大局，务实履行各项工作职能，广泛凝聚社会各界力量，为奋力推动国际一流的生态文明示范区建设、推动延庆发展实现新跨越作出新贡献！

北京市延庆区人民法院工作报告

——2016年12月20日北京市延庆区第二届人民代表大会第一次会议上

延庆区人民法院院长　王罗颐

各位代表：

我代表北京市延庆区人民法院向大会报告工作，请予审议，并请政协各位委员提出意见。

工作回顾

2016年，我院在区委的领导、区人大及其常委会的有力监督下、在区政府、区政协的大力支持和市高级法院的指导下，紧紧围绕“让人民群众在每一个司法案件中感受到公平正义”的目标，全面履行审判职能，努力化解矛盾纠纷，积极稳步推进司法体制改革，各项工作均取得新的进展。全年受理案件13070件（不含旧存717件），同比上升13.77%，审结12126件，同比上升12.58 %，一审服判息诉率达94.61%，法定审限内结案率达99.86%。

一、依法履行审判职责，维护社会公平正义

充分发挥审判职能作用，依法审理各类案件，努力在服务大局、防控风险、司法为民、平安延庆建设上有所作为，为延庆经济社会发展提供强有力的司法保障。

（一）依法公正审理刑事案件，维护社会和谐稳定。全年审结刑事案件218件，判处罪犯283人。一是严惩影响群众安全和社会治安的犯罪。依法严厉打击故意伤害、抢劫、盗窃等严重危害社会治安的犯罪，维护人民群众生命财产安全；依法审理妨害公务、寻衅滋事、聚众斗殴等犯罪案件37件，维护社会管理秩序，保障行政机关依法行使职权。二是充分发挥刑事审判在惩治腐败中的职能作用，加大对贪污贿赂犯罪的打击力度。严格按照相关法律规定，坚持宽严相济的刑事政策，依法审结国家工作人员贪污贿赂、渎职侵权犯罪案件12件，判处罪犯20余人，如审结陈某挪用公款、贪污、隐匿会计凭证、会计账簿案，净化了党内环境，促进反腐败斗争深入开展。三是深入推进刑事速裁工作。依照速裁程序审结案件26件，当庭宣判率100%，该机制在提高审判效率、有效缓解“案多人少”矛盾等方面取得了明显的成效。

（二）依法公正审理民商事案件，促进经济社会发展。全年审结民商事案件8935件。一是更加注重当事人合法权益的保护。在婚姻家庭案件审理中，加强对妇女、儿童等群体的保护，共审结人身保护令案件5件。受理首例人身安全保护令强制执行案，根据被执行人违反人身安全保护令的程度，依法对其予以训诫。二是更加注重风险防控工作。我院始终将服务大局、矛盾纠纷预防放在突出位置，针对我区重点工作，坚持早摸排、早调研、早防控、早化解。三是更加注重规范市场秩序。审结金融借款、民间借贷案件363件，依法认定合同效力和利息保护区间，防范市场风险，维护金融安全。妥善审理农村土地承包等涉农案件，有效规范土地流转，维护农村经济秩序和社会稳定。妥善审理涉及网络交易等新兴消费形式的纠纷，重视保护消费者合法权益。四是更加注重举措创新。以未成年人保护为重点，成立

了未成年人案件综合审判庭。完善未成年人社会调查、心理疏导、轻罪犯罪记录封存等工作机制，强化了对未成年人合法权益的保护。持续开展送法进校园活动，加强依法治校工作，保障未成年人身心健康；以生态环境保护为重点，成立了环境资源审判庭，为深入推进我区生态文明示范区建设提供司法保障。同时积极探索环境审判工作联席会议、诉前禁令制度，与相关部门召开联席会议10余次，为我区环境的可持续改善提供强有力的司法保障。以化解矛盾为重点，积极推进多元化纠纷解决机制；与司法局联合建立了人民调解进立案庭工作机制，开展诉前调解工作。探索建立民商事速裁机制，实现当即立案、当即审理、当即裁判，使当事人切身感受到司法便民。自机制运行以来，已化解案件926件。

（三）依法公正审理行政案件，促进依法行政，维护行政相对人合法权益。全年审结行政案件58件。一是切实履行司法审查职责。通过司法建议的方式，促进相关行政机关提高依法行政水平。二是支持行政机关依法行政。对行政机关合法的行政行为，依法维护其效力。在我区重点工程项目中，积极开展矛盾纠纷排查、预防、化解，引导行政相对人正确认识权利义务，防止矛盾激化升级，努力推动行政纠纷的实质性解决。三是助推法治政府建设。通过组织联席座谈会、观摩案件庭审、法制讲座等形式，助推行政机关提高依法行政水平，共开展法制讲座20余次。

二、依法公正办理执行案件，向执行难宣战

今年3月13日，最高法院周强院长在十二届全国人大四次会议上作出“用两到三年时间基本解决执行难问题”的庄严承诺。为落实这一重大决策，最高人民法院将基本解决执行难的总体目标确定为“四个基本”。我院紧紧围绕这一目标，在解决执行难问题上，坚持标本兼治、着力解决影响执行效率和效果的突出问题。全年办结执行案件2915件，同比上升21.5%，执结标的额2.04亿元。

（一）在执行规范化上下功夫。一是加大硬件投入。为干警配备执法记录仪，实现执行工作全程留痕；加强网上办案平台建设，实现网上同步指挥，提高执行工作效率。二是健全执行监督体系。借助执行办案和指挥管理系统，实现对每个执行案件、每个工作环节的信息化监督管理，提高执行工作的透明度和规范化。三是规范操作程序。明确终结本次执行程序的标准，严格把控终结本次执行程序审批，有效防止消极执行的现象发生。

（二）在执行信息化上想办法。一是全面实行“一案一账号”案款归集管理，执行案款做到明晰可控，充分确保到账案款及时发放当事人。二是借助淘宝网，开展“司法拍卖”。为杜绝司法拍卖环节违法违纪现象，加大资产变现率，我院将需要变现的资产全部进行网上拍卖，共拍卖资产价值600余万元。

（三）在破解难题上出实招。一是开展“暖冬行动”。集中执行涉民生案件，为农民工发放案款800余万元。加强司法救助工作，为符合救助条件的申请人发放救助金，共发放司法救助金220万元，及时保障困难申请人的基本生活。二是开展“年底六十天执行会战”专项活动。集中开展夜间执行，使一批长期未结的“骨头案”得以执结。加大对失信被执行人采取强制措施的力度，年内，网上查控财产3600余次，纳入失信被执行人名单380余人，拘留20余人。三是主动接受检察院监督。邀请检察院监督执行案款清理工作，及时补齐短板，推动执行效果、效率的双提升。

三、全面推进司法体制改革，提升司法公信力

我院努力克服工作困难，坚持统筹兼顾，在基础性改革任务上重点突破、在配套性改革举措上及时跟进，牢牢把握改革的正确方向，相应工作取得阶段性成果。

（一）以落实员额制为重点，稳步推进法官入额工作。通过双向选择、考核考试考察、差额遴选等步骤，先后有58名法官进入员额，占总编制数的30.7%，办案一线法官人数比改

革前上升了10%，一批优秀的青年法官走上审判岗位。一是加强思想政治工作，坚定改革信心。通过召开座谈会、政策解读会等形式，统一干警思想认识，形成改革共识，保持队伍稳定。二是制定考核办法。在综合考量结案数、岗位匹配度等因素的基础上制定了法官入额考核办法，确保考核标准公平公正。三是落实员额法官责任制。所有进入员额的法官均须承担办案任务，切实增强员额法官的责任感。

（二）推进审判团队建设，提升司法效能。组建审判团队，是推进司法体制改革的关键环节，因此，我院积极推进审判团队建设。一是补齐审判辅助人员。招录了36名审判辅助人员，基本构建了“1+1+1”的审判团队模式，实现了改革的预期成效。二是探索组建综合审判团队。从综合部门中抽调具有审判职称的干警与院庭长组建综合审判团队，培养法官后备力量，该团队全年办结案件3178件。

四、践行司法为民根本宗旨，努力满足群众多元司法需求

我院始终坚持以问题和需求为导向，着力增强审判工作透明度，采取有力措施，消除诉讼障碍，服务人民群众，努力让人民群众以能够感受到的方式实现司法公正。

（一）深化司法公开，以公开促公正。我院努力构建开放、动态、透明、便民的阳光司法机制，保障人民群众的知情权、监督权。一是完善审判执行公开机制，提升司法透明度。通过审判流程公开平台，全年向当事人推送案件节点信息3万余条。积极推动建立视频直播系统，让公众更直观的监督庭审过程。完善裁判文书公开机制，全年上网文书5900余篇。通过执行信息公开平台，申请执行人可以随时查询执行进度、执行结果等情况。二是健全信息发布机制。完善新闻发布会制度，首次召开新闻通报会，通报重点工作举措。开通微信公众号，运用“两微一端”等新媒体平台发布信息800余条。三是加强人民陪审工作，扩大参审范围，全年人民陪审员参与审理案件580件，陪审率达95.3%，人民陪审员作用更加凸显。

（二）完善便民举措，进一步减轻当事人诉累。一是大力推进诉讼服务中心建设，完善工作机制。以诉讼服务“全方位、零距离、无障碍”为目标，加快推进具有“一站式”服务功能的新诉讼服务中心建设。建立引导分流、首问负责等工作机制，共服务当事人12000余人次，有效满足当事人的诉讼需求。二是加快推进人民法庭建设。已完成沈家营法庭的扩建工作，正积极推进八达岭法庭的选址、永宁法庭的新建工作，为发挥人民法庭便于群众诉讼、便于审理案件的功能提供强有力的硬件保障。

（三）妥善处理涉诉信访，进一步做好服判息诉工作。一是引入第三方参与涉诉信访案件化解工作机制。年内8件信访案件引入第三方参与，成功化解5件，取得较好效果。二是进一步规范信访秩序，依法处置涉诉信访事件。在最高法院和市委政法委、区委政法委的领导下，在区政府的大力支持下，在公安、检察机关的协调配合下，对信访人尤某等人寻衅滋事等违法闹访缠访行为依法处理，取得了较好效果，目前信访秩序逐步好转，为区域信访秩序的规范积累了经验。三是完善院长接待日制度。党组成员轮流接访，接待信访当事人、研究化解方案、及时回复，赢得了信访当事人的信服，推动了矛盾纠纷从根源上化解。

五、加强过硬法院队伍建设，提升干警整体素质

十八大以来，党中央高度重视政法队伍建设，我院按照习近平总书记“五个过硬”的要求，坚持正规化、专业化、职业化的标准，努力建设一支信念坚定、执法为民、敢于担当、清正廉洁的法官队伍，为公正司法提供坚强的队伍保障。

（一）加强思想政治建设，努力提升干警政治素养。一是扎实开展“两学一做”学习教育工作。坚持以上率下，坚持层层传导压力、坚持层层示范带动，领导干部先行先学，为全院党员做好表率、树好榜样。扩大党组中心组理论学习范围，中层干部积极参与，党组带头学习党章党规、学习习近平总书记系列讲话，

集中研讨，深化学习效果。二是开展“讲延法好故事”主题演讲比赛。发挥典型引领作用，在全院形成“人人争当公正为民好法官、敢于担当好干部”的学习氛围。三是积极推进党建工作。全面贯彻“以党建带队建促审判”的工作思路，落实“三会一课”、民主生活会制度，开展 “一支部一品牌、一庭室一特色、一党员一旗帜”的党建品牌争创活动，全方位建设广大干警的精神家园。

（二）加强司法能力建设，努力适应司法改革的要求。司法改革对法官司法能力提出更高的要求，我院将法官司法能力建设作为一项重要的任务来抓。一是加强业务培训，全年共组织各类业务培训50期，1000余人次参训。及时对58名员额法官开展专题培训，提升履职能力。二是开展“执法办案季”竞赛活动。每季度对裁判文书、结案效率进行评比，评选办案标兵、先进集体，有效激发干警提升业务能力的积极性。三是开展庭审观摩活动。就法官庭审程序规范、审判技巧掌控、突发事件处置、引导当事人诉讼等方面进行观摩评分，及时将庭审中出现的问题进行通报，切实提升法官驾驭庭审的能力，努力适应司法改革对法官司法能力的要求。

（三）加强纪律作风建设，打造风清气正的法院队伍。一是抓理论学习，严明纪律。确保全体干警从思想上充分认识到有权必有责，用权受监督。二是抓廉政教育。共组织全院干警参加反腐警示教育活动20余次，运用典型案例，教育干警以案为镜，坚守底线，不越红线。三是抓监督查处。认真开展审务督察和案件廉政回访，共发放廉政监督卡1万余份。同时加大违纪行为查处力度，对存在的问题及时进行通报整改。

六、主动接受社会监督，不断改进法院工作

自觉接受监督是人民法院依法履行职责，实现司法公正的重要保障。我院始终坚持党的领导，自觉强化接受监督意识，认真听取和落实社会各方面的意见建议，确保司法权在阳光下运行。积极配合区人大常委会开展专题调研和视察活动，向区人大常委会专项报告执行工作情况，按照审议意见制定整改措施。加强与人大代表、政协委员的沟通联络，邀请市、区两级人大代表参加我院首次新闻通报会，充分确保人大代表的知情权和监督权。邀请检察院列席审委会，依法接受检察机关法律监督。

各位代表，过去一年区法院工作取得的进步，是区委坚强领导，区人大及其常委会有力监督，区政府、区政协和社会各界大力支持的结果。在此，我代表区法院表示衷心的感谢！回顾过去一年的工作，我们清醒的认识到法院工作中还存在不少问题和困难：面对经济发展的新常态、全面建成小康社会的新任务、司法改革的新要求，我们在思想观念、工作机制等诸多方面还有不相适应的地方；随着司法体制改革的深入推进，困难和挑战会更多，攻坚克难的力度还需加强；案件数量持续大幅上升，执法办案任务重、压力大的现实无法回避，案多人少的矛盾依然突出，全年法官人均办案数为234件，个别法官承办案件高达360余件；一些干警司法能力无法适应司法改革的相关要求，个别案件办理质量不高，法律适用不尽统一、裁判文书说理不到位、执行难等问题依然存在。对此，我们将高度重视，不断研究解决。

未来五年工作思路

未来五年，我院的总体工作思路是：认真贯彻党的十八大和十八届三中、四中、五中、六中全会及市委十一届十一次全会、区第二次党代会精神、深入学习习近平总书记系列重要讲话精神和对政法工作的重要指示精神，动员全体党员干警紧密团结在以习近平同志为核心的党中央周围，切实增强“四个意识”，坚持从严治党、从严治院，按照市委和市高院的部署，聚焦世园冬奥主线，把防控风险、服务发展、破解难题、补齐短板放在更加突出的位置，围绕北京市和延庆区工作大局，依法履行审判职责，深入推进司法体制改革各项任务落

实，全力做好审判执行工作，努力让人民群众在每一个司法案件中感受到公平正义，重点推进以下几方面工作：

一、以围绕中心服务大局、保障社会和谐稳定为重要职责，着力履行好司法职能。准确把握经济发展新常态对法院工作提出的新要求，充分发挥司法职能作用，有效应对重大突发事件。一是依法惩处各类刑事犯罪，积极推进法治延庆、平安延庆建设，全力维护区域安全、保障人民安居乐业。二是在民商事审判中，积极为“世园会、冬奥会”等重点工作提供司法服务，保障重点工作顺利推进。妥善审理涉民生案件，有效维护群众的合法权益。三是在行政诉讼中，加强对行政行为合法性的审查和监督，积极提出司法建议，促进法治政府建设。四是进一步解决执行难问题，最大限度实现胜诉当事人的权益。

二、以维护社会公平正义为核心价值追求，着力抓好执法办案第一要务。坚持依法公正行使审判权，规范司法行为，提高审判质效。一是深入推进多元化纠纷解决机制建设。加强诉前调解工作，拓宽社会力量参与纠纷解决的制度化渠道，更多的吸收律师等第三方参与到信访、调解工作中来。二是加强审判管理。进一步拓宽司法公开渠道，进一步加强对审执各环节的监督管理，促进执法活动规范化。三是落实“让审理者裁判，由裁判者负责”的改革要求，回归法官的本质属性，保障法官审判执行权依法高效运行。四是大力推进执行机构改革。科学组建执行团队，提升执行到位率。

三、以全面深化司法体制改革为动力，着力推动法院科学发展。全面落实司法改革的各项要求。一是坚持有序放权和有序监督相统一。依托信息技术，建立适应新型审判权力运行机制的内部管理机制。二是加强规范化、标准化建设。逐步细化各类人员岗位职责，确保各类主体权责清晰、各尽其责。三是逐步完善法官业绩考核评价制度，全面科学评价法官业绩。

四、以加强队伍建设为引领，着力提高审判工作水平。队伍建设是法院永恒的主题，我们将以“踏石留印，抓铁有痕”的决心，抓好队伍建设。一是继续加强思想政治建设，坚定理想信念。深入推进“两学一做”学习教育工作，引导全体干警坚定法治信念，增强维护社会公平正义的责任感。二是继续强化法官专业素养培养，不断提高法官认定事实、适用法律、化解纠纷的能力。三是继续完善人员分类管理机制，畅通各类人员发展渠道。四是继续丰富为干警办实事的举措，加大关心关爱干警的力度。五是继续深入推进党风廉政建设，对违法违纪行为坚持“零容忍”，努力构建一支坚定理想信念、坚定法治信仰、遵守职业道德、恪守职业良知、公正为民的高素质法院队伍。

各位代表，面对新形势、新任务，我院将更加紧密的团结在以习近平同志为核心的党中央周围，在区委的坚强领导下，在区人大及其常委会的有力监督下，在区政府、区政协以及社会各界的关心支持下，团结带领全院干警，紧抓机遇，乘势而上，团结一心，奋勇拼搏，为建设国际一流的生态文明示范区，奋力推动延庆发展实现新跨越提供坚强有力的司法保障。

北京市延庆区人民检察院工作报告

——2016年12月21日在北京市延庆区第二届人民代表大会第一次会议上

北京市延庆区人民检察院检察长　段福华

各位代表：

现在，我代表北京市延庆区人民检察院，向大会报告工作，请予审议。

2016年主要工作

2016年，在区委和市检察院的正确领导下，在区人大及其常委会的有力监督下，在区政府、区政协及社会各界的关心支持下，我院全面贯彻党的十八大和十八届三中、四中、五中、六中全会精神，深入学习习近平总书记系列重要讲话精神，紧紧围绕延庆经济社会发展大局，牢牢把握全面提高检察工作法治化水平和检察公信力“两个主基调”，忠实履行检察职能，为我区创建全国文明城区、服务保障世园会、冬奥会筹办举办、建设国际一流的生态文明示范区提供了有力的司法保障。

一、依法履行审查逮捕起诉等职能，切实维护我区大局和谐稳定

将检察工作融入区发展全局，抓住事关我区稳定、事关百姓根本利益的热点、难点问题，为落实我区整体部署、增强群众安全感和满意度，营造良好的法治环境。

（一）依法打击各类刑事犯罪，积极回应人民群众平安需求。重点打击严重暴力犯罪、多发性侵财犯罪、毒品犯罪、妨害公务犯罪、涉农经济犯罪、食品药品生产流通领域、征地拆迁和违法建设领域发生的危害民生民利的犯罪行为。今年我院共审查逮捕各类刑事犯罪嫌疑人148人，提起公诉256人，其中起诉侵犯财产类、妨害社会管理秩序类及侵犯公民人身权利、民主权利类案件的犯罪嫌疑人184人，占提起公诉总人数的71.8%；起诉危害公共安全类案件的犯罪嫌疑人39人，占提起公诉总人数的15.2%。加大对新型犯罪案件的审查力度，办理了辖区首例非法转让土地使用权案、首例盗掘古文化遗址案；开展了打击危害食品药品安全犯罪专项工作，办理了乡村医生销售假药案，就我区现行乡村医生管理机制存在的漏洞向相关部门提出整改意见，在深化“平安延庆”的建设中发挥作用。

（二）探索开展生态检察工作，呵护延庆绿水青山。立足京津冀“西北部生态涵养区”的功能定位，高度重视环境安全。一是加强与区环境监管部门的工作衔接，完善信息交流、法律咨询、案件通报机制，特别是针对如何服务延庆绿色发展大事进行沟通。二是重点排查了我院近五年的1472件案件和相关部门办理的248件行政处罚案件，重点针对我区5起涉及环境污染的公益诉讼案件开展专项调查，目前，以上案件均已被依法处理，实现了公益诉讼立案零突破。三是构建“一把手工程”，成立公益诉讼工作领导小组和大气污染防治专项行动小组，强化资源环境执法活动法律监督，建立破坏环境资源犯罪立案监督常态化机制，加大

对生态环境司法保护力度。

（三）妥善化解社会矛盾，最大限度增进社会和谐。一是严格贯彻宽严相济刑事政策，依法不批准逮捕43人、不起诉25人，依法依规开展刑事和解工作，修复社会关系。二是挂牌成立“检察服务中心”，接待来访群众498批872人次；受理控告、举报、申诉线索72件，通过规范司法行为，将心比心说理，未发生缠访闹访现象。加强《便民联系卡》《来访意见反馈表》、便民电话的应用，拓宽群众诉求反映渠道。三是建立案件办理部门联合接访工作机制，化解对立情绪，同时探索引入第三方平台化解社会矛盾，将常年到各级机关上访的信访案件提交给市公益法律服务与研究中心，为全市检察机关引入社会力量化解矛盾提供了有益经验。

（四）突出未成年人司法理念，全面保障未成年人合法权益。一是“捕、诉、监、防”一体化，将预防工作延伸到学校、社区，开展法制教育系列课堂，特别是对案件频发的职业高中和农村留守儿童学校，进行多次法制宣传。编制“未成年人自我防范知识”宣传册，引导我区青少年远离犯罪，守护青春。二是严格未成年人刑事诉讼程序，建立专门的未成年人办案场所，启用未成年人检察工作室；教育、感化、挽救涉罪未成年人，针对相对不起诉的案件，召开未成年人犯罪相对不诉训诫教育会，撰写检察官寄语，赠送励志书籍，促其迷途知返，步入正轨。三是注重保护未成年被害人的合法权益，采用心理疏导最大程度地减少其心理伤害，为受伤害大的未成年被害人联系心理咨询机构，由心理咨询师进行疏导；及时发现有经济困难又无法通过诉讼途径获得补偿的未成年被害人家庭，积极联系市青少年法律援助中心，为其申请“小额爱心救助基金”，弥补被害人心理创伤。

二、加大查办职务犯罪力度，突出“精准预防”

坚持惩治预防两手抓、两手硬，以预防为先导，以打击为手段，以对发案单位跟踪回访为延展，以遏制和减少职务犯罪为根本目的，为全区经济社会建设营造廉洁高效、令行禁止的政务环境。

（一）持续保持打击职务犯罪高压态势。一是今年查办各类职务犯罪案件23件23人，其中现职处级干部3人，职务犯罪立案数创我院近20年之最，为国家挽回经济损失4000余万元。二是服务旅游休闲产业建设，查办了我区某旅游公司副经理挪用公款案，保障延庆沟域经济纯净、健康发展。三是按照市检察院统一部署，开展查办“小官贪腐”专项行动，成立“9·18”专案组，运用信息化侦查手段，重点查办发生在群众身边、损害群众利益的“蝇贪”。

（二）坚决遏制腐败滋生蔓延，强化职务犯罪源头预防。一是以高检院、市院挂牌督办的“世园大道”及周边绿化工程、“北靳路”工程专项预防工作为切入点，以世园会、冬奥会建设工程领域预防工作为着力点，联合区纪委、园林绿化局、住建委对工程建设、评估、审计、监理等公司开展廉政谈话23次；深入工程主责单位开展调研20余次，签订了《职务犯罪预防和廉政共建协作机制》。二是加强对工程建设、政府采购单位的廉政信用监督，开展行贿犯罪档案查询535件950人。三是充分发挥“涉农职务犯罪预防警示教育基地”作用，以“两个依法”为主题，开展警示教育51次，组织参观25批1700余人；在农村两委换届前后，多次深入乡镇开展职务犯罪案例巡展、讲授法制课，受教育人员达到1400余人。

三、增强对司法活动监督的针对性和有效性，做公平正义的守护者

全面履行诉讼监督职责，坚持敢于监督、善于监督、依法监督、规范监督，切实维护司法公正。

（一）全面履行对诉讼活动的监督职能。今年共受理立案监督案件6件10人，其中，同意公安机关不立案2件2人，公安机关主动立案2件

2人，通知公安机关立案2件6人。提前介入公安机关侦查3件6人，退回公安机关补充侦查49件89人；追诉2人，追加遗漏起诉罪行2起。在延庆公安分局执法办案管理中心设立派驻检察室，与公安机关建立瑕疵案件通报机制，定期就侦查活动中存在的问题进行协商，达成共识。

（二）强化刑罚执行和监管活动监督。派驻看守所检察240余天，开展社区矫正检察80余天。一是开展羁押必要性审查，办理羁押必要性审查案件8件8人，向办案单位提出建议变更强制措施7件7人，办案单位采纳6件6人；针对在检察中发现的问题发出检察建议1份、纠正违法通知书1份，维护了在押人员合法权益。二是开展财产刑执行专项检察。对我区2013年至2016年6月法院判处的财产刑执行情况全面审查，对法院应移交、立案、执行而未移交、立案、执行的80余件案件，提出意见并得到采纳。

（三）积极开展对民事和行政诉讼活动的监督。受理同级监督案件3件，实现我院民事和行政执行监督案件零突破；受理上级交办协查案件8件，审结7件。依托与区法院签订的《加强民事行政诉讼和执行活动监督实施办法》，与法院执行局召开了执行监督情况通报会，针对执行中发现的突出问题进行沟通，避免类似情况再次发生。

四、自觉接受监督，加强自身监督，确保严格规范公正文明执法

牢固树立监督者更要主动接受监督的意识，强化内外部监督制约，确保检察权在法治轨道上运行。

（一）自觉接受人大监督和社会各界监督。一是自觉接受人大对检察工作的评议、质询和询问，就人大常委会对我院《侦防一体化工作情况专题报告》提出的意见进行认真整改落实，开展专项汇报。二是完善制度措施，制定我院《人大代表、特约监督员联络工作办法》，加强经常性联络。三是就社会热点、焦点问题和检察工作中的重点、亮点，通过官方定期发布，让社会及时获取正确、权威的信息。

（二）强化内部监督制约。加强业务管理，通过专门内设机构对案件进行全程监控，制定了刑事诉讼涉案财物管理相关细则，建立《涉案物品管理电子台帐》，制发《流程监控通知书》，督促业务部门规范办案流程和执法行为，并书面回复落实情况；继续下大力气解决司法不规范的突出问题，探索规范提升执法水平的途径和方法，转变传统理念，提升办案质量。健全检察权运行监督制约机制，倒逼规范司法。

（三）保障律师职业权利。一是由专门内设机构统一受理律师接待工作，开通现场预约、电话预约和网络预约三种律师阅卷预约方式，共接待律师47人次，安排阅卷47 次。二是设置律师专门接待室，会见案件承办人，依法保护律师行使辩护权。三是探索律师接待工作双向沟通机制，通过举报电话、纪检监察信箱，发放满意测评卡，与司法局、律师开展座谈等方式，听取意见和建议，并进行落实反馈，实现了律师接待零投诉。

（四）全面深化检务公开。一是案件信息公开，依托人民检察院案件信息公开网，公开案件程序性信息和生效法律文书，案件公开率达到98.5%。二是贯彻落实“七五”普法规划，在重点乡镇设立法律服务咨询台，将法制宣传深入到田间地头，共接受群众法律咨询280余人次，发放、张贴法律知识宣传资料900余份；三是运用“新媒体”公开，官方发布微博信息946条，制作微信专题20余期，阅读量达3万人次，构建融延庆检察门户网站、官方微博微信、新闻客户端为一体的“宣传网阵”。

五、深化司法改革，加强新形势下队伍建设

认真落实市检察院深化司法改革各项部署，蹄疾步稳地走好改革关键步骤，在此基础上，坚持不懈地加强教育、管理、监督，走“内涵式”发展道路，坚持从严、廉洁治检，打造过硬检察队伍。

（一）优化内设机构设置，实现人员分

类管理。差额择优选任25名德才兼备的检察官，完成46名检察辅助人员与14名司法行政人员分类定岗工作。检察官人数占全院总人数的26.8%。检察辅助人员占总人数的49.4%，司法行政人员占总人数的15%。同时，精简整合，将原有的21个部门整合为14个部门，坚持将内设机构和办案组织置于基础性、先导性地位，按照“三个适当分离”的原则，将内设机构分为司法办案机构、检察监督机构、综合业务机构、综合管理机构和检务保障机构，以此带动整个综合配套改革，确保检察工作良性运转。

（二）压实“司法责任”，以责任追究促履职担当。突出检察官办案主体地位，检察官在职权范围内对所办案件作出决定、对办案质量终身负责。从检情、区情、院情出发，在市检察院“三大清单”基础上制定了我院《检察官权限清单（试行）》和《检察官履职清单（试行）》，明确检察官亲历事项和岗位职责，让每一位检察官对号入座、各尽其责。

（三）突出党建工作，从严从实加强思想政治建设。扎实落实意识形态工作责任制，把党建工作融入检察队伍建设和检察业务工作中，开展“两学一做”学习教育、社会主义核心价值观教育、理想信念立根固本教育和政绩观教育，开展“说说我身边的好党员”活动，牢固树立我院党员的政治意识、大局意识、核心意识和看齐意识。

（四）适应从严治检新要求。一是从严教育、从严管理、从严监督，引导检察人员做政治上的明白人、纪律上的规矩人、业务上的行家里手。二是强化领导水平，加强党组管理能力，以上率下，使中层干部真正担负起中坚骨干重担。三是走“内涵式”发展道路，分类分层开展素能培训，着力提高检察人员适用法律政策、调处矛盾纠纷、应对突发事件的能力。四是加强廉政建设，针对重要节日是否违反中央八项规定精神和“三重一大”事项决策环节开展督察，督促全体检察人员遵纪守法、依法履职。

各位代表，我院开展的工作和取得的成绩，离不开各界的有力监督和大力支持。在此，我代表延庆区人民检察院，向各级领导，向人大代表、政协委员和社会各界表示衷心的感谢！

在总结成绩的同时，我们也清醒地认识到，我院工作与党和人民的要求仍存在一定差距，主要表现在：一是执法理念和办案方式还不能完全适应新形势的需要，一些陈旧的办案思维依然存在，执法规范化水平有待进一步提升。二是检察工作与服务延庆绿色发展大事的着力点需要进一步明确，服务意识需要进一步增强，服务措施需要进一步细化。三是队伍整体素质有待提升，特别是独当一面的高层次、领军型人才相对匮乏等等。我们将认真分析原因，采取有力措施，切实加以解决。同时，也诚恳地希望人大代表和社会各界进一步加强对检察机关的监督，帮助我们不断改进工作。

未来五年工作思路

未来五年，我们将用好机遇、战胜挑战、完成使命、实现跨越，主动服务延庆发展大局，总结成功经验，客观看待不足，加快科学发展，以“等不起”的危机感，“慢不得”的紧迫感，“坐不住”的责任感，奋发图强，奋起直追，奋勇争先，打造过硬检察队伍，促进公平正义，为推动延庆跨越发展的黄金五年做出新贡献。

一、紧紧围绕我区“十三五规划纲要”的部署，切实服务保障延庆经济建设

自觉将检察工作置于延庆工作大局中思考谋划，以我区“两会”精神和全市检察长会议精神为着力点，不断强化检察预防工作、检察风险防控和检察维权保障，为延庆经济社会发展努力营造良好的法治环境。主动融入京津冀协同发展大格局，贯彻落实《京津冀检察机关服务和保障京津冀协同发展的合作框架意见》和最高人民检察院《关于充分发挥检察职能，

依法保障和促进科技创新的意见》，围绕服务中关村延庆园建设，完善科技、知识产权领域行政执法和刑事司法衔接机制，建立健全科技犯罪检察、知识产权检察等专业化工作规范，有效惩治侵犯知识产权、破坏创新环境等各类犯罪。不断加强我区生态环境司法保护，严厉打击污染水源、大气、土壤等犯罪，持续推进与环境资源监管部门工作衔接，完善信息交流，更好地适应和服务经济发展新常态。

二、加大风险防范力度，全力推进平安延庆建设

积极参与我区社会公共安全体系建设，以服务和保障民生为重点，依法严厉打击环境保护、食品药品安全、医疗卫生、征地拆迁和社会保障等领域的犯罪活动，开展防范打击电信网络诈骗专项工作，维护延庆社会和谐稳定；提升检察人员群众工作能力，坚持在执法办案中化解社会矛盾，完善多元化纠纷解决机制，定期对社会稳定形势进行分析研判，消除风险隐患，及时向党委、政府和有关部门提出对策建议，充分发挥检察机关在社会管理中的法治保障作用。

三、适应反腐败斗争新形势，加大惩治预防职务犯罪力度

既要优质高效办好上级检察机关交办案件，也要严厉打击“小官贪腐”，严肃查办在世园会、冬奥会筹办举办和创建全国文明城区等重大活动中发生的职务犯罪，严肃查办和预防重点生态功能区建设、生态保护和修复工程、环境污染防治等领域职务犯罪，确保重点工程成为廉洁工程、阳光工程。同时，把预防工作挺在前面，坚持惩防并举，坚决遏制腐败犯罪滋生蔓延势头。坚决贯彻落实党中央关于国家监察体制改革的决策部署，自觉拥护改革，确保顺利实现检察机关与监察委员会的有效衔接。

四、适应依法治国新任务，强化对司法活动的法律监督

以深化司法体制改革为契机，以维护公平正义为目标，完善检察监督体系，提高检察监督能力。一是全面深化以审判为中心的刑事诉讼制度改革，完善审查逮捕、公诉工作机制，健全检察机关介入侦查、引导取证机制，建立重大疑难复杂案件侦查机关听取检察机关意见建议制度，充分发挥诉前主导作用。强化出庭支持公诉，促进发挥庭审在查明事实、认定证据、保护诉权、公正裁判中的重要作用。二是完善刑事诉讼监督机制，进一步完善行政执法与刑事司法衔接信息共享平台，建立侦查活动监督信息平台。从公益诉讼试点向行政违法行为监督和行政强制措施监督延伸，努力构建检察机关对行政权监督的新格局。三是完善刑事执行工作检察机制，依法开展羁押必要性审查，健全交付执行、变更执行等刑罚执行活动监督机制，建立财产刑执行监督机制，深入贯彻刑罚执行监督细则。

五、适应从严治党新要求，建设素质过硬检察队伍

遵循“以人为本，改革兴院，以质领先，规范立院”的总体工作思路，始终保持“打铁还需自身硬”的警醒，加强党风廉政建设和队伍建设，制定实施“十三五”时期我院检察人员教育培训规划和岗位素能基本标准，分层分类开展全员性、正规化培训，促进检察工作科学化、实战化。坚持思想建院和制度建院同时发力、教育引导和纪律约束紧密结合、继承传统和改革创新有机统一，严肃党内政治生活，持之以恒地抓党风廉政建设，做到真管真严、敢管敢严、常管常严，努力打造一支信念坚定、为民服务、勤政务实、敢于担当、清正廉洁的过硬检察队伍。

各位代表，我院将更加紧密地团结在以习近平同志为核心的党中央周围，在区委和市检察院的正确领导下，认真执行本次大会决议，依法履行宪法法律赋予的职责，以奋发有为的精神状态，求真务实的工作作风，不忘初心、继续前进，让人民群众在每一起司法案件中感受到公平正义，为我区圆满完成“十三五”规划的各项任务、全面建成小康社会、加快建设国际一流的生态文明示范区和美丽延庆而努力奋斗！

关于北京市延庆区2016年国民经济和社会发展计划执行情况与2017年国民经济和社会发展计划（草案）的报告

——2016年12月20日在北京市延庆区第二届人民代表大会第一次会议上

延庆区发展和改革委员会

各位代表：

受北京市延庆区人民政府委托，现将北京市延庆区2016年国民经济和社会发展计划执行情况与2017年国民经济和社会发展计划（草案）的报告提请区第二届人大第一次会议审议，并请区政协各位委员提出意见。

一、2016年国民经济和社会发展计划执行情况

2016年，在区委正确领导下，在区人大及其常委会的监督和区政协的支持下，全区上下坚决贯彻习近平总书记视察北京重要讲话精神和京津冀协同发展规划纲要，牢固树立新发展理念，紧紧围绕增强首都核心功能，立足生态涵养功能定位，以供给侧结构性改革为主线，加快办大事、疏功能、转方式、治环境、补短板、促协同，较好地完成了全年主要目标任务，实现了“十三五”良好开局。

（一）重点经济指标完成情况

——地区生产总值全年计划增速为9%（现价）以上，预计完成117亿元，同比增长9%（现价）；

——一般公共预算收入全年计划增速为10%，预计完成13.6亿元，同口径增长10%以上；

——全社会固定资产投资全年计划完成100亿，预计完成103亿，同比增长44.7%；

——城镇居民人均可支配收入全年计划增速为9%，预计完成38807元，同比增长9%；

——农村居民人均可支配收入全年计划增速为9.5%，预计完成19806元，同比增长9.5%；

——低收入农户人均可支配收入全年计划增速为10%，预计完成10780元，同比增长10.3%；

——社会消费品零售额市级要求同比增长8.1%，预计完成86.3亿元，同比增长6.5%；

——旅游综合收入全年计划增速为7%，预计完成29亿元，同口径增长7%；

——PM2.5年均浓度市级要求降幅大于5%（下降到58微克/立方米以下），预计实现55微克/立方米，可顺利完成市级任务；

——万元地区生产总值能耗全年计划下降2%，市级要求下降3.6%，预计可完成年度计划和市级任务；

——万元地区生产总值水耗全年计划下降4%，预计可完成年度计划；

——城镇登记失业率全年计划控制在4%以内，预计可完成年度计划。

（二）重点任务推进情况

1.“进”的动能持续增强，经济社会实现全面发展

面对错综复杂的经济形势，积极适应经济新常态，全面贯彻落实市委、市政府各项调控措施，全力以赴稳增长，全区经济社会平稳健康发展。

内需拉动经济作用增强。投资支撑效果显著。努力克服今年全社会固定资产投资任务高增长的巨大压力，区主要领导亲自抓调度，固投领导小组及其成员单位具体抓落实，充分运用市级绿色通道、“一会三函”等审批创新机制，大大缩短了项目审批周期，同时，区发展改革委积极争取市政府固定资产投资，大力推动了兴延高速、京张高铁、东关地块、世园大道及园区周边绿化等70多个重大项目落地开复工，实现了全社会固定资产投资大幅增长，预计完成投资103亿，同比增长44.7%，有效支撑了全区经济快速增长。消费拉动效应显现。积极应对餐饮业低迷、网上零售规模扩大的不利影响，出台商业发展规划、生活性服务业品质提升三年行动计划和会展业发展扶持政策，借势重要节日和重大活动，千方百计促进消费，在11家重点商场超市、大中型餐饮企业开展促销活动，新增生活性服务业网点33个，实现了社会消费品零售额平稳增长。但是，由于电商对传统消费方式的强烈冲击导致全市消费品市场萎靡，社会消费品零售额完成市级任务压力较大，预计全年完成86.3亿元，同比增长6.5%，比市级任务低1.6个百分点。

“高精尖”经济结构加快构建。旅游休闲业发展势头强劲。重大项目取得实质进展，八达岭驻场演出、中国国际马球中心等重点旅游项目有序推进，八达岭森林生态体验基地已完成主体结构施工。旅游综合服务能力不断提升，完成11家景区公共服务设施升级改造和梦幻长城球幕影院项目建设，旅游电商平台“长城内外”上线。品牌效应凸显，成功举办冰雪欢乐节、冰雪马拉松、消夏避暑季等一系列节庆和赛事活动。旅游业的主导地位进一步明确，成功入选国家首批全域旅游示范区创建单位，北京长城国家森林公园体制试点获批。在多重利好的影响下，预计实现旅游综合收入29亿元，同口径增长7%。新能源环保产业规模壮大。中关村延庆园机构重组完成，长城脚下创新家园核心区一级开发进展顺利。重点项目取得突破，21家企业通过高新企业认证，京仪远东等项目竣工验收。中关村延庆园带动作用显现，新能源环保产业集聚效应进一步增强，全年预计完成产值40.8亿元，同比增长73.6%，占规模以上工业总产值比例达到62.1%。都市型现代农业持续向好。农业生产条件不断改善，大力培育花卉、苗木、盆栽等高效现代化园艺产业，新增花卉种植面积0.5万亩。沟域经济建设发展稳步提升，启动“乡宴柳沟”沟域建设，持续对“百里画廊”“四季花海”“冰川绿谷”三条沟域进行提档升级。有机农业建设成效显著，积极推进世园会冬奥会有机农产品后备基地建设，前庙有机葡萄获中国国际农交会金奖，有机农业产值占农业总产值的比例达到21%。搭建优势农产品网络营销平台，参加“京郊优质农产品进社区延庆专场”等活动进行产品展示和推介。

城乡建设统筹推进。宜居新城发展加快。出台新城规划建设管理实施意见。在市有关部门指导下，完成延庆区功能定位研究和总体规划纲要编制，明确了“绿色健康之城、休闲宜居之城、山水心灵之城”的新城发展定位。配置首批自住型商品住房的东关改造项目开工。基本完成南菜园1-5巷一期房屋征收和万达综合体一级开发征地工作，确定南辛堡、石河营等第二批棚户区改造项目实施主体，编制完成重大工程安置房地块控规，万达综合体一级开发征地工作基本完成。重点区域夜景照明二期和老城区9处交通环境整治工程完工，城市环境品质进一步提升。精品小镇有力推进。出台精品小镇建设实施意见，明确乡镇功能定位，与市规划国土委合作建立协同规划和责任规划师制度，科学指导乡镇域规划编制和实施，深入研究张山营冬奥冰雪休闲小镇、康庄园艺风情小镇规划。美丽乡村建设取得初步成效。完成大吉祥、沙塘沟等30个美丽乡村示范村村庄规划和实施方案编制工作。新庄堡村、河东村成为全国“一村一品”示范村，盆窑、上磨被评为“北京最美的乡村”，下湾获评“中国美丽休闲乡村”。盘活闲置农宅，大力发展“石光长城”、“隐居乡里”等高端民宿。城乡基础设施进一步完善。制定世园会园区、冬奥会赛区基础设施配套对接计划，北靳路、芳荷路、延康路进场施工，房柳路启动征地，交通路网进一步完善。完成儒林苑老旧供暖管道改造，“陕京四线”延庆段开工建设，能源保障能力逐步加强。小张家口垃圾综合处理厂投入运行，城乡垃圾分类工作全面启动，全区垃圾无害化处理水平进一步提升。完成山区搬迁2254户，农宅抗震节能改造6004户，解决17个村饮水难问题，为116户低保和优抚对象改造、维修危房，“村村通”公交实现全覆盖。

民生保障力度加大。就业和社会保障水平提升。全面落实各项就业、创业政策，预计新增城镇就业7510人，帮扶1252名城镇就业困难人员实现就业，农村劳动力转移就业4120人，城镇登记失业率控制在4%以内。逐步完善民生保障制度和标准，建立健全基本民生保障体系和社会救助服务体系，稳步提高各项社会保障待遇水平。推动实现城镇、农村居民人均可支配收入预计分别完成38807元、19806元，同比增长9%、9.5%。实施低收入村户增收攻坚工程，精准识别低收入村58个、低收入户13225户，出台促进低收入农户增收及低收入村发展实施意见，组织98个单位开展结对帮扶，低收入农户人均可支配收入预计完成10780元，同比增长10.3%。公共服务供给持续增加。教育投入力度加大，出台《关于推进义务教育优质均衡发展的实施意见》，完成第七幼儿园、沈家营幼儿园主体工程建设，成功引进知名校长，高考本科上线率再创历史新高。学习型城市示范区创建通过验收。医疗卫生服务水平提高，中西医两大医联体形成，北医三院延庆医院正式挂牌运行，15家社区卫生服务中心中医馆全覆盖，进一步满足了群众的就医需求。文体氛围日益浓厚，区体育中心开工，完成100个村级文化设施冬季取暖试点工作，组织各类文化活动1000余场，体育竞技活动80余次，大庄科冶铁遗址考古研究和保护工作有序开展。倡导绿色出行，设立公共租赁自行车服务点35个，投放自行车1000辆。社区服务功能日益加强，完成2个“一刻钟社区服务圈”、4个社区规范化建设示范点、5个智慧社区建设，社区办公和服务用房达标工作基本完成，服务能力进一步提高。

改革步伐持续加快。“放管服”改革进一步深化。取消行政审批事项13项，承接市政府下放行政审批事项2项，清理非行政审批事项154项。实施5个单位行政审批“一科制”改革试点，全面实行“五证合一、一照一码”登记制度。降成本改革任务加快落实。在建筑业、房地产业、金融保险业、生活服务业四大行业全面实行“营改增”，全年“营改增”预计总减税2.2亿元，近6000户试点纳税人总体税负下降25%。农村综合改革扎实推进，确定永宁镇集体建设用地规划和大榆树镇集体建设用地统筹利用试点，完成116个村土地确权，清理土地承包合同档案2.4万份27万亩（18000公顷）。经济、旅游、教育、医疗、物业等领域改革进程加快。

2.“治”的效果持续显现，城乡环境得到整体改善

紧紧围绕大气、污水、垃圾、违法建设等制约地区发展最关键、群众需求最迫切的重点领域推出一批叫得响、立得住、群众认可的硬招实招。

生态环境持续好转。强力推进清空行动。加大能源结构调整力度，发布能源发展规划，提出基本建成无煤区目标，严控劣质煤进京，压减燃煤8万吨，优质煤替代7万吨，全区燃煤总量下降到47万吨，完成“煤改电”、“煤改气”5247户，燃煤锅炉改造160台221蒸吨。加大监管处罚力度，持续开展大货车农用车、露天烧烤、秸秆和垃圾焚烧等专项整治，淘汰老旧机动车2723辆，严格治理各类扬尘污染、违法排污行为，清理整治违法违规排污及生产经营行为789家，实施清扫保洁新工艺。PM2.5年均浓度预计实现55微克/立方米，空气质量持续

好转。大力实施净水工程。实施污水处理和再生水利用第二个三年行动，城西再生水厂即将运行，建成3个乡镇污水处理厂、24个村级污水处理站，完成妫河干线28个雨污排水口分类治理，划定畜禽养殖禁养区，完成规模化养殖场粪污治理10家，解决55个村污水处理问题，污水处理率达到86%，再生水利用900万立方米。全面实行河湖生态环境“河长制”，试行乡镇断面考核，治理生态清洁小流域37平方公里。平原地表水供水工程二期启动，全区地下水止降回升33厘米，水环境向好趋势初步显现。加强节约用水工作，预计万元地区生产总值水耗降幅达到4%。持续扩大绿色生态空间。一批重点生态环境建设工程相继落地，新造林9000亩，林木抚育22.1万亩（14733公顷），农村五边绿化770亩（51.33公顷），推动“五河十路”生态管护力量下沉，森林覆盖率提高0.25个百分点，达到57.71%。升级改造实施香水苑、江水泉公园等公园绿地景观系统，打造庆园街、国润家园、儒林苑等花卉主题特色街道和社区，推动城乡绿景向美景转变。

*社会环境井然有序。*城乡管理更加精细。扎实推进城乡环境建设管理三年行动计划，实施城区环境综合提升等8项市级重点项目，有效整治恒生市场等区域环境秩序，环境检查成绩名列前茅。处理网络舆情案件6431件，整改率达到95%。出台农村村民个人原有宅基地房屋建设管理办法，加大打击力度，拆除违建139处8.4万平方米，有效遏制“小产权房”和新生违法建设蔓延势头，城乡秩序更加规范。城乡文明建设更加扎实。开展以“创文明城区，办百姓实事，迎世界盛会”为主题的文明城区创建，构建“一十百千万”创城工作格局，开办“网事回应”“你说我办”等专栏，开通创城热线电话，组建啄木鸟督查队和千人找差团，建立创城三级督查机制，“八大环境”建设取得阶段性成果。完成18个乡镇街道基层图书服务资源整合工作，持续推进慈母川慈孝文化村等特色文化村建设，进一步加大乡风文明建设力度，区域文明程度显著提升。社会治安总体平稳。圆满完成申冬奥成功一周年纪念等重大活动服务保障任务，有效应对“7.20”强降雨，妥善处置天然气爆燃和老虎伤人事件。实施“5710”工程推动安全生产责任体系落实，完成安全生产标准化企业创建400家。全面夯实综治基层基础，打造“夕阳红”志愿者服务队等群防群治特色品牌。深入推进平安延庆建设，安装高清探头1200余个，严厉打击各类违法犯罪活动，为全区居民营造了安全祥和的生产生活环境。

*人文环境不断优化。*机关服务水平逐步提升。制发加强全区政务服务窗口行业人员队伍建设实施意见，加强窗口行业人员队伍建设，提高窗口行业人员综合素质。开展“提素质”“亮形象”“学先进”等系列活动，进一步规范执法监管和窗口服务，提升公务人员特别是窗口工作人员的综合素质。企业社会责任感进一步加强。强化社会组织管理，认定15家区级、3家街道级“枢纽型”社会组织，向社会公众提供专业技能培训、紧急救助等公共服务，提升社会服务水平。严格规范企业经营行为，引导企业文化的塑造，积极培育一批履行社会责任的“延庆企业榜样”，展示社会组织和企业的现代文明形象。全民文明素质进一步提高，开展2016年全民践行生态文明系列活动，评选18个生态文明社区（村）、1800个生态文明户，20名绿色生活好市民。深化“三绿色一志愿”活动，重点开展关爱他人、关爱社会、关爱自然“三关爱”活动，志愿服务理念深入人心，全民参与文明建设热情高涨。

3.“去”的力度持续加大，京津冀协同发展成效初显

立足服务首都城市战略定位，坚决破除“一亩三分地”、各自为战的思维定式，积极融入京津冀协同发展大局，主动承接非首都核心功能，在更高、更深的层面上处理好“舍”与“得”的关系。

*疏解非首都核心功能有序推进。*存量资源陆续退出。制定实施产业疏解方案、闲置资产盘活办法和“小散低劣”养殖场（户）退出补

助政策等政策办法，建立完善工业企业疏解台账，中材科技8条生产线、400套产能实现外迁转移。完成34家再生资源回收站点搬迁、拆迁工作。削减低端种养殖业，菜田面积同比减少8.5%，粮田面积同比减少17.2%，奶牛、羊、肉鸡养殖规模缩减增量控制效果明显。全面执行《北京市新增产业的禁止和限制目录》，严把企业登记、项目审批准入关，全年审批核准备案项目40项，其中审核9个、核准12个、备案19个，拒绝不予办理登记业务235户次，严格审核新设立市场主体3997户。

承接非首都核心功能取得进展。签署《海淀区人民政府与延庆区人民政府战略合作框架协议》和《中关村海淀园管委会与中关村延庆园管委会关于推动园区建设合作协议》，有效推进两区合作共建，特别是产业合作共建，对延庆园发挥第三引擎作用形成有力支撑。成功引进市属高校二外贯培学院，学院选址延庆一职已如期开学，并就中法高翻学院到延庆办学、海淀外国语实验学校设立延庆校区达成合作意向，有效推进区域公共服务一体化进程。

人口调控工作力度持续加大。全面落实市级有关文件精神，强化人口调控责任制，完善各部门与乡镇街道“双调控”机制，研究制定2016—2017年人口调控工作方案，科学合理控制人口增长。坚持“以业控人”“以房管人”“以证控人”，进一步压缩人口聚集空间，使人口结构更趋合理。结合非首都核心功能疏解和两件绿色发展大事服务保障需要等，对当前和未来五年的人口增长情况进行研究测算，将人口指标分解落实到乡镇，实现分产业、分区域、分乡镇精准调控人口。预计全年常住人口可控制在32.8万人以内，能够顺利完成市级任务。

协同发展取得初步成果。一体化交通网络正在形成。研究制定外埠过境车辆绕行方案，234国道东段规划条件和昌赤路改建工程王家山至白河堡水库段已获批复，滦赤路改建和黑艾路工程开工建设。生态环境联防联治力度加大。京津风沙源治理二期工程2016年项目开工建设，与张家口市怀来县、赤城县签订大气污染、重大环境事项、水污染突发事件、水资源保护与治理等方面的区域防治协作机制，编制完成环官厅湖生态圈建设规划初步方案。资源对接进一步加强。延庆一职与张家口市正大新能源中等职业学校和涿鹿县职教中心汽修专业联合办学。编制产业发展规划，搭建产业服务平台，促进两地人才交流培训，共促两地经济繁荣。

4.“办”的速度持续加快，两件大事带动作用逐步显现

借助绿色发展大事的引擎作用，促进基础设施逐步完善，带动园艺产业、冰雪产业、旅游休闲业等产业全线发力，形成全区经济社会与绿色大事融合互动的发展格局。

世园会各项筹办工作扎实开展。积极协助世园局完成主体建筑及景观方案确定、会徽及吉祥物发布，宣传推介、国际招展、国际法律文件编制等有序推进。发布《延庆区世园会行动纲要》，93项任务中21项已全面开工。控规和园区内外市政综合规划获批，围栏区征地基本完成并正式开工，启动世园村一级开发和7个园艺主题村庄建设，安置房全面开工建设，世园大道景观绿化工程完成70.7%。国道110二期延庆段设计方案获得批复。产业发展全线发力，明确“科技创新、产业发展、三产融合、辐射带动”的现代园艺产业发展方向，核心区、25个产园一体化项目建设及招商工作启动。现代园艺产业集聚区（HBD）“一区多园”建设和招商工作陆续启动，与首农集团签约联合推进现代园艺产业集聚区（HBD）一期启动区基础设施建设和高新技术企业孵化器建设，引进在国内园艺界有影响力的企业入驻延庆，世园会带动区域经济发展作用逐步显现。

冬奥会筹办工作有序进行。配合完成冬奥组委延庆运行中心机构组建，成立延庆赛区筹办工作领导小组及其工作组织架构。积极编制冬奥会和冬残奥会延庆区行动计划，指导延庆赛区建设及区域经济社会发展。代行业主职责，委托开展赛区、场馆和基础设施总体规

划编制工作，确定国家高山滑雪中心、国家雪车雪橇中心和延庆奥运村项目方案设计主体团队，制定优化社会投资人PPP方案，为项目建设奠定坚实基础。发布实施冰雪产业规划，正式启动冬奥冰雪小镇规划编制，完成万科石京龙滑雪场一期升级改造，市残疾人冰雪训练基地落户延庆，积极参加第一届冬博会并获得优秀展示奖，举办“从长城发出的邀请”暨会徽征集活动，组织万人上冰上雪等活动，参与者达到13万人次，环球飞雪等一批企业来延洽谈合作，冬奥会引擎动力日益加强。

二、2017年国民经济和社会发展计划安排

2017年是“十三五”攻坚之年，是世园会冬奥会筹办举办关键之年，提前做好明年计划安排，对于促进全区站在新的历史起点上，推动经济社会实现跨越发展、全面建成小康社会具有重大的现实意义和深远的历史意义。

（一）发展环境总体研判

从宏观环境来看，当前全区经济社会发展的利好因素带动作用逐步显现，延庆即将进入机遇释放期。从国家层面看，党中央国务院把握引领新常态，贯彻落实新发展理念，坚持稳中求进工作总基调，着力推进供给侧结构性改革，全国经济运行总体平稳，稳中有进，稳中有好，为我区深入实施生态文明发展战略，加快建设国际一流的生态文明示范区提供了稳定的政策环境。从区域层面看，京津冀协同发展战略进入全面实施阶段，区域协同发展进程加快，为延庆建设生态文明、调整产业结构、优化公共服务资源配置、完善区域合作战略布局、增强协同发展动力提供有利支撑。从市级层面看，围绕首都城市战略定位、落实非首都核心功能疏解任务，进一步彰显了我区生态优势和绿色发展优势，为承接中心城区更多优质资源创造条件。从延庆自身看，世园会冬奥会筹办举办到了关键阶段，中关村延庆园建设进程加快，将加快高端优质资源集聚，为我区发展提供强大的推动力。

与此同时，人民群众对美好生活的新期待也给我们提出了更高的要求。我们清醒地认识到，延庆发展中还存在的一些突出矛盾和问题需要高度关注：世园会冬奥会筹办工作时间紧、要求高、任务重、难度大，各项任务的落实力度有待加强；我们对转型升级、强化首都核心功能的认识还有待提高，提升服务保障能力，利用大事促发展惠民生的具体抓手还不够清晰；环境建设在国际一流的标准面前还存在很多薄弱环节，生态优势面临挑战；城乡规划建设的水平、速度与人民群众的期盼还有差距，城乡精细化管理和社会治理能力还存在诸多短板，低收入户比重大，民生保障能力还有待增强；经济基础薄弱的现状从根本上尚未改变。这些问题在今后工作中需要下大力气解决。

（二）计划安排的总体思路

2017年工作指导思想是：高举中国特色社会主义伟大旗帜，紧密团结在以习近平同志为核心的党中央周围，全面贯彻党的十八大和十八届三中、四中、五中、六中全会精神，坚持以马克思列宁主义、毛泽东思想、邓小平理论、“三个代表”重要思想、科学发展观为指导，深入贯彻习近平总书记系列重要讲话精神，紧紧围绕统筹推进“五位一体”总体布局和协调推进“四个全面”战略布局，深入践行新发展理念，严格落实全面从严治党要求，主动融入京津冀协同发展大局，落实首都城市战略定位，紧抓重大历史机遇，坚定不移实施生态文明发展战略，全力服务保障世园会冬奥会筹办举办，全面建成小康社会，加快建设国际一流的生态文明示范区，奋力推动延庆发展实现新跨越，为早日实现山更绿、水更净、天更蓝、空气更清新、人民更幸福的美丽延庆蓝图奠定坚实基础。

在2017年度计划执行中，重点做到“六个坚持”。

一是坚持大事带动。把办好世园会冬奥会作为各项工作的主线。举全区之力做好服务保障的同时，充分发挥世园会冬奥会筹办举办以及中关村延庆园建设对全面促进经济社会发展

的强大引擎作用，以大事带动高端要素资源集聚，加快产业结构调整，培育优势产业，提高基础设施承载能力，提升公共服务水平，助推经济社会实现跨越发展。

二是坚持生态优先。把生态环境建设摆在更加突出的位置。始终立足首都生态涵养发展区的功能定位，强化“绿水青山就是金山银山”发展理念，坚定不移地走生产发展、生活富裕、生态良好的文明发展之路，持续推动生态环境建设，将生态文明建设真正融入经济、政治、文化、社会建设中，促进经济与人口、环境、资源更加协调，实现经济社会与生态环境保护的共赢发展。

三是坚持统筹推动。把城市规划建设管理作为跨越发展的重要载体。深入落实“五个统筹、五个提高”的要求，统筹推动宜居新城、精品小镇和美丽乡村建设，全面强化基础设施承载能力，推动城乡治理精细，努力建设绿色健康之城、休闲宜居之城、山水心灵之城，推动乡镇特色化发展，实现美丽乡村全覆盖。

四是坚持绿色发展。把发展延庆特色“高精尖”产业作为中心任务。加快推进供给侧结构性改革，适应产业发展趋势和举办大事需要，加快产业结构调整，优化空间布局，主动承接符合全区功能定位的高端和新兴业态，推动产业向高端化、服务化、集聚化、融合化、低碳化方向发展，着力构建区域化的“高精尖”绿色产业发展体系。

五是坚持生态惠民。把民生保障作为工作的出发点和落脚点。健全就业创业服务体系，不断优化创业环境，促进就业创业增收。紧抓绿色大事、协同发展、非首都核心功能疏解所带来的机遇，推动区域跨越发展。进一步完善社会保障体系，加快落实各项惠民工程，健全教育、医疗、文化等公共服务体系，提升公共服务水平，使城市功能与居民需求更加协调，群众生活更加幸福。

六是坚持解放思想。把改革创新作为推动工作的根本动力和源泉。坚持问题导向，在制约区域发展的重点领域和关键环节下功夫，分类施策，精准施策，细化落实打基础、谋长远的制度改革，盯紧抓牢切口小、见效快的具体改革，通过改革培育发展新活力，拓展发展新空间，建立发展新体制和新机制，让全社会共享改革发展成果。

（三）预期目标

——地区生产总值按不变价同比增长8%左右

——一般公共预算收入同比增长6%左右

——全社会固定资产投资同比增长15%以上

——城镇居民人均可支配收入同比增长9%

——农村居民人均可支配收入同比增长9.5%

——低收入农户人均可支配收入同比增长10%

——旅游综合收入同比增长7%

——万元地区生产总值能耗降幅达到市级要求

——万元地区生产总值水耗降幅4%

——PM2.5年均浓度达到市级要求（降到50微克/立方米）

——城镇登记失业率控制在4%以内

三、实现2017年经济社会发展计划的主要措施

（一）办大事、促发展，集聚区域跨越发展新动能

充分发挥大事引擎带动作用，把办好世园会冬奥会作为各项工作的主线，高标准完成征拆、基础设施和配套服务设施相关建设任务，为促进全区跨越发展提供不竭动力。

加快推进世园会筹办工作。做好围栏区建设和京张高铁、兴延高速、延崇高速、110国道二期及“陕京四线”建设的服务保障工作。启动世园村和非围栏区建设，加快实施园区外围市政、道路、环境和旅游接待、商业服务等新建改造项目，完成世园大道景观工程，继续开展园艺走进生活、“全民学外语”等活动，利用民宅资源探索“世园人家”接待模式。推进志愿服务队建设，开展世园文化系列宣传活动。加快现代园艺产业发展，挂牌成立现代园

艺产业聚集区（HBD），坚持科技创新，明确园区发展标准，全面推进核心区和25个“产园一体化”项目建设，打造推动乡镇发展“小引擎”。建设园艺产业孵化器，启动园艺主题村庄建设工程，加速规划建设世园风情小镇。

加紧开展冬奥会筹办工作。推动高山滑雪和雪山雪橇场馆和奥运村项目进度，组织开展施工建设前期征地拆迁、地质勘探摸底调查，全力推进水、电、交通、燃气、供热、气象等基础设施建设。全面启动9项冬奥水务保障工程，明确场馆设施PPP项目社会投资人，基本完成施工道路工程，确保场馆建设全面开工。研究制定社会资本建设运营大众雪场初步规划，并同步推进项目实施。引入系列世界级、国家级冰雪赛事活动，协助办好国际雪联中国巡回赛，持续推动万人上冰雪等群众性冰雪运动开展，营造浓厚冬奥文化氛围。加大冰雪产业项目招商力度，引进冰雪运动相关的高端装备制造业和现代服务业，培育冰雪产业集群。推动北京市冰上项目训练基地、环球飞雪冰雪运动学校、中关村数字文化联盟冰雪产业、万科石京龙滑雪场升级改造二期等项目建设，组建冰雪运动员队伍，吸引首都体育院校来延设立冰雪学院，培育品牌赛事活动。推进八达岭通用航空机场改扩建。

（二）抓水气、治环境，持续提升城乡生态品质

始终坚持生态文明发展战略，立足功能定位，推进绿色、低碳、可持续发展，守住资源环境承载力底线，巩固和强化生态优势，打造高品质宜居宜业宜游的人居环境。

继续优化大气质量。严格落实清空行动各项强化措施，着力推进能源结构调整，提升电力和燃气等配套保障能力，实施54个村1.99万户煤改清洁能源，改造燃煤锅炉308台775蒸吨。严厉打击污染物排放违法行为，建立“黑名单”管理制度，以源头、运输、末端处理为重点强化建筑垃圾综合整治，完成禁烤区修订，实施秸秆禁烧方案，制定烟花爆竹禁限方案，固化外埠过境大货车排放联合执法长效机制。基本建成“智慧环保”系统，构建环境质量智能监测网，形成可视化清空应急调度机制，严格落实重污染天气应急措施。确保PM2.5年均浓度降到50微克/立方米。

不断提高水土环境质量。高效运营城西再生水厂，实现新城污水全收集、全处理、全达标排放。启动城北水生态治理和妫河清淤水环境治理等工程，完成14个小区雨污分流改造，实施乡镇污水处理厂及配套管网二期工程，完成妫河流域清淤及28个村级污水治理项目，治理完成4家规模化养殖场，确保主要水质指标达到Ⅲ类。实施21平方公里清洁小流域和中小河道治理。开工建设地表水供水二期工程，完成18公里城南供水管线工程，借力海绵城市试点建设创建14个市级节水型单位，压减地下水采用量，推动白河堡水库为妫河和乡镇提供保障，实现万元地区生产总值水耗下降4%。强化完善“河长制”管理机制，落实乡镇跨界断面补偿制度。建立垃圾分类监管体系，进一步完善垃圾分类工作。制定土壤保护实施方案，不断削减化肥和农药用量，有效控制农村面源污染，持续优化土壤环境。

全面营造绿色生态景观。高标准实施重大绿化工程，完成15.3万亩（10200公顷）京津风沙源治理、森林健康经营、重点公益林管护等工程。提升京藏、京新、110国道及大秦铁路等重要廊道和世园、冬奥区域节点景观水平，完成冬奥赛区森林生态系统本底调查。落实生态保护红线，实施野鸭湖国家湿地公园保护与恢复工程，成立区级自然保护区管理机构。创建5个首都绿色村庄、2个首都花园式单位，完成300亩村庄五边绿化，更加注重城区园林化景观建设，实施2000米空间立体绿化，不断提高人均公共绿地水平。加快提升街道、公园、社区等点、线、面结合的城市园林化水平。认真做好国家生态文明先行示范区和水生态文明城市建设试点迎检工作。

（三）聚高端、转方式，夯实绿色产业发展基本面

把生态优势转化成产业发展优势，加快产

业结构调整,优化产业布局与发展形态，强化高端产业集聚效应，构建“高精尖”经济结构，实现结构转型升级新突破。

开拓旅游发展新空间。配合组建国家公园体制试点机构。召开全区旅游工作大会，全面推动现代农业、商业商务、文化、体育与旅游的融合式发展，不断提高全域旅游发展的组织化程度和旅游产业的质量效益。加大重点旅游项目推进力度，实现梦幻长城球幕影院和八达岭森林生态体验基地营业，推动音乐谷二期开工，加快岔道古城项目改造和马球中心土地一级开发，启动旅游饭店设施改造工程，提升区域旅游服务接待能力。加快乡村旅游转型升级，提高乡村旅游组织化程度，推动柳沟民俗村“祈福冬奥欢乐冰雪嘉年华”、东曹营村印象长城品牌建设，大力推进乡村酒店建设，构建监管服务机制，提升乡村旅游服务水平。完成延庆世界地质公园中期评估。继续组织好冰雪欢乐节、北京市端午文化节、自行车骑游大会、马球公开赛、北京市非遗大观园等节庆赛事活动，探索实施节庆活动和体育赛事市场化运作模式，推动会展、旅游、文化创意等产业融合发展。实现旅游综合收入同比增长7%。

筑牢高新技术企业发展基础。统筹中关村延庆园和康庄科技创新家园建设，完成规划编制和启动区土地一级开发，力争二级建设开工。以完善的服务配套为核心，加大招商引资力度，加强与相关部门对接，主动吸引和承接符合延庆产业发展方向的高端项目，吸引一批绿色新兴产业，做好智能制造项目的对接落地，使延庆园成为中关村新能源环保产业发展的纵深区和具有特色的高端服务业聚集区。推进能源互联网产业示范区建设。改造一批传统优势企业，推动医药产业升级，启动企业闲置土地盘活试点工作。出台措施，加快推动“互联网+”在传统产业转型升级、智慧城市管理、公共服务水平提升等方面发挥广泛作用。

大力发展都市型现代农业。大力发展有机循环农业和休闲农业，加快世园会冬奥会绿色有机食品后备基地建设。建设绿富隆农产品流通集散基地，发挥国有企业作用，强化农产品流通服务网络体系，大力实践线上线下融合的农产品流通模式。培育都市型现代农业示范镇1个“一村一品”示范村1—2个。持续推动沟域经济提质增效，把景观优势转化为产业发展优势。配合国际马铃薯亚太中心开业，加快马铃薯种源之都产业发展。推动北山葡萄酒庄在建项目尽快完工投产。不断扩大有机农业发展规模，有机农业产值实现4.2亿元。探索开展农业管理体制改革，大力支持各类合作组织发展，提高农业生产组织化程度，不断壮大农村集体经济。深化农村土地制度改革和产权制度改革，完成土地承包经营权确权登记颁证工作90%以上，落实集体所有权、稳定农户承包权、放活土地经营权，推进永宁镇集体建设用地规划和大榆树镇集体建设用地统筹利用试点工作，健全耕地保护和补偿制度，落实市级“三补合一”改革工作。

（四）抓投资、促消费，培育经济增长新动力

狠抓供需双侧驱动，明确工作的着力点和突破口，着力推进供给侧结构性改革，加强重点领域投资调度，稳步促进投资消费结构优化，持续提升增长动力。

提高固定资产投资效率。突出固定资产投资在稳增长中的重要作用，力争全社会固定资产投资实现118.5亿元。继续发挥政府投资带动作用，加快推进重大政府投资项目，促进城乡基础设施、生态建设、社会事业、产业基础设施等重点领域建设。按照保障两件大事和推动绿色发展的现实需求，不断完善项目储备库，滚动推进前期规划设计和手续办理，用足用好市级绿色通道、“一会三函”等项目审批创新机制，确保重大项目按期推进。建立重大项目建设资金保障机制，开辟新的稳定的融资渠道，创新城镇化多渠道融资模式，引导社会资本设立建设发展基金，强化与政策性银行和金融机构的对接，积极引入新型金融机构，提升投融资保障能力。

营造良好的消费环境。积极培育新的消费

热点，改变传统消费市场经营模式，建立更完善的服务和销售理念，促进消费品市场持续繁荣稳定。大力实施生活服务业三年行动计划，完善城乡居民基本生活品供应市场体系，提升酒店、住宿、餐饮、出租车服务等生活性服务业品质，加快发展新兴服务业，有效激发市场潜能。继续完善社区8类服务功能规范提升，重点改造1-2条特色餐饮街区，大力发展体育休闲、文化创意、会展等产业，打造多元化消费市场品牌。全面落实国有企业归口管理，启动现代企业制度建设。不断健全和完善国企监管制度，确保国有资产保值增值。加快研究确定国有资产发展战略方向，优化国企产业结构，对商业、旅游、农业等领域企业进行版块化改革，推动国企发挥应有的主力军作用。

（五）疏功能、促协同，加快京津冀一体化进程

强化节点城市功能，深化与相邻区域的交流合作，共享绿色发展大事机遇，有序推动非首都核心功能疏解与承接，共同打造首都西北地区协同发展的共赢典范。

加快非首都核心功能疏解。出台政策，加快工业污染企业调整退出和一般制造业疏解转型，主动与怀来、涿鹿等地区对接，建立合作机制，推动不符合首都功能的企业有序转移和提质增效。大力疏解建材、小商品批发、废品回收市场和企业，制定再生资源回收站点规范经营标准，推动城边村经济转型升级。调减粮田种植面积1万亩，完成禁养区养殖业总体转型工作，严格按环境报案后标准提升规模化养殖水平。严格执行《北京市新增产业的禁止和限制目录》，严格项目准入，对不符合功能定位的产业项目一律不予审批。

积极承接市区优质资源。持续推进与东城、西城、朝阳、海淀合作框架协议落地，争取市中心高端要素和优质产业资源、服务资源、教育资源、医疗资源落户延庆。努力争取中法高翻学院尽快落户延庆。进一步深化区医院与北医三院合作共建力度，创新区中医医院与北京中医医院合作模式，推动紧密型医联体建设，全面提升区级医院医疗服务体系水平。加强与中关村海淀园合作，落实园区合作共建协议，积极引进一批符合绿色发展要求的高科技产业，打造京西北科技创新辐射带。

严格控制人口规模。落实市级要求，制定实施“疏解整治促提升”十大专项行动方案，把各专项行动细化、量化、项目化，切实把人口调控工作做实、做细、做好。注重人口增减分析，紧密关注人口自然增长、户籍机械迁入、两件大事及非首都核心功能疏解等因素对人口增量的影响，科学有效应对，合理控制人口增长。坚持“双调控”，同步安排部门与乡镇（街道）两级任务，切实将人口调控工作融入部门和乡镇（街道）日常工作，推动形成最大工作合力，确保完成全年任务目标。

促进区域协同发展。落实北京市对口帮扶河北省张承环京相关地区工作实施方案，扎实做好与张家口市怀来县结对帮扶工作，重点在交通一体化、生态建设与保护、环境污染治理、产业园共建、人才交流等方面做好对接工作。以过境交通要道、官厅水库库滨带等为重点，加快推进奥运绿色廊道建设，完善永定河流域生态圈建设规划。推进延怀河谷产区、京张体育文化旅游带建设，认真落实与怀来等地协同发展双边协议，不断提升协同发展能力。

（六）明定位、提质量，助推城乡精明增长

牢固树立“规划先行，建管并重”的理念，充分发挥规划的引领控制作用，塑造特色城市风貌，强力推进城乡建设，统筹城乡一体化发展，加强综合治理，提升精细化管理水平，构建体系均衡、运行高效的城乡发展格局。

突出体现规划引领。加快城市总体规划及街区控规编制工作，确定全区功能定位和新城功能定位。不断完善协作规划工作机制，编制完成乡镇域规划，推进美丽乡村规划有效落实。完成规划和国土部门机构整合，推动经济社会、城乡规划、土地利用、生态环境、文物保护“多规合一”，以及市政交通、水资源、文化教育旅游、社会事业等各类规划的衔接。

加快构建宜居新城。完成李四官庄、谷家营、东关地块回迁安置房工程，启动南菜园1-5巷棚改一期回迁房建设，基本完成南辛堡、民主村、百眼泉和小营、石河营棚改征拆工作。积极推动01街区改造，组织开展胜利街、自由街等实施单元的规划设计工作，力争完成棚户区改造1000户以上。推进新华人寿一期、妫河创意产业园项目实施。力争万达城市综合体开工建设。继续实施城区环境提升工程，完成妫川广场风貌改造，启动重点区域夜景照明建设三期工程。

全面启动新型城镇化综合试点。按照第三批国家新型城镇化试点要求，加快推进新型城镇化试点工作。优化城镇建设用地空间，积极盘活存量集体建设用地，稳步推进农民就地就近城镇化。落实精品小镇建设实施意见，建立各乡镇差异发展、协同发展的统筹机制，加快推动4个市级重点镇、2个全国重点小城镇及各乡镇镇区建设，加快建设一批产城融合、生态良好的特色小镇。以科技园区和重点工程带动康庄镇棚户区改造。启动下屯村改造。实施山区搬迁1889户3945人、农宅抗震节能4000户。完成市级美丽乡村创建，推动60个区级美丽乡村建设。稳步组织实施新型农村社区建设，推动延庆镇西北片区11个村集中连片提级改造，加快盘活利用农村宅基地资源，完善基础设施和公共服务配套，推进美丽乡村建设。

持续完善城乡基础设施。继续推进芳荷路、北靳路、湖南路一期、西顺城街等重点道路建设，实现百康路、圣百街、阜康路、世园路、康河路、东姜路、南山环线开工建设。启动世园周边地下综合管廊建设。完成乡镇配电网改造。全面推进智慧延庆建设，新建4G网络基站100个，新增3个重点公共场所公益性免费上网服务。强化城乡基础设施承载能力。

全面提升城乡管理水平。完成城市管理体制改革，设立区级管理机构，做实三网融合，着力构建区乡两级管理体系，推动执法力量下沉，加大对农村地区基础设施运行的投入力度，支持街道乡镇切实承担起城市管理和社会治理的职责。持续整治城乡环境秩序，严厉打击盗采砂石、非法加水、违禁放牧等违法行为，坚决打击违占违建行为，高标准完成土地督察整改任务，确保实现新生违法建设零增长。开展交通环境综合整治专项行动，坚决治理乱停乱放等乱象，有效治理景区、学校、商场等重点领域环境秩序，打造标准样板街。

（七）抓民生、补短板，切实增进民生福祉

坚持共建共享，优化公共资源配置，提升公共服务品质，着力保障和改善民生，提升区域公共文明指数，使全区人民共享绿色发展成果。

加大就业和社会保障力度。健全创业体制机制，持续推动“大众创业、万众创新”，建立创业孵化基地，推进创业带动就业。整合升级公共事业发展和绿色生态建设公益性就业岗位，围绕林业管护和特色农业合作社发展推进“一产员工化”。建立流动人员档案数字化信息系统和多渠道就业信息发布平台，搭建供需双向平台，安置城乡就业困难人员5000人，优化就业服务水平。结合绿色发展大事服务保障需求，组织职业技能培训3000人，新增城镇就业7000人，新增农村劳动力转移就业4000人，将城镇登记失业率控制在4%以内。加大低收入村户帮扶力度，实施低收入村户增收攻坚工程，落实精准帮扶和“六个一批”分类帮扶实施细则，压实结对帮扶责任，加强科技培训，确保低收入农户人均可支配收入同比增长10%。实现低收入村公益事业一事一议项目全覆盖。完成城镇居民基本医疗保险和新型农村合作医疗两项制度整合。不断完善住房保障体系，加大公租房和自住型商品住房建设力度。实施居家养老幸福工程，实现区级养老服务中心正式运营，完善老年营养餐服务体系，推动2个养老服务驿站建设，实现2家养老机构“公建民营”。加大慈善救助力度，完成15所慈善工作站建设，改造特困残疾人、低保和优抚对象危房100户，稳步推进残疾人两项补贴。完成农村饮水健康行动工程，提高山区饮水保障能力。

继续增加公共服务供给。完成第七幼儿园、沈家营幼儿园、刘斌堡中学等工程，推进延庆一职新校区建设，全面普及校园足球、世园冬奥知识和冰雪运动，启动教师五年系统培训计划，加强家庭教育指导，大力提升教育服务水平。加大人才培育、引进和服务力度。完成珍珠泉乡社区卫生服务中心建设，推进区中医医院、区精神卫生保健院建设，强化村级医疗卫生服务体系，招聘村级医生20名，新建村级医务室40个，着力解决农村地区医疗资源缺失问题。完善急救和精神卫生防护体系。加强公共文化服务设施建设力度，推进6个乡镇文化中心建设，完成190个村级文化设施冬季取暖工程，强化文化在区域经济社会发展中的支撑作用，加快推进长城文化带建设，精心组织“推门长城就在屋檐下”系列主题文化活动，加强辽代冶铁遗址以及特色院落、特色村落保护工作，促进民间文化发展，不断提升区域文化软实力。完成3个社区规范化建设示范点、10个农村社会服务管理创新示范点和8个老旧小区自我服务管理试点创建，逐步完善社区公共服务设施。推进自管楼物业交接工作，全面启动停车管理，不断扩大物业改革覆盖范围。

全面提升区域文明程度。着力提高政府服务效能。深入推进“放管服”改革，做好行政审批事项取消承接，全面推进行政审批“一科制”改革。完成行政审批服务大厅建设，推进审批单位进驻，延伸乡镇综合服务中心功能，优化办事流程，缩短审批时间，切实让“信息多跑路、群众少跑腿”。全面梳理直接面向企业和群众的公共服务事项，编制公共服务事项办事指南，健全窗口管理与监督制度，持续开展窗口行业主题教育实践活动，加强队伍建设，推进公共服务规范化、标准化。持续推进商事制度改革，深化“五证合一、一照一码”登记制度改革。决战全国文明城区创建。按照创城指标体系，开展区级文明单位、文明村镇社区、文明家庭、文明校园的评选活动。实施文明引导工程，进一步深化“一十百千万”创城工作格局，持续开展“万人创城志愿”行动。组建志愿服务联合会，不断完善志愿服务体制机制。扎实推动“微承诺、微行动、微志愿”主题实践活动，评选18个生态文明社区（村）、1800户生态文明家庭，着力提升乡风文明建设水平。做好迎接创城终期评估工作，确保圆满完成创建任务，拿到牌子，达到标准。

各位代表，延庆面对的机遇千载难逢，任务异常艰巨，未来无限美好。全区上下将在区委的坚强领导下，在区人大及其常委会的监督和区政协的大力支持下，进一步增强责任感和使命感，凝心聚力，奋勇争先，为加快建设国际一流的生态文明示范区和美丽延庆，以更加优异的成绩迎接党的十九大胜利召开而努力奋斗。

关于北京市延庆区2016年预算执行情况和2017年预算（草案）的报告

——2016年12月20日在北京市延庆区第二届人民代表大会第一次会议上

延庆区财政局

各位代表：

受北京市延庆区人民政府委托，现将延庆区2016年预算执行情况和2017年预算（草案）提请区第二届人民代表大会第一次会议审议，并请区政协各位委员提出意见。

一、2016年预算执行情况

2016年，区政府在区委正确领导及区人大、区政协监督支持下，全区财政工作按照第一次党代会要求，坚持稳中求进工作总基调，牢牢把握生态涵养区功能定位，积极适应经济发展新常态，大力争取市级资金，全区总财力超过百亿元，创历史新高。不断调整优化支出结构，加强财政资金监管，集中财力保基本、保民生、保重点、促发展，圆满完成各项工作任务，全年预算执行情况良好。

（一）一般公共预算执行情况

全区一般公共预算收入完成13.6亿元，同口径增长超过10%，（同口径：完成收入13.6亿元，比《北京市财政局关于区级同口径收入有关事项的通知》中核定的2015年收入基数调整数同口径增长超过10%），其中税收收入完成9.7亿元，非税收入完成3.9亿元；市级补助收入65.67亿元、上年结转收入4亿元、地方政府债券收入10亿元、调入预算稳定调节基金1.96亿元、调入一般公共预算资金1.44亿元（政府性基金预算调入1.44亿元，国有资本经营预算调入51万元），收入合计96.68亿元。

全区一般公共预算支出完成90.9亿元，同比增长8.4%，上解支出796万元，安排预算稳定调节基金1.44亿元，支出合计92.42亿元。收支相抵，结转下年使用4.26亿元。

2016年预备费支出5000万元，按照《预算法》规定，主要用于“6.29”燃气爆燃事故善后处置工作应急处置、抢修部分小区楼栋漏雨、城镇地区垃圾分类及环境监测等民生、应急相关领域支出项目。

（二）政府性基金预算执行情况

全区政府性基金预算收入完成7.1亿元，同比增加6.69亿元，增长16.2倍，收入上涨主要原因是国有土地使用权出让收入大幅增加；市级补助收入5.94亿元、上年结转收入7829万元，收入合计13.83亿元。

全区政府性基金预算支出9.14亿元，同比增长172.8%，上解支出5676万元，政府性基金预算结余超当年收入30%部分调入预算稳定调节基金1.44亿元，支出合计11.15亿元。收支相抵，结转下年使用2.68亿元。

（三）国有资本经营预算执行情况

全区国有资本经营预算收入完成270万元，同比增长8.9%，支出完成219万元，同比下降20.4%，国有资本经营预算收入19%调入补充预算稳定调节基金51万元，支出合计270万元。国有资本经营预算收支平衡。

（四）社会保险基金预算执行情况

社会保险基金预算由市、区共同负责编制，养老、医疗等五项社会保险基金由市级统筹编制预算，区财政只涉及城乡居民基本养老保险和新型农村合作医疗预算编制。全区社会保险基金预算收入5.57亿元（城乡居民基本养老保险基金预算收入3.7亿元，新型农村合作医疗基金预算收入1.87亿元），预算支出4.9亿元（城乡居民基本养老保险基金预算支出3亿元，新型农村合作医疗基金预算支出1.9亿元），本年收支结余6748万元，年末滚存结余7.84亿元。

上述情况是根据预算执行情况进行的初步汇总，在财政决算编制完成后，还会有所变化。

（五）2016年预算执行效果

2016年是"十三五"开局之年，也是世园会园区建设和冬奥会筹办工作全面启动之年。区财政部门立足生态涵养区功能定位，围绕"稳增长、调结构、促改革、惠民生"的各项任务，积极组织财政收入，集中财力保障绿色大事推进，全力保障和改善民生，有力推动全区经济社会平稳发展。

1.攻坚克难实现收入增长。区政府高度重视组织收入工作，努力克服经济下行、2015年资本市场活跃造成的高基数及"营改增"等诸多不利因素，实现一般公共预算收入同比增长。深入开展税源建设工作，一是组建税源建设中心，建立税源建设工作联席会议制度，区政府每月定期召开联席会，对全区税收形势进行分析总结。二是按组收部门和行业主管部门的不同方式分配组收任务，定期通报完成情况，强化各部门的组收意识。三是深入研究"营改增"相关政策及"跨区迁移协调机制政策"对我区的影响及应对措施。四是以税源建设工作小组为依托，构建"一企一策"税源服务体系，优化招商引资环境，重点税源户支撑作用突显，新落户企业中国农发重点建设基金有限公司全年共缴纳各项税费2.6亿元，为我区财政收入提供有力支撑。

2.稳步推进绿色大事筹办。全区共投入资金10.2亿元，支持世园会和冬奥会筹办工作。稳步开展世园会市政配套工程拆迁、世园会周边绿化建设工程及地上物补偿等工作，推进围栏区开工建设，世园会筹办工作全面启动。配合组建冬奥组委延庆运行中心，加速推动冰雪产业发展，努力营造迎冬奥良好氛围，打造"冰雪之城"品牌，地区知名度和影响力不断提升。加速推进城西再生水厂工程、污泥处置工程、乡镇污水厂站建设、中小河道治理工程及配套管网一期项目等水环境治理工程，有力保障世园会外围基础设施建设。全力推动京张高铁、兴延高速实现开工，推进张山营交通综合场站建设、八方达延庆分公司公交线路运营、"村村通"公交实现全覆盖，城乡路网不断完善，为绿色大事筹办提供交通保障。完成八达岭长城、龙庆峡等11家景区公共服务设施升级改造，挖掘乡村旅游新特色，举办"百合文化节"等一系列园艺展会活动，全力打造"美丽延庆"旅游品牌，激发区域发展活力。

3.大力发展生态环境建设。全区共投入资金9.4亿元，以创建全国文明城区为抓手，结合生态涵养区功能定位，全面开展大气污染防治工作，大力支持环境保护重点工程，涵养生态环境，为筹办绿色大事创造良好条件。持续推进京津风沙源治理、八达岭2兆瓦屋顶太阳能光伏发电系统金太阳示范工程、工业污染企业调整退出奖励、燃煤锅炉清洁能源改造、外埠过境大货车排气监测系统建设、农村地区减煤换煤等项目，节能环保工作扎实推进。支持高标准基本农田建设、农村地区环境卫生运行等农业环境建设重点项目；增加雨污分流改造内容，顺利完成3个小区的雨污分流改造工程；支持南菜园1-5巷等棚户区改造项目，城乡社区建设不断完善。大力开展平原造林、国家重点公益林管护、"五河十路"绿色通道生态林建设、林业重点工程租地、生态公益林生态效益补偿、水库移民后期扶持、生态清洁小流域综合治理、节水与水资源保护等重点项目，区域生态发展水平不断提升。

4.持续加大民生福祉投入。全区共投入资金7.6亿元，社会保障和就业工作持续深入。切实保障城乡居民及无保障老人养老补贴、城乡劳动力就业岗位补贴及社会保险补贴等惠民政策落实到位；认真贯彻农民生态就业岗位补贴、低收入村户帮扶及各项精准扶贫政策，农民增收得到有效保障。投入资金2.7亿元，医疗卫生事业蓬勃发展。完成区医院改扩建工程，逐步改善就医环境，持续支持新型农村合作医疗，支持推进市、区、乡镇三级医疗资源的共享与优势互补，有效提升区域医疗水平和服务能力。投入资金6.2亿元，教育事业发展水平不断提升。完成第七幼儿园、沈家营幼儿园等教育基础设施建设工程；加强全国青少年校园足球试点区建设，5所学校被教育部认定为全国青少年校园足球特色学校，教育软、硬件水平均进一步提高。投入资金1.4亿元，积极推进乡镇文化中心建设及基础公共文化设施采暖工程，购置农村文化设备，开展具有延庆特色的群众活动，持续开展农村文艺演出星火工程、百姓周末大舞台等品牌活动，群众文化体育生活不断丰富，文化体育事业稳步推进。

（六）推进财税改革情况

按照中央及北京市相关工作部署，不断加强财政收支的统筹管理和使用，深化预算管理改革，推进建立全面规范、公开透明的预算管理体系，切实维护全区群众公共利益。

1.建章立制，财政管理能力日益增强。制定印发《关于加大对乡镇投入力度加强乡镇财政资金管理的意见（试行）》，进一步加大对乡镇财政投入力度，提高乡镇财政自给能力和资金统筹能力，加强财政资金监管，遵循乡镇事权与财力相匹配和差异化转移支付原则，充分发挥财政资金在城镇管理中的引导和促进作用，基层执政能力逐步加强。加快推进我区政府投资项目库建设工作，落实新修订的《延庆区政府投资项目管理暂行办法》，制定《政府投资项目库建设实施意见》，指导各部门政府投资项目库建设工作，全区政府投资项目管理更加规范。完善政府投资项目评审，成立了投资评审中心，委托中介评审机构加强评审工作，制定了《财政投资项目评审管理暂行办法》，对财政投资预算评审、决（结）算评审、全过程跟踪评审和专项评审等工作明确评审流程，为财政资金合理使用奠定了基础。

2.深化预算改革，财政资金使用效益不断提升。围绕部门预算编制和财政预算执行，不断加强财政资金管理，提升财政资金使用效益。强化部门预算编制管理，组织全区83个一级预算单位召开2017年部门预算编制动员部署会，提高部门对预算编制的重视程度，进一步规范预算编制内容和程序。提高部门预算公用经费定额标准，在充分考虑预算财力承受能力和部门实际情况的基础上，将部门预算公用经费定额标准提高一倍，切实满足了全区各行政事业单位的正常运行。围绕世园会建设等重点工程，积极研究政府与社会资本合作（PPP）等融资模式，发挥地方财政对社会资本的撬动作用。多措并举加快财政支出和盘活存量资金进度，制定并印发《关于进一步加强部门预算执行管理的通知》和《北京市延庆区财政局关于做好2016年全区财政增收节支工作的通知》，对支出及盘活财政存量资金进度缓慢的部门及时通报约谈，敦促部门加快支出进度。严格落实行政事业单位财政性结余资金管理办法，通过定期摸底通报、收回部门结余等方式，加大盘活存量力度，消化存量进度达到90%，完成了政府绩效考评目标。

3.强化资金监管，财政资金运行更加规范高效。以会计规范化检查和财政预决算公开为抓手，加强财政资金监督管理，保障财政资金安全高效运行。开展财务会计规范化检查工作，对66个一级预算单位会计基础工作、内控制度建设、预决算公开、专项资金及财政票据管理和使用五个方面进行检查，通过各单位自查、重点检查、情况通报和问题整改等工作环节，进一步夯实基层会计工作，提升财务管理水平，全区财政资金管理更加规范。依法推进财政信息公开，认真执行《预算法》，按照“公开是原则、不公开是例外”的要求，不断加快财政信息公开步伐，实现除法定涉密信息外，所有使用财政拨款的部门均在法定时限内通过政府信息公开网站公开本部门预决算和“三公”经费预决算，强化部门的公开主体责任和自我监督意识，促使预决算在阳光下运行，广泛接受社会监督。

4.加强债务管理，债务风险控制在合理水平。国务院政府性债务管理相关规定，赋予地方政府依法适度举债权限并纳入预算管理，举债方式为政府债券，债务规模实行限额管理，注意风险控制。我区根据财力状况适度举债，新增政府债券资金10亿元（全部为一般债务），主要用于世园会道路建设及环境综合整治、妫河水质提升、园林景观建设等项目。全区政府债务余额为19.6亿元（其中一般债务19.3亿元，专项债务0.3亿元），控制在经市政府批准的政府债务限额19.97亿元（其中一般债务19.48亿元，专项债务0.49亿元）内，既满足地方发展需要，又合理控制地方债务，政府债务风险平稳可控。

5.加强政府采购及政府购买服务管理，深化政府公共服务职能。加强政府采购机构建设，完善政府采购工作。单独设立政府采购办公室，贯彻落实《政府采购法》和《政府采购法实施条例》，积极发挥政府采购在提高资金使用效益、促进廉政建设等方面的重要作用，全年政府采购支出达到8.3亿元。探索政府购买服务方式，提升公共服务水平。制定印发《延庆区区级政府向社会力量购买服务预算管理暂行办法》，进一步转变政府职能，创新公共服务供给模式，加强政府购买服务项目预算管理，提高财政资金使用效益。

2016年是“十三五”规划开局之年，财政工作紧紧围绕绿色大事筹办、经济建设、生态建设、社会建设，充分发挥财政职能作用，攻坚克难，积极筹措资金，深化预算改革，不断改进预算管理方式，为全区经济社会平稳健康发展奠定坚实基础。在取得成绩的同时，也应该认识到我区仍存在着产业结构不尽合理、实体经济贡献偏低及乡镇经济基础薄弱等问题，需要在以后年度加以关注并逐步解决。

二、2017年预算（草案）

2017年预算编制和财政工作的总体思路是：全面贯彻中央全会精神，认真落实中央、市委、区委决策部署，紧密围绕创新、协调、绿色、开放、共享的发展理念，坚持稳中求进、改革创新，着力提升财源建设能力，调整优化支出结构，集中财力“保基本、保民生、保重点、促发展”，全面贯彻落实《预算法》，完善预算管理体系，加强财政资金监督，深化依法理财，努力构建全面规范、公开透明的预算制度，奋力向建设国际一流的生态文明示范区迈出更加坚实步伐。

按照上述工作思路，根据全区经济发展状况和“十三五”时期财政收入增长目标编制财政收入预算；结合全区经济社会发展需求，按照统筹兼顾、勤俭节约、量入为出的原则，统筹安排财政支出预算。具体安排情况如下：

（一）2017年预算的总体安排

1.一般公共预算安排情况。全区一般公共预算财力75.94亿元，比上年预算的73.08亿元增加2.86亿元，同比增长3.9%。主要构成是：一是区级一般公共预算财力为53.84亿元，比上年预算的49.63亿元增加4.21亿元，同比增长8.5%。其中一般公共预算收入14.42亿元（税收收入11.92亿元，非税收入2.5亿元），比2016年全区一般公共预算收入13.6亿元增长6%。二是市级提前告知一般公共预算财力22.1亿元，比上年预算的23.45亿元减少1.35亿元，同比下降5.8%。

全区一般公共预算支出75.94亿元，比上年预算的73.08亿元增加2.86亿元，同比增长3.9%。一般公共预算收支平衡。其中预备费5400万元，占区级预算支出的1%，符合《预算法》的要求。另外2017年预计将预算稳定调节基金14442万元调入一般公共预算安排支出使用。

2.政府性基金预算安排情况。全区政府性基金收入预算是综合考虑往年基金收入预算执行等因素编制。支出预算按照以收定支、收支平衡、专款专用原则编制。

全区政府性基金预算财力4725万元，比上年预算的1.39亿元减少9168万元。其中区级政府性基金预算收入3400万元，与上年预算持平；市级提前告知政府性基金预算财力1325万元，比上年预算1.05亿元减少9168万元，同比下降87.4%。全区政府性基金预算支出4725万元，比上年预算的1.4亿元减少9168万元。政府性基金预算收支平衡。

3.国有资本经营预算安排情况。全区国有资本经营预算收入310万元，比上年预算的225万元增加85万元，增长37.8%。全区国有资本经营预算支出310万元，比上年预算的225万元增加85万元，增长37.8%，主要用于国有企业升级改造工程。国有资本经营预算收支平衡。

4.社会保险基金预算安排情况。社会保险基金预算由市、区共同负责编制，养老、医疗等五项社会保险基金由市级统筹预算编制，区财政只涉及城乡居民基本养老保险和新型农村合作医疗预算编制。全区社会保险基金预算收入6.09亿元（城乡居民基本养老保险基金预算收入4.22亿元，新型农村合作医疗基金预算收入1.88亿元），预算支出5.68亿元（城乡居民基本养老保险基金预算支出3.59亿元，新型农村合作医疗基金预算支出2.09亿元），本年收支结余4140万元，年末滚存结余8.25亿元。

（二）2017年预算主要支出方向

2017年财政预算安排紧密围绕创新、协调、绿色、开放、共享的发展理念，聚焦绿色发展大事和全区重点工作，统筹安排财政政策资金，不断优化支出结构，切实推动“美丽延庆”建设，确保全区各项事业协调发展。

1.全力保障绿色发展大事，支持区域创新发展。大力支持世园会前期筹办工作，积极筹措资金加强园区外围基础设施建设，支持京张高铁、兴延高速和其他路网、园区周边城乡绿化、环境整治提升等工程，继续推进城西再生水厂、雨污分流改造等水环境治理工程开工建设，着力提升乡村旅游接待服务能力，营造良好的办会基础设施环境。积极推进现代园艺产业集聚区（HBD）建设，有针对性地引进符合延庆区域及产业定位的园艺企业，全面带动区域经济产业发展。大力筹措资金，支持冬奥会前期筹办工作，继续落实“一轴两翼”布局，力促冰雪产业项目发展，着力打造京张体育文化旅游带，广泛传播冰雪文化，营造良好的迎冬奥氛围。

2.加大生态环境建设投入力度，支持区域绿色发展。计划安排节能环保支出1.81亿元和农林水支出9.15亿元，支持区域绿化和空气质量改善，不断提升全区生态环境质量，巩固区域绿色发展成果。一是安排资金1.32亿元，继续推进大气污染防治工作，落实清洁空气计划，支持煤改清洁能源、减煤换煤及燃煤锅炉清洁能源改造等节能环保改造工程，支持清洁小流域、节水型社会建设及农村污水处理，着力提升区域空气、水环境质量。二是安排资金5.16亿元，推进世园会周边绿化建设、平原地区绿化造林、“五河十路”绿色通道生态林管护、林业重点工程租地等营林造林管护工程，营造优美生态环境，提升区域绿化美化水平。

3.着力改善居民生活水平，支持民生共享发展。切实加大财政投入力度保障和改善民生，不断提高群众生活幸福度。一是安排社会保障和就业支出11.01亿元。其中安排资金3.27亿元支持城乡居民就业，用于农民生态就业、城乡劳动力、社会保险等补贴，社区公益性就业组织补贴，打造城乡就业新局面。安排资金5.89亿元持续保障弱势群体生活，落实城乡低保、农村五保、城乡基础养老金、福利养老金、残疾人补贴等各类困难群众补贴资金，加大低收入村户帮扶力度，提升困难群众生活水平。二是安排医疗卫生和计划生育支出5.78亿元，落实乡村医生工资、新型农村合作医疗和城镇居民医疗保险补贴，加大弱势群体医疗救助力度，继续支持医疗卫生改革，不断提升城乡医疗卫生服务和保障水平。三是安排文化体育与传媒支出2.47亿元，加强文物及历史文化保护和基层公共文化建设，支持国际马球公开赛、国际自盟自行车越野分站赛、第五届北京国际自行车骑游大会、农村文艺演出星火工程、地方特色文化活动等品牌文体活动，丰富群众文体生活。四是安排教育支出14.44亿元，落实教育减免政策，全面实施素质教育和基础教育综合改革，加强教师队伍建设，拓展基础教育资源，全面提升区域教育软、硬件水平。五是积极筹措资金，大力支持生活服务业提升、物业改革和社会建设，推进社区居住环境改善，提升社会服务水平和社会治理能力。

4.提升区域产业发展质量，支持经济开放发展。安排产业引导资金，推动一二三产融合发展，打造延庆产业品牌，激活区域发展活力。一是以创建国家全域旅游示范区为契机做强三产，支持旅游业高端休闲化发展，积极筹措资金，支持乡村旅游、节庆活动、重点景区基础设施和接待服务水平提升，全力推动旅游产业转型升级。二是以中关村延庆园发展为引擎带动，加大财政投入力度，以创新驱动为核心做优二产，强化企业创新主体地位，支持完善创业创新政策环境，增强创新发展能力。三是以都市型现代农业为重点做精一产，安排资金2.8亿元，支持小型农田水利重点区建设、少数民族经济发展、农业综合开发和基本菜田建设、一事一议财政奖补、水库移民后期扶持等农业发展资金，不断提升区域农业发展水平。

5.推进城乡基础设施建设，支持城乡协调发展。计划安排城乡社区支出4.31亿元和交通运输支出9074万元，加快推进城乡基础设施建设，打造宜居宜游新城。一是安排资金9786万元，落实乡村公路建养补助和市政设施维护费，支持八方达延庆分公司公交线路、综合检查站和电动出租车运营经费，继续支持道路、公共交通设施的运营和建设，区域基础设施得到有效优化。二是积极筹措资金，继续落实城乡环境卫生维护经费，推进垃圾分类和道路清扫保洁除雪设备购置更新，逐步改善城乡居民生活卫生环境。三是安排资金2.82亿元，切实保障农村抗震节能、山区地质灾害易发区及生存条件恶劣地区农民搬迁等工作顺利推进，支持启动南菜园1-5巷棚户区改造回迁房建设等工作，改善城乡居民居住和生活环境。四是借助筹办绿色大事契机，积极筹集资金，继续推进世园会周边及区域重点道路建设工程，加强新城规划建设、精品小镇建设及美丽乡村等工作。

三、贯彻落实《预算法》要求，深化财税体制改革，确保实现2017年预算目标

根据上述财政收支预算安排情况，2017年财政工作将坚持“统筹、规范、创新”的工作理念，重点围绕财政收支、预算执行管理和财政资金监管，不断提高财政保障能力和依法理财能力，切实保障全区各项经济社会事业稳步发展。

（一）积极组织财力，提高政府科学聚财水平

面对新常态下经济增速放缓的严峻形势，紧抓绿色发展大事和京津冀协同发展机遇，继续把组收放在突出位置，促进全区财政收入持续稳定增长。统筹市级资金、社会资本和存量资金等各项资金，通过多渠道筹集资金，进一步提升财政平衡能力，为各项事业发展提供坚实的财力保障。

1.加强财源建设，全力保障完成收入任务。充分发挥税源建设中心职能作用，进一步加强组收部门的协调联动机制，加强税收动态监控，强化纳税服务，确保实现应收尽收。切实抓住京津冀协同发展机遇，加强财源税基建设，培植现有税源发展壮大，在留住现有税源的基础上，加快引入新的税源企业，促进收入结构优化和平稳增长。

2.争取市级资金，增强财政综合保障能力。围绕我区世园会、冬奥会等重点项目和市级资金支持方向，找准切入点，加快建成区级滚动项目库，不断完善项目投资评审机制，提

高项目竞争力。发挥部门联动作用，落实各部门争取项目资金责任制，提高项目申报质量。紧密关注上级部门财税体制改革动向。结合延庆区功能定位和自身特殊利益诉求，与市级部门沟通对接，力求我区在市级完善转移支付制度中利益最佳。

3.创新融资方式，多渠道筹集资金。转变观念，创新理财思路，发挥政府资金引导作用，引入社会资本，切实缓解政府资金压力。积极争取市级新增政府债券支持，围绕世园会、冬奥会等重点项目，切实做好新增债券项目申报工作，为我区重大项目提供资金保障。探索政府和社会资本合作（PPP）融资模式，撬动社会资本，拓宽世园会、冬奥会等融资渠道，有力保障绿色大事稳步推进。

4.盘活存量资金，注重统筹聚力。继续盘活财政存量资金，严格落实行政事业单位财政性结余资金管理办法，按规定收回盘活部门存量资金，大力压缩区财政存量资金规模。切实加快财政支出进度，避免形成新增存量资金。完善监督机制，最大限度地激活财政资金存量，为地方经济社会可持续发展增添内生动力。

（二）加强财政预算管理，提升政府理财科学化精细化水平

以规范预算执行管理和深化财政改革为核心，不断加强财政预算规范化管理，深入推进各项财政改革，不断提升政府理财科学化精细化水平。

1.规范预算执行管理，提升财政资金使用效益。严格执行《预算法》，进一步加快财政支出和盘活存量资金进度，落实加快支出进度各项措施，切实保障全区重点任务开展。继续加强财政支出管理，提高支出管理的针对性，加大财政业务培训和指导力度，逐步规范部门财务管理。完善专项资金管理机制，规范资金使用，认真落实大额专项资金管理办法等制度，强化预算刚性约束机制。制定并印发《北京市延庆区重大项目征地拆迁资金管理暂行办法》，加强征拆资金的使用和监督管理，切实维护群众利益，提高财政资金使用的安全性和有效性。

2.创新财政管理，推进预算管理改革。深入研究财税体制改革，充分发挥财政在区域发展中的重要支撑作用，以财政改革带动其他领域改革。深化全口径预算改革，不断完善预算管理体系，积极完善以绩效为导向的财政管理模式，完善事前评估和事后问效的全过程绩效管理，加强项目前期评审，建立评价结果与预算编制相挂钩的机制，提升财政资金使用效益。深化国库管理制度改革，积极开展国库集中支付电子化改革工作，实现财政资金运转更加安全高效。落实《延庆区政府投资项目管理暂行办法》和《政府投资项目库建设实施意见》，进一步完善和落实政府投资项目库建设工作，探索建立三年滚动项目库，切实发挥好项目库在全区经济社会发展中的重要作用，大力争取市级资金。加强政府采购管理，安排政府采购支出预算7.5亿元。推进政府购买服务、政府和社会资本合作模式（PPP）等改革，完善相关政策和指导性目录，搭建政府购买服务中介平台，充分发挥项目单位的主体责任，有效引导社会资本服务区域经济社会建设。

（三）加强资金监督管理，提升政府依法理财水平

加大资金使用监督检查力度，强化各部门在预算执行中的主体责任，发挥财政监督作用，促进政府治理体系现代化。建立财务规范化检查机制，继续加强基层单位财政财务规范化检查力度，以监督检查督促部门规范财务管理，不断提高财政资金源头反腐力度。加快推进基层单位会计集中核算工作，逐步统一全区会计财务核算软件，进一步加强基层单位会计培训工作，提高基层会计工作的合规性和规范性。深化预决算信息公开，逐步将乡镇政府财政财务信息纳入公开范围，进一步细化和规范公开内容，让财政资金在阳光下运行，大力压缩“三公”经费等一般性支出，推进“三公”经费管理的长期化、规范化、制度化。

2017年是贯彻落实“十三五”规划非常重要的一年，区政府将紧抓世园会、冬奥会等历史性绿色发展机遇，积极筹措资金，优化财政支出结构，切实保障各项工作稳步推进，为建设国际一流的生态文明示范区和美丽延庆而努力奋斗。

（责任编辑：张　鹏）

中共延庆区委主要文件目录

中共延庆区委文件

京延发〔2016〕1号　关于印发《中共北京市延庆区委关于制定北京市延庆区国民经济和社会发展第十三个五年规划的建议》的通知

京延发〔2016〕2号　中共北京市延庆区委北京市延庆区人民政府关于表彰2015年度工作考核先进单位的决定

京延发〔2016〕3号　中共北京市延庆区委关于印发《区委常委会2016年工作要点》的通知

京延发〔2016〕4号　中共北京市延庆区委北京市延庆区人民政府关于印发《2016年北京市延庆区落实党风廉政建设“两个责任”重点工作任务清单》的通知

京延发〔2016〕5号　关于印发《2016年北京市延庆区委区政府重点工作折子工程任务书》的通知

京延发〔2016〕6号　关于印发《北京市延庆区推进义务教育优质均衡发展的实施意见》的通知

京延发〔2016〕7号　关于转发《中共北京市延庆区人大常委会党组关于加强区、乡镇人大工作和建设的若干意见》的通知

京延发〔2016〕8号　关于印发《中共北京市延庆区第一届委员会常务委员会委员工作分工》的通知

京延发〔2016〕9号　中共北京市延庆区委关于做好2016年乡镇领导班子换届工作的意见

京延发〔2016〕10号　中共北京市延庆区委北京市延庆区人民政府关于印发《延庆区推进“十三五”时期低收入农户增收及低收入村发展实施意见》的通知

京延发〔2016〕11号　中共北京市延庆区委北京市延庆区人民政府关于印发《北京市延庆区“十三五”时期人才事业发展规划（2016－2020年）》的通知

京延发〔2016〕12号　中共北京市延庆区委北京市延庆区人民政府关于印发《延庆区推进法治延庆建设工作实施意见》的通知

京延发〔2016〕13号　中共北京市延庆区委北京市延庆区人民政府关于印发《延庆区进一步加强法治宣传教育工作实施意见》的通知

京延发〔2016〕14号　中共北京市延庆区委北京市延庆区人民政府北京市延庆区人民武装部关于印发北京市延庆区深入推进人民防空改革发展实施方案的通知

京延发〔2016〕15号　中共北京市延庆区委转发《中共北京市延庆区人大常委会党组关于做好区、乡镇两级人民代表大会换届选举工作的意见》的通知

京延发〔2016〕16号　中共北京市延庆区委北京市延庆区人民政府关于转发《区委宣传部区司法局关于在全区开展法治宣传教育的第七个五年规划（2016—2020年）》的通知

京延发〔2016〕17号　中共北京市延庆区委北京市延庆区人民政府关于印发《延庆区大气污染防治工作强化措施（2016—2017年）实施方案》的通知"

京延发〔2016〕18号　中共北京市延庆区委北京市延庆区人民政府关于印发《紧抓重大机遇加快延庆新城规划建设管理的实施意见》的通知"

京延发〔2016〕19号　中共北京市延庆区委延庆区人民政府印发《关于落实新发展理念、全面推动新时期城乡一体化发展的实施意见》的通知

京延发〔2016〕20号　中共北京市延庆区委延庆区人民政府印发《关于进一步深化区属国资国企改革的意见》的通知

京延发〔2016〕21号　中共北京市延庆区委延庆区人民政府印发《北京市延庆区环境保护工作职责分工意见》的通知

京延发〔2016〕22号　中共北京市延庆区委延庆区人民政府印发《关于加强和促进志愿服务工作的意见》的通知

京延发〔2016〕23号　中共北京市延庆区委关于印发二届区委常委工作分工的通知

京延发〔2016〕24号　中共北京市延庆区委印发《关于加强和改进新形势下党校工作的实施意见》的通知

京延发〔2016〕25号　中共北京市延庆区委印发《李志军同志在中国共产党北京市延庆区第二次代表大会上的报告》的通知

中共延庆区委办公室文件

京延办发〔2016〕1号　中共北京市延庆区委办公室北京市延庆区人民政府办公室关于加强春节期间全区值守应急和社会安全稳定工作的通知

京延办发〔2016〕2号　中共北京市延庆区委办公室北京市延庆区人民政府办公室关于加强全国“两会”期间全区公共安全和应急管理工作的通知

京延办发〔2016〕3号　中共北京市延庆区委办公室北京市延庆区人民政府办公室关于认真做好北京市延庆区第十届村民委员会选举工作的通知

京延办发〔2016〕6号　中共北京市延庆区委办公室关于印发《北京市延庆区2016年政党协商计划》的通知

京延办发〔2016〕7号　中共北京市延庆区委办公室印发《关于进一步加强政协协商民主建设的实施意见》的通知

京延办发〔2016〕8号　中共北京市延庆区委办公室北京市延庆区人民政府办公室印发《关于建立全区政策统筹机制进一步加强政策研究与创新的办法》的通知

京延办发〔2016〕9号　中共北京市延庆区委办公室关于印发《北京市延庆区政协2016年协商工作计划》的通知

京延办发〔2016〕10号　中共北京市延庆区委办公室关于印发《区委常委会2016年议题计划》的通知

京延办发〔2016〕11号　中共北京市延庆区委办公室印发《关于在全体党员中开展“学党章党规、学系列讲话，做合格党员”学习教育的实施方案》的通知

京延办发〔2016〕13号　中共北京市延庆区委办公室北京市延庆区人民政府办公室关于健全重大事项合法性审查工作机制的通知

京延办发〔2016〕14号　中共北京市延庆区委办公室北京市延庆区人民政府办公室印发《关于推进低收入农户增收及低收入村发展任务分工方案》的通知

京延办发〔2016〕15号	中共北京市延庆区委办公室北京市延庆区人民政府办公室印发《关于落实〈进一步深化区属国资国企改革的意见〉的实施方案（2016—2017）年》的通知
京延办发〔2016〕16号	中共北京市延庆区委办公室北京市延庆区人民政府办公室关于印发《延庆区落实北京市地方志事业发展规划纲要（2016—2020年）实施方案》的通知
京延办发〔2016〕17号	中共北京市延庆区委办公室关于印发《延庆区工商联（商会）2016年换届工作实施方案》的通知
京延办发〔2016〕18号	中共北京市延庆区委办公室印发《关于加强延庆区纪委派驻机构建设的实施意见》通知
京延办发〔2016〕19号	中共北京市延庆区委办公室关于印发《延庆区纪委派驻纪检组组长、副组长提名考察办法》通知

延庆区人民政府主要文件目录

延庆区人民政府文件

延政发〔2016〕1号	关于印发《政府工作报告》的通知
延政发〔2016〕3号	关于遏止抢栽抢种抢建行为的通告
延政发〔2016〕4号	关于遏止抢栽抢种树木苗木行为的通告
延政发〔2016〕5号	关于严厉打击违法用地违法建设行为的通告
延政发〔2016〕7号	关于印发延庆区2016年度保障性安居工程用地供应计划的通知
延政发〔2016〕11号	关于印发延庆区重大项目征占流转土地及地上物补偿指导意见的通知
延政发〔2016〕12号	关于进一步完善本区临时救助制度相关事项的通知
延政发〔2016〕13号	关于开展第三次全国农业普查工作的通知
延政发〔2016〕14号	关于进一步加强和改进行政执法工作的意见
延政发〔2016〕17号	关于建立区政府部门权力清单责任清单制度的通知
延政发〔2016〕18号	关于印发延庆区推进安全预防控制体系建设实施方案的通知
延政发〔2016〕20号	关于印发《北京市延庆区水污染防治工作方案》及2016年重点任务分解的通知
延政发〔2016〕21号	关于完善“五河十路”绿色通到生态用地及管护改革的通知
延政发〔2016〕22号	关于印发《北京市延庆区进一步加快污水治理和再生水利用工作三年行动方案（2016年7月—2019年6月）》的通知
延政发〔2016〕23号	关于开展农村集体经济合同清理规范专项行动的通告
延政发〔2016〕24号	关于印发《延庆区机关事业单位工作人员养老保险制度改革工作实施方案》的通知

延政发〔2016〕30号　关于严厉打击建设销售“小产权房”行为的通告
延政发〔2016〕31号　关于进一步优化延庆区市场消费环境的意见
延政发〔2016〕32号　关于印发《现代园艺产业集聚区综合规划》的通知
延政发〔2016〕33号　关于取消和承接一批行政审批事项的通知
延政发〔2016〕34号　关于印发落实粮食安全区长责任制实施方案的通知
延政发〔2016〕35号　关于印发水环境治理行动方案（2016年7月—2019年6月）的通知
延政发〔2016〕36号　关于促进低收入农户增收及低收入村发展若干政策的通知
延政发〔2016〕38号　关于印发《进一步深化中关村延庆园机构改革实施方案》的通知
延政发〔2016〕39号　关于印发《延庆区“十三五”时期会展业发展规划》的通知
延政发〔2016〕40号　关于印发《北京市延庆区国民经济和社会发展第十三个五年规划纲要主要目标和分工方案》和《北京市国民经济和社会发展第十三个五年规划纲要（延庆部分）主要目标和分工方案》的通知
延政发〔2016〕41号　关于印发《北京市延庆区“十三五”时期能源发展规划》的通知
延政发〔2016〕42号　关于印发《延庆区“十三五”时期商业服务业发展规划》的通知
延政发〔2016〕43号　关于印发延庆区生活性服务业品质提升三年行动计划的通知
延政发〔2016〕44号　关于2016—2017年度森林防火的通告
延政发〔2016〕50号　关于印发2016年推进简政放权放管结合优化服务改革工作实施方案的通知
延政发〔2016〕51号　关于印发《北京市延庆区人民政府工作规则》的通知
延政发〔2016〕53号　关于印发《北京市延庆区“十三五”时期体育发展规划》的通知
延政发〔2016〕54号　关于印发加快冰雪运动发展意见（2016—2022年）的通知
延政发〔2016〕55号　关于印发《北京2022年冬奥会和冬残奥会带动延庆冰雪产业发展战略规划》的通知
延政发〔2016〕56号　关于完善公共租赁住房租金补贴政策的通知
延政发〔2016〕57号　关于市场租房补贴申请条件及市场租房补贴标准有关问题的通知
延政发〔2016〕58号　关于印发“十三五”时期环境保护和生态建设规划的通知
延政发〔2016〕59号　关于印发《北京市延庆区空气重污染应急预案（2016年修订）》的通知
延政发（2016) 60号　北京市延庆区人民政府关于印发农民培训就业增收“十三五”发展规划的通知
延政发（2016）61号　北京市延庆区人民政府关于印发《延庆水体达标方案》的通知
延政发（2016）62号　关于冯玉青同志任职的通知

延庆区人民政府办公室文件

延政办发〔2016〕1号　关于印发网格化环境监管方案（试行）的通知
延政办发〔2016〕2号　关于印发区政府领导工作分工的通知
延政办发〔2016〕3号　关于成立延庆区打击违法占地违法建设联合执法队伍的通知
延政办发〔2016〕4号　关于成立延庆区“小产权房”案件联合调查组的通知
延政办发〔2016〕5号　关于印发北京市延庆区政务服务中心主要职责内设机构和人员编制规定的通知

延政办发〔2016〕6号 关于印发北京市延庆区民政局（北京市延庆区民族宗教事务办公室）主要职责内设机构和人员编制规定的通知
延政办发〔2016〕7号 关于印发《北京市延庆区社会信用体系建设三年行动计划（2015—2017年）》的通知
延政办发〔2016〕8号 关于印发北海英京市延庆区智慧延庆建设项目管理办法的通知
延政办发〔2016〕9号 关于印发《延庆区2013—2017年清洁空气行动计划重点任务分解2016年工作措施》的通知
延政办发〔2016〕10号 关于印发延庆区开展无照无证餐饮单位综合治理工作方案的通知
延政办发〔2016〕12号 印发关于加强全区政务服务窗口行业人员队伍建设实施意见的通知
延政办发〔2016〕13号 关于印发2016年区政府常务会议议题计划安排的通知
延政办发〔2016〕14号 关于印发延庆区推广随机抽查规范事中事后监管工作实施方案的通知
延政办发〔2016〕15号 关于印发延庆区2016年固定资产投资任务分解方案的通知
延政办发〔2016〕16号 转发区教委关于北京市延庆区2016年非京籍儿童少年入学证明证件材料审核实施细则的通知
延政办发〔2016〕17号 关于印发延庆区推进京津冀协同发展2016年工作要点的通知
延政办发〔2016〕18号 关于印发《北京市延庆区农村村民个人原有宅基地房屋建设管理办法（试行）》的通知
延政办发〔2016〕19号 关于印发2016年政府自身建设工作要点的通知
延政办发〔2016〕20号 关于开展区政府文件清理工作的通知
延政办发〔2016〕21号 关于印发《北京市延庆区简化优化公共服务流程方便基层群众办事创业工作方案》的通知
延政办发〔2016〕22号 关于印发延庆区农村集体经济合同清理规范专项行动工作方案的通知
延政办发〔2016〕23号 关于印发《政府投资项目管理暂行办法》的通知
延政办发〔2016〕24号 关于印发延庆区清理整治违法违规排污及生产经营行为工作实施方案的通知
延政办发〔2016〕25号 关于印发延庆区财政资金和国有资产审计监督协调暂行办法（试行）的通知
延政办发〔2016〕26号 关于印发延庆区2016年“煤改清洁能源”和“减煤换煤”工作指导意见的通知
延政办发〔2016〕27号 关于印发夏季烧烤类食品经营违法行为查处职权划分意见的通知
延政办发〔2016〕28号 关于印发协作规划工作实施意见的通知
延政办发〔2016〕29号 关于印发延庆区美丽乡村示范村工作方案的通知
延政办发〔2016〕30号 关于印发《延庆区2016—2018年燃煤锅炉清洁能源改造工作方案》的通知
延政办发〔2016〕31号 关于印发《延庆区小额财政性资金工程建设及货物、服务采购管理办法（试行）》的通知
延政办发〔2016〕32号 关于印发《延庆区新型农村合作医疗管理机构移交接收工作实施方案》的通知
延政办发〔2016〕33号 关于印发《延庆区工业稳增长调结构增效益重点任务分工方案》的通知
延政办发〔2016〕34号 关于印发加强廉洁政府建设工作方案的通知
延政办发〔2016〕35号 转发区农业局区园林绿化局延庆国土分局关于《延庆区设施农业项目用地备案管理办法（暂行）》的通知

延政办发〔2016〕36号 关于印发实行河湖生态环境管理“河长制”工作方案（试行）的通知
延政办发〔2016〕37号 关于印发加大对乡镇投入力度加强乡镇财政资金管理意见（试行）的通知
延政办发〔2016〕38号 关于印发水环境乡镇跨界断面补偿办法（试行）的通知
延政办发〔2016〕39号 关于印发《贯彻落实质量发展纲要实施意见2016年行动方案》的通知
延政办发〔2016〕40号 关于印发进一步加强烟花爆竹燃放管理专项整治工作方案的通知
延政办发〔2016〕41号 关于印发2016年度延庆区政府挂账督办区域性火灾隐患的通知
延政办发〔2016〕42号 关于印发2016年国家重点生态功能区县域生态环境质量考核工作实施方案的通知
延政办发〔2016〕43号 关于印发管水员队伍改革实施方案的通知
延政办发〔2016〕44号 关于印发农业水价综合改革实施方案的通知
延政办发〔2016〕45号 关于印发打击非法盗采砂石工作实施方案的通知
延政办发〔2016〕46号 关于印发《延庆区创建国家食品安全城市工作实施方案》的通知
延政办发〔2016〕47号 关于规范财政资金审批工作程序的通知
延政办发〔2016〕48号 关于印发《延庆区落实食品药品安全监管属地责任管理办法》的通知
延政办发〔2016〕49号 关于印发土地管理和利用督察整改工作实施方案的通知
延政办发〔2016〕50号 关于印发《北京市延庆区2016年政务公开工作要点》的通知
延政办发〔2016〕51号 关于印发企业信用信息归集与失信企业联合惩戒机制工作意见的通知
延政办发〔2016〕52号 关于印发节水型区创建实施方案及“十三五”时期节水型社会建设规划的通知
延政办发〔2016〕53号 关于印发畜禽养殖禁养区划定方案的通知
延政办发〔2016〕54号 关于印发土地利用总体规划调整完善及永久基本农田划定工作方案的通知
延政办发〔2016〕55号 关于印发区长副区长工作分工的通知
延政办发〔2016）56号 关于印发《延庆区整合建立统一规范的公共资源交易平台实施方案》的通知

延庆区旅游景区（点）名录

八达岭长城	AAAAA	69121225
龙庆峡风景区	AAAA	69191026
水关长城	AAAA	81181185
百里山水画廊	AAAA	60188022
野鸭湖国家湿地公园	AAAA	69131226
松山森林旅游区	AAAA	69112020
世界葡萄博览园	AAAA	81186018
八达岭野生动物世界	AAA	69121842
古崖居风景名胜区	AAA	69119228
八达岭国家森林公园	AAA	81181458
辉煌国际度假区	AAA	69111097

石京龙滑雪场	AAA	69190989
古长城	AAA	69120820
八达岭滑雪场	AAA	69129955
阳光时代马球俱乐部	AAA	84648201
玉渡山	AA	69195188
绿富隆	AA	81177100
莲花山森林公园	A	60189824
神奇野山峡	A	84502930

延庆区学校和幼儿园名录

校外教育

北京市延庆区青少年活动中心	延庆镇庆园街78号	69189595
北京市延庆区科学技术馆	延庆镇庆园街78号	69183382

职业教育

北京市延庆区职业技术教育中心	延庆区南菜园功德巷10号	69141829
北京市延庆区第一职业学校	延庆镇湖南东路8号	69185797

中学

北京市延庆区第一中学	延庆镇高塔街5号	69182699
北京市延庆区第二中学	延庆镇菜园南街19号	81196606
北京市延庆区第三中学	延庆镇香苑街106号	69171191
北京市延庆区第四中学	延庆镇香苑街110号	69180892
北京市延庆区第五中学	延庆镇湖南东路10号	81198943
北京市延庆区第七中学	延庆镇西关村北	61111550
北京市延庆区第八中学	延庆镇广积屯村甲5号	69175356
北京市延庆区十一学校	延庆镇三清观29号	69140195
北京市延庆区体育运动学校	延庆镇赵庄村	69101175
北京市延庆区下屯中学	大榆树镇下屯村北	61110032
北京市延庆区大榆树中学	大榆树镇大榆树村东	61183693
北京市延庆区康庄中学	康庄镇榆林堡村东	61164849
北京市延庆区八达岭中学	八达岭镇西拨子村北	69120429
北京市延庆区井庄中学	井庄镇艾官营村西南	61191948
北京市延庆区沈家营中学	沈家营镇冯庄村北	61131284
北京市延庆区旧县中学	旧县镇旧县村西	61153400
北京市延庆区香营学校	香营乡香营村西	60161845
北京市延庆区永宁学校	永宁镇东门外	60171305

北京市延庆区刘斌堡中学	刘斌堡乡刘斌堡村东	60181629
北京市延庆区张山营学校	张山营镇下芦凤营村西	69113386

小学

北京市延庆区第一小学	延庆镇杨家胡同42号	69143708
北京市延庆区第二小学	延庆镇高塔街62号	69175158
北京市延庆区第三小学	延庆镇东外大街66号	69103581
北京市延庆区第四小学	延庆镇南菜园二区	81198749
北京市延庆区西屯中心小学	延庆镇新白庙村北	61111890
北京市延庆区莲花池小学	延庆镇莲花池村东	61111890
北京市延庆区司家营小学	延庆镇司家营村东	61111890
北京市延庆区八里庄中心小学	延庆镇八里庄村南	61121811
北京市延庆区广积屯小学	延庆镇广积屯村	51051227
北京市延庆区大榆树中心小学	大榆树镇大榆树村	61182347
北京市延庆区下屯中心小学	大榆树镇下屯村西	61119517
北京市延庆区康庄中心小学	康庄镇康庄一街村	61164164
北京市延庆区榆林堡小学	康庄镇榆林堡村	61164164
北京市延庆区小丰营中心小学	康庄镇小丰营村	81187470
北京市延庆区太平庄中心小学	康庄镇马营村	69130174
北京市延庆区八达岭中心小学	八达岭镇西拨子村北	69129491
北京市延庆区西二道河中心小学	井家庄镇西二道河村南	61180360
北京市延庆区井家庄中心小学	井家庄镇井家庄村北	61191704
北京市延庆区沈家营中心小学	沈家营镇沈家营村南	61132021
北京市延庆区旧县中心小学	旧县镇旧县村东	61151965
北京市延庆区大柏老中心小学	旧县镇大柏老村西	61151980
北京市延庆区大庄科中心小学	大庄科乡大庄科村东南	60189814
北京市延庆区刘斌堡中心小学	刘斌堡乡刘斌堡村东	60189814
北京市延庆区四海中心小学	四海镇四海村东73号	60187283
北京市延庆区珍珠泉中心小学	珍珠泉乡珍珠泉村东	60186413
北京市延庆区千家店学校	千家店镇后沟村33号	60188403
北京市延庆区靳家堡中心小学	张山营镇靳家堡村西	69190712
北京市延庆区姚家营中心小学	张山营镇姚家营村	69110567
北京市延庆区特殊教育中心	延庆镇中羊坊村西	81183398

幼儿园

北京市延庆区第一幼儿园	延庆镇西街11号	69181002
北京市延庆区第二幼儿园	延庆百莲路10号	52516648
北京市延庆区第三幼儿园	延庆镇新城街133号	69172957
北京市延庆区第四幼儿园	延庆镇高塔街49号	69101580
北京市延庆区第五幼儿园	延庆镇百泉街道舜泽园小区	81197900
北京市延庆区第六幼儿园	延庆镇新白庙村北	60166646

北京市延庆区第七幼儿园	延庆镇庆园街82号	52402628
北京市延庆区康庄幼儿园	康庄镇文慧街1号	61113651
北京市延庆区第一小学幼儿园	延庆镇杨家胡同42号	69143708
北京市延庆区第二小学幼儿园	延庆镇高塔街62号	69171829
北京市延庆区大柏老中心幼儿园	旧县镇大柏老村西	81185158
北京市延庆区小丰营小学幼儿园	康庄镇小丰营村西	81187470
北京市延庆区永宁幼儿园分园	永宁镇新华营村	60171281
北京市延庆区永宁幼儿园（中心）	永宁镇东街14号	60171281
北京市延庆区八里庄中心幼儿园	延庆镇八里庄村南	61121811
北京市延庆区康庄小区幼儿园	康庄镇康庄一区	61163651
北京市延庆区八达岭镇中心幼儿园	八达岭镇西拨子村北	69129491
北京市延庆区大榆树镇中心幼儿园	大榆树镇大榆树村	61181149
北京市延庆区沈家营镇中心幼儿园	沈家营镇沈家营村	61132021
北京市延庆区井庄镇中心幼儿园	井庄镇井庄村	61191704
北京市延庆区刘斌堡乡中心幼儿园	刘斌堡乡刘斌堡村东	60181036
北京市延庆区张山营镇中心幼儿园	张山营镇上阪泉村	69197325
北京市延庆区旧县镇中心幼儿园	旧县镇旧县村	61151965
北京市延庆区香营中心幼儿园	香营乡后所屯村西	60161845
北京市延庆区中羊坊幼儿园	张山营镇中羊坊村	69190712
北京市延庆区大庄科中心幼儿园	大庄科乡大庄科村南	60189814
北京市延庆区千家店镇中心幼儿园	千家店镇后沟村33号	60188413
北京市延庆区四海镇中心幼儿园	四海镇四海村东	60187283
北京市延庆区珍珠泉乡幼儿园	延庆珍珠泉乡珍珠泉村东	60186413
北京市延庆区童园乐幼儿园	八达岭镇西拨子村24号	69129963
北京市延庆区五星幼儿园	延庆镇小营新村9排5号	69187168
北京市延庆区博苑幼儿园	延庆镇东外大街68号	81196292
北京市延庆区新鑫幼儿园	延庆镇石河营村南道38号	13241600976
北京市延庆区新生幼儿园	延庆镇赵庄村中街西一排11号	61121779
北京市延庆区诚远幼儿园	延庆镇孟庄村建东小区甲3号	61122569
北京市延庆区向日葵幼儿园	延庆镇百泉街道南菜园二区56号楼	69178261
北京市延庆区双语幼儿园	延庆镇百泉街道南菜园二区甲2号	69178261
北京市延庆区育心幼儿园	延庆镇振兴南社区17号602室	15910301102
北京市延庆区红苹果艺术幼儿园	延庆镇新城街新兴10号	69189962
北京市延庆区康庄镇育才幼儿园	延庆区康庄镇商业街51号	69133456
北京市延庆区康庄镇八一幼儿园	延庆区康庄镇一街村文汇街	15810818190
北京市延庆区金才幼儿园	延庆镇北街17号	13810077926
北京市延庆区人文大学附属幼儿园	延庆镇康庄镇康庄大道	61169882
北京市延庆区睿智育婴亲子园	延庆尚书苑小区底商4—43号	61126421
北京市延庆区三育幼儿园	妫水南街颖泽洲商层19-501	69178261
北京市延庆区小龙唐幼儿园	延庆镇司家营西南街9号	81191400
北京市延庆区广积屯幼儿园	延庆镇广积屯村	51051227

北京市延庆区下屯幼儿园	大榆树镇下屯村	61119517
北京市延庆区姚家营幼儿园	张山营镇姚家营村	69111250
北京市延庆区太平庄幼儿园	康庄镇马营村村东	69136535
北京市延庆区西二道河幼儿园	井庄镇西二道河村村南	61180360
北京市延庆区莲花池幼儿园	延庆镇莲花池村	69184485
北京市延庆区司家营幼儿园	延庆镇司家营村	69108698

延庆区卫生计生机构名录

延庆区卫生计生委	延庆镇东顺城街26号	69101695
延庆区医院	延庆镇东顺城街28号	69144448
延庆区中医医院	延庆镇新城街11号	69146621
延庆区妇幼保健计划生育服务中心	延庆镇庆园街8号	69101275
延庆区疾病预防控制中心	延庆镇百泉路39号	69188100
延庆区卫生计生监督所	延庆镇新城街96号	69141173
延庆区卫生干部进修学校	延庆镇东顺城街27号	69171388
延庆区精神病医院	张山营镇张山营村	69111163
北京急救中心延庆分中心	延庆镇东顺城街28号	69101271
延庆区卫生计生委信息中心	延庆镇东顺城街26号	69185840
延庆区社区卫生服务管理中心	延庆镇东顺城街26号	69175279
延庆区中心血站	延庆镇西街13号	69183866
八达岭镇社区卫生服务中心	八达岭镇西拨子村东	69120365
大庄科乡社区卫生服务中心	大庄科乡大庄科村	60189817
大榆树镇社区卫生服务中心	大榆树镇大榆树村	61182983
永宁镇社区卫生服务中心	永宁镇东街	60171487
张山营镇社区卫生服务中心	张山营镇张山营村	69111163
井庄镇社区卫生服务中心	井庄镇井庄村	61191705
旧县镇社区卫生服务中心	旧区镇旧区村	61151602
康庄镇社区卫生服务中心	康庄镇文汇街2号	61161313
刘斌堡乡社区卫生服务中心	刘斌堡乡刘斌堡村	60181714
千家店镇社区卫生服务中心	千家店镇后沟村34号	60188440
沈家营镇社区卫生服务中心	沈家营镇沈家营村	61132245
四海镇社区卫生服务中心	四海镇四海村	60187205
香营乡社区卫生服务中心	香营乡香营村	60162454
延庆镇社区卫生服务中心	延庆镇公安医院西侧	69172966
南菜园社区卫生服务中心	延庆镇妫水南街0号	69181772

延庆区计划生育家庭服务中心	延庆镇东外大街98号	69176754
延庆区卫生和计划生育宣传中心	延庆镇东外大街98号	69176660
延庆区卫生应急保障中心	延庆镇东外大街98号	69177162
延庆区计划生育协会	延庆镇东外大街98号	69144703

延庆区司法所、法律服务中心、公证处、律师事务所名录

延庆区司法所

八达岭司法所	八达岭镇敬老院院内	69120485
百泉司法所	益祥北街6号（百泉街道四层）	59512720
大榆树司法所	大榆树镇原毛衣厂院内	61182521
大庄科司法所	大庄科乡政府院内	60189330
旧县司法所	旧县镇综治维稳中心	61151807
井庄司法所	井庄镇综治维稳中心二楼	61192561
康庄司法所	康庄镇综治中心院内	69133148
刘斌堡司法所	刘斌堡乡政府东院	60181718
千家店司法所	千家店镇综治中心三楼	60188155
儒林司法所	延庆区北街6号	69100305
沈家营司法所	沈家营镇综治中心前院平房	69180148
四海司法所	四海镇综治中心	60176420
香水园司法所	新兴西社区42号楼东侧	69178375
香营司法所	香营乡政府东楼南侧平房	60161303
延庆司法所	延庆镇北关村高庙东综治大院	69142268
永宁司法所	永宁镇东门口	60173614
张山营司法所	张山营镇文化站院内	69111080
珍珠泉司法所	珍珠泉乡珍珠泉村村西路南二楼	60176344

公益法律服务中心

八达岭镇公益法律服务中心	八达岭镇敬老院院内	69129735
百泉公益法律服务中心	妫水南街8号	69183341
大榆树镇公益法律服务中心	大榆树镇原毛衣厂院内	61182009
大庄科公益法律服务中心	大庄科乡政府院内	60189330
旧县镇公益法律服务中心	旧县镇综治中心	61151807
井庄镇公益法律服务中心	井庄镇综治维稳中心二楼	61192561
康庄镇公益法律服务中心	康庄镇综治中心院内	69133299
刘斌堡乡公益法律服务中心	刘斌堡乡政府东院	60181156
千家店镇公益法律服务中心	千家店镇综治中心三楼	60188155
儒林公益法律服务中心	延庆区北街6号	69100305

沈家营镇公益法律服务中心	沈家营镇综治中心前院平房	69180148
四海镇公益法律服务中心	四海镇综治中心	60176420
香水园公益法律服务中心	新兴西社区42号楼东侧	69178375
香营公益法律服务中心	香营乡政府东楼南侧平房	60161303
延庆镇公益法律服务中心	延庆镇北关村高庙东综治大院	69142268
永宁镇公益法律服务中心	永宁镇东门口	60173614
张山营镇公益法律服务中心	张山营镇文化站院内	69111080
珍珠泉乡公益法律服务中心	珍珠泉乡珍珠泉村村西路南二楼	60176344

公证处

北京市夏都公证处	延庆镇东外大街96号	69101807

律师事务所

北京胡李律师事务所	延庆镇东街27号	13381117173
北京李顺存律师事务所	延庆区湖北西路23—9号	69189192
北京李自永律师事务所	延庆区南菜园二区	61116228
北京刘世斌律师事务所	延庆区康安小区38-201室	69144035
北京赵建宇律师事务所	延庆区工业大厦四楼	13693218127
北京延恒律师事务所	延庆区东外大街49号院5-811室	13691132886

延庆区社区居委会名录

百泉街道办事处振兴南社区居委会	南菜园二区甲2号9门	81196370
百泉街道办事处振兴北社区居委会	南菜园北二区61号平房	61116006
百泉街道办事处湖南社区居委会	湖南小区26号楼前平房	50158996
百泉街道办事处莲花苑社区居委会	莲花苑小区16号楼101	51058400
百泉街道办事处颖泽州社区居委会	颖泽洲小区12号楼前平房	81193704
百泉街道办事处燕水佳园社区居委会	燕水佳园甲14—2	81196573
百泉街道办事处国润家园社区居委会	国润家园小区6号楼601室	61113658
百泉街道办事处舜泽园社区居委会	舜泽园小区26-3	61113698
百泉街道办事处上都首府家园社区居委会	上都首府家园小区2号楼2单元102	81190098
儒林街道办事处儒林苑社区居委会	延庆镇东街12号	69100372
儒林街道办事处温泉馨苑社区居委会	温泉馨苑小区11号	69181080
儒林街道办事处康安社区居委会	康安小区16-1	69188054
儒林街道办事处永安社区居委会	延庆镇东顺城街13号	69177500
儒林街道办事处温泉南区东里社区居委会	格兰山水小区6号楼612	69175737
儒林街道办事处温泉南区西里社区居委会	延庆镇自由街	69172284

儒林街道办事处胜芳园社区居委会	胜芳园小区11号楼西侧商用房	69175122
儒林街道办事处格兰山水二期社区居委会	延庆镇孟家庄路61号院8号楼	69172780
儒林街道办事处悦安居社区居委会	悦安居小区4号楼底商-1	61126482
香水园街道办事处新兴东社区居委会	香苑小区1号楼西南侧平房	69172250
香水园街道办事处恒安社区居委会	延庆镇东关村委会	69176557
香水园街道办事处川北西社区居委会	川北小区56号楼对面塑料厂二楼	52512298
香水园街道办事处东外社区居委会	东外社区14-101	52513200
香水园街道办事处泰安社区居委会	泰安小区7号楼101	51052800
香水园街道办事处石河营东社区居委会	石河营村毛衣厂院内	52513300
香水园街道办事处石河营西社区居委会	石河营西社区10号楼	51059001
香水园街道办事处双路社区居委会	双路小区4号楼101	51051500
香水园街道办事处高塔社区居委会	尚书苑小区8号楼8-13	69175842
香水园街道办事处川北东社区居委会	川北小区15号东侧	52512258
香水园街道办事处新兴西社区居委会	新兴小区1号楼东侧	51051289
香水园街道办事处兴运嘉园社区居委会	兴运嘉园小区2号楼1单元102室	60165008
张山营镇社区居委会	张山营镇政府	69111358
张山营镇龙聚山庄社区居委会	张山营镇龙聚山庄中区办公楼	69111358
沈家营镇社区居委会	沈家营镇政府	61132055
八达岭镇社区居委会	八达岭镇政府	69120676
大榆树镇社区居委会	大榆树镇政府	61182895
井庄镇社区居委会	井庄镇政府	61192535
康庄镇社区居委会	康庄小区	61163128
康庄镇望都家园社区居委会	望都家园社区	61163128
香营乡社区居委会	香营乡政府	60162671
大庄科乡社区居委会	大庄科乡政府	60189558
千家店镇社区居委会	千家店镇千家店村	60188622
永宁镇社区居委会	永宁镇阜民街	60171741
旧县镇社区居委会	旧县镇旧县村	61151861
四海镇社区居委会	四海镇四海村	60187772
刘斌堡乡社区居委会	刘斌堡乡刘斌堡村	60181515
珍珠泉乡社区居委会	珍珠泉乡珍珠泉	60186612

全国、北京市和延庆区文物保护单位名录

延庆区全国重点文物保护单位

序号	名 称	年代	地 点	批次	公布时间
1	延庆境内明长城	明	八达岭等11个乡镇	第七批	2013.3

2	古崖居遗址	不详	张山营镇东门营村北	第七批	2013.3
3	京张铁路(八达岭段)	1909年	八达岭镇青龙桥火车站	第七批	2013.3
4	长城—八达岭段	明	八达岭镇	第一批	1961.3

延庆区市级文物保护单位名录

序号	名　称	年代	地　点	批　次	公布时间
1	玉皇庙山戎墓遗址	不详	张山营镇玉皇庙村	第五批	1995.10.1
2	天主教堂	清	永宁镇阜民街村	第六批	2001.7.12
3	木化石群	侏罗纪	千家店镇下德龙湾辛栅子村	第六批	2001.7.12
4	北关龙王庙	清	延庆镇北关村	第七批	2011.3.7
5	灵照寺	清	延庆镇解放街村	第七批	2011.3.7
6	花盆关帝庙及戏楼建筑群	清	千家店镇花盆村	第七批	2011.3.7

延庆区县级文物保护单位名录

序号	名　称	年代	地　点	批　次	公布时间
1	望京石及天险	清	八达岭镇八达岭村	第一批	1984.6.16
2	清水河分界碑	明	八达岭镇岔道	第一批	1984.6.16
3	岔道万人坑	1943年	八达岭镇岔道	第一批	1984.6.16
4	烈士陵园	1954年	八达岭镇岔道	第一批	1984.6.16
5	石佛洞石佛	明	八达岭镇岔道东沟村	第一批	1984.6.16
6	分修长城题名碑	明	八达岭镇长博等	第一批	1984.6.16
7	大浮坨石狮	清	八达岭镇大浮坨村	第一批	1984.6.16
8	五桂头及弹琴峡	明、清	八达岭镇三堡村北	第一批	1984.6.16
9	石佛寺石佛群	元、明	八达岭镇石佛寺村	第一批	1984.6.16
10	石峡石狮	元	八达岭镇石峡村	第一批	1984.6.16
11	分修边墙题名碑	明	八达岭镇水关长城	第一批	1984.6.16
12	营城子龙王庙	民国	八达岭镇营城子	第一批	1984.6.16
13	莲花山八仙庙	清	大庄科乡	第一批	1984.6.16
14	平北疗养所遗址	1941年	大庄科乡车岭村西	第一批	1984.6.16
15	古缙山县遗址	辽、金	旧县镇	第一批	1984.6.16
16	古夷舆城遗址	汉	旧县镇古城	第一批	1984.6.16
17	东红寺龙王庙	明	康庄镇东红寺	第一批	1984.6.16
18	东红寺戏楼	清	康庄镇东红寺	第一批	1984.6.16
19	土边墙	明	四海镇	第一批	1984.6.16
20	缙阳寺功德碑	辽	香营乡小堡	第一批	1984.6.16
21	延庆城遗址	明	延庆镇	第一批	1984.6.16
22	儒学训导碑	明、清	延庆镇	第一批	1984.6.16
23	李尚书坟	明	延庆镇二区北	第一批	1984.6.16
24	张乾曜墓	唐	延庆镇古家营村	第一批	1984.6.16
25	二毛子坟	1900年	延庆镇老白庙	第一批	1984.6.16
26	李四官庄石狮	明	延庆镇李四官庄	第一批	1984.6.16

27	莲花池石狮	唐	延庆镇莲花池	第一批	1984.6.16
28	积善桥	清	延庆镇三里河	第一批	1984.6.16
29	杜家坟	清	延庆镇上水磨村	第一批	1984.6.16
30	延庆西街石狮	明	延庆镇西街	第一批	1984.6.16
31	赵庄关帝庙	清	延庆镇赵庄	第一批	1984.6.16
32	山戎墓葬群	春秋	永宁镇等罗家台等	第一批	1984.6.16
33	狮子营石狮	清	永宁镇狮子营	第一批	1984.6.16
34	永宁旧城遗址	明	永宁镇永宁	第一批	1984.6.16
35	胡家营戏楼	清	张山营镇胡家营村	第一批	1984.6.16
36	西五里营龙王庙	清	张山营镇西五里营村	第一批	1984.6.16
37	西五里营戏楼	清	张山营镇西五里营村	第一批	1984.6.16
38	西羊坊惨案纪念碑	1941年	张山营镇西羊坊村	第一批	1984.6.16
39	姚家营戏楼	清	张山营镇姚家营村	第一批	1984.6.16
40	中羊坊戏楼	清	张山营镇中羊坊村	第一批	1984.6.16
41	黑龙潭及其览胜碑	明	八达岭镇岔道	第二批	1985.1.1
42	大浮坨铁钟	明	八达岭镇大浮坨	第二批	1985.1.1
43	八达岭瓮城铁炮	明	八达岭镇特区	第二批	1985.1.1
44	白马泉		延庆镇三里河	第二批	1985.1.1
45	上卢凤营铁钟	清	张山营镇上卢凤营村	第二批	1985.1.1
46	藏文摩崖石刻	元	八达岭镇特区院内	第三批	1993.2.1
47	董家沟佛爷庙	明	大庄科乡董家沟村	第三批	1993.2.1
48	劈破石		大庄科乡董家沟村	第三批	1993.2.1
49	窑湾烈士纪念碑	现代	井庄镇窑湾	第三批	1993.2.1
50	金刚寺	元	旧县镇龙庆峡	第三批	1993.2.1
51	神仙院	明	旧县镇龙庆峡	第三批	1993.2.1
52	烧窑峪摩崖造像	明	旧县镇烧窑峪村	第三批	1993.2.1
53	东红寺铁钟	明	康庄镇东红寺村	第三批	1993.2.1
54	山南沟胡家坟	清	刘斌堡乡山南沟村	第三批	1993.2.1
55	文昌宫碑	清	千家店镇本镇中学	第三批	1993.2.1
56	菜木沟旧石器遗址	旧石器时代	千家店镇菜木沟村	第三批	1993.2.1
57	古家窑新石器遗址	新石器时代	千家店镇古家窑村	第三批	1993.2.1
58	沙梁子龙王庙	清	千家店镇沙梁子村	第三批	1993.2.1
59	滴水壶		千家店镇沙梁子村	第三批	1993.2.1
60	四海革命烈士碑	1949年	四海镇四海中学	第三批	1993.2.1
61	天门关摩崖石刻	明	四海镇天门关村	第三批	1993.2.1
62	出入民人恩准碑	清	四海镇印刷厂内	第三批	1993.2.1
63	白河堡分界碑	清	香营乡白河水库西壁	第三批	1993.2.1
64	双营城	明	延庆镇双营村	第三批	1993.2.1
65	孔化营菩萨庙	明	永宁镇孔化营村	第三批	1993.2.1
66	黄龙潭龙王庙	明	永宁镇上磨村	第三批	1993.2.1
67	平北司令部遗址	1941年	张山营镇海沟村	第三批	1993.2.1

68	应梦寺遗址	辽	张山营镇蒋家堡村	第三批	1993.2.1
69	路家河旧石器遗址	旧石器时代	张山营镇路家河村	第三批	1993.2.1
70	八仙洞		张山营镇松山林场	第三批	1993.2.1
71	姚家营洞穴遗址	唐、辽	张山营镇姚家营村	第三批	1993.2.1
72	珍珠泉		珍珠泉乡珍珠泉村	第三批	1993.2.1
73	白龙潭纪念碑	1988年	大庄科乡白龙潭村	第四批	1995.11.10
74	果树园烈士纪念碑	现代	井庄镇果树园村	第四批	1995.11.10
75	巾帼英雄纪念碑	1990年	井庄镇柳沟村	第四批	1995.11.10
76	平北抗日纪念碑	1989年	旧县镇古城村西	第四批	1995.11.10
77	古城口地堡	1937年	旧县镇古城等村	第四批	1995.11.10
78	花楼	明	四海镇上花楼村	第四批	1995.11.10
79	石佛寺	清	八达岭水关长城	第五批	1998.12.8
80	金鱼池		八达岭镇	第五批	1998.12.8
81	八达岭碉堡	1939年	八达岭镇林场一带	第五批	1998.12.8
82	六郎影摩崖造像	元	八达岭镇青龙桥	第五批	1998.12.8
83	五郎像摩崖造像	不详	八达岭镇三堡村北	第五批	1998.12.8
84	“五桂头”山洞	清	八达岭镇石佛寺南	第五批	1998.12.8
85	李明英雄纪念碑	1984年	旧县镇白草洼村	第五批	1998.12.8
86	榆林堡古城遗址	明	康庄镇榆林堡村	第五批	1998.12.8
87	千家店朝阳寺	清	千家店镇千家店村	第五批	1998.12.8
88	千家店革命烈士碑	1970年	千家店镇桥南路边	第五批	1998.12.8
89	香村营商周遗址	商、周	沈家营镇香村营村	第五批	1998.12.8
90	烂角朝阳洞遗址	唐、辽	张山营镇大庄科村	第五批	1998.12.8
91	烂角焦家洞遗址	唐、辽	张山营镇大庄科村	第五批	1998.12.8
92	佛峪口七孔洞遗址	唐、辽	张山营镇佛峪口村	第五批	1998.12.8
93	商周村落遗址	商、周	张山营镇胡家营村	第五批	1998.12.8
94	狐狈沟洞穴遗址	唐、辽	张山营镇水峪村	第五批	1998.12.8
95	南寨坡遗址	明	大榆树镇兴宝庄村	第六批	2003.12.29
96	柳沟城遗址	明	井庄镇柳沟村	第六批	2003.12.29
97	大营村烽火台遗址	明	康庄镇大营村	第六批	2003.12.29
98	马营城遗址	明	康庄镇马营村	第六批	2003.12.29
99	东屯真武庙	清	延庆镇东屯村	第六批	2003.12.29
100	和平街火神庙	清	永宁镇和平街	第六批	2003.12.29
101	永宁龙王关帝庙建筑群	清	永宁镇南关	第六批	2003.12.29
102	下营崇善寺	清	张山营镇下营村	第六批	2003.12.29
103	岔道戏楼	清	八达岭镇岔道村	第七批	2010.7.1
104	岔道关帝庙	清	八达岭镇岔道村	第七批	2010.7.1
105	岔道城隍庙	清	八达岭镇岔道村	第七批	2010.7.1
106	丁香谷观音摩崖石刻	元	八达岭镇石佛寺村	第七批	2010.7.1
107	丁香谷三世佛摩崖石刻	元	八达岭镇石佛寺村	第七批	2010.7.1
108	香村营土地庙	清	沈家营镇香村营村	第七批	2010.7.1

109	延庆基督教堂	清	延庆镇解放街	第七批	2010.7.1
110	和平街三义庙	清	永宁镇和平街村	第七批	2010.7.1
111	黄龙潭	不详	永宁镇上磨村	第七批	2010.7.1
112	四司青龙潭	不详	永宁镇四司村	第七批	2010.7.1
113	东门营关帝庙	清	张山营镇东门营村	第七批	2010.7.1
114	东门营泰山庙	清	张山营镇东门营村（老村区17号民居东墙外）	第七批	2010.7.1
115	佛峪口释迦牟尼摩崖造像	不祥	张山营镇佛峪口村（佛峪口水库大坝外侧河道内）	第七批	2010.7.1
116	西五里营三义庙	清	张山营镇西五里营村	第七批	2010.7.1
117	西五里营关帝庙	清	张山营镇西五里营村	第七批	2010.7.1
118	朝阳寺石佛	明	张山营镇西羊坊村北山山脚下	第七批	2010.7.1
119	寺沟摩崖造像	不详	张山营镇张山营村北（小寺牛场东山墙外）	第七批	2010.7.1
120	中羊坊龙王庙	清	张山营镇中羊坊村	第七批	2010.7.1
121	中羊坊关帝庙	清	张山营镇中羊坊村	第七批	2010.7.1

（责任编辑：张鹏）